ACCOUNTING PRINCIPLES

IFRS 회계원리

강정연 · 김우영 · 김종현 · 장석진 · 정석윤 · 정희선 공저

INTERNATIONAL
FINANCIAL
REPORTING
STANDARDS

도서출판 시대가치

Preface

머리말

2011년도부터 상장기업과 금융기관에 대해 의무 적용하기 시작한 한국채택국제회계기준(K-IFRS)은 도입 이후에 지속적으로 개정되고 있으며, 국내 회계투명성 제고에 많은 기여를 한 것으로 평가받고 있습니다. 정책 당국의 회계기준 개정 노력과 감사의 투명성 제고를 위한 여러 제도의 도입에도 불구하고 재무제표의 작성 및 공시, 외부감사의 중요성이 늘 강조되는 것은 회계투명성 제고라는 과제가 존재하기 때문입니다. 한국채택국제회계기준을 심층적으로 이해하고 실무에 적용하기 위한 출발점이 회계원리입니다.

한국채택국제회계기준에 기반을 둔 회계의 기본원리를 독자들에게 쉽게 설명하기 위해 2020년도 4판 출간 이후 3년 만에 전면 개정하여 초판으로 출간하게 되었습니다. 이번 초판은 집필진을 대폭 보강하여 각 장을 새롭게 집필하였고, 특히 한국채택국제회계기준의 변경 내용을 반영하여 보다 심화 내용인 중급회계에 대한 접근이 용이하도록 하였습니다.

본서의 특장점

이번 초판의 특징은 다음과 같습니다.

첫째, 회계원리를 처음 접하는 학생들이 쉽게 이해할 수 있도록 가독성 향상에 많은 시간을 할애하였습니다. 전반적으로 내용을 간결하게 표현하여 문장을 기술하였고, 회계처리의 이해를 높이기 위해 예시 문제는 본문에서 구별하여 표시하였습니다. 또한 교재를 선택해 주신 교수님과 학생들의 의견을 반영하여 교재 각 장 연습문제에 객관식 문제를 추가하였습니다. 객관식 문제는 기본적인 개념을 이해할 수 있도록 구성하였고, 해답집에 문제에 대한 해설을 보완하였습니다. 객관식으로 출제되는 각종 시험 준비에 많은 도움이 되리라 기대합니다.

둘째, 회계원리를 처음 공부하면서 가장 어렵다고 느껴지는 부분인 회계순환과정의 이해도를 높이고자 각 단계별 회계처리를 기중에 하는 것과 기말 이후에 하는 것을 구분 제시하였습니다. 이어서 공부하는 상품매매거래는 기본적인 회계처리 후에 발생하는 매출환입, 매입환출, 매출할인 및 매입할인 등을 보론에서 소개하여 본문을 이해한 후에 학습하도록 하였습니다. 유형자산 및 무형자산에서는 자산의 취득, 사용 기간 동안의 지출, 기말 평가 및 제거의 순서로 구분 설명하여 장기 영업자산의 회계처리과정을 체계적으로 이해할 수 있도록 하였습니다. 금융자산 부분에서는 채무상품(채권)투자와 관련하여 '유효이자율법에 의한 상각' 회계처리를 보다 상세히 설명하였으며, 자본에서는 주식의 무상발행과 관련되는 주식분할과 주식병합의 내용을 보완하였고, 국제기준에 부합되도록 적용 예정인 '先배당액확정, 後배당기준일'로 배당절차를 소개하였습니다. 이러한 노력과 더불어 독자들이 회계거래 및 이를 기록하는 절차를 보다 체계적으로 쉽게 이해할 수 있도록 관련 예제를 충분히 제시하였습니다.

셋째, 한국채택국제회계기준을 반영하고자 수취채권의 경우 대손충당금에 대한 내용 대신에 신용손실과 기대신용손실의 개념 및 측정, 즉 손상 회계에 대한 내용을 소개하였습니다. 다만, 일반기업회계기준에서 아직 대손충당금이라는 용어를 사용하고 있다는 점에서 해당 부분에 대한 설명을 추가하였습니다. 재무제표분석에서 사용되는 재무제표의 양식과 계정과목이 현행 한국채택국제회계기준을 채택하여 사용하는 기업과 상이하여 혼동이 있었습니다. 실무에 근접시키려는 노력으로 우리나라 상장기업의 실제 재무제표를 차용하여 본문을 기술하였고, 비율분석 등의 계산과정을 본문에 표시하였습니다.

기존 교재를 전면 개정하여 초판으로 발간하지만, 아직 미비한 점이 많습니다. 이러한 미비점은 본서를 교재로 사용하시는 교수님들과 독자들의 지적으로 개선될 수 있습니다. 앞으로도 개선에 대한 많은 의견을 주시기 바랍니다.

본서의 구성

이번 초판은 기존의 교재와 동일하게 3부로 구성되어 있습니다.
제1부에서는 회계의 의의, 재무제표, 거래의 기록과 회계순환과정, 상품매매기업

의 회계에 관한 내용으로 회계의 기초 개념과 회계순환과정에 대해 소개하였습니다. 제2부에서는 계정과목별 회계처리로 자산, 부채 및 자본의 회계처리와 관련 이슈를 설명하였고, 제3부에서는 현금흐름표와 재무제표 분석의 내용을 설명하였습니다. 강의를 진행하는 과정에서 시간 제약으로 제3부의 내용을 다룰 수 없다면 제3부의 내용을 제외하여도 회계의 기본원리를 강의하는 데 큰 영향이 없을 것입니다.

감사의 말씀

이번 교재 집필진의 큰 변화가 있었습니다. 그동안 교재 집필에 참여하신 한양대학교 신호영 교수님과 이화득 교수님이 정년퇴임하셨고, 한양대학교 고종권 교수님은 타계하시어 제주에 영면하고 계십니다. 세 분 교수님의 헌신은 본 교재의 초석이 되었고, 교수님들의 노력으로 교재가 지속적으로 개정되어 왔습니다. 이번 전면 개정판부터 세 분의 교수님이 집필진에 참여하지 않으시지만 그동안 세 분 교수님들의 노고에 진심으로 감사의 말씀을 드립니다.

기존 동덕여자대학교 김우영 교수, 한양대학교 김종현 교수와 더불어 새로운 집필진으로 한양대학교 정석윤 교수와 정희선 교수, 선문대학교 강정연 교수, 그리고 대진대학교 장석진 교수가 참여하였습니다. 연구와 강의 경험이 많은 교수들이 새롭게 보강됨으로써 기존의 교재보다 내용을 심층적으로 집필할 수 있었습니다.

그동안 본 교재를 채택하여 많은 의견을 주신 여러 교수님과 출간을 위해 물심양면으로 심혈을 기울여 주신 도서출판 시대가치의 김광범 대표님 및 편집실 직원 여러분들께 깊이 감사드립니다.

2023년 12월 행당동 캠퍼스에서
저자 일동

Contents

차 례

제1부 회계의 기초와 회계순환과정

01 회계의 의의 3

제1절 회계의 의의 5
제2절 회계정보이용자 7
제3절 회계의 사회적 기능 9
제4절 회계의 분류 10
제5절 회계기준 13
▨ 요 약 / 15 ▨ 용어정리 / 15
▨ 연습문제 / 17

02 재무제표 19

제1절 기업활동과 회계정보 21
1. 기업의 활동 / 21
2. 기업활동과 재무제표 / 23
제2절 재무제표 25
1. 재무상태표 / 25
2. 포괄손익계산서 / 28
3. 자본변동표 / 30
4. 현금흐름표 / 30
5. 주 석 / 31
제3절 재무보고를 위한 개념체계 32
1. 개념체계의 목적과 위상 / 32
2. 일반목적재무보고의 목적, 유용성 및 한계 / 32
3. 유용한 재무정보의 질적 특성 / 33

4. 재무제표와 보고기업 / 35
5. 재무제표 요소의 인식과 제거 / 37
6. 재무제표 요소의 측정 / 39

▨ 요 약 / 41 ▨ 용어정리 / 42

▨ 연습문제 / 43

03 회계순환과정 I — 45

제1절 회계상 거래 ······ 47

제2절 거래의 분석 ······ 50

1. 회계등식 / 50
2. 거래의 분석 / 52

제3절 거래의 기록 ······ 60

1. 계 정 / 60
2. 차변과 대변 / 61
3. 거래의 기록 / 62

제4절 회계순환과정 개관 ······ 65

제5절 회계순환과정 I : 기중의 회계처리 ······ 66

1. 분 개 / 67
2. 전 기 / 69
3. 수정전시산표 / 78

▨ 요 약 / 83 ▨ 용어정리 / 84

▨ 연습문제 / 85

04 회계순환과정 II — 93

제1절 재무제표 기본요소의 인식기준 ······ 95

1. 회계기간 / 95
2. 발생주의와 현금주의 / 96
3. 자산과 부채의 인식 / 98
4. 수익과 비용의 인식 / 99

제2절 수정분개 및 전기 ······ 101

1. 수정분개의 정의 및 유형 / 101

2. 이연항목의 수정분개 / 103
3. 발생항목의 수정분개 / 113

제3절 수정후시산표 및 재무제표 작성 ········· 120
1. 수정후시산표 / 120
2. 재무제표 / 121

제4절 장부의 마감 ········· 123
1. 마감분개 / 124
2. 마감분개의 전기 / 126
3. 마감후시산표 / 127

▨ 요 약 / 129 ▨ 용어정리 / 130

▨ [보론 1] 정산표를 이용한 재무제표 작성 / 132

▨ [보론 2] 오류수정을 위한 정정분개 / 139

▨ 연습문제 / 141

05 상품매매기업의 회계 ········· 149

제1절 상품매매기업의 영업활동 ········· 151
1. 영업주기 / 151
2. 상품매매기업의 포괄손익계산서 / 152

제2절 상품매매거래의 기록 ········· 153
1. 계속기록법 / 155
2. 실지재고조사법 / 156

제3절 상품매매기업의 회계순환 ········· 160
1. 수정분개 / 160
2. 마감분개 / 162

제4절 재무제표 표시와 분석 ········· 165

▨ 요 약 / 168 ▨ 용어정리 / 168

▨ [보론] 상품매매거래의 추가적 고려사항 / 169

▨ 연습문제 / 178

제2부 계정과목별 회계처리

06 재고자산 ---- 187

제1절 재고자산의 의의와 재고파악 ···· 189
1. 미착상품 / 190
2. 위탁상품 / 191
3. 시용판매상품 / 191
4. 재고자산감모손실 / 192

제2절 재고자산의 단위원가 결정 ···· 194
1. 개별법 / 195
2. 선입선출법 / 196
3. 후입선출법 / 199
4. 가중평균법 / 202

제3절 저가법 ···· 209
1. 원가와 순실현가능가치 / 209
2. 저가법의 적용 / 210
3. 항목별 기준과 종목별 기준 / 212

제4절 재고자산의 추정 ···· 215
1. 소매재고법 / 215
2. 매출총이익률법 / 216

제5절 재무제표 표시와 분석 ···· 219
1. 재무제표 표시 / 219
2. 재무제표 분석 / 220

▨ 요 약 / 222 ▨ 용어정리 / 223
▨ 연습문제 / 224

07 현금과 내부통제 ---- 231

제1절 현금의 개념과 내부통제 ···· 233
1. 현금의 의의와 구분 / 233
2. 내부통제제도 / 236

제2절 당좌예금과 은행계정조정표 ···· 240
1. 당좌예금 / 240

2. 은행계정조정표 / 242

제3절 소액현금제도 ···· 249

제4절 재무제표 표시 ···· 254

▨ 요 약 / 256 ▨ 용어정리 / 257

▨ 연습문제 / 259

08 수취채권 ···· 267

제1절 수취채권의 유형 ···· 269

제2절 매출채권 ···· 270

1. 매출채권의 인식 / 270
2. 매출채권의 평가: 손상 / 271
3. 매출채권의 처분 / 282

제3절 어 음 ···· 285

1. 만기일 결정 / 286
2. 이자 계산 / 287
3. 어음의 인식 / 287
4. 어음의 평가 / 289
5. 어음의 처분 / 289

제4절 재무제표 표시와 분석 ···· 293

1. 재무제표 표시 / 293
2. 재무제표 분석 / 295

▨ 요 약 / 297 ▨ 용어정리 / 299

▨ 연습문제 / 300

09 유형자산과 무형자산 ···· 309

제1절 유형자산 ···· 311

1. 유형자산의 정의 / 311
2. 유형자산의 취득 / 312
3. 유형자산의 사용기간 동안의 지출 / 315
4. 유형자산의 기말평가: 감가상각 / 316
5. 유형자산의 기말평가: 손상차손의 인식 / 327

6. 유형자산의 제거 / 329

제2절 무형자산 ··· 333

1. 무형자산의 종류와 상각 / 333
2. 연구개발 관련 지출의 회계처리 / 337

제3절 재무제표 표시와 분석 ··· 338

1. 재무제표 표시 / 338
2. 재무제표 분석 / 340

▨ 요 약 / 342 ▨ 용어정리 / 342

▨ [보론] 천연자원의 감모상각 / 344

▨ 연습문제 / 346

10 부 채 ··· 353

제1절 금융부채 ··· 355

1. 금융부채의 유형 / 356

제2절 사 채 ··· 359

1. 사채의 종류 / 359
2. 화폐의 시간가치 / 361
3. 사채의 발행 / 368
4. 사채발행차금의 상각 / 375
5. 사채의 상환 / 381

제3절 비금융부채 ··· 383

1. 비금융부채의 유형 / 383

제4절 재무제표 표시와 분석 ··· 388

1. 재무제표 표시 / 388
2. 재무제표 분석 / 390

▨ 요 약 / 392 ▨ 용어정리 / 393

▨ 연습문제 / 395

11 금융자산 및 관계기업투자 ―― 403

제1절 금융자산의 개념과 회계상 분류 ······ 405
1. 금융자산의 개념 / 405
2. 금융자산의 측정을 위한 분류 / 405

제2절 금융자산의 취득 및 보유 ······ 407
1. 지분상품(주식)투자 회계처리 / 407
2. 채무상품(채권)투자 회계처리 / 408

제3절 금융자산의 기말평가 및 제거 ······ 411
1. 금융자산의 기말평가 / 411
2. 금융자산의 제거 / 414

제4절 관계기업투자와 지분법 ······ 419
1. 관계기업투자 / 419
2. 지분법 회계 / 420

제5절 재무제표 표시 ······ 424
1. 재무상태표 표시 / 424
2. 포괄손익계산서 표시 / 426

▨ 요 약 / 428
▨ 용어정리 / 429
▨ 연습문제 / 431

12 자 본 ―― 439

제1절 주식회사와 주식발행 ······ 441
1. 주식회사 / 441
2. 주식의 발행 / 443

제2절 자본의 의의와 분류 ······ 445
1. 자본의 의의 / 445
2. 자본의 분류 / 445

제3절 자본의 회계처리 ······ 448
1. 주식 유상발행 / 448
2. 주식 무상발행 / 452
3. 주식의 재취득 : 자기주식 / 454

제4절 이익잉여금 ······ 459
1. 이익잉여금의 처분 제한 / 460

2. 배당과 이익잉여금의 변동 / 460
3. 이익잉여금의 변동과 처분의 표시 / 465

제5절 자본변동표 ······ 468

제6절 재무제표 표시와 분석 ······ 469
1. 재무제표 표시 / 469
2. 재무제표 분석 / 470

▨ 요 약 / 472 ▨ 용어정리 / 473

▨ [보론] 장부금액 — 또 다른 주당 금액 / 475

▨ 연습문제 / 478

제3부 현금흐름표와 재무제표 분석

13 현금흐름표 ―― 489

제1절 현금흐름표 기초 개념 ······ 491
1. 현금흐름표의 유용성 / 491
2. 현금흐름표의 현금 개념 / 492
3. 현금흐름표 형식 / 493
4. 현금흐름표 활동별 현금흐름 / 494
5. 중요한 비현금활동 / 498

제2절 현금흐름표 작성원리 ······ 499
1. 재무제표의 활동구분 / 499
2. 현금 유입과 유출의 계산원리 / 504

제3절 현금흐름표 작성 ······ 506
1. 영업활동 현금흐름 작성 / 506
2. 투자활동 현금흐름 작성 / 514
3. 재무활동 현금흐름 작성 / 514
4. 현금흐름표 작성사례 / 515

제4절 기업가치 평가 시 현금흐름 이용 ······ 538
1. 잉여현금흐름 / 538

▨ 요 약 / 540 ▨ 용어정리 / 541

▨ 연습문제 / 542

14 재무제표 분석 553

제1절 재무제표 분석의 기본 ······ 555

1. 비교분석의 필요성 / 555
2. 분석방법 / 556

제2절 수평적 분석 ······ 557

제3절 수직적 분석 ······ 561

제4절 재무비율 분석 ······ 565

1. 유동성 비율 / 565
2. 수익성 비율 / 571
3. 지급능력비율 / 577

제5절 재무제표 분석의 추가사항 ······ 581

1. 비교분석의 기준설정 / 581
2. 재무제표 분석의 한계점 / 582

▨ 요 약 / 584 ▨ 용어정리 / 584

▨ 연습문제 / 586

■ 부록 : 〈표 1〉 현재가치 이자율계수 / 596
〈표 2〉 미래가치 이자율계수 / 598
〈표 3〉 연금의 현재가치계수 / 600
〈표 4〉 연금의 미래가치계수 / 602

■ 찾아보기 / 605

PART 1

회계의 기초와 회계순환과정

- 제 1 장 회계의 의의
- 제 2 장 재무제표
- 제 3 장 회계순환과정 I
- 제 4 장 회계순환과정 II
- 제 5 장 상품매매기업의 회계

CHAPTER 01

회계의 의의

제 1 절 회계의 의의

제 2 절 회계정보이용자

제 3 절 회계의 사회적 기능

제 4 절 회계의 분류

제 5 절 회계기준

학습목표

Learning Objectives

우리가 회계(accounting)를 공부하는 이유는 무엇인가? 회계는 기업을 재무적 관점에서 이해할 수 있는 정보를 제공하고, 기업의 다양한 이해관계자들은 회계정보를 이용하여 중요한 의사결정을 한다. 금융위기 이후 회계의 중요성은 더욱 강조되고 있으며, 4차 산업혁명 시대에 기업의 이해관계자들은 회계정보를 활용하여 중요한 경제적 의사결정을 하고 있다. 예를 들어, 투자자나 채권자는 회계정보를 활용하여 기업에 대한 투자 또는 신용제공 여부를 결정하고, 경영자는 기업을 효율적으로 운영하기 위해 회계정보를 활용하여 의사결정을 한다.

이런 점에서 회계는 이해관계자들이 합리적인 의사결정을 하는 데 필요한 유용한 정보를 생산・제공하는 정보생산시스템이다. 본 장에서는 회계의 기본적인 개념들을 학습한다.

본 장에서 학습할 주요 내용을 요약하면 다음과 같다.

- 회계의 의의
- 회계정보이용자
- 회계의 사회적 기능
- 회계의 분류
- 회계기준

제 1 절 회계의 의의

기업에 대한 이해와 평가를 위해서는 기업 활동과 관련된 경제적 사건을 분석할 수 있어야 한다. 경제적 사건이란 기업이 경영활동을 수행함에 따라 발생하는 재무상태의 변화를 가져오는 모든 사건을 의미한다. 예를 들어, 롯데제과의 과자 판매, KT의 통신 서비스 제공, 현대차의 자동차 판매 등이 이에 속한다. 기업은 경제적 사건을 분석하여, 자사의 영업활동내역을 기록하여 보고한다. 이와 같은 기록은 화폐단위로 측정되며, 발생한 순서대로 체계적으로 작성 · 보관된다.

일정 기간 동안 발생한 경제적 사건의 기록은 회계보고서라는 문서를 통해 이해관계자에게 전달되는데, 이와 같은 회계보고서를 재무제표라고 한다. 재무제표는 기업의 수많은 거래를 화폐단위로 요약하여 표준화된 방식으로 기록 · 보고함으로써 기업에 관한 재무정보를 정보이용자가 쉽게 이해할 수 있도록 작성된다.[1)]

예를 들어, 대학생 자녀를 둔 부모는 자녀의 등록금을 지원한다. 부모는 자녀가 열심히 공부하기를 기대하고 등록금을 지원해주는 것이다. 그렇다면 부모의 입장에서 자녀가 정말 열심히 공부하고 있는지 확인하는 방법은 무엇일까? 가장 효율적인 방법은 자녀의 성적표를 확인하는 것이다. 위의 예를 확장하여 기업에 적용해 보자. 상대적으로 기업은 대학생 자녀와 달리 자본시장에서 여러 이해관계자들과 연관되어 있다. 따라서 기업과 관련된 여러 이해관계자들은 기업이 경영활동을 잘 수행하고 있는지 확인하고 싶다. 이때 이해관계자 입장에서 가장 효율적으로 기업의 경영활동을 확인할 수 있는 방법은 무엇일까? 그것은 바로 기업의 재무제표를 살펴보는 것이다. 재무제표는 자본시장에서 자녀의 성적표와 같은 역할을 수행한다. 재무제표는 기업이 수행한 다양한 경제적 사건의 결과에 대한 정보를 포함하고 있다. 따라서 자녀의 성적표와 달리 기업의 재무제표는 보다 복잡하며 많은 정보를 포함하고 있다.

자본시장 참여자 입장에서 기업의 재무제표에 담긴 정보를 정확하게 이해하

---

1) 이하에서 기업의 이해관계자와 회계정보이용자는 동일한 의미로 사용된다.

고 활용하는 것은 합리적인 의사결정을 수행하는 데 필수적이다. 이 과정에서 비율, 그래프, 차트 등을 활용하면 재무적 동향 및 관계를 강조할 수 있고, 재무제표를 분석 및 이해 또는 해석하는 능력이 향상될 수 있다.

재무제표를 작성하는 회계절차에는 경제적 사건의 기록만을 다루는 부기(book-keeping) 기능이 포함된다. 과거에는 단순히 회계정보의 생산 측면만을 강조하여 회계를 재무적 성격을 지닌 거래나 사건들을 화폐단위로 기록·분석·요약하고 그 결과를 해석하는 기술로 정의하였으나 오늘날에는 회계의 수요 측면을 강조하여 다음과 같이 정보의 식별·측정·전달 과정으로 정의하고 있다.

> 회계란 정보이용자가 합리적인 판단이나 의사결정을 할 수 있도록 기업실체에 관한 유용한 경제적 정보를 식별·측정·전달하는 과정이다.[2)]

이는 단순히 회계정보 산출기능만을 강조하는 것이 아니라 회계정보가 제공하는 의사결정의 유용성을 강조한 것이다. 그러므로 회계는 기업의 경제적 활동에 관한 정보를 정보이용자에게 전달하는 정보시스템으로 정보이용자들의 합리적이고 경제적인 의사결정에 유용한 정보를 제공하는 것을 목적으로 한다. 회계는 기업의 언어로서 경제적 사건을 식별·측정·기록·전달하는 전체 과정을 포함하고 있다. 따라서 회계를 모르고 기업의 재무제표를 이해하고 해석할 수 없다. [그림 1-1]은 기업의 회계정보시스템을 나타낸다.

그림 1-1 회계정보시스템

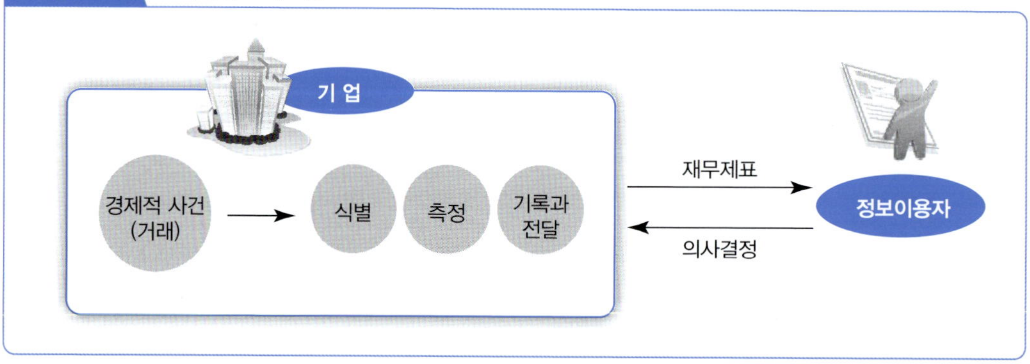

2) 미국회계학회, 1966, 기초적 회계이론에 관한 보고서.

제 2 절 회계정보이용자

기업의 이해관계자들은 회계정보를 이용하여 합리적인 의사결정을 수행한다. 여기서 기업의 이해관계자란 기업과 현재 이해관계를 맺고 있는 이해관계자뿐만 아니라 미래에 이해관계를 맺을 것으로 예상되는 잠재적 이해관계자를 포함한 광의의 개념이다. 따라서 기업의 이해관계자들이 회계정보의 주된 이용자라는 점에서 회계정보이용자와 이해관계자는 동일한 의미를 갖는 용어이다. 다음의 [그림 1-2]는 회계정보이용자를 나타낸다.

(1) 내부정보이용자

내부정보이용자는 기업 내부에서 사업을 기획, 조직, 관리하는 자들로서 경영자, 재무담당자, 생산관리자, 마케팅관리자, 회사의 임원 등이 포함된다. 예를 들어, 경영자는 기업의 효율적인 운영을 위한 전략의 수립과 전략의 이행을 위한 전반적인 통제를 수행한다. 이러한 과정에서 경영자는 전략을 수립하고 이행 여부를 평가하는 데 회계정보를 이용한다. 또한 생산관리자는 회계정보를 활용하여 과거

그림 1-2 회계정보이용자

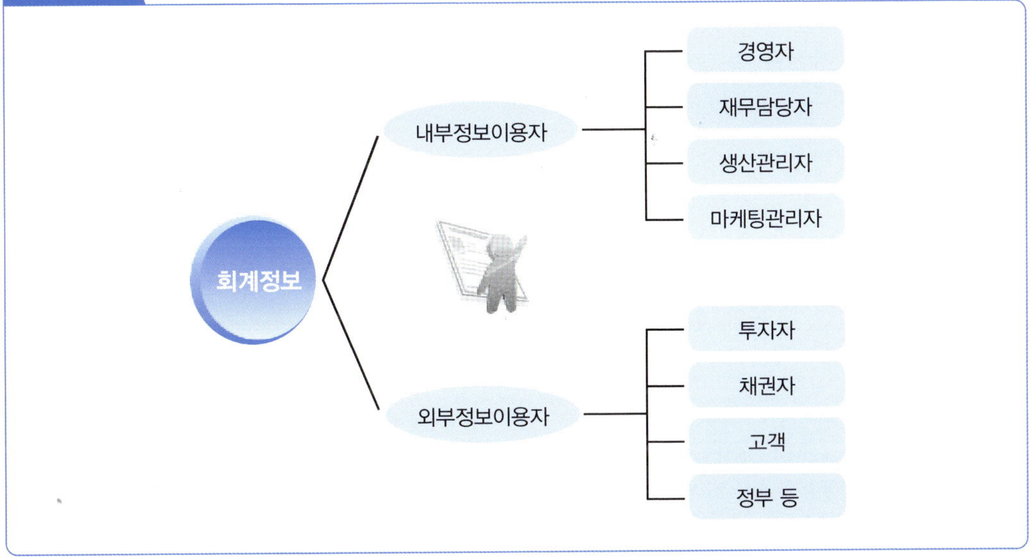

기업의 생산효율성에 대해 평가하고 생산효율성을 향상시키기 위한 전략을 수립한다. 또한 재무담당자, 임원 등은 기업의 현재 재무상태, 경영성과 등을 파악하고 성장가능성을 모색하기 위해 회계정보를 이용한다.

(2) 외부정보이용자

외부정보이용자란 기업 외부에서 회계정보를 필요로 하는 이해관계자를 의미한다. 자본시장에서 회계정보를 필요로 하는 기업 외부의 정보이용자는 다양하다. 예를 들어, 투자자와 정보중개인은 투자에 내재된 위험과 투자수익에 대한 정보에 관심을 갖는다.[3] 그들은 주식이나 회사채의 매수, 보유 또는 매도에 관한 의사결정을 위해 정보를 필요로 한다. 예를 들어, 주식투자자는 현재 또는 미래의 잠재적 주주로서 주식의 매입, 보유 및 매도 의사결정을 위한 회계정보, 구체적으로 투자수익에 영향을 미치는 기업가치와 배당에 관한 정보를 필요로 한다. 또 회사채를 매입하려는 회사채투자자는 기업의 지불능력을 평가할 수 있는 정보를 필요로 한다. 일반적으로 주식투자자와 회사채투자자를 합쳐 투자자라고 부른다.

한편, 기업에 자금을 빌려준 은행 및 공급자(거래처) 등의 채권자들은 그들의 신용공여 의사결정을 위해 기업의 지불능력을 평가할 수 있는 정보를 필요로 한다. 채권자들은 기업에 대한 자신들의 채권 회수가능성에 관심을 갖는다. 그리고 고객은 특정 기업과 장기간 거래관계를 유지하고 있거나 의존도가 높은 경우에 그 기업의 지속가능성에 대한 정보에 관심을 갖는다. 정부기관 등도 기업 활동에 관심을 가진다. 이들은 기업 활동을 규제하고 조세정책을 결정하며, 국민소득 등과 같은 재정통계자료의 근거로 사용하기 위해 회계정보를 필요로 한다.

마지막으로 기업은 다양한 방법으로 일반대중에게 영향을 미친다. 구체적으로 기업은 종업원의 고용과 지역 내 공급자의 양성과 같은 다양한 방법으로 지역경제에 중요한 기여를 하고 있다. 일반대중은 재무제표에서 기업의 성장과 활동범위에 관한 추세와 현황에 대한 정보를 얻을 수 있다.

---

3) 정보중개인에는 주식투자자의 의사결정을 돕기 위해 기업가치에 대한 정보를 제공하는 재무분석가와 회사채투자자 혹은 채권자의 의사결정을 돕기 위해 신용정보를 제공하는 신용평가기관이 있다. 투자자문가(또는 정보중개인)는 기업가치와 신용위험을 분석하기 위해 회계정보를 필요로 한다.

제 3 절 회계의 사회적 기능

회계의 목적은 기업과 관련된 이해관계자들에게 유용한 정보를 제공하는 것이다. 주된 정보이용자인 투자자와 채권자는 회계정보를 이용하여 투자의사결정과 신용의사결정을 수행한다. 투자자와 채권자가 운용할 수 있는 재원은 한정되어 있고, 사회 전체의 경제적 자원도 한정되어 있다. 회계정보는 사회적으로 한정된 자원이 효율적으로 배분되도록 정보이용자들의 의사결정을 도와주는 역할을 한다. 이와 같은 회계정보의 역할을 사회적 기능이라고 한다. 이러한 회계의 목적 달성과 관련하여 회계정보는 두 가지의 사회적 역할을 담당한다.

첫째, 회계는 자본가에게 위탁받은 자원에 대한 경영자의 수탁책임(stewardship) 또는 회계책임(accountability)의 평가기능을 제공한다. 기업은 경영활동에 필요한 자원을 자본시장에서 조달하고 이를 운용하여 이익을 창출한다. 기업이 경영활동을 통해 창출한 이익은 자본시장에 다시 환원되며, 이러한 순환과정이 합리적으로 이루어질 때 사회 전체적으로 한정된 경제적 자원의 효율적 배분이 달성된다. 경영자는 자본시장에서 제공받은 자원을 효율적으로 활용하여 이윤을 극대화하고, 이를 다시 자본시장에 환원하는 최종 책임을 진다. 자본가는 자신이 제공한 자원이 효율적으로 운영되는지에 대해 관심을 갖게 된다. 그러므로 자본가는 자연스럽게 경영자의 수탁책임 또는 회계책임을 평가하려는 유인을 가지며, 기업의 투자지분 보유 여부, 경영자의 교체결정 등과 같은 경제적 의사결정을 수행한다. 자본가는 경영자의 수탁책임 또는 회계책임을 평가하기 위해 재무제표가 포함하고 있는 회계정보를 적극적으로 활용한다.

둘째, 회계는 자본시장에서 기업가치 평가(valuation)에 유용한 정보를 제공한다. 구체적으로 재무제표는 다양한 정보이용자들이 경제적 의사결정을 수행하는데 있어 필요로 하는 기업의 재무상태, 경영성과와 같은 유용한 정보를 제공한다. 다수의 투자자들이 올바른 투자의사결정을 내리기 위해 기업의 경제적 가치를 평가할 수 있는 정보의 수요가 증가하였고, 회계는 투자자들의 가치평가를 위한 정보를 제공하는 기능을 제공하고 있다.

사회 전체적으로 보면 많은 기업들이 있지만, 모든 기업이 효율적으로 운영되고 있지는 않다. 회계는 사회 전체적으로 한정된 경제적 자원이 자본시장에서 효율적인 기업에 우선 배분될 수 있도록 주된 정보이용자인 투자자(채권자)에게 기업가치 평가에 유용한 정보를 제공하여 투자(신용)의사결정을 도와주고, 자본을 배분받은 경영자가 수탁책임을 성실하게 이행하고 있는지를 평가하는 사회적 기능을 제공한다.

제 4 절 회계의 분류

회계는 정보이용자에 따라 재무회계와 관리회계로 구분되고, 회계감사, 세무회계 및 비영리회계도 포함하여 분류된다.

(1) 재무회계

재무회계(financial accounting)는 외부정보이용자인 투자자, 채권자 등이 의사결정을 수행하는 데 필요로 하는 유용한 정보를 제공하는 것을 목적으로 한다. 기업은 재무상태, 경영성과 등과 같은 유용한 정보를 재무제표를 통하여 투자자, 채권자 등의 외부정보이용자에게 전달한다. 재무회계의 핵심은 재무제표이다. 재무제표는 기업활동의 결과를 숫자로 요약하여 유용한 재무적 정보를 외부이용자에게 전달하는 회계보고서이다. 기업은 외부의 정보이용자가 정보를 쉽게 비교할 수 있도록 일정한 기준에 따라 재무제표를 작성해야 한다.

재무회계는 여러 회계분야 중에서 가장 기본이 되는 분야라고 할 수 있다. 재무제표가 어떻게 작성되며, 재무제표에 포함된 내용이 무엇인지를 이해하는 것은 회계학의 기본이기 때문이다. 이러한 측면에서 후술하는 관리회계, 세무회계, 회계감사 등의 회계분야는 공통적으로 재무회계에 대한 선행학습을 필요로 하고 있다.

(2) 관리회계

관리회계(managerial accounting)는 기업 내부자인 경영자가 기업 내부 경영활동과 관련하여 합리적 의사결정을 하는 데 필요한 정보를 제공하는 것을 목적으로 하고 있다. 경영자는 작성된 내부보고서를 통해 예산편성, 제품의 판매가격 결정, 제품의 수익성 분석 등과 같은 경영활동을 계획하고 통제한다. 관리회계는 기업의 내부정보이용자에게 정보를 제공하게 되므로 기업회계기준과 같은 일정한 형식이나 내용 등의 규제를 받지 않으며, 별도의 보고형식도 정해져 있지 않다.

(3) 회계감사

회계감사(auditing)는 경영자가 작성한 재무제표가 기업회계기준에 따라 중요성의 관점에서 공정하게 작성되었는지 확인할 목적으로 주식회사 등의 외부감사에 관한 법률 등에서 명시한 독립성을 가진 공인회계사가 수행한다. 기업이 공시하는 회계정보의 신뢰성을 확보하기 위해서는 기업과 독립적인 외부감사인의 회계감사가 필수적으로 이루어져야 하고, 공인회계사가 외부감사인의 역할을 수행하고 있다. 공인회계사는 기업이 제공한 재무제표가 기업회계기준을 준수하여 작성되었는지에 대해 감사의견을 표명한다.

(4) 세무회계

세무회계(tax accounting)는 세법에 따라 과세소득과 세금 측정에 필요한 정보를 제공하는 것을 목적으로 하고 있다. 세법의 규정에 따라 과세소득과 세액을 계산하는 과정에서 기업의 재무제표를 기본적인 정보로 이용하고 있다. 재무회계에서 작성된 재무상태와 경영성과에 대한 정보가 세법상 과세소득과 세액 결정에 중요한 영향을 미치므로 세무회계를 학습하기 위해서는 재무회계에 대한 지식을 충분하게 갖추고 있어야 한다.

(5) 비영리회계

비영리회계(non-profit accounting)는 정부기관과 공익법인, 학원, 병원 등의 비영리기관의 활동과 사건 등을 측정 · 기록하여 회계정보를 생산하는 활동이다. 비영리회계의 기본적 역할은 정부기관이나 비영리기관의 재정상태와 운영성과에 대한 유용한 정보를 제공하는 것이다. 예를 들면, 정부회계는 중앙정부(국가)나 지방자치단체와 같은 정부조직의 재정활동에 대한 회계를 말한다. 우리나라를 비롯한 세계의 많은 국가에서는 현금주의로 운영되던 정부회계를 발생주의·복식부기로 개혁하고 있다.4)

그렇다면 회계원리를 통해 우리가 학습할 내용은 무엇인가? 앞에서 살펴본 바와 같이 여러 회계분야 중에서 가장 기본이 되는 회계분야는 재무회계이다. 재무회계는 재무제표를 통해 합리적인 의사결정을 위한 정보를 제공하는 것을 목적으로 하고 있다. 이를 위해서는 재무제표에 포함된 정보가 무엇을 의미하는지 파악하는 것이 중요하다. 예를 들어, 동일한 제품(스마트폰)을 보유한 여러 사용자가 있다고 가정해 보자. 이때 각 사용자들의 제품 사용법에 대한 인지도에 따라 스마트폰의 활용도는 차이가 날 수밖에 없다. 즉, 사용법을 완벽히 인지한 사람과 인지하지 못한 사람은 동일한 제품을 사용하더라도 생활의 편의성을 위해 스마트폰을 활용하는 정도가 다를 것이다. 이와 같이 자본시장의 참여자들이 동일한 재무제표 정보를 제공받았다고 할지라도 재무제표에 담긴 정보가 무엇을 의미하는지를 이해하는 정도에 따라 정보의 활용능력에 차이가 존재할 것이다.

따라서 재무회계를 통해 재무제표가 작성되는 방법과 재무제표에 포함된 정보를 학습하는 것은 회계학을 이해하는 데 필수적인 요소이다. 회계원리는 재무회계의 토대를 다지는 기초과정이다. 구체적으로 회계원리에서 재무제표가 작성되는 과정인 회계순환과정을 배우고, 이를 바탕으로 재무회계의 기초적인 이론을 학습한다.

---

4) 우리나라는 2007년 「지방재정법」에 의하여 지방자치단체에 발생주의 회계기준을 도입하였고, 2009년 「국가회계법」에 의하여 중앙정부에 발생주의 회계기준을 도입하였다.

제 5 절 회계기준

회계기준은 경영자가 재무제표를 작성할 때 반드시 준수해야 할 규범으로서 정보이용자에게 유용한 정보를 제공하기 위한 회계처리지침이라 할 수 있다. 일반적으로 인정된 회계원칙(Generally Accepted Accounting Principles: GAAP) 또는 회계기준이라고 한다. 우리나라 회계기준은 주식회사 등의 외부감사에 관한 법률에 법적 근거를 두고 있으며, 한국회계기준원의 회계기준위원회에서 회계기준 제정업무를 맡고 있다.

자본시장의 글로벌화가 심화되면서 국제적으로 통일된 회계기준의 필요성 또한 증가함에 따라 많은 국가들이 국제회계기준위원회(International Accounting Standards Board: IASB)에서 제정한 국제회계기준(International Financial Reporting Standards: IFRS)을 채택하여 사용하고 있다.[5] 우리나라도 2011년부터 국제회계기준을 도입하였고, 우리나라에서 사용되는 국제회계기준을 한국채택국제회계기준(Korean International Financial Reporting Standards: K-IFRS)이라 부르고, 상장기업을 대상으로 의무 적용하도록 하고 있다. 본서의 제2장 이후에는 K-IFRS를 중심으로 설명하고, 회계기준은 K-IFRS를 의미한다. 국제회계기준의 주요 특징은 다음과 같다.

(1) 원칙 중심의 기준체계

상세하고 구체적인 회계처리 방법의 제시보다는 회계담당자가 경제적 실질에 기초하여 합리적으로 회계처리할 수 있도록 회계처리의 기본원칙과 방법론(principle-based)을 제시하는 데 주력하고 있다. 반면, US GAAP 등은 법률관계 및 계약의 내용에 따라 개별 사안에 대한 구체적인 회계처리 방법과 절차(rule-based)를 세밀하게 규정하고 있다.

---

5) 국제회계기준의 도입배경 및 필요성은 다음과 같다. ① 전 세계적인 회계기준 단일화 추세에 적극 대응, ② 회계투명성에 대한 신뢰도 제고, ③ 글로벌 기업들의 회계장부 이중 작성 부담 경감

(2) 공정가치 측정

국제회계기준의 중요한 특징은 자본시장의 투자자에게 기업의 재무상황 및 내재가치에 대한 보다 유용한 정보를 제공하는 것이다. 이를 위해 국제회계기준은 기업이 보유하는 모든 금융자산과 금융부채를 공정가치로 측정하도록 강조하고 있다.

(3) 연결재무제표 중심

국제회계기준은 종속회사가 있는 경우 연결재무제표를 기본재무제표로 한다. 따라서 사업보고서 등 모든 공시서류가 연결재무제표 기준으로 작성된다. 연결재무제표는 지배회사와 종속회사를 하나의 독립된 경제실체로 보고 작성한 재무제표이다.

요 약

1. 회계정보이용자

회계정보이용자는 내부정보이용자와 외부정보이용자로 구분할 수 있다. 내부정보이용자는 경영자, 재무담당자, 생산관리자 등이 있으며, 이들은 기업을 기획, 조직, 관리하기 위해 기업의 재무상태 및 재무성과를 파악하고자 한다. 반면, 주된 외부정보이용자는 투자자와 채권자가 있다. 주식투자자는 투자수익에 영향을 미치는 기업가치와 배당에 관한 정보를 필요로 하며, 회사채투자자와 채권자는 신용공여 의사결정을 위해 기업의 지불능력을 평가할 수 있는 정보를 필요로 한다. 이 밖에도 고객, 정부기관 및 비정부기구(NGO) 등 다양한 정보이용자들이 자신들의 경제적 의사결정을 위해 회계정보를 이용한다.

2. 회계의 분류

회계는 정보이용자에 따라 재무회계와 관리회계로 구분되고, 회계감사, 세무회계 및 비영리회계가 포함된다. 재무회계는 재무제표 작성을 통해 기업의 재무상태와 경영성과에 관한 정보를 투자자, 채권자 등 외부정보이용자에게 전달하는 것을 목적으로 한다. 관리회계는 경영자가 기업 내부 경영활동과 관련하여 합리적 의사결정을 하는 데 필요한 정보를 제공하는 것을 목적으로 한다. 회계감사는 기업이 공시하는 회계정보의 신뢰성을 제고하기 위해 독립된 공인회계사가 재무제표의 적정성 여부를 검토하는 것을 말한다. 세무회계는 세법에 따라 세금을 산출하는 데 필요한 정보를 세무당국에게 제공하는 것을 목적으로 한다. 비영리회계는 정부기관과 공익법인, 학교 등 비영리기관의 재정상태와 운영성과에 대한 유용한 정보를 제공하는 것을 목적으로 한다.

용어정리

관리회계 기업 내부이해관계자의 의사결정에 유용한 정보를 제공하기 위한 회계 영역으로서, 보고서 작성 시 일정한 형식과 내용에 규제를 받지 않음

재무제표 기업의 재무상태와 경영성과에 대한 정보를 외부정보이용자에게 전달하는 회계보고서

재무회계 기업의 경영활동을 기록·측정·요약하여 재무제표라는 회계보고서를 기업 외부에 공시할 목적으로 작성하는 회계, 즉 재무제표 작성 중심의 회계로서 기업의 외부이해관계자들이 합리적인 의사결정을 할 수 있도록 회계정보를 제공하는 것을 목적으로 함

회계	회계정보이용자가 합리적인 판단이나 의사결정을 할 수 있도록 기업실체에 관한 유용한 경제적 정보를 식별·측정·전달하는 과정
회계기준	기업이 재무제표 등을 작성할 때 따라야 하는 기준 또는 원칙

EXERCISES

연습문제

객관식

[문제 1] 다음 회계에 대한 설명 중에서 가장 옳지 않은 것은? 〈난이도: 하〉

① 회계는 정보이용자에게 유용한 정보를 제공하는 것이 목적이다.

② 회계정보를 정확하게 이해하는 것은 합리적 의사결정에 도움이 된다.

③ 회계는 기업에 대한 정보를 식별·측정·전달하는 정보생산체계이다.

④ 경제적 사건의 기록을 다루는 부기는 회계의 수요 측면을 반영하고 있다.

⑤ 회계는 기업의 언어로서 기업의 재무상태를 이해하는 데 도움이 된다.

[문제 2] 다음 회계정보이용자에 대한 설명 중에서 가장 옳은 것은? 〈난이도: 하〉

① 회계정보이용자는 기업과 이해관계를 맺고 있는 이해관계자뿐만 아니라 모든 국민을 포함하는 개념이다.

② 회계정보이용자와 기업의 이해관계자는 동일한 의미를 갖는 용어이다.

③ 경영자는 기업에게 자금을 제공하기 위해 회계정보가 필요한 외부정보이용자이다.

④ 채권자는 기업의 성장과 배당에 영향을 미치는 정보를 주로 필요로 한다.

⑤ 정보중개인은 주로 기업규제를 돕기 위해 기업에 대한 정보를 제공한다.

[문제 3] 다음 회계의 사회적 기능에 대한 설명 중에서 가장 옳지 않은 것은? 〈난이도: 하〉

① 회계는 사회적으로 한정된 자원이 효율적으로 배분되도록 도움을 준다.

② 회계는 자본가에게 위탁받은 자원에 대한 경영자의 수탁책임에 대한 정보를 제공한다.

③ 회계는 자본시장의 투자자들을 위해 기업가치 평가에 유용한 정보를 제공한다.

④ 회계정보는 자본주의 경제에서 중요하게 이용되고 있지 않다.

⑤ 경영자의 수탁책임 평가가 제대로 이루어지지 않으면 도덕적 해이 등의 문제가 발생한다.

[문제 4] 다음 투자자나 채권자의 합리적 의사결정을 위해 유용한 정보를 제공하는 것을 목적으로 하는 회계분야는? 〈난이도: 하〉

① 회계감사
② 관리회계
③ 재무회계
④ 세무회계
⑤ 비영리회계

[문제 5] 다음 회계기준에 대한 설명 중에서 가장 옳은 것은? 〈난이도: 중〉

① 회계기준은 경영자가 재무제표를 작성할 때 반드시 준수해야 하는 법률이다.
② 우리나라는 한국채택국제회계기준만을 의무적으로 적용하도록 하고 있다.
③ 우리나라 회계기준은 금융감독원의 회계기준위원회에서 제정하고 있다.
④ 우리나라 회계기준은 주식회사 등의 외부감사에 관한 법률에 법적 근거를 두고 있다.
⑤ 한국채택국제회계기준은 별도재무제표를 기본 재무제표로 한다.

CHAPTER 02

재무제표

제 1 절 기업활동과 회계정보

제 2 절 재무제표

제 3 절 재무보고를 위한 개념체계

학습목표

Learning Objectives

재무제표는 기업의 활동을 요약하여 재무상태와 경영성과에 관한 정보를 담고 있다. 기업은 재무제표를 통하여 정보이용자의 의사결정에 유용한 정보를 제공한다. 재무제표는 재무상태표, 포괄손익계산서, 자본변동표, 현금흐름표 및 주석으로 구성된다. 본 장에서는 기업활동, 재무제표와 그 구성요소 및 재무제표 작성을 위한 주요 개념에 대하여 학습한다.

본 장에서 학습할 주요 내용을 요약하면 다음과 같다.

➢ 기업활동과 회계정보
- 기업의 활동
- 기업활동과 재무제표

➢ 재무제표
- 재무상태표
- 포괄손익계산서
- 자본변동표
- 현금흐름표
- 주 석

➢ 재무보고를 위한 개념체계
- 개념체계의 목적과 위상
- 일반목적재무보고의 목적, 유용성 및 한계
- 유용한 재무정보의 질적 특성
- 재무제표와 보고기업
- 재무제표 요소의 인식과 제거
- 재무제표 요소의 측정

제 1 절 기업활동과 회계정보

기업은 자원을 투입하여 상품과 제품 등 재화나 용역을 생산·판매하여 이익을 창출하고, 이익을 분배하거나 재투자하여 영업활동을 지속한다. 한편, 기업은 존속·유지·발전을 꾀하기 위하여 그 수단으로 이익극대화를 추구하지만 보다 궁극적인 목적은 사회수요를 충족시키는 것이라 할 수 있다. 또한 기업은 사람(인적자원), 설비(물적자원) 및 화폐(자금) 등 여러 생산요소들을 효과적으로 활용하여 영업활동을 영위함으로써 재화나 용역을 생산한다.

1. 기업의 활동

기업은 주주, 채권자, 거래처, 종업원 및 정부기관 등 다양한 이해관계자들에게 재무제표를 통해 기업에 관한 재무정보를 제공한다. 재무제표는 다양한 이해관계자들에게 유용한 정보를 제공하기 위한 기업의 재무상태와 경영성과에 관한 체계적인 표현이다. 재무제표를 이해하기 위해서는 재무제표가 나타내고 있는 기업의 활동을 이해하여야 한다.

기업은 경제적, 사회적 및 문화적 환경 등을 고려하여 목표와 전략을 수립하고, 이러한 전략을 통하여 주주들의 이익을 극대화할 뿐만 아니라 종업원들에게 안정적인 일자리를 제공하며, 국가의 목표 및 정책 등을 위해 노력한다. 또한 국내영업 또는 해외영업을 할 것인지, 하나의 산업 또는 여러 산업에서 영업활동을 영위할 것인지의 여부, 원재료의 생산 또는 제품의 유통 등에 어떤 전략을 내세울 것인지를 결정한다.

기업은 전략을 통하여 제품의 우월한 품질이나 다양성, 고객서비스 등을 앞세워 시장을 개발할 수 있다. 또한 제품차별화 전략을 통하여 경쟁기업에 비해 경쟁우위를 획득할 수도 있고, 규모의 경제를 통한 효율적인 생산 및 원가절감을 통해 가격경쟁 측면에서 우위를 점할 수도 있다. 이러한 전략적 목표를 달성하기 위하여 이루어지는 기업의 활동을 재무활동, 투자활동, 영업활동으로 분류한다.

(1) 재무활동

기업이 영업활동을 수행하기 위해 필요한 자금을 확보하는 제반 활동을 재무활동(financing activities)이라 한다. 주식이나 회사채의 발행을 통해 투자자로부터 자금을 조달하거나 은행차입을 통해 자금을 조달하는 것 등이 재무활동 사례에 해당한다. 재무활동과 관련된 이해관계자는 크게 주주와 채권자로 구분된다.

1) 주주

주주는 기업에 자금을 제공하고 그 대가로 주식을 소유한다. 일반적으로 주식회사의 경우에는 보통주(common stock)를 받게 된다. 기업의 입장에서 주식을 발행하고 조달한 자금은 만기가 없고 주주에게 이익에 대한 배당금을 지급한다.

2) 채권자

채권자는 회사에 자금을 공급하고 이자를 받는다. 채권자는 기업과 계약을 통하여 일정 기간 동안 자금을 대여하고 이자를 받으며, 만기가 되면 원금을 상환받는다.

(2) 투자활동

기업은 재무활동을 통해 필요한 자금을 확보한 후에 영업활동에 필요한 여러 가지 자산에 투자를 하게 된다. 기업의 투자활동(investing activities)은 다음 예시와 같은 항목의 취득 또는 처분과 관련된 활동을 말한다.

- 토지, 건물 및 설비 : 기업에서 재화나 용역을 생산하고 판매(제공)하는 데 필요한 기본시설
- 지식재산권 : 법령 등에 따라 인정·보호되는 지식재산에 대한 권리
- 타 기업 발행 주식 또는 회사채 : 시세차익 또는 기업 간의 원활한 관계유지 등을 목적으로 취득하는 금융자산

(3) 영업활동

기업은 주주와 채권자로부터 자금을 조달하여 여러 가지 자산에 투자한다. 기업이 자산에 대한 투자를 바탕으로 고객에게 재화나 용역을 생산하고 판매(제공)하여 수익을 창출하는 과정을 영업활동(operating activities)이라 하며, 그 예는 다음과 같다.

- **구매활동** : 유통기업의 구매부는 판매하기 위한 상품을 구입하고, 제조기업의 구매부는 생산에 필요한 원재료를 구입
- **생산활동** : 제조기업의 생산부는 원재료, 노동력 등을 투입하여 제품을 생산
- **마케팅활동** : 재화와 용역의 판매 촉진을 위한 전략수립
- **일반관리활동** : 기업의 구매, 생산, 마케팅 및 타 영업부의 업무를 지원하는 활동으로 자료처리, 법률서비스, 연구개발 및 다른 지원용역을 포함

앞서 설명한 기업의 3가지 활동을 요약하면 다음 <표 2-1>과 같다.

표 2-1 | 기업의 활동

구 분	의 의	내 용
재무활동	영업에 필요한 자금의 조달	주주와 채권자로부터 자금조달 및 상환, 자금 사용 대가(배당, 이자) 지급
투자활동	영업에 필요한 경제적 자원의 획득	토지, 건물 및 기계, 특허권 등의 취득 및 처분
영업활동	수익창출을 위해 재화 또는 용역의 생산 · 판매	구매 · 생산 · 판매 · 일반관리활동 등

2. 기업활동과 재무제표

투자자와 채권자는 자신들의 합리적인 의사결정을 위해 기업의 재무활동, 투자활동 및 영업활동을 요약한 재무상태와 경영성과에 관한 정보를 알고자 한다. 예를 들어, 주주는 주식의 추가매입 및 매도 등의 투자의사결정을 위해, 채권자는 이자 지급 및 원금상환능력을 평가하기 위해 기업운영 전반에 관한 정보를 필요

그림 2-1 **기업활동과 재무제표 간의 관계**

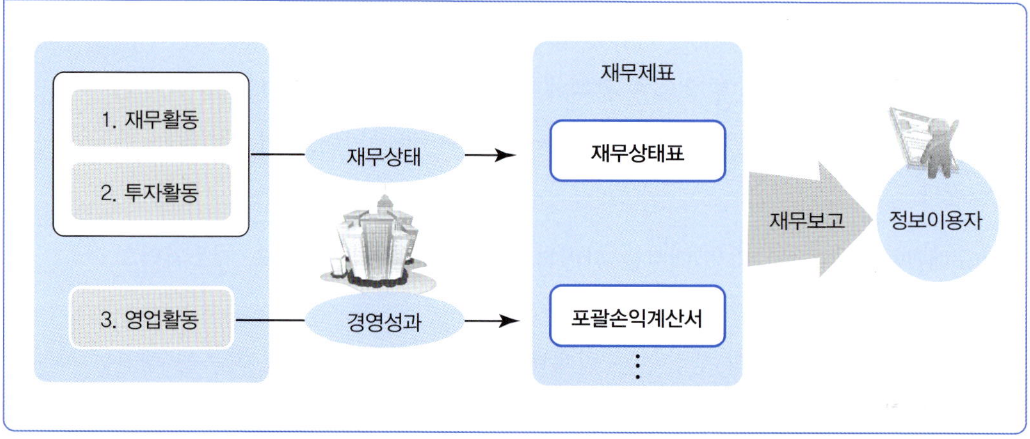

로 한다. 기업은 다수의 이해관계자들로 구성되어 있으며 그 밖의 다양한 경제적 의사결정을 위해 기업에 관한 신뢰성 있는 재무정보를 요구한다. 이러한 정보수요를 충족시키기 위해 기업은 재무제표를 통해 재무상태와 경영성과를 보고한다.

재무보고란 경제적 의사결정에 도움이 되는 재무정보를 제공하는 것을 말한다. 재무보고의 핵심내용인 기업의 재무활동, 투자활동, 영업활동의 결과는 재무제표를 통해 보고된다. 구체적으로 기업의 재무활동과 투자활동 결과는 재무상태표에 포함되며 영업활동의 결과는 포괄손익계산서에 포함된다. [그림 2-1]은 기업의 3가지 활동과 재무제표 간의 관련성을 나타낸다.

제 2 절 재무제표

1. 재무상태표

재무상태표(statement of financial position 또는 balance sheet)는 보고기간 종료일 현재 기업의 재무상태에 관한 정보를 제공한다. 재무상태란 기업이 보유하고 있는 경제적 자원(자산)과 경제적 의무(부채) 및 소유주지분(자본)의 상황을 말한다. 따라서 재무상태표에서 재무상태의 측정과 직접 관련된 요소는 자산, 부채 및 자본이 된다.

자산(assets)이란 과거사건의 결과로 기업이 통제하는 현재의 경제적 자원이다. 기업은 경제적 자원의 사용을 지시하고 그로부터 유입될 수 있는 경제적 효익을 얻을 수 있는 현재의 능력이 있다면, 그 경제적 자원을 통제한다. 경제적 자원은 경제적 효익을 창출할 잠재력을 지닌 권리이다. 예를 들어, 재고자산(상품 또는 제품), 매출채권, 토지, 건물, 기계장치 등이 이에 속한다.

부채(liabilities)는 과거사건의 결과로 기업이 경제적 자원을 이전해야 하는 현재의무이다. 의무란 기업이 회피할 수 있는 실제 능력이 없는 책무나 책임을 말한다. 예를 들면, 매입채무, 회사채, 금융기관으로부터 차입한 차입금 등이 있다.

재무상태표에 표시되는 자산과 부채의 경우 기업이 정하는 일정한 순서에 따라 배열한다. 일반적으로 자산과 부채는 각각 유동과 비유동으로 구분하여 표시한다. 즉, 현금, 매출채권과 같이 1년 이내에 현금화할 수 있는 자산을 유동자산이라 하고, 1년 이상 보유하는 자산을 비유동자산이라 한다. 또한 1년 이내에 상환해야 하는 부채를 유동부채라고 하며, 만기가 1년 이후에 도래하는 부채를 비유동부채라고 한다.

자본(equity)은 기업의 자산에서 모든 부채를 차감한 후의 잔여지분이다. 따라서 재무상태표에 표시되는 자본총액은 자산총액에서 부채총액의 측정에 따라 자동적으로 결정된다. 또한 자본은 크게 자본금과 이익잉여금으로 구성된다. [그림 2-2]는 재무제표의 구성요소를 요약한 그림이고, 왼쪽에 재무상태표의 구성요소

그림 2-2 **재무제표의 구성요소**

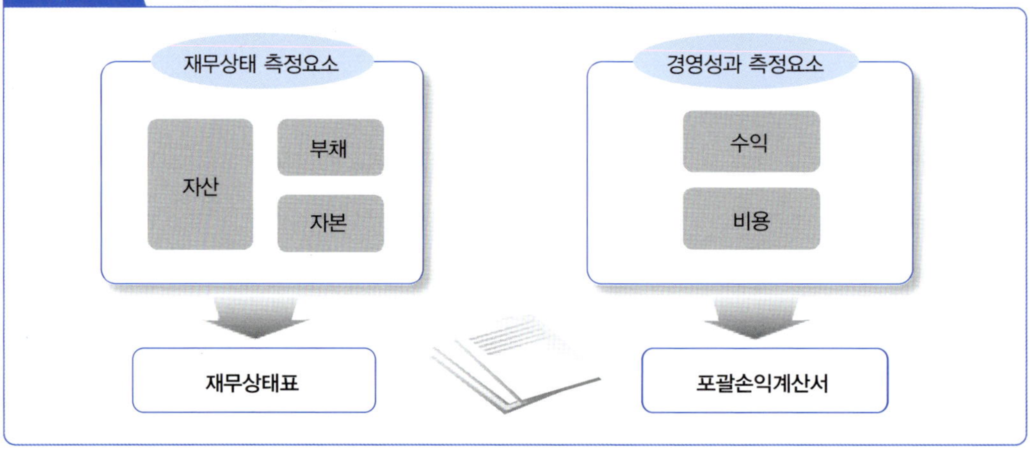

를 나타내고 있다.

재무상태표를 나타내는 방식에는 계정식과 보고식이 있다. 계정식이란 <표 2-2>와 같이 왼쪽에는 자산을, 오른쪽에는 부채와 자본을 표시하는 방식이다. 계정식은 기업의 재무구조를 직관적으로 파악하기 쉽다. 반면 보고식은 자산, 부채, 자본을 일렬로 차례대로 열거하는 방식이고, 공시 등 보고 목적으로 주로 사용되며 가독성이 좋다는 장점이 있다.

재무상태표의 자산은 부채와 자본의 합과 항상 일치하는데, 이를 회계등식 또는 재무상태표등식이라고 부른다. 자산을 기업이 보유하고 있는 경제적 자원, 총 투자라고 정의한다면 부채와 자본은 이러한 투자를 위해 조달된 재원으로 이해할 수 있다. 따라서 재원조달 측면에서 부채를 타인자본이라 하며, 자본을 자기자본이라 한다. 반대로 기업이 보유하고 있는 경제적 자원에 대해 채권자와 소유주가 청구권을 행사할 수 있다는 의미에서 부채를 채권자지분, 자본을 소유주지분이라 일컫는다.[1)]

자산 = 부채 + 자본

1) 주식회사에서는 소유주지분을 주주지분이라 한다.

표 2-2 | 재무상태표

재무상태표

20×1년 12월 31일 현재

한국㈜ (단위 : 천원)

자 산			부 채		
유동자산		₩11,000	매입채무	₩300	
현 금	₩8,000		장기차입금	1,300	
매출채권	1,400		부채총계		₩1,600
재고자산	1,600		자 본		
			자본금	₩15,000	
비유동자산		7,000	이익잉여금	1,400	
설비자산	₩7,000		자본총계		16,400
자산총계		₩18,000	부채와자본총계		₩18,000

[그림 2-3]은 부채와 자본을 상호 비교한 것이다. 부채와 자본은 자금조달의 원천이라는 공통점이 있으나, 부채는 조달된 자금을 만기에 상환할 의무가 있다는 점에서 자본과 다르다. 자본은 주주로부터 출자를 받은 것이므로 자금을 상환할 의무가 없고 영구적으로 사용할 수 있다.

그림 2-3 부채와 자본의 비교

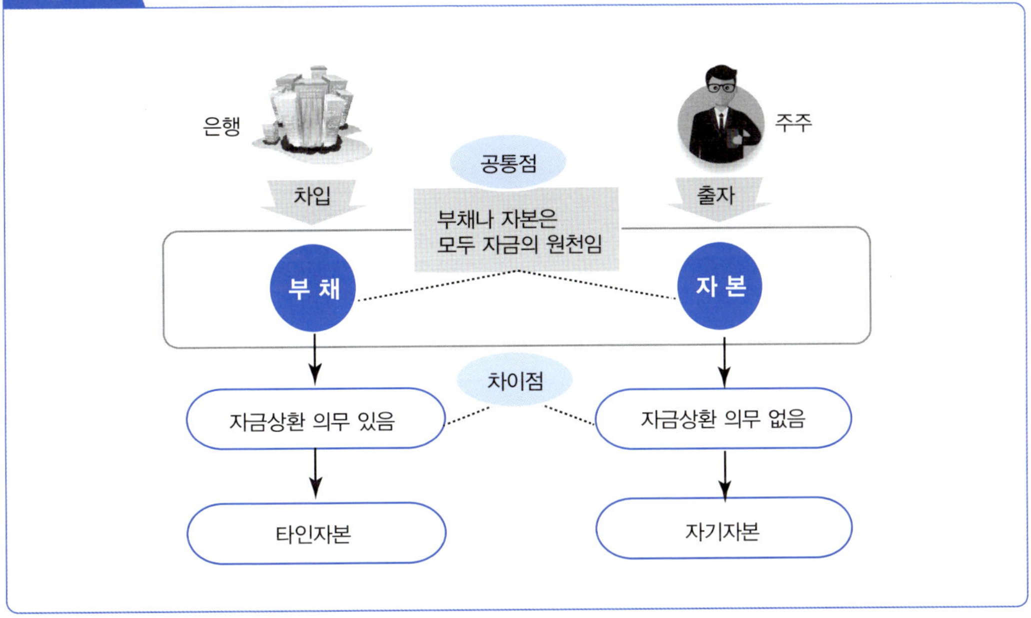

2. 포괄손익계산서

포괄손익계산서(statement of comprehensive income)는 한 회계기간에 대한 기업의 재무성과를 보고하는 재무제표이며, 재무성과의 측정과 직접 관련된 요소는 수익과 비용이다. 수익(income)은 자산의 증가 또는 부채의 감소로서 자본의 증가를 가져오며, 자본청구권 보유자의 출자와 관련된 것을 제외한다. 매출액(용역수익), 이자수익, 임대료수익 등이 있다. 비용(expenses)은 자산의 감소 또는 부채의 증가로서 자본의 감소를 가져오며, 주주에게 지급하는 배당을 제외한다.[2] 매출원가, 급여, 임차료 및 감가상각비 등이 있다.

그런데 총포괄이익을 구성하는 수익과 비용 항목 중에는 회계기준에 따라 당기순이익의 계산에 포함되지 않는 항목들이 있다. 이러한 항목들은 주로 보유 중인 자산·부채의 가치변동으로 발생하는 미실현평가손익으로 기타포괄손익(other comprehensive income)이라고 부른다. 기타포괄손익 항목들은 당기순이익을 구성하는 수익·비용 항목들과 구분하여 별도로 보고한다.

<표 2-3>은 한국㈜의 20×1년도 포괄손익계산서 예시를 보여준다. 포괄손익

표 2-3 | 포괄손익계산서

포괄손익계산서

20×1년 1월 1일부터 20×1년 12월 31일까지

한국㈜ (단위: 천원)

수 익		₩4,700
용역수익	₩4,700	
비 용		1,950
급 여	₩1,000	
임 차 료	600	
이자비용	100	
수도광열비	250	
당기순이익		₩2,750
기타포괄이익		0
총포괄이익		₩2,750

2) 배당은 비용과 달리 주주에 대한 이익의 분배로 포괄손익계산서의 비용항목이 아니라 이익잉여금의 감소항목이다.

그림 2-4 재무상태표와 포괄손익계산서의 연계성

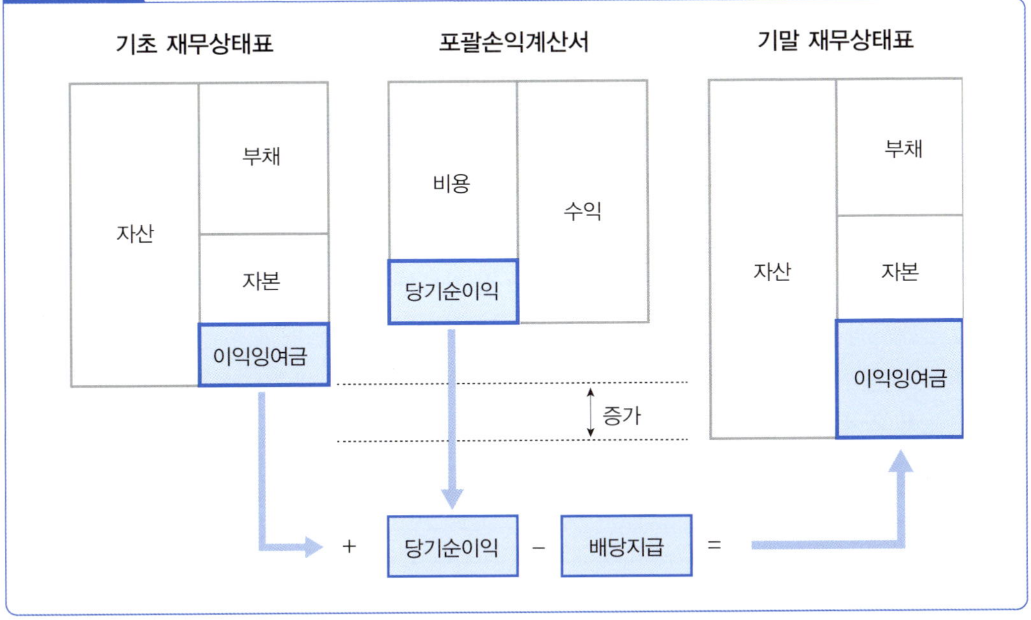

계산서에는 수익을 먼저 표시하고, 그다음에 비용을 표시하여 당기순이익 또는 당기순손실을 보고한다. 수익이 비용을 초과하면 당기순이익을, 비용이 수익을 초과하면 당기순손실을 표시한다. 당기순이익을 계산한 후 기타포괄손익을 가감하여 총포괄이익을 보고한다.3)

재무상태표와 포괄손익계산서는 서로 밀접한 관련성을 갖는다. 포괄손익계산서의 당기순이익은 재무상태표의 구성요소인 자본의 세부 항목인 이익잉여금으로 대체된다. 이를 그림으로 나타내면 [그림 2-4]와 같다. 재무상태표와 포괄손익계산서의 연계성에 대해서는 제3장에서 자세히 다룬다. 한편, 재무상태표 요소인 자산, 부채 및 자본은 일정 시점에서의 기업의 경제적 가치를 나타내므로 경제학적으로 저량(stock)의 정보를 나타내는 반면, 포괄손익계산서 요소인 수익과 비용은 일정 기간 동안 발생한 기업의 경제적 가치의 변동을 나타내므로 유량(flow)의 정보를 표시한다.

---

3) 기타포괄손익에 관한 자세한 내용은 중급회계 단계에서 학습하기로 하고, 회계원리 수준에서는 당기순이익 계산에 초점을 맞춘다. 또한 본서에서는 특별한 언급이 없으면 총포괄이익의 표시가 없는 경우에도 포괄손익계산서라 부르기로 한다.

3. 자본변동표

자본변동표(statement of changes in equity)는 보고기간 동안 발생한 자본의 세부 항목 변동을 보고하는 재무제표로서, 자본을 구성하고 있는 요소들(납입자본과 이익잉여금 등)의 변동에 대한 종합적인 정보를 제공하고 있다. 자본변동표의 구조는 <표 2-4> 예시와 같이 한국㈜의 기초(20×1년 1월 1일) 시점에서의 자본을 먼저 표시하고, 기중의 자본 변동 내용을 기록한 다음 기말(20×1년 12월 31일) 시점에서의 자본을 표시한다.

표 2-4 | 자본변동표

자본변동표

20×1년 1월 1일부터 20×1년 12월 31일까지

한국㈜ (단위 : 천원)

	자본금	이익잉여금	기타포괄손익누계액	총 계
20×1년 1월 1일	₩15,000	0	0	₩15,000
유상증자	–			–
당기순이익		₩2,750		2,750
기타포괄손익			–	–
현금배당		(1,350)	–	(1,350)
20×1년 12월 31일	₩15,000	₩1,400	0	₩16,400

4. 현금흐름표

현금흐름표(cash flow statement)는 기업의 현금 변동내용을 자세히 보고하기 위하여 보고기간 동안 발생한 모든 현금 유입과 현금 유출에 대한 정보를 제공하는 재무제표이다. 현금흐름표는 한 보고기간 동안 어디서 현금이 들어왔으며, 어디에 현금이 사용되었고, 현금은 어떻게 변동하였는지에 관한 정보를 제공한다. 구체적으로 보고기간 동안 발생한 현금 유입과 현금 유출을 영업활동, 투자활동 및 재무활동으로 구분하여 보고함으로써 순자산의 변화, 재무구조(유동성과 지급능력 포함), 그리고 급변하는 경영상황에 대처하기 위하여 현금흐름의 크기와 시기를 조절하는 능력을 평가하는 데 유용한 정보를 제공한다. 자세한 현금흐름표 작성은 제13장에서 학습한다. <표 2-5>는 20×1년도 한국㈜의 현금흐름표 예시이다.

표 2-5 | 현금흐름표

현금흐름표

20×1년 1월 1일부터 20×1년 12월 31일까지

한국㈜		(단위: 천원)
Ⅰ. 영업활동 현금흐름		₩1,350
수익으로부터의 현금 유입	₩3,300	
비용에 대한 현금 유출	(1,950)	
영업활동 순현금흐름		
Ⅱ. 투자활동 현금흐름		(7,000)
설비자산 구입	(7,000)	
Ⅲ. 재무활동 현금흐름		13,650
보통주 발행	15,000	
배당금 지급	(1,350)	
Ⅳ. 현금의 순증가		₩8,000
Ⅴ. 기초 현금		0
Ⅵ. 기말 현금		₩8,000

5. 주 석

주석(notes)은 재무상태표, 포괄손익계산서, 자본변동표 및 현금흐름표에 추가하여 제공되는 정보로서 이러한 각 재무제표에 표시된 항목을 구체적으로 설명하거나 세분화한 정보를 제공한다. 또한 이해관계자의 의사결정에 유용하지만 재무제표 구성요소의 인식요건을 충족하지 못하는 항목들에 관한 정보도 제공하고, 재무제표의 작성근거와 기업이 사용한 구체적인 회계정책에 대한 정보도 공시한다.

제 3 절 재무보고를 위한 개념체계

1. 개념체계의 목적과 위상

'재무보고를 위한 개념체계'(이하 '개념체계'라 한다)는 일반목적재무보고의 목적과 개념을 서술한다. '개념체계'의 목적은 다음과 같다.

① 한국회계기준위원회가 일관된 개념에 기반하여 한국채택국제회계기준(이하 '회계기준')을 제 · 개정하는 데 도움을 준다.

② 특정 거래나 다른 사건에 적용할 회계기준이 없거나 회계기준에서 회계정책 선택이 허용되는 경우에 재무제표 작성자가 일관된 회계정책을 개발하는 데 도움을 준다.

③ 모든 이해관계자가 회계기준을 이해하고 해석하는 데 도움을 준다.

'개념체계'는 회계기준이 아니다. 따라서 이 '개념체계'의 어떠한 내용도 회계기준이나 회계기준의 요구사항에 우선하지 아니한다.

2. 일반목적재무보고의 목적, 유용성 및 한계

일반목적재무보고의 목적은 현재 및 잠재적 투자자, 대여자와 그 밖의 채권자가 기업에 자원을 제공하는 것과 관련된 의사결정을 할 때 유용한 보고기업 재무정보를 제공하는 것이다. 현재 및 잠재적 투자자, 대여자와 그 밖의 채권자는 다음의 정보를 필요로 한다.

① 기업의 경제적 자원, 기업에 대한 청구권 및 그러한 자원과 청구권의 변동

② 기업의 경영진과 이사회가 기업의 경제적 자원 사용에 대한 그들의 책임을 얼마나 효율적이고 효과적으로 이행했는지 여부

일반목적재무보고서는 현재 및 잠재적 투자자, 대여자와 그 밖의 채권자가 필

요로 하는 모든 정보를 제공하지는 않으며 제공할 수도 없다. 그 이용자들은 예를 들어, 일반 경제적 상황 및 기대, 정치적 사건과 정치 풍토, 산업 및 기업 전망과 같은 다른 원천에서 입수한 관련 정보를 고려할 필요가 있다. 일반목적재무보고서는 보고기업의 가치를 보여주기 위해 고안된 것이 아니다. 그러나 그것은 현재 및 잠재적 투자자, 대여자와 그 밖의 채권자가 보고기업의 가치를 추정하는 데 도움이 되는 정보를 제공한다.

3. 유용한 재무정보의 질적 특성

재무정보가 유용하기 위해서는 목적적합해야 하고 나타내고자 하는 바를 충실하게 표현해야 한다. 재무정보가 비교가능하고, 검증가능하며, 적시성 있고, 이해가능한 경우 그 재무정보의 유용성은 보강된다.

(1) 근본적 질적 특성

근본적 질적 특성은 목적적합성과 표현충실성이다.

1) 목적적합성

목적적합한 재무정보는 이용자들의 의사결정에 차이가 나도록 할 수 있다. 이용자들이 미래 결과를 예측하기 위해 사용하는 절차의 투입요소로 재무정보가 사용될 수 있다면, 그 재무정보는 예측가치를 갖는다. 재무정보가 예측가치를 갖기 위해서 그 자체가 예측치 또는 예상치일 필요는 없다. 재무정보가 과거 평가에 대해 피드백을 제공한다면(과거 평가를 확인하거나 변경시킨다면) 확인가치를 갖는다. 재무정보에 예측가치, 확인가치 또는 이 둘 모두가 있다면 그 재무정보는 의사결정에 차이가 나도록 할 수 있다.

특정 보고기업에 대한 재무정보를 제공하는 일반목적재무보고서에 정보를 누락하거나 잘못 기재하거나 불분명하게 하여, 이를 기초로 내리는 주요 이용자들의 의사결정에 영향을 줄 것으로 합리적으로 예상할 수 있다면 그 정보는 중요한 것이다. 즉, 중요성은 개별 기업 재무보고서 관점에서 해당 정보와 관련된 항목의 성격이나 규모 또는 이 둘 다에 근거하여 해당 기업에 특유한 측면의 목적적합성을 의미한다.

2) 표현충실성

재무정보가 유용하기 위해서는 목적적합한 현상을 표현하는 것뿐만 아니라 나타내고자 하는 현상의 실질을 충실하게 표현해야 한다. 완벽한 표현충실성을 위해서는 서술에 세 가지의 특성이 있어야 할 것이다. 서술은 완전하고, 중립적이며, 오류가 없어야 할 것이다. 완전한 서술은 필요한 기술과 설명을 포함하여 이용자가 서술되는 현상을 이해하는 데 필요한 모든 정보를 포함하는 것이며, 중립적 서술은 재무정보의 선택이나 표시에 편의가 없는 것이다. 표현충실성은 모든 면에서 정확한 것을 의미하지는 않는다. 오류가 없다는 것은 현상의 기술에 오류나 누락이 없고, 보고 정보를 생산하는 데 사용되는 절차의 선택과 적용 시 절차상 오류가 없음을 의미한다.

(2) 보충적 질적 특성

비교가능성, 검증가능성, 적시성 및 이해가능성은 목적적합성과 나타내고자 하는 바를 충실하게 표현하는 것 모두를 충족하는 정보의 유용성을 보강시키는 질적 특성이다.

1) 비교가능성

비교가능성은 이용자들이 항목 간의 유사점과 차이점을 식별하고 이해할 수 있게 하는 질적 특성이다. 다른 질적 특성과 달리 비교가능성은 단 하나의 항목에 관련된 것이 아니다. 비교하려면 최소한 두 항목이 필요하다.

2) 검증가능성

검증가능성은 정보가 나타내고자 하는 경제적 현상을 충실히 표현하는지를 이용자들이 확인하는 데 도움을 준다. 검증가능성은 합리적인 판단력이 있고 독립적인 서로 다른 관찰자가 어떤 서술이 표현충실성에 있어, 비록 반드시 완전히 의견이 일치하지는 않더라도, 합의에 이를 수 있다는 것을 의미한다.

3) 적시성

적시성은 의사결정에 영향을 미칠 수 있도록 의사결정자가 정보를 제때에 이용가능하게 하는 것을 의미한다. 일반적으로 정보는 오래될수록 유용성이 낮아진다. 그러나 일부 정보는 보고기간 말 후에도 오랫동안 적시성이 있을 수 있다. 예를 들어, 일부 이용자들은 추세를 식별하고 평가할 필요가 있을 수 있기 때문이다.

4) 이해가능성

정보를 명확하고 간결하게 분류하고, 특징지으며, 표시하는 것은 정보를 이해가능하게 한다. 일부 현상은 본질적으로 복잡하여 이해하기 쉽지 않다. 그 현상에 대한 정보를 재무보고서에서 제외하면 그 재무보고서의 정보를 더 이해하기 쉽게 할 수 있다. 그러나 그 보고서는 불완전하여 잠재적으로 오도할 수 있다.

4. 재무제표와 보고기업

(1) 재무제표

1) 재무제표의 목적과 범위

재무제표의 목적은 보고기업에 유입될 미래순현금흐름에 대한 전망과 보고기업의 경제적 자원에 대한 경영진의 수탁책임을 평가하는 데 유용한 보고기업의 자산, 부채, 자본, 수익 및 비용에 대한 재무정보를 재무제표이용자들에게 제공하는 것이다. 이러한 정보는 다음을 통해 제공된다.

① 자산, 부채 및 자본이 인식된 재무상태표

② 수익과 비용이 인식된 재무성과표

③ 다음에 관한 정보가 표시되고 공시된 다른 재무제표와 주석

(가) 인식된 자산, 부채, 자본, 수익 및 비용, 그 각각의 성격과 인식된 자산 및 부채에서 발생하는 위험에 대한 정보를 포함한다.

(나) 인식되지 않은 자산 및 부채, 그 각각의 성격과 인식되지 않은 자산과 부채에서 발생하는 위험에 대한 정보를 포함한다.

(다) 현금흐름
(라) 자본청구권 보유자의 출자와 자본청구권 보유자에 대한 분배
(마) 표시되거나 공시된 금액을 추정하는 데 사용된 방법, 가정과 판단 및 그러한 방법, 가정과 판단의 변경

2) 보고기간

재무제표는 특정 기간(보고기간)에 대하여 작성되며 다음에 관한 정보를 제공한다.

① 보고기간 말 현재 또는 보고기간 중 존재했던 자산과 부채(미인식된 자산과 부채 포함) 및 자본
② 보고기간의 수익과 비용

3) 재무제표에 채택된 관점

재무제표는 기업의 현재 및 잠재적 투자자, 대여자와 그 밖의 채권자 중 특정 집단의 관점이 아닌 보고기업 전체의 관점에서 거래 및 그 밖의 사건에 대한 정보를 제공한다.

4) 계속기업 가정

재무제표는 일반적으로 보고기업이 계속기업이며 예측가능한 미래에 영업을 계속할 것이라는 가정하에 작성된다. 따라서 기업이 청산을 하거나 거래를 중단하려는 의도가 없으며, 그럴 필요도 없다고 가정한다. 만약 그러한 의도나 필요가 있다면, 재무제표는 계속기업과는 다른 기준에 따라 작성되어야 한다. 그러한 경우라면, 사용된 기준을 재무제표에 기술한다.

(2) 보고기업

보고기업은 재무제표를 작성해야 하거나 작성하기로 선택한 기업이다. 보고기업은 단일의 실체이거나 어떤 실체의 일부일 수 있으며, 둘 이상의 실체로 구성될 수도 있다. 보고기업이 반드시 법적 실체일 필요는 없다.

5. 재무제표 요소의 인식과 제거

(1) 재무제표 요소의 인식절차

인식(recognition)이란 자산, 부채, 자본, 수익 또는 비용과 같은 재무제표 요소 중 하나의 정의를 충족하는 항목을 재무상태표나 재무성과표에 포함하기 위하여 포착하는 과정이다. 인식은 그러한 재무제표 중 하나에 어떤 항목(단독으로 또는 다른 항목과 통합하여)을 명칭과 화폐금액으로 나타내고, 그 항목을 해당 재무제표의 하나 이상의 합계에 포함시키는 것과 관련된다. 자산, 부채 또는 자본이 재무상태표에 인식되는 금액을 '장부금액'이라고 한다.

인식에 따라 재무제표 요소, 재무상태표 및 재무성과표가 [그림 2-5]와 같이 연계된다.

① 재무상태표의 보고기간 기초와 기말의 총자산에서 총부채를 차감한 것은 총자본과 같다.

② 보고기간에 인식한 자본변동은 다음과 같이 구성되어 있다.

(가) 재무성과표에 인식된 수익에서 비용을 차감한 금액

(나) 자본청구권 보유자로부터의 출자에서 자본청구권 보유자에의 분배를 차감한 금액

하나의 항목(또는 장부금액의 변동)의 인식은 하나 이상의 다른 항목(또는 하나 이상의 다른 항목의 장부금액의 변동)의 인식 또는 제거가 필요하기 때문에 재무제표들은 예를 들어 다음과 같이 연계된다.

① 수익의 인식은 다음과 동시에 발생한다.

(가) 자산의 최초 인식 또는 자산의 장부금액의 증가

(나) 부채의 제거 또는 부채의 장부금액의 감소

② 비용의 인식은 다음과 동시에 발생한다.

(가) 부채의 최초 인식 또는 부채의 장부금액의 증가

(나) 자산의 제거 또는 자산의 장부금액의 감소

그림 2-5 **인식에 따라 재무제표 요소들이 연계되는 방법**

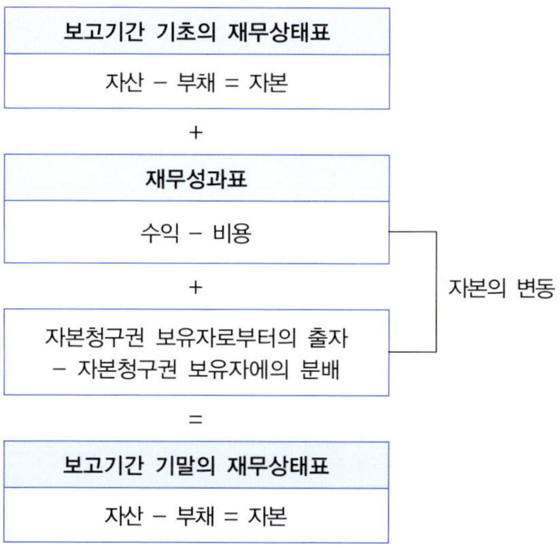

(2) 재무제표 요소의 인식

자산, 부채 또는 자본의 정의를 충족하는 항목만이 재무상태표에 인식된다. 마찬가지로 수익이나 비용의 정의를 충족하는 항목만이 재무성과표에 인식된다. 그러나 그러한 요소 중 하나의 정의를 충족하는 항목이라고 할지라도 항상 인식되는 것은 아니다.

(3) 재무제표 요소의 제거

제거는 기업의 재무상태표에서 인식된 자산이나 부채의 전부 또는 일부를 삭제하는 것이다. 제거는 일반적으로 해당 항목이 더 이상 자산 또는 부채의 정의를 충족하지 못할 때 발생한다.

① 자산은 일반적으로 기업이 인식한 자산의 전부 또는 일부에 대한 통제를 상실하였을 때 제거한다.

② 부채는 일반적으로 기업이 인식한 부채의 전부 또는 일부에 대한 현재의무를 더 이상 부담하지 않을 때 제거한다.

6. 재무제표 요소의 측정

측정(measurement)은 재무상태표와 포괄손익계산서에 인식되어야 할 요소의 화폐금액을 결정하는 과정이다. 재무제표에 인식된 요소들은 화폐단위로 수량화되어 있다. 이를 위해 측정기준을 선택해야 한다. 측정기준은 측정대상 항목에 대해 식별된 속성(예: 역사적 원가, 공정가치 또는 이행가치)이다. 자산이나 부채에 측정기준을 적용하면 해당 자산이나 부채, 관련 수익과 비용의 측정치가 산출된다. 재무제표를 작성하기 위해서는 다수의 측정기준이 결합되어 사용되는데 다음과 같은 측정기준이 있다.

(1) 역사적 원가

자산을 취득하거나 창출할 때의 역사적 원가는 자산의 취득 또는 창출에 발생한 원가의 가치로서, 자산을 취득 또는 창출하기 위하여 지급한 대가와 거래원가를 포함한다. 부채가 발생하거나 인수할 때의 역사적 원가는 발생시키거나 인수하면서 수취한 대가에서 거래원가를 차감한 가치이다.

(2) 현행가치

현행가치에는 공정가치, 사용가치와 이행가치, 현행원가가 있다. 현행가치 측정치는 측정일의 조건을 반영하기 위해 갱신된 정보를 사용하여 자산, 부채 및 관련 수익과 비용의 화폐적 정보를 제공한다. 이러한 갱신에 따라 자산과 부채의 현행가치는 이전 측정일 이후의 변동, 즉 현행가치에 반영되는 현금흐름과 그 밖의 요소의 추정치의 변동을 반영한다.

1) 공정가치

공정가치는 측정일에 시장참여자 사이의 정상거래에서 자산을 매도할 때 받거나 부채를 이전할 때 지급하게 될 가격이다. 공정가치는 기업이 접근할 수 있는 시장의 참여자 관점을 반영한다. 시장참여자가 경제적으로 최선의 행동을 한다면 자산이나 부채의 가격을 결정할 때 사용할 가정과 동일한 가정을 사용하여 그 자산이나 부채를 측정한다.

2) 사용가치와 이행가치

사용가치는 기업이 자산의 사용과 궁극적인 처분으로 얻을 것으로 기대하는 현금흐름 또는 그 밖의 경제적 효익의 현재가치이다. 이행가치는 기업이 부채를 이행할 때 이전해야 하는 현금이나 그 밖의 경제적 자원의 현재가치이다. 이러한 현금이나 그 밖의 경제적 자원의 금액은 거래상대방에게 이전되는 금액뿐만 아니라 기업이 그 부채를 이행할 수 있도록 하기 위해 다른 당사자에게 이전해야 할 것으로 기대하는 금액도 포함한다.

3) 현행원가

자산의 현행원가는 측정일 현재 동등한 자산의 원가로서 측정일에 지급할 대가와 그 날에 발생할 거래원가를 포함한다. 부채의 현행원가는 측정일 현재 동등한 부채에 대해 수취할 수 있는 대가에서 그 날에 발생할 거래원가를 차감한다. 현행원가는 역사적 원가와 마찬가지로 유입가치이다. 이는 기업이 자산을 취득하거나 부채를 발생시킬 시장에서의 가격을 반영한다. 이런 이유로, 현행원가는 유출가치인 공정가치, 사용가치 또는 이행가치와 다르다.

요 약

1. 기업의 활동과 재무제표

기업의 활동은 크게 재무활동, 투자활동, 영업활동으로 구분된다. 재무활동이란 필요한 자금을 조달하는 것으로 주식 또는 사채의 발행, 차입을 통해 자금을 확보하는 것이다. 투자활동이란 토지 및 건물, 재고자산 매입 등 영업활동에 필요한 경제적 자원을 획득하는 것이다. 영업활동이란 고객에게 용역이나 재화를 제공함으로써 이익을 창출하기 위한 활동을 말한다. 이와 같은 기업활동의 결과는 재무제표에 보고된다. 재무활동과 투자활동의 결과는 재무상태표에 보고되며, 영업활동의 결과는 포괄손익계산서에 보고된다.

2. 재무제표의 구성

재무제표에는 재무상태표, 포괄손익계산서, 자본변동표, 현금흐름표, 주석이 포함된다. 재무상태표는 일정 시점에 기업이 보유하고 있는 자산, 부채, 자본의 재무상태를 보여주는 저량(stock) 개념의 정보이며, 포괄손익계산서는 일정 기간 동안 기업의 경영성과를 나타내는 유량(flow) 개념의 정보이다. 포괄손익계산서의 당기순이익은 재무상태표 자본계정 중의 하나인 이익잉여금으로 대체된다. 이 외에도 자본의 변동을 보여주는 자본변동표, 일정 기간 동안 영업 · 투자 · 재무활동에 따른 현금의 수취와 지급에 관한 정보를 제공하는 현금흐름표, 추가적인 정보를 제공하는 주석이 재무제표를 구성한다.

3. 재무보고를 위한 기본가정

재무제표를 작성할 때, 한국채택국제회계기준의 개념체계에 따라 기업은 계속기업의 가정을 적용한다. 예상가능한 미래기간 동안 영업을 계속할 것이라는 계속기업 가정으로 인해 기업은 기간별 보고를 한다.

4. 재무제표 요소

항목	요소	정의 또는 설명
경제적 자원	자산	과거사건의 결과로 기업이 통제하는 현재의 경제적 자원. 경제적 자원은 경제적 효익을 창출할 잠재력을 지닌 권리
청구권	부채	과거사건의 결과로 기업의 경제적 자원을 이전해야 하는 현재의무
	자본	기업의 자산에서 모든 부채를 차감한 후의 잔여지분
재무성과를 반영하는 경제적 자원 및 청구권의 변동	수익	자본의 증가를 가져오는 자산의 증가나 부채의 감소로서, 자본청구권 보유자의 출자와 관련된 것은 제외
	비용	자본의 감소를 가져오는 자산의 감소나 부채의 증가로서, 자본청구권 보유자에 대한 분배와 관련된 것은 제외

용어정리

부채	과거사건의 결과로 기업의 경제적 자원을 이전해야 하는 현재의무
비용	자본의 감소를 가져오는 자산의 감소나 부채의 증가로서, 자본청구권 보유자에 대한 분배와 관련된 것은 제외
수익	자본의 증가를 가져오는 자산의 증가나 부채의 감소로서, 자본청구권 보유자의 출자와 관련된 것은 제외
자본	기업의 자산에서 모든 부채를 차감한 후의 잔여지분
자본변동표	일정 기간 동안 발생한 자본의 변동을 표시하는 재무제표
자산	과거사건의 결과로 기업이 통제하는 현재의 경제적 자원. 경제적 자원은 경제적 효익을 창출할 잠재력을 지닌 권리
재무상태표	일정 시점에 기업이 보유하고 있는 자산, 부채 및 자본의 재무상태에 대한 정보를 제공하는 재무제표
주석	재무제표의 과목 또는 금액에 번호를 붙이고 난외 또는 별지에 재무제표 정보에 추가하여 관련된 내용을 기술하는 것
포괄손익계산서	일정 기간 기업의 경영성과에 대한 정보를 당기순손익, 기타포괄손익, 총포괄손익의 형태로 제공하는 재무제표
현금흐름표	일정 기간 동안 기업실체의 현금 유입과 유출에 관한 정보를 제공하는 재무제표
회계등식	자산은 부채와 자본을 합한 금액과 항상 일치한다는 등식

EXERCISES

연습문제

객관식

[문제 1] 다음 중 재무상태표에 대한 설명 중에서 가장 옳은 것은? 〈난이도: 중〉

① 일정 기간 동안 기업의 경영성과에 대한 정보를 제공한다.

② 일정 기간 동안 기업의 현금 유입과 현금 유출에 대한 정보를 제공한다.

③ 일정 시점 현재 기업이 보유하는 자산, 부채, 자본에 대한 정보를 제공한다.

④ 기업의 자본의 크기와 그 변동에 대한 정보를 제공한다.

⑤ 재무상태표와 포괄손익계산서는 독립적인 관계를 갖는다.

[문제 2] 다음 중 포괄손익계산서에 대한 설명 중에서 가장 옳지 않은 것은? 〈난이도: 하〉

① 포괄손익계산서는 일정 기간 동안 경영성과에 대한 정보를 제공한다.

② 포괄손익계산서의 당기순이익과 기타포괄손익은 재무상태표의 자본을 변동시킨다.

③ 수익이 비용보다 클 경우에는 당기순이익이 발생한다.

④ 포괄손익계산서와 재무상태표는 부채계정을 통해 연계관계를 갖는다.

⑤ 수익은 자본을 증가시키고, 비용은 자본을 감소시킨다.

[문제 3] 다음 자료를 이용하여 당기순이익과 기말부채를 각각 계산하면 얼마인가? (단, 배당 및 추가출자, 기타포괄손익은 없음) 〈난이도: 중〉

기초자산	1,000	기초부채	500
총수입	1,100	총비용	700
기말자산	2,100		

① 400원 900원
② 500원 900원
③ 400원 1,200원
④ 500원 1,200원
⑤ 600원 1,200원

[문제 4] 회계정보의 근본적 질적 특성 중에서 목적적합성과 관련이 있는 것은? 〈난이도: 하〉

① 중요성 ② 완전성 ③ 중립성
④ 계속성 ⑤ 유용성

[문제 5] 다음은 재무보고를 위한 개념체계에 대한 설명이다. 회계정보의 보충적 질적 특성과 관련이 없는 것은? 〈난이도: 하〉

① 비교가능성 ② 검증가능성 ③ 이해가능성
④ 표현충실성 ⑤ 적시성

CHAPTER 03

회계순환과정 I

제 1 절 회계상 거래

제 2 절 거래의 분석

제 3 절 거래의 기록

제 4 절 회계순환과정 개관

제 5 절 회계순환과정 I : 기중의 회계처리

학습목표

Learning Objectives

제3장 및 제4장에서는 기업의 내·외부에서 이루어진 거래 및 사건을 회계장부에 기록하여 이를 재무제표로 만들기까지 필요한 절차에 대해 다룬다. 제3장에서는 회계기간 중에 이루어지는 회계절차를, 제4장에서는 회계기간이 종료된 이후 이루어지는 회계절차에 초점을 두어 살펴본다. 제3장에서는 우선, 기초작업으로 회계등식을 이용하여 회계상 거래를 구분 및 분석하는 방법을 익힌 후, 계정, 차변 및 대변의 개념을 활용하여 회계거래를 기록하는 구체적인 방법을 연습할 것이다. 그리고 본격적으로 기업의 회계기록 과정 중 기중에 이루어지는 절차인 분개와 전기의 개념 및 적용방법에 대해 여러 예시를 통해 살펴볼 것이다. 또한 회계기간이 종료된 이후 재무제표를 작성하기 앞서 필요한 기말 회계처리 절차 중 그 첫 번째로 시산표의 작성 관련 개념, 유용성 및 한계점에 대해 살펴보기로 한다.

본 장에서 학습할 주요 내용을 요약하면 다음과 같다.

- ➢ 회계상 거래
- ➢ 거래의 분석
  - 회계등식
  - 거래의 분석
- ➢ 거래의 기록
  - 계 정
  - 차변과 대변
  - 거래의 기록
- ➢ 회계순환과정 개관
- ➢ 회계순환과정 I : 기중의 회계처리
  - 분 개
  - 전 기
  - 수정전시산표

제 1 절 회계상 거래

기업은 이익창출을 목적으로 영업활동, 투자활동, 재무활동 등 다양한 사업활동을 수행한다. 그리고 이러한 사업활동의 과정에서 상품 구매 및 판매, 건물의 임대차계약, 토지 담보설정 등 수많은 거래가 발생하게 된다. 기업은 거래가 발생하면 이를 모두 회계장부에 기록해야 할까? 그리고 계약에 따라 성립된 거래를 기록하는 것만으로 회계기록은 완전할까? 그 외에 기록되어야 할 사건은 어떻게 판단할까?

기업을 둘러싼 거래 및 사건은 다음의 두 가지 조건을 충족했을 때 회계상 거래로 분류되며, 이는 회계장부에 기록되어야 한다. 첫째, 기업의 재무상태에 영향을 주어야 한다. 즉, 기업의 재무상태표 요소인 자산, 부채, 자본의 증감에 영향을 미쳐야 한다. 둘째, 화폐단위로 측정할 수 있어야 한다. 화폐단위로 측정할 수 없는 경우 회계장부에 숫자로 기록할 수 없기 때문이다. [그림 3-1]에서는 일상적인 거래와 회계상 거래를 비교하고 있다. 예를 들어, 상품 주문은 일상적인 거래로 분류되나, 상품을 주문한 것만으로 기업의 자산, 부채 및 자본에 어떠한 영향도 없다. 따라서 이는 회계상 거래로 분류되지 않으며, 회계장부에 기록하지 않는다. 반면, 주문한 상품을 수령하거나 주문한 상품에 대한 대가를 현금으로 지급한 경우 이는 기업의 재무상태에 영향을 미친다. 상품이라는 자산이 증가하거나 현금이라는 자산이 감소했기 때문이다. 또한 수령한 상품의 가격 또는 현금 지출액은

그림 3-1 일상적 거래와 회계상 거래

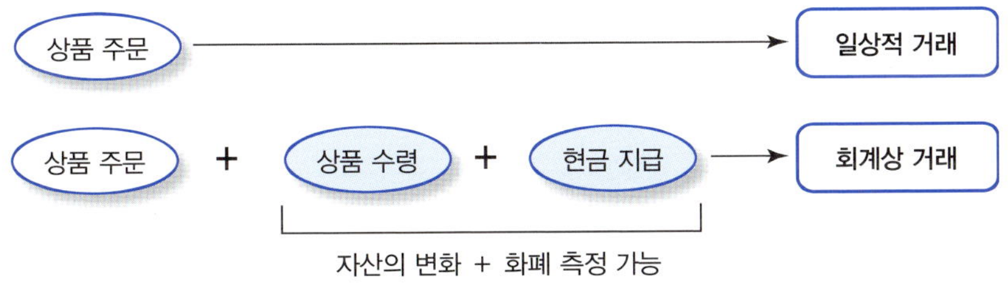

화폐단위로 측정이 가능하다. 따라서 상품을 수령하거나 그 대가를 지급한 것은 회계상 거래로 분류된다. 즉, 회계장부에 기록되어야 한다.

이외에도 일상적 거래에 해당하지만 회계상 거래로 분류되지 않는 경우로 건물의 임대차계약, 토지의 담보설정, 종업원의 고용계약 등이 있다. 이러한 거래는 당장은 기업의 자산, 부채 및 자본에 영향을 미치지 않기 때문에 회계상 거래로 인식하지 않는다. 반면, 건물의 화재, 상품(제품)의 파손 및 도난, 상품(제품) 가격의 하락 등은 일상생활에서 거래로 인식하지 않지만 기업의 자산, 부채, 자본 등 그 재무상태에 영향을 주기 때문에 화폐단위로 측정가능하다면 회계거래로 인식한다. 회계거래를 분석하는 방법에 대해서는 제2절에서 보다 상세히 다룬다.

✓예제 3-1

다음은 한국㈜의 거래내역이다.

(1) 주주들이 현금을 출자하여 한국㈜를 설립하였다.
(2) 강남㈜와 1억원의 거래계약을 체결했다.
(3) 신입사원을 모집하고 고용계약을 하였다.
(4) 자동차를 구매하고 대금은 나중에 지급하기로 했다.
(5) 공장에 화재가 발생하여 막대한 손해를 입었다.
(6) 강남㈜와 강북㈜의 거래에 있어서 한국㈜가 지급보증을 했다.
(7) 강남㈜가 강북㈜에게 구입대금을 지급하지 못해 지급보증한 한국㈜가 대신 현금을 지급했다.
(8) 경영자가 개인자금으로 회사의 주가가 상승할 것으로 예상하여 주식을 구입하였다.
(9) 김대리가 과장으로 승진하면서 연봉 50% 인상의 고용계약을 했다.
(10) 상품을 판매하고 대금 중 일부는 즉시 현금으로 받았고 나머지는 나중에 받기로 했다.

▶ 요구사항

위의 각 거래가 회계상 거래인지 아닌지 분석하라.

해답

(1) 자산과 자본이 증가하므로 회계상 거래이다.

(2) 거래계약의 체결은 한국㈜의 자산, 부채, 자본에 영향을 주지 않으므로 회계상의 거래가 아니다.

(3) 단순한 고용계약은 회계상의 거래가 아니다.

(4) 자동차라는 자산이 증가하고 대금을 지급하기로 함에 따라 부채가 증가하였다. 따라서 회계상의 거래이다.

(5) 공장이라는 자산이 막대한 손실로 가치가 감소하였다. 따라서 자산이 감소한 회계상의 거래이다.

(6) 지급보증 자체는 자산, 부채, 자본의 변동에 영향을 미치지 않으므로 회계상의 거래가 아니다.

(7) 지급보증한 한국㈜가 대신 현금을 지급했기 때문에 자산이 감소하였다. 따라서 회계상의 거래이다.

(8) 경영자의 개인적인 거래는 회사의 자산, 부채, 자본에 영향을 주지 않는다. 따라서 회계상의 거래가 아니다.

(9) 연봉계약만 한 것이지 아직 근로가 제공되지 않았고 이에 따라 급여를 지급할 의무 역시 아직 발생하지 않았으므로 회사의 자산, 부채, 자본에 영향이 없다. 따라서 회계상의 거래가 아니다.

(10) 상품이라는 자산의 감소와 함께 현금이라는 자산의 증가, 나중에 대가를 받기로 한 권리의 증가 등 자산이 변동하였으므로 회계상의 거래이다.

제 2 절 거래의 분석

1. 회계등식

기업은 영업활동을 수행하기 위해 필요한 자산(자원)을 투자자(주주 및 채권자)로부터 조달한다. 주주에 의해 조달되는 부분은 재무제표상 자본으로 인식하고, 채권자에 의해 조달되는 부분은 부채로 인식한다. 즉, 자산은 부채와 자본의 합과 일치하는데, 이를 회계등식이라 일컫는다. 예를 들어, 한국㈜가 사업을 시작하면서 은행(채권자)으로부터 4억원을 차입하고, 주식을 발행하여 주주로부터 6억원을 조달하였다면, 한국㈜는 현금 10억원의 자산, 4억원의 부채 및 6억원의 자본을 보유하게 된다. 이때 자산 10억원은 부채와 자본의 합계액인 10억원과 일치한다.

자산 = 부채 + 자본

위의 회계등식을 달리 해석하면, 기업이 보유한 자산 중 부채에 해당하는 금액만큼은 채권자의 몫이고, 나머지는 주주의 몫이다. 즉, 기업이 보유하고 있는 현금 10억원의 자산 중 4억원만큼은 은행(채권자)의 몫이고 나머지 6억원은 주주의 몫이다.

이와 같이 투자자로부터 경제적 자원을 조달하고 난 이후 기업은 이를 이용하여 영업활동을 수행하게 되는데, 그 결과 기업의 경제적 자원, 부채 및 자본에 변동이 발생한다. 이때 상기 회계등식의 자본은 크게 자본금과 이익잉여금으로 확장하여 표현될 수 있다.[1] 자본금은 주주가 납입한 금액이고, 이익잉여금은 기업이 영업활동을 통하여 창출한 이익으로 주주에게 자본의 사용대가로 배당금을 지급하고 남은 나머지, 즉 기업이 재투자를 위해서 회사 내에 남겨둔(유보) 금액이

1) 자본은 구체적으로 납입자본(자본금과 자본잉여금), 이익잉여금 및 기타자본요소로 구성되어 있으나, 설명의 간편성을 위해 자본금과 이익잉여금만으로 구성되어 있는 것으로 간주한다. 보다 자세한 내용은 제12장(자본)에서 학습하기로 한다.

그림 3-2 **재무상태표의 자본과 포괄손익계산서의 당기순손익 및 배당금 간의 연계성**

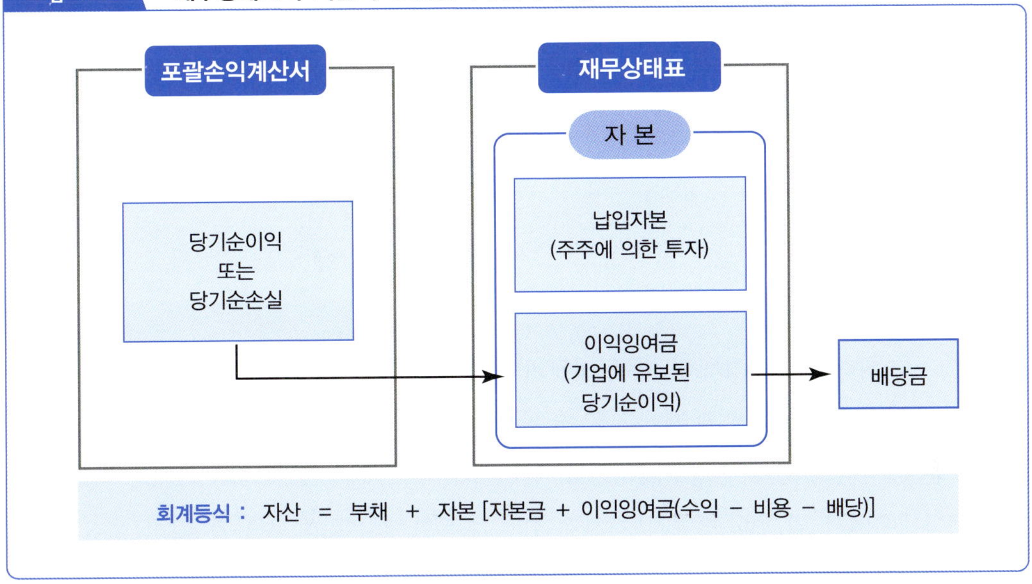

다. 따라서 이익잉여금은 당기순이익(수익－비용)에 의해 증가하고 배당금 지급에 의해 감소하게 된다. 결과적으로 수익, 비용 및 배당금 등 세 가지 요소의 변동은 이익잉여금에 영향을 주고 최종적으로 자본에 영향을 미친다. [그림 3-2]는 재무상태표상 자본의 구성요소인 이익잉여금의 변동요인을 포괄손익계산서 항목과 연계하여 보여주고 있다.

[그림 3-3]은 기본 회계등식을 확장한 모형을 보여준다. 자본은 자본금과 이익잉여금으로 구분할 수 있으며, 이익잉여금은 다시 수익, 비용, 배당으로 구분표

그림 3-3 **회계등식**

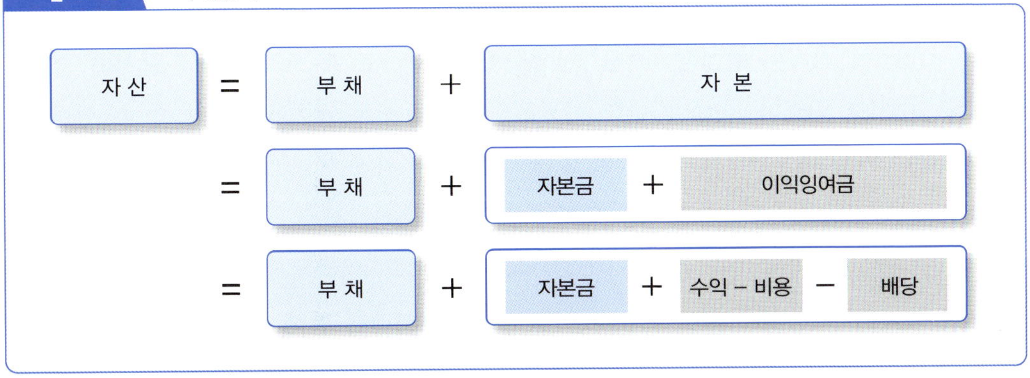

시될 수 있다. 확장된 회계등식 역시 등식의 왼편 총액과 오른편 총액은 항상 같아야 한다. 확장된 회계등식은 이하에서 기업 내외에서 이루어진 거래 및 경제적 사건을 요약하고 회계적으로 기록할 때 유용하게 활용될 수 있다. 다음 절에서는 그 구체적인 적용을 살펴보기로 한다.

2. 거래의 분석

거래는 거래상대에 따라 외부거래 또는 내부거래로 나누어 볼 수 있다. 예를 들어, 한국피자의 요리도구 구매, 임차료의 지급, 고객에게 피자 판매 등과 같이 제3자와의 거래가 외부거래이다. 반면에 내부거래는 제3자와의 거래가 아닌 회사 내부에서 발생한 경제적인 사건이다. 주문한 컴퓨터의 사용과 같이 보유자산의 사용은 물론 도난과 재해로 인한 손실도 내부거래이다. 여기에서 분석의 대상이 되는 거래는 회계상의 거래이다. 즉, 기업의 재무상태에 영향을 주며 화폐로 측정이 가능한 회계상 거래만이 분석의 대상이 된다.

거래를 기록할 때 유의할 점은 어느 시점에서 계산하든지 회계등식(자산=부채+자본)이 유지되어야 한다는 점이다. 즉, 특정 거래를 새롭게 기록한 이후에도 회계등식은 유지되어야 하는데, 이는 어떤 거래이든 회계등식에서 적어도 두 개 이상의 항목에 영향을 주기 때문에 가능하다. 예를 들어, 자산의 증가는 다른 자산의 감소나 부채의 증가 또는 자본의 증가와 함께 발생한다. 가격이 ₩20,000인 물품을 구매하면서 현금 ₩12,000을 지급하고 나머지 ₩8,000은 외상으로 하였다고 가정해 보자. 해당 거래를 기록한 결과 자산에 해당하는 물품이 ₩20,000 증가하고 다른 종류의 자산인 현금은 ₩12,000 감소한다. 또한 부채가 ₩8,000 증가한다. 이 거래는 회계등식에서 하나의 항목이 아닌 세 개의 항목에 동시에 영향을 미치고 있으며, 이를 기록한 이후에도 회계등식은 유지됨을 확인할 수 있다.

기업 내·외부에서 발생한 거래와 그 밖의 사건 및 상황을 분석할 때 회계등식을 이용하면 매우 유용하다. 회계거래는 회계등식에서 두 개 이상의 항목에 영향을 미치는데 이에 따라 원인과 결과로 분석가능하다. 이하에서는 회계거래를 분석함에 있어 회계등식을 활용하는 방법을 구체적인 사례를 통해 연습해 보기로 한다.

거래 1. 주식발행

20×1년 1월 1일 컨설팅회사인 한국㈜는 주식을 발행하고 주주로부터 현금 ₩30,000을 납입받았다.

한국㈜는 주식을 발행(원인)한 결과, 주주로부터 현금을 수령하였다(결과). 이 거래로 인하여 현금(자산)과 자본금(자본)이 각각 ₩30,000씩 증가한다. 즉, 회계등식에서 왼쪽과 오른쪽 두 개의 항목에 동일한 금액이 기록되며, 그 결과 회계등식이 유지됨을 확인할 수 있다.

거 래	자산	=	부채	+	자본
1	현금				자본금
	+₩30,000				+₩30,000

추가적으로, 동 거래에서 유의할 점은 주주의 자본금 납입은 기업의 영업활동으로부터 발생하는 수익이 아니라는 점이다. 회사의 설립 이후 추가적인 주식발행은 최초의 주식발행과 동일하게 자본금에 영향을 미친다.

거래 2. 비품 현금구입

한국㈜는 컴퓨터를 구입하고 현금 ₩15,000을 지급하였다.

한국㈜가 컴퓨터를 구입(원인)한 결과, 현금이 지급되었다(결과). 이 거래로 인해 컴퓨터라는 비품(자산)이 ₩15,000 증가하고 현금(자산)이 ₩15,000 감소하였다. 즉, 자산이 동일한 금액만큼 증가되고 감소되었기에 총자산에 미치는 영향은 없다. 따라서 거래 2의 결과 총자산은 거래 1의 금액(₩30,000) 그대로이다. 이를 회계등식에서 표시하면 다음과 같다.

거래	자산		=	부채	+	자본
	현금	비품				자본금
1	+₩30,000					+₩30,000
2	−15,000	+₩15,000				
	₩15,000	₩15,000				
	₩30,000					₩30,000

거래 3. 소모품 외상구입

강서㈜로부터 컴퓨터 용지와 토너를 ₩3,000에 구입하고 대금은 1개월 후에 지급하기로 하였다.

한국㈜는 컴퓨터 용지와 토너라는 소모품을 구입(원인)한 결과, 그 대금을 지급할 의무가 발생하였다(결과). 이 거래로 인해 소모품(자산)이 ₩3,000 증가하고, 외상구입에 따른 미지급금(부채)[2]이 ₩3,000 증가한다. 즉, 회계등식에서 왼쪽과 오른쪽 두 개의 항목에 동일한 금액이 기록되며, 그 결과 회계등식은 그대로 유지된다. 거래 3의 결과 총자산 ₩33,000은 부채 ₩3,000과 자본 ₩30,000의 합계와 일치한다.

거래	자산			=	부채	+	자본
	현금	소모품	비품		미지급금		자본금
1~2	₩15,000		₩15,000				₩30,000
3		+₩3,000			+₩3,000		
	₩15,000	₩3,000	₩15,000		₩3,000		₩30,000
	₩33,000				₩33,000		

거래 4. 자문용역 제공

강동㈜에 자문용역을 제공하고 현금 ₩2,000을 받았다.

한국㈜는 자문용역을 제공(원인)한 결과, 그 대가로 현금을 수령하였다(결과). 이 거래로 자문용역 제공에 따른 매출(수익)이 ₩2,000 발생하였고, 현금(자산)이 ₩2,000 증가하였다. 수익의 증가는 이익잉여금(자본) ₩2,000 증가를 의미한다. 회계등식에서 왼쪽과 오른쪽이 동일한 금액만큼 증가하였기에 그 합은 각각 ₩35,000으로 일치함을 확인할 수 있다.

---

2) 기업이 영업활동 과정에서 판매할 목적으로 재화나 용역을 외상으로 구입한 경우 미래에 현금을 지급해야 할 의무를 '매입채무'라는 계정과목을 이용하여 기록하는 반면, 그 외에는 '미지급금'이라는 계정과목을 이용한다.

거래	자산			=	부채	+	자본	
	현금	소모품	비품		미지급금		자본금	이익잉여금
1~3	₩15,000	₩3,000	₩15,000		₩3,000		₩30,000	
4	+2,000							+₩2,000
	₩17,000	₩3,000	₩15,000		₩3,000		₩30,000	₩2,000
		₩35,000					₩35,000	

거래 5. 광고용역 외상구매

광고회사로부터 사업개시 광고용역을 제공받고 광고비 ₩500은 추후에 지급하기로 하였다.

한국㈜는 광고용역을 제공받고(원인), 그 대가를 지급할 의무가 발생하였다(결과). 이 거래로 인해 광고비(비용)가 ₩500 발생하였고, 그 대가를 즉시 지급하지 않고 나중에 지급하기로 함에 따라 미지급광고비(부채)가 ₩500 증가하였다. 비용은 이익잉여금을 감소시키기 때문에 ₩500의 광고비는 이익잉여금(자본)을 감소시킨다. 이 거래는 회계등식의 오른편(부채와 자본)에만 영향을 미치고 있지만 동일한 금액이 증가하고 감소하였기에 거래 5를 기록한 이후에도 회계등식의 왼쪽 합과 오른쪽 합은 ₩35,000으로 여전히 일치함을 확인할 수 있다.

거래	자산			=	부채		+	자본	
	현금	소모품	비품		미지급금	미지급 광고비		자본금	이익 잉여금
1~4	₩17,000	₩3,000	₩15,000		₩3,000			₩30,000	₩2,000
5						+₩500			-500
	₩17,000	₩3,000	₩15,000		₩3,000	₩500		₩30,000	₩1,500
		₩35,000					₩35,000		

거래 6. 자문용역 제공

고객에게 자문용역을 제공하고, 용역대가 중 ₩2,000은 현금으로 받고 나머지 ₩5,000은 외상으로 하였다.

한국㈜는 자문용역을 제공(원인), 그 대가를 수령할 권리가 발생(결과)하였는데 이 중 일부는 즉시 현금으로 받았고 나머지는 나중에 받기로 하였다. 이 거래로 자산과 자본이 증가하는데 구체적으로 3개의 항목이 영향을 받는다. 자문용역을 제공하였기 때문에 수익이 ₩7,000 발생하였고, 자문용역을 제공 대가로 수령한 현금 ₩2,000 및 현금을 수령할 권리 ₩5,000은 각각 현금(자산)과 매출채권(자산)[3])을 증가시킨다. 수익의 증가는 이익잉여금의 증가를 의미한다. 왼편의 자산이 ₩7,000만큼 증가하고 오른편의 이익잉여금이 ₩7,000만큼 증가하였기에 거래 6의 추가되더라도 회계등식은 여전히 유지된다.

거래	자산				=	부채		+	자본	
	현금	소모품	비품	매출 채권		미지급금	미지급 광고비		자본금	이익 잉여금
1~5	₩17,000	₩3,000	₩15,000			₩3,000	₩500		₩30,000	₩1,500
6	+2,000			+₩5,000						+7,000
	₩19,000	₩3,000	₩15,000	₩5,000		₩3,000	₩500		₩30,000	₩8,500
	₩42,000					₩42,000				

거래 7. 각종 비용의 지급

임차료 ₩1,000, 직원급여 ₩2,000, 공공요금 ₩500을 현금으로 지급하였다.

임차료, 직원급여, 공공요금 등 비용이 발생(원인)하여 현금을 지급하였다(결과). 이 거래로 현금은 ₩3,500 감소하고 동일한 금액만큼 비용을 인식하는데 비용의 발생은 이익잉여금을 감소시킨다. 회계등식 왼편의 자산이 ₩3,500 감소하고, 오른편의 이익잉여금이 동일한 금액만큼 감소하였기에 동 거래를 추가하더라도 회계등식의 왼쪽 합과 오른쪽 합은 각각 ₩38,500으로 일치한다.

---

3) 기업이 재화나 용역을 외상으로 판매 또는 제공하고 현금을 수취할 수 있는 권리를 획득한 경우 이를 '매출채권'이라는 계정과목으로 기록한다.

거래	자산				=	부채		+	자본	
	현금	소모품	비품	매출채권		미지급금	미지급광고비		자본금	이익잉여금
1~6	₩19,000	₩3,000	₩15,000	₩5,000		₩3,000	₩500		₩30,000	₩8,500
7	−3,500									−1,000
										−2,000
										−500
	₩15,500	₩3,000	₩15,000	₩5,000		₩3,000	₩500		₩30,000	₩5,000
	₩38,500					₩38,500				

거래 8. 미지급광고비의 지급

거래 5에서 발생했던 미지급광고비 ₩500을 광고회사에 지급하였다.

나중에 지급하기로 한 광고비를 지급함(원인)에 따라 현금이 감소하였다(결과). 이 거래로 미지급광고비(부채)가 ₩500 감소하며, 현금(자산)이 ₩500 감소한다. 거래 5에서 광고비가 발생했을 때 이미 비용을 인식하고 이익잉여금을 감소시켰기에 거래 8에서 현금 지급 시 비용을 다시 인식해서는 안 된다. 즉, 거래 8의 결과 회계등식 왼편의 자산이 ₩500 감소하고 오른편의 부채가 동일한 금액만큼 감소하였기에 회계등식은 여전히 유지되고 있다.

거래	자산				=	부채		+	자본	
	현금	소모품	비품	매출채권		미지급금	미지급광고비		자본금	이익잉여금
1~7	₩15,500	₩3,000	₩15000	₩5,000		₩3,000	₩500		₩30,000	₩5,000
8	−500						−500			
	₩15,000	₩3,000	₩15,000	₩5,000		₩3,000	₩0		₩30,000	₩5,000
	₩38,000					₩38,000				

거래 9. 고객으로부터 현금 회수

거래 6에서 외상으로 제공한 용역에 대해 그 대가 중 ₩1,000을 현금으로 회수하였다.

나중에 받기로 한 용역제공 대가를 수령함(원인)에 따라 현금이 증가하였다(결과). 이 거래로 현금(자산)은 ₩1,000 증가하고 매출채권(자산)은 ₩1,000 감소한다.

즉, 자산총액에 미치는 영향은 없으나 자산의 구성내역에 변화가 발생하였다. 거래 6에서 용역을 제공할 때 이미 수익을 인식하면서 이익잉여금을 증가시켰기에 현금 수령액을 다시 수익으로 인식하는 대신 매출채권을 감소시켜야 한다. 거래 9의 결과 회계등식 왼편의 자산이 ₩1,000 증가하면서 동시에 자산이 동일한 금액만큼 감소하였기에 회계등식은 여전히 유지되고 있다.

거래	자산				=	부채	+	자본	
	현금	소모품	비품	매출채권		미지급금		자본금	이익잉여금
1~8	₩15,000	₩3,000	₩15,000	₩5,000		₩3,000		₩30,000	₩5,000
9	+1,000			−1,000					
	₩16,000	₩3,000	₩15,000	₩4,000		₩3,000		₩30,000	₩5,000
	₩38,000					₩38,000			

아래 그림은 한국㈜의 거래 1부터 거래 9를 회계등식을 이용하여 분석한 결과를 요약한 것이다.

- 위의 예시에서 각각의 거래는 회계등식의 구성요소인 자산, 부채, 자본의 세부 항목 중 두 가지 이상의 항목에 동시에 영향을 미친다.
- 회계등식의 왼쪽 합과 오른쪽 합은 항상 같다.
- 자본의 구성요소인 이익잉여금은 수익과 비용의 발생에 의해 변동한다.

	자산				=	부채		+	자본	
거래	현금	소모품	비품	매출채권		미지급금	미지급 광고비		자본금	이익 잉여금
1	₩30,000								₩30,000	
2	−15,000		+₩15,000							
3		+₩3,000				+₩3,000				
4	+2,000									+ ₩2,000
5							+₩500			−500
6	+2,000			+₩5,000						+ 7,000
7	−3,500									−3,500
8	−500						−500			
9	+1,000			−1,000						
	₩16,000	₩3,000	₩15,000	₩4,000		₩3,000	₩0		₩30,000	₩5,000
계	₩38,000					₩38,000				

✓예제 3-2

한국㈜의 20×2년도 2월 중 거래내역은 다음과 같다.

(1) 2월 1일　현금 ₩50,000을 출자하여 보안회사인 한국㈜를 설립하였다.
(2) 2월 4일　무전기 5대를 ₩20,000에 구입하고 현금을 지급하였다.
(3) 2월 7일　은행으로부터 현금 ₩100,000을 단기 차입하였다.
(4) 2월 10일　필기구와 장부를 ₩10,000에 구매하고 대금은 나중에 지급하기로 하였다.
(5) 2월 15일　H대학교에 보안서비스를 제공하고 현금 ₩40,000을 받았다.
(6) 2월 17일　H고등학교에 ₩40,000의 보안서비스를 제공하고 ₩20,000은 현금으로 받고 나머지 ₩20,000은 3개월 뒤에 받기로 하였다.
(7) 2월 25일　종업원들에게 급여 ₩50,000을 현금 지급하였다.
(8) 2월 26일　사무실 임차료 ₩10,000을 현금 지급하였다.

▶▶ 요구사항

회계등식을 이용하여 위의 거래를 분석하고 요약하라.

해답

1. 거래의 분석

(1) 한국㈜에 대한 출자로 현금(자산)이 ₩50,000 증가하며, 자본금(자본)이 ₩50,000 증가한다.
(2) 무전기(기계장치)의 구매를 위해 현금을 지급하였으므로 현금(자산)이 ₩20,000 감소하고, 기계장치(자산)가 ₩20,000만큼 증가한다.
(3) 은행으로부터 자금을 단기 차입하였으므로 현금(자산)이 ₩100,000 증가하며, 단기차입금(부채)이 ₩100,000 증가한다.
(4) 외상으로 사무용품(소모품)을 구매하였으므로 소모품(자산)이 ₩10,000 증가하며, 미지급금(부채)이 ₩10,000 증가한다.
(5) 보안서비스를 제공하고 현금을 수취하였으므로 현금(자산)이 ₩40,000 증가하며, 이익잉여금(자본)이 ₩40,000 증가한다.
(6) 보안서비스를 제공하고 일부는 현금을 바로 수취하고, 나머지는 외상으로 하여 3개월 후에 받기로 하였으므로 현금(자산)이 ₩20,000 증가, 매출채권(자산)이 ₩20,000 증가한다. 그리고 이익잉여금(자본)이 ₩40,000 증가한다.
(7) 종업원들에게 현금으로 급여를 지급하였으므로 현금(자산)이 ₩50,000 감소하며, 이익잉여금(자본)이 ₩50,000 감소한다.

(8) 사무실 임차료를 현금으로 지급하였으므로 현금(자산)이 ₩10,000 감소하며, 이익잉여금(자본)이 ₩10,000 감소한다.

2. 거래의 요약

	자 산				= 부 채		+ 자 본	
거래	현금	소모품	기계장치	매출채권	단기차입금	미지급금	자본금	이익잉여금
1	₩50,000						+₩50,000	
2	−20,000		+₩20,000					
3	+100,000				+₩100,000			
4		+₩10,000				+₩10,000		
5	+40,000							+₩40,000
6	+20,000			+₩20,000				+40,000
7	−50,000							−50,000
8	−10,000							−10,000
	₩130,000	₩10,000	₩20,000	₩20,000	₩100,000	₩10,000	₩50,000	₩20,000
계	₩180,000				₩180,000			

제 3 절 거래의 기록

1. 계 정

계정은 자산, 부채, 자본의 증가와 감소, 그리고 수익과 비용의 발생을 기록·계산하는 최소단위이다. 현금이나 자본금과 같이 계정에 이름을 붙이는 것을 계정명이라 한다. 가장 간단한 형태의 계정은 (1) 계정명, (2) 차변(계정의 왼편), (3) 대변(계정의 오른편)의 세 부분으로 구성되어 있다. 계정의 모양이 T자와 같다고 해서 T계정이라고 부르기도 하는데, 이는 회계에서 사용하는 표준용어이다. 다음은 계정의 기본 형태이다. T계정은 특정 거래의 결과가 각 계정에 미치는 영향을 분석하는 데 유용하게 활용될 수 있다.

계정명

차 변	대 변
차변잔액	대변잔액

2. 차변과 대변

차변(debit)과 대변(credit)이라는 용어는 거래를 기록하는 위치를 의미하는데, 차변은 왼쪽을 나타내고 대변은 오른쪽을 나타낸다. 즉, 차변과 대변은 T계정의 어느 쪽에 회계수치를 기록할 것인가를 나타낸다. 계정의 왼쪽에 숫자를 기록하는 것을 차변에 기입(debiting)한다고 하며, 계정의 오른쪽에 숫자를 기록하는 것을 대변에 기입(crediting)한다고 한다. 일반적으로 차변을 '(차)'로 대변을 '(대)'로 줄여서 사용하기도 한다. 차변은 왼쪽에 대변은 오른쪽에 두는 회계관행은 사람이 인도로 다니고 차들은 차도로 다녀야 한다는 것과 같은 일종의 규칙이다. 그리고 이러한 규칙은 모든 계정에 적용된다.

아래 <표 3-1>은 앞서 사례(거래 1~거래 9)에서 살펴본 한국㈜의 현금거래 내역을 거래 요약표와 현금계정을 이용하여 정리한 것이다.

표 3-1 | 현금거래 요약표와 현금계정

요약표

현 금
+₩30,000
−15,000
+2,000
+2,000
−3,500
−500
+1,000
₩16,000

계정형식

현 금

(차변)		(대변)	
(차변)	₩30,000	(대변)	₩15,000
	2,000		3,500
	2,000		500
	1,000		
잔액	₩16,000		
(차변)			

위 현금거래 요약표에서 양(+)의 값은 현금의 증가를 나타내며 음(−)의 값은 현금의 감소를 나타낸다. 반면에 계정형식에서는 현금의 증가를 차변에, 현금의

감소를 대변에 기록한다. 증가를 차변에, 감소를 대변에 기록하는 것은 증가와 감소의 합계를 각각 계산하고 잔액을 계산하는 데 유용하다. 즉, 차변의 합계가 대변의 합계보다 더 크면 차변잔액을 가지게 되고, 반대로 대변의 합계가 차변의 합계보다 더 크면 대변잔액을 가진다. 현금계정 차변의 합계가 대변의 합계보다 커서 현금이 차변잔액을 가진다는 것은 현금이 증가하고 감소한 결과 현재 시점에 기업의 현금이 양(+)의 값을 가짐을 의미한다. 즉, <표 3-1>에서 차변잔액 ₩16,000은 거래 1~거래 9를 통해 현금이 증감된 이후 한국㈜의 현재시점에 현금잔액이 ₩16,000이라는 의미이다.

3. 거래의 기록

제2절에서는 회계등식을 이용하여 거래를 기록하는 방법에 대해 학습하였다. 회계등식을 이용하여 거래를 기록할 때 해당 거래는 회계등식에서 적어도 두 개 이상의 항목에 영향을 주었으며, 그 결과 차변(왼쪽)과 대변(오른쪽)의 금액을 같게 유지할 수 있었다. 이와 같이 회계거래가 적어도 두 개 이상의 항목에 영향을 미치는 효과를 거래의 이중성(또는 거래의 이중효과)이라고 하며, 이는 복식부기 제도의 기본원리를 내포한다. 즉, 거래의 이중성으로 인해 거래는 두 개 이상의 항목에 기록해야 하는데, 그 방향과 관련하여 차변(왼쪽)과 대변(오른쪽) 양방향에 기록해야 한다.

복식부기 제도에서 각 거래의 이중효과를 차변(왼쪽)과 대변(오른쪽)에 모두 작성하는 방식은 해당 계정에 거래를 기록할 때 기록하는 금액의 정확성을 확보하는 데 도움이 된다. 모든 계정의 차변의 합계와 대변의 합계는 반드시 같아야 하기 때문이다. 어느 한쪽의 금액이 크거나 작으면 거래의 기록에 오류가 있음을 의미하므로 거래기록의 내역을 확인할 필요가 있다.

거래를 차변과 대변에 기록하는 복식부기 방법은 단순하게 +/-로 거래를 기록하는 것과 비교하여 기업의 수많은 거래를 기록함에 있어 보다 효율적인 방법이다. 이하에서는 복식부기 원리를 이용하여 기업의 거래 및 경제적 사건을 재무상태표 계정과 포괄손익계산서 계정에 기록하는 방법에 대해 살펴본다.

(1) 자산, 부채 및 자본

차변은 계정의 왼쪽을 의미하며 대변은 계정의 오른쪽을 의미한다. 재무상태표의 왼쪽(차변)에는 조달된 자금의 운용상태인 자산을 보고하고 오른쪽(대변)은 자금의 조달원천인 부채와 자본을 보고한다.

재무상태표

<table>
<tr><td rowspan="2">자 산</td><td>부 채</td></tr>
<tr><td>자 본</td></tr>
<tr><td>(자금의 운용상태)</td><td>(자금의 조달원천)</td></tr>
</table>

자산은 재무상태표의 왼쪽(차변)에 보고하므로 자산의 증가는 T계정의 차변에 기록하고, 부채와 자본은 재무상태표의 오른쪽(대변)에 보고하므로 부채와 자본의 증가는 T계정의 대변에 기록한다. 그리고 자산과 부채 및 자본의 감소는 증가의 반대 방향에 기록한다. 즉, 자산의 감소는 T계정의 대변에, 부채와 자본의 감소는 T계정의 차변에 기록하게 된다.

구체적인 예를 들어보자. 현금은 자산이므로 현금의 증가는 현금계정의 차변에 기록하고 현금의 감소는 현금계정의 대변에 기록한다. 그리고 매입채무는 부채이므로 매입채무의 증가는 매입채무계정의 대변에, 매입채무의 감소는 매입채무계정의 차변에 기록해야 한다. 또한 자본 항목인 자본금의 증가는 자본금계정의 대변에, 자본금의 감소는 자본금계정의 차변에 기록한다. 이익잉여금계정의 대변은 이익잉여금의 증가(순이익)를 나타내고 이익잉여금계정의 차변은 이익잉여금의 감소(배당이나 순손실)를 나타낸다.

다음은 자산과 부채 및 자본의 증감을 차변 및 대변 중 어디에 기록 가능한지 T계정으로 요약하였다.

차변	대변
자산 증가	자산 감소
부채 감소	부채 증가
자본 감소	자본 증가

자산의 기초잔액은 차변금액이며, 부채와 자본의 기초잔액은 대변금액이다. 일반적으로 자산의 차변금액은 대변금액을 초과하고, 부채나 자본의 대변금액은 차변금액을 초과한다. 즉, 계정의 정상잔액은 그 계정의 증가를 기록하는 방향에서 나타난다. 따라서 자산은 일반적으로 차변잔액을 가지며, 부채와 자본은 대변잔액을 갖는다. 다음은 자산과 부채, 자본의 정상잔액이 차변과 대변 중 어디서 나타나는지 보여주고 있다.

자산계정

증가	감소
정상잔액	

부채계정

감소	증가
	정상잔액

자본계정

감소	증가
	정상잔액

특정 계정의 정상잔액의 위치를 아는 것은 회계기록의 오류를 파악하는 데 도움이 된다. 예를 들어, 건물계정의 잔액이 대변에 나타났다면 이는 건물계정의 기록에 오류가 있었음을, 차입금계정의 잔액이 차변에 나타났다는 것은 차입금계정의 기록에 오류가 있었음을 의미한다. 그러나 가끔 비정상잔액의 발생으로 계정잔액이 정상잔액의 위치에서 나타나지 않을 수 있다. 예를 들어, 개인이 마이너스 통장을 사용하는 것과 유사하게 기업에서 당좌예금 잔액을 초과하여 현금을 인출하는 경우 당좌예금계정이 대변잔액을 가질 수 있다.[4)]

(2) 수익과 비용

수익과 비용은 재무상태표 계정(자산, 부채 및 자본)과는 달리 증감으로 표시하지 않고 발생이라는 용어를 사용한다. 한번 발생한 수익·비용은 감소하거나 소멸하지 않기 때문이다. 수익은 순이익을 증가시키고 이는 이익잉여금을 증가시켜 궁극적으로 자본의 증가를 가져온다. 반면에 비용은 순이익을 감소시키고 이는 이익잉여금을 감소시켜 궁극적으로 자본을 감소시킨다. 즉, 수익의 발생은 자본의 증가를 가져오므로 대변에 기록하며, 비용의 발생은 자본의 감소를 가져오므로 차변에 기록한다. 즉, 비용계정의 차변에 기록하는 것과 수익계정의 대변에 기록

4) 이를 당좌차월이라 하며 단기차입금으로 분류한다.

하는 것은 자본계정에서 각각 차변 및 대변에 기록하는 것과 동일한 결과를 가져온다. 다음은 비용계정과 수익계정의 정상잔액이 각각 차변과 대변에 위치함을 보여주고 있다.

비용계정	
발생	
정상잔액	

수익계정	
	발생
	정상잔액

제 4 절 회계순환과정 개관

앞서 제2장에서 기업의 재무상태 및 영업활동의 성과가 재무제표로 요약됨을 살펴본 바 있다. 재무제표를 작성하기 위해서는 회계기간 동안 발생한 모든 회계거래에 대해 그 기록을 유지하며 일련의 체계적인 절차를 거쳐야 한다. 이는 [그림 3-4]에 표시된 바와 같이 총 일곱 개의 단계를 거친다. 이 중 단계 1~2는 회계기간 중에 수행하며, 단계 3~7은 월 · 분기 · 연 단위의 회계기간 말에 주기적으로 수행한다. 특히, 단계 7 장부의 마감은 다음 회계기간에 단계 1부터 회계절차를 수행하기 위해 필요한 준비작업이다.

기업은 이와 같은 절차를 매 회계기간마다 반복적으로 수행하여 해당 기간에 대한 재무제표를 작성하므로 이를 회계순환(accounting cycle)과정이라고도 한다. 즉, 회계순환이란 기업이 회계정보를 산출하기 위해서 밟아야 할 일련의 체계적인 절차로서 거래에 대한 분석에서 출발하여 장부의 마감 및 마감후시산표 작성으로 끝나게 된다. 기업은 회계순환과정의 각 단계를 순차적으로 수행하며, 매 회계기간마다 이러한 과정은 반복된다.

그림 3-4 회계순환과정의 요약

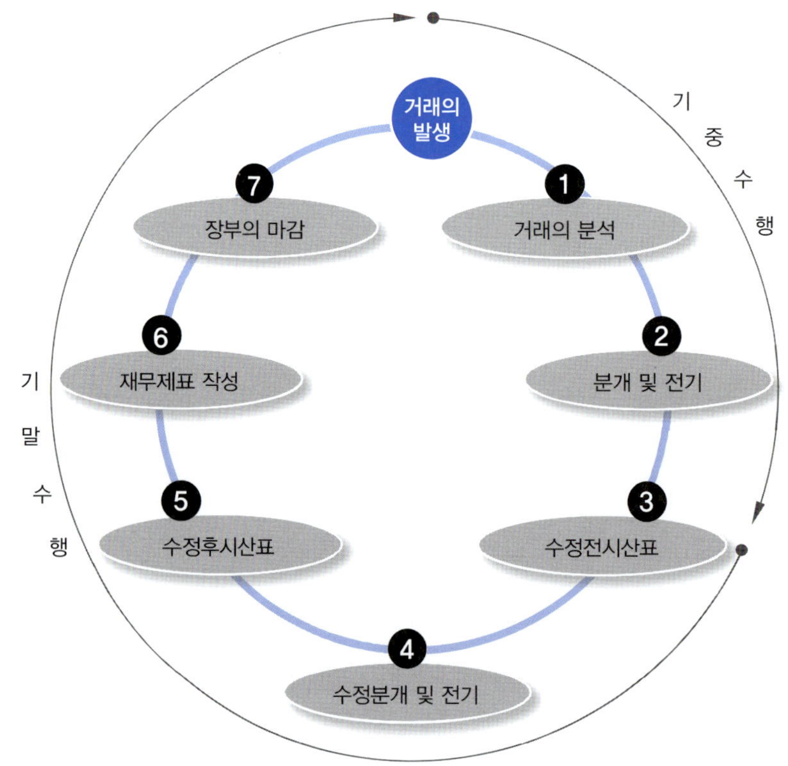

제 5 절 회계순환과정 I : 기중의 회계처리

본 절에서는 회계순환과정 중 기중에 수행하는 절차에 대해 살펴본다. 회계기록 절차는 발생한 거래 및 사건에 대한 분석과 함께 시작된다. 기업은 매출전표, 수표 및 상품주문서 등과 같은 증빙자료를 분석하여 거래가 특정 계정에 미치는 효과를 파악한다. 그리고 해당 거래를 분개장에 입력하고 원장의 해당 계정에 옮겨 적는다. 분개를 수행하지 않고 해당 계정에 거래정보를 직접 입력할 수도 있지만 그렇게 하는 기업은 흔치 않다. 그 이유는 분개장을 이용하지 않고 거래가 발생할 때마다 각 계정에 직접 입력할 경우 거래기록에 누락이나 오류가 발생한 경우 이를 파악하기 어렵기 때문이다.

첫 번째 단계인 거래의 분석은 본 장 제2절에서 살펴보았으며, 이후에도 계속 예시될 것이다. 이하에서는 두 번째 단계인 분개와 전기를 중심으로 기중의 회계 기록 절차를 설명한다.

1. 분 개

거래가 발생하면 이를 분석하여 장부에 기록하는 것을 분개(journalizing)라 하고, 그 기록을 위해 사용하는 장부를 분개장(journal)이라 한다. 기업은 각 거래에 대하여 분개를 실시하며, 거래가 발생한 순서대로 분개장에 기록한다. 기업은 다양한 종류의 분개장을 사용할 수 있지만 대개는 기본적인 형태인 일반분개장(general journal)을 사용한다. 일반분개장은 거래 일자, 계정과목명과 간단한 설명 및 두 개의 금액란 등으로 구성되어 있다. 본서에서 분개장이라 함은 일반분개장을 뜻한다.

분개장은 거래의 모든 결과를 한 곳에, 거래의 발생순서에 따라 보여준다. 따라서 분개장을 이용하면 차변과 대변의 금액을 비교적 쉽게 비교할 수 있고 오류의 발생을 방지하거나 발생된 오류를 쉽게 찾을 수 있다는 장점이 있다.

<예제 3-3>은 강남㈜의 거래에 대한 분개방법과 일반분개장의 예를 보여주고 있다.

✓예제 3-3

5월 1일 현금 ₩50,000을 출자하여 강남㈜를 설립하고 보통주를 발행하였다.
5월 15일 현금 ₩25,000을 지급하고 토지를 구입하였다.

▶▶ 요구사항

위의 거래를 분개하라.

해답

일반분개장

회사명: 강남㈜ 20×1년 5월 1일부터 5월 31일까지

구분		차변		대변	
날짜	번호	계정과목	금액	계정과목	금액
5월 1일	0001	현 금	50,000		
				자본금	50,000
		(현금을 받고 보통주 발행)			
5월 15일	0002	토 지	25,000		
				현 금	25,000
		(현금으로 토지 구입)			

분개를 할 때 정확하고 구체적인 계정과목명을 사용하는 것은 매우 중요하다. 계정과목명을 설정할 때 각 계정과목명이 그 거래의 내용을 가장 적절히 나타낼 수 있는지의 여부가 핵심적 판단기준이 된다. 예를 들어, 운송용 트럭의 계정과목명을 운송설비, 운송트럭 또는 트럭 등의 계정과목명을 사용하여 기록할 수 있다. 계정과목명을 한번 선택하고 나면, 이후 발생하는 유사한 거래에서도 동일한 계정과목명을 사용하여야 한다.

<예제 3-3>에 예시된 분개장은 실무에서 사용하는 일반분개장이고, 이하에서는 다음의 형식을 따라 설명하기로 한다.

일 자	회 계 처 리			
×월 ×일	(차) 계정명	×××	(대) 계정명	×××

위 <예제 3-3>을 분개하면 다음과 같다.

5월 1일	(차) 현 금	50,000	(대) 자 본 금	50,000
5월 15일	(차) 토 지	25,000	(대) 현 금	25,000

위의 <예제 3-3>은 하나의 차변계정과 하나의 대변계정이 관련된 거래를 분개한 예시이다. 그런데 어떤 거래는 세 개 이상의 계정이 필요할 수 있다. 예를 들어, 5월 25일 강남㈜는 가격이 ₩15,000인 건물을 구입하였는데, 현금 ₩10,000을 지급

하고 나머지 ₩5,000은 나중에 지급하기로 하였다면 다음과 같이 회계처리한다.

5월 25일	(차) 건 물	15,000	(대) 현 금	10,000
			미지급금	5,000

2. 전 기

분개장에 기록된 거래는 일정 기간마다 주기적으로 원장에 옮겨 적어야 하는데 이를 전기(posting)라 한다. 원장(ledger)이란 분개장에 사용한 모든 계정의 집합이다. 원장의 각 계정에는 그 변동에 관한 모든 정보가 한곳에 보관되어 있으며, 해당 계정의 잔액에 대한 정보도 제공한다. 예를 들어, 현금계정 잔액은 현재 보유하고 있는 현금을 나타내며, 매출채권 잔액은 고객으로부터 회수할 금액을 나타낸다. 또한 매입채무 잔액은 거래처에게 지급해야 할 금액을 나타낸다. 기업은 다양한 종류의 원장을 사용할 수 있는데, 모든 기업은 총계정원장(general ledger)을 사용하고 있다. 총계정원장은 자산, 부채, 자본, 수익과 비용계정으로 구성되어 있다. 특별한 언급이 없는 한 본서에서 원장이라 함은 총계정원장을 의미한다.

전기할 때 분개장의 차변에 기입된 내용은 원장에서 해당 계정의 차변에 옮겨 적고, 대변에 기입된 내용은 원장에서 해당 계정의 대변에 옮겨 적어야 한다. 이러한 과정을 전기라고 한다. 전기를 하는 이유는 분개한 거래의 결과를 계정에 누적시켜 계정 잔액을 쉽게 계산하기 위함이다.

(1) 계정의 형식

실무에서 사용되는 원장은 다음 현금계정의 사례와 같은 구조로 되어 있다.

총계정원장

20×1년 5월 1일부터 20×1년 5월 31일까지

강남㈜ 계정과목 : 현금

일 자	번 호	차 변	대 변	잔 액
5월 1일		50,000		50,000
5월 15일			25,000	25,000
5월 25일			10,000	15,000

위와 같은 형식을 잔액식 계정이라 하는데, 이는 차변, 대변 그리고 잔액을 기입하는 세 개의 란으로 구성되어 있다. 그리고 계정의 잔액은 각각의 거래 후에 결정된다. 그러나 수업 목적상 전기 절차를 이해함에 있어서는 단순한 형태의 T 계정을 이용하는 것이 유용하다.

전기는 다음의 단계를 따라 이루어진다.

1. 분개장에 기록한 차변과 대변의 계정을 원장에서 찾는다.
2. 분개장의 차변계정을 원장에서 찾아 일자, 상대 계정과목명, 분개장의 차변 금액 등을 기입한다.[5)]
3. 분개장의 대변계정을 원장에서 찾아 상대 계정과목명, 분개장의 대변 금액 등을 기입한다.

다음은 <예제 3-3>의 첫 번째 분개를 이용한 전기의 과정을 나타낸다.

〈분개〉

5월 1일	(차) 현 금	50,000	(대) 자본금	50,000

〈전기〉

현 금	
5/1 자본금 50,000	

자본금	
	5/1 현 금 50,000

분개 및 전기는 거래의 발생 순서대로 수행한다. 즉, 먼저 발생한 거래를 분개장의 차변과 대변에 분개한 후 원장에 전기하고, 그 다음 거래에 대해 분개와 전기를 차례대로 수행한다. 전기는 원장에 최근 자료가 잘 반영되도록 실시해야 한다.

<표 3-2>에는 실무에서 일반적으로 사용하는 일반분개장과 총계정원장이 제시되어 있다. 원장의 각 계정 내 번호란의 일련번호는 거래가 전기된 분개장의 페이지를 나타낸다. 총계정원장에서 거래에 대한 설명은 일반적으로 생략되는데 그 이유는 거래에 대한 간단한 설명은 이미 분개장에 기록되어 있기 때문이다.

---

5) 원장에 일자와 분개의 상대 계정과목명을 적는 이유는 거래에 대한 정보를 얻기 위함이다. 일반적으로 상대 계정과목명은 생략하기도 한다.

표 3-2 | 강남㈜의 일반분개장과 총계정원장

일반분개장

회사명: 강남㈜ 20×1 5월 1일부터 5월 31일까지

구분		차 변		대 변	
일 자	번 호	계정과목	금 액	계정과목	금 액
5월 1일	0001	현 금	50,000		
				자 본 금	50,000
		(현금을 받고 보통주 발행)			

총계정원장

20×1년 5월 1일부터 20×1년 5월 31일까지

강남㈜ 계정과목 : 현금

일 자	번 호	차 변	대 변	잔 액
5월 1일	0001	50,000		50,000

총계정원장

20×1년 5월 1일부터 20×1년 5월 31일까지

강남㈜ 계정과목 : 자본금

일 자	번 호	차 변	대 변	잔 액
5월 1일	0001		50,000	50,000

(2) 계정과목표

기업이 사용하는 계정과 계정번호는 기업마다 다르다. 계정번호는 경영진이 원하는 정보가 얼마나 구체적이냐에 따라 달라진다. 예를 들어, 어떤 기업은 모든 공공비용에 대하여 하나의 계정을 사용하길 원하는 반면, 다른 기업은 이를 가스, 전기, 수도 등으로 구분하여 개별 항목별로 각기 다른 계정을 사용하길 원할 수 있다. 중·소기업은 대기업에 비해 계정의 숫자가 적을 것이다. 이는 규모가 적은 중·소기업은 20~30개의 계정으로도 모든 기업활동을 보고할 수 있지만, 대기업의 경우 다양한 기업활동을 보고하기 위해 훨씬 많은 수의 계정이 필요할 것이기 때문이다.

계정을 관리하기 위해 대부분의 기업은 계정과목표를 사용하고 있다. 계정과

목표는 기업이 사용하는 모든 계정과 원장에서 위치를 식별할 수 있는 계정번호로 구성되어 있다. 계정의 고유번호는 재무상태표 계정에서 시작하여 포괄손익계산서 계정 순으로 부여하는 것이 일반적이다.

다음은 한국㈜의 계정과목표이다. 한국㈜의 계정과목표에서 계정번호들 사이에는 어느 정도의 간격이 있는데, 그 이유는 새로운 계정이 추가되었을 때 새로운 계정번호가 부여될 수 있도록 여유를 남겨두기 위함이다.

한국㈜

계정과목표

자 산		자 본	
101	현 금	311	자 본 금
112	매 출 채 권	320	이익잉여금
139	사 무 기 기		
180	비 품		
198	선급보험료		
		수 익	
		400	용 역 수 익
		412	이 자 수 익
부 채		**비 용**	
251	지 급 어 음	627	감가상각비
262	단기차입금	631	수 선 비
270	선 수 금	651	급 여
282	미 지 급 금	653	임 차 료
290	장기차입금	671	이 자 비 용

이하에서는 한국기획㈜의 6월 거래를 이용하여 앞서 살펴본 기중의 회계처리 절차인 '1. 거래의 분석' 및 '2. 분개 및 전기'를 연습하기로 한다. 보고기간은 한 달을 기준으로 하며, 설명의 간소화를 위해 표준계정 형식 대신 T계정 형식을 이용한다.

✓예제 3-4

20×1년 6월 1일에 광고회사인 한국기획㈜가 설립되었으며, 다음은 6월 중 거래내역이다.

(1) 6월 1일 주주들이 현금 ₩20,000을 출자하여 한국기획㈜를 설립하였다.
(2) 6월 1일 사무기기를 ₩10,000에 구입하고 액면금액 ₩10,000의 어음(연 12%, 만기 3개월)을 발행하였다.
(3) 6월 5일 9월 30일까지 광고용역을 제공하기로 약속하고 고객으로부터 현금 ₩2,500을 미리 받았다.
(4) 6월 9일 사무실 임차료 ₩2,000을 현금으로 지급하였다.
(5) 6월 10일 당해 10월 31일에 만기가 되는 5개월분 보험료 ₩1,000을 선납하였다. (단, 보험 적용일은 6월 1일부터이다.)
(6) 6월 12일 3개월분의 소모품 ₩5,000을 외상으로 구입하였다.
(7) 6월 30일 광고용역을 제공하고 대금 ₩20,000을 현금으로 받았다.

요구사항

위 거래들에 대한 거래분석을 한 후, 분개 및 전기를 하라.

해답

(1) 6월 1일 주주들이 현금 ₩20,000을 출자하여 한국기획㈜를 설립하였다.

■ 거래분석 : 현금(자산) ₩20,000 증가, 자본금(자본) ₩20,000 증가

자 산	=	부 채	+	자 본
현금				자본금
+₩20,000				+₩20,000

■ 분개 :

(차) 현 금	20,000	(대) 자 본 금	20,000

■ 전기 :

현 금

차변	대변
① 6/1 20,000	

자본금

차변	대변
	① 6/1 20,000

(2) 6월 1일 사무기기를 ₩10,000에 구입하고 액면금액 ₩10,000의 어음(연 12%, 만기 3개월)을 발행하였다.

■ 거래분석 : 비품(자산) ₩10,000 증가, 미지급금(부채) ₩10,000 증가

자 산	=	부 채	+	자 본
비품		미지급금		
+₩10,000		+₩10,000		

■ 분개 :

(차) 비 품	10,000	(대) 미지급금	10,000

■ 전기 :

비 품

차변	대변
② 6/1 10,000	

미지급금

차변	대변
	② 6/1 10,000

(3) 6월 5일 9월 30일까지 광고용역을 제공하기로 약속하고 고객으로부터 현금 ₩2,500을 미리 받았다.

■ 거래분석 : 현금(자산) ₩2,500 증가, 선수수익(부채) ₩2,500 증가

자 산	=	부 채	+	자 본
현금		선수수익		
+₩2,500		+₩2,500		

■ 분개 :

(차) 현 금	2,500	(대) 선수수익	2,500

■ 전기 :

현 금

차변	대변
① 6/1 20,000	
③ 6/5 2,500	

선수수익

차변	대변
	③ 6/5 2,500

(4) 6월 9일 6월 사무실 임차료 ₩2,000을 현금으로 지급하였다.

■ 거래분석 : 임차료(비용) ₩2,000 발생, 현금(자산) ₩2,000 감소

자 산	=	부 채	+	자 본
현금				임차료
−₩2,000				−₩2,000

■ 분개 :

(차) 임차료	2,000	(대) 현 금	2,000

■ 전기 :

현 금			
① 6/1	20,000	④ 6/9	2,000
③ 6/5	2,500		

임차료			
④ 6/9	2,000		

(5) 6월 10일 당해 10월 31일에 만기가 되는 5개월분 보험료 ₩1,000을 선납하였다.

■ 거래분석 : 선급보험료(자산) ₩1,000 증가, 현금(자산) ₩1,000 감소

자 산		=	부 채	+	자 본
현 금	선급보험료				
−₩1,000	+₩1,000				

■ 분개 :

(차) 선급보험료	1,000	(대) 현 금	1,000

■ 전기 :

현 금			
① 6/1	20,000	④ 6/9	2,000
③ 6/5	2,500	⑤ 6/10	1,000

선급보험료			
⑤ 6/10	1,000		

(6) 6월 12일 3개월분의 소모품 ₩5,000을 외상으로 구입하였다.

■ 거래분석 : 소모품(자산) ₩5,000 증가, 미지급금(부채) ₩5,000 증가

자 산	=	부 채	+	자 본
소모품		미지급금		
+₩5,000		+₩5,000		

■ 분개 :

(차) 소모품	5,000	(대) 미지급금	5,000

■ 전기 :

소모품			
⑥ 6/12	5,000		

미지급금			
		② 6/1	10,000
		⑥ 6/12	5,000

(7) 6월 30일 광고용역을 제공하고 대금 ₩20,000을 현금으로 받았다.

■ 거래분석 : 현금(자산) ₩20,000 증가, 용역수익(수익) ₩20,000 발생

자 산	=	부 채	+	자 본
현금				용역수익
+₩20,000				+₩20,000

■ 분개 :

(차) 현 금	20,000	(대) 용역수익	20,000

■ 전기 :

현 금

① 6/1	20,000	④ 6/9	2,000
③ 6/5	2,500	⑤ 6/10	1,000
⑦ 6/30	20,000		

용역수익

		⑦ 6/30	20,000

거래분석 내용을 종합하면 다음과 같다.

거래	자산				=	부채		+	자본		
										이익잉여금	
	현금	비품	선급 보험료	소모품		미지급금	선수수익		자본금	용역수익	임차료
1	+₩20,000								+₩20,000		
2		+₩10,000				+₩10,000					
3	+2,500						+₩2,500				
4	−2,000										−₩2,000
5	−1,000		+₩1,000								
6				+₩5,000		+5,000					
7	+20,000									+₩20,000	
	₩39,500	₩10,000	₩1,000	₩5,000		₩15,000	₩2,500		₩20,000	₩20,000	−₩2,000
계	₩55,500					₩55,500					

위의 <예제 3-4>의 분개와 전기를 요약하면 다음의 <표 3-3>과 <표 3-4>와 같다. <표 3-3>은 한국기획㈜의 6월 분개장이며, <표 3-4>는 원장을 보여주고 있다.

표 3-3 | 한국기획㈜의 분개장

일 자	회 계 처 리			
6월 1일	(차) 현 금	20,000	(대) 자 본 금	20,000
6월 1일	(차) 비 품	10,000	(대) 미지급금	10,000
6월 5일	(차) 현 금	2,500	(대) 선수수익	2,500
6월 9일	(차) 임 차 료	2,000	(대) 현 금	2,000
6월 10일	(차) 선급보험료	1,000	(대) 현 금	1,000
6월 12일	(차) 소 모 품	5,000	(대) 미지급금	5,000
6월 30일	(차) 현 금	20,000	(대) 용역수익	20,000

표 3-4 | 한국기획㈜의 원장

[자산계정]

현 금

① 6/1	20,000	④ 6/9	2,000
③ 6/5	2,500	⑤ 6/10	1,000
⑦ 6/30	20,000		

소모품

⑥ 6/12	5,000		

비 품

② 6/1	10,000		

선급보험료

⑤ 6/10	1,000		

[부채계정]

미지급금

		② 6/1	10,000
		⑥ 6/12	5,000

선수수익

		③ 6/5	2,500

[자본계정]

자본금

		① 6/1	20,000

[수익계정]

용역수익	
	⑦ 6/30 20,000

[비용계정]

임차료	
④ 6/9 2,000	

3. 수정전시산표

(1) 시산표란?

시산표(trial balance)는 특정 시점의 계정과목과 그 잔액을 나타내는 표이다. 기업은 보고기간 말에 시산표를 작성하는데, 시산표를 작성하는 주된 목적은 결산 시 결산절차를 진행하기 앞서 기중에 이루어진 회계절차인 분개와 전기 및 잔액 계산에서 오류가 발생하였는지 확인하기 위함이다.

시산표에는 원장에 나타난 순서대로 계정과목명을 표시하며 차변잔액을 나타내는 계정의 잔액은 왼쪽인 차변에, 대변잔액을 나타내는 계정의 잔액은 오른쪽인 대변에 기록한다. 시산표상 차변 합계는 대변 합계와 항상 같아야 한다. 만일 차변의 합계와 대변의 합계가 같지 않다면 이는 이전의 회계기록 절차에서 오류가 있었음을 의미한다. 따라서 기업은 시산표를 이용하여 분개와 전기 절차에서 발생한 오류를 발견할 수 있다. 또한 시산표는 재무제표 작성에도 유용성을 가지는데, 이에 관해서는 제4장에서 설명할 것이다.

<표 3-5>는 한국기획㈜의 6월 말 시산표이다. 시산표상 차변의 합계(₩57,500)와 대변의 합계(₩57,500)가 같음을 확인할 수 있다.

참고로, 원화표시(₩)는 분개장이나 원장에 나타내지 않고 시산표 또는 재무제표에서만 나타난다. 일반적으로 원화표시는 첫 번째 행과 합계란에만 표시한다. 또한 가감을 해야 하는 수치 바로 아래에는 단일 밑줄을 그으며, 합계금액 아래에

표 3-5 | 한국기획㈜의 6월 말 시산표

시산표
20×1년 6월 30일 현재

한국기획㈜ (단위: 원)

	차변	대변
현금	₩39,500	
소모품	5,000	
선급보험료	1,000	
비품	10,000	
미지급금		₩15,000
선수수익		2,500
자본금		20,000
용역수익		20,000
임차료	2,000	
합계	₩57,500	₩57,500

는 이중 밑줄을 그어 최종 합계액임을 표시한다.

(2) 시산표를 이용한 오류의 해결

시산표에서의 오류는 계산상의 실수, 또는 자료를 부정확하게 전기한 결과 등으로 인해 발생한다. 만약 시산표상에 차변의 합계액과 대변의 합계액이 같지 않다면 어떻게 할 것인가? 먼저 차이가 나는 금액을 확인 후 그 원인을 파악해야 하는데 다음에 제시한 해결책들을 활용하면 도움이 될 것이다:

① 차이 금액이 ₩1, ₩10, ₩100 또는 ₩1,000이면 차변과 대변 열의 합계액을 다시 계산한다.

② 차이 금액이 2로 나누어지면 그 절반에 해당하는 금액이 잘못된 란에 입력되었는지를 확인한다. 즉, 차변의 금액이 대변에, 혹은 대변의 금액이 차변에 잘못 기록되었을 가능성이 있다.

③ 차이 금액이 9로 나누어지면, 원장에서 시산표로 옮겨 적는 과정에서 오류가 발생했는지 각 계정잔액을 확인한다. 예를 들어, ₩12의 계정잔액을 ₩21으로 잘못 옮겨 적었다면 이러한 오류가 발생할 수 있다. 이와 같이 숫자의

순서가 바뀌는 오류를 전치오류라 한다.

④ 차이 금액이 2 또는 9로 나누어지지 않는다면 계정잔액 중 시산표상 누락된 것이 있는지 확인해 본다. 그리고 분개장을 조사하여 전기하는 과정에서 누락된 것이 있는지 살펴본다.

(3) 한계점

시산표 작성으로 회계기록의 오류를 모두 확인하여 수정할 수 있는 것은 아니다. 시산표상에서 차변과 대변의 합계가 같더라도 오류가 존재할 수 있다. 예를 들어, (1) 거래를 분개하지 않은 경우, (2) 분개 정보를 전기하지 않은 경우, (3) 분개한 정보를 두 번 전기한 경우, (4) 분개와 전기에 부정확한 계정이 사용된 경우, (5) 거래의 금액을 기록할 때 서로 상쇄되는 오류가 발생한 경우 등 이러한 오류는 시산표상 나타나지 않는다. 왜냐하면 잘못된 계정이나 잘못된 금액이라도 차변과 대변에 같은 금액이 분개 또는 전기되었을 경우 차변의 합계는 대변의 합계와 여전히 같을 것이기 때문이다. 따라서 시산표상 차변의 합계와 대변의 합계가 같지 않다면 회계기록상 오류가 존재함이 확실하지만, 차변의 합계와 대변의 합계가 같다고 해서 기업이 모든 거래를 제대로 기록했다는 것과 원장이 정확하다는 것을 의미하지는 않는다.

다음의 예제를 통해 기중에 수행하는 회계절차와 더불어 기말에 수행하는 회계절차 중 수정전시산표를 작성하기까지 연습해 보자.

✓종합예제

20×1년 9월 1일, B씨는 건물을 빌려서 강남주차㈜를 개업하였다. 건물에 자동주차 기계를 설치할 예정이다. 영업개시 첫 달에 다음의 거래가 발생하였다.

(1) 9월 1일 B씨는 현금 ₩40,000을 회사에 출자하고 주식을 받았다.
(2) 9월 2일 9월에 건물 임차료로 현금 ₩2,000을 지급하였다.
(3) 9월 3일 주차기계를 ₩50,000에 설치하였는데 ₩20,000은 현금을 지급하고 나머지는 어음(연 12%, 6개월 만기)을 발행하였다.
(4) 9월 4일 1년분 보험료 ₩2,500을 선납하였다.
(5) 9월 10일 개업 관련 광고비 ₩500에 대한 청구서를 받았다.
(6) 9월 30일 9월 동안에 주차료로 현금 ₩12,500을 받았다.

▶ 요구사항

1. 거래를 분개하라.
2. 원장에 계정을 만들어 전기하라.
3. 20×1년 9월 30일 시점에서의 시산표를 작성하라.

해답

1.

일 자	회 계 처 리			
9월 1일	(차) 현 금	40,000	(대) 자 본 금	40,000
9월 2일	(차) 임 차 료	2,000	(대) 현 금	2,000
9월 3일	(차) 기계장치	50,000	(대) 현 금	20,000
			미지급금	30,000
9월 4일	(차) 선급보험료	2,500	(대) 현 금	2,500
9월 10일	(차) 광 고 비	500	(대) 미지급광고비	500
9월 30일	(차) 현 금	12,500	(대) 용역수익	12,500

2.

현 금

9/1	40,000	9/2	2,000
9/30	12,500	9/3	20,000
		9/4	2,500

미지급금

		9/3	30,000

기계장치

9/3	50,000		

선급보험료

9/4	2,500		

자본금

		9/1	40,000

미지급광고비

		9/10	500

임차료

9/2	2,000		

광고비

9/10	500		

용역수익

		9/30	12,500

3.

시산표

20×1년 9월 30일 현재

강남주차㈜ (단위 : 원)

	차변	대변
현 금	₩28,000	
선 급 보 험 료	2,500	
기 계 장 치	50,000	
미 지 급 금		₩30,000
미지급광고비		500
자 본 금		40,000
용 역 수 익		12,500
광 고 비	500	
임 차 료	2,000	
합 계	₩83,000	₩83,000

요 약

1. 회계상 거래가 회계등식에 미치는 영향

각 거래는 적어도 두 가지 이상의 항목에 동시에 영향을 미친다. 예를 들어, 자산이 증가했다면 이와 동시에 (1) 다른 자산이 감소하거나, (2) 부채가 증가하거나, (3) 주주지분이 증가하여 회계등식은 유지된다.

2. 계정

계정은 자산, 부채, 자본(소유주지분) 또는 수익, 비용의 증가와 감소를 기록하는 최소단위를 말하며, 현금이나 자본금 등과 같이 계정에 이름을 붙이는 것을 계정명이라 한다.

3. 차변과 대변

차변과 대변은 T계정의 어느 편에 회계수치를 기록할 것인가를 나타내는데, 차변은 T계정의 왼편을, 대변은 T계정의 오른편을 의미한다. 일반적으로 차변을 '(차)'로 대변을 '(대)'로 줄여서 사용하기도 한다.

4. 회계기록 절차의 단계

회계기간 중에 수행되는 회계기록 절차에는 세 단계가 있다. (1) 각각의 거래가 그 계정에 미치는 영향을 분석하고, (2) 분개장에 해당 거래정보를 입력한 후, (3) 분개장에 입력된 분개정보를 원장에 있는 대응하는 계정에 전기한다.

5. 분개장

분개장은 회계기록 절차에서 몇 가지 중요한 의미를 지닌다. (1) 거래의 모든 효과를 한 곳에 나타내고, (2) 거래의 발생순서를 나타낸다. 또한 (3) 차변과 대변의 금액을 쉽게 비교하여 오류를 방지하거나 찾을 수 있다.

6. 전기

분개장에 기록한 거래를 일정 기간마다 특정 계정과목으로 옮겨 적는 과정이다. 이를 통해 분개한 거래가 개별 계정에 미치는 누적효과를 적절히 반영할 수 있다.

7. 시산표

특정 시점의 계정과목과 그 잔액을 나타내는 표이다. 주요 목적은 결산 시 결산절차를 진행하기 전 분개와 전기 및 잔액 계산에서 오류가 발생하였는지를 확인하는 데 있다.

용어정리

계정	회계거래를 기록 및 계산하는 단위로 자산, 부채, 자본, 수익, 비용의 각 항목별로 그 증가와 감소에 대한 내용을 기록하는 최소한의 단위
대변	T계정의 오른쪽
복식부기	회계거래의 발생을 기록할 때 그 발생원인과 결과를 차변과 대변에 동시 기입하여 하나의 거래를 두 가지 측면에서 기록하는 회계방식
분개	거래를 분석 후 그 발생순서에 따라 차변과 대변에 계정명과 금액을 기록하는 절차
분개장	분개를 기록하는 장부
시산표	총계정원장의 모든 계정을 열거하고 잔액을 차변과 대변으로 구분하여 기록한 표
전기	분개장의 분개내용을 원장에 옮기는 절차
차변	T계정의 왼쪽
총계정원장	모든 개별 계정들을 종류별로 분류하여 모아놓은 장부로 간단히 원장이라고도 함
회계상 거래	기업의 재무상태에 영향을 미치며 화폐단위로 측정가능한 거래 및 사건

EXERCISES

연습문제

객관식

[문제 1] 다음 중 회계상 거래를 고르시오. 〈난이도: 하〉

① 신입사원을 모집하고 고용계약을 체결하였다.
② 사무실을 임차하고 월말에 현금 ₩500,000을 지급하기로 하였다.
③ 재고자산 ₩100,000을 판매하는 계약을 체결하였다.
④ 자문용역을 제공하면서 그 대가 ₩100,000은 나중에 받기로 하였다.
⑤ 보험계약을 체결하고 월말에 ₩100,000의 보험료를 지급하기로 하였다.

[문제 2] 거래의 기록원칙과 관련하여 다음 중 틀린 설명을 고르시오. 〈난이도: 하〉

① 자산의 증가는 차변에 기록한다.
② 배당의 지급은 대변에 기록한다.
③ 부채의 감소는 차변에 기록한다.
④ 수익의 발생은 대변에 기록한다.
⑤ 비용의 발생은 차변에 기록한다.

[문제 3] 다음 거래의 분석으로 맞는 설명을 고르시오. 〈난이도: 하〉

광고비로 현금 ₩5,000을 지급하였다.

① 자산의 증가 ₩5,000, 자본의 증가 ₩5,000
② 자산의 증가 ₩5,000, 자본의 감소 ₩5,000
③ 자산의 증가 ₩5,000, 자산의 감소 ₩5,000
④ 자산의 감소 ₩5,000, 자본의 감소 ₩5,000
⑤ 자산, 부채 및 자본에 미치는 영향이 없다.

[문제 4] 분개 및 전기와 관련하여 다음 중 맞는 설명을 고르시오. 〈난이도: 하〉

① 분개장에는 회계기간에 발생한 모든 회계거래를 기록해야 한다.

② 분개장의 회계거래는 금액의 크기 순서대로 작성한다.

③ 전기란 원장으로부터 분개장으로 차변과 대변의 금액을 옮겨 적는 것으로 분개할 때마다 실시한다.

④ 전기할 때 분개장의 차변에 기입된 내용은 원장에서 해당 계정의 대변에 옮겨 적는다.

⑤ 기업이 사용하는 계정의 수는 그 규모 및 사업활동의 다양성과 관계없이 동일하다.

[문제 5] 시산표 작성 결과 대변잔액이 차변잔액보다 ₩1,800만큼 더 컸다. 다음 중 그 원인으로 가능한 것을 고르시오. 〈난이도: 중〉

① 매입채무 ₩12,000이 시산표에 ₩10,200으로 오기되었다.

② 현금을 차입하면서 차변에 차입금으로 ₩1,800, 대변에 현금으로 ₩1,800을 기록하였다.

③ 매출액을 합산하면서 실수로 ₩1,800만큼 시산표에 초과 기록하였다.

④ 소모품을 구매하면서 현금 ₩1,800을 지급하였는데 그 기록을 누락하였다.

⑤ 당기순이익 ₩1,800이 발생한 것이다.

주관식

[문제 1] 회계상 거래 〈난이도: 하〉

다음은 한국㈜에서 발생한 거래 및 사건의 일부를 나열한 것이다.

(1) 현금 ₩600,000을 출사받아 회사를 설립하였다.
(2) 건물을 ₩200,000에 구입하기로 계약을 체결하였다.
(3) 기계장치 ₩100,000을 외상으로 취득하였다.
(4) 신입사원과 매월 ₩150,000을 지급하는 고용계약을 체결하였다.
(5) 거래처로부터 상품 ₩300,000을 주문하였다.
(6) 화재로 ₩120,000의 상품이 소실되었다.

〈요구사항〉

한국㈜에서 발생한 거래 및 사건 중 회계상 거래에 해당하는 번호를 선택하고, 그 거래가 자산, 부채 및 자본에 미치는 영향을 설명하라.

[문제 2] 회계등식(1) 〈난이도: 하〉

다음은 회계등식(자산 = 부채 + 자본)에 기초하여 거래의 구성요소의 변화를 차변과 대변으로 구분한 것이다.

차변	대변
자산의 (①)	자산의 (②)
부채의 (③)	부채의 (④)
자본의 (⑤)	자본의 (⑥)
(⑦)의 발생	(⑧)의 발생

〈요구사항〉

위의 표에서 ①~⑧에 들어갈 말을 채워라.

[문제 3] 회계등식(2) 〈난이도: 중〉

다음은 20×1년 12월 31일 현재 한국㈜의 재무상태표와 관련된 자료이다.

토 지	₩100,000	기 계 장 치	₩17,000
매 입 채 무	35,000	건 물	120,000
매 출 채 권	42,000	자 본 금	50,000
이 익 잉 여 금	?	차 입 금	143,600
현 금	14,500		

〈요구사항〉

1. 한국㈜의 20x1년 12월 31일 현재 자산, 부채 및 자본 금액을 계산하라.
2. 한국㈜의 20x1년 12월 31일 현재 이익잉여금을 계산하라.

[문제 4] 회계등식(3) 〈난이도: 중〉

한국㈜의 20×1년 3월의 거래는 다음과 같다.

(1) 3월 1일 주주들이 현금 ₩100,000을 출자하여 회사를 설립하였다.
(2) 3월 2일 은행으로부터 현금 ₩50,000을 차입하였다.
(3) 3월 5일 현금 ₩25,000을 지급하는 조건으로 임차계약을 체결하였다.
(4) 3월 10일 용역 ₩15,000을 제공하였으나 이 중에서 ₩10,000을 현금으로 수령하고 나머지 ₩5,000은 3월 말에 받기로 하였다.
(5) 3월 12일 기계장치 ₩31,200을 외상으로 구입하였다.
(6) 3월 20일 종업원에게 급여 ₩13,000을 지급하였다.
(7) 3월 24일 3월 12일 거래한 기계장치에 대한 외상대금 ₩31,200을 현금으로 지급하였다.
(8) 3월 25일 차입금에 대한 이자비용 ₩1,000을 현금으로 지급하였다.
(9) 3월 31일 3월 10일 수령하지 못한 ₩5,000을 현금으로 수령하였다.

〈요구사항〉

1. 거래를 회계등식(자산 = 부채 + 자본[자본금 + 이익잉여금(수익 − 비용)])을 이용하여 분석하라.
2. 거래를 분개하라.

[문제 5] 거래의 기록(1) 〈난이도: 중〉

광고회사인 한국㈜는 20×1년 1월 1일에 설립되었다. 다음은 1월 중의 거래와 관련된 자료이다.

일자	차변	금액	대변	금액
1월 1일	(차) 현 금	100,000	(대) 자 본 금	100,000
1월 2일	(차) 현 금	40,000	(대) 차 입 금	40,000
1월 3일	(차) 현 금	25,000	(대) 용역수익	65,000
	매출채권	40,000		
1월 8일	(차) 임 차 료	12,000	(대) 현 금	12,000
1월 10일	(차) 현 금	27,000	(대) 매출채권	27,000
1월 15일	(차) 급 여	15,000	(대) 현 금	15,000
1월 25일	(차) 이자비용	8,000	(대) 현 금	8,000
1월 26일	(차) 차 입 금	20,000	(대) 현 금	20,000

〈요구사항〉

위의 자료를 근거로 각 거래의 내용을 추정하라.

[문제 6] 거래의 기록(2) 〈난이도: 중〉

건축설계회사인 강남㈜는 20×1년 3월 1일에 설립되었다. 다음은 3월 중의 거래와 관련된 자료이다.

3월 1일	강남㈜를 설립하기로 결정하고 현금 ₩200,000을 출자받았다.
3월 2일	은행으로부터 현금 ₩100,000을 차입하였다.
3월 3일	사무실 임차료 ₩50,000을 현금으로 지급하였다.
3월 5일	건축설계에 필요한 비품 ₩10,000을 외상으로 구입하였다.
3월 8일	강서㈜에 건축설계 서비스를 제공하고 ₩30,000을 현금으로 받았다.
3월 10일	홍보를 위해 광고를 의뢰하고 현금 ₩8,000을 지급하였다.
3월 15일	한국㈜에 건축설계 서비스를 제공하고 ₩70,000을 7일 후에 받기로 하였다.
3월 23일	한국㈜로부터 현금 ₩70,000을 회수하였다.
3월 25일	차입금에 대한 이자비용 ₩5,000을 현금으로 지급하였다.
3월 30일	차입금 중 ₩60,000을 현금으로 상환하였다.

〈요구사항〉

1. 강남㈜의 3월 거래내역을 분개하라.
2. 각 일자별 거래를 T계정에 전기하라.

[문제 7] 거래의 기록(3) 〈난이도: 중〉

다음은 이사전문업체인 한국㈜에서 20×1년도 3월에 발생한 거래이다.

3월 1일	한국㈜를 설립하기로 하고 현금 ₩100,000을 출자받았다.
3월 2일	건물 임차료 ₩10,000을 현금으로 지급하였다.
3월 5일	트럭을 구입하고 현금 ₩15,000을 지급하였다.
3월 10일	개업을 알리기 위하여 광고비 ₩8,000을 지출하였다.
3월 15일	이사용역을 제공하고 현금 ₩50,000을 받았다.
3월 18일	사업 확장을 위해 은행으로부터 현금 ₩40,000을 차입하였다.

3월 20일 이사용역을 제공하고 용역수익 ₩30,000은 2개월 뒤에 받기로 하였다.
3월 25일 추가적으로 트럭 ₩15,000을 외상으로 구입하였다.
3월 31일 종업원에게 급여 ₩30,000을 지급하였다.
3월 31일 차입금에 대한 이자비용 ₩6,000을 지급하였다.

〈요구사항〉

1. 한국㈜의 3월 거래내역을 분개하라.
2. 각 일자별 거래를 T계정에 전기하라.
3. 위의 자료에 기초하여 시산표를 작성하라.

[문제 8] 거래의 기록(4) 〈난이도: 중〉

다음은 건물청소서비스를 제공하는 강남㈜에서 20×1년도 1월에 발생한 거래이다. 20×1년 1월 1일, 이한국 씨는 건물청소서비스를 제공하는 강남㈜를 설립하였다. 1월 한 달 동안의 거래내역은 다음과 같다.

1월 1일 건물청소서비스 업체인 강남㈜를 설립하며 현금 ₩34,000을 출자받았다.
1월 2일 트럭을 ₩8,000에 구입하면서 대금 중 일부인 ₩5,000은 현금으로 지급하고, 나머지 ₩3,000은 나중에 지급하기로 하였다.
1월 3일 비품 ₩2,600을 외상으로 구입하였다.
1월 6일 청소용역을 제공하고 ₩5,000을 현금으로 받았다.
1월 12일 1월 2일 트럭 구입 시 외상대금 ₩3,000과 1월 3일 비품 구입 시 외상대금 ₩2,600을 현금으로 지급하였다.
1월 15일 청소용역 ₩8,000을 외상으로 제공하고, 대금은 나중에 받기로 하였다.
1월 25일 1월 15일에 청소용역 대금 ₩8,000을 현금으로 회수하였다.
1월 26일 종업원에게 급여 ₩2,500을 지급하였다.
1월 31일 차량연료비 ₩400을 지급하였다.

〈요구사항〉

1. 강남㈜의 1월 거래내역을 분개하라.
2. 각 일자별 거래를 T계정에 전기하라.
3. 위의 자료에 기초하여 시산표를 작성하라.

[문제 9] 시산표(1) 〈난이도: 상〉

강서㈜의 회계담당자는 20×1년 12월 31일 시산표를 작성하였으나 다음과 같이 차변과 대변의 합계금액이 일치하지 않았다.

시산표

20×1년 12월 31일 현재

강서㈜ (단위: 원)

	차 변	대 변
현금	₩6,504	
매출채권	6,462	
소모품	1,600	
기계장치	6,000	
미지급금		₩5,332
자본금		20,400
용역수익		4,760
급여	8,000	
임차료	3,420	
합계	₩31,986	₩30,492

20×1년도 강서㈜의 분개장 및 원장을 살펴본 결과 다음과 같은 오류를 발견하였다.

(1) 고객으로부터 외상 용역대금 ₩1,480을 회수하면서 차변에 현금 ₩940, 대변에 매출채권 ₩940으로 분개하였다.

(2) 외상으로 기계장치 ₩680을 구입하면서 차변에 소모품 ₩680, 대변에 미지급금 ₩680으로 분개하였다.

(3) 고객에게 용역 ₩1,780을 외상으로 제공하고 대금은 나중에 받기로 하였다. 회계담당자는 차변에 매출채권 ₩1,780, 대변에 용역수익 ₩178으로 분개하였다.

(4) 기계장치 외상 구입대금 중 일부인 ₩412을 현금으로 지급하는 회계처리를 회계담당자는 차변에 현금 ₩412, 대변에 미지급금 ₩520으로 분개하였다.

〈요구사항〉

위 오류를 정정한 이후의 정확한 시산표를 작성하라.

[문제 10] 시산표(2) 〈난이도: 중〉

다음은 한국㈜의 20×1년 12월 31일 시산표이다.

시산표

20×1년 12월 31일 현재

한국㈜ (단위 : 원)

	차 변	대 변
현 금	₩59,000	
매 출 채 권		₩10,000
토 지		50,000
건 물	60,000	
기 계 장 치	25,500	
차 입 금	40,000	
미 지 급 금		50,000
자 본 금		100,000
용 역 수 익	26,000	
급 여		5,000
보 험 료	3,000	
이 자 비 용	1,500	
임 차 료		2,000
합 계	₩215,000	₩217,000

〈요구사항〉

자산, 부채, 자본, 수익 및 비용계정이 정상잔액을 갖는다고 할 때 위의 시산표에서 틀린 곳을 찾아 수정하라.

CHAPTER 04

회계순환과정 Ⅱ

제 1 절 재무제표 기본요소의 인식기준

제 2 절 수정분개 및 전기

제 3 절 수정후시산표 및 재무제표 작성

제 4 절 장부의 마감

[보론 1] 정산표를 이용한 재무제표 작성

[보론 2] 오류수정을 위한 정정분개

학습목표

Learning Objectives

본 장에서는 회계순환과정 중 회계기간이 종료된 이후 행하는 회계절차에 대해 살펴본다. 회계정보의 기간별 보고 및 발생주의의 개념을 익혀 수정분개가 필요한 까닭과 함께 주요 수정사항을 살펴본다. 수정분개 및 이에 대한 전기를 행한 이후에는 수정후시산표를 작성하는 연습을 할 것이고, 수정후시산표를 이용하여 재무제표를 작성해 볼 것이다. 또한 재무제표 작성 이후 장부마감 절차 및 마감후시산표 작성을 통해 차기에 회계기록 절차를 계속적으로 수행하기 위한 준비작업을 살펴볼 것이다.

본 장에서 학습할 주요 내용을 요약하면 다음과 같다.

- ➢ 재무제표 기본요소의 인식기준
  - 회계기간
  - 발생주의와 현금주의
  - 자산과 부채의 인식
  - 수익과 비용의 인식
- ➢ 수정분개 및 전기
  - 수정분개의 정의 및 유형
  - 이연항목의 수정분개
  - 발생항목의 수정분개
- ➢ 수정후시산표 및 재무제표 작성
  - 수정후시산표
  - 재무제표
- ➢ 장부의 마감
  - 마감분개
  - 마감분개의 전기
  - 마감후시산표
- ➢ 보론 1 : 정산표를 이용한 재무제표 작성
- ➢ 보론 2 : 오류수정을 위한 정정분개

제 1 절 재무제표 기본요소의 인식기준

1. 회계기간

기업은 외부정보이용자의 의사결정에 도움이 될 정보를 제공할 목적으로 재무제표를 작성하여 보고한다. 회계기간은 외부정보이용자에게 재무제표를 작성하여 보고하는 주기를 어떻게 정할지와 관련이 있다. 만약 기업이 그 영업활동을 완전히 종료하기까지 그 재무상태 및 영업성과에 대해 아무도 궁금해하지 않는다면 회계기간은 전체 사업기간으로 결정되어도 아무런 문제가 없을 것이다. 그리고 회계기간을 임의로 구분해야 함에 따른 이슈는 발생하지 않을 것이다. 그런데 기업을 둘러싼 여러 이해관계자들은 기업의 재무상태와 영업성과에 대한 정보를 적시에 확인하고 싶어 한다. 예를 들어, 주주 및 채권자 등 외부정보이용자는 최적의 투자의사결정을 위해 최근의 재무정보를 제공받길 원한다. 또한 국세청은 기업이 1년에 한 번씩 세무신고를 할 때 재무제표를 첨부할 것을 요구한다. 이에 따라 재무제표는 전체 사업기간이 아닌 그보다 짧은 단위로 작성될 필요가 있다. 즉, 전체 사업기간을 인위적으로 구분하여 해당 기간을 대상으로 재무제표가 작성 및 보고되어야 하는데, 해당 기간을 회계기간이라 한다.

회계기간(보고기간)은 일반적으로 월, 분기 또는 연 단위로 설정한다. 월, 분기 단위로 하는 재무보고를 중간보고라 하는데, 상장기업은 분기와 연 단위의 재무제표를 작성해야 한다. 연 단위의 회계기간은 회계연도(fiscal year)라고 한다.[1] 회계연도는 일반적으로 특정 월의 첫 번째 날부터 시작하여 12개월 후가 되는 월의 마지막 날로 끝난다. 대부분의 기업들은 역년(달력상의 1년인 1월 1일부터 12월 31일까지)을 회계연도로 사용하나 역년 이외의 기간을 회계연도로 사용하는 기업도 있다.[2]

---

1) 당해 회계연도는 **당기**라 하며, 직전 회계연도와 다음 회계연도는 각각 **전기**와 **차기**라 부른다. 한편, 회계기간 초와 회계기간 말을 줄여서 각각 **기초**와 **기말**이라고 칭하며, 기초와 기말 사이를 **기중**이라 표현한다.

2. 발생주의와 현금주의

기업의 사업기간을 월, 분기 또는 연 단위의 회계기간으로 인위적으로 구분하다 보니 회계거래가 두 개 이상 회계기간의 재무상태 및 영업성과에 영향을 미친다면 이를 어느 회계기간의 수익 및 비용으로 보고할지 정해야 하는 이슈가 발생한다. 즉, 회계기간 간 손익을 배분해야 하는 이슈이다. 예를 들어, D항공사에서 항공기를 구입하는 경우를 생각해 보자. 동 항공기는 구입한 회계기간에만 사용되는 것이 아니라 중간에 처분하는 경우가 아니라면 항공기의 수명이 다할 때까지, 즉 내용연수 동안 영업활동에 사용된다. 즉, 항공기는 그 사용기간 동안 D항공사의 재무상태와 경영성과에 영향을 미치게 된다. 이와 같은 상황에서 D항공사는 항공기의 구입원가를 구입시점에 전액 비용으로 인식하는 것이 적절할까? 아니면 그 사용기간 동안 각 회계기간의 수익창출에 기여한 정도를 반영하여 비용으로 인식하는 것이 적절할까?

여러 기간에 걸쳐 총손익이 동일하다 하더라도 해당 수익 및 비용을 어느 기간에 인식할지는 곧 해당 기간의 경영성과에 영향을 미치기에 매우 중요한 문제이다. 이하에서는 수익과 비용의 인식시점을 결정하는 기준으로 현금주의와 발생주의에 대해서 살펴보도록 한다.

현금주의 기준에서 수익은 현금 수취시점에, 비용은 현금 지출시점에 인식한다. 따라서 수익 및 비용의 인식시기의 결정이 단순하다는 장점이 있다. 예를 들어, 기계장치를 취득하면서 ₩10,000,000의 현금을 지급했다고 하자. 현금주의 기준을 적용하면 그 현금 지급시점에 ₩10,000,000을 전액 비용으로 계상하면 되므로 회계처리가 간단하다. 그런데 유형자산 투자액을 그 지출시점에 전액 비용으로 인식하는 것이 정보이용자들에게 유용한 정보일까? 해당 유형자산을 오랜 기간 영업활동에 사용할 목적으로 거금을 들여 투자한 것이라 하자. 이를 그 지출시점에 전액 비용으로 인식하면 투자시점의 당기손익이 악화되는 문제가 발생한다. 이에 따라 주주들에게 단기 내에 성과를 보여줘야 하는 경영자의 경우 투자활동에 소극적이게 될 가능성이 높다. 그리고 이는 기업의 장기성장에 바람직하지 못

---

2) 회계기간이 역년과 동일하게 1월 1일부터 12월 31일까지인 기업을 12월 결산법인이라 한다.

한 결과를 불러올 수 있다.

반면, 발생주의는 현금 유출입시점이 아닌 해당 거래나 사건이 발생한 때에 수익 및 비용을 인식하는 회계절차를 말한다. 상기 예에서 ₩10,000,000의 기계장치 취득비용을 현금 지출시점에 비용으로 인식하는 것이 아니라, 해당 기계장치를 영업활동에 사용하여 수익창출에 기여하는 기간에 걸쳐 비용으로 인식한다. 이에 따라 현금주의 기준을 적용했을 때와 비교하여 기간별 경영성과를 보다 적절하게 측정할 수 있다는 장점이 있다. 이러한 이유에서 한국채택국제회계기준에서는 발생주의 기준을 적용하여 수익 및 비용을 인식하도록 요구하고 있다.

✓예제 4-1

한국법무법인은 20×1년도 초에 설립되었으며 1월 한 달간 법률서비스 제공 내역은 다음과 같다.

1월 15일 강남㈜에게 법률자문서비스를 제공하고 ₩100,000을 1개월 뒤에 수취하기로 하였다.

1월 25일 강동㈜에게 법률자문서비스를 제공하고 다음 날 ₩250,000의 현금을 수취하였다.

▶ 요구사항

1. 현금주의 기준에서 20×1년도 1월의 용역수익(매출)을 계산하라.
2. 발생주의 기준에서 20×1년도 1월의 용역수익(매출)을 계산하라.

해답

1. 현금주의 기준: ₩250,000
2. 발생주의 기준: ₩350,000(₩100,000 + ₩250,000)

3. 자산과 부채의 인식

회계에서 인식(recognition)은 거래나 경제적 사건을 회계장부에 기록하여 재무제표에 반영하는 것을 말한다. 앞에서 자산과 부채의 정의를 살펴보았다. 다시 정리하면, 자산이란 과거사건의 결과로 현재 기업이 통제하고 있는 경제적 자원인데, 이러한 경제적 자원을 통제함에 따라 기업은 미래에 경제적 효익의 유입을 기대할 수 있다. 또한 부채란 과거사건의 결과로 기업이 경제적 자원을 이전해야 하는 현재의무인데, 이러한 의무는 미래에 경제적 효익이 유출되면서 이행된다. 자산과 부채를 재무제표에 인식하기 위해서는 이러한 정의를 충족해야 하지만, 정의가 충족되었다고 해서 항상 재무제표에 인식되는 것은 아니다. 추가적으로 다음의 두 가지 인식기준을 충족해야 한다.

첫째, 해당 자산이나 부채를 인식하는 것이 재무제표이용자들에게 목적적합한 정보를 제공하는 것이어야 한다. 자산과 부채 정보는 1) 그 존재 여부가 불확실하거나, 2) 존재 여부는 확실하나 경제적 효익의 유입가능성이나 유출가능성이 낮다면 목적적합하지 않을 수 있다. 자산의 존재 여부가 불확실한 예로, 한 기업이 다른 당사자로부터 경제적 자원을 수취할 수 있는 권리가 있는지에 대해 서로 분쟁이 있을 수 있다. 그러한 존재불확실성이 해결(예 : 법원의 판결)될 때까지 기업은 권리를 보유하는지 불확실하고, 결과적으로 자산이 존재하는지도 불확실하다. 의무가 존재하는지 불확실한 예로는, 다른 당사자가 기업의 범법행위 혐의에 대한 보상을 요구하는 경우 그 행위가 발생했는지, 기업이 그 행위를 했는지 또는 법률이 어떻게 적용되는지가 불확실할 수 있다. 예를 들어, 법원의 판결로 그 존재의 불확실성이 해소될 때까지 기업이 보상을 요구하는 당사자에게 의무가 있는지, 결과적으로 부채가 존재하는지 여부가 불확실하다. 이와 같이 불확실한 정보를 재무제표에 인식하여 보고하는 것은 오히려 정보이용자의 의사결정을 오도할 수 있다. 또한 존재 여부가 확실하더라도 경제적 효익의 유입가능성이나 유출가능성이 낮다면, 그 자산이나 부채에 대해 가장 목적적합한 정보는 발생가능한 유입이나 유출의 크기, 발생가능한 시기 및 발생가능성에 영향을 미치는 요인에 대한 정보일 수 있다. 이러한 정보는 일반적으로 주석에 기재한다.

둘째, 자산이나 부채에 대해 충실한 표현이 제공가능할 경우에 인식한다. 자산이나 부채를 인식하기 위해서는 이를 측정해야 하는데, 많은 경우 그 측정에 추정이 요구되며 따라서 측정불확실성의 영향을 받는다. 이때 합리적인 추정치의 사용은 재무정보 작성의 필수적인 부분이며 추정치를 명확하고 정확하게 기술하고 설명한다면 정보의 유용성을 훼손하지 않는 것으로 보고 있다. 또한 높은 수준의 측정불확실성이 있더라도 그러한 추정치가 유용한 정보를 반드시 제공하지 못하는 것은 아니다. 추정에 대한 설명과 추정에 영향을 미칠 수 있는 불확실성에 대한 설명을 동반한다면, 불확실성이 높은 추정에 의존하는 측정이 가장 유용한 정보일 수 있다.

4. 수익과 비용의 인식

수익과 비용의 인식이란 수익과 비용을 기록하는 시점을 결정하는 것을 의미한다. 수익과 비용은 현금주의가 아닌 발생주의에 따라 인식하는데, 구체적인 수익인식 기준으로 가득요건과 실현요건이 있고, 비용인식 기준으로 수익 · 비용대응의 원칙이 있다.

(1) 수익인식의 원칙

수익은 고객에게 1) 재화나 용역을 제공하고(가득요건), 2) 그 대가로 현금을 수취하거나 현금청구권이 발생했을 경우(실현요건) 인식한다. 기업이 고객에게 재화나 용역을 제공한 결과 그 통제권이 고객에게 이전되었다면 수익이 가득되었다고 한다. 또한 고객에게 재화나 용역을 제공한 결과 현금을 수취했거나 외상으로 제공한 결과 현금청구권을 수취했고 그 회수가능성이 높다면 실현요건을 충족한 것이다.

예를 들어, <예제 4-1>에서 한국법무법인이 1월 15일에 제공한 법률자문서비스의 대가를 2월 15일에 현금으로 받은 경우 수익은 현금 수취시점인 2월이 아닌 법률자문서비스 제공시점인 1월에 인식하여야 한다. 왜냐하면 1월 중 법률자문서비스가 제공되어 가득요건이 충족되었고, 이에 따라 현금청구권을 수취했고 그 회수가능성이 높으므로 실현요건 역시 충족되었기 때문이다. 따라서 한국법무법인은 1월 15일에 제공한 용역에 대해 그 대가를 받을 권리를 매출채권(자산)으로 재무상태표에 반영하고, 자문용역에 대한 수익을 포괄손익계산서에 반영하여야 한다.

(2) 비용인식의 원칙

수익 · 비용대응의 원칙은 비용의 인식기준으로 수익을 인식할 때 이에 대응하여 관련 비용을 인식함을 의미한다. 비용은 기업이 수익 창출을 위해 수행하는 다양한 활동에서 경제적 자원이 소비되거나 그 효익이 감소되며 발생한다. 따라서 해당 수익창출 활동에 기여한 비용을 그 수익인식시점에 이에 대응하여 비용으로 인식하는 것이 적절하다는 개념이다. 이를 통해 기간별 경영성과를 적정하게 정할 수 있다. 동 원칙에 의하면 한국법무법인의 법률자문서비스에 대한 직원급여는 법률자문서비스의 제공으로 수익을 인식한 시점에 이에 대응하여 인식한다. 즉, 수익인식시점과 동일한 보고기간인 1월에 '급여'라는 비용으로 보고하게 된다. 만일 한국법무법인이 1월에 발생한 급여를 2월에 지급하였다면 1월 말에 비용(급여)의 인식과 동시에 부채(미지급급여)를 기록해야 한다.

[그림 4-1]은 수익과 비용 인식의 원칙을 요약하여 보여주고 있다.

그림 4-1 수익과 비용의 인식

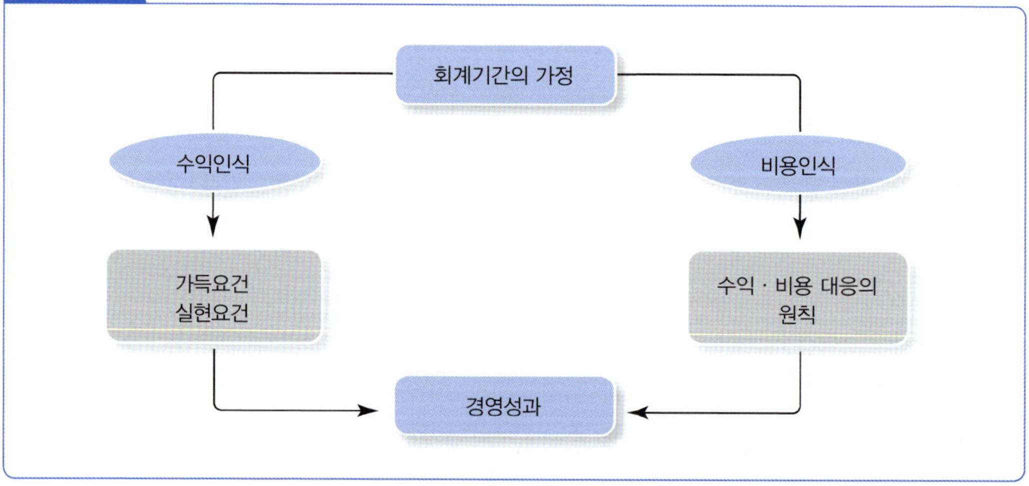

제 2 절 수정분개 및 전기

1. 수정분개의 정의 및 유형

수정분개는 재무제표가 수익인식의 원칙 및 비용인식의 원칙(수익·비용대응의 원칙)에 따라 작성될 수 있도록 회계기간 말에 재무제표를 작성하기에 앞서 필수적으로 요구되는 절차이다. 수정분개를 적절하게 수행하고 나면 재무상태표와 포괄손익계산서는 발생주의 기준에 따라 적정하게 작성될 수 있다.

기중의 회계절차([그림 3-4]의 단계 1~2)를 거쳐 작성된 수정전시산표상 계정 및 잔액은 이를 그대로 재무제표 작성에 이용하기에는 발생주의 관점에서 아직 완전하지 못하다.3)

- 일부 사건은 매일 기록하는 것이 비효율적이기 때문에 기중에 기록하지 않다보니 누락되어 있을 수 있다. 예를 들어, 기업은 직원들이 근로를 제공함에 따라 발생한 비용(급여)을 매일 기록하지는 않는다. 따라서 해당 비용은 수정전시산표에 반영되어 있지 않을 수 있다.
- 일부 비용은 매일 거래의 결과라기보다는 시간이 경과함에 따라 경제적 효익이 소멸되는 과정에서 발생하기 때문에 이를 회계기간 중에는 기록하지 않는다. 임차료, 보험료 및 비품의 사용과 관련된 금액 등이 그 예다.
- 공공요금과 같은 특정 항목은 일반적으로 당월의 사용분에 대하여 익월에 청구서를 받으므로 당월에 기록되지 않을 수도 있다.

기업은 회계기간이 종료된 이후 재무제표 작성을 준비할 때마다 수정전시산표상 각 계정의 내용을 살펴 그 금액이 적절한지 검토해야 한다. 예를 들어, 소모품의 재고액, 보험계약서, 임차계약서 및 다른 계약서상의 내용을 파악해야 한다. 수정분개는 시간이 많이 소요되는 절차이지만 재무제표에 기업의 재무상태와 경

---

3) 기중의 회계처리 결과를 기말에 요약한 시산표는 수정분개 이전에 작성하였다 하여 **수정전시산표**라 한다. 즉, 제3장에서 학습한 시산표는 수정전시산표에 해당한다.

그림 4-2 **이연항목과 발생항목 비교**

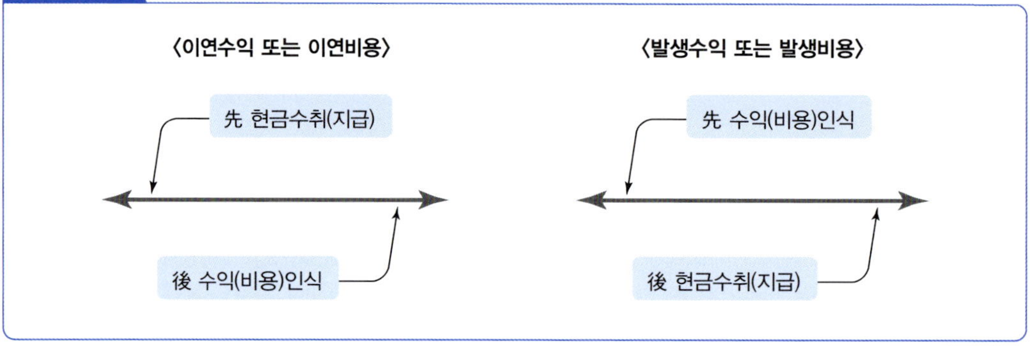

영성과를 발생주의에 따라 적정하게 반영하기 위해서는 필수적인 절차이다.

수정분개는 크게 이연(deferrals)과 발생(accruals) 두 가지로 분류된다. 이연은 현금의 수취나 지급 등이 이루어졌지만 수익 및 비용의 인식기준이 충족되지 않아 이를 수익 및 비용으로 인식하지 않고 그 인식시기를 미루는(이연하는) 절차이다. 반면, 발생은 현금의 수취나 지급 등이 이루어지지 않았지만 수익 및 비용의 인식기준이 충족되었기에 이를 수익과 비용으로 인식하는 절차이다. 이를 그림으로 표현하면 [그림 4-2]와 같다. 이연과 발생 절차를 통해 수정분개를 행하면 하나 이상의 재무상태표 계정과 하나의 손익계산서 계정이 영향을 받는다.

<표 4-1>은 이연 및 발생을 수익과 비용으로 나눠 회계처리 방법을 요약한 것이다. 이하에서는 이연항목과 발생항목의 상세 내용 및 그 구체적인 회계처리 방법에 대해 살펴보기로 한다.

표 4-1 | **수정분개의 유형**

유 형		회계처리
이연 (deferrals)	이연수익	현금 대가는 이미 수취하였으나, 아직 수익인식기준을 충족하지 못한 경우 수익 대신 부채로 기록함
	이연비용	현금 대가는 이미 지급하였으나, 아직 사용 또는 소비하지 않은 경우 비용 대신 자산으로 기록함
발생 (accruals)	발생수익	수익인식기준을 충족했으면 현금 대가를 수취하지 않았어도 수익을 인식하고 현금을 수취할 권리를 자산으로 기록함
	발생비용	비용인식기준을 충족했으면 현금 대가를 지급하지 않았어도 비용을 인식하고 현금을 지급할 의무를 부채로 기록함

2. 이연항목의 수정분개

이연항목의 대표적인 예로는 선수수익과 선급비용이 있다.4) 선수수익은 이미 현금을 수취하였으나 그에 대한 수익인식기준을 충족하지 못하여 부채로 인식한 항목이고, 선급비용은 이미 현금을 지급하였으나 그에 대한 비용인식기준을 충족하지 못하여 자산으로 인식한 항목이다. 기업은 보고기간 말에 이연항목에 대하여 적절한 수정분개를 실시해야 한다.

(1) 이연수익

이미 현금을 수취하였으나 아직 수익인식기준을 충족하지 못한 경우 수익의 인식시기를 이연하며 이를 선수수익이라는 부채로 기록한다. 이연수익의 예로 선수령한 이자, 보험료, 임대료 등이 있다.

구체적으로, 자금을 대여하고 이자를 선수령하였다면 선수이자(선수수익)로 회계처리하고, 사무실을 임대하면서 임대료를 선수령하였다면 선수임대료(선수수익)로 회계처리한다. 이와 같이 선수령한 이자를 부채로 회계처리 하는 이유는 기업은 해당 금액만큼 미래에 고객에게 관련 용역을 제공해야 할 의무가 있기 때문이다. 선수수익(부채)은 향후 해당 용역이 제공되었을 때 제거되며 그 시점에 수익으로 인식 가능하다.

그런데 용역제공이 기간의 경과에 따라 계속적으로 이루어지는 경우 기간의 경과에 따라 가득 및 실현되는 수익을 매일 기록하는 것은 효율적이지 않다. 일반적으로 기업은 선수수익의 수익인식을 회계기간 말까지 미룬다. 그리고 회계기간 말 시점에 해당 회계기간 중 가득 및 실현된 수익을 인식하면서 선수수익을 줄이는 수정분개를 실시한다. 즉, 수정 전 과대계상되었던 선수수익(부채)을 감소시키고 과소계상되었던 수익의 발생을 기록한다.

---

4) 선수수익(선급비용)은 기업이 일정 기간 계속하여 용역을 제공하기로(제공받기로) 하고 수취한(지급한) 수익(비용) 중 용역의 제공이 아직 이루어지지 않아 차기 이후의 수익(비용)으로 인식하여야 할 금액을 말한다. 이와 비교하여 선수금(선급금)은 일반적 상거래에서 미래에 재화나 용역을 제공하기로(제공받기로) 하고 대금의 전부 혹은 일부를 미리 수령(지급)한 것을 말한다.

✓예제 4-2

한국㈜는 20×1년 9월 1일에 건물의 여유 공간을 강남㈜에 1년간 임대하기로 계약하고 1년 치 임대료 ₩1,200,000을 수취하였다. 한국㈜의 결산일은 12월 31일이다.

▶▶ 요구사항

1. 임대료 수취시점(20×1년 9월 1일)에 한국㈜의 회계처리를 제시하라. [단, 선수임대료(부채)계정을 사용할 것]
2. 보고기간 말(20×1년 12월 31일)에 한국㈜가 수행해야 할 수정분개를 제시하라.

해답

1.	(차) 현 금	1,200,000	(대) 선수임대료	1,200,000
2.	(차) 선수임대료	400,000	(대) 임대수익	400,000*

* ₩1,200,000 × 4개월/12개월

<예제 4-2>에서 한국㈜는 향후 1년간 사무실을 임대하기로 약속하고 9월 1일에 강남㈜로부터 1년 치 임대료 ₩1,200,000을 받았으므로 아직 제공하지 않은 임대용역에 대해 이를 부채인 선수임대료(선수수익)계정의 대변에 기록하였다. 그러나 회계기간 말 시점에는 4개월(9월~12월) 동안 사무실을 제공한 부분에 대해 임대료 ₩400,000을 수익으로 인식함과 동시에 부채로 계상한 선수임대료를 감소시키는 수정분개를 해야 한다.

선수임대료

차변		대변	
12/31 수정	**400,000**	7/1	1,200,000
		12/31 잔액	800,000

임대수익

차변		대변	
		12/31 수정	**400,000**
		12/31 잔액	400,000

수정분개를 전기한 결과, 선수임대료(부채)계정의 대변잔액은 선수령한 임대료 중 아직 제공하지 않은(즉, 미래에 제공할) 임대용역 ₩800,000을 나타내며, 임대수익계정의 대변잔액은 4개월간 수행된 임대용역, 즉 실현된 임대수익 ₩400,000을 나타낸다. 만일, 수정분개를 하지 않았다면 한국㈜의 20×1년도 포괄손익계산서의 수익과 당기순이익은 ₩400,000만큼 과소 표시될 것이고, 그 결과 보고기간 말

현재 재무상태표상 자본은 ₩400,000만큼 과소 표시될 것이다. 또한 선수임대료(부채)는 ₩400,000만큼 과대 표시될 것이다.

한편, 앞선 회계처리와 다른 방법으로 회계처리하는 것도 가능하다. 즉, 한국㈜는 임대료 수취시점(20×1년 9월 1일)에 다음과 같이 회계처리할 수도 있다.

(차) 현 금	1,200,000	(대) 임대수익	1,200,000

즉, 한국㈜가 선수령한 현금을 그 수취시점에 전액 임대수익으로 회계처리하는 방법이다. 이와 같이 회계처리할 경우 20×1년도 수익은 임대기간이 경과되지 않음에 따라 아직 실현되지 않은 ₩800,000만큼 과대계상된다. 이는 한국㈜가 향후 8개월(20×2년도 1월~8월) 동안 추가로 사무실 임대용역을 제공했을 때 수익으로 인식되어야 한다. 따라서 위와 같이 회계처리한 경우 회계기간 말 시점에서는 과대계상된 임대수익을 줄이면서 그 인식시기를 이연하고, 향후 8개월(20×2년도 1월~8월) 동안 사무실을 제공할 의무에 대해 선수임대료(부채)로 계상하는 수정분개를 행해야 한다.

(차) 임대수익	800,000	(대) 선수임대료	800,000

선수임대료

	12/31 수정 **800,000**
	12/31 잔액 800,000

임대수익

12/31 수정 **800,000**	7/1 1,200,000
	12/31 잔액 400,000

수정분개를 전기한 결과, 앞선 결과와 동일하게 선수임대료계정의 대변잔액은 미실현된 임대수익 ₩800,000을 나타내고, 임대수익계정의 대변잔액은 실현된 임대수익 ₩400,000을 나타낸다. 따라서 현금 수취시점에서 선수임대료(부채)로 회계처리하든 임대수익(수익)으로 회계처리하든지 관계없으나 회계기간 말 시점에 적절한 수정분개를 수행해야 함을 유의해야 한다. 한편, <표 4-2>는 이연수익에 대한 수정사항을 요약한 것이다.

표 4-2 | 이연수익(선수수익)에 대한 수정사항 요약

이연수익의 예	선수령한 이자, 보험료, 임대료 등
수정 이유	회계기간 중 용역제공으로 수익인식기준을 충족함
수정 전 계정의 잔액	부채 과대계상 / 수익 과소계상
수정분개	(차) 선수수익 ××× (대) 수 익 ×××

(2) 이연비용

이미 현금을 지급하였으나 아직 비용인식기준을 충족하지 못한 경우 비용의 인식시기를 이연하여 이를 선급비용이라는 자산으로 기록한다. 이연비용의 예로는 선급임차료, 선급보험료, 소모품, 건물, 기계장치 및 차량 등이 있다.

자산으로 기록된 이연비용은 시간의 경과(예: 보험료, 임차료 등)나 사용(예: 소모품, 기계장치 등)에 따라 그 경제적 효익이 소멸될 때 비용으로 인식한다. 이연비용(자산)을 비용으로 인식하기 위해 일별 분개를 수행하는 것은 비효율적이다. 대신 회계기간 말에 당해 회계기간 중 소멸된 경제적 효익에 해당하는 금액만큼 이연비용을 줄이면서 이를 비용으로 인식하는 수정분개를 실시한다. 이를 통해 회계기간 말에는 미소멸원가(unexpired costs)만큼을 이연비용(자산)에 반영하게 된다. 즉, 수정 전 과대계상된 자산을 감소시키고 과소계상된 비용의 발생을 기록한다.

이연비용 관련 회계처리는 보험료, 소모품비 및 감가상각비로 구분하여 살펴보기로 한다. <표 4-3>은 이연비용에 대한 수정사항을 요약한 것이다.

표 4-3 | 이연비용(선급비용)에 대한 수정사항 요약

이연비용의 예	선급보험료, 선급임차료, 소모품, 감가상각대상 자산 등
수정 이유	자산으로 기록된 선급비용 등이 시간의 경과, 사용으로 소멸되며 비용인식기준을 충족함
수정 전 계정의 잔액	자산 과대계상 / 비용 과소계상
수정분개	(차) 비 용 ××× (대) 자 산 ×××

① 보험료

기업은 화재, 도난 및 다른 예상치 못한 사건으로 인하여 발생하는 손실에 대비하기 위하여 보험에 가입한다. 보험료는 일반적으로 미리 지불되기 때문에 보험료 지출시 자산계정인 선급보험료가 증가한다. 그러나 시간이 경과함에 따라 기업은 보험서비스를 제공받으므로 소멸된 원가만큼 비용(보험료)으로 인식해야 한다. 재무상태표일에 기업은 회계기간 동안 소멸된 원가, 즉 보험료의 발생을 차변에, 선급보험료의 감소를 대변에 기록한다.

✓예제 4-3

한국㈜는 20×1년 4월 1일에 서울보험㈜와 보험계약을 체결하고 본사 건물에 대한 1년간 화재보험료 ₩720,000을 지급하였다. 한국㈜의 결산일은 12월 31일이다.

▶ 요구사항

1. 화재보험료 지급시점(20×1년 4월 1일)에 한국㈜의 회계처리를 제시하라. (단, 선급보험료(자산) 계정을 사용할 것)
2. 보고기간 말(20×1년 12월 31일)에 한국㈜가 수행해야 할 수정분개를 제시하라.

해답

1.	(차) 선급보험료	720,000	(대) 현　　금	720,000
2.	(차) 보 험 료	540,000	(대) 선급보험료	540,000*

* ₩720,000 × 9개월/12개월

<예제 4-3>에서 한국㈜는 향후 1년간 보험서비스를 제공받기로 계약을 체결하고 4월 1일 서울보험㈜에게 1년치 보험료 ₩720,000을 지급하였으므로 자산인 선급보험료(선급비용)계정의 차변에 기록하였다. 그러나 보고기간 말 시점에서는 9개월(4월~12월)의 시간이 경과됨에 따라, 본사 건물에 대한 화재보험서비스를 제공받았기에 보험료 ₩540,000을 비용으로 인식함과 동시에 자산으로 계상한 선급보험료를 그만큼 감소시키는 수정분개를 해야 한다.

보험료

차변	대변
12/31 수정 **540,000**	
12/31 잔액 540,000	

선급보험료

차변	대변
4/1 720,000	12/31 수정 **540,000**
12/31 잔액 180,000	

수정분개를 전기한 결과 보험료계정 차변의 ₩540,000은 9개월간 소멸된 보험료 원가를 나타내고, 선급보험료계정의 차변잔액은 보고기간 말 현재 남아있는 보험서비스 기간인 3개월(20×2년도 1월~3월)에 대해 미소멸 보험원가 ₩180,000을 나타낸다. 만약 수정분개를 하지 않는다면 한국㈜의 20×1년도 보험료는 ₩540,000만큼 과소계상되어 당기순이익이 ₩540,000만큼 과대 표시될 것이고, 그 결과 보고기간 말 현재 재무상태표상 자본도 ₩540,000만큼 과대 표시될 것이다. 또한 선급보험료(자산)도 ₩540,000만큼 과대 표시될 것이다.

대체적인 회계처리로 한국㈜는 보험료 지급시점(20×1년 4월 1일)에 선급보험료(자산)가 아닌 보험료(비용)로 회계처리하는 것도 가능하다. 이 경우 보고기간 말에 한국㈜는 다음과 같은 수정분개를 해야 한다. 수정분개를 전기한 결과는 앞선 결과와 동일하다.

4월 1일	(차) 보 험 료	720,000	(대) 현 금	720,000
12월 31일	(차) 선급보험료	180,000	(대) 보 험 료	180,000

보험료

차변	대변
4/1 720,000	12/31 수정 **180,000**
12/31 잔액 540,000	

선급보험료

차변	대변
12/31 수정 **180,000**	
12/31 잔액 180,000	

② 소모품비

기업은 종이, 봉투 및 프린터 토너 등과 같은 다양한 종류의 소모품을 사용한다. 소모품은 자산이므로 구입할 때 소모품계정의 차변에 기록한다. 그리고 회계기간 중에 사용된 소모품은 사용시점에 비용으로 기록하는 대신 보고기간 말에 수정분개를 통해 소모품비(비용)로 기록한다. 회계기간 동안 사용된 소모품은 소모품 구입액에서 기말 소모품 재고를 차감하여 측정한다. <예제 4-4>를 통해 소모품비에 대한 회계처리를 연습해 보자.

✓예제 4-4

한국㈜는 20×1년 12월 1일 영업을 시작하면서 소모품 ₩500,000을 구입하고 현금을 지급하였다. 보고기간 말인 12월 31일 소모품 재고를 조사한 결과 ₩150,000에 해당하는 소모품이 남아있음을 확인하였다.

▶ 요구사항

1. 소모품 구입시점(20×1년 12월 1일)의 회계처리를 제시하라. (단, 소모품(자산)계정을 사용할 것)
2. 보고기간 말(20×1년 12월 31일)에 한국㈜가 수행해야 할 수정분개를 제시하라.

해답

1.	(차) 소 모 품	500,000	(대) 현 금	500,000
2.	(차) 소모품비	350,000	(대) 소 모 품	350,000*

* ₩500,000 − ₩150,000

<예제 4-4>에서 한국㈜는 소모품(₩500,000)을 구입하면서 소모품(자산)계정의 차변에 기록하였다. 그러나 보고기간 말 시점에 소모품 재고액은 ₩150,000이므로 회계기간 동안 사용된 소모품은 ₩350,000이다. 따라서 보고기간 말 시점에 소모품 사용액 ₩350,000을 소모품비(비용)로 인식함과 동시에 소모품(자산)을 그만큼 감소시키는 수정분개를 해야 한다.

소모품

차변		대변	
12/1	500,000	12/31 수정	**350,000**
12/31 잔액	150,000		

소모품비

차변		대변
12/31 수정	**350,000**	
12/31 잔액	350,000	

수정분개를 전기한 결과 소모품비(비용)계정의 차변에는 소모품을 사용함에 따라 소멸된 소모품 원가 ₩350,000이 기록된다. 또한 소모품(자산)계정의 차변잔액은 남아있는 소모품 재고액, 즉 보고기간 말 현재 미소멸된 소모품 원가 ₩150,000이

기록된다. 수정분개를 하지 않는다면 한국㈜의 20×1년도 소모품비는 ₩350,000만큼 과소계상되어 당기순이익이 ₩350,000만큼 과대 표시될 것이고, 그 결과 보고기간 말 현재 재무상태표상 자본도 ₩350,000만큼 과대 표시될 것이다. 또한 소모품(자산)도 ₩350,000만큼 과대 표시될 것이다.

대체적인 회계처리로 한국㈜는 소모품 구입시점(20×1년 12월 1일)에 소모품(자산)이 아닌 소모품비(비용)로 회계처리하는 것도 가능하다. 이 경우 보고기간 말 시점에 한국㈜는 다음과 같은 수정분개를 해야 한다. 수정분개를 전기한 결과는 앞선 결과와 동일하다.

12월 1일	(차) 소모품비	500,000	(대) 현 금	500,000
12월 31일	(차) 소 모 품	150,000	(대) 소모품비	150,000

소모품

차변	대변
12/31 수정 **150,000**	
12/31 잔액 150,000	

소모품비

차변	대변
12/1 500,000	12/31 수정 **150,000**
12/31 잔액 350,000	

③ 감가상각비

기업은 일반적으로 영업활동을 수행하기 위해 건물, 기계장치 및 차량 등을 취득한다. 이러한 자산들은 수년에 걸쳐 사용될 것이므로 그 취득원가는 취득시점에 비용이 아닌 자산으로 기록한다. 자산으로 기록된 취득원가는 해당 건물 등의 자산이 영업활동에 사용되어 수익 창출에 기여할 때 수익 · 비용 대응의 원칙에 따라 비용(감가상각비)으로 인식한다.

감가상각 관련 수정분개를 위해서는 내용연수 및 잔존가치를 추정하고 감가상각방법을 정해야 한다. 자산이 영업활동에 사용가능한 기간을 내용연수라 하고, 잔존가치란 내용연수 종료시점에 자산의 예상 처분가치에서 추정 처분부대원가를 차감한 금액이다. 잔존가치만큼은 상각되지 않고 내용연수 종료시점에 남아있어야 한다. 따라서 내용연수 동안 비용으로 인식될 금액은 자산의 취득원가 전체 금액이 아닌 취득원가에서 잔존가치를 차감한 금액(감가상각대상금액)이다. 즉, 감가상각은 감가상각대상금액을 내용연수 동안 비용으로 인식하는 것으로 매 회계기간 각각 얼마의 금액을 비용으로 인식할지는 감가상각방법에 따라 달라진다. 가장 일반적으로 사용되는 감가상각방법은 해당 자산이 매년 균등하게 사용된다고 가정하여 감가상각대상금액을 내용연수로 나누어 감가상각비를 계산하는 방법(정액법)이다.[5] 정리하면, 감가상각은 자산의 취득금액 중 매 회계기간 소멸된 원가를 실제로 측정한다는 개념이 아니라 감가상각대상금액을 매 회계기간 합리적이고 체계적인 방법에 따라 비용으로 배분하는 절차이다. 앞서 다른 선급비용의 사례와 동일하게 감가상각을 일별로 수행하는 것은 비효율적이며, 회계기간 말에 수정분개를 통해 실시한다. 감가상각을 통해 감가상각비를 인식하며 해당 자산의 장부금액을 줄이면, 회계기간 말 시점에 미소멸된 원가만큼을 자산으로 보고하게 된다.

일례로, 12월 결산법인인 한국㈜가 20×1년도 초에 판매부서에서 사용할 목적으로 차량 1대를 ₩900,000에 취득했다고 하자. 또한 이 차량의 내용연수는 3년, 내용연수 종료 후 잔존가치는 ₩0으로 추정된다고 가정하자. 만일 차량의 취득원가 ₩900,000이 내용연수 3년 동안 매년 균등하게 사용된다고 보아 감가상각방법으로 정액법을 적용하여 상각한다면, 매년 인식되는 감가상각비는 ₩300,000 ({₩900,000 − ₩0} ÷ 3년)이다. 따라서 한국㈜는 보고기간 말에 차량의 감가상각비를 기록하기 위해 다음과 같은 수정분개를 실시해야 한다.

(차) 감가상각비	300,000	(대) 감가상각누계액	300,000

위의 수정분개를 전기한 후, 차량 관련 계정을 표시하면 다음과 같다.

차량운반구

1/1	900,000		

감가상각누계액 – 차량운반구

		12/31 수정	**300,000**

감가상각비

12/31 수정	**300,000**		

5) 감가상각에 대한 보다 자세한 내용은 제9장에서 학습하도록 하자.

감가상각누계액은 해당 자산의 차감계정으로 정상잔액은 대변에 나타난다.6) '감가상각누계액 - 차량운반구'는 재무상태표상 차량운반구 아래에 음(-)의 금액으로 표시하여 보고하는데, 20×1년도 부분재무상태표를 예시하면 다음과 같다.

차량운반구	₩900,000	
차감 : 감가상각누계액	(300,000)	₩600,000

자산의 취득원가와 감가상각누계액과의 차이를 장부금액(book value)이라고 부른다. 한국㈜의 20×1년 말 차량운반구 장부금액은 ₩600,000이다. 동 장부금액은 일반적으로 거래시장에서 평가되는 자산의 공정가치와는 다르다. 감가상각은 자산의 평가가 아닌 그 원가배분 절차에 해당하기 때문이다. 수정분개와 전기가 이루어진 후 감가상각누계액 계정잔액은 매년 ₩300,000씩 증가하여 20×2년도 및 20×3년도 보고기간 말 각각 ₩600,000과 ₩900,000이 될 것이고, 차량운반구의 장부금액은 각각 ₩300,000 및 ₩0이 될 것이다.

선급비용의 수정분개와 마찬가지로 감가상각에 대한 수정분개를 수행하지 않는다면 비용(감가상각비)이 과소계상될 것이고 결과적으로 당기순이익과 자본이 과대계상될 것이다. 즉, 한국㈜가 차량운반구의 감가상각에 대한 수정분개를 하지 않았다면, 한국㈜의 20×1년도 감가상각비는 ₩300,000만큼 과소계상되어 당기순이익이 ₩300,000 과대 표시될 것이고, 그 결과 보고기간 말 현재 재무상태표상 자본도 ₩300,000만큼 과대 표시될 것이다. 또한 차량운반구(자산)도 ₩300,000만큼 과대 표시될 것이다.

6) 감가상각누계액을 자산차감계정으로 표시하는 것에 대한 대안으로 감가상각비를 해당 자산에서 직접 차감하는 방법이 있으나, 한국채택국제회계기준(K-IFRS)에서는 해당 자산에서 차감하는 방법으로 표시하도록 하고 있다. 그 이유는 자산의 취득원가와 현재까지 소멸된 누적원가(감가상각누계액)를 모두 표시할 수 있기 때문이다.

3. 발생항목의 수정분개

발생항목으로는 미수수익과 미지급비용이 있다.[7] 당기 중 이미 수익(비용)인식 기준이 충족되었음에도 불구하고 그 대가를 아직 수취(지급)하지 않은 경우 해당 수익(비용)인식에 대한 회계기록이 누락되었을 수 있다. 즉, 기업은 당해 회계기간에 발생하였으나 기록되지 않은 수익과 비용을 인식하기 위해 발생항목에 대한 수정분개를 실시한다.

(1) 발생수익

수익이 이미 발생하였으나 재무상태표일 현재 아직 그 현금 대가를 수령하지 않아 기록하지 않은 수익을 발생수익(accrued revenues)이라 한다. 발생수익의 예로는 이자수익이나 임대료수익과 같이 시간이 경과함에 따라 발생하는 것과 용역 중 일부분이 제공되었으나 청구되지 않았거나 회수되지 않은 것이 있다. 발생수익에 대한 수정분개는 재무상태표일 현재시점에 수취채권(미래에 현금을 받을 수 있는 권리)인 미수수익을 정확하게 표시하고 회계기간 중 발생된 수익을 인식하기 위해 수행한다. 즉, 차변에 자산의 증가를 기록하고 대변에 수익의 발생을 기록하는 수정분개를 통해 수정 전 과소계상된 자산을 증가시키고, 과소계상된 수익의 발생을 기록한다.

---

7) 미지급금(미수금)은 일반적 상거래 이외에서 발생한 부채(자산)로서 미지급비용(미수수익)을 제외한 것을 말한다. 미지급비용은 발생된 비용으로서 지급하지 아니한 것을 말한다. 미지급금은 확정부채로서 지급기일이 도래하여 채권자에게 지급할 의무는 발생하고 있으나 그 지급을 지연하고 있는 것인 반면에, 미지급비용은 계약에 따라 계속적으로 용역을 제공받고 있으나 그 대가의 지급기일이 도래하지 아니한 부채를 말한다. 미수금은 미지급금에 대응되는 개념이며, 미수수익은 미지급비용에 대응되는 개념이라 할 수 있다.

✓예제 4-5

12월 결산법인 한국㈜는 20×1년 7월 1일에 관계기업인 강남㈜에게 현금 ₩4,000,000을 다음과 같은 조건으로 대여하였다.

- 만기일 : 20×2년 6월 30일
- 이　자 : 연 3%이며, 만기일 원금상환 시 지급조건

▶ 요구사항

1. 대여시점(20×1년 7월 1일)에 한국㈜의 회계처리를 제시하라.
2. 보고기간 말(20×1년 12월 13일)에 한국㈜가 수행해야 할 수정분개를 제시하라.

해답

1. (차) 단기대여금	4,000,000	(대) 현　　금	4,000,000
2. (차) 미수이자	60,000	(대) 이자수익	60,000*

* ₩4,000,000 × 3% × 6개월/12개월

<예제 4-5>에서 강남㈜는 20×1년도 7월부터 12월까지 6개월 동안 자금을 사용하였으므로 한국㈜는 6개월간 이자 ₩60,000을 받을 권리가 있다. 따라서 한국㈜는 보고기간 말에 아직 현금으로 받지는 않았지만 6개월(7월~12월)간 이자 ₩60,000을 이자수익으로 인식함과 동시에 이를 수령할 권리를 미수이자(자산)로 기록하기 위한 수정분개를 행해야 한다.

미수이자

차변		대변
12/31 수정	**60,000**	
12/31 잔액	60,000	

이자수익

차변	대변	
	12/31 수정	**60,000**
	12/31 잔액	60,000

만약 수정분개를 하지 않는다면 한국㈜의 20×1년도 포괄손익계산서의 수익과 당기순이익은 ₩60,000만큼 과소 표시될 것이고, 그 결과 보고기간 말 현재 재무상태표상 자본이 ₩60,000만큼 과소 표시될 것이다. 또한 미수이자(자산)도 ₩60,000만큼 과소 표시될 것이다. 한편, 20×2년도 6월 말에 한국㈜는 원금과 이자를 회수하게 되는데 이에 대한 회계처리는 다음과 같다.

(차) 현　　금	4,120,000	(대) 단기대여금	4,000,000
		미수이자	60,000
		이자수익	60,000

<표 4-4>는 발생수익에 필요한 수정사항을 요약한 것이다.

표 4-4 | 발생수익(미수수익)에 대한 수정사항 요약

발생수익의 예	수익인식기준을 충족한 미수령 이자, 임대료 등
수정 이유	수익인식기준은 충족하였으나 현금미회수로 기록되지 않음
수정 전 계정의 잔액	자산 과소계상 / 수익 과소계상
수정분개	(차) 자 산　×××　　(대) 수 익　×××

(2) 비용의 발생

비용이 이미 발생하였으나 재무상태표일 현재 현금이 아직 지급되지 않아 기록되지 않은 비용을 발생비용(accrued expenses)이라 한다. 발생비용의 예로는 미지급 이자, 임차료 및 급여 등이 있다.

발생비용에 대한 수정분개는 재무상태표일 현재 시점에 존재하는 지급채무(미래에 현금을 지급할 의무)인 미지급비용을 정확하게 표시하고 회계기간 중에 발생된 비용을 인식하기 위해 필요하다. 차변에 비용의 발생을 기록하고 대변에 부채의 증가를 기록하는 수정분개가 수행되어야 한다. 이를 통해 수정 전 과소계상된 부채를 증가시키고 과소계상된 비용의 발생을 기록할 수 있다.

예제 4-6

12월 결산법인인 한국㈜는 일시적인 자금사정으로 20×1년 12월분 종업원급여 ₩3,000,000을 연도 말까지 미지급한 상태이다. 그러나 20×2년 1월 초에 거래처로부터 자금을 회수하여 미지급된 급여를 전액 지급하였다.

▶▶ 요구사항

1. 보고기간 말(20×1년 12월 13일)에 한국㈜가 수행해야 할 수정분개를 제시하라.

2. 20×2년 1월 초 종업원급여 지급 시 수행해야 할 회계처리를 제시하라.

해답

1.	(차) 급 여	3,000,000	(대) 미지급급여	3,000,000
2.	(차) 미지급급여	3,000,000	(대) 현 금	3,000,000

<예제 4-6>에서 한국㈜는 20×1년도 12월 한 달 동안 종업원으로부터 근로를 제공받았으므로 그 대가로 급여를 지급할 의무가 있다. 따라서 한국㈜는 보고기간 말에 아직 현금으로 지급하지는 않았지만 12월 종업원급여 ₩3,000,000을 비용으로 인식함과 동시에 급여를 지급할 의무를 미지급급여(부채)로 기록하는 수정분개를 해야 한다.

급 여

차변	대변
12/31 수정 **3,000,000**	
12/31 잔액 3,000,000	

미지급급여

차변	대변
	12/31 수정 **3,000,000**
	12/31 잔액 3,000,000

만약 수정분개를 하지 않는다면 한국㈜의 20×1년도 포괄손익계산서상 비용이 ₩3,000,000만큼 과소계상되어 당기순이익은 ₩3,000,000만큼 과대 표시될 것이고, 그 결과 보고기간 말 현재 재무상태표상 자본이 ₩3,000,000만큼 과대 표시될 것이다. 또한 미지급급여(부채)는 ₩3,000,000만큼 과소 표시될 것이다. 한편, <표 4-5>는 발생비용에 필요한 수정사항을 요약한 것이다.

표 4-5 | 발생비용(미지급비용)에 대한 수정사항 요약

발생비용의 예	비용인식기준을 충족한 미지급 이자, 임차료, 급여 등
수정 이유	비용인식기준은 충족하였으나 현금미지급으로 기록하지 않음
수정 전 계정의 잔액	비용 과소계상 / 부채 과소계상
수정분개	(차) 비 용 ××× (대) 부 채 ×××

이하에서는 제3장의 <예제 3-4>를 이용하여 수정분개 및 전기 과정을 연습해본다.

✓예제 4-7

20×1년 6월 1일에 광고회사인 한국기획㈜가 설립되었으며, 다음은 6월 중 거래내역이다. 한국기획㈜의 보고기간은 한 달이라 가정한다.

(1) 6월 1일 주주들이 현금 ₩20,000을 출자하여 한국기획㈜를 설립하였다.
(2) 6월 1일 사무기기를 ₩10,000에 구입하고 액면금액 ₩10,000의 어음(연 12%, 만기 3개월)을 발행하였다.
(3) 6월 5일 9월 30일까지 광고용역을 제공하기로 약속하고 고객으로부터 현금 ₩2,500을 미리 받았다.
(4) 6월 9일 사무실 임차료 ₩2,000을 현금으로 지급하였다.
(5) 6월 10일 당해 10월 31일에 만기가 되는 5개월분 보험료 ₩1,000을 선납하였다. (단, 보험 적용일은 6월 1일부터이다.)
(6) 6월 12일 3개월분의 소모품 ₩5,000을 외상으로 구입하였다.
(7) 6월 30일 광고용역을 제공하고 대금 ₩20,000을 현금으로 받았다.

다음은 한국기획㈜의 6월 중 거래내역이 반영된 수정전시산표이다. 아직 기말의 수정분개는 하지 않은 상태이며, 수정분개에 관한 사항은 아래와 같다.

수정전시산표
20×1년 6월 30일

한국기획㈜ (단위 : 원)

	차 변	대 변
현 금	₩39,500	
소 모 품	5,000	
선 급 보 험 료	1,000	
비 품	10,000	
미 지 급 금		₩15,000
선 수 수 익		2,500
자 본 금		20,000
용 역 수 익		20,000
임 차 료	2,000	
합 계	₩57,500	₩57,500

[수정분개사항]

① 6월 5일 광고용역을 제공하기로 약속하고 고객으로부터 ₩2,500을 받았는데 6월 중에 ₩500의 광고용역이 제공되었다.

② 6월 30일 소모품 재고를 조사한 결과 ₩2,000어치의 소모품이 남아있음을 확인하였다.

③ 6월 1일에 구입한 사무기기(비품)의 내용연수는 3년, 잔존가치는 ₩1,000으로 추정되며, 한국기획㈜는 감가상각방법으로 정액법을 채택하고 있다.

④ 6월 중에 임대료수익 ₩500이 발생하였으나 현금을 수취하지 않아 기록하지 않았음이 발견되었다.

⑤ 6월 1일 사무기기를 구입하면서 발행한 어음의 이자는 만기지급 조건이다.

⑥ 6월분 종업원급여 ₩10,000이 발생하였으나 일시적 자금사정으로 지급하지 못한 상태이다.

요구사항

1. 재무제표 작성에 필요한 수정분개를 하라. (단, [수정분개사항] 이외에도 수정분개가 필요하다고 판단되는 이연 및 발생 항목에 대해서는 추가적으로 수정분개를 할 것)
2. 수정분개를 원장에 전기하라.

해답

1. 수정분개는 다음과 같이 일반분개장에 기록되는데, 일반분개장에 **수정분개**라고 표기하기도 한다.

한국기획㈜의 분개장

일 자	회 계 처 리			
① 6월 30일	(차) 선수수익	500	(대) 용역수익	500
② 6월 30일	(차) 소모품비	3,000	(대) 소 모 품	3,000
③ 6월 30일	(차) 감가상각비	250*	(대) 감가상각누계액	250
	* {(₩10,000 − ₩1,000) ÷ 3년} × 1/12			
④ 6월 30일	(차) 미수수익	500	(대) 임대료수익	500
⑤ 6월 30일	(차) 이자비용	100**	(대) 미지급이자	100
	** (₩10,000 × 12%) × 1/12			
⑥ 6월 30일	(차) 급 여	10,000	(대) 미지급급여	10,000
⑦ 6월 30일	(차) 보 험 료	200***	(대) 선급보험료	200
	*** ₩1,000 ÷ 5년			

2. 수정분개에 대한 전기는 원장에 **굵은 글씨체**로 표시되고 있다.

한국기획㈜의 원장

현 금			
6/1	20,000	6/9	2,000
6/5	2,500	6/10	1,000
6/30	20,000		

미수수익			
6/30 수정	**500**		

소모품			
6/12	5,000	6/30 수정	**3,000**

선급보험료			
6/10	1,000	6/30 수정	**200**

비 품			
6/1	10,000		

감가상각누계액 – 비품			
		6/30 수정	**250**

미지급금			
		6/1	10,000
		6/12	5,000

선수수익			
6/30 수정	**500**	6/5	2,500

미지급급여			
		6/30 수정	**10,000**

미지급이자			
		6/30 수정	**100**

자본금			
		6/1	20,000

용역수익			
		6/30	20,000
		6/30 수정	**500**

임대료수익			
		6/30 수정	**500**

급 여			
6/30 수정	**10,000**		

소모품비			
6/30 수정	**3,000**		

임차료

6/9 2,000	

보험료

6/30 수정 **200**	

이자비용

6/30 수정 **100**	

감가상각비

6/30 수정 **250**	

제 3 절 수정후시산표 및 재무제표 작성

수정분개를 하고 해당 계정에 전기하고 나면 총계정원장의 각 계정잔액은 발생주의에 따라 정확하게 계산된다. 이때 수정분개 및 전기 과정에서 발생가능한 오류를 확인할 목적으로 시산표를 재작성한다. 동 시산표는 수정분개를 반영한 시산표라는 의미로 수정후시산표라 한다. 수정후시산표 역시 차변계정과 대변계정의 합계액은 같아야 한다. 수정후시산표는 기업이 재무제표를 작성하는 데 필요한 모든 자료를 포함하고 있다.

1. 수정후시산표

<표 4-6>은 원장(<예제 4-7> 참조)으로부터 작성한 한국기획㈜의 수정후시산표를 제시한 것이다. 굵은 글씨체로 표시된 금액은 수정분개를 통해 올바르게 수정된 금액을 의미한다. 수정후시산표의 금액과 제3장 <표 3-5>의 (수정전)시산표의 금액을 서로 비교하여 어떤 수정분개가 왜 행해졌는지 확인해 볼 것을 권한다.

표 4-6 | **한국기획㈜의 수정후시산표**

수정후시산표
20×1년 6월 30일

한국기획㈜ (단위 : 원)

	차변	대변
현 금	₩39,500	
미수수익	**500**	
소 모 품	**2,000**	
선급보험료	**800**	
비 품	10,000	
감가상각누계액 - 비품		**₩250**
미지급금		15,000
선수수익		**2,000**
미지급급여		**10,000**
미지급이자		**100**
자 본 금		20,000
이익잉여금		0
용역수익		**20,500**
임대료수익		**500**
급 여	**10,000**	
소모품비	**3,000**	
임 차 료	2,000	
보 험 료	**200**	
이자비용	**100**	
감가상각비	**250**	
	₩68,350	₩68,350

2. 재무제표

기업은 수정후시산표를 이용하여 바로 재무제표를 작성할 수 있다. <표 4-7>과 <표 4-8>은 포괄손익계산서와 재무상태표를 보여주고 있다.

먼저, 수정후시산표상 수익계정과 비용계정을 이용하여 <표 4-7>과 같이 포괄손익계산서를 작성한다.

표 4-7 | 한국기획㈜의 포괄손익계산서

포괄손익계산서

20×1년 6월 1일에서 20×1년 6월 30일까지

한국기획㈜		(단위 : 원)
수 익		₩21,000
용역수익	₩20,500	
임대료수익	500	
비 용		15,550
급 여	₩10,000	
소모품비	3,000	
임 차 료	2,000	
보 험 료	200	
이자비용	100	
감가상각비	250	
당기순이익		₩5,450
기타포괄손익		0
총포괄손익		₩5,450

다음으로 기초이익잉여금, 배당금 및 포괄손익계산서의 당기순이익(또는 당기순손실)을 이용하여 기말이익잉여금 잔액을 계산한다. 회계장부에서 기말이익잉여금을 도출하는 공식적인 절차는 마감분개를 통해 이루어지나, 재무제표 작성은 마감분개 이전에 행하기에 재무상태표 작성에 필요한 기말이익잉여금 잔액은 별도로 계산하여야 한다. 즉, 이익잉여금 기말잔액은 이익잉여금 기초잔액에 당기순이익을 가산하고(당기순손실은 차감하고), 배당금 지급액을 차감하여 계산한다. 한국기획㈜의 6월 말 이익잉여금 잔액은 다음과 같이 계산된다.

기초이익잉여금	₩ 0
(+) 당기순이익	5,450
(−) 배당금	0
기말이익잉여금	₩5,450

마지막으로, 수정후시산표상 자산계정, 부채계정 및 자본계정 금액과 앞서 계산한 기말이익잉여금을 이용하여 재무상태표를 작성한다. <표 4-8>은 한국기획㈜의 6월 말 현재 재무상태표이다.

표 4-8 | 한국기획㈜의 재무상태표

재무상태표

20×1년 6월 30일 현재

한국기획㈜ (단위: 원)

자 산			부 채	
현 금		₩39,500	미지급금	₩15,000
미수수익		500	선수수익	2,000
소모품		2,000	미지급이자	100
선급보험료		800	미지급급여	10,000
			부채총계	₩27,100
			자 본	
비 품	₩10,000		자본금	₩20,000
감가상각누계액	(250)	9,750	이익잉여금	5,450
			자본총계	₩25,450
자산총계		₩52,550	부채와자본총계	₩52,550

제 4 절 장부의 마감

기업은 회계연도 말에 차기에 이루어질 거래의 기록에 대비하기 위해 장부를 마감한다. 장부를 마감하기 위해서는 임시계정과 영구계정을 구별할 필요가 있다.

임시계정은 그 계정잔액이 당해 회계연도에만 관련이 있고 차기에는 영향을 미치지 않는다는 특성이 있으며, 포괄손익계산서상 모든 계정이 이에 속한다. 기업은 회계연도 말에 모든 임시계정을 마감하여 “0”으로 조정하는 마감분개를 수행해야 한다. 경영성과와 관련된 이들 계정은 기초잔액 0에서 출발하므로 회계연도 말의 계정잔액은 전액 해당 회계연도에서 발생한 것이다. 예를 들어, 회계연도 말 용역수익 계정잔액은 당기에 발생한 용역수익을 의미한다.

영구계정은 그 기말잔액이 그대로 다음 회계기간의 기초금액으로 이월되는 계정으로, 자본계정을 포함한 모든 재무상태표 계정이 이에 해당한다. 따라서 영

그림 4-3 임시계정과 영구계정의 예

임시계정
- 모든 수익계정
- 모든 비용계정

영구계정
- 모든 자산계정
- 모든 부채계정
- 주주지분(자본)

구계정에 대해서는 매 회계기간마다 "0"으로 마감해서는 안 된다. [그림 4-3]은 임시계정과 영구계정에 속하는 계정들의 예이다.

1. 마감분개

기업은 회계기간 말에 마감분개를 통하여 임시계정의 잔액을 영구계정인 이익잉여금(자본)으로 대체한다. 결과적으로 마감분개는 당기순이익(혹은 당기순손실)을 이익잉여금 계정으로 대체하는 회계절차라고 볼 수 있다. 반면에 영구계정은 이러한 마감분개가 요구되지 않는다.

마감분개의 실시와 전기는 회계순환과정에서 필수적인 절차이다. 기업은 재무제표를 작성한 후 마감분개를 실시한다. 마감분개를 실시할 때 기타포괄손익을 제외한 포괄손익계산서상 모든 계정을 이익잉여금 계정에서 직접 마감할 수도 있으나 그러할 경우 이익잉여금 계정이 너무 복잡해질 수 있다. 따라서 기업은 수익계정과 비용계정을 또 다른 임시계정인 집합손익계정에서 마감하고 집합손익계정으로부터의 결과(당기순이익 혹은 당기순손실)를 이익잉여금 계정으로 대체하는 방법을 사용한다.

마감분개 역시 일반분개장에 기록해야 한다. 마지막 수정분개 다음에 마감분개라고 입력하여 마감분개를 한다는 것을 표시한 후 마감분개를 원장의 해당 계정에 전기한다. 일반적으로 원장의 수정 후 잔액으로부터 직접 마감분개를 실시한다. 또한 각각의 수익계정, 비용계정마다 독립적으로 마감분개를 실시할 수 있지만 효율적인 마감분개를 수행하기 위해 다음과 같은 절차를 따른다.

- 모든 수익계정에 대해서 수익계정의 대변잔액과 동일한 금액 및 계정과목을 차례대로 차변에 기입하고, 모든 수익계정 잔액의 합계를 집합손익계정의 대변에 기입한다.
- 모든 비용계정에 대해서 비용계정의 차변잔액과 동일한 금액 및 계정과목을 차례대로 대변에 기입하고, 모든 비용계정 잔액의 합계를 집합손익계정의 차변에 기입한다.
- 모든 수익계정 잔액의 합이 모든 비용계정 잔액의 합보다 큰(작은) 경우, 즉 당기순이익(당기순손실)이 발생한 경우에는 집합손익계정의 차변(대변)과 이익잉여금계정의 대변(차변)에 당기순이익(당기순손실)을 기록한다.

다음 [그림 4-4]는 마감분개 절차를 제시한 것이다.

그림 4-4 마감분개의 절차

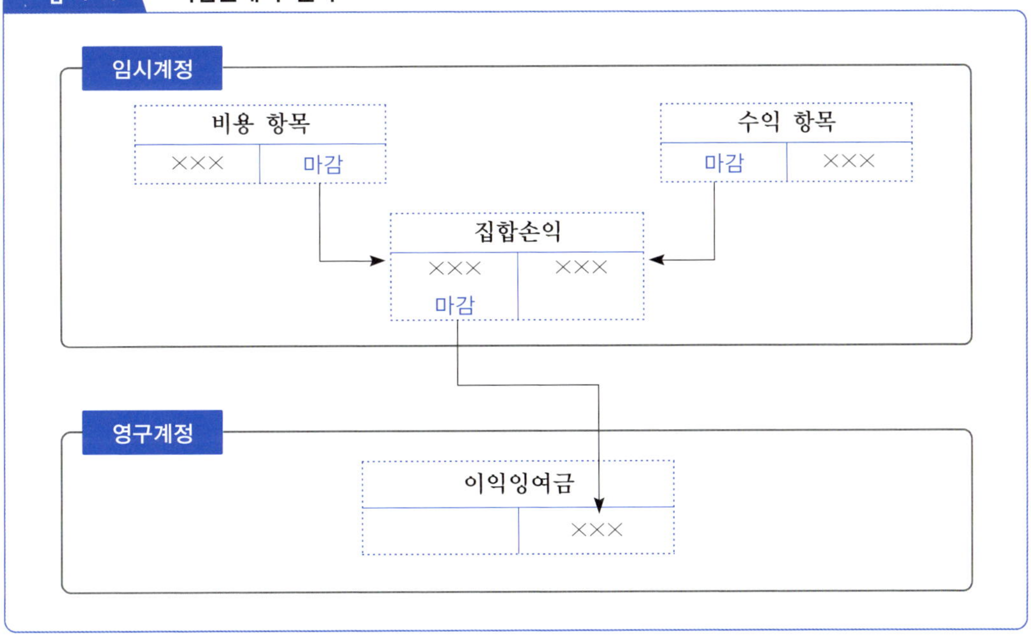

실무적으로 기업은 회계연도 말에만 마감분개를 실시하나 마감분개와 전기를 예시하기 위해 한국기획㈜는 매월 말일에 장부를 마감한다고 가정한다. <표 4-9>는 6월 30일 한국기획㈜의 마감분개를 보여주고 있다.

표 4-9 | 한국기획㈜ 마감분개

일 자	회 계 처 리			
6월 30일	(1) (차) 용역수익	20,500	(대) 집합손익	21,000
	임대료수익	500		
	(2) (차) 집합손익	15,550	(대) 급 여	10,000
			소모품비	3,000
			임 차 료	2,000
			보 험 료	200
			이자비용	100
			감가상각비	250
	(3) (차) 집합손익	5,450	(대) 이익잉여금	5,450

2. 마감분개의 전기

<표 4-10>은 마감분개의 전기를 제시하고 있다. 마감분개를 전기한 후에는 모든 임시계정의 잔액이 “0”이 됨을 알 수 있다. 또한 이익잉여금 계정의 잔액은 회계연도 말 시점에 배당으로 배분되지 않은 당기순이익의 누적금액을 보여주고 있다. 이 금액이 회계연도 말 재무상태표에 보고되는 금액으로, <표 4-8>에 표시된 기말이익잉여금 잔액이 된다.

표 4-10 | 한국기획㈜ 마감분개의 전기

임시계정

급여	
10,000	(마감) **10,000**

소모품비	
3,000	(마감) **3,000**

용역수익	
(마감) **20,500**	20,500

임차료	
2,000	(마감) **2,000**

보험료	
200	(마감) **200**

임대료수익	
(마감) **500**	500

이자비용	
100	(마감) **100**

감가상각비	
250	(마감) **250**

집합손익	
15,550	**21,000**
(마감) **5,450**	

영구계정

이익잉여금	
	5,450

3. 마감후시산표

한국기획㈜가 마감분개를 실시하고 이를 전기한 후 원장으로부터 마감후시산표를 작성할 수 있다. 마감후시산표의 작성 목적은 다음 회계기간으로 이월되는 영구계정의 차변 합계액과 대변 합계액이 같은지 확인하기 위함이다. 마감분개 및 전기의 실시 이후 모든 임시계정은 0의 잔액을 가지고 있기 때문에 마감후시산표는 재무상태표 계정인 영구계정만을 포함하고 있다. <표 4-11>은 한국기획㈜의 마감후시산표이다.

표 4-11 | 한국기획㈜의 마감후시산표

마감후시산표

20×1년 6월 30일

한국기획㈜ (단위 : 원)

	차변	대변
현 금	₩39,500	
미 수 수 익	500	
소 모 품	2,000	
선 급 보 험 료	800	
비 품	10,000	
감가상각누계액 - 비품		₩250
미 지 급 금		15,000
선 수 수 익		2,000
미 지 급 급 여		10,000
미 지 급 이 자		100
자 본 금		20,000
이 익 잉 여 금		5,450
	₩52,800	₩52,800

요 약

1. 발생주의와 현금주의

수익 및 비용 인식기준으로 발생주의와 현금주의가 있다. 발생주의란 현금이 유입되거나 유출되는 시점이 아닌, 해당 거래나 사건이 발생한 기간에 수익 및 비용을 인식하는 방법이다. 반면, 현금주의 기준하에서는 현금을 수취할 때 수익을 인식하고 현금을 지출할 때 비용을 인식한다.

2. 수익 · 비용대응의 원칙

이는 비용인식 기준으로 적용되는 원칙이다. 비용은 수익을 인식하는 기간에 이에 대응하여 인식한다.

3. 수정분개

수익과 비용을 발생주의 기준에 따라 올바른 기간에 보고하기 위해서 기업은 회계기간 말에 수정분개를 실시한다. 수정분개는 수익인식의 원칙과 수익 · 비용대응의 원칙이 잘 지켜지도록 하는 절차이다.

4. 수정분개의 유형 : 이연과 발생

수정분개의 유형은 크게 이연과 발생으로 분류된다. 이연은 현금의 수취나 지급 등이 먼저 발생하고 이후에 수익 또는 비용으로 인식되는 항목이며, 발생은 수익 또는 비용을 먼저 인식하고 그 수익과 비용에 대한 현금 수취나 지급이 이후에 발생하는 항목이다.

5. 수정후시산표

수정후시산표의 작성 목적은 수정 후 원장의 차변 및 대변 계정의 합이 일치하는지를 확인하는 것이다. 수정후시산표의 계정은 기업이 재무제표를 작성하는 데 필요한 모든 자료를 포함한다.

6. 장부의 마감

회계기간 말 임시계정의 잔액은 마감분개를 통해 영구계정인 이익잉여금(자본계정)으로 대체되며 그 결과 0으로 마감된다. 마감분개는 당기순이익(혹은 당기순손실)을 이익잉여금에 대체하는 공식적인 절차이다.

7. 회계순환과정

(1) 거래에 대해 분석하고, (2) 분개 및 전기를 실시한다. (3) 수정전시산표를 작성하고, (4) 수정분개 및 전기를 실시한 후, (5) 수정후시산표를 작성한다. (6) 재무제표를 작성한 후, (7) 계정을 마감한다.

용어정리

감가상각	자산의 감가상각대상금액을 그 자산의 내용연수 동안 체계적으로 배분하는 과정
내용연수	기업에서 자산이 사용가능할 것으로 기대되는 기간 또는 자산에서 얻을 것으로 예상되는 생산량이나 이와 유사한 단위 수량
마감(결산)분개	다음 회계기간의 회계기록을 준비하기 위하여 임시계정인 손익계정을 마감하는 분개
마감절차	회계기간 말에 임시계정의 잔액을 0으로 만드는 절차
미지급비용	회계기간 말 현재 대가를 지급하지 않은 회계기간 중 발생한 비용을 부채로 계상한 계정과목
미수수익	회계기간 말 현재 대가를 수취하지 않은 회계기간 중 실현된 수익을 자산으로 기록한 계정과목
발생주의	수익과 비용의 인식기준으로 수익은 가득요건과 실현요건이 충족되었을 때, 비용은 수익·비용대응의 원칙에 따라 그 발생시점에 인식하는 회계원칙
선급비용	1년 이내에 소모되거나 사용될 비용에 대하여 현금을 미리 지급한 자산계정
선수수익	일반적인 상거래에서 재화나 서비스를 제공하기로 하고 받은 판매대금 중에서 차기 이후의 수익에 해당되는 금액으로 부채계정임
수익인식원칙	수익은 가득되고 실현되었을 때 인식하는 원칙
수익·비용대응의 원칙	비용인식은 수익인식과 대응하여 수익을 인식하는 기간에 비용을 기록하는 것
수정후시산표	수정분개가 전기된 후 계정잔액의 정확성을 검증할 목적으로 작성하며, 재무제표를 작성하는 데에 필요한 모든 정보를 담고 있는 시산표
시산표	총계정원장의 모든 계정을 열거하고 잔액을 차변과 대변으로 구분하여 기록한 표
영구계정	자산, 부채, 자본 계정과 같이 잔액이 다음 회계기간에 이월되는 재무상태표 계정
임시계정	회계기간 말에 0으로 마감되어 그 잔액이 다음 회계기간으로 이월되지 않는 계정
장부마감	다음 회계기간의 회계기록을 위해 각 임시계정의 잔액을 0으로 마감하는 절차

현금주의	수익과 비용의 인식기준으로 수익은 현금이 유입되는 시점에, 비용은 현금이 유출되는 시점에 인식하는 회계원칙
회계연도	결산일 다음날부터 다음 결산일까지의 기간으로서, 일반적으로 1년을 1회계기간으로 설정함

보론 1

정산표를 이용한 재무제표 작성

정산표는 다중 열(column)을 가진 표로 기말 수정절차 및 재무제표 작성에 유용하게 활용될 수 있다. 이는 분개장이나 총계정원장의 일부에 해당하지 않으며, 영구적인 회계기록도 아니다. 정산표는 단순히 수정분개와 재무제표 작성을 효율적으로 수행하기 위해 사용하는 일종의 작업도구로 그 사용은 선택사항이다. 기업은 일반적으로 Excel과 같은 프로그램을 이용한 전산화된 10위식 정산표를 이용한다.

<표 1>은 정산표의 기본형식과 정산표 작성의 5단계를 보여주고 있다. 각 단계는 순서대로 수행된다. 기업이 정산표를 사용하기로 선택하였다면 정산표에 수정분개를 입력하여 수정후시산표를 작성한 후, 이를 이용하여 재무제표를 작성한다. 따라서 정산표를 이용할 경우 보다 빠른 시간에 재무제표를 작성할 수 있다는 장점이 있다.

표 1 | 정산표

정 산 표

회사명 20×1년 12월 31일 (단위 : 원)

계정과목	수정전시산표		수정분개		수정후시산표		포괄손익계산서		재무상태표	
	차변	대변	차변	대변	차변	대변	차변	대변	차변	대변

1. 정산표 작성

<표 2>는 제3장의 한국기획㈜의 6월 30일 수정전시산표와 수정자료를 이용하여 작성된 10위식 정산표의 예시이다. 각 단계의 구체적인 작성과정을 설명하면 아래와 같다.

표 2 | 한국기획㈜의 정산표

정 산 표

한국기획㈜ 20×1년 6월 30일 (단위: 원)

계정과목	수정전시산표		수정분개		수정후시산표		포괄손익계산서		재무상태표	
	차변	대변	차변	대변	차변	대변	차변	대변	차변	대변
현 금	39,500				39,500				39,500	
소 모 품	5,000			3,000	2,000				2,000	
선 급 보 험 료	1,000			200	800				800	
비 품	10,000				10,000				10,000	
미 지 급 금		15,000				15,000				15,000
선 수 수 익		2,500	500			2,000				2,000
자 본 금		20,000				20,000				20,000
용 역 수 익		20,000		500		20,500		20,500		
임 차 료	2,000				2,000		2,000			
합 계	57,500	57,500								
소 모 품 비			3,000		3,000		3,000			
감 가 상 각 비			250		250		250			
감가상각누계액				250		250			(250)*	
미 수 수 익			500		500				500	
임 대 료 수 익				500		500		500		
이 자 비 용			100		100		100			
미 지 급 이 자				100		100				100
급 여			10,000		10,000		10,000			
미 지 급 급 여				10,000		10,000				10,000
보 험 료			200		200		200			
합 계			14,550	14,550	68,350	68,350	15,550	21,000		
당 기 순 이 익							5,450			5,450
									52,550	52,550

* 감가상각누계액은 자산의 차감계정으로 재무상태표상에서는 차변에 기록한다.

1단계. 정산표에 수정전시산표를 작성한다.

원장에 잔액이 있는 모든 계정을 '계정과목' 열에 입력한다. 그리고 원장의 차변 및 대변 금액을 '수정전시산표' 열에 입력한다.

2단계. '수정분개' 열에는 수정사항을 입력한다.

두 번째 단계로 '수정분개' 열에 수정사항을 입력한다. 수정사항을 입력하기 위해 적절한 수정전시산표 계정을 사용한다. 추가 계정이 필요할 때는 수정전시산표 합계 바로 아래에 있는 행에 한 행을 건너뛰고 계정과목명을 입력한다.

구체적으로, 한국기획㈜의 수정사항은 제3장에서 예시한 수정사항과 동일하다. 따라서 다음의 수정사항을 '수정분개' 열에 입력한다.

① 한국기획㈜는 제공한 용역 ₩500을 선수수익 차변과 용역수익 대변에 각각 기입한다.

② 한국기획㈜는 추가 계정인 소모품비 차변에 ₩3,000을 입력하고, 소모품 대변에 ₩3,000을 기입한다.

③ 한 달간의 감가상각비에 해당되는 ₩250을 추가 계정인 감가상각비 차변과 감가상각누계액-비품 대변에 각각 기입한다.

④ 한국기획㈜는 사무실을 제공하였으나 아직 청구되지 않은 ₩500을 추가 계정인 미수수익 차변과 임대료수익 대변에 각각 기입한다.

⑤ 한국기획㈜는 발생이자 ₩100을 추가 계정인 이자비용 차변과 미지급이자 대변에 각각 기입한다.

⑥ 한국기획㈜는 발생급여 ₩10,000을 급여 차변과 미지급급여 대변에 각각 기입한다.

⑦ 한국기획㈜는 소멸된 보험료 ₩200을 추가 계정인 보험료 차변과 선급보험료 대변에 각각 기입한다.

한국기획㈜는 모든 수정사항을 입력한 후, '수정분개' 열의 차변과 대변 합계를 계산하여 두 금액이 같은지 확인해야 한다.

3단계. '수정후시산표' 열에 수정 후 잔액을 입력한다.

한국기획㈜는 정산표상 각 계정의 첫 번째 4개 열(column)을 합하여 각 계정의 수정 후 잔액을 계산한다. 예를 들면, 선급보험료의 '수정전시산표' 열은 ₩1,000의 차변 금액을, '수정분개' 열은 ₩200의 대변 금액을 각각 나타내고 있다. 합산한 결과인 ₩800의 차변 금액은 '수정후시산표' 열의 잔액이 된다. 각 계정의 수정후시산표 금액은 수정분개와 전기가 이루어진 후 원장에 나타나는 잔액과 일치하게 된다. 이 수정후시산표의 잔액은 <표 4-6>의 수정후시산표의 잔액과 동일한 금액이다.

한국기획㈜는 수정후시산표의 모든 계정잔액을 계산한 후 차변 및 대변의 합계를 계산하여 차변과 대변의 합계액이 같은지 확인한다. 만일 차변과 대변 합계가 같지 않다면 재무상태표는 정확하지 않을 것이다.

4단계. 수정후시산표 금액을 '재무상태표' 열과 '포괄손익계산서' 열에 옮겨 적는다.

네 번째 단계는 수정후시산표 금액을 정산표의 '재무상태표' 열과 '포괄손익계산서' 열에 옮겨 적는 것이다. 한국기획㈜는 재무상태표 계정잔액을 '재무상태표' 열의 차변과 대변에 입력한다. 예를 들면, 현금 잔액은 '재무상태표' 열 차변에, 미지급금 잔액은 '재무상태표' 열 대변에 입력한다. 한국기획㈜는 감가상각누계액-비품을 '재무상태표' 열 차변에 차감 표시하여 입력하는데 그 이유는 이는 대변잔액을 갖는 자산차감 계정이기 때문이다. 그리고 정산표에 이익잉여금 계정이 없으므로 당기순이익(이익잉여금 가산 계정)을 자본금과 같이 재무상태표 대변에 입력한다.

한편, 용역수익이나 급여 등과 같은 포괄손익계산서 계정은 각각 '포괄손익계산서' 열의 대변과 차변에 입력한다.

5단계. '포괄손익계산서' 열과 '재무상태표' 열의 차변 및 대변 합계를 계산하여 당기순이익(혹은 당기순손실)을 도출하고 정산표를 완료한다.

'포괄손익계산서' 열의 차변 및 대변 합계의 차이는 당기순이익 혹은 당기순손실이 된다. 즉, '포괄손익계산서' 열의 대변(차변) 합계가 차변(대변)의 합계를 초과하면 그 결과는 당기순이익(당기순손실)이다. 당기순이익(당기순손실)이 발생한 경우, 기업은 '계정과목'란에 당기순이익(당기순손실)이라는 계정을 추가하고, 차이 금액을 '포괄손익계산서' 열의 차변(대변)과 '재무상태표' 열의 대변(차변)에 각각 입력한다. 그 결과, '포괄손익계산서' 열과 '재무상태표' 열의 차변 및 대변의 합계는 일치하게 된다.

당기순이익(혹은 당기순손실)을 입력한 후 또다시 차변과 대변의 합계를 계산한다면, '포괄손익계산서' 열의 차변 합계와 대변 합계는 일치할 것이다. 또한 '재무상태표' 열의 차변 합계와 대변 합계도 일치할 것이다. 만일 당기순이익(혹은 당기순손실)을 입력한 후, '재무상태표' 열이나 '포괄손익계산서' 열의 차변 및 대변 합계가 일치하지 않는다면, 이는 정산표에 오류가 있음을 의미한다.

2. 재무제표 작성

정산표를 완성하고 나면 재무제표 작성을 위해 필요한 모든 자료는 준비된 것으로 볼 수 있다. 즉, '포괄손익계산서' 열을 이용하여 포괄손익계산서를 작성할 수 있고, 재무상태표는 '재무상태표' 열을 이용하여 작성할 수 있다. <표 3>은 한국기획㈜의 정산표로부터 작성된 재무제표를 보여준다. 다만, 정산표를 완료한 시점일지라도 기업은 수정분개 및 전기를 실시하지 않았기에 특정 계정의 원장 잔액은 재무제표상의 금액과 일치하지 않는다.

정산표상의 자본금은 기업이 추가적으로 주식을 발행하지 않았다면 기초와 기말에 동일한 금액일 것이다. 한국기획㈜의 기초 이익잉여금 잔액은 '0'이기 때문에 정산표에는 이익잉여금 계정이 나타나지 않고 있다. 당기순이익이 이익잉여금계정에 전기된 후인 첫 번째 보고기간 말이 되어서야 정산표에 이익잉여금계정 잔액이 표시될 것이다.

정산표를 작성하고 나면 기업은 수정분개 및 전기를 실시하기 앞서 재무제표를 작성할 수 있다. 즉, 재무제표의 작성시기를 앞당길 수 있다. 그러나 정산표가 정식 재무제표를 대체할 수는 없다. 정산표상 자료 형식이 재무제표 형식과 일치하지 않기 때문이다. 즉, 정산표는 어디까지나 작업도구이지 투자자를 비롯한 외부정보이용자에게 배포되는 것은 아니다.

정산표상 입력된 수정사항은 원장 계정에 전기하는 기초자료로 사용될 수 없다. 계정을 수정하기 위해서는 기업이 수정분개를 실시하고 원장의 계정에 전기하는 별도의 절차를 거쳐야 한다. 정산표를 사용하는 경우 수정분개 및 전기는 재무제표 작성 이후에 실시된다. 한국기획㈜의 6월 30일 수정분개는 본문의 <예제 4-7>의 수정분개와 동일하다.

표 3 | 정산표를 이용한 한국기획㈜의 포괄손익계산서와 재무상태표 작성

포괄손익계산서

20×1년 6월 1일부터 20×1년 6월 30일

한국기획㈜		(단위 : 원)
수 익		₩21,000
용역수익	₩20,500	
임대료수익	500	
비 용		15,550
급 여	₩10,000	
소모품비	3,000	
임 차 료	2,000	
보 험 료	200	
이자비용	100	
감가상각비	250	
당기순이익		₩5,450
기타포괄이익		0
총포괄이익		₩5,450

이익잉여금 명세서

20×1년 6월 1일부터 20×1년 6월 30일

이익잉여금(6월 1일)	₩0
가산 : 당기순이익	5,450
이익잉여금(6월 30일)	₩5,450

재무상태표

20×1년 6월 30일 현재

한국기획㈜ (단위: 원)

자 산			부 채	
현 금		₩39,500	미지급금	₩15,000
미수수익		500	선수수익	2,000
소 모 품		2,000	미지급이자	100
선급보험료		800	미지급급여	10,000
			부채총계	₩27,100
			자 본	
비 품	₩10,000		자본금	₩20,000
감가상각누계액	(250)	9,750	이익잉여금	5,450
			자본총계	₩25,450
자산총계		₩52,550	부채와자본총계	₩52,550

보론 2

오류수정을 위한 정정분개

거래기록과정에서는 오류가 발생할 수 있다. 기업은 오류를 발견하면 즉시 오류정정 분개 및 전기를 실시하여 오류를 수정해야 한다. 만일 회계기록상 오류가 없다면 오류정정 분개는 필요하지 않다.

수정분개와 오류정정 분개 사이에는 몇 가지 차이점이 존재한다. 첫째, 수정분개는 회계순환과정의 필수 절차이나 오류정정 분개는 오류가 발생하지 않았다면 불필요한 절차이다. 둘째, 수정분개는 오직 회계기간 말에 실시하지만 오류정정 분개는 오류가 발견될 때마다 실시한다. 셋째, 수정분개는 항상 하나 이상의 재무상태표 계정과 하나의 손익계산서 계정에 영향을 미치나, 오류정정 분개는 오류를 정정하는 데 필요한 모든 계정과 관련이 있다.

오류정정 분개를 위해서는 잘못된 분개와 올바른 분개를 비교하여 수정이 필요한 계정과목과 금액을 확인해야 한다. 다음 한국㈜ 사례는 오류정정 분개에 대한 예시이다.

[사례 1]

5월 10일, 한국㈜는 고객으로부터 외상대금 ₩50을 현금으로 회수하면서 차변에 현금 ₩50, 대변에 용역수익 ₩50을 분개하고 전기하였다. 기업은 5월 20일 고객이 나머지 외상대금을 지급할 때 이 오류를 발견하였다.

잘못된 분개(5월 10일)			올바른 분개(5월 10일)		
현금	50		현금	50	
용역수익		50	매출채권		50

잘못된 분개와 올바른 분개를 비교한 결과 차변 현금 ₩50은 바르게 기록된 반면,

대변의 용역수익은 매출채권으로 기록됐어야 했다. 잘못된 분개의 결과 용역수익과 매출채권이 모두 과대계상되어 있으므로 한국㈜는 다음의 오류정정 분개를 해야 한다.

정정 분개

5월 20일	용역수익	50	
	매출채권		50
	(5월 10일 분개의 정정)		

[사례 2]

5월 18일, 사무기기 ₩450을 외상으로 구입하였다. 이 거래는 분개장에 차변 운송장비 ₩45, 대변 미지급금 ₩45으로 기록되고 전기되었다. 이 오류는 6월 3일 채권자(기계 공급자)로부터 월별 명세서를 받았을 때 발견하였다.

잘못된 분개(5월 18일)			올바른 분개(5월 18일)		
운송장비	45		사무기기	450	
미지급금		45	미지급금		450

위의 두 분개를 비교한 결과 세 개의 계정이 올바르지 않다. 운송장비는 ₩45 과대계상되어 있고 사무기기는 ₩450 과소계상되어 있으며 미지급금은 ₩405 과소계상되어 있다. 따라서 한국㈜는 다음의 오류정정 분개를 해야 한다.

정정 분개

6월 3일	사무기기	450	
	운송장비		45
	미지급금		405
	(5월 18일 분개의 정정)		

오류정정 분개를 하는 또 다른 방법으로 부정확한 분개에 대한 반대 방향의 분개를 통해 이를 취소하고 정확한 분개를 실시하는 것도 가능하다. 어떤 방법으로 정정하든지 최종적으로는 동일한 결과를 달성할 수 있다.

EXERCISES

연습문제

객관식

[문제 1] 당기에 발생했으나 아직 기록하지 않은 이자비용에 대한 결산수정분개는 다음 중 어떤 유형으로 분류되는지 고르시오. 〈난이도: 하〉

① 수익의 이연　② 비용의 이연　③ 수익의 발생　④ 비용의 발생

[문제 2] 선급보험료 중 기간 경과로 소멸된 부분에 대한 결산수정분개를 누락하면 어떤 영향이 있는지 맞는 설명을 고르시오. 〈난이도: 중〉

① 자산, 순이익, 자본이 과대계상된다.

② 자산, 순이익, 자본이 과소계상된다.

③ 자산은 과대계상 되고, 순이익과 자본은 과소계상된다.

④ 자산은 과소계상 되고, 순이익과 자본은 과대계상된다.

⑤ 자산, 순이익, 자본에 어떠한 영향도 없다.

[문제 3] 한국㈜의 당기 말 수정후시산표상 임차료는 ₩5,000이고, 선급임차료는 ₩10,000이다. 당기 초 선급임차료가 ₩1,000인 경우 한국㈜가 당해연도에 현금으로 지급한 임차료는 얼마인지 고르시오. 〈난이도: 상〉

① ₩5,000　② ₩9,000　③ ₩11,000　④ ₩14,000　⑤ ₩16,000

[문제 4] 다음은 기말에 이루어지는 회계처리에 대한 설명이다. 이 중 <u>틀린</u> 것을 고르시오. 〈난이도: 중〉

① 결산 시 소모품(자산) 중 사용된 부분에 대한 수정분개를 누락하면 자산과 자본은 모두 과대계상된다.

② 결산수정분개란 결산일에 자산, 부채, 자본, 수익, 비용을 발생주의에 따라 정확한 금액으로 조정하기 위한 분개이다.
③ 수정후시산표에 표시되는 이익잉여금은 기말의 이익잉여금과 일치한다.
④ 수정후시산표에 나타나는 계정의 종류는 수정전시산표에 나타나는 계정의 종류와 다를 수 있다.
⑤ 수정후시산표의 차변 총계와 대변 총계는 정확하게 일치한다.

[문제 5] 다음은 마감분개에 대한 설명 중 <u>틀린</u> 것을 고르시오. 〈난이도: 하〉

① 마감분개는 수익, 비용과 같은 손익계정을 이익잉여금으로 대체하고 그 잔액을 '₩0'으로 만들기 위한 절차이다.
② 집합손익계정의 차변 합계와 대변 합계의 차액은 당기순이익(당기순손실)을 의미한다.
③ 마감분개는 회계순환과정에서 재무제표 작성 직전에 수행하는 절차이다.
④ 장부의 마감 시 재무상태표 계정들은 회계기간이 종료되면 그 잔액이 차기로 이월된다.
⑤ 마감분개를 마치고 나면 집합손익계정 잔액은 ₩0이 된다.

주관식

[문제 1] 기간 개념 〈난이도: 하〉

보안프로그램 개발업체인 한국㈜는 모바일 결제업체인 강남㈜에게 보안프로그램을 개발해주는 계약을 체결하였다. 계약기간은 20×0년 10월 1일부터 20×2년 5월 31일이다. 한국㈜는 20×1년도에 전체 용역제공에 따른 대가로 현금 ₩400,000을 일시금으로 수령하였으며, 전체 용역수행에 따른 비용으로 현금 ₩140,000을 일시금으로 지급하였다(수익과 비용은 계약기간 동안 매월 균등하게 발생한다).

〈요구사항〉
1. 현금기준에 따라 한국㈜의 20×1년 당기순이익을 계산하라.
2. 발생기준에 따라 한국㈜의 20×1년 당기순이익을 계산하라.

[문제 2] 수익이연(1) 〈난이도: 중〉

한국㈜는 20×1년 9월 1일에 건물을 임대하고 1년간 임대료 ₩240,000을 현금으로 수령하면서 전액 수익으로 회계처리하였다. 한국㈜의 결산일은 12월 31일이다.

〈요구사항〉

1. 한국㈜가 20×1년 9월 1일에 수행할 회계처리를 제시하라.
2. 한국㈜가 20×1년 12월 31일에 수행할 회계처리를 제시하라.

[문제 3] 수익이연(2) 〈난이도: 중〉

한국㈜는 20×1년 9월 1일에 건물을 임대하고 1년간 임대료 ₩240,000을 현금으로 수령하면서 전액 부채로 회계처리하였다. 한국㈜의 결산일은 12월 31일이다.

〈요구사항〉

1. 한국㈜가 20×1년 9월 1일에 수행할 회계처리를 제시하라.
2. 한국㈜가 20×1년 12월 31일에 수행할 회계처리를 제시하라.

[문제 4] 비용이연(1) 〈난이도: 중〉

한국㈜는 20×1년 9월 1일에 화재보험에 가입하면서 1년간 보험료 ₩48,000을 현금으로 지급하였으며, 지급시점에 전액 비용으로 회계처리하였다. 한국㈜의 결산일은 12월 31일이다.

〈요구사항〉

1. 한국㈜가 20×1년 9월 1일에 수행할 회계처리를 제시하라.
2. 한국㈜가 20×1년 12월 31일에 수행할 회계처리를 제시하라.

[문제 5] 비용이연(2) 〈난이도: 중〉

한국㈜는 20×1년 9월 1일에 화재보험에 가입하면서 1년간 보험료 ₩48,000을 현금으로 지급하였으며, 지급시점에 전액 자산으로 회계처리하였다. 한국㈜의 결산일은 12월 31일이다.

〈요구사항〉

1. 한국㈜가 20×1년 9월 1일에 수행할 회계처리를 제시하라.
2. 한국㈜가 20×1년 12월 31일에 수행할 회계처리를 제시하라.

[문제 6] 비용이연(3) 〈난이도: 중〉

강서㈜의 회계담당자는 20×1년 4월 1일에 소모품을 구입하면서 현금 ₩100,000을 지급하였다. 그러나 구입시점에 소모품 전액을 자산으로 회계처리할지, 비용으로 회계처리할지 고민에 빠졌다. 강서㈜의 결산일은 12월 31일이며, 결산일 현재 미사용 소모품은 ₩15,000이라고 가정한다.

〈요구사항〉

1. 소모품 구입시점에 전액 자산으로 처리할 경우, 20×1년 4월 1일과 12월 31일에 수행할 회계처리를 제시하라.
2. 소모품 구입시점에 전액 비용으로 처리할 경우, 20×1년 4월 1일과 12월 31일에 수행할 회계처리를 제시하라.
3. 소모품 구입시점에 회계처리 방법의 차이가 강서㈜의 20×1년 당기순이익에 미치는 영향에 대해 설명하라.

[문제 7] 수익발생 〈난이도: 중〉

한국㈜는 20×1년 9월 1일 강서㈜에게 연 12% 이자율로 현금 ₩100,000을 대여하면서, 이자는 20×2년 8월 31일에 원금과 같이 수령하기로 하였다.

〈요구사항〉

1. 한국㈜가 20×1년 9월 1일에 수행할 회계처리를 제시하라.
2. 한국㈜가 20×1년 12월 31일에 수행할 회계처리를 제시하라.
3. 한국㈜가 20×2년 8월 31일에 수행할 회계처리를 제시하라.

[문제 8] 비용발생 〈난이도: 중〉

한국㈜는 20×1년 9월 1일 은행으로부터 연 12% 이자율로 ₩100,000을 차입하였으며, 이자는 20×2년 8월 31일에 원금과 같이 상환하기로 하였다.

〈요구사항〉

1. 한국㈜가 20×1년 9월 1일에 수행할 회계처리를 제시하라.
2. 한국㈜가 20×1년 12월 31일에 수행할 회계처리를 제시하라.
3. 한국㈜가 20×2년 8월 31일에 수행할 회계처리를 제시하라.

[문제 9] 수정후시산표와 재무제표 작성 〈난이도: 상〉

다음은 한국㈜의 20×1년 12월 31일 수정전시산표와 기말수정사항이다.

수정전시산표

20×1년 12월 31일

한국㈜ (단위 : 원)

	차 변	대 변
현 금	₩236,000	
대 여 금	145,000	
매 출 채 권	120,000	
토 지	250,000	
차 량 운 반 구	100,000	
감가상각누계액-차량운반구		₩40,000
미 지 급 금		165,000
차 입 금		100,000
자 본 금		250,000
이 익 잉 여 금		248,000
용 역 수 익		150,000
보 험 료	12,000	
이 자 비 용	30,000	
급 여	60,000	
합 계	₩953,000	₩953,000

[기말수정사항]

(1) 차량운반구에 대한 감가상각비는 ₩10,000이다.

(2) 대여금에 대한 당기 이자수익은 ₩5,400이다.

(3) 보험료 ₩12,000 중에서 당기분은 ₩6,000이다.

(4) 차입금에 대한 당기분 이자비용은 ₩35,000으로 비용의 일부가 미지급 상태이다.

〈요구사항〉

1. 기말수정분개를 수행하라.
2. 수정후시산표를 작성하라.
3. 포괄손익계산서 계정의 마감분개를 수행하라.
4. 포괄손익계산서 및 재무상태표를 작성하라.

[문제 10] 장부의 마감 〈난이도: 상〉

다음은 강서㈜의 20×1년 12월 31일 현재 정산표 중에서 수정전시산표와 수정후시산표 부분을 발췌한 것이다(단, 강서㈜의 회계기간은 1월 1일부터 12월 31일까지이다).

정 산 표

20×1년 12월 31일

계정과목명	수정전시산표		수정후시산표	
	차변	대변	차변	대변
현금	₩29,500		₩29,500	
매출채권	23,600		23,600	
선급보험료	3,100		1,400	
토지	56,000		56,000	
건물	106,000		106,000	
기계	49,000		49,000	
미지급금		₩10,400		₩10,400
선수임대료		5,000		2,800
차입금		100,000		100,000
자본금		100,000		100,000
이익잉여금		20,000		20,000
용역수익		75,600		75,600
임대료수익		24,000		26,200
급여	35,000		35,000	
광고비	17,000		17,000	
수도광열비	15,800		15,800	
합계	₩335,000	₩335,000		
보험료			1,700	
감가상각비-건물			2,500	
감가상각누계액-건물				2,500
감가상각비-기계			3,900	
감가상각누계액-기계				3,900
이자비용			9,000	
미지급이자				9,000
합계			₩350,400	₩350,400

〈요구사항〉

1. 위의 자료를 이용하여 20×1년도 기말수정분개를 하라.
2. 포괄손익계산서 계정의 마감분개를 하라.
3. 마감후시산표를 작성하라.

CHAPTER 05

상품매매기업의 회계

제 1 절 상품매매기업의 영업활동

제 2 절 상품매매거래의 기록

제 3 절 상품매매기업의 회계순환

제 4 절 재무제표 표시와 분석

[보론] 상품매매거래의 추가적 고려사항

학습목표

Learning Objectives

상품매매기업(merchandising company)은 상품매매를 주된 영업활동으로 하는 기업으로 상품을 매입한 후 일정한 이윤을 가산하여 재판매하는 과정을 통해 이익을 창출한다. 상품매매기업은 원재료 또는 부품을 매입·가공하여 제품을 완성하고 제품판매를 통해 수익을 창출하는 제조기업과는 구별된다. 본 장에서는 상품매매기업의 영업활동과 이에 대한 회계처리과정을 살펴본다.

본 장에서 학습할 주요 내용을 요약하면 다음과 같다.

- ➢ 상품매매기업의 영업활동
  - 영업주기
  - 상품매매기업의 포괄손익계산서
- ➢ 상품매매거래의 기록
  - 계속기록법
  - 실지재고조사법
- ➢ 상품매매기업의 회계순환
  - 수정분개
  - 마감분개
- ➢ 재무제표 표시와 분석
- ➢ 보론 : 상품매매거래의 추가적 고려사항

제 1 절 상품매매기업의 영업활동

기업을 주된 영업활동에 따라 구분하면 용역을 제공하여 수익을 창출하는 서비스기업, 상품을 구입 및 판매하여 수익을 창출하는 상품매매기업,[1] 제품을 생산·판매하여 수익을 창출하는 제조기업으로 분류할 수 있다. 앞서 거래의 기록과 회계순환과정에서는 광고서비스를 제공하는 한국기획㈜를 통해 서비스기업의 회계처리방법을 학습하였다. 본 장에서는 상품매매기업의 회계처리에 대해 학습한다.

1. 영업주기

영업주기(operating cycle)란 기업이 정상적인 영업활동을 완료하는 데 소요되는 시간을 의미한다. 상품매매기업의 영업주기는 상품을 매입하여 판매한 후 판매대금을 회수하기까지의 정상적인 영업활동이 완료되는 데 소요된 시간을 말한다. 구체적인 상품매매기업의 영업활동을 살펴보면 상품매매기업은 현금 또는 외상으로 상품을 매입한 후 이를 소비자에게 현금이나 외상으로 판매하는 활동을 수행한다. 이때 상품매매기업은 매입하여 판매되기 전까지의 상품을 재고자산으로 분류한다. 재고자산(inventory)이란 기업이 영업활동을 통해 판매할 목적으로 보유하고 있는 자산을 말한다.[2] 이와 같은 과정을 그림으로 나타내면 다음의 [그림 5-1]과 같다.

---

1) 상품매매기업은 소매기업과 도매기업으로 구분할 수 있는데, 소매기업은 이마트 또는 하이마트와 같이 최종소비자에게 직접 상품을 판매하는 기업이며, 도매기업은 소매기업에게 상품을 공급하는 기업을 말한다.

2) 상품매매기업의 경우 재고자산은 상품인 반면에, 제조기업의 경우는 원재료, 재공품, 제품 등 다양한 형태로 존재한다.

그림 5-1 상품매매기업의 영업주기

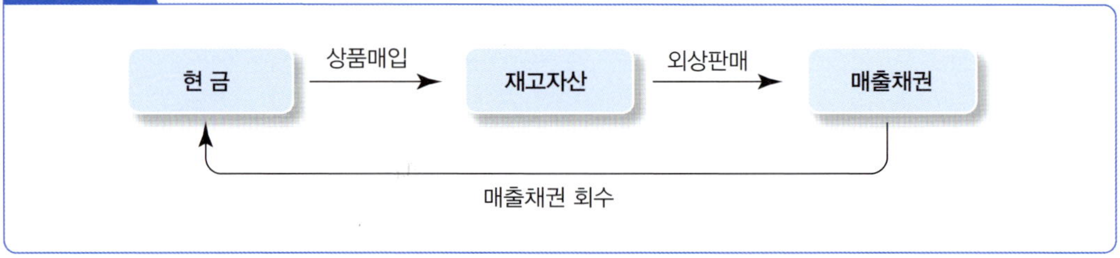

2. 상품매매기업의 포괄손익계산서

상품매매기업의 영업활동으로부터 발생하는 주된 수익은 상품판매에 따른 매출액(sales)이다. 반면에 주된 비용은 매출이라는 수익을 창출하는 데 발생한 비용, 즉 판매된 상품의 취득원가로 이를 매출원가(cost of goods sold)라 한다. 예를 들어, 한국㈜가 제조업자로부터 상품을 ₩3,000,000에 구입하여 소비자에게 ₩5,000,000에 판매하였다면, 포괄손익계산서에 보고해야 하는 매출액은 ₩5,000,000이고 매출원가는 ₩3,000,000이 된다. 그리고 상품판매로 발생한 매출액에서 매출원가를 차감하여 매출총이익(gross profit)을 계산하며, 매출총이익에서 상품판매 및 일반관리활동을 위한 비용(판매비와관리비)을 차감하여 당기순이익을 측정한다.

반면에, 서비스기업은 용역수익에서 판매비와관리비를 차감하여 당기순이익을 계산한다. 따라서 상품매매기업의 거래기록 과정에서 발생하는 매출원가와 매출총이익 항목은 서비스기업의 손익항목과 차이 나는 부분이다. 서비스기업은 매출원가가 없으므로 포괄손익계산서에 매출총이익을 보고하지 않는다. 다음의 <표 5-1>을 통해 상품매매기업과 서비스기업의 포괄손익계산서 구조의 차이를 확인할 수 있다.[3]

그런데 상품매매기업은 왜 포괄손익계산서에 매출원가를 보고해야만 하는가? 외부이해관계자의 입장에서 매출총이익의 구체적인 구성내역(매출액과 매출원가)을 유용한 정보로 활용할 수 있기 때문이다. 앞선 사례에서 한국㈜가 포괄손익계산

3) <표 5-1>과 같이 매출원가가 표시되는 포괄손익계산서를 엄밀하게 '기능별 분류 포괄손익계산서'라 부르는데, 이하 본서에서는 '포괄손익계산서'를 '기능별 분류 포괄손익계산서'와 동일한 의미로 사용한다.

표 5-1 | 상품매매기업과 서비스기업의 포괄손익계산서 비교[4)]

상품매매기업의 포괄손익계산서		
매 출 액		₩5,000,000
매출원가		3,000,000
매출총이익		2,000,000
판매비와관리비		
급 여	₩500,000	
교 통 비	150,000	
광 고 비	350,000	(1,000,000)
당기순이익		₩1,000,000

서비스기업의 포괄손익계산서		
용역수익		₩5,000,000
용역비용		
급 여	₩2,100,000	
소모품비	150,000	
교 통 비	450,000	(2,700,000)
당기순이익		₩2,300,000

서에 매출액과 매출원가를 구분하여 보고하지 않고 매출총이익 ₩2,000,000만을 보고한다면, 외부이해관계자는 합리적인 의사결정을 수행하는 데 어려움을 겪을 수 있다. 외부이해관계자 입장에서 매출원가에 대한 정보가 주어질 때 매출총이익이 유용한 정보로 활용될 가능성이 높아진다. 따라서 상품매매기업은 포괄손익계산서에 매출원가를 보고하기 위한 회계처리를 수행해야 한다.

제 2 절 상품매매거래의 기록

상품의 매매를 주된 영업활동으로 하는 상품매매기업은 매출원가를 포괄손익계산서에 보고하기 위한 회계처리를 수행하게 된다. 매출액을 기록하기 위해서는 상품 판매가 이루어지는 시점에 판매대금을 매출액으로 인식하는 분개를 수행해야 한다. 반면에 매출원가를 기록하는 회계처리의 경우 매출액에 비해 상대적으로 어려움이 따를 수 있다.

---

4) 상품매매기업의 구체적인 포괄손익계산서 구조는 매출총이익에서 판매비와관리비를 차감하여 영업이익을 보고하고, 영업이익에서 기타수익과 기타비용을 반영하여 당기순이익을 보고한다. 그러나 <표 5-1>은 기타수익과 기타비용이 없다는 가정하에서 포괄손익계산서를 작성한 것이다.

예를 들어, 한국㈜가 여러 종류의 상품을 현금으로만 판매한다고 하자. 한국㈜가 하루 동안 발생한 매출액을 기록하고자 한다면, 영업을 시작하는 시점에 가지고 있던 현금과 영업을 종료하는 시점의 현금을 비교하면 된다. 그러나 하루 동안 발생한 매출원가를 기록하고자 한다면 판매된 모든 상품의 취득원가가 얼마인지를 알아야 한다. 한국㈜는 하루 동안 판매된 모든 상품을 과거에 얼마에 구입한 것인지를 인지하고 있어야 매출원가를 기록하는 회계처리를 수행할 수 있다. 기업의 입장에서 상품을 얼마에 구입하여 얼마에 판매하는가에 따라 이익이 결정되기 때문에 매출액뿐만 아니라 매출원가를 보고하는 회계처리는 매우 중요하다.

상품매매기업이 언제 매출원가를 기록하는가에 따라 계속기록법과 실지재고조사법으로 구분된다. 계속기록법은 매출이 발생할 때마다 매출원가를 기록하지만, 실지재고조사법은 기말에 매출원가를 일괄하여 기록한다. 구체적인 상품매매거래의 기록방법에 대해서는 아래에서 살펴본다.

[그림 5-2]는 상품계정을 통한 재고자산 원가흐름에 대해서 보여주고 있다. 기업의 기초재고와 당기매입을 합한 금액을 당기판매가능액이라고 한다. 여기서 당기판매가능액이란 상품매매기업이 당해 회계기간에 최대로 판매할 수 있는 상품금액을 의미한다. 이 중 당해 연도에 판매된 부분은 매출원가로 포괄손익계산서에 보고되고, 당해 연도에 판매되지 않고 남은 부분은 기말재고로 재무상태표에 표시된다. 이러한 관점에서 당기판매가능액을 매출원가와 기말재고로 구분하여 원가배분하는 방식으로 보고기간 말에 매출원가를 기록하는 것이 실지재고조사법이며, 매출시점마다 매출원가를 기록하는 것이 계속기록법이다.

그림 5-2 상품매매기업의 재고자산 원가흐름 요약

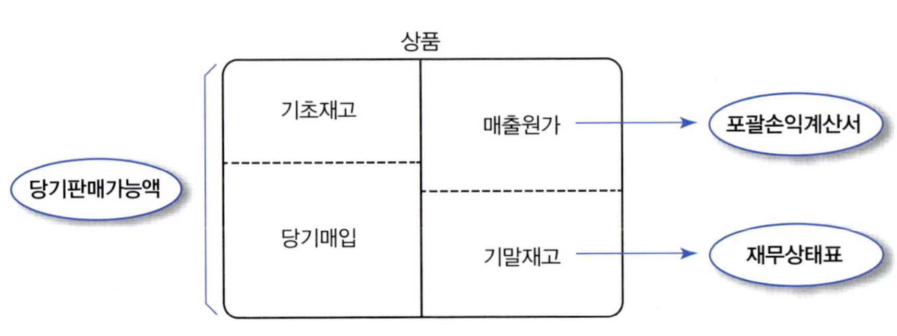

1. 계속기록법

계속기록법(perpetual inventory system)은 상품의 매입 및 매출이 발생할 때마다 상품의 증감을 상품계정에 기록하고, 매출원가를 직접 기록하는 방법이다. 계속기록법하에서의 매입 및 매출에 대한 회계처리를 구체적으로 살펴보자.

(1) 상품의 매입기록

상품의 매입은 현금 또는 신용(외상)으로 이루어지는데 계속기록법의 경우 상품계정을 사용하여 기록한다. 차변에 상품의 증가를, 그리고 대변에 현금의 감소(또는 매입채무 증가)로 회계처리한다. 예를 들어, 한국㈜가 7월 1일에 상품 ₩300,000을 현금(외상)매입하였다면 회계처리는 다음과 같다.

(차) 상　　품	300,000	(대) 현　　금 (또는 매입채무)	300,000

(2) 상품의 매출기록

계속기록법은 상품을 판매할 때마다 매출(수익)과 매출원가(비용)를 동시에 기록한다. 수익인식과 관련하여 차변에 현금의 증가(또는 매출채권 증가)를 인식하고, 대변에 매출의 발생을 회계처리한다. 이와 동시에 비용인식과 관련하여 차변에 매출원가의 발생과 대변에 상품의 감소로 회계처리한다. 예를 들어, 8월 1일에 한국㈜가 상품(원가: ₩200,000)을 ₩400,000에 현금(외상)판매하였다면, 회계처리는 다음과 같다.

(차) 현　　금 (또는 매출채권)	400,000	(대) 매　　출	400,000
(차) 매출원가	200,000	(대) 상　　품	200,000

이와 같이 매출이 발생할 때마다 매출원가를 기록함으로써 상품매매기업은 보고기간 중 언제든지 당기에 발생한 매출원가뿐만 아니라 보유하고 있는 재고자산을

파악할 수 있다는 장점을 가지고 있다. [그림 5-2]에서 확인할 수 있는 바와 같이, 기초재고에 당기매입을 가산한 당기판매가능액에서 매출이 발생할 때마다 기록한 매출원가를 차감함으로써 기말 현재 장부상 기말재고자산을 계산할 수 있다.

기말재고원가 = (기초재고 + 당기매입) − 매출원가
= 당기판매가능액 − 매출원가

2. 실지재고조사법

실지재고조사법(periodic inventory system)은 상품의 매입 및 매출이 발생할 경우 상품계정과 매출원가계정에 직접적으로 기록하지 않는다. 상품계정 대신에 '매입'이라는 임시계정을 사용하며, 기말시점에 재고조사를 실시하여 기말재고자산을 파악하고 매출원가를 산정한다. 실지재고조사법은 기말에 매출원가를 기록한다는 점에서 매출이 발생할 때마다 매출원가를 기록하는 계속기록법과 차이가 있고, 매출액을 기록하는 것은 계속기록법과 같다. 실지재고조사법하에서의 매출원가 계산을 위한 기말 수정분개에 대한 회계처리를 구체적으로 살펴보자.

(1) 상품의 매입기록

계속기록법에서는 상품 매입 시 상품계정에 직접 기록하지만, 실지재고조사법에서는 상품의 매입을 상품계정 대신에 매입이라는 임시계정에 기록한다.5) 차변에 매입의 증가를, 그리고 대변에 현금의 감소(또는 매입채무 증가)로 회계처리한다. 예를 들어, 7월 1일에 한국㈜가 상품 ₩300,000을 현금(외상)매입하였다면 회계처리는 다음과 같다.

(차) 매 입	300,000	(대) 현 금 (또는 매입채무)	300,000

5) 실지재고조사법하에서는 상품의 매입이 이루어질 때마다 매입이라는 임시계정을 사용하기 때문에 매입계정의 기말잔액은 회계기간 동안 매입한 상품총액이 된다.

(2) 상품의 매출기록

계속기록법과는 달리 실지재고조사법에서는 상품을 판매할 때마다 매출에 대한 회계처리만을 수행하고 매출원가에 대한 회계처리는 수행하지 않는다. 수익인식과 관련하여 차변에 현금의 증가(또는 매출채권 증가)를, 그리고 대변에 매출의 발생만을 기록한다. 따라서 실지재고조사법하에서는 기말시점에 실지재고조사를 수행하여 기말재고자산을 파악해야 한다. 또한 해당 회계기간에 발생한 매출원가의 계산을 위한 수정분개가 필요하다. 예를 들어, 8월 1일에 한국㈜가 상품(원가: ₩200,000)을 ₩400,000에 현금(외상)판매하였다면, 회계처리는 다음과 같다.

(차) 현　　금 (또는 매출채권)	400,000	(대) 매　　출	400,000

실지재고조사법은 매출이 발생할 때마다 매출원가를 기록하는 회계처리를 하지 않으므로 보고기간 중에는 매출원가계정이 나타나지 않으며, 보고기간 말 시점에 당기판매가능액에서 기말재고를 차감하여 매출원가를 계산한다([그림 5-2] 참조). 또한 실지재고조사법하에서는 보고기간 중에 별도로 상품 및 매출원가에 대한 회계처리를 수행하지 않으므로 보고기간 말 시점에 재고자산(상품)과 매출원가를 표시하기 위한 수정분개를 수행해야 한다.

매출원가 = (기초재고 + 당기매입) − 기말재고
= 당기판매가능액 − 기말재고

실지재고조사법을 이용하면 보고기간 중에 상품을 판매할 때마다 매출원가를 기록하지 않으므로 회계처리에 소요되는 시간을 절약할 수 있다는 장점을 갖는다. 그러나 실지재고조사법하에서는 보고기간 말에 한 번의 재고조사를 통해 기말재고자산을 파악하므로 보고기간 중에 효율적인 재고관리가 이루어지지 않는다. 즉, 보고기간 중에 얼마의 매출원가가 발생하였는지, 특정 시점에서 보유한 재고자산이 어느 정도인지 파악하기 어렵다는 단점이 있다.

표 5-2 | 상품매매거래 기록방법 비교 : 계속기록법 vs 실지재고조사법

구 분	계속기록법		실지재고조사법	
상품매입시	(차) 상 품 ×××	(대) 현 금 ××× (또는 매입채무)	(차) 매 입 ×××	(대) 현 금 ××× (또는 매입채무)
상품매출시 • 매출수익	(차) 현 금 ××× (또는 매출채권)	(대) 매 출 ×××	(차) 현 금 ××× (또는 매출채권)	(대) 매 출 ×××
• 매출원가	(차) 매출원가 ×××	(대) 상 품 ×××	-분개 없음-	

최근 정보통신기술(IT)의 발달로 전산프로그램을 이용하여 효율적인 재고관리가 가능해졌다. 과거에 상품매매기업이 계속기록법을 적용하기 위해서는 많은 시간과 비용이 투입되었으나 최근에는 계속기록법을 사용하기 쉬운 환경이 조성된 것이다. 계속기록법은 경영자 등 내부정보이용자가 재고자산에 대한 정보를 언제든지 파악할 수 있다는 장점을 가지므로 효율적인 재고관리가 필요한 산업에서 주로 사용되고 있다. <표 5-2>는 지금까지 설명한 매입과 매출거래를 기록할 때 계속기록법과 실지재고조사법의 회계처리 차이를 정리한 표이다.

✓예제 5-1

다음은 매월 말 결산을 하는 한국㈜의 10월 중 거래내역이다. 한국㈜는 10월 1일 기초재고로 ₩50,000의 상품을 보유하고 있다.

(1) 10월 5일 강서㈜로부터 ₩200,000의 상품을 외상으로 매입하고 대금은 30일 후에 지급하기로 약정하였다.

(2) 10월 10일 강남㈜에게 원가 ₩150,000의 상품을 ₩250,000에 외상으로 판매하고 대금은 45일 이내에 받기로 약정하였다.

(3) 10월 15일 강서㈜로부터 ₩250,000의 상품을 외상으로 매입하고 대금은 30일 후에 지급하기로 약정하였다.

(4) 10월 20일 강동㈜에게 원가 ₩110,000의 상품을 ₩170,000에 외상으로 판매하고 대금은 45일 이내에 받기로 약정하였다.

(5) 10월 31일 기말의 상품재고액을 실지조사한 결과 ₩240,000의 상품이 남아 있다.

요구사항

1. 계속기록법을 적용하여 한국㈜의 10월 거래를 회계처리하라.
2. 실지재고조사법을 적용하여 한국㈜의 10월 거래를 회계처리하라.
3. 한국㈜가 계속기록법과 실지재고조사법을 각각 적용하였을 경우 매출원가를 계산하라.

해답

1.

10월 5일	(차) 상 품	200,000	(대) 매입채무	200,000
10월 10일	(차) 매출채권	250,000	(대) 매 출	250,000
	(차) 매출원가	150,000	(대) 상 품	150,000
10월 15일	(차) 상 품	250,000	(대) 매입채무	250,000
10월 20일	(차) 매출채권	170,000	(대) 매 출	170,000
	(차) 매출원가	110,000	(대) 상 품	110,000

계속기록법을 적용할 경우 상품 판매가 발생할 때마다 매출원가를 기록하는 회계처리를 수행해야 한다. 따라서 보고기간 말 시점(10월 31일)에 매출원가를 계상하기 위한 별도의 수정분개는 필요하지 않다.

2.

10월 5일	(차) 매 입	200,000	(대) 매입채무	200,000
10월 10일	(차) 매출채권	250,000	(대) 매 출	250,000
10월 15일	(차) 매 입	250,000	(대) 매입채무	250,000
10월 20일	(차) 매출채권	170,000	(대) 매 출	170,000
10월 31일	(차) 매출원가	50,000	(대) 상 품(기초)	50,000
	(차) 매출원가	450,000	(대) 매 입(당기)	450,000
	(차) 상 품(기말)	240,000	(대) 매출원가	240,000

3. 계속기록법을 적용할 경우 상품 판매가 발생할 때마다 매출원가를 기록하는 회계처리를 수행하기 때문에 매출원가계정의 잔액이 당기에 발생한 매출원가가 된다. 계속기록법을 적용한 위의 <요구사항 1>에서 매출원가계정의 잔액은 ₩260,000(₩150,000 + ₩110,000)이다.
   실지재고조사법을 적용하여 매출원가를 계산하면 ₩260,000이 된다. 이는 기초재고(₩50,000)에 당기매입(₩450,000)을 가산하고 기말재고(₩240,000)를 차감한 금액이다. 계속기록법과 실지재고조사법 적용에 따른 매출원가의 차이는 발생하지 않는다.

제 3 절 상품매매기업의 회계순환

본 절에서는 상품매매기업의 회계순환과정을 연습한다. 상품매매기업의 경우에도 회계순환은 제4장에서 설명한 내용과 동일하게 진행된다. 다만, 상품의 기록방법에 따라 매출원가 산정을 위한 추가적인 수정분개가 발생한다. 구체적으로 매입·매출거래 등에 대한 종합적인 회계처리를 복습한다.

1. 수정분개

계속기록법을 적용할 경우에는 매출원가 산정을 위한 수정분개가 필요하지 않으므로 실지재고조사법을 이용하는 경우를 대상으로 기말 수정분개를 설명한다. 실지재고조사법을 적용할 경우 상품 판매가 발생할 때마다 매출원가를 기록하지 않으므로 보고기간 말 시점에서는 실지재고조사를 통해 기말재고자산을 파악하고 매출원가를 계상하기 위한 수정분개를 실시해야 한다. 매출원가를 포괄손익계산서에 보고하기 위한 구체적인 수정분개는 다음과 같은 과정으로 이루어진다.

① 상품계정의 기초재고를 매출원가계정의 차변으로 옮긴다.

② 매입계정의 당기매입을 매출원가계정의 차변으로 옮긴다. 이때 매출원가계정 차변 합계는 당기판매가능액이 된다.

③ 실지재고조사에 의해 파악된 기말재고액을 상품계정 차변에 기록하고, 매출원가계정 대변에 기록한다.

이상의 회계처리는 [그림 5-3]에서 매출원가를 측정하기 위한 계산절차와 본질적으로 동일하다. 예를 들어, 12월 결산법인인 한국㈜는 실지재고조사법으로 재고자산을 기록한다. 기초재고는 ₩50,000이었으며, 12월 31일 매입계정잔액은 ₩300,000이고 12월 31일에 재고조사를 실시한 결과 기말재고는 ₩150,000으로

그림 5-3 수정분개를 통한 매출원가 산출과정

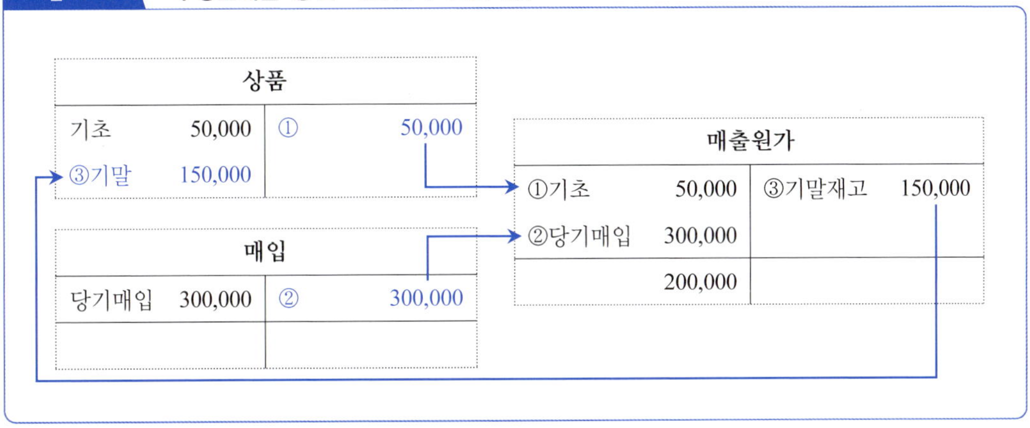

파악되었다고 가정하자. 이 경우 한국㈜는 12월 31일에 다음과 같은 수정분개를 수행해야 한다.

①	(차) 매출원가	50,000	(대) 상품(기초)	50,000
②	(차) 매출원가	300,000	(대) 매입(당기매입)	300,000
③	(차) 상품(기말)	150,000	(대) 매출원가	150,000

①번 분개는 기초재고 ₩50,000을 매출원가로 대체하는 분개이다. 이 분개를 통해 매출원가계정에는 ₩50,000이 가산되지만 상품계정 잔액은 일시적으로 ₩0이 된다. ②번 분개는 당기에 매입한 상품, 즉 매입계정의 잔액을 매출원가계정에 가산하는 분개이다. 이 분개를 통해 매출원가계정의 잔액은 당기판매가능액(₩50,000+₩300,000)으로 변경되며, 매입이라는 임시계정 잔액은 ₩0이 됨으로써 매입계정은 마감된다. 마지막으로(③번 분개) 당기판매가능액 ₩350,000에서 기말재고 ₩150,000을 차감하게 되면 매출원가계정 잔액은 당기에 발생한 매출원가 ₩200,000을 나타내게 되며, 상품계정 잔액은 기말재고자산을 표시하게 된다.[6)]

6) ①~③의 분개를 결합하여 다음과 같이 간단히 나타낼 수도 있다.

(차) 매출원가	200,000	(대) 매　　입	300,000
상　　품	100,000		

수정분개 후, 이를 원장에 전기하는 과정을 그림으로 도시하면 [그림 5-3]과 같다. 한국㈜의 매출거래는 8월 1일에 ₩400,000의 상품을 판매한 것이 전부라고 한다면, 실지재고조사법하에서의 부분포괄손익계산서는 <표 5-3>과 같이 표시된다.

표 5-3 | 부분포괄손익계산서

부분포괄손익계산서
20×1년 1월 1일부터 20×1년 12월 31일까지

한국㈜		(단위 : 원)
매출액		₩400,000
매출원가		200,000
기초재고	₩50,000	
+당기매입	300,000	
−기말재고	150,000	
매출총이익		₩200,000

2. 마감분개

마감분개는 당기순이익에 영향을 미친 모든 임시계정들의 잔액을 집합손익계정으로 옮기는 회계처리와 집합손익계정의 잔액을 이익잉여금으로 대체하는 회계처리를 말한다. 앞서 제4장에서 학습한 마감분개와 본 장의 마감분개의 차이점은 수익계정인 매출과 비용계정인 매출원가가 추가되었다는 것뿐이다. 따라서 수익계정인 매출의 잔액을 '0'으로 만들고 이를 집합손익계정의 대변으로 대체하는 마감분개를 추가적으로 수행한다. 또한 비용계정인 매출원가의 잔액을 집합손익계정의 차변으로 대체하는 마감분개도 필요하다. 마지막으로 집합손익계정의 잔액을 '0'으로 만들면서 이를 이익잉여금으로 대체시키는 분개가 수행되어야 한다. 종합예제(<예제 5-2>)를 통해 지금까지 학습한 내용을 정리해 보자.

예제 5-2

다음은 매월 말 결산을 하는 한국㈜의 20×1년 12월 중 거래내역이다. 12월 1일에 한국㈜는 현금 ₩800,000, 상품 ₩300,000, 매출채권 ₩50,000, 토지 ₩100,000, 매입채무 ₩350,000, 자본금 ₩900,000을 보유하고 있으며, 이외의 계정 잔액은 없는 것으로 가정한다.

(1) 12월 2일　강서㈜로부터 상품 ₩600,000을 외상으로 매입하였다.

(2) 12월 10일　12월 1일 외상 매입대금을 강서㈜에 전액 현금 지급하였다.

(3) 12월 11일　강남㈜에게 상품 ₩500,000(원가 : ₩250,000)을 판매하였다. 판매 과정에서 발생한 운송비 ₩20,000을 현금으로 지급하였다.

(4) 12월 20일　강남㈜로부터 판매대금 전액을 현금으로 회수하였다.

(5) 12월 31일　재고조사를 실시한 결과 기말재고자산은 ₩670,000으로 파악되었다.

요구사항

1. 한국㈜의 12월 중 거래내역을 계속기록법과 실지재고조사법을 적용하여 회계처리하라.
2. 계속기록법과 실지재고조사법하에서 한국㈜가 12월 31일에 수행할 수정분개를 제시하라.
3. 계속기록법과 실지재고조사법에 따른 한국㈜의 12월 31일 마감분개를 수행하고 이를 T계정에 전기하라.

해답

1. 회계기간 중 거래에 대한 분개

한국㈜의 회계기간 중 분개

거　래		계속기록법	실지재고조사법
12월 2일	상품 매입	상　품　600,000 　매입채무　600,000	매　입　600,000 　매입채무　600,000
12월 10일	매입대금 지급	매입채무　600,000 　현　금　600,000	매입채무　600,000 　현　금　600,000

12월 11일	상품 매출	매출채권 500,000 매 출 500,000 매출원가 250,000 상 품 250,000 운 송 비 20,000 현 금 20,000	매출채권 500,000 매 출 500,000 -분개 없음- 운 송 비 20,000 현 금 20,000
12월 20일	판매대금 회수	현 금 500,000 매출채권 500,000	현 금 500,000 매출채권 500,000

2. 수정분개

계속기록법하에서는 매출이 발생할 때마다 상품의 감소와 매출원가를 기록하는 분개를 수행하므로 기말에 별도의 수정분개가 없다. 반면에 실지재고조사법하에서는 기중에 상품의 감소와 매출원가를 기록하는 회계처리를 하지 않기 때문에 기말에 매출원가를 계상하기 위한 수정분개가 필요하다.

한국㈜의 수정분개

거 래		계속기록법	실지재고조사법
12월 31일	매출원가를 계산하기 위한 수정분개	-분개 없음-	매출원가 300,000 상품(기초) 300,000 매출원가 600,000 매 입 600,000 상품(기말) 670,000 매출원가 670,000

3. 마감분개와 T계정에 전기

앞의 수정분개를 통해 계상된 매출액을 집합손익계정의 대변으로 대체하는 마감분개가 수행되어야 한다. 또한 회계기간에 발생한 모든 비용계정의 잔액을 '0'으로 만들고 이를 집합손익계정의 차변으로 대체하는 분개도 수행되어야 한다. 위의 예제에서 당기에 발생한 비용은 매출원가와 운송비뿐이다. 따라서 모든 비용계정의 잔액을 '0'으로 만들면서 이를 집합손익계정의 차변으로 대체하는 회계처리를 한다. 마지막으로 집합손익계정의 잔액을 이익잉여금계정으로 대체하는 분개가 수행된다.

한국㈜의 마감분개

거래		계속기록법	실지재고조사법
12월 31일	수익계정의 마감(①)	매 출 500,000 집합손익 500,000	매 출 500,000 집합손익 500,000
	비용계정의 마감(②)	집합손익 270,000 매출원가 250,000 운 송 비 20,000	집합손익 270,000 매출원가 250,000 운 송 비 20,000
	집합손익계정의 마감(③)	집합손익 230,000 이익잉여금 230,000	집합손익 230,000 이익잉여금 230,000

제 4 절 재무제표 표시와 분석

앞에서 살펴본 종합예제 자료를 활용하여 재무제표를 작성하면 포괄손익계산서는 <표 5-4>와 같다. 포괄손익계산서에서 매출총이익은 매출액에서 매출원가를 차감하여 계산한다. 매출총이익에서 판매비와관리비를 차감하여 당기순이익을

표 5-4 | 포괄손익계산서

포괄손익계산서
20×1년 12월 1일부터 20×1년 12월 31일까지

한국㈜ (단위: 원)

매 출 액			₩500,000
매 출 원 가			250,000
매 출 총 이 익			₩250,000
판매비와관리비			20,000
	운 송 비	₩20,000	
당 기 순 이 익			₩230,000
기 타 포 괄 손 익			0
총 포 괄 손 익			₩230,000

구하고, 당기순이익에 기타포괄손익을 가산하여 총포괄손익을 측정한다.

매출총이익은 백분율로 표현할 수 있는데, 이를 매출총이익률이라고 한다. 매출총이익률은 매출총이익을 매출액으로 나누어 측정한다. 매출총이익률은 매출액 ₩1당 얼마만큼의 이익을 벌었는지에 대해서 알려준다. 한국㈜의 매출총이익률을 계산하면 50%이다. 매출액 ₩1당 ₩0.5 정도의 판매마진을 남긴 것으로 해석할 수 있다.

매출총이익률 = 매출총이익 ÷ 순매출액
= ₩250,000 ÷ ₩500,000
= 50%

매출총이익에는 판매비와관리비가 차감되지 않기 때문에 전체적인 수익성 지표는 아니다. 그러나 경영자 및 이해관계자들은 과거와 당기에 보고된 매출총이익을 비교하거나 또는 경쟁사의 매출총이익률과 산업평균 매출총이익률과 비교하는 등 매출총이익의 금액과 추세를 면밀히 분석한다. 이러한 재무비율 분석은 회사의 구매기능과 가격정책의 효과성에 관한 정보를 제공한다.

판매비와관리비는 매출원가와 함께 영업수익(매출) 창출과정에서 발생한 영업비용이다. 판매비는 매출과 관련된 비용으로 광고비, 운송비 등과 같은 매출 관련 부대비용들이 포함된다. 관리비는 급여 등과 같은 일반영업활동에 관련된 비용이다. <표 5-4>에서 한국㈜의 판매비와관리비는 ₩20,000이고, 당기순이익은 ₩230,000이다.

재무상태표에서 자산은 유동자산과 비유동자산으로 구분하여 표시하는데, 유동자산은 1년 또는 정상영업주기 이내의 기간에 현금화될 자산이다. 그 외의 자산은 비유동자산으로 구분한다. 상품매매기업은 유동성을 기준으로 하는 경우, 상품을 유동자산에서 매출채권 다음으로 보고한다. 상품을 판매한 후 고객으로부터 현금을 회수해야 하기 때문에 매출채권보다는 현금유동성이 상대적으로 낮다. <표 5-5>는 한국㈜의 재무상태표이다.

표 5-5 | 재무상태표

재무상태표

20×1년 12월 31일 현재

한국㈜ (단위: 원)

자 산			부 채		
유동자산		₩1,380,000	매입채무	₩350,000	
현 금	₩660,000		부채총계		₩350,000
매출채권	50,000				
상 품	670,000				
			자 본		
비유동자산		100,000	자 본 금	₩900,000	
토 지	₩100,000		이익잉여금	230,000	
			자본총계		1,130,000
자산총계		₩1,480,000	**부채와자본총계**		₩1,480,000

요 약

1. 서비스기업과 상품매매기업의 차이

상품매매기업의 포괄손익계산서는 서비스기업과는 달리 매출액, 매출원가, 매출총이익을 표시한다. 또한 매출원가를 기록하기 위하여 계속기록법과 실지재고조사법 중 하나의 방법을 이용한다.

2. 계속기록법에서 매입기록

상품의 매입 시 상품계정을 통해 상품의 증가를 기록한다. 상품을 현금(외상)으로 매입할 경우 차변에 상품의 증가와 대변에 현금(매입채무)의 감소(증가)로 회계처리한다.

3. 계속기록법에서 매출기록

상품의 매출이 발생할 때마다 매출의 발생과 현금 또는 매출채권의 증가를 기록하고, 매출원가의 발생과 상품의 감소를 회계처리한다.

4. 실지재고조사법에서 매입과 매출기록

상품 매입 시 상품계정 대신 임시계정인 매입계정을 사용한다. 또한 상품 매출 시 매출원가계정을 사용하지 않고 기말시점에 기말재고자산을 파악하여 매출원가를 산정한다.

5. 실지재고조사법에서 매출원가를 계산하기 위한 수정분개

기초재고자산을 매출원가의 차변으로 대체하는 분개를 수행한다. 다음으로 당기매입액을 매출원가의 차변으로 대체하는 회계처리를 수행하게 되면, 매출원가계정 차변의 합은 당기판매가능액이 된다. 마지막으로 기말재고자산 금액만큼 상품계정을 증가시키고 매출원가 금액을 감소시키는 분개를 수행한다. 이와 같은 수정분개 후의 매출원가 잔액은 회계기간에 발생한 매출원가가 된다.

용어정리

계속기록법	매출거래가 발생할 때마다 매출원가를 계산하여 기록하는 방법
매출액	상품의 판매나 용역의 제공으로 발생한 수익
매출총이익	매출액에서 매출원가를 차감한 부분
매출총이익률	매출총이익을 매출액으로 나누어 측정하며, 일반적으로 백분율(%)로 표시
실지재고조사법	기말시점에 재고조사를 실시하여 기말재고자산을 파악하고, 이를 판매가능재고액에서 차감하여 매출원가를 산정하는 방법

보론

상품매매거래의 추가적 고려사항

상품매매기업의 매입 및 매출거래에서 나타날 수 있는 추가적인 고려사항을 살펴본다. 구체적으로 매입부대비용, 매입환출및에누리, 매입할인, 매출환입및에누리, 매출할인에 대한 회계처리를 학습한다.

1. 매입 시 추가적 고려사항

(1) 매입부대비용

일반적으로 상품의 매입과정에서 운송비, 관세, 수수료, 보관료 등의 부대비용이 발생하는데 이들은 상품의 취득과정에서 직접 소요된 지출액이므로 상품의 취득원가에 포함된다. 예를 들어, 한국㈜가 7월 1일에 상품 ₩300,000을 외상으로 매입하면서 운송비로 ₩10,000을 현금으로 지불하였다면 한국㈜가 매입한 상품의 취득원가에 포함시킨다. 그리고 이에 대한 회계처리는 다음과 같다.

(차) 상품(또는 매입)	310,000	(대) 매입채무	300,000
		현　금	10,000

상품의 매입과정에서 발생한 부대비용은 계약조건에 따라 부담자가 결정된다. 위의 예에서 한국㈜가 상품을 매입하면서 상품의 운송비(매입운임)를 매입자가 부담하기로 하였다면 운송비는 상품의 취득원가에 가산한다. 그러나 운송비를 판매자가 부담하기로 하였다면 운송비는 판매자가 인식하는 비용(판매비와관리비)이 된다.

(2) 매입환출및에누리

매입한 상품에 파손이나 내부적 결함이 있는 경우 매입자는 판매자에게 상품을 반송하기도 하는데, 이를 매입환출(purchase returns)이라 한다. 그리고 반송 대신 매입가액에서 일정 금액의 할인을 받을 수 있는데 이를 매입에누리(purchase allowances)라고 한다. 실무에서는 통상적으로 매입환출과 매입에누리를 매입환출및에누리계정에 함께 기록한다. 예를 들어, 한국㈜가 7월 5일에 외상매입한 상품 중 ₩50,000을 파손 등의 이유로 판매자에게 반송하는 경우 회계처리는 다음과 같다.

(차) 매입채무 (또는 현금)	50,000	(대) 상　　품 (또는 매입)	50,000

한국㈜가 상품(또는 매입)계정이 아닌 매입환출및에누리계정을 이용하여 회계처리할 수 있다. 매입환출및에누리는 상품(또는 매입)계정에 대한 차감계정이므로 보고기간 중에 매입환출 또는 매입에누리가 발생한다면 매입환출및에누리계정을 통해 회계처리하고, 보고기간 말에 수정분개를 통하여 각각 상품과 매입계정에 대체한다.

(3) 매입할인

구매자가 상품을 외상으로 매입한 후, 매입대금을 조기에 상환할 경우에 제공받는 할인혜택을 매입할인(purchase discounts)이라 한다.7) 일반적으로 매입할인은 2/10, *n*/30와 같은 신용조건으로 표시된다. 여기서 2/10은 외상매입 후 10일 이내에 매입대금을 지급할 경우 총액의 2%를 할인받을 수 있고, *n*/30은 외상매입 후 30일 이내에 매입대금을 결제해야 함을 의미한다.

예를 들면, 한국㈜가 7월 1일에 2/10, n/30의 신용조건으로 ₩300,000의 상품을 매입하였고, 7월 10일에 할인액을 제외한 나머지 금액을 모두 현금으로 지급

---

7) 판매자 입장에서 구매자에게 할인혜택을 제공하게 되면 할인해 주는 금액만큼 손실이 발생하지만, 신속하게 현금을 확보할 수 있는 장점이 있다. 반대로 구매자 입장에서도 매입대금을 조기에 지급하고 할인혜택을 받을 수 있다.

하였다면 한국㈜는 7월 1일과 7월 10일에 다음과 같은 회계처리를 수행하게 된다.[8]

7월 1일	(차) 상품(또는 매입)	300,000	(대) 매입채무	300,000
7월 10일	(차) 매입채무	300,000	(대) 현 금	294,000
			상품(또는 매입)	6,000

한국㈜가 실지재고조사법을 적용하는 경우, 매입환출및에누리와 마찬가지로 매입계정의 차감계정인 매입할인을 이용하여 간접적인 방식으로 회계처리할 수도 있다. 즉, 보고기간 중에 별도의 매입할인계정으로 처리하고 보고기간 말에 순매입액을 계산하기 위한 수정분개를 수행한다.

한국㈜가 할인기간 경과 후인 7월 30일에 외상매입대금을 결제한다면 현금결제액은 ₩300,000이 될 것이다. 관련 회계처리는 다음과 같다.

(차) 매입채무	300,000	(대) 현 금	300,000

✓예제 5-3

다음은 한국㈜의 12월 중 매입거래 내역이다.

(1) 12월 1일 강서㈜로부터 2/10, *n*/30의 신용조건으로 상품 ₩600,000을 외상으로 매입하였으며, 운송비 ₩20,000을 현금으로 운송회사에 지급하였다.

(2) 12월 8일 12월 1일 매입한 상품 중 ₩100,000의 상품을 파손 등의 이유로 강서㈜에게 반송하였다.

(3) 12월 10일 강서㈜에게 외상매입 대금을 전부 지급하였다.

---

8) 이와 같이 매입시점에는 상품 또는 매입 총액으로 기록하고 선택한 매입할인에 해당하는 금액을 해당 계정에서 차감하는 방식을 **총액법**이라 하는데, 매입할인에 대한 회계처리는 총액법 이외에 순액법이 존재한다. 보다 구체적인 설명은 중급회계 교과서를 참조하기 바란다.

▶ 요구사항

1. 한국㈜의 12월 중 거래내역을 계속기록법과 실지재고조사법을 적용하여 회계처리하라. (단, 실지재고조사법 적용 시 내부 관리목적상 매입환출및에누리계정과 매입할인 계정을 사용하여 회계처리한다고 가정한다.)
2. 한국㈜가 할인기간 경과 후인 12월 30일에 강서㈜에게 외상매입 대금을 전부 지급한 경우 회계처리를 제시하라.
3. 위 요구사항 1. 및 2.와 관련하여, 매입할인 기간 이전과 이후에 외상매입 대금을 지급할 때 각각에 대해서 12월에 매입한 상품의 순매입액과 매입원가를 계산하라.

해답

1. 매입할인 기간 내에 외상매입 대금을 지급할 경우, 매입할인 금액은 총매입대금에서 매입환출및에누리를 제외한 금액 ₩500,000(₩600,000 − ₩100,000)의 2%가 된다. 한국㈜가 신용조건에 따른 할인기간 내에 결제할 경우, 매입할인으로 기록되는 금액은 ₩10,000(₩500,000 × 2%)이다. 여기서 주의할 점은 매입 시 발생한 운송비(매입운임) ₩20,000은 운송회사에 지급한 것이므로 매입할인을 계산할 때에는 고려하지 않는다.

한국㈜의 장부상 분개

거래		계속기록법	실지재고조사법
12월 1일	상품 매입	상　품 620,000 　매입채무 600,000 　현　금 20,000	매　입 620,000 　매입채무 600,000 　현　금 20,000
12월 8일	매입환출및에누리	매입채무 100,000 　상　품 100,000	매입채무 100,000 　매입환출및에누리 100,000
12월 10일	할인기간 내에 현금 지급	매입채무 500,000 　현　금 490,000 　상　품 10,000	매입채무 500,000 　현　금 490,000 　매입할인 10,000

2.

한국㈜의 장부상 분개

거래		계속기록법	실지재고조사법
12월 30일	할인기간 이후 현금 지급	매입채무 500,000 　현　금 500,000	매입채무 500,000 　현　금 500,000

3.

할인기간 이전에 매입대금 지급	
총매입액	₩600,000
매입환출및에누리	(100,000)
매입할인	(10,000)
매입운임	20,000
매입원가	₩510,000

할인기간 이후에 매입대금 지급	
총매입액	₩600,000
매입환출및에누리	(100,000)
매입할인	–
매입운임	20,000
매입원가	₩520,000

2. 매출 시 추가적 고려사항

(1) 매출환입및에누리

판매된 상품에 파손이나 내부적 결함이 있는 경우 판매자는 상품을 반송받기도 하는데, 이를 매출환입(sales returns)이라 한다. 그리고 반송 대신 판매가액에서 일정 금액을 할인해 줄 수도 있는데 이를 매출에누리(sales allowances)라고 한다.[9] 실무에서는 통상적으로 매출환입과 매출에누리를 매출환입및에누리계정으로 기록한다.

예를 들면, 한국㈜가 8월 1일 상품(원가 : ₩200,000)을 ₩400,000에 외상판매하였으나, 이 중 ₩50,000의 상품(원가 : ₩25,000)이 결함으로 인해 8월 8일 반송된 경우, 회계처리는 다음과 같다

(계속기록법 가정)

차변	금액	대변	금액
(차) 매출환입및에누리	50,000	(대) 매출채권	50,000
(차) 상　　품	25,000	(대) 매출원가	25,000

(실지재고조사법 가정)

차변	금액	대변	금액
(차) 매출환입및에누리	50,000	(대) 매출채권	50,000

9) 앞서 설명한 매입환출및에누리는 매입자 입장에서의 반품에 대한 회계처리이고, 매출환입및에누리는 판매자 입장에서의 반품에 대한 회계처리이다.

여기서 매출환입및에누리는 계속기록법이나 실지재고조사법 모두 매출에 대한 차감계정이다. 따라서 보고기간 중에 매출환입 또는 매출에누리가 발생한다면 매출환입및에누리계정을 통해 회계처리하고, 보고기간 말에 매출환입및에누리계정을 제거함과 동시에 해당 보고기간의 순매출액을 계산하기 위한 수정분개를 수행한다.[10] 주의할 점은 계속기록법하에서는 반송된 상품의 매출원가를 고려해야 하나, 실지재고조사법하에서는 매출시점에 매출원가를 인식하지 않으므로 반송된 상품에 대한 매출원가를 고려하지 않는다는 점이다.

(2) 매출할인

매출할인(sales discounts)이란 상품의 판매자가 외상판매대금의 조기 현금회수를 촉진하기 위하여 매입자에게 제공하는 할인혜택을 말한다. 따라서 매출할인은 현금매출의 경우에는 발생하지 않는 계정이며, 판매자에게 발생하는 매출할인은 매입자 입장에서는 매입할인이 된다.

예를 들면, 한국㈜가 8월 1일에 2/10, *n*/30의 신용조건으로 상품 ₩400,000(원가 : ₩200,000)을 판매하였고, 8월 10일에 할인액을 제외한 나머지 금액을 모두 현금으로 수취하였다면, 한국㈜는 8월 10일에 다음과 같은 회계처리를 수행하게 된다.

(차) 현 금	392,000	(대) 매출채권	400,000
매출할인	8,000		

매출할인은 매출환입및에누리와 마찬가지로 매출계정의 차감계정이며, 계속기록법과 실지재고조사법에 따른 회계처리방법 간에 차이는 존재하지 않는다. 따라서 보고기간 중에 별도의 매출할인계정으로 기록하였다가 보고기간 말에 순매출액을 계산하기 위한 수정분개를 수행한다.[11]

---

10) 내부적인 관리목적상 매출환입및에누리계정을 이용하여 회계처리하나 궁극적으로 매출계정에 대한 차감계정이라는 점에서 매출환입(또는 매출에누리) 발생 시 직접 매출계정을 이용하여 회계처리할 수 있다.

11) 매출환입(또는 매출에누리)과 일관되게 매출할인 발생 시 직접 매출계정을 이용하여 회계처리할 수 있다.

한국㈜가 할인기간이 경과한 후인 8월 30일에 외상판매대금을 회수한다면, 현금 수취액은 ₩400,000이 될 것이다. 관련 회계처리는 다음과 같다.

(차) 현 금	400,000	(대) 매출채권	400,000

✓예제 5-4

다음은 한국㈜의 12월 중 매출거래 내역이다.

(1) 12월 1일 강남㈜에게 2/10, *n*/30의 신용조건으로 상품 ₩600,000(원가: ₩480,000)을 외상으로 판매하였다.

(2) 12월 8일 12월 1일 판매한 상품 중 ₩100,000(원가: ₩80,000)이 품질하자 등의 이유로 강남㈜로부터 반송되었다.

(3) 12월 10일 강남㈜로부터 외상판매 대금을 전부 회수하였다.

▶▶ 요구사항

1. 한국㈜의 12월 중 거래내역을 계속기록법과 실지재고조사법을 적용하여 회계처리하라. (단, 내부 관리목적상 매출환입및에누리계정과 매출할인계정을 사용하여 회계처리한다고 가정한다.)
2. 한국㈜가 할인기간 경과 후인 12월 30일에 강남㈜로부터 외상판매 대금을 전부 회수하였다면, 관련 회계처리를 제시하라.
3. 위 요구사항 1. 및 2.와 관련하여 매출할인 기간 이전과 이후에 외상판매 대금을 회수할 때 각각에 대해서 한국㈜의 12월 순매출액을 계산하라.

해답

1. 매출할인 기간 내에 외상판매 대금을 회수할 경우, 매출할인 금액은 총판매대금에서 매출환입및에누리를 제외한 금액 ₩500,000(₩600,000 − ₩100,000)의 2%가 된다. 한국㈜가 신용조건에 따른 할인기간 내에 회수할 경우, 매출할인으로 기록하는 금액은 ₩10,000(₩500,000 × 2%)이다.

한국㈜의 장부상 분개

거 래		계속기록법	실지재고조사법
12월 1일	상품 매출	매출채권 600,000 매 출 600,000 매출원가 480,000 상 품 480,000	매출채권 600,000 매 출 600,000 –
12월 8일	판매된 상품반송	매출환입및에누리 100,000 매출채권 100,000 상 품 80,000 매출원가 80,000	매출환입및에누리 100,000 매출채권 100,000 –
12월 10일	할인기간 이전 현금회수	현 금 490,000 매출할인 10,000 매출채권 500,000	현 금 490,000 매출할인 10,000 매출채권 500,000

2.

한국㈜의 장부상 분개

거 래		계속기록법	실지재고조사법
12월 30일	할인기간 이후 현금회수	현 금 500,000 매출채권 500,000	현 금 500,000 매출채권 500,000

3. 한국㈜가 12월 1일 외상판매 거래와 관련하여 매출할인 기간 이전에 외상판매 대금을 회수한 경우 순매출액은 ₩490,000이며, 매출할인 기간 이후에 외상판매 대금을 회수한 경우 순매출액은 ₩500,000이다.

할인기간 이전에 판매대금을 회수	
총매출액	₩600,000
매출환입및에누리	(100,000)
매출할인	(10,000)
순매출액	₩490,000

할인기간 이후에 판매대금 회수	
총매출액	₩600,000
매출환입및에누리	(100,000)
매출할인	–
순매출액	₩500,000

이상에서는 계속기록법과 실지재고조사법에 따른 매입 및 매출관련 회계처리에 대해 살펴보았다. 다음의 <표 5-6>은 <예제 5-3>과 <예제 5-4>의 상품매매 거래에서 매입할인 또는 매출할인을 받는 경우에 한국㈜의 당기(순)매입원가와 당기(순)매출액을 비교한 것이다. 당기(순)매입원가는 총매입액에서 매입환출및에누리와 매입할인을 차감하고 매입운임 등을 가산하여 계산한다. 당기(순)매출액은 총매출액에서 매출환입및에누리와 매출할인을 차감하여 계산한다. 한편, 상품을 판매할 때 부담하는 판매운임(운반비)은 매출액에서 직접 차감하는 것이 아니라 판매비와관리비 항목으로 비용처리한다. 포괄손익계산서에 표시되는 매출액과 당기매입원가는 <표 5-6>에서 계산된 당기(순)매출액과 당기(순)매입원가이다.

표 5-6 | 한국㈜의 당기(순)매입원가와 당기(순)매출액의 계산

매입원가(실지재고조사법)	
총매입액	₩600,000
－매입환출및에누리	(100,000)
－매입할인	(10,000)
＋매입운임 등 부대비용	20,000
당기(순)매입원가	₩510,000

매출액	
총매출액	₩600,000
－매출환입및에누리	(100,000)
－매출할인	(10,000)
당기(순)매출액	₩490,000

* 운송비는 판매비와관리비로 처리

EXERCISES

연습문제

객관식

[문제 1] 상품매매거래를 기록하는 계속기록법에서 매출원가를 파악하는 방법으로 가장 정확한 것은? 〈난이도: 하〉

① 당기에 출고된 상품의 원가를 매출 시마다 집계한다.
② 당기의 판매가능상품에서 실사를 통해 파악된 기말재고액을 차감한다.
③ 당기의 매출액에서 매출총이익을 차감하여 결정한다.
④ 기초재고액과 당기매입액을 합계하여 결정한다.
⑤ 당기에 상품을 매입하면 매입계정에 기초상품과 구분하여 기록한다.

[문제 2] 다음은 한국㈜의 상품과 관련된 자료이다. 실지재고조사법을 적용하는 경우에 당기 매출원가와 기말상품재고액은 각각 얼마인가? 〈난이도: 중〉

기초상품재고액	5,000	당기상품매입액	95,000
실지조사한 기말재고자산	@700	기말 상품 실제수량	50개

① 매출원가 ₩70,000, 기말상품재고액 ₩30,000
② 매출원가 ₩70,000, 기말상품재고액 ₩35,000
③ 매출원가 ₩65,000, 기말상품재고액 ₩30,000
④ 매출원가 ₩65,000, 기말상품재고액 ₩35,000
⑤ 매출원가 ₩65,000, 기말상품재고액 ₩40,000

[문제 3] 다음은 실지재고조사법을 사용하는 한국㈜의 20×1년도 기말 계정잔액이다. 한국㈜가 회계기간 말에 비용계정의 마감하기 위한 집합손익계정의 차변금액 합계액은 얼마인가? 〈난이도: 중〉

기초상품재고액	30,000	당기상품매입액	160,000
실지조사한 기말상품재고액	28,800	판매비와관리비	78,000
매출	288,000		

① ₩161,200 ② ₩190,000 ③ ₩210,000 ④ ₩239,200 ⑤ ₩288,000

[문제 4] 다음은 상품매매거래를 기록하는 방법으로 계속기록법과 실지재고조사법에 대한 설명이다. 가장 옳지 않은 것은? 〈난이도: 하〉

① 계속기록법은 매출원가 산정을 위해 기말 수정분개가 필요하지 않다.
② 실지재고조사법은 매출원가 산정을 위해 기말 수정분개가 필요하다.
③ 계속기록법이 실지재고조사법에 비해 간편한 상품거래 기록방법이다.
④ 계속기록법과 실지재고조사법을 병행하여 사용할 수 있다.
⑤ 계속기록법이 효율적 재고관리를 위해 유용한 방법이다.

[문제 5] 다음은 한국㈜의 회계자료이다. 한국㈜의 매출총이익은 얼마인가? 〈난이도: 상〉

기초상품재고액	100,000	매입액	1,000,000
매출액	1,200,000	매입에누리와 환출	120,000
매출에누리와 환입	200,000	매입할인	130,000
매입운임	20,000	기말상품재고액	140,000

① ₩450,000 ② ₩470,000 ③ ₩250,000 ④ ₩270,000 ⑤ ₩290,000

주관식

[문제 1] 상품매매기업의 포괄손익계산서 〈난이도: 하〉

다음은 각 기업의 상품매매와 관련된 자료를 나타낸 것이다.

	A기업	B기업	C기업	D기업
매출액	₩200,000	₩100,000	₩200,000	₩250,000
기초재고	23,000	7,000	32,000	(⑦)
당기매입	(①)	51,800	(⑤)	156,000
기말재고	40,000	10,000	84,000	32,000
매출원가	106,000	(③)	52,000	148,000
매출총이익	(②)	(④)	(⑥)	(⑧)

〈요구사항〉

위의 표에서 ①~⑧에 들어갈 금액을 계산하라.

[문제 2] 계속기록법에 의한 회계처리 〈난이도: 중〉

한국㈜는 1월 1일 ₩100,000의 상품을 보유하고 있으며, 20×1년 기중의 상품 매입 및 매출관련 거래는 다음과 같다. 한국㈜의 회계기간은 1월 1일부터 12월 31일까지이다.

(1) 2월 10일 상품 ₩200,000을 현금으로 구입하였다.
(2) 4월 13일 원가 ₩120,000의 상품을 ₩150,000에 현금으로 판매하였다.
(3) 8월 20일 상품 ₩300,000을 외상으로 구입하였다.
(4) 10월 8일 원가 ₩180,000의 상품을 ₩230,000에 외상으로 판매하였다.

〈요구사항〉

1. 계속기록법을 적용하는 경우 필요한 회계처리를 수행하라.
2. 상품계정과 관련된 분개를 T자 계정에 전기하라.

[문제 3] 실지재고조사법에 의한 회계처리 〈난이도: 중〉

강서㈜는 1월 1일 ₩100,000의 상품을 보유하고 있으며, 20×1년 기중의 상품 매입 및 매출관련 거래는 다음과 같다. 강서㈜의 회계기간은 1월 1일부터 12월 31일까지이며, 실지재고조사를 수행한 결과 기말재고는 ₩170,000으로 파악되었다.

(1) 3월 10일 상품 ₩300,000을 현금으로 구입하였다.
(2) 5월 13일 원가 ₩160,000의 상품을 ₩200,000에 현금으로 판매하였다.
(3) 9월 20일 상품 ₩150,000을 외상으로 구입하였다.
(4) 11월 8일 원가 ₩220,000의 상품을 ₩280,000에 외상으로 판매하였다.

〈요구사항〉

1. 실지재고조사법을 적용하는 경우 필요한 회계처리를 수행하라.
2. 상품계정과 관련된 분개를 T자 계정에 전기하라.

[문제 4] 추가적 고려사항(1) 〈난이도: 중〉

다음은 한국㈜의 5월 중 거래이다.

(1) 5월 1일 강서㈜로부터 ₩70,000의 상품을 2/10, *n*/30의 신용조건으로 외상구입하였다.

(2) 5월 5일 강서㈜로부터 매입한 상품 중 결함이 발견된 상품 ₩1,000을 반환하였다.

(3) 5월 10일 강서㈜에게 5월 1일 매입거래에 대한 외상대금을 현금으로 지급하였다.

〈요구사항〉

1. 한국㈜가 계속기록법을 적용할 경우 위의 거래를 분개하라.
2. 한국㈜가 5월 10일 이후에 강서㈜에게 외상대금을 지급하였다고 가정할 경우 외상대금 지급과 관련된 회계처리를 수행하라.

[문제 5] 추가적 고려사항(2) 〈난이도: 중〉

다음은 강남㈜의 6월 중 거래이다.

(1) 6월 8일 강서㈜로부터 ₩80,000의 상품을 2/10, *n*/30의 신용조건으로 외상구입하였다.

(2) 6월 10일 강서㈜로부터 매입한 상품 중 결함이 발견된 상품 ₩5,000을 반환하였다.

(3) 6월 17일 강서㈜에게 6월 8일 매입거래에 대한 외상대금을 현금으로 지급하였다.

〈요구사항〉

1. 강남㈜가 실지재고조사법을 적용할 경우 위의 거래를 분개하라.
2. 강남㈜가 6월 17일 이후에 강서㈜에게 외상대금을 지급하였다고 가정할 경우 외상대금 지급과 관련된 회계처리를 수행하라.

[문제 6] 추가적 고려사항(3) 〈난이도: 중〉

다음은 한국㈜의 12월 중 거래이다.

(1) 12월 3일 강서㈜에게 2/10, *n*/30의 신용조건으로 상품 ₩100,000을 외상판매하였다(상품의 취득원가 ₩60,000).

(2) 12월 5일 12월 3일 판매한 상품 중 ₩10,000이 상품결함의 이유로 강서㈜로부터 반송되었다.

(3) 12월 12일 12월 3일 매출거래에 대한 외상판매대금을 강서㈜로부터 수령하였다.

〈요구사항〉

1. 한국㈜가 계속기록법을 적용할 경우 위의 거래를 분개하라.
2. 한국㈜가 실지재고조사법을 적용할 경우 위의 거래를 분개하라.

[문제 7] 회계순환의 완성(1) 〈난이도: 중〉

다음은 결산일인 20×1년 12월 31일 현재 한국㈜의 회계자료를 정리한 것이다.

이 익 잉 여 금	₩100,000	광 고 선 전 비	₩30,000
총 매 출 액	1,020,000	이 자 비 용	38,000
매출환입및에누리	40,000	급 여	90,000
매 출 할 인	14,000	수 도 광 열 비	36,000
매 출 원 가	694,000	감 가 상 각 비	14,000
판 매 운 임	4,000	이 자 수 익	50,000

〈요구사항〉

위의 자료를 이용하여 포괄손익계산서 계정의 마감분개를 수행하라.

[문제 8] 회계순환의 완성(2) 〈난이도: 중〉

다음은 실지재고조사법을 사용하는 한국㈜의 20×1년 12월 31일 현재 계정잔액이다. 실지재고조사를 수행한 결과 기말재고는 ₩28,800으로 파악되었다.

기초재고	₩ 30,000
판매비와관리비	78,000
매 입	160,000
매입환출및에누리	10,000
매입할인	3,000

매　　출	288,000
매출할인	3,200
매출환입및에누리	4,600

〈요구사항〉

1. 한국㈜의 20×1년 12월 31일 수정분개를 수행하라.
2. 한국㈜의 20×1년 12월 31일 마감분개를 수행하라.

[문제 9] 종합문제 〈난이도: 상〉

다음은 한국㈜의 20×1년 3월 거래내역이다. 3월 1일 현재 한국㈜의 현금계정은 ₩10,000, 자본금계정은 ₩10,000, 상품(기초)계정은 ₩3,000이었다(한국㈜의 회계기간은 한 달이며, 실지재고조사결과 기말재고자산은 ₩5,252이다).

(1) 3월 1일　강서㈜로부터 2/10, *n*/30의 신용조건으로 상품 ₩8,000을 외상매입하였다.

(2) 3월 2일　성동㈜에게 상품 ₩4,000(원가 ₩3,100)을 1/10, *n*/30의 신용조건으로 외상판매하였다.

(3) 3월 5일　강서㈜로부터 3월 1일 매입한 상품 중 결함이 발견된 상품 ₩600을 반송하였다.

(4) 3월 9일　성동㈜로부터 3월 2일 외상판매대금을 수령하였다.

(5) 3월 10일　강서㈜에게 3월 1일 매입 관련 외상대금을 지급하였다.

(6) 3월 22일　행당㈜로부터 상품 ₩2,700을 현금으로 구입하였다.

(7) 3월 24일　성동㈜에게 상품 ₩6,200(원가 ₩4,600)을 현금판매하였으며, 운송비 ₩250을 현금으로 지급하였다.

〈요구사항〉

1. 실지재고조사법을 적용할 경우 3월의 거래일자별 분개를 수행하라.
2. 한국㈜의 20×1년 3월 31일 수정분개를 수행하라.
3. 한국㈜의 20×1년 3월 31일 마감분개를 수행하라.
4. 위의 자료를 이용하여 한국㈜의 20×1년 3월의 부분포괄손익계산서를 작성하라.

PART 2

계정과목별 회계처리

- 제 6 장 재고자산
- 제 7 장 현금과 내부통제
- 제 8 장 수취채권
- 제 9 장 유형자산과 무형자산
- 제10장 부 채
- 제11장 금융자산 및 관계기업투자
- 제12장 자 본

CHAPTER 06

재고자산

제 1 절　재고자산의 의의와 재고파악

제 2 절　재고자산의 단위원가 결정

제 3 절　저가법

제 4 절　재고자산의 추정

제 5 절　재무제표 표시와 분석

학습목표

Learning Objectives

본 장에서는 제5장에 이어 상품매매기업에 초점을 맞추어 재고자산의 주요 회계처리에 대해 알아본다. 이미 제5장에서 상품 매입 및 매출거래를 기록하는 방식(계속기록법과 실지재고조사법)을 학습하였기에, 본 장에서는 기말재고자산을 결정하기 위한 재고파악과 단위원가의 결정방법을 설명한다. 또한 저가법의 적용 및 재고자산 추정에 의한 방법에 대해서도 학습한다.

본 장에서 학습할 주요 내용을 요약하면 다음과 같다.

➢ 재고자산의 의의와 재고파악
- 미착상품
- 위탁상품
- 시용판매상품
- 재고자산감모손실

➢ 재고자산의 단위원가 결정
- 개별법
- 선입선출법
- 후입선출법
- 가중평균법

➢ 저가법
- 원가와 순실현가능가치
- 저가법의 적용
- 항목별 기준과 종목별 기준

➢ 재고자산의 추정
- 소매재고법
- 매출총이익률법

➢ 재무제표 표시와 분석

제 1 절 재고자산의 의의와 재고파악

재고자산(inventory)은 기업이 정상적인 영업활동과정에서 판매를 목적으로 보유하고 있거나 생산 중에 있는 자산을 말한다. 재고자산의 구성항목은 기업의 영업활동 성격에 따라 다르다. 백화점이나 슈퍼마켓과 같은 상품매매기업은 상품(merchandise)을 구입하여 재판매하는 것을 주된 영업활동으로 한다. 따라서 상품매매기업의 경우 다양한 항목으로 구성된 상품이 재고자산이 된다. 예를 들어, 슈퍼마켓의 재고자산은 정상적인 영업활동과정에서 판매를 목적으로 구입한 식료품, 낙농품, 육류 등의 상품이 될 것이다. 반면에 제조기업은 원재료를 가공하고 제품을 생산・판매함으로써 이익을 창출한다. 따라서 컴퓨터나 자동차 등을 생산하는 제조기업의 재고자산은 판매를 위해 보유하고 있는 완성된 제품(finished goods)뿐만 아니라 제품을 만들기 위해 보유하고 있는 원재료(raw materials), 제조과정 중에 있는 재공품(work in process) 등 상품매매기업과는 달리 다양한 형태로 존재한다.[1)]

제5장에서 상품의 매입 및 매출거래를 기록하는 방식에 계속기록법과 실지재고조사법이 있음을 학습하였다. 기업은 계속기록법 또는 실지재고조사법의 사용여부와 관계없이 보고기간 말에 정확한 재고를 파악해야 한다. 계속기록법을 사용하는 기업은 장부에 기록된 재고자산의 수량과 기말재고수량이 일치하는가를 확인해야 하며, 파손이나 도난으로 인한 재고자산의 손실을 파악해야 한다. 또한 실지재고조사법을 사용하는 기업은 기말재고수량을 파악하여 당해 기간 동안 판매된 상품의 매출원가를 계산해야 하므로 기말에 재고수량을 파악해야 한다.

기말재고를 파악할 때 상품 등이 운송 중이거나 타사(예: 매입처)의 창고에 있는 경우라 할지라도 자사의 재고자산에 포함될 수 있다. 재고자산이 기업의 자산인지 여부를 판별하기 위해서는 재고자산에 대한 법적 소유나 물리적 점유와 같은 거래의 외형적 특성뿐 아니라 경제적 실질을 함께 고려해야 한다.[2)]

1) 외부에서 매입하여 재판매하기 위해 보유하는 재고자산을 상품이라고 하고, 직접 생산한 재고자산을 제품이라고 한다. 또한 생산에 투입될 원재료와 소모품도 재고자산에 포함된다.

2) 경제적 실질을 판단한다는 것은 특정 시점 현재 재고자산의 보유에 따른 위험과 보상이 누구에게 귀

이하에서는 보유재고 파악에 적용할 수 있는 사례를 소개한다.

1. 미착상품

미착상품(goods in transit)은 운송 중에 있는 매입상품을 말한다. 기업은 상품을 이미 구매했으나 아직 도착하지 않은 경우 이를 재고자산에 포함시켜야 할지를 결정해야 한다. 일반적인 법적 소유기준에 따르면 운송 중인 재고자산의 귀속 여부는 이전시점이 될 것이다. 즉, 운송 중인 상품의 구입조건이 선적지인도기준(F.O.B. shipping point)이라면 선적시점부터 구매한 기업의 재고자산이 되며, 구입조건이 도착지인도기준(F.O.B. destination)이라면 운송 중인 상품이 목적지에 도착할 때까지는 판매한 기업의 재고자산이 된다. 예를 들어, 한국㈜가 미국의 뉴욕㈜로부터 선적지인도기준으로 상품 1,200단위를 구입하였는데 보고기간 말 현재 상품을 선적한 선박이 태평양을 건너는 중이라면 이 상품은 한국㈜의 기말재고자산이 된다. 반대로 한국㈜가 도착지인도기준으로 상품을 구매하였다면 이 상품은 뉴욕㈜의 재고자산이 된다.

위 예에서 한국㈜가 보고기간 말(12월 31일) 현재 창고에 보관 중인 재고자산이 4,000단위이고, 선적지인도기준으로 매입하여 운송 중인 상품 1,200단위가 있다면 한국㈜의 기말재고자산 수량은 5,200단위가 될 것이다.

내 역	수량(단위)
12월 31일 창고에 보관 중인 기말재고	4,000
+ 선적지인도기준으로 매입한 재고자산	1,200
= 12월 31일 실제 기말재고	5,200

만약 한국㈜가 선적지인도기준으로 구입한 상품 1,200단위를 포함하지 않는 경우 재무상태표에 기말재고자산은 과소 표시된다. 따라서 재무상태표에 재고자산 금액을 정확히 기록하기 위해서는 재고파악이 충실하게 이루어져야 한다.

속되는가, 그리고 누가 해당 자산을 통제하는가를 파악하는 것이다. 일례로, 법적으로 소유하지 않으나 보유재고에 포함해야 하는 경우(예 : 환매조건부판매)와 법적으로 소유하고 있으나 보유재고에서 제외해야 하는 경우(예 : 장기할부판매)를 들 수 있다.

2. 위탁상품

위탁상품(consigned goods)은 위탁자(상품 판매를 의뢰한 자)가 수탁자(실제로 상품을 판매하는 자)에게 상품의 판매를 위탁하기 위하여 발송한 상품을 말한다. 이러한 상품을 적송품 또는 위탁품이라고 부른다. 예를 들어, 삼성전자㈜가 대리점에게 TV 판매를 위탁하는 경우 삼성전자와 대리점은 각각 위탁자와 수탁자가 되며, TV는 삼성전자㈜의 적송품 또는 위탁품이 된다. 구체적으로 대리점은 삼성전자㈜로부터 TV를 수령하여 판매하는 활동을 수행하며 TV를 판매할 때마다 매출액의 일정 부분을 수수료로 수취한다. 그러나 수탁자인 대리점은 삼성전자㈜를 대신하여 TV를 판매할 뿐이기 때문에 TV의 소유권은 위탁자인 삼성전자㈜에게 있다. 따라서 보고기간 말 시점에 대리점이 판매하지 않고 보유하고 있는 TV는 대리점이 아닌 삼성전자㈜의 재고자산이 되어야 한다.

3. 시용판매상품

시용판매상품(sales on approval goods)은 고객이 일정 기간 동안 시험적으로 사용한 후 구매의사를 밝히거나 혹은 구매하지 않고 반송하는 거래에서 취급되는 상품을 말한다. 예를 들어, 홈쇼핑에서 사용 후 불만족 시 30일 이내 100% 환불보장이라는 조건으로 판매되는 상품이 가장 대표적인 사례로 볼 수 있다. 시용판매하는 기업은 고객에게 상품을 인도한 시점이 아니라 고객이 구매의사를 표시한 시점에 수익을 인식한다. 왜냐하면 고객에게 상품을 인도하였다고 하더라도 고객이 정해진 기간 안에 환불(판매취소)을 요청할 수 있기 때문이다. 이러한 측면에서 고객이 최종 구매의사를 표시한 시점에 수익을 인식해야 한다. 즉, 시용판매에서는 고객이 최종 구매의사를 표시한 시점에 판매가 이루어지는 것으로 보는 것이다. 따라서 보고기간 말 현재 고객에게 인도되었으나 구매의사표시가 없는 상품은 판매가 이루어지지 않았기 때문에 해당 기업의 재고자산에 포함시켜야 한다.

✓예제 6-1

12월 31일이 결산일인 한국㈜는 실지재고조사법으로 재고자산을 회계처리하고 있다. 한국㈜가 20×1년도 결산과정에서 재고자산 실사를 한 결과, 창고에 보관 중인 재고자산은 ₩1,000,000인 것으로 파악되었다. 한편, 한국㈜의 20×1년도 재고자산과 관련된 추가자료는 다음과 같았다.

- 20×1년 12월 20일에 강남㈜로부터 선적지인도조건으로 매입한 상품(송장가격 : ₩400,000)이 20×1년 12월 31일 현재 운송 중에 있다.
- 20×1년 12월 25일에 강동㈜로부터 도착지인도조건으로 매입한 상품(송장가격 : ₩300,000)이 20×1년 12월 31일 현재 운송 중에 있다.
- 한국㈜는 대리점을 통한 위탁판매도 수행하고 있는데, 20×1년 12월 31일 현재 대리점이 보유하고 있는 미판매상품의 원가는 ₩150,000이다.
- 한국㈜가 시용판매를 위해 고객에게 발송한 상품(원가 : ₩650,000) 중 20×1년 12월 31일 현재 원가 ₩200,000에 해당하는 상품에 대해서만 고객이 구매의사를 표시해 왔다.

▶▶ 요구사항

추가자료를 고려하여 한국㈜의 20×1년 기말재고자산을 계산하라.

해답

기말재고자산 = ₩1,000,000 + ₩400,000 + ₩150,000 + ₩450,000
= ₩2,000,000

4. 재고자산감모손실

재고자산은 판매, 보관, 운반 등의 과정에서 파손되거나 도난 등으로 인해 감소할 가능성이 존재한다. 예를 들어, 한국㈜가 장부상에서 파악한 기말재고자산의 수량이 100개라고 하자. 그런데 실제로 기말재고자산을 조사한 결과, 90개가 남아있다면 10개의 재고자산이 감소한 것이 된다. 이 경우의 회계처리를 살펴보자.

기업의 입장에서 장부상의 재고자산보다 실제 보유하고 있는 재고재산이 적다면 재고자산의 감소(자산의 감소)가 발생한 것이다. 또한 이러한 재고자산의 감소는 기업의 입장에서 비용(손해)으로 인식할 수밖에 없다. 여기서 이 비용은 크게 두 가지로 분류된다. 먼저 기업이 정상적인 영업활동을 수행하는 과정에서 불가피하게 재고자산의 감소가 발생한 것으로 보는 것이다. 이 경우를 정상적인 감모손실이라고 한다. 예를 들어, 한국㈜가 유리그릇을 판매하는 기업이고 재고자산(유리그릇)을 운반하는 과정에서 일부 재고자산이 파손되었다고 가정해 보자. 이와 같은 운반 중에 발생할 수 있는 파손은 정상적인 영업활동에서 발생할 수 있는 재고자산의 감소인 정상적인 감모손실로 볼 수 있다. 따라서 정상적인 감모손실은 다른 재고자산의 판매를 위해 발생한 비용으로 보고 매출원가에 가산한다.

다음으로 재고자산의 감소가 비정상적인 원인으로 인해 발생하는 경우를 살펴보자. 가장 대표적인 예로 도난이나 횡령을 들 수 있다. 즉, 도난 등과 같은 비정상적인 원인으로 인해 재고자산이 감소하였다면 이를 비정상적인 감모손실로 보고 재고자산감모손실을 인식해야 한다. 이때 재고자산감모손실은 포괄손익계산서에 매출원가가 아닌 기타비용으로 분류해야 한다.

예를 들어, 한국㈜가 기말에 파악한 재고자산의 감모손실이 ₩10,000이라고 하자. 이 중에 정상적인 감모손실이 ₩3,000이고 나머지는 비정상적인 감모손실로 분류되었다고 하면 한국㈜는 기말에 다음의 수정분개를 수행해야 한다.[3)] 한편 기업은 재고자산감모손실을 후술하는 재고자산평가손실보다 먼저 인식해야 한다는 점에 주의해야 한다.

(차) 매출원가	3,000	(대) 재고자산	10,000
재고자산감모손실	7,000		

3) 계속기록법을 사용하는 기업은 기말에 장부상에 남아있는 재고자산과 실제 보유하고 있는 재고자산을 조사하여 재고자산감모손실을 파악하는 것이 가능하다. 그러나 실지재고조사법을 사용하는 기업은 기말재고자산을 통해 매출원가를 계산하기 때문에 재고자산감모손실이 모두 매출원가에 포함되어 재고자산감모손실의 파악이 불가능하다.

제 2 절 재고자산의 단위원가 결정

제5장에서 학습하였듯이 기초재고와 당기매입상품의 합계는 당기판매가능상품(액)이 된다. 이 중 기업이 보고기간 말 현재 판매되지 않고 보유하고 있는 부분은 기말재고자산으로 재무상태표에 표시되며 판매된 부분은 매출원가로 포괄손익계산서에 작성된다. 이와 같이 보고기간 전체의 당기판매가능액을 재무상태표와 포괄손익계산서에 나누어 보고하는 것을 원가배분이라 하는데 이는 매우 중요하다. 특히 물가변동으로 인해 보고기간 중 취득한 재고자산의 원가가 상이할 경우 당기판매가능액을 기말재고자산과 매출원가로 배분하기 위해서는 일정한 원가흐름에 대한 가정, 즉 단위원가 결정을 필요로 한다.4) 예를 들어, 기업이 1월과 5월에 취득한 재고자산의 단위원가가 각각 ₩1,000과 ₩2,000이라고 가정해 보자. 이와 같이 취득한 재고자산의 단위원가가 변동하게 되면 기말재고자산의 원가를 어떻게 측정하느냐에 따라 매출원가가 달라지게 된다. 이렇게 매출원가가 달라지게 되면 매출총이익과 당기순이익 등이 변화하기 때문에 단위원가의 결정(원가배분)은 중요한 회계적 문제가 된다.

재고자산의 단위원가 결정방법으로는 개별법과 선입선출법, 후입선출법 및 가중평균법이 있다. 개별법은 재고자산 각각의 단위원가를 파악하여 매출원가와 기말재고자산의 원가를 측정하는 방법이다. 개별법은 원가흐름에 대한 별도의 가정을 필요로 하지 않는다는 점에서 원가흐름에 대한 가정을 필요로 하는 나머지의 방법들과 차이가 있다.

재고자산의 원가를 결정할 때에는 회계정보의 비교가능성을 높이기 위해서는 특별한 사유가 발생하지 않는다면 한번 선택한 단위원가 결정방법을 변경하지 않고 계속해서 사용하는 것이 바람직하다. 한국채택국제회계기준(K-IFRS)은 재고자산의 단위원가 결정방법으로 개별법, 가중평균법, 선입선출법을 허용하나 후입선출법은 실제 물량의 흐름을 반영하지 못한다는 이유로 인해 허용하지 않고 있다.

---

4) 기말재고원가를 파악한다는 것은 기말보유 물량이 어떤 단위원가로 구성되었는지를 헤아리는 과정이다. 따라서 원가배분은 계산 측면에서 볼 때, 단위원가를 결정하는 것이라 이해할 수 있다.

1. 개별법

개별법(specific identification method)은 개별적으로 식별되는 재고자산 항목별 원가를 그 단위원가로 하는 방법이다. 따라서 실제 물량흐름과 장부상 원가흐름이 정확하게 일치한다는 장점을 갖는다. 개별법은 고가의 미술품, 귀금속 또는 주문생산을 하는 선박이나 항공기 등에 적용될 수 있다.

예를 들어, 한국㈜가 동일한 자동차 3대를 1월 초와 2월 초, 3월 초에 각각 ₩1,500,000, ₩2,000,000, ₩2,500,000에 구입했다고 가정하자. 이 경우 당기판매가능액, 즉 자동차 3대의 취득원가는 ₩6,000,000이다. 한국㈜는 4월 초에 자동차 2대를 1대당 ₩4,000,000에 판매하였다면 요약 정보는 다음과 같다.

구입 :	
1월 초 자동차 1대	₩1,500,000
2월 초 자동차 1대	₩2,000,000
3월 초 자동차 1대	₩2,500,000
판매 :	
4월 초 자동차 2대	₩8,000,000 (=₩4,000,000 × 2대)

매출원가로 집계되는 금액은 한국㈜가 판매한 자동차가 언제 구입한 것인지에 따라 달라진다. 한국㈜가 2월 초와 3월 초에 구입한 자동차를 판매하였다면 매출원가는 ₩4,500,000(=₩2,000,000+₩2,500,000)이 되고, 기말재고자산은 판매되지 않은 1월 초에 구입한 자동차의 취득원가인 ₩1,500,000으로 보고된다. 반대로 4월 초에 판매한 자동차가 1월 초와 3월 초에 구입한 자동차라고 한다면 매출원가와 기말재고자산은 각각 ₩4,000,000(=₩1,500,000+₩2,500,000)과 ₩2,000,000이 될 것이다.

한편 4월 초에 자동차 2대를 1대당 ₩4,000,000에 판매하였기 때문에 포괄손익계산서에 보고될 매출액은 ₩8,000,000이 된다. 매출액이 ₩8,000,000으로 고정되어 있는 상황에서 매출원가 금액을 어떻게 측정하느냐에 따라 매출총이익, 영업이익, 당기순이익 등이 달라지기 때문에 단위원가 측정은 중요하다고 할 수 있다.

종합해보면 개별법하에서의 원가배분(원가흐름)은 실제 물량의 흐름과 정확히 일치한다. 반면에 재고자산의 종류와 수량이 많은 경우 개별법을 실무적으로 적용하기 어렵다는 단점이 있다. 최근 바코드, 전자제품 코드, 무선 식별시스템 등의 발달로 인해 거의 모든 종류의 재고자산 단위원가를 구체적으로 파악하는 것이 가능해진 측면이 있으나 많은 기업들은 개별법을 사용하기보다는 후술하는 선입선출법이나 가중평균법을 이용하여 재고자산의 원가를 배분하고 있다.

2. 선입선출법

선입선출법(first-in first-out method: FIFO)은 실제 물량흐름과 관계없이 먼저 매입한 상품이 먼저 판매된다고 가정하여 당기판매가능액을 매출원가와 기말재고자산으로 배분하는 방법이다. 즉, 선입선출법하에서 판매된 상품은 과거에 매입한 상품이 되고 기말재고로 남아있는 상품은 가장 최근에 매입한 상품이 된다.

다음은 한국㈜의 5월 중 상품의 매입 및 매출거래를 요약한 표이다. 이 자료를 이용하여 단위원가 결정방법(선입선출법, 후입선출법 및 가중평균법)에 따른 원가배분을 연습하도록 하자.

일자	구분	매입			매출		
		수량	단가	금액	수량	단가	금액
5월 1일	기초재고	20	₩387	₩7,740			
5월 10일	매 입	60	391	23,460			
5월 15일	매 출				60	₩1,000	₩60,000
5월 20일	매 입	80	400	32,000			
5월 25일	매 출				80	1,000	80,000
5월 30일	매 입	40	420	16,800			
	합 계	200		₩80,000	140		₩140,000

5월 1일 보유재고(기초재고)는 20단위이고 5월 중 당기매입수량은 180단위(=60단위+80단위+40단위)이다. 따라서 한국㈜의 5월 판매가능수량은 총 200단위이

며, 당기판매가능액은 ₩80,000이다. 그리고 5월 중에 140단위(=60단위+80단위)가 판매되었으므로 기말재고수량은 판매가능수량(200단위)에서 매출수량(140단위)을 차감한 60단위가 된다.

제5장에서 설명한 바와 같이 실지재고조사법하에서 기말재고자산이 기말 실사를 통해 결정되므로 매출원가는 상품판매 시점이 아닌 보고기간 말에 계산된다. 따라서 실지재고조사법하에서의 원가배분 순서는 ① 기말재고자산을 먼저 계산하고, ② 당기판매가능액에서 기말재고자산을 차감하여 매출원가를 계산하게 된다. 이와 대조적으로 계속기록법하에서는 상품의 매출거래가 발생할 때마다 매출원가를 계산·기록하므로 원가배분 순서는 ① 매출원가를 먼저 계산하고, ② 당기판매가능액에서 매출원가를 차감하여 기말재고자산을 계산한다. 이러한 논리는 후입선출법과 가중평균법에도 동일하게 적용된다. 다음의 <표 6-1>과 <표 6-2>는 각각 실지재고조사법과 계속기록법하에서 선입선출법을 적용할 경우 계산된 원가배분 결과를 보여준다.

표 6-1 | 선입선출법에 따른 매출원가와 기말재고자산(실지재고조사법)

구 분	당기판매가능액			① 기말재고자산			판매
	수량	단가	금액	수량	단가	금액	수량
기초재고(5/ 1)	20	₩387	₩7,740	-	-	-	20
매 입(5/10)	60	391	23,460	-	-	-	60
매 입(5/20)	80	400	32,000	20	₩400	₩8,000	60
매 입(5/30)	40	420	16,800	40	420	16,800	-
합 계	200		₩80,000	60		₩24,800	140

② **매출원가** = 당기판매가능액 − 기말재고자산
= ₩80,000 − ₩24,800
= ₩55,200

매출총이익 = 매출액 − 매출원가
= ₩140,000 − ₩55,200
= ₩84,800

<표 6-1>에서 5월 31일 현재 한국㈜가 보유한 기말재고자산은 가장 최근에 구입한 상품으로 구성된다. 즉, 기말재고자산 60단위는 5월 30일에 매입한 40단위와 5월 20일에 매입한 20단위가 되는 것이다. 따라서 기말재고자산의 총액은 ₩24,800(=₩16,800+₩8,000)이 되고, 매출원가는 당기판매가능액(₩80,000)에서

기말재고자산(₩24,800)을 차감한 ₩55,200이 된다.

계속기록법하에서 선입선출법을 적용할 경우 원가배분 결과는 <표 6-2>와 같다. 먼저 5월 15일에 판매한 60단위에 대응되는 매출원가는 가장 먼저 구입한 기초재고부터 순차적으로 총 60단위가 될 때까지의 상품 단위원가로 구성된다. 즉, 기초재고 20단위와 5월 10일에 매입한 40단위가 5월 15일에 판매한 상품의 매출원가(₩23,380 = 20단위 × ₩387 + 40단위 × ₩391)가 된다. 그런데 추가적으로 5월 25일에 80단위의 상품이 판매되었기 때문에 이에 대한 매출원가도 계산해야 한다. 5월 25일에 판매한 80단위에 대응되는 매출원가는 5월 10일에 매입하여 판매되지 않고 남아있는 20단위와 5월 20일에 매입한 80단위 중 60단위의 원가(₩31,820 = 20단위 × ₩391 + 60단위 × ₩400)로 구성될 것이다. 따라서 매출원가는 ₩55,200(= ₩23,380 + ₩31,820)이 되고, 기말재고자산은 당기판매가능액(₩80,000)에서 매출원가(₩55,200)를 차감한 ₩24,800이 된다.

표 6-2 | 선입선출법에 따른 매출원가와 기말재고자산(계속기록법)

구 분	당기판매가능액			판매	① 매출원가		
	수량	단가	금액	수량	수량	단가	금액
기초재고(5/ 1)	20	₩387	₩7,740	20	20	₩387	₩7,740
매 입(5/10)	60	391	23,460	60	60	391	23,460
매 입(5/20)	80	400	32,000	60	60	400	24,000
매 입(5/30)	40	420	16,800	–	–	–	–
합 계	200		₩80,000	140	140		₩55,200

② **기말재고자산** = 당기판매가능액 – 매출원가
= ₩80,000 – ₩55,200
= ₩24,800

매출총이익 = 매출액 – 매출원가
= ₩140,000 – ₩55,200
= ₩84,800

위의 <표 6-1>과 <표 6-2>의 결과를 살펴보면, 실지재고조사법과 계속기록법의 원가배분 결과(매출원가 및 기말재고자산)가 동일하다는 것을 확인할 수 있다. 선입선출법은 실제 물량흐름과 비교적 유사하다. 왜냐하면 상품의 진부화, 유통기한 등을 이유로 먼저 매입한 상품을 먼저 판매하고자 하는 기업의 성향이 원가흐름 가정에 반영될 수 있기 때문이다.

선입선출법을 적용할 경우 매출원가는 과거에 먼저 매입한 상품의 취득원가로 포괄손익계산서에 보고되며 기말재고자산은 가장 최근에 매입한 상품의 취득원가로 재무상태표에 나타난다. 따라서 선입선출법의 장점은 재무상태표상 기말재고자산이 시장가치 또는 현행원가에 근접한 가격으로 표시된다는 점이라 할 수 있다. 그러나 매출원가는 과거의 매입원가로 표시되기 때문에 수익과 비용이 적절하게 대응되지 않을 수 있다는 단점이 존재한다. 또한 물가가 지속적으로 상승하는 인플레이션 기간에는 현행수익에 과거의 낮은 매출원가가 대응됨에 따라 상대적으로 당기순이익이 높게 보고되므로 세금부담이 가중될 수 있다.

3. 후입선출법

후입선출법(last-in first-out method: LIFO)은 실제 물량흐름과 관계없이 가장 최근에 매입한 상품이 먼저 판매된다고 가정하여 당기판매가능액을 매출원가와 기말재고자산으로 배분하는 방법이다. 즉, 후입선출법하에서 판매된 상품은 가장 최근에 매입한 상품이 되고 기말재고로 남아있는 상품은 과거에 매입한 상품이 된다. <표 6-3>과 <표 6-4>는 각각 실지재고조사법과 계속기록법하에서 후입선출법을 적용한 원가배분 결과를 보여준다.

<표 6-3>에서 5월 31일 현재 한국㈜가 보유한 기말재고자산은 과거에 구입한 상품으로 구성된다. 즉, 기말재고자산 60단위는 5월 1일 시점의 기초재고자산 20단위와 5월 10일 매입한 40단위로 이루어진다. 따라서 기말재고자산은 ₩23,380(=₩7,740+₩15,640)이 되며, 매출원가는 당기판매가능액(₩80,000)에서 기말재고자산(₩23,380)을 차감하여 계산한 ₩56,620이 된다.[5)]

---

5) 실지재고조사법하에서 후입선출법을 적용하게 되면 기말에 실지재고조사가 이루어지기 때문에 보고기간 중의 실제 물량흐름에 대한 고려는 이루어지지 않는다. 단순히 보고기간 말 시점으로부터 가장 오래전에 매입한 상품이 남아있다고 가정하는 것이다. 따라서 실제 물량의 흐름과 장부상 물량의 흐름 간에 차이가 발생하게 된다.

표 6-3 | 후입선출법에 따른 매출원가와 기말재고자산(실지재고조사법)

구 분	당기판매가능액			① 기말재고자산			판매
	수량	단가	금액	수량	단가	금액	수량
기초재고(5/ 1)	20	₩387	₩7,740	20	₩387	₩7,740	-
매 입(5/10)	60	391	23,460	40	391	15,640	20
매 입(5/20)	80	400	32,000	-	-	-	80
매 입(5/30)	40	420	16,800	-	-	-	40
합 계	200		₩80,000	60		₩23,380	140

② **매출원가** = 당기판매가능액 - 기말재고자산
= ₩80,000 - ₩23,380
= ₩56,620

매출총이익 = 매출액 - 매출원가
= ₩140,000 - ₩56,620
= ₩83,380

반면 계속기록법하에서 후입선출법을 적용할 경우 원가배분 결과는 <표 6-4>와 같다. 먼저, 5월 15일에 발생한 매출(60단위)에 대응되는 매출원가는 판매일(5월 15일)로부터 역순인 최근에 매입한 상품부터 순차적으로 60단위가 될 때까지의 상품의 원가로 구성된다. 즉, 5월 10일에 매입한 60단위가 5월 15일에 판매한 상품의 매출원가(₩23,460 = 60단위 × ₩391)가 된다. 또한 추가적으로 5월 25일에 판매한 80단위 상품의 매출원가도 계산해야 한다. 5월 25일에 판매한 80단위에 대응되는 매출원가는 5월 20일에 매입한 80단위의 원가(₩32,000 = 80단위 × ₩400)가 될 것이다. 따라서 매출원가는 ₩55,460(= ₩23,460 + ₩32,000)이 되고, 기말재고자산은 당기판매가능액(₩80,000)에서 매출원가(₩55,460)를 차감한 ₩24,540이 된다.[6)]

6) 실지재고조사법과는 달리 계속기록법하에서는 매출이 발생할 때마다 매출원가를 계산·기록하기 때문에 판매시점을 기준으로 가장 최근에 매입한 상품이 먼저 판매된 것으로 본다. 따라서 위의 예에서 5월 25일에 발생한 매출거래의 매출원가를 계산함에 있어 5월 30일에 매입한 상품은 제외되는 것이다. 반면에 실지재고조사법하에서 후입선출법을 적용하게 되면 5월 30일에 매입한 상품은 판매된 것으로 계산된다.

표 6-4 | 후입선출법에 따른 매출원가와 기말재고자산(계속기록법)

구 분	당기판매가능액			판매	① 매출원가		
	수량	단가	금액	수량	수량	단가	금액
기초재고(5/ 1)	20	₩387	₩7,740	–	–	–	–
매 입(5/10)	60	391	23,460	60	60	₩391	₩23,460
매 입(5/20)	80	400	32,000	80	80	400	32,000
매 입(5/30)	40	420	16,800	–	–	–	–
합 계	200		₩80,000	140	140		₩55,460

② **기말재고자산** = 당기판매가능액 – 매출원가
= ₩80,000 – ₩55,460
= ₩24,540

매출총이익 = 매출액 – 매출원가
= ₩140,000 – ₩55,460
= ₩84,540

위의 <표 6-3>과 <표 6-4>의 결과를 통해 알 수 있듯이, 선입선출법과 달리 후입선출법하에서는 실지재고조사법 적용에 따른 원가배분 결과(매출원가 및 기말재고자산)와 계속기록법 적용에 따른 원가배분 결과 간에 차이가 나타날 수 있다. 또한 후입선출법의 원가흐름 가정은 실제 물량흐름과 차이를 보일 수 있다.

후입선출법을 적용할 경우 기말재고자산은 가장 오래전에 매입한 상품의 취득원가로 재무상태표에 보고되며, 매출원가는 가장 최근에 매입한 상품의 취득원가로 포괄손익계산서에 보고된다. 따라서 후입선출법의 장점은 현행수익에 현행원가가 대응되므로 수익과 비용의 대응이 더 잘 이루어진다고 볼 수 있다. 또한 물가가 지속적으로 상승하는 인플레이션 시 최근의 높은 매출원가가 매출액에 대응됨에 따라 상대적으로 당기순이익이 낮게 보고되므로 법인세의 절감을 통한 세무상 절세효과를 거둘 수 있다. 그러나 기말재고자산이 오래전에 매입한 상품의 취득원가로 표시되므로 현행원가를 제대로 반영하지 못한다. 또한 기업의 경영상황에서 발생하는 실제 물량흐름이 후입선출일 가능성이 거의 없다는 단점이 존재한다.[7] 즉, 기업은 상품의 진부화, 유통기한 등의 이유로 먼저 매입한 상품을 먼저 판매하고자 하는 유인을 가질 가능성이 높다.

---

7) 이러한 이유로 한국채택국제회계기준(K-IFRS)은 후입선출법을 인정하지 않고 있다.

4. 가중평균법

가중평균법(weighted average cost method)은 당기판매가능액을 판매가능수량으로 나누어 계산한 평균단가를 이용하여 당기판매가능액을 매출원가와 기말재고자산으로 배분하는 방법이다. 가중평균법에서는 기초재고와 당기매입을 구분하지 않고 평균적으로 판매가 이루어진다는 가정하에 평균단가를 계산하게 된다. 평균단가는 보고기간 말 시점에 1회 또는 매입이 발생할 때마다 계산할 수 있다. 즉, 실지재고조사법하에서 가중평균법을 적용하면 보고기간 말 시점에 단 1회의 평균단가 계산을 하게 되는데 이를 총평균법이라 한다. 반면에 계속기록법하에서 가중평균법을 적용하면 상품을 매입할 때마다 평균단가를 계산하게 되는데 이를 이동(가중)평균법이라고 한다. 다음의 <표 6-5>와 <표 6-6>은 각각 총평균법과 이동(가중)평균법에서 계산된 원가배분 결과를 보여준다.

표 6-5 | 총평균법에 따른 매출원가와 기말재고원가(실지재고조사법)

구 분	당기판매가능액			① 기말재고자산			판매수량
	수량	단가	금액	수량	단가	금액	
기초재고(5/ 1)	20	₩387	₩7,740	-	-	-	-
매 입(5/10)	60	391	23,460	-	-	-	-
매 입(5/20)	80	400	32,000	-	-	-	-
매 입(5/30)	40	420	16,800	60	₩400*	₩24,000	140
합 계	200		₩80,000	60		₩24,000	140

② **매출원가** = 당기판매가능액 − 기말재고자산
= ₩80,000 − ₩24,000
= ₩56,000

매출총이익 = 매출액 − 매출원가
= ₩140,000 − ₩56,000
= ₩84,000

* 평균단가 $= \dfrac{\text{당기판매가능액}}{\text{판매가능수량}} = \dfrac{₩80,000}{200\text{단위}} = ₩400$

총평균법의 결과인 <표 6-5>에서 당기판매가능액(₩80,000)을 판매가능수량(200단위)으로 나누면 상품 1단위당 평균단가는 ₩400이 된다. 따라서 기말재고자산은 ₩24,000(=₩400 × 60단위)이 되며, 매출원가는 당기판매가능액(₩80,000)에서 기말재고자산(₩24,000)을 차감한 ₩56,000이 된다.[8] 한편, 총평균법은 보고기간 말 시점에 평균단가를 계산하므로 실제 매출이 발생한 이후 매입한 상품(5월 30일)의 원가도 평균단가를 계산하는 데 포함된다는 특징이 있다.

한편, 이동(가중)평균법은 매출이 발생할 때마다 판매가능액을 판매가능수량으로 나누어 계산한 평균단가를 사용하여 매출원가를 측정한다. 따라서 이동평균법을 적용하는 경우에는 상품을 매입할 때마다 평균단가가 달라진다는 특징이 있다. <표 6-6>에서 5월 15일의 매출(60단위)에 대응되는 매출원가 계산을 위해 적용되는 평균단가는 그 시점에서 판매가능액 ₩31,200(=₩7,740+₩23,460)을 판매가능수량(80단위)으로 나눈 ₩390이 된다. 따라서 5월 15일의 매출원가는 ₩23,400(=₩390×60단위)이 되고, 남아있는 재고자산은 판매가능액(₩31,200)에서 매출원가(₩23,400)를 차감한 ₩7,800으로 계산된다.

표 6-6 | 이동(가중)평균법에 따른 매출원가와 기말재고자산(계속기록법)

구 분	당기판매가능액			평균 단가	판매 수량	① 매출원가		
	수량	단가	금액			수량	단가	금액
기초재고(5/ 1)	20	₩387	₩7,740	₩387	-	-	-	-
매 입(5/10)	60	391	23,460	390*	60	60	₩390	₩23,400
매 입(5/20)	80	400	32,000	398**	80	80	398	31,840
매 입(5/30)	40	420	16,800	412.67***	-	-	-	-
합 계	200		₩80,000		140	140		₩55,240

② **기말재고자산** = 당기판매가능액 − 매출원가
= ₩80,000 − ₩55,240
= ₩24,760

매출총이익 = 매출액 − 매출원가
= ₩140,000 − ₩55,240
= ₩84,760

$$* \text{5월 10일 평균단가} = \frac{₩7,740 + ₩23,460}{80\text{단위}} = ₩390$$

$$** \text{5월 20일 평균단가} = \frac{₩7,800 + ₩32,000}{100\text{단위}} = ₩398$$

$$*** \text{보고기간 말 평균단가} = \frac{₩398 \times 20\text{단위} + ₩420 \times 40\text{단위}}{60\text{단위}} = ₩412.67$$

8) 매출원가는 ₩400×140단위=₩56,000으로도 계산할 수 있다.

한편 5월 20일에 80단위의 상품을 매입하기 때문에 5월 20일의 평균단가는 판매가능액 ₩39,800(=₩390 × 20단위+₩400 × 80단위)을 판매가능수량(100단위)으로 나눈 ₩398이 된다. 이러한 상황에서 5월 25일에 80단위의 상품을 판매하였기 때문에 5월 25일의 매출원가는 ₩31,840(=₩398 × 80단위)이 되고, 판매되지 않고 남아있는 재고자산은 판매가능액(₩39,800)에서 매출원가(₩31,840)를 차감한 ₩7,960으로 계산된다. 추가적으로 5월 30일에 40단위의 상품을 매입하였기 때문에 기말재고자산은 ₩24,760(=₩398 × 20단위+₩420 × 40단위)이 된다.

종합해보면 이동평균법을 사용한 <표 6-6>에서 상품판매로 인해 인식해야 되는 매출원가는 5월 15일의 매출원가 ₩23,400과 5월 25일의 매출원가 ₩31,840을 합산한 ₩55,240이 된다. 또한 기말재고자산은 5월의 당기판매가능액 ₩80,000에서 매출원가(₩55,240)를 차감한 ₩24,760으로 계산된다.

지금까지 살펴본 단위원가 결정방법에 따른 원가배분의 결과를 요약하면 아래의 <표 6-7>과 같다. 앞에서 살펴본 바와 같이 상품의 매입 및 매출거래를 기록하는 방식에는 실지재고조사법과 계속기록법이 존재한다. 재고자산의 단위원가 결정방법으로 선입선출법을 사용할 경우 실지재고조사법과 계속기록법하에서 매출원가와 기말재고자산 등의 금액은 동일하게 나타난다. 다만, 가중평균법이나 후입선출법을 사용하게 되면 매출원가와 기말재고자산 등의 결과가 다르게 나타날 수 있다는 점에 주의할 필요가 있다.

표 6-7 | 단위원가 결정방법에 따른 원가배분 결과의 비교

	구 분	선입선출법		가중평균법		후입선출법
실지재고조사법	매출원가	₩55,200	<	₩56,000	<	₩56,620
	매출총이익	₩84,800	>	₩84,000	>	₩83,380
	기말재고자산	₩24,800	>	₩24,000	>	₩23,380
계속기록법	매출원가	₩55,200	<	₩55,240	<	₩55,460
	매출총이익	₩84,800	>	₩84,760	>	₩84,540
	기말재고자산	₩24,800	>	₩24,760	>	₩24,540

각각의 단위원가 결정방법에 따라 동일한 당기판매가능액을 매출원가와 기말재고자산으로 배분한 경우 선입선출법에 따른 기말재고자산 금액이 상대적으로 크고 매출원가는 적게 계산된다. 이는 재고자산의 매입단가가 상승하는 추세(물가의 상승)인 경우 포괄손익계산서의 매출원가가 상대적으로 단위원가가 낮은 상품으로 구성되고, 재무상태표의 재고자산이 상대적으로 단위원가가 높은 상품으로 구성되기 때문이다. 즉, 재고자산의 매입단가가 지속적으로 상승하는 경우 선입선출법을 적용하게 되면 매출원가가 적게 보고되어 당기순이익이 높게 보고된다. 그러나 반대의 상황, 즉 재고자산의 매입단가가 지속적으로 하락하는 경우(물가의 하락)라면 <표 6-7>에서 부호의 방향은 반대가 될 것이다.

✓예제 6-2

한국㈜의 3월 중 재고자산의 매입 및 매출 관련 자료는 다음과 같다.

구분	일자	단위	매입단가	판매단가	매입금액
기초재고	3월 1일	20단위	₩200	–	₩4,000
매 입	3월 10일	30	240	–	7,200
매 출	3월 15일	30	–	₩400	
매 입	3월 20일	20	250	–	5,000
매 출	3월 25일	30	–	400	
매 입	3월 30일	30	270	–	8,100

3월 말 실지재고수량은 40단위이다.

▶ 요구사항

1. 실지재고조사법을 이용하여 선입선출법, 후입선출법, 가중평균법에 따라 3월 말 재고자산원가와 3월 매출원가를 계산하라.
2. 계속기록법을 이용하여 선입선출법, 후입선출법, 가중평균법에 따라 3월 말 재고자산원가와 3월 매출원가를 계산하라.

해답

당기판매가능액은 ₩24,300으로 구체적인 구성내역은 다음과 같다.

기초재고 :	3월 1일	20단위	₩200	₩4,000
구 입 :	3월 10일	30단위	₩240	7,200
	3월 20일	20단위	₩250	5,000
	3월 30일	30단위	₩270	8,100
당기판매가능액				₩24,300

1. 실지재고조사법

〈선입선출법〉					
일자	단위	단위당 원가	총원가	기말재고자산	매출원가
3.20	10	₩250	₩2,500	₩10,600	₩24,300 − ₩10,600 = ₩13,700
3.30	30	₩270	₩8,100		
〈후입선출법〉					
일자	단위	단위당 원가	총원가	기말재고자산	매출원가
3.1	20	₩200	₩4,000	₩8,800	₩24,300 − ₩8,800 = ₩15,500
3.10	20	₩240	₩4,800		
〈총평균법〉					
단위당 총 평균단가				기말재고자산	매출원가
₩24,300 ÷ 100단위 = ₩243				40단위 × ₩243 = ₩9,720	₩24,300 − ₩9,720 = ₩14,580

2. 계속기록법

		〈선입선출법〉		〈후입선출법〉	
일자	매입	매출원가	재고자산	매출원가	재고자산
3.1			20 @₩200		20 @₩200
3.10	30 @₩240		20 @₩200 30 @₩240		20 @₩200 30 @₩240
3.15 (30단위 판매)		(20 @₩200) (10 @₩240) **₩6,400**	20 @₩240	(30 @₩240) **₩7,200**	20 @₩200
3.20	20 @₩250		20 @₩240 20 @₩250		20 @₩200 20 @₩250
3.25 (30단위 판매)		(20 @₩240) (10 @₩250) **₩7,300**	10 @₩250	(10 @₩200) (20 @₩250) **₩7,000**	10 @₩200
3.30	30 @₩270		10 @₩250 30 @₩270		10 @₩200 30 @₩270
		매출원가: 기말재고자산:	₩13,700* ₩10,600	매출원가: 기말재고자산:	₩14,200** ₩10,100

* ₩6,400 + ₩7,300 = ₩13,700

** ₩7,200 + ₩7,000 = ₩14,200

		〈이동평균법〉		
일자	매입	매출원가	재고자산	평균단가
3.1			20 @₩200	
3.10	30 @₩240		50 @₩224	$\frac{₩200 \times 20개 + ₩240 \times 30개}{50개}$ = ₩224
3.15 (30단위 판매)		(30 @₩224) **₩6,720**	20 @₩224	
3.20	20 @₩250		40 @₩237	$\frac{₩224 \times 20개 + ₩250 \times 20개}{40개}$ = ₩237
3.25 (30단위 판매)		(30 @₩237) **₩7,110**	10 @₩237	
3.30	30 @₩270		40 @₩261.75	$\frac{₩237 \times 10개 + ₩270 \times 30개}{40개}$ = ₩261.75
		매출원가:	₩13,830*	
		기말재고자산:	₩10,470	

* ₩6,720 + ₩7,110 = ₩13,830

추가적으로 <예제 6-2>에서 회계처리가 어떻게 수행되는지를 살펴보자. 먼저 모든 거래가 외상으로 이루어졌다고 가정하면, 3월 중 실지재고조사법하에서 회계처리는 다음과 같다.

3월 10일	(차) 매　　입	7,200	(대) 매입채무	7,200
3월 15일	(차) 매출채권	12,000	(대) 매　　출	12,000
3월 20일	(차) 매　　입	5,000	(대) 매입채무	5,000
3월 25일	(차) 매출채권	12,000	(대) 매　　출	12,000
3월 30일	(차) 매　　입	8,100	(대) 매입채무	8,100

다만, 재고자산의 단위원가 결정방법으로 선입선출법과 후입선출법, 총평균법 중에 어떠한 방법을 사용하느냐에 따라 보고기간 말 시점에 수행해야 하는 수정분개가 달라진다. 즉, 재고자산의 단위원가 결정방법에 따라 기말재고자산의 금액이 달라지기 때문에 매출원가를 계상하기 위한 수정분개가 차이를 보이는 것이다. 구체적으로 선입선출법을 적용하였을 경우의 수정분개는 다음과 같다. 선입선출법하에서 기말재고자산의 금액이 ₩10,600이기 때문에 기말재고자산만큼 상품계정을 증가시키고 매출원가계정을 감소시키는 수정분개의 마지막 분개에서 금액이 ₩10,600이 되는 것이다.9)

3월 31일	(차) 매출원가	4,000	(대) 상품(기초)	4,000
	(차) 매출원가	20,300	(대) 매입(당기매입)	20,300
	(차) 상품(기말)	10,600	(대) 매출원가	10,600

다음으로 <예제 6-2>에서 계속기록법하에서의 선입선출법에 대한 회계처리를 살펴보자. 계속기록법에서는 상품을 판매할 때마다 매출(수익)과 매출원가(비용)를 동시에 기록하기 때문에 회계처리가 다음과 같을 것이다.

3월 10일	(차) 상 품	7,200	(대) 매입채무	7,200
3월 15일	(차) 매출채권	12,000	(대) 매 출	12,000
	(차) 매출원가	6,400	(대) 상 품	6,400
3월 20일	(차) 상 품	5,000	(대) 매입채무	5,000
3월 25일	(차) 매출채권	12,000	(대) 매 출	12,000
	(차) 매출원가	7,300	(대) 상 품	7,300
3월 30일	(차) 상 품	8,100	(대) 매입채무	8,100

계속기록법에서는 매출원가를 계상하기 위한 수정분개를 수행할 필요가 없다. 다만, 계속기록법하에서 후입선출법을 적용할 경우의 회계처리는 위의 분개에서

9) 실지재고조사법하에서 후입선출법을 적용하게 되면 기말재고자산이 ₩8,800이기 때문에 마지막 수정분개가 '(차) 상품(기말) 8,800 (대) 매출원가 8,800'으로 수행될 것이다. 총평균법을 적용할 경우에는 해당 금액이 ₩9,720으로 변경된다.

매출원가를 인식하는 부분의 금액만 변경될 것이다. 즉, 후입선출법을 적용할 경우 3월 15일과 3월 25일의 매출원가가 각각 ₩7,200과 ₩7,000으로 바뀌게 된다. 이동평균법을 적용할 경우에는 각각 ₩6,720과 ₩7,110으로 변경될 것이다.

제 3 절 저가법

1. 원가와 순실현가능가치

재무상태표에 표시되는 기말재고자산은 각 재고자산의 단위원가 결정방법(개별법, 선입선출법 및 가중평균법)에 따라 측정된다. 각 재고자산의 단위원가는 재고자산의 취득원가로서 상품매입원가에 취득부대원가를 가산한 금액이다. 재고자산을 취득원가로 계산하면 재무상태표에 표시되는 금액은 비교적 신뢰성이 높다고 할 수 있으나 현재의 시장가치와 차이가 발생할 수 있어 목적적합성이 저하될 수 있다.

이와 같은 문제점을 고려하여 한국채택국제회계기준에서는 재고자산을 보고할 때 저가법(lower of cost or market method)을 적용하도록 규정하고 있다.[10] 저가법은 기말재고자산의 원가와 보고기간 말 시점의 순실현가능가치(net realizable value)를 비교하여 둘 중에 낮은 금액으로 재무상태표에 보고하는 방법이다.[11] 여기서 순실현가능가치란 정상적인 영업활동의 예상판매가격에서 예상판매비용을 차감한 금액이다. 즉, 순실현가능가치는 재고자산을 판매하고 현금으로 순수하게 회수할 것으로 예상되는 금액(회수가능액)을 의미한다. 따라서 저가법은 기말재고자산의 원가보다 순실현가능가치가 낮은 경우 재무상태표에 재고자산의 금액을

10) **손상 회계**란 자산을 보유하고 있는 중에 미래 경제적 효익이 훼손되었다고 판단하면 자산의 장부금액을 회수가능액 이상으로 보고하지 않도록 하는 회계처리이다. 재고자산의 손상회계는 저가법으로 구체화되고 있는데, 장부금액(원가)과 비교하는 순실현가능가치가 회수가능액인 셈이다.

11) 재고자산의 순실현가능가치가 하락하는 구체적인 사례로는 재고자산이 완전히 또는 부분적으로 진부화된 경우와 판매가격이 하락하는 경우 등을 들 수 있다.

순실현가능가치로 작성하고, 반대의 경우에는 기말재고자산의 원가로 나타내는 것이라고 할 수 있다.

예를 들어, 스마트폰 판매를 주된 영업활동으로 수행하는 한국상사를 고려해 보자. 한국상사가 판매를 위해 구입한 스마트폰의 취득원가는 ₩800,000이었으나 재무제표를 작성하는 보고기간 말 시점에 이 스마트폰의 시장가치(market value)가 ₩550,000으로 하락하였다고 하자. 판매하는 과정에서 발생할 것으로 예상되는 부대비용(예상판매비용)을 ₩50,000으로 가정할 경우 순실현가능가치는 시장가치 ₩550,000에서 예상판매비용 ₩50,000을 차감한 ₩500,000이 된다. 순실현가능가치 ₩500,000은 취득원가 ₩800,000보다 낮은 금액이므로 저가법을 적용해서 기말재고자산을 ₩500,000으로 보고해야 한다. 동시에 한국상사는 취득원가 ₩800,000과 순실현가능가치 ₩500,000의 차이인 ₩300,000을 재고자산평가손실(당기비용)로 인식해야 한다.

그러나 반대로 순실현가능가치가 취득원가보다 높은 경우에는 어떻게 처리할 것인가? 한국채택국제회계기준에서는 순실현가능가치가 취득원가보다 높을 경우 나타나는 재고자산평가이익을 인정하지 않고 있다. 즉, 저가법은 보수적인 평가방법으로서 재고자산평가손실은 보고하지만 재고자산평가이익은 보고하지 않는다.

2. 저가법의 적용

앞에서 설명한 예를 조금 더 구체적으로 살펴보자. 계속기록법을 사용하는 12월 결산법인인 한국상사가 20×1년 3월 31일에 스마트폰 한 대를 ₩800,000에 외상으로 구입하였고, 재무제표를 작성해야 되는 보고기간 말 시점에 이 스마트폰의 순실현가능가치가 ₩500,000이라고 가정해 보자. 스마트폰의 순실현가능가치가 20×1년 12월 31일에 ₩500,000이므로, 한국상사는 재무상태표에 재고자산의 장부금액을 ₩500,000으로 계상하고 취득원가와 순실현가능가치의 차이인 ₩300,000을 재고자산평가손실이라는 계정으로 포괄손익계산서에 보고해야 한다. 재고자산평가손실에 대한 회계처리는 다음과 같다.

(차) 재고자산평가손실 (또는 매출원가)	300,000	(대) 재고자산평가충당금	300,000

차변의 재고자산평가손실은 당기의 비용으로 인식한다. 대안적인 회계처리로써 재고자산평가손실 대신에 매출원가계정을 직접적으로 사용하는 것도 가능하다. 대변의 재고자산평가충당금은 감가상각누계액과 같은 자산의 차감계정이다. 따라서 재고자산의 장부금액은 재고자산 금액에서 재고자산평가충당금을 차감한 잔액이 된다.12) 이와 같이 재고자산평가충당금계정을 사용하게 되면 재고자산의 취득원가 ₩800,000과 재고자산평가충당금 ₩300,000이 동시에 재무상태표에 표시되어 재고자산의 장부금액은 순실현가능가치인 ₩500,000으로 나타나게 된다. 한편, 재고자산평가손실은 포괄손익계산서에서 매출원가에 가산되어 보고된다. 이에 대한 부분재무상태표와 부분포괄손익계산서를 살펴보면 다음과 같다.

부분재무상태표

유동자산 :		
재고자산	₩800,000	
재고자산평가충당금	(300,000)	
장부금액	₩500,000	

부분포괄손익계산서

매출원가	₩300,000

만약 차기 이후에 재고자산의 순실현가능가치가 상승하였다고 가정해 보자. 위의 예에서 20×2년 12월 31일에 스마트폰의 순실현가능가치가 ₩600,000으로 상승하였다면 어떻게 회계처리를 할 것인가? 이와 같은 상황이라면 재무상태표에 재고자산의 장부금액 ₩500,000을 ₩600,000으로 수정해야 한다. 또한 장부금액이 증가하는 금액만큼 재고자산평가손실환입계정을 이용하여 매출원가에서 차감한다. 따라서 한국상사의 20×2년 12월 31일 회계처리는 다음과 같다.

---

12) 한국채택국제회계기준은 재무상태표에 재고자산의 취득원가와 재고자산평가충당금이 동시에 보고되는 방법뿐만 아니라 순실현가능가치만을 보고하는 방식도 허용하고 있다. 다만, 재무상태표에 순실현가능가치만을 보고할 경우 주석에 구체적인 계산과정을 명시해야 한다.

(차) 재고자산평가충당금	100,000	(대) 재고자산평가손실환입 (또는 매출원가)	100,000

회계처리 결과, 재고자산평가충당금은 ₩300,000에서 ₩100,000이 감소함에 따라 ₩200,000으로 변경된다. 따라서 재고자산의 새로운 장부금액은 순실현가능가치와 동일한 ₩600,000이 되고, 재고자산평가손실환입 ₩100,000은 매출원가에서 차감하므로 당기 이익을 증가시키는 결과로 나타난다. 이때 주의해야 할 점은 재고자산평가손실환입에 대한 상한이 존재한다는 점이다. 즉, 최초의 장부금액을 초과하여 환입할 수 없는 것이다. 따라서 재고자산평가충당금 잔액인 ₩300,000을 초과하여 재고자산평가손실환입을 인식할 수는 없다.13)

3. 항목별 기준과 종목별 기준

기업은 한 종류의 재고자산이 아니라 여러 종류의 재고자산을 보유하므로 여러 종류의 재고자산에 대해 저가법이 어떻게 적용되는지를 살펴볼 필요가 있다. 왜냐하면 재고자산의 종류에 따라 각 재고자산의 순실현가능가치 변동이 다를 수 있기 때문이다. 한국채택국제회계기준에 의하면 재고자산을 순실현가능가치로 감액하는 저가법의 방법으로 항목(개별재고자산)별 적용하는 방법과 종목별 저가법을 적용하는 방법을 허용하고 있다. 아래의 예를 통해 항목별로 저가법을 적용하는 방법을 연습해 보자.

---

13) 만약에 20×2년 12월 31일에 스마트폰의 순실현가능가치가 ₩900,000으로 상승하였다면, 최초 장부금액 ₩800,000이 한도가 되기 때문에 재고자산평가손실환입액은 ₩300,000이 된다.

항목	원가	순실현가능가치	저가평가 결과	재고자산평가손실
A상품	₩6,000	₩4,000	₩4,000	₩2,000
B상품	5,000	5,400	5,000	0
C상품	2,500	2,200	2,200	300
D상품	3,000	3,100	3,000	0
합 계	₩16,500	₩14,700	₩14,200	₩2,300

A상품과 B상품, C상품, D상품 각각에 대해 저가법을 적용할 경우 A상품은 순실현가능가치(₩4,000)가 원가(₩6,000)보다 ₩2,000이 낮다. 따라서 A상품에 대해 인식해야 하는 재고자산평가손실은 ₩2,000이 된다. B상품의 경우 순실현가능가치(₩5,400)가 원가(₩5,000)보다 ₩400이 높기 때문에 재고자산평가손실을 인식할 필요가 없다. 여기서 B상품과 같이 순실현가능가치가 원가보다 높다고 해서 해당 부분을 이익으로 인식하지 않는다는 점에 유의해야 한다. C상품의 경우 순실현가능가치가 원가보다 ₩300이 작기 때문에 C상품에 대해 재고자산평가손실 ₩300을 인식해야 한다. 그러나 D상품의 경우에는 순실현가능가치가 원가보다 높기 때문에 재고자산평가손실을 인식하지 않는다. 항목별 기준을 적용할 경우 재무상태표에 표시되는 재고자산 금액은 ₩14,200이고, 포괄손익계산서에 인식하는 재고자산평가손실(매출원가) 금액은 ₩2,300(A상품 ₩2,000+C상품 ₩300)이 된다.

한국채택국제회계기준은 항목별로 저가법을 적용하는 것과 더불어 종목별로 저가법을 적용하는 것을 허용하고 있다. 종목별로 저가법을 적용한다는 것은 서로 비슷하거나 관련된 항목들을 통합하여 하나의 재고자산으로 보고 저가법을 적용하는 것을 의미한다. 즉, 서로 비슷하거나 관련된 재고자산들을 하나의 재고자산으로 보고 취득원가의 합과 순실현가능가치의 합을 비교하여 저가법을 적용하는 방법이다. 예를 들어, 앞의 예에서 A상품과 B상품이 유사하다고 하면 원가의 합(₩11,000=A상품 ₩6,000+B상품 ₩5,000)보다 순실현가능가치의 합(₩9,400=A상품 ₩4,000+B상품 ₩5,400)이 작기 때문에 재고자산평가손실 ₩1,600을 인식해야 한다.

✓예제 6-3

다음은 한국㈜가 20×1년 12월 31일 현재 보유하고 있는 재고자산 관련 자료이다.

항 목		원 가	순실현가능가치
가 구	책 상	₩7,000	₩7,500
	의 자	5,000	4,900
자동차	소형차	12,500	11,300
	중형차	15,000	15,500
	대형차	17,500	16,900

▶▶ 요구사항

1. 재고자산에 대해 항목별 기준과 종목별 기준으로 저가법을 적용할 경우 각각의 재고자산평가손실 금액을 계산하라.
2. 항목별 기준으로 저가법을 적용할 경우의 회계처리를 제시하라.

해답

1.

항 목		원 가	순실현가능가치	항목별 평가결과	종목별 평가결과
가 구	책 상	₩7,000	₩7,500	–	
	의 자	5,000	4,900	₩100	
합 계		₩12,000	₩12,700		–
자동차	소형차	₩12,500	₩11,300	₩1,200	
	중형차	15,000	15,500	–	
	대형차	17,500	16,900	600	
합 계		₩45,000	₩43,700		₩1,300

① 항목별 기준 : 재고자산평가손실 = ₩100 + ₩1,200 + ₩600 = ₩1,900

② 종목별 기준 : 재고자산평가손실 = ₩45,000 − ₩43,700 = ₩1,300

2. (차) 재고자산평가손실 1,900 (대) 재고자산평가충당금 1,900
(또는 매출원가)

제 4 절 재고자산의 추정

지금까지 재고자산의 단위원가 결정방법으로 개별법과 선입선출법, 후입선출법 및 가중평균법에 대해 살펴보았다. 위의 방법들은 각각의 재고자산별로 단위원가를 계산하는 방법이므로 재고자산의 종류가 무수히 많은 경우 또는 화재·기타 재해 등으로 정상적인 재고파악이 불가능한 경우에는 적용이 어렵다. 이와 같은 상황에서 사용하는 원가측정방법으로는 소매재고법과 매출총이익률법이 있다.

1. 소매재고법

백화점, 대형마트 등과 같은 유통기업들은 단위원가가 상이한 수천 가지의 상품을 보유하고 있다. 따라서 각 상품별로 재고수량에 단위당 원가를 적용하여 재고자산 금액을 계산하는 것은 많은 시간과 노력을 필요로 할 것이다. 소매재고법은 이익률이 유사하고 품종변화가 심한 다품종 상품을 취급하는 유통업에서 실무적으로 다른 원가측정방법을 사용할 수 없는 경우에 흔히 사용한다.[14] 소매재고법하에서 기말재고자산은 기말재고자산의 판매가격(소매가)에 원가율을 적용하여 추정하게 되는데, 그 구체적인 방법은 다음과 같다.

1. 기말재고(소매가) = 당기판매가능액(소매가) − 매출액
2. 원가율 = 당기판매가능액(원가) ÷ 당기판매가능액(소매가)
3. 추정된 기말재고자산 = 기말재고(소매가) × 원가율

예를 들어, 한국㈜의 기초재고자산은 ₩28,000(소매가 ₩43,000)이고, 당해 연도 중에 매입한 재고자산은 ₩122,000(소매가 ₩157,000)이라고 하자. 당기매출액이 ₩140,000이면 기말재고의 소매가는 ₩60,000이 된다. 소매재고법을 적용하여 추

14) 소매재고법은 실무에서 **매가환원법** 혹은 **매출가격환원법**이라고도 불린다.

정한 기말재고자산은 다음과 같다(보유 중인 상품의 원가를 측정하기 위해 실지재고조사를 할 필요가 없음을 주의하라).

	원 가	소매가 (판매가격)
기초재고자산	₩28,000	₩43,000
당기매입	122,000	157,000
당기판매가능액	₩150,000	₩200,000
매 출 액		140,000
		₩60,000

1. 기말재고소매가 = ₩200,000 − ₩140,000 = ₩60,000
2. 원가율 = ₩150,000 ÷ ₩200,000 = 75%
3. 추정된 기말재고자산 = ₩60,000 × 75% = ₩45,000

2. 매출총이익률법

상품의 매입 및 매출거래를 기록하는 방식으로 실지재고조사법 또는 계속기록법을 사용하는 것과 상관없이 기업은 보고기간 말에 재고자산의 실제 재고량을 조사할 필요가 있다. 왜냐하면 기업이 보유한 실제 재고량을 파악하는 것은 기업의 자산에 대한 확인 및 통제를 위해 반드시 필요한 작업이기 때문이다. 그러나 이러한 재고자산의 실제 재고량을 파악하는 것이 불가능하거나 어려운 경우가 존재한다. 예를 들어, 화재나 홍수가 발생하여 재고자산과 관련 장부가 소실된 경우 기업이 실제 재고량을 파악하는 것은 어려워진다. 이와 같이 재고자산의 실사가 불가능한 경우 기업은 매출총이익률법(gross profit method)이라는 실무적 방법을 통해 기말재고자산을 추정하기도 한다.

매출총이익률법은 기업이 해당 보고기간의 이익률을 활용하지 못하고 과거 이익률 혹은 유사기업의 이익률 등을 이용하여 재고자산의 원가를 추정하는 방법을 말한다.[15] 구체적으로 과거의 매출총이익률(= 매출총이익 ÷ 매출액)을 이용하여

15) 매출총이익률법은 실무적 기법으로 한국채택국제회계기준(K-IFRS)에서는 인정하지 않고 있다. 그러나 화재나 홍수 등으로 재고자산의 원가를 정확하게 측정할 수 없을 경우라도 재무제표를 작성해야 되기 때문에 기업은 매출총이익률법을 통해 재고자산을 추정할 수밖에 없을 것이다.

당기의 매출총이익을 추정한 다음 당기의 매출액에서 추정한 매출총이익을 차감하여 당기의 매출원가를 추정한다. 그리고 추정된 매출원가를 통해 기말재고자산을 추정하게 되는데 그 절차를 요약하면 다음과 같다.

> 1. 추정 매출원가 = 매출액 × (100% − 과거 매출총이익률(%))
> 2. 추정 기말재고자산 = 당기판매가능액 − 추정 매출원가

예를 들어, 강남㈜가 재무제표를 작성하기 전 화재가 발생하여 기말재고자산에 대한 실사가 불가능하다고 가정하자. 강남㈜의 과거 매출총이익률이 20%이고 당기 매출액이 ₩600,000이라면 매출총이익은 ₩120,000(=₩600,000 × 20%)으로 추정된다. 따라서 매출원가는 ₩480,000(=₩600,000 − ₩120,000 또는 ₩600,000 × (100% − 20%))으로 추정할 수 있다. 강남㈜의 기초재고자산이 ₩80,000이고 당기 매입액이 ₩500,000이라면 기말재고자산의 금액은 다음과 같이 ₩100,000으로 추정된다.

< 1 >

매출액	₩600,000
차감 : 매출총이익(20% × ₩600,000)	(120,000)
추정 매출원가	₩480,000

< 2 >

기초재고원가	₩80,000
당기매입원가	500,000
당기판매가능액	₩580,000
차감 : 추정 매출원가	(480,000)
추정 기말재고	₩100,000

✓예제 6-4

한국㈜는 12월 31일 화재로 인해 창고에 있던 재고자산과 관련 장부가 모두 소실되었다. 이로 인해 실지재고조사법을 사용하는 한국㈜는 12월 31일 현재 보유하고 있는 재고자산의 정확한 금액을 파악할 수 없는 상황이다. 다음 자료는 본사의 장부에 기록된 내용 중 일부이다.

기초 재고자산	₩300,000
1월 1일부터 12월 31일까지의 매입총계	900,000
1월 1일부터 12월 31일까지의 매출총계	1,500,000
과거 5년간 매출총이익률의 평균	30%

요구사항

1. 매출총이익률법에 따라 매출원가를 추정하라.
2. 매출총이익률법에 따라 소실된 기말재고자산을 추정하라.

해답

1. 1년간 매출원가 = 1년간 매출액 × (100% - 과거 5년간 매출총이익률 평균 30%)
   = ₩1,500,000 × 70%
   = ₩1,050,000

2. 기말재고자산 = 기초재고원가 + 당기매입원가 - 매출원가
   = ₩300,000 + ₩900,000 - ₩1,050,000
   = ₩150,000

제 5 절 재무제표 표시와 분석

1. 재무제표 표시

재고자산은 유동자산으로 재무상태표에 보고되며, 매출원가는 포괄손익계산서의 매출액에서 차감되는 비용으로 기록된다. 그리고 재고자산의 단위원가 결정방법(개별법, 선입선출법 및 가중평균법) 등 재고자산을 측정하는 데 적용된 회계정책, 재고자산의 총 장부금액과 재고자산평가충당금 등은 주석에 보고한다. 일례로, 가중평균법을 이용하고 저가법으로 재고자산을 평가하는 한국㈜는 20×2년 12월 31일에 유동자산으로 재고자산을 다음과 같이 보고하였다. 또한 주석을 통해 재고자산과 관련된 사항을 구체적으로 공시하고 있다.

표 6-8 | 한국㈜의 부분재무상태표

부분재무상태표
제 12 기: 20×2년 12월 31일 현재
제 11 기: 20×1년 12월 31일 현재

한국㈜ (단위 : 백만원)

과 목	20×2년		20×1년	
자산				
Ⅰ. 유동자산		**2,106,824**		**1,723,566**
재고자산	1,170,222		991,493	

표 6-9 | 한국㈜의 재무제표 주석사항 (단위 : 백만원)

구 분	20×2.12.31		
	평가전금액	평가충당금	재무상태표가액
상 품	962,795	10,766	952,029
재공품	30,401		30,401
원재료	74,140		74,140
저장품	7,193		7,193
미착상품	106,459		106,459
합계	1,180,988	10,766	1,170,222

주석 1. 영향력 있는 회계정책 요약
(8) 재고자산
재고자산은 원가와 순실현가능가치 중 작은 금액으로 표시되고, 재고자산의 원가는 미착상품(개별법)을 제외하고는 가중평균법에 의하여 산정된 취득원가로 평가되고 있습니다.
회사는 주기적으로 재고자산평가충당금의 중요한 변동을 발생시킬 가능성이 있는 미래의 수요 등을 검토하여 과잉, 진부화 및 시장가치의 하락 등이 발생한 경우 재고자산평가충당금을 계상하고 매출원가로 처리하고 있습니다. 다만, 재고자산의 평가손실을 초래했던 상황이 해소되어 새로운 시가가 장부가액보다 상승한 경우에는 최초의 장부가액을 초과하지 않는 범위 내에서 평가손실을 환입하고 있으며, 재고자산평가손실의 환입은 매출원가에서 차감하여 표시하고 있습니다.

2. 재무제표 분석

재고자산의 관리는 기업의 경제활동에 중요한 영향을 미치기 때문에 상당한 주의를 필요로 한다. 경영자가 고객의 다양한 수요를 충족시키기 위하여 많은 종류의 재고자산을 보유하면 창고비, 보험료 등과 같은 재고자산 관리비용이 증가한다. 그러나 재고자산 관리비용을 고려하여 재고수준을 낮추면 수요 증가 시 상품의 부족으로 인해 판매 기회를 놓쳐버릴 수 있다. 따라서 경영자는 적정한 재고수준을 유지하기 위해 재고자산회전율과 재고자산평균보유기간 등을 이용하여 재고자산을 관리한다.

재고자산의 유동성을 측정하기 위한 재무비율인 재고자산회전율(inventory turnover)은 매출원가를 평균재고자산으로 나눈 값으로, 이는 회계기간 동안 재고자산이 평균적으로 몇 번이나 판매되었는지 알아보고자 할 때 사용한다. 계절적인 요인이 크지 않다면 평균재고자산은 기초재고자산과 기말재고자산의 평균으로 계산된다. 예를 들어, 한국㈜가 20×1년에 기초재고자산 ₩150,000과 기말재고자산 ₩250,000을 보고하였으며 20×1년도 매출원가는 ₩2,000,000이라고 하자. 아래의 산식을 이용하여 한국㈜의 재고자산회전율을 계산하면 다음과 같다.

$$\text{재고자산회전율} = \text{매출원가} \div \text{평균재고자산}$$
$$= ₩2{,}000{,}000 \div \frac{(₩150{,}000 + ₩250{,}000)}{2} = 10\text{회}$$

재고자산평균보유기간은 상품이 판매되기 전 재고상태로 남아있는 평균기간으로 1년(365일)을 재고자산회전율로 나누어 계산한다. 365일을 재고자산회전율 10회로 나누면 36.5일이 된다. 이는 재고자산을 매입하여 판매되기까지 약 36.5일 정도가 소요된다는 것을 의미한다. 각 산업별로 적정 재고자산평균보유기간에는 차이가 있으나, 기업은 가급적 적은 양의 재고자산을 보유하고 높은 재고자산회전율을 유지하면서 고객의 요구를 충족시키기 위해 노력해야 한다.

요 약

1. 재고파악

특정 시점에 재고자산이 과연 그 기업의 자산인지 아닌지 여부를 판별하기 위해서는 재고자산에 대한 법적 소유나 물리적 점유와 같은 거래의 외형적 특성뿐 아니라 경제적 실질을 함께 고려한다.

2. 재고자산의 단위원가 결정

보고기간 중 취득한 재고자산의 원가가 상이할 경우 당기판매가능액을 기말재고자산과 매출원가로 배분하기 위해서는 일정한 원가흐름에 대한 가정, 즉 단위원가 결정방법(개별법, 선입선출법 및 가중평균법)을 사용한다.

3. 원가배분의 중요성

물가상승 시 단위원가 결정방법에 따라 동일한 당기판매가능액을 매출원가와 기말재고자산으로 배분하는 경우 선입선출법은 후입선출법과 비교하여 기말재고자산 금액이 상대적으로 크고 매출원가가 작게 계상됨에 따라 당기순이익을 높게 계상한다. 가중평균법에 따른 결과는 선입선출법과 후입선출법의 배분결과 사이에서 결정된다. 그러나 물가하락 시에는 반대의 결과가 나타난다.

4. 저가법

저가법은 보고기간 말 시점의 재고자산의 원가와 순실현가능가치를 비교하여 둘 중 낮은 금액으로 재무상태표에 보고하는 방법을 말한다. 원가보다 순실현가능가치가 하락할 경우, 재고자산의 장부금액을 순실현가능가치로 감액시키고 동액만큼 재고자산평가손실(매출원가)을 인식한다.

5. 소매재고법

소매재고법은 이익률이 유사하고 품종변화가 심한 다품종 상품을 취급하는 유통업에서 실무적으로 다른 원가측정방법을 사용할 수 없는 경우에 흔히 사용하는 추정에 의한 원가배분방법을 말한다.

6. 재고자산회전율 및 재고자산평균보유기간

재고자산의 효율적 관리를 측정하는 지표로 재고자산회전율과 재고자산평균보유기간이 사용된다.

용어정리

도착지인도조건	상품이 매입자에게 도착할 때 소유권이 매입자에게로 이전되는 판매조건을 의미하며, 운송비를 판매자가 부담하고 운송 중인 상품은 판매자의 재고자산으로 보고됨
보수주의	불확실한 미래의 상황을 추정하는 과정에서 명백한 규정의 적용이 불가능하다고 의심될 경우 기업의 자산과 이익을 가능한 한 낮게 계상하는 회계처리 방법을 적용하는 개념
선입선출법	먼저 입고된 재고자산이 먼저 판매된다고 가정하는 방법으로, 기말재고자산으로 남아있는 항목은 가장 최근에 매입한 재고자산임
선적지인도조건	판매처에서 선적되는 시점에 소유권이 매입자에게로 이전되는 판매조건으로 운송비를 매입자가 부담하고 운송 중인 상품은 매입자의 재고자산으로 보고됨
원재료	제품의 생산에 투입되지 않았으나 생산에 사용될 기초품
위탁상품(적송품)	위탁자가 수탁자에게 판매를 하기 위하여 발송한 상품으로 위탁상품은 위탁자의 재고자산으로 보고됨
재고자산감모손실	장부상의 재고자산보다 실제 보유하고 있는 재고재산이 적어 발생하는 손실
재고자산평균보유기간	상품이 판매되기 전 재고상태로 남아있는 평균기간으로 365일을 재고자산회전율로 나누어 계산
재고자산회전율	매출원가를 평균재고자산으로 나눈 값으로 회계기간 동안 재고자산이 평균적으로 몇 번이나 판매되었는지를 나타냄
재공품	생산 중의 공정에 있는 미완성 제품
저가법	보수적인 관점에서 기말에 재고자산의 원가와 순실현가능가치 중 낮은 금액으로 재고자산을 평가하는 방법
제품	제조활동에서 완성되었지만 아직 판매되지 않아 보유하고 있는 재고자산
후입선출법	재고자산의 평가과정에서 가장 최근 매입한 상품이 먼저 판매된 것으로 가정하여 계산하는 방법

EXERCISES

연습문제

객관식

[문제 1] 재고자산의 단위원가 결정에 대한 다음의 설명 중 옳은 것은? 〈난이도: 중〉 (2020 회계관리2급 수정)

① 한국채택국제회계기준은 재고자산의 단위원가 결정방법으로 선입선출법과 후입선출법 및 가중평균법을 모두 허용하고 있다.

② 물가가 상승하는 경우 재고자산의 단위원가 결정방법으로 선입선출법을 사용하면 가중평균법보다 매출원가의 금액이 작아진다.

③ 물가가 하락하는 경우 재고자산의 단위원가 결정방법으로 선입선출법을 사용하면 가중평균법보다 기말재고자산의 금액이 커진다.

④ 재고자산의 단위원가 결정방법으로 가중평균법을 사용하면 계속기록법과 실지재고조사법의 매출원가는 동일하게 나타난다.

[문제 2] 다음은 한국㈜의 20×1년도 재고자산 거래내역이다. 한국㈜가 계속기록법하에서 가중평균법을 적용한다면 20×1년도 말에 인식해야 할 매출원가는 얼마인가? (단, 재고자산감모손실과 평가손실은 발생하지 않았다.) 〈난이도: 중〉 (2023 주택관리사 수정)

일 자	내 역	수량(단위)	단위당 원가
1월 1일	기초재고	60	₩100
3월 1일	매입	40	150
6월 1일	매출	80	
9월 1일	매입	60	200
12월 1일	매출	50	

① ₩18,000 ② ₩18,600 ③ ₩19,000

④ ₩19,500 ⑤ ₩21,000

[문제 3] 다음은 한국㈜가 기말에 보유하고 있는 재고자산과 관련된 자료이다. 기말에 발생한 재고자산감모손실이 비정상적인 감모손실로 판단되었다면, 한국㈜가 기말에 인식해야 할 재고자산감모손실과 재고자산평가손실은 각각 얼마인가? 〈난이도: 상〉 (2020 회계관리2급 수정)

• 장부수량 150개 • 단위당 취득원가 ₩1,000	• 실제 수량 140개 • 단위당 순실현가능가치 ₩900

① 재고자산감모손실: ₩9,000, 재고자산평가손실: ₩10,000
② 재고자산감모손실: ₩9,000, 재고자산평가손실: ₩15,000
③ 재고자산감모손실: ₩10,000, 재고자산평가손실: ₩10,000
④ 재고자산감모손실: ₩10,000, 재고자산평가손실: ₩14,000
⑤ 재고자산감모손실: ₩12,000, 재고자산평가손실: ₩14,000

[문제 4] 도소매업을 영위하는 ㈜한국의 20×1년도 기말상품재고(단일품목)의 실제 수량은 600개이며, 개당 취득원가는 ₩300이다. 20×1년 말 현재 기말재고의 예상 판매가격은 개당 ₩290이다. 기말재고수량 중 200개는 확정판매계약을 이행하기 위하여 보유하고 있으며, 확정판매계약의 계약가격은 개당 ₩280이다. 확정판매계약에 따른 판매의 경우에는 판매비용이 발생하지 않으나, 그 외 시장을 통해 판매하는 경우에는 개당 ₩20의 판매비용이 발생한다. ㈜한국이 20×1년도에 인식할 재고자산평가손실은? (단, 20×1년도 기초의 재고자산평가충당금은 없다.) 〈난이도: 상〉 (2022 경영지도사)

① ₩0 ② ₩6,000 ③ ₩12,000
④ ₩16,000 ⑤ ₩18,000

[문제 5] 한국㈜는 매출원가에 20%를 가산하여 매출액을 인식한다. 한국㈜의 20×1년 기초재고자산과 기말재고자산이 각각 ₩400과 ₩600이고, 당기 매출액이 ₩6,000일 때, 재고자산평균보유기간은 얼마인가? (단, 1년은 360일로 가정한다.) 〈난이도: 중〉 (2023 경영지도사)

① 30일 ② 36일 ③ 40일
④ 45일 ⑤ 50일

주관식

[문제 1] 재고자산 개념과 재고파악 〈난이도: 중〉

한국㈜가 결산을 위해 기말재고자산에 대한 실지재고조사를 수행한 결과, 20×1년 결산일인 12월 31일 현재 창고에 보관 중인 재고자산의 금액은 ₩500,000이었으며 다음과 같은 사항이 추가적으로 발견되었다.

(1) 한국㈜가 20×1년 12월 23일에 선적지인도기준으로 강서㈜에게 판매한 상품 ₩50,000은 결산일 현재 운송 중에 있다.

(2) 한국㈜가 20×1년 12월 25일에 도착지인도기준으로 매입한 상품 ₩155,000은 결산일 현재 운송 중에 있다.

(3) 한국㈜가 20×1년 12월 27일에 선적지인도기준으로 종로㈜로부터 매입한 상품 ₩40,000은 결산일 현재 운송 중에 있다.

(4) 한국㈜가 20×1년 12월 28일 도착지인도기준으로 부산㈜에게 판매한 상품 ₩60,000은 결산일 현재 운송 중에 있다.

(5) 한국㈜는 20×1년 12월 28일 위탁판매를 위하여 강서㈜에게 위탁품 ₩30,000(원가)을 발송하였으나 결산일 현재 강서㈜가 보관 중인 미판매상품의 원가는 ₩10,000이다.

〈요구사항〉

위의 사항을 반영한 한국㈜의 20×1년 12월 31일 현재 재무상태표에 표시될 재고자산금액을 구하라.

[문제 2] 재고자산의 단위원가 결정(1) 〈난이도: 중〉

다음은 회계기간이 한 달인 한국㈜의 1월 중 상품의 매입 및 매출거래를 요약한 표이다.

일 자	구 분	수량(단위)	매입단가	판매단가	총원가
1월 1일	기초재고	40	₩80		₩3,200
1월 13일	매 입	30	100		3,000
1월 20일	매 출	55		₩200	11,000
1월 27일	매 입	30	120		3,600
1월 31일	기말재고	45			

〈요구사항〉

한국㈜가 실지재고조사법을 사용할 경우 아래의 각 방법으로 기말재고자산과 매출원가를 구하라.

1. 선입선출법(FIFO)
2. 후입선출법(LIFO)

[문제 3] 재고자산의 단위원가 결정(2) 〈난이도: 중〉

다음은 회계기간이 한 달인 한국㈜의 7월 중 상품의 매입 및 매출거래를 요약한 표이다.

일 자	구 분	수량(단위)	매입단가	판매단가	총원가
7월 1일	기초재고	120	₩130		₩15,600
7월 6일	매 입	200	150		30,000
7월 10일	매 출	80		₩200	
7월 14일	매 입	110	180		19,800
7월 22일	매 출	90		200	
7월 28일	매 출	130		200	
7월 31일	기말재고	130			

〈요구사항〉

한국㈜가 계속기록법을 사용할 경우 아래의 각 방법으로 매출원가와 기말재고자산 및 매출총이익을 구하라.

1. 선입선출법(FIFO)
2. 후입선출법(LIFO)

[문제 4] 재고자산의 단위원가 결정(3) 〈난이도: 중〉

다음은 회계기간이 한 달인 한국㈜의 5월 중 상품의 매입 및 매출거래를 요약한 표이다. 한국㈜는 재고자산 단위원가 결정방법으로 가중평균법을 사용하고 있다.

일 자	구 분	수량(단위)	단 가	총원가
5월 1일	기초재고	150	₩200	₩30,000
5월 9일	매 입	100	240	24,000
5월 16일	매 출	160		
5월 25일	매 입	150	264	39,600
5월 31일	기말재고	240		

〈요구사항〉

1. 한국㈜가 실지재고조사법을 사용할 경우, 20×1년 5월의 매출원가 및 기말재고자산을 계산하라.

2. 한국㈜가 계속기록법을 사용할 경우, 20×1년 5월의 매출원가 및 기말재고자산을 계산하라.

[문제 5] 재고자산의 단위원가 결정(4) 〈난이도: 상〉

다음은 한국㈜의 20×1년도 상품의 기초재고와 매입에 관한 자료이다. 한국㈜는 재고자산을 실지재고조사법을 적용하여 회계처리한다. 20×1년 12월 31일 현재 기말재고 수량은 200단위이며, 상품의 도난이나 감모손실 등은 발생하지 않았다.

일 자	구 분	수량(단위)	매입단가
1월 1일	기초재고	100	₩210
3월 15일	매 입	300	240
7월 20일	매 입	200	250
9월 4일	매 입	300	280
12월 2일	매 입	100	300

〈요구사항〉

1. 한국㈜의 20×1년도 총 당기판매가능액을 계산하라.
2. 선입선출법, 후입선출법 및 가중평균법에 따라 (1)기말재고자산과 (2)매출원가를 계산하라.
3. 한국㈜의 경영자가 당기순이익이 가장 크게 보고되는 단위원가 결정방법을 선택한다면 선입선출법, 후입선출법, 가중평균법 중에서 어느 방법을 선택해야 하는가?

[문제 6] 재고자산의 단위원가 결정(5) 〈난이도: 중〉

다음은 회계기간이 한 달인 한국㈜의 7월 중 상품의 매입 및 매출거래를 요약한 표이다. 한국㈜는 재고자산을 계속기록법을 적용하여 회계처리한다. 단, 상품의 도난이나 감모손실 등은 발생하지 않았다고 가정한다.

날짜	매입수량(단위)	매입단가	판매수량(단위)
7/ 1	400	₩90	
7/ 6			300
7/11	500	₩120	
7/14			200
7/21	500	₩133	
7/27			500

〈요구사항〉

1. 선입선출법, 후입선출법 및 가중평균법에 따라 (1)기말재고자산과 (2)매출원가를 계산하라.
2. 선입선출법, 후입선출법, 가중평균법 중에서 기말재고자산을 가장 크게 보고하는 방법은 무엇인가?

[문제 7] 저가법(1) 〈난이도: 상〉

한국㈜는 20×1년 초에 영업을 시작하여 항목별 기준으로 저가법을 적용한다. 다음은 한국㈜가 20×1년 12월 31일 현재 보유하고 있는 재고자산 관련 자료이다.

구 분	재고수량(단위)	단위당 원가	예상판매가격	예상판매비용
A상품	500	₩230	₩230	₩30
B상품	300	180	200	15
C상품	150	162	180	20

〈요구사항〉

1. 20×1년 한국㈜가 인식해야 할 재고자산평가손실 금액을 구하라.
2. 20×1년 재고자산평가손실과 관련된 회계처리를 하라.
3. 한국㈜의 20×1년 기초재고가 ₩100,000, 당기매입상품이 ₩150,000일 때 재고자산평가손실을 반영한 매출원가를 계산하라.

[문제 8] 저가법(2) 〈난이도: 중〉

다음은 한국㈜가 20×1년 12월 31일 현재 보유하고 있는 재고자산 관련 자료이다.

구 분		재고수량(단위)	단위당 원가	단위당 순실현가능가치
컴퓨터	A상품	70	₩200	₩170
	B상품	80	150	165
키보드	C상품	100	120	110
	D상품	150	150	165

〈요구사항〉

1. 항목별 기준으로 저가법을 사용할 경우 20×1년 한국㈜의 기말재고자산 금액을 계산하라.

2. 종목별 기준으로 저가법을 사용할 경우 20×1년 한국㈜의 기말재고자산 금액을 계산하라.

[문제 9] 소매재고법 〈난이도: 하〉

소매재고법을 사용하는 한국㈜의 20×1년 매입과 매출에 관한 자료는 다음과 같다.

	원 가	소매가(판매가격)
기초재고	₩65,000	₩90,000
순매입액	264,000	380,000
순매출액		385,000

〈요구사항〉

1. 한국㈜의 20×1년 기말재고자산(소매가)을 계산하라.
2. 한국㈜의 20×1년 원가율을 계산하라.
3. 한국㈜의 20×1년 기말재고자산(원가)과 매출원가를 계산하라.

[문제 10] 매출총이익률법 〈난이도: 상〉

한국㈜는 20×1년 말 화재로 인해 창고에 있던 재고자산 중 일부가 소실되는 피해를 입었다. 한국㈜의 과거 매출총이익률은 40%이고, 20×1년도 재고자산의 거래내역은 다음과 같다.

총매출액	₩182,000	총매입액	₩128,000
기초상품재고	25,000	매출환입및에누리	17,000
매입할인	3,000	매입환출및에누리	4,000

〈요구사항〉

20×1년 말에 계산한 한국㈜의 20×1년도 순매입액과 매출원가 추정액을 계산하라.

CHAPTER 07

현금과 내부통제

제 1 절 현금의 개념과 내부통제

제 2 절 당좌예금과 은행계정조정표

제 3 절 소액현금제도

제 4 절 재무제표 표시

학습목표

Learning Objectives

현금은 기업이 보유하는 자산 중에서 유동성이 가장 높은 자산이다. 따라서 현금에 대한 관리 및 통제는 회계부정의 발생을 사전에 방지한다는 점에서 중요하다. 현금에 대한 통제뿐만 아니라 다른 유형의 자산을 보호하기 위해서도 기업의 내부통제는 필요하다.

본 장에서는 현금의 개념과 분류에 대해서 살펴보고, 내부통제제도의 본질적인 특징과 이러한 통제가 현금관리에 어떻게 적용되는지를 설명한다. 또한 기업이 재무상태표에 현금을 어떻게 보고하는지에 대해서도 살펴본다.

본 장에서 학습할 주요 내용을 요약하면 다음과 같다.

- ➢ 현금의 개념과 내부통제
  - 현금의 의의와 구분
  - 내부통제제도
- ➢ 당좌예금과 은행계정조정표
  - 당좌예금
  - 은행계정조정표
- ➢ 소액현금제도
- ➢ 재무제표 표시

제 1 절 현금의 개념과 내부통제

1. 현금의 의의와 구분

(1) 현금의 의의

현금(cash)은 유동성이 매우 높은 자산으로 회사의 경영활동 전반에서 중요한 역할을 한다. 현금은 회사의 영업활동에서 발생한 지급의무를 이행하는 수단이며, 여러 투자안에 투입되어 회사의 수익성을 높이기도 하는 자산으로 적절한 관리가 필요하다. 적절한 현금관리를 하지 않아 현금 보유액이 적정수준보다 낮으면 일시적 지급불능이나 채무의 변제를 하지 못하여 회사의 신용이 하락할 수 있다. 또한 좋은 투자기회가 있을 때 투자할 수 없어 수익성이 낮아질 수 있다. 현금은 유동성이 높은 반면에 자체적으로 수익을 창출하지 못하므로 적정수준보다 지나치게 많이 보유하게 되면 수익성이 떨어지며, 횡령이나 도난 방지에 따른 현금관리 비용이 증가하여 회사에게 부담을 줄 수 있다. 그러므로 회사는 적정수준보다 많은 현금이 생기면 단기투자상품에 투자하여 수익성을 확보하고, 현금이 부족하면 보유하고 있는 예금을 인출하거나 차입을 해야 한다. 즉, 적절한 현금관리를 통해 현금부족을 예방하고 여유현금을 단기투자 등에 활용하여 수익을 창출하기 위해 노력해야 한다.

(2) 현금및현금성자산의 분류

현금은 회사가 실제 보유하고 있는 현금과 요구불예금으로 정의되며, 현금성자산과 함께 재무상태표에 '현금및현금성자산'으로 표시된다. 현금의 범위에는 지폐나 동전과 같은 통화와 통화대용증권이 포함된다. 여기서 통화대용증권이란 언제든지 현금으로 교환할 수 있는 증서로서 타인이 발행한 당좌수표, 송금환, 우편환증서, 만기일이 도래한 채권이자표 및 배당금지급통지표 등을 말한다.

그러나 수입인지나 우표와 같은 것은 현금으로 교환될 목적이 아니므로 소모품으로 분류하고, 종업원이 급여를 가불했다는 가불증서는 단기대여금으로 분류하는 것이 타당하다. 또한 거래처에서 매출대가로 선일자수표를 받았다면, 일자가 도래하기 전까지는 매출채권으로 분류하는 것이 타당하다. 그리고 은행에 보관된 현금이라 할 수 있는 요구불예금은 회사가 보유하고 있는 통화와 구분함으로써 얻는 실익이 없기 때문에 현금으로 분류한다. 대표적인 요구불예금으로는 입·출금이 자유로운 보통예금과 당좌예금이 있다.

현금성자산(cash equivalents)은 투자나 다른 목적이 아닌 단기의 현금 수요를 충족하기 위한 목적으로 보유하는 자산을 의미한다. 투자자산이 현금성자산으로 분류되기 위해서는 확정된 금액의 현금으로 전환이 용이하고, 가치변동의 위험이 경미해야 한다. 따라서 투자자산은 일반적으로 만기일이 단기에 도래하는 경우(예를 들어, 취득일로부터 만기일이 3개월 이내인 경우)에만 현금성자산으로 분류된다. 이러한 측면에서 가치변동의 위험이 큰 지분상품(주식)은 현금성자산에서 제외된다.[1] 예를 들면, 취득 당시 만기가 3개월 이내에 도래하는 국·공채와 사채, 취득 당시 상환일이 3개월 이내에 도래하는 상환우선주, 3개월 이내의 환매조건을 가진 환매채, 초단기금융상품, 양도성예금증서 등이 현금성자산에 해당한다.

한편 현재 보유하고 있는 예금과 유가증권의 만기일이나 상환일이 향후 3개월 이후에 도래하는 경우 해당 자산은 현금성자산이 아닌 단기금융상품이나 단기매매금융자산으로 분류한다.[2] 현금및현금성자산을 정리하면 <표 7-1>과 같다.

표 7-1 | 현금및현금성자산의 분류

구 분	분 류	내 용
현금	통화	지폐, 동전
	통화대용증권	타인발행(당좌)수표, 자기앞수표, 송금환 및 우편환, 배당금지급통지표, 만기도래 국·공·사채이자지급표 등
	요구불예금	보통예금, 당좌예금
현금성자산	금융상품	- 가입시 만기가 3개월 이내인 정기예금 및 신탁예금 - 취득시 만기가 3개월 이내에 도래하는 양도성예금증서, 어음관리구좌, 기업어음 - 취득시 만기가 3개월 이내에 도래하는 채권 및 상환우선주 - 3개월 이내에 환매조건으로 취득한 환매채

1) 다만, 상환일이 정해져 있고 취득일로부터 상환일까지의 기간이 단기인 우선주와 같이 실질적인 현금성자산인 경우에는 예외로 한다.

2) 단기금융상품과 단기매매금융자산에 대해서는 제11장(금융자산 및 관계기업투자)에서 설명한다.

✓예제 7-1

다음은 한국㈜가 20×1년 12월 31일 결산일 현재 보유하고 있는 현금, 예금 및 기타 내역이다.

지폐와 동전	₩15,000
수입인지	10,000
타인발행수표	25,000
배당금지급통지표	20,000
만기가 2개월 이내인 채권(20×1년 12월 1일 취득)	150,000
양도성예금증서(120일 만기)	500,000
기일이 도래한 공채이자표	10,000
일반적 상거래상의 선일자수표	200,000
환매채(20×1년 11월 1일 취득한 90일 환매조건)	250,000
정기적금(1년 이내 만기도래)	300,000

▶ 요구사항

위 내역을 바탕으로 한국㈜가 재무상태표에 현금및현금성자산으로 보고해야 할 금액은 얼마인가?

해답

현금및현금성자산

= 지폐와 동전 ₩15,000 + 타인발행수표 ₩25,000 + 배당금지급통지표 ₩20,000 + 만기가 2개월 이내인 채권 ₩150,000 + 기일이 도래한 공채이자표 ₩10,000 + 환매채 ₩250,000

= ₩470,000

* 수입인지 ₩10,000: 소모품, 선일자수표 ₩200,000: 매출채권, 양도성예금증서(120일 만기) ₩500,000 및 정기적금(1년 이내 만기도래) ₩300,000: 단기금융상품

2. 내부통제제도

(1) 내부통제제도의 의의

내부통제제도란 재무보고의 신뢰성, 경영의 효과성 및 효율성 그리고 관련법규의 준수와 관련하여 기업의 목적 달성에 합리적 확신을 제공할 목적으로 지배기구, 경영진 및 기타의 인원에 의해 설계 · 실행 · 유지하는 절차를 말한다. 내부통제절차는 현금, 매출채권, 투자자산 및 유형자산 등 회사의 모든 자산과 관련된다.

재무보고의 신뢰성을 확보하기 위해 내부통제는 뜻하지 않는 오류(error)와 부정(fraud)을 방지하도록 설계되어야 한다. 오류(error)는 재무제표에 포함되어 있는 비의도적인 흠결을 말하는 반면에, 부정(fraud)이란 경영자, 종업원 또는 제3자 등에 의한 고의적 행위를 의미한다. 오류와 부정은 둘 다 재무제표의 왜곡표시를 초래한다. 일반적으로 부정은 종업원의 부정직한 행동을 사전에 적발함으로써 횡령이나 재산은닉 등을 방지하는 데 필요한 내부통제가 구축되어 있지 않거나 또는 구축되어 있어도 적절히 운용되지 못할 경우에 발생한다.

(2) 내부통제의 원칙

회사는 자산을 보호하고 회계기록의 정확성과 신뢰성을 향상시키기 위해서 일정한 내부통제원칙을 준수해야 한다. 내부통제원칙은 회사의 규모와 사업의 특성, 경영진의 통제철학에 따라 다양하다. 하지만 대부분의 회사는 책임의 설정, 업무의 분장, 문서화, 물리적 · 기계적 · 전자적 통제, 독립적인 내부검증 및 기타 통제 등 6가지 원칙을 적용하고 있다.

1) 책임의 설정

내부통제의 필수적인 원칙으로 주어진 업무의 책임을 특정 종업원에게 부여하는 것을 의미한다. 오직 한 사람만이 주어진 업무에 책임을 질 때 통제는 가장 효율적이다.

2) 업무의 분장

업무의 분장이란 상호 관련된 업무를 서로 다른 종업원이 담당하도록 하고,

특정 자산을 물리적으로 보관·관리하는 종업원과 해당 자산에 대한 회계기록 업무를 담당하는 종업원을 별도로 배치해야 한다는 원칙이다.

3) 문서화

기업활동에서 발생한 거래나 사건을 문서화하면 해당 거래나 사건에 대한 명확한 증거를 제공함으로써 회계기록의 정확성과 신뢰성을 높일 수 있다. 이때 일련번호가 부여된 문서를 사용하여 거래가 발생할 때마다 문서화 절차를 수행해야 하며, 효율적인 통제를 위하여 거래가 발생하는 즉시 거래기록의 대상이 되는 문서를 회계부서에 전송해야 한다.

4) 물리적, 기계적 및 전자적 통제

특정 자산에 대한 횡령이나 도난을 방지하기 위해서는 물리적이고, 기계적이며 전자적인 통제장치를 사용해야 한다. 물리적 통제는 자산을 보호할 뿐만 아니라 회계기록의 정확성과 신뢰성을 향상시킨다.

5) 독립적인 내부검증

대부분의 내부통제는 독립적인 내부검증절차를 포함한다. 독립적인 내부검증에 따른 효과를 최대화시키기 위해서는 회사가 정기적으로 또는 수시로 기록을 검증하고 독립적인 제3자가 검증을 실시하며, 정보의 불일치와 예외사항에 대하여 적절한 수정 조치가 이루어질 수 있도록 경영진에게 보고해야 한다.

6) 기타 통제

내부통제가 효율적으로 운용되기 위해서는 기타의 통제가 요구되는데 종업원들의 업무를 순환시키는 것, 종업원에게 휴가를 주어 그 기간 동안 다른 종업원으로 하여금 해당 업무를 수행하도록 권유하는 것 등을 그 예로 들 수 있다.

(3) 내부통제의 한계

회사는 자산을 보호하고 회계기록의 신뢰성을 높이도록 내부통제제도를 설계해야 한다. 그러나 내부통제만으로 모든 회계부정을 방지할 수는 없으며, 상황에 따라 종업원들의 부주의나 무관심으로 인해 비효율적으로 운용될 수 있다는 한계점을 갖고 있다. 따라서 내부통제제도를 설계하고 운용할 때는 이러한 점을 충분히 고려해야 한다.

(4) 전표시스템과 소액현금제도

대부분의 중소기업과 대기업은 현금 지출에 대한 내부통제의 일환으로 전표시스템(voucher system)을 사용한다.[3] 전표시스템은 사용한 모든 지출이 적절하다는 것을 확인하기 위해 고안된 독립적 승인체계이다. 일반적으로 현금 지출에 대한 내부통제는 현금보다 회사의 규정된 통제절차에 따라 발행하는 수표로 지불할 때 더 효과적인데, 한 가지 예외는 소액현금(petty cash)이다.

1) 전표시스템

전표는 각 지출에 대해 작성된 허가 양식이며, 회사는 소액현금 지출을 제외한 모든 유형의 현금 지출에 대해 전표를 요구한다. 전표의 작성은 전표의 표면에 적절한 정보를 기입하는 것에서 시작된다. 판매회사의 송장은 대부분의 필요한 정보를 제공한다. 대금 지급부서의 직원은 전표를 기록하고(분개장에서 "전표등록"이라 함) 지불되는 일자에 따라 작성한다. 회사는 그 일자에 수표를 발행하고 발송한다. 그리고 송장에는 "지불됨"이라는 도장을 찍는다. 지급이 완료된 전표는 기록을 위해 회계부서로 보내진다(분개장에는 "수표등록"이라 함). 전표시스템은 두 개의 분개를 포함하는데, 하나는 전표를 발행하는 것이고 나머지는 전표를 지급하는 것이다.

2) 소액현금제도

회사는 업무와 관련하여 우편요금 또는 식대, 교통비 등과 같은 비교적 소액의 현금을 지출하게 되는데, 이러한 소액현금 지출을 통제하기 위한 시스템을 소액현금제도(petty cash fund)라 한다. 소액현금제도에 관한 회계처리는 제3절에서 구체적으로 살펴본다.

---

3) 내부통제의 일환으로 전표시스템과 동시에 전자자금이체제도도 활용하고 있다.

(5) 현금 수취 및 지출에 대한 내부통제의 적용

현금은 은닉과 운반이 용이하며 거래빈도가 가장 높은 자산이기 때문에 다른 자산으로 부적절하게 전환되거나 유용될 가능성이 높다. 또한 빈번하게 발생하는 현금거래를 기록하는 데 많은 오류가 발생할 수 있기 때문에 현금에 대한 효과적인 관리를 위해서는 내부통제가 필수적이다.

현금 수취는 현금판매, 외상대금의 회수, 이자 · 배당금 및 임대료의 수령, 주주의 증자, 은행으로부터의 대출, 자산의 처분 등 다양한 원천에서 발생한다. 회사는 각종 비용의 지급과 부채의 상환, 자산 매입 등 여러 이유에서 현금을 지출한다. 따라서 회사는 현금 수취와 지출 시 내부통제의 원칙을 다양하게 적용하고 있다. 다음 <표 7-2>는 내부통제의 원칙이 현금 수취와 지출의 과정에 어떻게 적용되는지에 대한 사례를 보여준다.

표 7-2 | 현금의 수취와 지출의 내부통제

내부통제 유형	현금 수취과정	현금 지출과정
책임의 설정	지정된 직원(현금출납원)만이 현금 수취 처리	지정된 직원(재무담당자)만이 수표에 서명할 수 있는 권한 부여
업무의 분장	현금 수취 및 기록, 현금보유를 서로 다른 직원이 담당	수표 서명자는 지출을 기록하지 않음
문서화	송금통지서와 예금전표 등 사용	사전 번호가 기입된 수표를 사용하고 이에 대한 사용내역을 보고
물리적 · 기계적 · 전자적 통제	현금을 회사 금고 또는 은행에 보관	백지수표를 접근이 제한된 회사 금고에 보관
독립적인 내부검증	재무담당자가 현금 수취 총액을 은행 예금과 비교	월별로 은행명세서와 비교 · 조정
기타 통제	매일 모든 현금을 은행에 예치	송장에 "지불됨"이라는 도장을 찍음

제 2 절 당좌예금과 은행계정조정표

회사는 영업의 효율성과 더 나은 내부통제의 운용을 위해 복수의 은행계정을 보유한다. 은행계정은 은행거래를 통해 회사와 은행이 이중으로 기록하도록 함으로써 현금에 대한 효과적인 내부통제의 수단이 된다. 당좌예금은 내부통제의 수단으로 가장 많이 사용되는 은행계정 중 하나이다.

한편, 회사의 장부상 예금 잔액은 은행이 기록한 회사계좌의 잔액과 일치해야 한다. 은행계정조정은 회사의 장부상 잔액을 은행의 잔액과 비교하고 이들 잔액을 일치시키기 위해 차이를 설명하는 절차라고 할 수 있다.[4)]

1. 당좌예금

회사의 현금출납 책임자는 각 예금을 예금전표로 문서화하여 은행예금을 관리해야 한다. 은행예금에는 당좌예금, 보통예금, 정기예금 등 여러 가지가 있으나 가장 회사가 대표적으로 활용하는 예금은 당좌예금이다.

회사는 은행과 당좌계약을 체결하고 예금계좌를 개설하는데, 이 계좌를 당좌예금이라 한다. 당좌예금은 회사가 은행에 현금을 입금하고, 필요할 때 언제든지 수표(이를 '당좌수표'라 함)를 발행하여 현금을 인출할 수 있는 요구불예금이다. 당좌예금은 재무제표에 보고할 때 현금및현금성자산에 포함되지만 회계기간 중 장부에 기록할 때에는 현금계정과 분리하여 당좌예금계정을 사용한다. 현금이나 타인발행당좌수표 등을 당좌예금에 입금하면 당좌예금계정의 차변에 기록하며, 반대로 당좌수표를 발행하게 되면 당좌예금 잔액이 감소하게 되므로 당좌예금계정의 대변에 기록한다.

일반적으로 당좌예금의 인출은 당좌예금 잔액의 범위 내에서 이루어지는 것

---

4) 이러한 관점에서 회사가 은행계정조정표를 작성하는 절차는 앞서 살펴본 내부통제 원칙의 하나인 '독립적인 내부검증절차'라고 할 수 있다.

이 원칙이다. 즉, 당좌예금의 잔액을 초과하여 수표를 발행하게 되면 그 수표는 은행으로부터 지급이 거절되어 부도수표가 된다. 그러나 은행과 미리 계약을 체결한 경우에는 일정한 한도 내에서 당좌예금 잔액을 초과하여 수표를 발행하여도 은행이 지급하도록 할 수 있다. 이와 같이 당좌예금 잔액을 초과하여 지급한 금액을 당좌차월(bank overdraft)이라고 한다. 당좌차월이 발생하는 경우 회사는 이를 단기차입금으로 회계처리한다. 다만, 회사는 기중에 당좌예금과 당좌차월을 구별하지 않고 당좌예금으로 회계처리하며, 보고기간 말에 당좌예금이 차변잔액이면 유동자산으로 분류하고 당좌예금이 대변잔액이면 단기차입금(유동부채)으로 분류한다.

✓예제 7-2

다음은 한국㈜의 12월 거래 내역이다.

(1) 12월 1일 서울은행과 당좌예금계좌를 개설하고 현금 ₩500,000원을 입금하였다(서울은행과 약정한 당좌차월 한도는 ₩100,000이다).

(2) 12월 10일 매입처로부터 상품을 매입하고 수표 ₩200,000을 발행하였다.

(3) 12월 15일 미지급금 ₩100,000을 수표를 발행하여 상환하였다.

(4) 12월 20일 상품 ₩300,000을 매출하고 거래처가 발행한 수표를 받아 당좌예금계좌에 입금하였다.

(5) 12월 25일 상품을 매입하고 수표 ₩550,000을 발행하였다.

▶ 요구사항

1. 각 일자별 회계처리를 하라. (재고자산은 실지재고조사법으로 기록한다고 가정한다)
2. 12월 31일 당좌예금 잔액을 계산하라.
3. 12월 31일에 수행할 회계처리를 하라.

해답

1. 12월 1일 (차) 당좌예금 500,000 (대) 현 금 500,000
   12월 10일 (차) 매 입 200,000 (대) 당좌예금 200,000
   12월 15일 (차) 미지급금 100,000 (대) 당좌예금 100,000
   12월 20일 (차) 당좌예금 300,000 (대) 매 출 300,000
   12월 25일 (차) 매 입 550,000 (대) 당좌예금 550,000

2. 12월 31일 당좌예금 잔액 : (₩50,000) 즉, 대변잔액 ₩50,000

3. 12월 31일 (차) 당좌예금 50,000 (대) 단기차입금 50,000

2. 은행계정조정표

(1) 은행계정조정표와 오류의 종류

회사의 장부상 당좌예금 잔액과 은행 측 잔액은 항상 일치해야 하지만 여러 가지 이유로 서로 일치하지 않을 수 있다. 이 경우 회사는 정확한 당좌예금의 잔액을 파악하기 위해 회사의 장부상 잔액과 은행의 잔액을 일치시키는 절차를 수행해야 한다.[5] 이때 쓰이는 것이 은행계정조정표(bank reconciliation)이다. 은행계정조정표는 모든 은행계좌에 대해 작성할 수 있으나, 실무적으로 당좌예금계좌에 대한 거래가 가장 빈번하게 나타나므로 당좌예금을 중심으로 설명한다.

은행계정조정표의 주된 수정사항은 회사와 은행 간의 기록 시차에 따른 차이와 회사 또는 은행의 기장오류에서 발생한다. 보다 구체적으로 살펴보면 다음과 같다.

1) 회사와 은행 간 기록 시점의 차이로 발생하는 항목

① 미기록예금

미기록예금은 회사의 장부상 당좌예금 잔액에는 반영되어 있으나, 거래처 등으로부터 은행 마감시간 이후 입금되었거나 또는 우편으로 송금되어 아직 은행 측 잔액에 반영되지 않은 입금을 말한다. 즉, 회사는 입금을 반영하였으나, 은행이 기록하지 못한 경우를 미기록예금이라고 한다. 따라서 미기록예금이 존재하는 경우, 은행 측 잔액이 과소계상되어 있기 때문에 미기록예금을 은행 측 잔액에 가산해야 한다.

---

5) 정확한 당좌예금의 잔액을 파악해야 재무상태표에 보고되는 현금및현금성자산의 금액을 확정할 수 있다. 따라서 회사의 장부상 잔액과 은행의 잔액을 일치시키는 절차는 재무제표의 정확성을 향상시킨다고 볼 수 있다.

② 기발행미인출수표(미결제수표)

기발행미인출수표는 거래처의 대금 등을 지급하기 위해서 회사가 수표를 발행하였으나 거래처 등이 은행에서 아직 인출하지 않은 수표를 말한다. 따라서 기발행미인출수표가 존재하는 경우, 은행 측 잔액이 과대계상되어 있기 때문에 기발행미인출수표를 은행 측 잔액에서 차감해야 한다. 그러나 당좌수표가 은행에서 현금으로 인출되지 않았기 때문에 실제로 은행 측 잔액이 조정되는 것은 아니다. 다만, 정확한 당좌예금의 잔액을 파악하기 위해 은행계정조정표에서만 은행 측 잔액이 조정되는 것이다.

③ 미통지예금

미통지예금은 거래처 등이 회사의 계좌에 직접 입금하여 은행 측 잔액에는 정상적으로 반영되어 있으나 입금에 대한 통지가 회사에는 전달되지 않아 회사가 아무런 회계처리를 하지 않은 것을 말한다. 따라서 미통지예금이 존재하는 경우, 회사의 장부상 잔액이 과소계상되어 있기 때문에 미통지예금을 회사 측 잔액에 가산해야 한다.

④ 은행수수료 및 미통지출금

은행은 당좌차월이나 기타 은행서비스의 대가로 회사에 수수료를 부과한다. 은행수수료가 발생하면 은행은 동 금액을 은행 측 잔액에서 차감한다. 그러나 은행의 미통지 등과 같은 이유로 회사의 장부상 잔액에는 은행수수료 차감이 반영되지 못할 수 있다. 이 경우 은행수수료만큼 회사의 장부상 잔액이 과대계상되어 있기 때문에 은행수수료를 회사 측 잔액에서 차감해야 한다. 또한 자동이체 등으로 회사에 통보 없이 계좌에서 차감되는 항목들이 존재할 수 있다. 예를 들어, 통신비가 자동이체로 차감되는 경우 회사는 이를 바로 인지하지 못할 수 있다. 이럴 경우 회사에 통보 없이 차감된 금액만큼 회사 측 잔액을 감소시켜야 한다.

⑤ 부도수표

부도수표란 회사가 거래처로부터 받아 은행에 입금하면서 회사 측 장부상 잔액에 정상적으로 기록하였으나 거래처의 은행잔고 부족 등으로 지급이 거절된 수표를 말한다. 지급이 거절되면 은행은 해당 수표를 부도수표로 처리하고 회사의 당좌예금 잔액을 증가시키지 않는다. 따라서 부도수표가 발생하면 은행 측 잔액은 변화가 없으나, 회사 측 장부상 잔액이 증가된 상황이므로 해당 금액을 회사 잔액에서 차감해야 한다.

2) 회사 또는 은행의 기장오류로 인해 발생하는 항목

회사나 은행의 기장오류로 인해 장부상 차이가 발생할 수 있다. 예를 들어, 회사의 회계 담당자가 수표금액 ₩450,000을 잘못 기장하여 ₩45,000 또는 ₩540,000으로 기록할 수 있다. 반대로 은행 직원의 실수로 잘못된 계정명을 쓰거나 회사의 계좌가 아닌 다른 회사의 계좌에서 당좌예금을 입·출금할 수도 있다. 이러한 오류가 발생했을 때는 기장오류가 발생한 회사 잔액 또는 은행 측 잔액을 수정해야 한다.

은행계정조정표는 회사의 내부통제절차에 의해 작성되어야 한다. 회사에 독립된 내부입증절차인 내부통제원칙이 없으면 현금 횡령과 같은 부정이 이루어질 수 있다. 예를 들어, 은행계정조정표를 작성하는 현금출납원이 문서 조작 등을 통하여 현금을 횡령할 수 있고, 은행계정조정표를 허위로 작성함으로써 횡령을 감출 수 있다.

은행계정조정표를 작성함에 있어 출발점은 기말 또는 월말 시점에 회사의 수정전 장부상 잔액과 은행거래명세서의 잔액을 기입하는 것이다. 다음으로 <표 7-3>에서와 같이 여러 가지 조정을 수행한다. 그리고 마지막으로 두 잔액 간 차이의 원인이 되는 모든 조정항목을 확인한다.

표 7-3 | 은행계정조정 절차

회사의 수정전 장부상 잔액 (장부잔액에 조정)		≠	은행의 수정전 잔액 (은행잔액에 조정)	
(+)	미통지예금		(+)	미기록예금
(−)	은행수수료 또는 미통지출금		(−)	기발행미인출수표 (미결제수표)
(−)	부도수표			
(+/−)	회사기장오류		(+/−)	은행기장오류
정확한 잔액		=	정확한 잔액	

(2) 은행계정조정표 작성 예시

20×1년 4월 30일 현재 한국㈜의 장부상 당좌예금 잔액은 ₩1,110,000이고, 은행 측 잔액은 ₩1,590,000이다. 한국㈜는 은행 측 잔액과의 차이를 조정하는 과정에서 다음과 같은 원인으로 차이가 발생하였다는 것을 파악하였다.

1. 미기록예금 : 4월 30일 예금(은행은 5월 1일에 수취예정임)	₩220,000
2. 기발행미인출수표 : • No.453: ₩300,000 • No.457: ₩140,000 • No.460: ₩150,000	590,000
3. 오류 : 한국㈜가 매입채무를 결제하기 위해 수표(No.443) ₩122,000을 발행하였으나, 직원의 실수로 장부에 ₩125,000의 수표를 발행한 것으로 기록함.	3,000
4. 은행거래명세서상에서 확인된 내역 :	
① 차감 – 강남㈜가 입금한 수표 ₩40,000이 부도처리됨.	40,000
② 차감 – 수수료 ₩3,000이 부과됨.	3,000
③ 가산 – 매출채권 ₩150,000이 거래처로부터 회수되었으나, 회사에는 통지되지 않음.	150,000

한국㈜는 장부상 잔액과 은행 측 잔액과의 차이를 발생시킨 원인을 바탕으로 은행계정조정표를 작성해야 한다. 구체적으로 한국㈜가 작성해야 하는 은행계정조정표는 <표 7-4>와 같다.

표 7-4 | 은행계정조정표

은행계정조정표
20×1년 4월 30일

한국㈜ (단위 : 원)

회사 측 장부상 잔액		₩1,110,000	**은행 측 수정전 잔액**		₩1,590,000
가산 :			가산 :		
미통지예금	₩150,000		미기록예금	₩220,000	220,000
수표(No.443) 기록오류	3,000	153,000			
차감 :			차감 :		
			기발행미인출수표		
부도수표	40,000		No.453	300,000	
은행수수료 부과	3,000	(43,000)	No.457	140,000	
			No.460	150,000	(590,000)
조정 후 장부상 잔액		**₩1,220,000**	**조정 후 은행 측 잔액**		**₩1,220,000**

회사는 은행계정조정표를 통해 해당 시점의 정확한 당좌예금 잔액을 파악하게 된다. 따라서 장부상 당좌예금 잔액을 정확한 당좌예금 잔액으로 변경하기 위해 각 조정항목에 대한 수정분개를 수행해야 한다. 회사가 수정분개를 수행하지 않고, 또 이들 항목을 해당 계정에 전기하지 않는다면 당좌예금계정의 잔액은 정확하지 않을 것이다. 따라서 한국㈜는 4월 30일에 다음의 수정분개를 수행해야 한다.

■ 추심어음입금(매출채권의 회수)

거래처로부터 매출채권 ₩150,000이 회수되었으나, 한국㈜는 이를 기록하지 않았다. 따라서 회사 측 당좌예금 잔액이 ₩150,000만큼 과소계상된 것을 수정하기 위해 다음과 같이 회계처리한다.

4월 30일	(차) 당좌예금	150,000	(대) 매출채권	150,000

■ 장부상 오류

한국㈜가 발행한 수표(No.443)로 인해 ₩122,000이 은행에서 인출되었으나, 회사직원의 실수로 한국㈜의 장부에는 ₩125,000이 기록되었다. 이는 실제 당좌예금에서 인출된 금액보다 회계처리상 ₩3,000이 더 지출된 것이므로 당좌예금과 매입채무가 과다하게 상계된 것이다. 따라서 한국㈜는 당좌예금과 매입채무를 증가시키는 회계처리를 하여야 한다. 이것을 수정하기 위한 회계처리는 다음과 같다.

4월 30일	(차) 당좌예금	3,000	(대) 매입채무	3,000

■ 부도수표

부도수표가 발생한 경우 한국㈜는 해당 매출채권을 회복시키는 회계처리를 수행한다. 단, 해당 매출채권의 회수가 불가능한 것으로 판단된 경우 손상차손이라는 비용으로 처리해야 한다.[6]

6) 매출채권을 회수하지 못한 경우 자산의 손상으로 회계처리해야 한다. 이에 대한 내용은 제8장에서 자세히 설명한다.

4월 30일	(차) 매출채권	40,000	(대) 당좌예금	40,000

■ 은행수수료 부과

회사는 은행수수료 부과 금액을 수수료비용(기타비용)으로 처리한다. 이에 회계처리는 다음과 같다.

4월 30일	(차) 수수료비용	3,000	(대) 당좌예금	3,000

이상 4개의 개별 분개를 수행하는 대신에 한국㈜는 이들을 하나의 분개로 묶어서 처리할 수 있다. 또한 분개를 전기한 후, 한국㈜의 당좌예금계정은 다음과 같다.

표 7-5 | 수정 후 당좌예금 잔액

당좌예금

4월 30일 조정전 잔액	₩1,110,000	4월 30일	₩40,000
30일	150,000	30일	3,000
30일	3,000		
4월 30일 조정후 잔액	₩1,220,000		

수정분개 후 총계정원장에서의 당좌예금 잔액은 <표 7-4>의 은행계정조정표에서 조정된 장부상 당좌예금 잔액과 일치해야 한다. 그리고 회사가 은행계정조정표를 작성하면서 은행의 수정항목을 발견하였다면 은행에 통보하고 은행이 수정하도록 해야 한다. 은행계정조정표에서 은행 측 부분은 은행이 수정하는 것이기 때문에 회사는 이에 대한 수정분개 등을 수행할 필요가 없다.

다음의 <예제 7-3>을 통해서 은행계정조정표에 대한 연습을 해보자.

✓예제 7-3

한국㈜의 5월 31일 현재 장부상 당좌예금 잔액은 ₩1,332,000이었다. 은행이 보내온 한국㈜의 20×1년 5월의 은행거래명세서와 은행거래명세서를 검토하는 과정에서 발견한 사실은 다음과 같다.

5/1 잔액	₩1,265,000	5/31 잔액	₩1,428,000
차변 메모		대변 메모	
• 부도수표	₩17,000	• 매출채권의 회수	₩51,000

(1) 부도수표는 고객인 강남㈜가 발행한 것이며, 향후 회수가능성이 높은 상황이다.
(2) 은행이 회수한 만기도래 매출채권의 액면금액은 ₩50,000(이자율 연 12%, 3개월 만기)이었으며, 은행은 수수료 ₩500을 부과하였다.
(3) 5월 31일 현재 기발행미인출수표 총액은 ₩240,000이다.
(4) 5월 31일 현재 미기록예금 총액은 ₩175,000이다.
(5) 5월 10일 거래처 강서㈜에게 발행한 수표 ₩35,000이 5월 25일에 은행에서 지급되었다. 그런데 한국㈜는 이 수표를 발행하면서 ₩32,000으로 잘못 기록하였다.

▶ 요구사항

1. 5월 31일에 한국㈜가 작성할 은행계정조정표를 제시하라.
2. 한국㈜가 5월 31일에 당좌예금과 관련하여 수행할 회계처리를 하라.

해답

1.

은행계정조정표

20×1년 5월 31일

한국㈜ (단위 : 원)

회사 측 장부상 잔액		₩1,332,000	**은행 측 수정전 잔액**		₩1,428,000
가산 :			**가산 :**		
매출채권 ₩50,000과 이자 ₩1,500을 회수*, 추심수수료 ₩500 차감 (*50,000×0.12×3/12)	₩51,000	51,000	미기록예금	₩175,000	175,000
차감 :					
부도수표	17,000		**차감 :**		
수표 기록오류	3,000	(20,000)	미결제수표	240,000	(240,000)
조정된 장부상 잔액		**₩1,363,000**	**조정된 은행 측 잔액**		**₩1,363,000**

2. 5월 31일	(차) 당좌예금	51,000	(대) 매출채권	50,000
	수수료비용	500	이자수익	1,500
5월 31일	(차) 매출채권	17,000	(대) 당좌예금	17,000
5월 31일	(차) 매입채무	3,000	(대) 당좌예금	3,000

제 3 절 소액현금제도

회사는 현금 지출에 대한 내부통제의 일환으로 전도금제도(imprest system)의 일종인 소액현금제도를 운용한다.7) 회사의 각 부서는 업무를 수행하는 과정에서 소액의 경비를 지출할 수밖에 없다. 예를 들어, 업무를 수행하는 데 교통비와 식비 등과 같은 경비가 지출되는 것이다. 이와 같은 각 부서의 소액 경비를 회계부서에서 일일이 수표를 발행하여 지급하고 회계처리를 하게 되면 회계부서는 과중한 업무로 본연의 업무를 효율적으로 수행할 수 없다. 이러한 측면에서 회사는 각 부서가 필요로 하는 소액의 경비를 미리 지급하고, 정기적으로(월말 또는 분기말) 지출 내역을 보고받고 사용한 지출만큼 다시 보충하는 소액현금제도를 운영하고 있다. 소액현금제도의 절차는 크게 소액현금의 설정, 지출 및 보충의 세 단계로 이루어진다.

(1) 소액현금의 설정

소액현금제도를 수립할 때 회사는 소액현금에 대해 책임을 지는 각 부서의 담당자를 지정한 다음 소액현금의 규모를 결정한다. 예를 들어, 한국㈜가 3월 1일에 인사팀에게 소액현금을 설정하기로 결정하고 당좌수표를 발행하여 ₩200,000을 지급하였다면 이에 대한 회계처리는 다음과 같다.8)

---

7) '전도금'이라는 용어는 지정된 목적을 위해 미리 설정된 돈을 의미한다.

8) 소액현금제도를 위해 설정된 금액은 소액현금이라는 별도의 계정으로 회계처리한다. 왜냐하면 기업이

3월 1일	(차) 소액현금	200,000	(대) 당좌예금	200,000

대부분의 소액현금제도는 정액기준으로 설정되는데, 설정된 소액현금의 크기를 회사가 변경하지 않는 한 소액현금계정에 대한 추가적인 분개는 발생하지 않는다. 그러나 소액현금을 증액하기로 결정했다면 추가적인 분개가 필요하다. 만약 7월 1일에 회사가 인사팀의 소액현금 규모를 ₩200,000에서 ₩300,000으로 증액하기로 결정하였다면, 소액현금 ₩100,000을 차변에 기록하고 당좌예금 ₩100,000을 대변에 기록한다.

7월 1일	(차) 소액현금	100,000	(대) 당좌예금	100,000

(2) 소액현금의 지출

소액현금 담당자는 회사가 정한 소액현금 규정에 따라 소액현금을 사용한다. 일반적으로 소액현금에서 사용되는 지출 규모를 제한하기 때문에 특정 형태의 거래(예 : 직원에 대한 단기대여)에 소액현금을 사용하는 것은 허용되지 않는다.

소액현금의 지출은 사전에 번호가 기록된 소액현금 영수증(또는 소액현금전표)으로 문서화되어야 한다. 운송비 청구서 또는 송장과 같은 다른 증거자료가 있다면 소액현금 영수증에 첨부한다.

소액현금 담당자는 소액현금이 보충되는 시점까지 영수증을 보관하여 소액현금 영수증과 소액현금 잔액의 합계가 설정된 소액현금 총액과 일치하는지를 확인하고 회계부서에 제출한다. 이때 회계부서는 소액현금 담당자가 지출한 소액현금이 회사가 정한 기준대로 정확하게 유지되고 있는지를 확인해야 한다. 여기서 중요한 점은 각 부서가 소액현금에서 실제로 지출할 때 지급과 관련된 거래를 회계부서가 기록하지 않는다는 것이다. 대신에 업무의 편의를 도모하기 위해 회계부서는 소액현금을 보충하는 시점에 소액현금의 지출과 관련된 거래를 기록한다.

보유한 현금과 사용목적 및 용도가 다르기 때문이다. 그러나 재무제표를 보고하는 시점에는 현금및현금성자산에 포함되어 보고된다. 한편 신용카드의 활용도가 높아짐에 따라 소액의 경비지출을 법인신용카드로 지급하는 기업들이 늘고 있다.

(3) 소액현금의 보충

회계부서는 정기적으로(월말 또는 분기말) 또는 소액현금이 적정수준 이하가 될 때 소액현금을 보충한다. 소액현금 담당자는 소액현금 영수증과 소액현금 지출에 대한 지급명세를 작성하여 지출된 소액현금의 보충을 회계부서에게 요청한다. 회계부서는 소액현금에서 적절한 지출이 이루어졌는지를 소액현금 영수증과 증거자료로 검토한 후, 소액현금의 보충 요청을 승인하고 설정된 금액만큼 소액현금을 지급한다.

앞의 예에 이어 인사팀의 소액현금 담당자가 3월 31일에 ₩170,000의 소액현금 보충을 요청하였고, 회계부서가 즉시 당좌수표를 발행하여 소액현금을 보충해 주었다고 하자. 인사팀의 소액현금이 현금보유액 ₩30,000과 소액현금 영수증(우편요금 ₩90,000, 운송비 ₩70,000, 소모품비 ₩10,000)으로 구성되어 있는 경우 회계부서가 수행하는 회계처리는 다음과 같다.

3월 31일	(차) 우 편 료	90,000	(대) 소액현금	170,000
	운 송 비	70,000		
	소모품비	10,000		
	(차) 소액현금	170,000	(대) 당좌예금	170,000

위 분개는 소액현금의 지출분개와 소액현금의 보충분개로 구성되어 있다. 소액현금의 지출분개와 보충분개를 통해 소액현금계정의 총액에 아무런 변화가 없다는 것을 알 수 있다. 즉, 소액현금의 지출분개로 소액현금의 총액이 감소하지만, 보충분개로 소액현금이 감소한 금액만큼 다시 보충되기 때문이다.[9]

한편, 소액현금을 보충하는 과정에서 소액현금 담당자와 회계부서는 현금과부족이 발생하였는지를 확인할 필요가 있다. 현금과부족은 회사가 실제로 보유한 현

9) 소액현금 지출분개와 보충분개가 동일한 시점에 이루어진다면 두 개의 분개를 하나로 합쳐 다음과 같이 나타낼 수 있다.

(차) 우 편 료	90,000	(대) 당좌예금	170,000
운 송 비	70,000		
소모품비	10,000		

금의 금액과 장부상에 기록된 금액이 서로 일치하지 않기 때문에 나타나는 현상을 의미한다. 소액현금의 경우 소액현금 보관함에 남아있는 현금과 소액현금 영수증의 합계가 설정된 소액현금 총액과 일치하지 않을 때 현금과부족이 발생한다.

예를 들어, 3월 31일에 인사팀의 소액현금 담당자가 ₩30,000이 아닌 ₩28,000의 현금을 보유하고 있다면 ₩2,000에 대한 증빙이 없어 현금이 부족한 것이 된다. 이때 요청할 금액은 소액현금이 ₩200,000이 되도록 ₩172,000(₩200,000 - ₩28,000)이 된다. 또한 회계부서는 다음과 같이 회계처리해야 한다.

3월 31일	(차) 우 편 료	90,000	(대) 소액현금	172,000
	운 송 비	70,000		
	소모품비	10,000		
	현금과부족	2,000		
	(차) 소액현금	172,000	(대) 당좌예금	172,000

반대로 소액현금 담당자가 ₩33,000의 현금을 보유하고 있다면 요청할 보충금액은 ₩167,000(₩200,000 - ₩33,000)이 되며, 이 경우 회계부서는 현금과부족 ₩3,000(초과분)을 대변에 기록하게 된다.

3월 31일	(차) 우 편 료	90,000	(대) 소액현금	167,000
	운 송 비	70,000	현금과부족	3,000
	소모품비	10,000		
	(차) 소액현금	167,000	(대) 당좌예금	167,000

현금과부족은 그 원인이 밝혀질 때까지 임시계정으로 남아있게 된다. 다만, 결산 시까지 원인이 밝혀지지 않는 경우, 회사는 현금과부족 차변잔액을 포괄손익계산서에 잡손실(기타비용)로 보고하고 현금과부족 대변잔액을 잡이익(기타수익)으로 처리한다. 현금과부족의 잔액이 차변에 있다는 것은 실제로 보유한 현금의 금액이 장부상에 기록된 금액보다 작다는 것을 의미하므로 회사의 입장에서 손실이 된다. 따라서 이를 잡손실(기타비용)로 보고하는 것이다.

이제 <예제 7-4>를 통해 소액현금제도에 대한 회계처리를 연습해 보자.

✓예제 7-4

한국㈜는 소액현금제도를 운용하고 있다. 한국㈜의 소액현금 운용주기는 1개월이고 각 부서의 소액현금 설정액은 ₩1,000,000이다. 20×1년 1월 1일에 회계부서는 당좌수표를 발행하여 영업팀의 소액현금 담당자에게 소액현금을 전달하였으며, 영업팀의 1월 한 달간 소액현금 사용내역은 다음과 같았다.

우편료	₩250,000
운송비	300,000
소모품비	400,000

20×1년 1월 31일 현재 소액현금 잔액은 ₩30,000이며, 영업팀의 소액현금 담당자는 1월 31일에 ₩970,000의 소액현금 보충을 회계부서에 요청하고 지급받았다.

▶▶ 요구사항

1. 소액현금과 관련하여 1월 한 달간의 회계처리를 하라.
2. 기말까지 현금과부족에 대한 원인을 파악하지 못한 경우 회계처리를 제시하라.

해답

	일자	차변	금액	대변	금액
1.	1월 1일	(차) 소액현금	1,000,000	(대) 당좌예금	1,000,000
	1월 31일	(차) 우 편 료	250,000	(대) 당좌예금	970,000
		운 송 비	300,000		
		소모품비	400,000		
		현금과부족	20,000		
2.	12월 31일	(차) 잡손실	20,000	(대) 현금과부족	20,000

제 4 절 재무제표 표시

회사는 실제 보유한 현금, 은행에 예치된 현금(보통예금과 당좌예금 등 요구불예금), 그리고 소액현금을 합하여 총액을 단순히 '현금'으로 분류한다. 현금과 더불어 현금성자산을 포함하여 재무상태표에 <표 7-6>과 같이 '현금및현금성자산'으로 표시한다. 현금및현금성자산은 회사가 보유한 자산 가운데 가장 유동성이 높기 때문에 유동자산 중에서 가장 먼저 표시된다.

실제 재무제표에 보고되는 내용을 보면 회사가 보유한 유동자산 중에 현금및현금성자산이 차지하고 있는 비중이 크지 않다는 것을 알 수 있다. 앞에서 설명한 바와 같이 각 기업은 자신의 상황에 맞게 적정수준의 현금및현금성자산을 보유할 필요가 있다. 한편 <표 7-7>과 같이 주석을 통해 현금및현금성자산의 구체적인 내역을 파악할 수 있다.

표 7-6 | 현금및현금성자산의 표시

부분재무상태표

제 12 기: 20×2년 12월 31일 현재
제 11 기: 20×1년 12월 31일 현재

한국㈜ (단위 : 백만원)

과 목	20×2년		20×1년	
자산				
Ⅰ. 유동자산		**2,106,824**		**1,723,566**
현금및현금성자산	13,869		10,611	

표 7-7 | 한국㈜의 재무제표 주석사항 (단위 : 백만원)

구 분	20×2.12.31	20×1.12.31
현금시재	13,074	10,217
보통예금	795	394
합 계	13,869	10,611

주석.

(4) 현금성자산

현금및현금성자산은 보유중인 현금, 은행예금, 기타 취득일 현재 만기일이 3개월 이내에 도래하는 매우 유동적인 단기 투자자산을 포함하고 있습니다. 보고기간 종료일 현재 회사의 현금및현금성자산 내역은 다음과 같습니다(단위 : 백만원).

회사는 특정 목적을 위해 사용이 제한되는 현금을 보유할 수 있다. 급여와 임금을 지급하기 위한 급여지급은행계정이 그 예가 될 수 있다. 새로운 건물을 신축하기 위한 건물신축기금이 또 다른 예가 될 수 있다. 회사는 재무상태표에 사용이 제한된 현금(restricted cash)을 별도로 보고해야 한다. 회사가 차기 연도 내에 사용이 제한된 현금을 사용할 것으로 기대한다면 유동자산으로 보고하고, 그렇지 않은 경우 비유동자산으로 보고한다. 급여지급은행계정은 일반적으로 다음 급여지급일에 사용될 것이기 때문에 유동자산으로 분류한다. 반면 새로운 건축이 차기 연도 내에 시작되지 않을 것이라면, 건물신축기금은 비유동자산으로 분류한다. 추가적으로 당좌개설보증금도 당좌예금거래계약을 해지할 때까지 찾을 수 없다는 점에서 장기금융상품(비유동부채)으로 구분된다.

요 약

1. 현금의 정의

회사가 실제 보유하고 있는 통화(지폐와 동전), 통화대용증권, 요구불예금(보통예금과 당좌예금) 등으로 정의된다.

2. 현금성자산의 정의

투자나 다른 목적이 아닌 단기의 현금 수요를 충족하기 위한 목적으로 보유하는 자산을 의미한다. 투자자산이 현금성자산으로 분류되기 위해서는 확정된 금액의 현금으로 전환이 용이하고, 가치변동의 위험이 경미해야 한다.

3. 현금에 대한 관리 및 통제의 필요성

현금은 기업이 보유하고 있는 자산 중에서 유동성이 가장 높은 자산이기 때문에 회계부정이 발생하지 않도록 적절한 현금관리 및 통제가 필요하다.

4. 내부통제의 정의

내부통제는 회사의 자산을 보호하고 회계기록의 정확성과 신뢰성을 향상시키기 위해서 조직 내에 도입한 방법과 절차이다.

5. 은행계정을 이용한 현금의 물리적 통제

당좌예금 등 은행계정의 활용은 현금의 관리 및 보관에 대한 물리적 통제를 제공함으로써 효율적인 내부통제의 운용에 기여한다. 은행계정은 회사가 보관해야만 하는 화폐 총액을 최소화시켜주며, 은행거래에 대한 이중기록을 가능하게 한다.

6. 은행계정조정표 작성

은행계정조정은 회사의 장부상 당좌예금 잔액과 은행의 잔액을 정확한 금액으로 조정하는 절차이다. 조정절차의 단계에서 수정항목으로는 미기록예금, 기발행미인출수표(미결제수표), 미통지예금, 은행수수료 및 미통지출금, 부도수표, 회사 또는 은행에 의한 기장오류 등이 있다.

7. 소액현금제도의 운용

회사는 각 부서가 필요로 하는 소액의 경비를 미리 지급하고, 정기적으로(월말 또는 분기말) 지출 내역을 보고받고 사용한 지출만큼 다시 보충하는 소액현금제도를 운용한다. 소액현금제도 절차는 크게 소액현금의 설정, 지출 및 보충의 세 단계로 이루어진다.

8. 현금의 보고

회사는 현금을 현금성자산과 함께 '현금및현금성자산'으로 재무상태표의 유동자산 부분에 첫 번째로 표시한다. 그러나 특정 목적을 위해 사용이 제한된 현금은 별도로 현금이 사용될 것으로 기대되는 시점에 따라 유동자산 또는 비유동자산으로 보고한다.

용어정리

기발행미인출수표	거래처의 대금 등을 지급하기 위해서 회사가 수표를 이미 발행하였으나 거래처 등이 은행에서 인출하지 않은 수표를 말하며, 미결제수표라고도 함
내부통제	기업의 자산을 보호하고 회계기록의 정확성과 신뢰성을 향상시키기 위해 조직 내에 도입한 모든 관련 방법과 절차
미기록예금	회사의 장부상 당좌예금 잔액에는 반영되어 있으나, 거래처 등으로부터 은행 마감시간 이후 입금되었거나 또는 우편으로 송금되어 아직 은행 측 잔액에 반영되지 않은 예금
미통지예금	거래처 등이 은행에 직접 입금하여 은행 측 잔액에는 정상적으로 반영되어 있으나 입금에 대한 통지가 회사에는 전달되지 않아 회사에서 아무런 회계처리를 하지 않은 예금
부도수표	당좌예금 잔액이나 당좌차월한도액을 초과하여 발행한 수표로 은행에서 지급이 거절된 수표
소액현금제도	회사가 각 부서가 필요로 하는 소액의 경비를 미리 지급하고, 정기적으로(월말 또는 분기말) 지출 내역을 보고받고 사용한 지출만큼 다시 보충하는 제도
수표	예금주가 서명하고 지정된 수취인에게 특정 금액을 은행이 지급하도록 요구하는 요청서
은행거래명세서	회사의 요청에 따라 은행이 발행하는 예금의 거래내역과 예금잔액을 명시한 증명서
은행계정조정	정기적으로 회사의 장부상 당좌예금계정에 관한 기록과 은행이 독립적으로 유지하고 있는 해당 회사에 대한 당좌예금 잔액과의 일치 여부를 확인하는 절차
은행수수료	회사가 은행의 제반 서비스를 이용하고 지불하는 비용
전표시스템	컴퓨터에 전표서식 데이터를 입력하여 사무자동화 시스템으로 처리하는 것

현금	통화(동전 및 지폐), 통화대용증권(수표, 우편환 등) 또는 요구불예금(보통예금, 당좌예금)으로 구성된 자산
현금성자산	유동성이 매우 높은 자산으로서 확정된 금액으로의 현금전환이 용이하고 가치변동의 위험이 중요하지 않은 자산

EXERCISES

연습문제

객관식

[문제 1] 한국㈜가 20×1년 말 현재 다음과 같은 자산을 보유하고 있다면, 20×1년도 말 재무상태표에 표시할 현금및현금성자산의 금액은 얼마인가? 〈난이도: 하〉 (2022 경영지도사)

보통예금	₩5,000	정기예금(만기: 20×2년 12월 31일)	₩3,000
당좌예금	20,000	당좌개설보증금	10,000
차용증서	15,000	타인발행수표	50,000

① ₩50,000 ② ₩75,000 ③ ₩78,000
④ ₩88,000 ⑤ ₩103,000

[문제 2] 다음은 한국㈜의 20×1년 말 재무자료에서 발췌한 자료이다. 20×1년 말 재무상태표의 현금및현금성자산으로 보고될 금액은 얼마인가? (단, 한국㈜의 표시통화는 원화(₩)이다.) 〈난이도: 중〉 (2022 주택관리사 수정)

당좌차월	₩30,000	당좌개설보증금	₩34,000
타인발행수표	10,000	양도성예금증서(취득일 20×1년 12월 1일, 만기일 20×2년 3월 20일)	53,000
우편환증서	26,000		
자기앞수표	25,000	외국환 통화(외국환 통화에 적용될 환율은 $1=₩1,100이다.)	$20
지급기일이 도래한 배당금지급통지표	45,000		

① ₩98,000 ② ₩128,000 ③ ₩162,000
④ ₩181,000 ⑤ ₩215,000

[문제 3] 한국㈜의 20×1년 말 당좌예금계정 잔액은 ₩90,000으로 은행으로부터 수령한 은행거래명세서의 예금잔액과 일치하지 않았다. 불일치에 대한 원인이 다음과 같을 때, 정확한 당좌예금계정의 잔액은 얼마인가? 〈난이도: 중〉 (2020 경영지도사)

- 한국㈜가 은행에 입금한 ₩10,000을 은행 측이 아직 입금으로 기록하지 않았다.
- 자동이체를 신청한 전기요금 ₩15,000이 차감되었지만, 한국㈜는 모르고 있었다.
- 부도수표 ₩20,000이 발생하였지만 한국㈜는 통보받지 못하였다.

① ₩45,000 ② ₩55,000 ③ ₩60,000
④ ₩75,000 ⑤ ₩80,000

[문제 4] 다음 중 현금과부족계정에 대한 설명으로 옳지 <u>않은</u> 것은? 〈난이도: 하〉 (2018 회계관리2급 수정)

① 일시적으로 사용하는 임시계정이다.
② 실제의 현금잔액과 장부상의 현금잔액이 일치하지 않을 경우에 사용하는 계정이다.
③ 현금과부족의 원인이 밝혀지면 해당 계정으로 대체해야 한다.
④ 결산일 현재 원인파악이 불가능한 경우 현금과부족계정으로 처리한다.

[문제 5] 다음 자료를 이용하여 계산한 기말 당좌차월 금액은 얼마인가? 〈난이도: 중〉 (2016 회계관리2급 수정)

- 한국㈜는 은행과 ₩1,000,000을 한도로 당좌차월 계약을 체결하였다.
- 기초 당좌예금의 잔액은 ₩500,000이다.
- 기중에 상품의 매입대금으로 ₩1,000,000의 수표를 발행하여 지급하였다.
- 기중에 상품의 판매대금 ₩200,000을 당좌예금계좌에 입금하였다.

① ₩100,000 ② ₩150,000 ③ ₩300,000
④ ₩500,000

주관식

[문제 1] 현금및현금성자산(1) 〈난이도: 중〉

다음은 한국㈜의 20×1년 12월 31일 결산일 현재 현금과 예금 등의 내역이다.

지폐와 동전	₩40,000	배당금지급통지표	₩65,000
타인발행수표	130,000	만기가 도래한 국채이자표	87,000
정기적금(1년 이내 만기도래)	500,000	직원가불금	130,000
수입인지	6,000	환매채(90일 환매조건)	160,000
우편환증서	210,000	우표	4,000
선일자수표	60,000	당좌개설보증금	100,000

〈요구사항〉

한국㈜의 20×1년 12월 31일 결산일 현재 재무상태표에 표시될 현금및현금성자산의 금액은 얼마인가?

[문제 2] 현금및현금성자산(2) 〈난이도: 상〉

다음은 한국㈜의 20×1년 12월 31일 결산일 현재 현금및현금성자산 및 장·단기 금융상품과 관련된 계정잔액이다.

지폐와 동전	₩100,000	보통예금	₩370,000
당좌예금(A은행)	340,000	당좌차월(B은행)	140,000
당좌개설보증금	150,000	우편환증서	70,000
배당금지급통지표	110,000	환매채(90일 환매조건)	200,000
정기예금(1년 만기)	2,000,000	정기적금(1년 만기)	1,500,000
양도성예금증서(120일 만기)	500,000	타인발행당좌수표	300,000
직원가불금	120,000	만기가 도래한 국채이자표	60,000
우표	20,000	수입인지	30,000

〈요구사항〉

한국㈜의 20×1년 12월 31일 결산일 현재 재무상태표에 표시될 현금및현금성자산의 잔액을 구하라.

[문제 3] 내부통제(1) 〈난이도: 중〉

다음의 통제절차는 한국㈜가 카운터에서 직접 현금을 수취하는 데 사용된다.

(1) 모든 카운터에서의 현금 수취는 하나의 현금인출기를 가진 금전등록기를 사용하는 4명의 직원에 의해 기록된다.

(2) 도난의 위험을 최소화하기 위해 ₩200,000을 초과하는 현금은 밀실에 있는 잠기지 않는 책상 서랍에 보관되어 있다.

(3) 각 직원은 하루 일과가 끝나는 시점에 현금 수취액을 계산하고 금전등록기 총액으로 조정한다.

(4) 장부기록 직원은 그날의 현금 수취를 기록하기 위해 분개를 수행한 후 은행에 예금한다.

(5) 자금을 보호하기 위해 현금출납원은 휴가를 가지 않는다.

〈요구사항〉

1. 각 절차에 대해 내부통제의 취약점을 설명하고 위반된 내부통제원칙은 무엇인지 설명하라.
2. 각 절차의 취약점에 대해 내부통제를 개선할 수 있는 방안을 제안하라.

[문제 4] 내부통제(2) 〈난이도: 중〉

강남㈜에서는 수표를 발행하는 권한을 구매직원과 재무담당자가 모두 가지고 있기 때문에 수표에 미리 번호를 매기지 않고 있다. 각 서명자는 잠금장치가 없는 캐비닛에 보관된 미발행수표에 접근할 수 있다. 구매직원은 판매를 위해 구입한 상품에 관련된 모든 계산서를 지불한다. 지불을 하기 전, 구매직원은 상품을 수령했는지 파악하고 판매회사의 송장이 정확한지를 확인한다. 지불 후에 송장은 판매회사에 의해 정리되고, 구매직원은 지출에 대한 분개를 기록한다. 재무담당자는 권한을 부여받은 직원이 승인한 다른 모든 계산서에 대해 지불한다. 지불 후에 재무담당자는 모든 계산서에 "지불됨"이라는 도장을 찍고, 지불된 날짜순으로 정리하며, 현금 지출 분개에 수표를 기록한다. 강남㈜는 재무담당자에 의해 조정되는 하나의 당좌예금을 유지하고 있다.

〈요구사항〉

1. 현금 지출에 대한 내부통제의 취약점을 나열하라.
2. 재무담당자에게 내부통제의 개선을 위해 어떤 점을 조언해야 하는지 설명하라.

[문제 5] 은행계정조정표(1) 〈난이도: 하〉

다음은 강남㈜와 관련된 정보이다.

(1) 20×1년 7월 31일 회사의 장부상 당좌예금 잔액 : ₩255,000
(2) 거래은행으로부터 확인된 20×1년 7월 31일 당좌예금 잔액 : ₩254,000
(3) 강남㈜가 기록하지 않은 7월 은행수수료 부과액 : ₩1,000
(4) 20×1년 7월 31일 미기록예금 : ₩52,000
(5) 7월에 거래은행은 강남㈜의 매출채권 ₩30,000과 이자 ₩3,000을 회수하고, 추심수수료 ₩1,000을 차감하였음(단, 강남㈜는 매출채권의 회수를 기록하지 않았으며, 이자수익도 인식하지 않았음).
(6) 20×1년 7월 31일 기발행미인출수표 : ₩20,000

〈요구사항〉
1. 이상의 자료를 이용하여 20×1년 7월 31일 강남㈜의 은행계정조정표를 작성하라.
2. 20×1년 7월 31일 강남㈜가 당좌예금과 관련하여 수행할 수정분개를 하라.

[문제 6] 은행계정조정표(2) 〈난이도: 중〉

강서㈜는 제조업을 영위하고 있는 회사이다. 20×1년 5월 31일 회사의 총계정원장의 현금계정은 다음의 잔액을 보고하였다.

현 금

날짜	설명	참조	차변	대변	잔액
5월 31일	잔액				₩678,000

같은 날에 서울은행으로부터 다음의 정보를 담고 있는 은행거래명세서를 받았다.

서울은행

수표와 차변	예금과 대변	일별 잔액	
×××	×××	5/31	₩681,000

은행거래명세서의 세부사항과 회사의 장부상 현금계정의 세부사항을 비교한 결과, 차이의 원인으로 다음과 같은 사실이 밝혀졌다.

(1) 은행거래명세서는 추가적인 수수료 ₩4,000의 차변 메모를 포함하고 있다.
(2) 5월 12일에 상품의 판매대금 ₩83,000이 은행에 입금되었다. 강서㈜의 현금 수취분개장 기입과 예금전표는 ₩84,000으로 잘못 기록되었다. 서울은행은 정확한 금

액으로 강서㈜의 당좌계좌에 입금처리하였다.

(3) 5월 31일 기발행미인출수표 총액은 ₩51,000이고, 미기록예금은 ₩94,000이었다.

(4) 5월 18일에 강서㈜는 매입채무의 상환을 위해 한국㈜에게 No.1181의 수표 ₩68,000을 발행하였다. 수표는 5월 중에 은행에서 결제되었고, 강서㈜는 ₩65,000으로 잘못 분개하고 전기하였다.

(5) 은행은 강서㈜의 받을어음 ₩200,000과 이자 ₩8,000을 회수하였고, 이에 대한 추심수수료 ₩2,000을 부과하였다. 그러나 강서㈜는 동 거래를 인식하지 않았다.

(6) 무효화된 수표를 포함하고 있는데, 이는 강남㈜가 김정호에게 발행한 수표 ₩60,000이었으며, 은행이 강서㈜에 잘못 부과하였다.

(7) 5월 31일 은행거래명세서에는 강서㈜의 고객인 최규화가 강서㈜에게 발행한 수표 ₩92,000이 부도수표 처리되었음을 보여주고 있다. 부도수표의 회수가능성이 높은 상황이다.

〈요구사항〉

1. 이상의 자료를 이용하여 20×1년 5월 31일에 강서㈜가 작성할 은행계정조정표를 제시하라.
2. 20×1년 5월 31일 강서㈜가 당좌예금과 관련하여 수행할 수정분개를 제시하라.

[문제 7] 은행계정조정표(3) 〈난이도: 상〉

20×1년 8월 31일 행당은행에서 보내온 한국㈜의 은행거래명세서는 다음의 정보를 담고 있다.

8월 1일 잔액	₩176,000	은행 대변 메모 :	
8월 예금	731,000	매출채권 회수	₩69,000
8월에 결제된 수표	715,000	이 자	1,000
8월 31일 잔액	260,000	은행 차변 메모 :	
		은행수수료	2,000

20×1년 8월 31일에 한국㈜의 총계정원장에 있는 현금계정의 요약은 다음을 보여준다.

- 8월 1일 잔액 : ₩169,000
- 현금 수취 : ₩770,000
- 현금 지출 : ₩736,000
- 8월 31일 잔액 : ₩203,000

분석에 의하면, 7월 31일 은행계정조정표의 조정항목은 미기록예금 ₩40,000과 기발행미인출수표 ₩45,000뿐이었다. 미기록예금은 8월에 은행이 기록한 첫 예금이었다. 또한 8월에 매출채권의 추심 및 수표인출과 관련하여 다음과 같은 오류가 있었다고 판단하였다.

(1) 8월 중에 거래처에서 매출채권에 대한 회수대금 ₩4,000을 입금하였으나 한국㈜가 ₩2,000으로 회계처리하였다.

(2) 종업원에게 급여로 지급한 수표 ₩2,000을 은행이 ₩3,000으로 기록하였다.

〈요구사항〉

1. 이상의 자료를 이용하여 20×1년 8월 31일에 한국㈜가 작성할 은행계정조정표를 제시하라.
2. 20×1년 8월 31일 한국㈜가 당좌예금과 관련하여 수행할 수정분개를 제시하라(단, 매출채권에 대한 이자는 인식하지 않았다고 가정한다).

[문제 8] 소액현금제도(1) 〈난이도: 하〉

서울㈜는 5월 1일에 당좌수표 ₩100,000을 영업부서에 지급하고 소액현금을 설정하였다. 서울㈜의 회계부서는 사용한 현금에 대하여 정산함과 동시에 6월 1일 및 7월 1일에 소액현금을 보충하였다.

6월 1일 :
- 소액현금 잔액 : ₩4,000
- 영수증 : 배송료 ₩32,000, 우편료 ₩39,000, 잡손실 ₩25,000

7월 1일 :
- 소액현금 잔액 : ₩3,000
- 영수증 : 배송료 ₩21,000, 우편료 ₩51,000, 잡손실 ₩25,000

7월 10일에 서울㈜가 영업부서에 설정한 소액현금 금액이 ₩100,000에서 ₩150,000으로 증가하여, 당좌수표 ₩50,000을 추가로 지급하였다.

〈요구사항〉

서울㈜의 입장에서 위 거래사항에 대한 회계처리를 일자별로 수행하라.

[문제 9] 소액현금제도(2) 〈난이도: 중〉

강남㈜는 소액 지출을 위해 11월 1일부터 소액현금제도를 실시하고 있다. 다음의 거래가 2개월 동안 발생하였다.

11월 1일: 당좌수표 ₩200,000을 발행하여 소액현금을 설정하였다.

30일: 수표 ₩195,000을 발행함으로써 소액현금을 보충하였다. 소액현금은 ₩5,000의 현금잔액과 다음의 소액현금 영수증으로 구성된다.

- 배 송 료 : ₩95,000
- 우 편 료 : ₩50,000
- 소모품비 : ₩45,000

12월 1일: 수표 ₩100,000을 발행함으로써 소액현금제도의 설정금액을 ₩300,000으로 증가시켰다.

31일: 수표 ₩281,000을 발행함으로써 소액현금을 보충하였다. 소액현금은 ₩19,000의 현금잔액과 다음의 소액현금 영수증으로 구성된다. 한편 기말까지 현금과부족에 대한 원인은 파악하지 못하였다.

- 우 편 료 : ₩145,000
- 소모품비 : ₩90,000
- 배 송 료 : ₩45,000

〈요구사항〉

1. 강남㈜의 입장에서 위 거래사항에 대한 회계처리를 일자별로 수행하라.
2. 소액현금계정에 전기하라.

CHAPTER 08

수취채권

제 1 절 수취채권의 유형

제 2 절 매출채권

제 3 절 어 음

제 4 절 재무제표 표시와 분석

학습목표

Learning Objectives

수취채권이란 기업이 영업활동을 수행하는 과정에서 재화나 용역을 외상으로 판매하거나 자금을 대여하고 그 대가로 미래에 현금을 수취할 권리를 획득하는 경우에 발생하는 채권을 말한다. 미래에 경제적 효익의 유입을 가져온다는 점에서 수취채권은 매우 중요한 자산이며, 회계처리에 면밀한 주의와 관리가 필요하다. 특히 매출의 상당 부분이 신용으로 이루어지기 때문에 매출채권은 수취채권 중에 가장 큰 비중을 차지한다.

이번 장에서는 수취채권 중 비중이 큰 매출채권을 중심으로 매출채권의 인식과 처분(회수)을 중심으로 학습할 것이다. 또한 회수할 수 없는 채권을 상각할 때 수행하는 회계처리에 대해 학습한다.

본 장에서 학습할 주요 내용을 요약하면 다음과 같다.

- 수취채권의 유형
- 매출채권
    - 매출채권의 인식
    - 매출채권의 평가 : 손상
    - 매출채권의 처분
- 어 음
    - 만기일 결정
    - 이자 계산
    - 어음의 인식
    - 어음의 평가
    - 어음의 처분
- 재무제표 표시와 분석

제 1 절 수취채권의 유형

수취채권(receivables)이란 기업이 영업활동을 수행하는 과정에서 재화나 용역을 외상으로 판매하거나 자금을 대여하고 그 대가로 미래에 현금을 수취할 권리를 획득하는 경우에 발생하는 채권을 말한다. 수취채권 중 재화 및 용역의 제공이라는 일반적인(주된) 영업활동에서 발생한 채권은 매출채권으로, 일반적인 영업활동 이외의 활동에서 발생한 채권은 기타채권(비매출채권)으로 분류한다. 수취채권은 기업이 미래에 현금으로 회수할 것으로 기대되는 청구권이기 때문에 금융자산에 속한다. 수취채권을 제외한 금융자산은 제11장에서 자세히 다룰 예정이다.

매출채권(trade receivables)은 외상매출금과 받을어음으로 구분되는데 매출채권 중 재고자산 또는 용역의 제공이라는 일반적인 영업활동으로 인해 발생한 채권을 외상매출금(accounts receivable)이라 하고, 일반적인 영업활동에서 발생한 어음상의 채권을 받을어음(notes receivable)이라 한다.[1] 한국채택국제회계기준에서는 외상매출금과 받을어음을 구분하지 않고 매출채권으로 통합하고 있으므로 재무상태표에 외상매출금과 받을어음을 합쳐 매출채권으로 표시한다.[2] 예를 들어, 슈퍼마켓에서 상품을 판매하고 고객이 신용카드로 결제를 하였다고 하자. 이 경우 슈퍼마켓은 상품을 판매하고 대금을 바로 수령한 것이 아니기 때문에 외상판매한 것으로 봐야 한다. 따라서 슈퍼마켓은 상품의 외상판매를 매출채권이라는 계정을 사용해 기록해야 한다. 이와 같이 일반적인 영업활동에서 외상거래가 빈번하게 발생하기 때문에 수취채권 중에서 매출채권이 차지하는 비중은 클 수밖에 없다.

기타채권(비매출채권)은 일반적인(주된) 영업활동 이외의 거래에서 발생하며 재무상태표에 별도의 항목으로 보고한다. 기타채권의 예로는 미수금, 미수수익, 대여금 등을 들 수 있다. 미수금은 비품, 토지 등 재고자산 이외의 자산을 외상으로

---

1) 판매한 재화 또는 제공한 용역에 대한 대가를 고객이 미래에 지급하겠다고 구두로 약속한 경우 **외상매출금**이라는 계정을 사용하고, 고객이 미래에 지급하겠다고 문서로 약속한 경우 **받을어음**으로 분류한다.

2) 회계기간 중에 기업은 외상매출금과 받을어음을 구분하여 회계처리할 수 있다. 그러나 재무상태표에는 외상매출금과 받을어음을 통합하여 매출채권으로 표시해야 한다.

매각하였을 때 발생한 수취채권이다. 미수수익은 매출 이외의 수익으로 이자수익, 임대료수익 등과 같이 기간경과에 따라 수익이 발생하였으나 기일이 도래하지 않아 받지 못한 경우에 인식하는 수취채권이다. 그리고 대여금은 다른 기업 등에게 현금을 대여해 주고 만기일에 상환받기로 약속한 채권을 말한다.

제 2 절 매출채권

앞에서 살펴본 바와 같이 매출채권은 기업의 자산 중에서 규모가 큰 자산 중의 하나이다. 따라서 매출채권과 관련된 회계처리는 매우 중요하다고 할 수 있다. 매출채권의 회계처리는 인식과 평가 그리고 처분이라는 세 가지로 분류할 수 있다.

1. 매출채권의 인식

제5장에서 상품의 신용판매가 매출채권에 미치는 영향을 살펴보았다. 복습 차원에서 예를 들면 다음과 같다.

한국㈜는 20×1년 1월 1일에 2/10, *n*/30의 조건으로 상품 ₩2,000,000어치를 강남㈜에 신용판매하였다. 1월 10일 한국㈜는 강남㈜로부터 외상대금을 전액 회수하였다. 이에 대한 한국㈜의 일자별 회계처리는 아래와 같다.[3)]

1월 1일	(차) 매출채권	2,000,000	(대) 매 출	2,000,000
1월 10일	(차) 현 금	1,960,000*	(대) 매출채권	2,000,000
	매출할인	40,000**		

* ₩2,000,000 − ₩40,000

** ₩2,000,000 × 2%

---

3) 본 장에서는 매출채권의 회계처리를 중점적으로 살펴보기 때문에 매출원가의 기록에 대한 회계처리(실지재고조사법과 계속기록법)는 고려하지 않는다.

매출할인(현금할인에 대한 기회)은 일반적으로 제조업자가 도매업자에게 또는 도매업자가 소매업자에게 판매하는 경우에 발생한다. 판매회사는 영업활동에서 발생한 매출채권을 신속하게 현금으로 회수하기 위해 현금할인 혜택과 같은 매출할인을 이용한다.

2. 매출채권의 평가 : 손상

기업은 매출채권을 재무제표에 보고할 때 매출채권이 회수되지 못할 가능성을 고려하여야 한다. 거래처의 파산, 지급능력 저하 등의 이유로 매출채권이 회수되지 않은 경우 이와 같은 회수불능채권을 대손 또는 금융자산의 손상이라고 한다. 매출채권의 회수가 불가능하다고 판단되면 그에 따른 자산의 감소가 발생하는데 이에 대응하여 인식하는 비용계정이 손상차손이다. 예를 들어, 한국㈜가 ₩100,000을 외상판매하였는데 이 금액 중 ₩20,000이 회수불가능할 것으로 예상된다면 손상차손이라는 비용을 ₩20,000만큼 인식해야 한다. 손상차손은 외상판매를 수행하게 되면 정상적이고 필수적으로 나타날 수밖에 없다.

회수불능 매출채권에 대한 회계처리 방법은 이론적으로 직접상각법(direct write-off method)과 충당금설정법(allowance method)이 있다. 두 가지 방법은 손상차손을 인식하는 시점에서 차이를 보인다.

(1) 직접상각법

직접상각법은 매출채권이 회수불가능할 것으로 예상되는 시점이 아닌 실제로 회수불가능하게 되었을 때 그 손실금액을 손상차손으로 인식하고, 매출채권에서 직접 차감하는 방법이다. 매출채권이 회수불가능하여 장부상에서 제거하는 것을 제각(write-off)이라고 한다. 예를 들어, 한국㈜가 20×1년 12월 1일에 외상으로 상품을 판매하고 매출채권 ₩300,000과 매출(수익)을 인식하였다고 가정하자. 그리고 20×2년 2월 1일에 매출채권 ₩300,000 중 ₩10,000이 실제로 회수불가능하게 되었다면 직접상각법에 따른 회계처리는 다음과 같다.

2월 1일	(차) 손상차손	10,000	(대) 매출채권	10,000

직접상각법은 대손이 예상되는 시점에는 회계처리를 하지 않고, 실제로 대손이 확정된 시점에 손상차손을 인식하고 매출채권을 직접 차감하므로 간단하고 객관적이라는 장점이 있다. 그러나 직접상각법은 실제 회수불능채권이 발생하기 전에는 대손에 대한 회계처리를 수행하지 않으므로 손상차손이라는 비용을 인식하는 회계연도와 매출이 발생하는 회계연도가 불일치하는 수익·비용대응의 원칙에 모순이 발생하게 된다. 즉, 위의 예에서 매출이라는 수익이 발생한 시점은 20×1년이지만, 매출채권의 손상으로 비용이 인식되는 시점이 20×2년이 되는 것이다. 따라서 수익을 창출하는 시점과 수익을 창출하기 위해 발생하는 비용을 인식하는 시점이 차이를 보임으로써 수익·비용대응의 원칙에 맞지 않게 된다. 또한 실제로 대손이 확정된 시점에 대손 회계처리를 수행하므로 매출이 발생하는 회계연도의 매출채권이 과대계상될 수 있다는 단점이 있다. 따라서 회계정보의 목적적합성이 낮아진다는 점에서 직접상각법을 채택하기는 어렵다.

(2) 충당금설정법

매출채권은 제3자(상품을 외상으로 구입한 구매자)에게 현금을 미래에 수취할 권리를 의미한다. 그러나 제3자의 파산, 경영상 어려움으로 인해 현금을 정상적으로 회수하지 못할 수 있다. 여기서 계약상 수취하기로 한 현금흐름과 수취할 것으로 예상하는 현금흐름 간의 차이가 발생하는데 이를 신용손실(credit losses)이라고 한다.[4] 즉, 신용손실은 매출채권의 회수불능으로 인해 기업이 감수해야 하는 손실금액이라고 할 수 있다. 한국채택국제회계기준은 신용손실의 발생 가능성(기대손실률)과 발생하지 않을 가능성을 모두 반영하여 기대신용손실을 측정하고 이를 재무제표에 반영하도록 규정하고 있다.[5] 매출채권을 정상적으로 회수하지 못하

4) 한국채택국제회계기준은 신용손실을 계약상 수취하기로 한 현금흐름과 수취할 것으로 예상하는 현금흐름의 차이를 현재가치로 계산하도록 규정하고 있다. 제10장에서 현재가치의 개념을 다루기 때문에 여기서는 계약상 수취하기로 한 현금흐름과 수취할 것으로 예상하는 현금흐름의 차이로 이해하도록 하자.

5) 매출채권을 정상적으로 회수할 경우 발생하는 신용손실은 ₩0이 된다.

여 발생할 것으로 예상되는 손실금액에 정상적으로 회수하지 못할 확률을 곱하여 기대신용손실(expected credit losses)을 측정하고 재무제표에 표시하라는 것이다.

> 기대신용손실 = 신용손실 × 정상적으로 회수하지 못할 확률(기대손실률)
> + 신용손실(₩0) × 정상적으로 회수할 확률

예를 들어, 기말 현재 매출채권 ₩300,000이 있는 상황에서 매출채권을 정상적으로 회수하지 못할 가능성이 10%이고, 정상적으로 회수할 가능성이 90%라고 가정하자. 이러한 상황에서 매출채권을 정상적으로 회수하지 못하게 되면 총 ₩300,000의 손실이 발생하는데 이를 신용손실이라고 하는 것이다. 반면에 매출채권을 정상적으로 회수하게 되면 신용손실은 발생하지 않게 된다. 따라서 매출채권을 정상적으로 회수하지 못할 가능성이 10%이고, 회수할 가능성이 90%이기 때문에 기대신용손실은 ₩300,000 × 10% + ₩0 × 90% = ₩30,000이 된다.

충당금설정법은 회계연도 말에 매출채권의 기대신용손실을 추정하여 손상차손으로 인식하고 이를 손실충당금으로 설정하는 방법이다. 손실충당금은 매출채권에서 차감하는 방식으로 표시된다. 기업은 매출채권의 기대신용손실을 매 회계연도 말에 평가하고 손실충당금을 설정해야 한다. 그리고 실제로 회수불능이 확정된 시점에 손실충당금의 감소와 매출채권의 감소를 각각 차변과 대변에 인식하는 회계처리를 수행한다.

한국채택국제회계기준은 기대신용손실이 금액적으로 중요할 때 재무보고 목적(목적적합성, 적시성 등)을 위해서 충당금설정법을 사용하도록 요구하고 있다. 구체적으로 충당금설정법의 방법은 다음과 같다.

첫째, 매 기말에 매출채권의 기대신용손실을 추정한다.

둘째, 기말에 수정분개를 통해서 매출채권의 기대신용손실 금액만큼 손실충당금(자산차감 계정)을 설정한다. 구체적으로 손상차손계정의 차변과 손실충당금계정의 대변에 기록한다. 여기서 손상차손은 수익이 보고되는 기간에 대응되도록 하기 위한 비용계정으로 포괄손익계산서에 판매비와관리비로 분류한다.[6]

셋째, 차기 연도에 실제 매출채권이 회수불가능하게 되면 손실충당금계정의 차변과 매출채권계정의 대변에 동 금액을 기록한다. 이와 같이 손실충당금계정을 사용하여 매출채권의 대손을 회계처리하게 되면 해당 기간에 비용이 인식되지 않기 때문에 수익 · 비용대응의 원칙에 모순이 발생하지 않게 된다.

1) 기대신용손실(손실충당금)의 추정

회사는 매 회계연도 말에 이해관계자들에게 매출채권의 회수가능한 금액(순실현가능가치)에 대한 정보를 제공하기 위해 매출채권의 기대신용손실을 추정한다. 매출채권의 순실현가능가치는 미래에 현금으로 회수가능한 순액의 개념이다. 한국채택국제회계기준은 매출채권의 기대신용손실을 추정하는 방법으로 매출채권의 전체 회수기간을 고려하여 기대신용손실을 측정하는 방법과 당기말을 기준으로 12개월 이내의 신용손실만을 고려하여 기대신용손실을 측정하는 방법을 제시하고 있다. 그러나 이 두 가지 방법은 회계원리 수준을 벗어나는 내용이기 때문에 생략한다.

다만, 실무적으로 많이 사용되고 있는 방법을 설명하고자 한다. 첫 번째 방법은 기말 시점의 매출채권 총액을 기준으로 기대신용손실을 측정하는 방법이다. 예를 들어, 기말 시점에 매출채권의 총액이 ₩300,000이 있는 상황에서 정상적으로 회수하지 못할 것으로 예상되는 확률이 10%라고 한다면, ₩300,000×10%인 ₩30,000을 기대신용손실로 인식하는 것이다. 여기서 매출채권의 회수가능액(순실현가능가치)은 ₩300,000에서 ₩30,000을 차감한 ₩270,000이 된다.

두 번째 방법은 매출채권의 연체일수를 고려하여 판단하는 연령분석법 또는 매출채권 비율기준(percentage of receivables)이 실무적으로 많이 사용되고 있다. 즉, 정상적으로 12월 1일에 회수하기로 약정된 매출채권이 기말인 12월 31일까지 회수되지 않았다면, 해당 매출채권의 연체일수는 30일이 된다. 매출채권의 연체일수가 길어질수록 매출채권을 정상적으로 회수할 가능성은 낮아질 수밖에 없다. 따라서 연체일수에 따라 매출채권을 분류하고 각 연체일수마다 상이한 기대손실률(미회수확률)을 곱하여 기대신용손실을 측정한다. 예를 들어, 연체가 되지 않은

6) 매출채권의 손상차손은 판매활동을 외상으로 수행한 결과로 발생한 비용이므로 판매비로 분류하는 것이 타당하다.

매출채권의 경우 기대손실률 1%, 연체일수가 30일 미만인 경우 기대손실률 5% 등 각 연체일수마다 각각 다른 기대손실률을 적용하여 기대신용손실을 측정하는 것이다. 다음의 <예제 8-1>을 통해서 연령분석법에 대한 연습을 해보자.

✓예제 8-1

한국㈜는 연령분석법을 사용하여 매출채권의 기대신용손실을 측정하고 있다. 다음은 기말 현재 한국㈜가 보유한 매출채권과 기대손실률을 보여주는 연령분석표이다.

경과기간	매출채권 기말잔액	기대손실률
연체되지 않음	₩100,000	5%
1일 ~ 30일	80,000	10%
31일 ~ 60일	70,000	30%
61일 ~ 90일	50,000	60%
합 계	₩300,000	

▶▶ 요구사항

한국㈜가 기말에 설정해야 하는 손실충당금은 얼마인가?

해답

손실충당금 = ₩64,000

경과기간	매출채권 기말잔액	기대손실률	기대신용손실
연체되지 않음	₩100,000	5%	₩5,000
1일 ~ 30일	80,000	10%	8,000
31일 ~ 60일	70,000	30%	21,000
61일 ~ 90일	50,000	60%	30,000
합 계	₩300,000		**₩64,000**

구체적인 예를 통해 충당금설정법에 대한 회계처리를 살펴보자. 한국㈜가 20×1년도에 상품 ₩2,400,000을 외상판매하고 이 중에서 12월 31일에 매출채권 ₩300,000이 회수되지 않은 채 남아있다고 하자. 기말 매출채권에 대한 기대신용손실을 추정하기 전 손실충당금 잔액은 ₩10,000이다. 담당부서에서 매출채권의 기대신용손실을 ₩24,000으로 추정하였다면 매출채권의 순실현가능가치는 ₩276,000(₩300,000－₩24,000)이 된다. 따라서 기대신용손실만큼 손실충당금(자산차감 계정)이 설정되어야 한다.

<표 8-1>과 같이 재무상태표에 매출채권의 순액(매출채권에서 손실충당금을 차감)이 ₩276,000이 되도록 표시해야 한다. 이때 ₩276,000은 재무상태표일 현재 매출채권의 순실현가능가치를 나타낸다.

<표 8-1>에서 한국㈜의 매출채권 순실현가능가치가 ₩276,000이 된다는 것은 어렵지 않게 이해할 수 있다. 그러나 한 가지 유의할 점은 기말 매출채권에 대한 기대신용손실을 추정한 후 수정 전 손실충당금과 비교하여 차액에 대한 추가적인 회계처리가 필요하다는 것이다.

표 8-1 | 손실충당금의 표시

부분재무상태표

20×1년 12월 31일 현재

한국㈜		(단위 : 원)
매출채권	₩300,000	
차감 : 손실충당금	(24,000)	276,000

위의 예에서 20×1년 말에 보고될 한국㈜의 손실충당금은 ₩24,000이다. 그런데 담당자가 기대신용손실을 추정하기 전 손실충당금 잔액이 ₩10,000이므로 추가로 설정해야 하는 손실충당금은 ₩14,000이다. 이처럼 수정 전 손실충당금 잔액보다 기말 재무상태표에 표시될 손실충당금이 크다면 그 차액을 손실충당금으로 추가 설정하고 동 금액을 손상차손으로 인식한다. 이에 대한 회계처리는 다음과 같다.

12월 31일	(차) 손상차손	14,000	(대) 손실충당금	14,000

반대로 20×1년 말에 예상된 기대신용손실이 ₩24,000이 아니라 ₩8,000이라고 가정해 보자. 수정분개 수행 직전에 손실충당금 잔액이 ₩10,000이므로 손실충당금 잔액을 ₩2,000만큼 감소시켜야 한다. 이처럼 수정분개 직전에 손실충당금 잔액보다 기말 재무상태표에 표시될 손실충당금이 작으면 손실충당금을 감소시키고 동 금액을 손상환입으로 인식한다. 이미 설정된 손실충당금이 너무 크기 때문에 손상환입이 발생하는 것이다. 손상환입은 손실충당금의 감소로 인해 발생한 것이기 때문에 당기의 수익(기타수익)으로 인식된다.[7] 이에 대한 회계처리는 다음과 같다.[8]

12월 31일	(차) 손실충당금	2,000	(대) 손상환입	2,000

2) 대손확정

매출채권의 회수가 실제로 불가능하게 되면 회사는 대손확정을 위한 회계처리를 수행한다. 구체적으로 대손이 확정된 시점에 손실충당금의 감소와 매출채권의 감소를 각각 차변과 대변에 인식하는 회계처리를 한다. 20×1년 12월 31일에 손실충당금 ₩24,000을 설정한 상태에서 20×2년 4월 30일에 강남㈜에 대한 매출채권 ₩10,000이 대손확정된 경우 한국㈜가 수행할 회계처리는 다음과 같다.

4월 30일	(차) 손실충당금	10,000	(대) 매출채권	10,000

충당금설정법에서는 기말에 기대신용손실을 추정하므로 실제 대손으로 확정된 금액과 차이가 발생할 수 있다. 이때 손실충당금보다 더 많은 매출채권을 정상적으로 회수하지 못한 경우 대손확정시점에 추가로 손상차손을 인식해야 한다.

7) 포괄손익계산서에 매출채권의 손상차손이 판매비와관리비로 분류되는 반면에 손상환입은 기타수익으로 표시된다. 왜냐하면 경영자가 매출채권의 손실충당금 설정을 통해 영업이익을 조정하려는 유인을 사전에 방지하기 위함이다.

8) 한국채택국제회계기준에서는 손상차손과 손실충당금, 손상환입이라는 용어를 사용하고 있으나, 일반기업회계기준에서는 **대손상각비**와 **대손충당금**, **대손충당금환입**이라는 용어를 사용하고 있다. 즉, 손상차손과 대손상각비, 손실충당금과 대손충당금, 손상환입과 대손충당금환입은 용어만 다를 뿐 동일한 의미를 가진다.

20×2년 4월 30일에 매출채권의 대손 처리로 인해 손실충당금 잔액이 ₩14,000인 상황에서 20×2년 5월 31일 추가로 강북㈜의 매출채권 ₩20,000이 대손확정되었다고 가정해 보자. 이 경우 남아있는 손실충당금 잔액을 초과하여 매출채권의 대손이 발생하였기 때문에 추가적인 비용(손상차손)을 인식할 수밖에 없다.[9] 구체적으로 한국㈜가 수행할 회계처리는 다음과 같다.

5월 31일	(차) 손실충당금	14,000	(대) 매출채권	20,000
	손상차손	6,000		

✓예제 8-2

한국㈜는 20×1년 중에 설립되었다. 20×1년 말 매출채권의 총액은 ₩1,000,000이고, 기대신용손실은 ₩80,000으로 추정된다.

▶▶ 요구사항

독립적인 다음의 각 상황에 대해 20×1년 말 손실충당금 설정, 20×2년 대손확정 및 기말 손실충당금 설정에 필요한 회계처리를 하고, 20×2년 말 재무상태표상 매출채권의 순실현가능가치를 보여라.

1. 20×2년 중 매출채권 ₩20,000이 대손확정되었다. 20×2년 말 매출채권의 총액은 ₩1,200,000이고, 기대신용손실은 ₩50,000으로 추정된다.
2. 20×2년 중 매출채권 ₩100,000이 대손확정되었다. 20×2년 말 매출채권의 총액은 ₩1,800,000이고, 기대신용손실은 ₩150,000으로 추정된다.

해답

1. 20×2년 중 매출채권 ₩20,000 대손확정
   1) 20×1년 말 손실충당금 설정

(차) 손상차손	80,000	(대) 손실충당금	80,000

9) 손실충당금을 초과하여 대손이 발생하여 손상차손을 인식하게 되면 해당 금액만큼 수익·비용대응의 원칙에 모순이 발생한다. 그러나 직접상각법을 사용하는 것보다 수익·비용대응의 원칙에 모순을 발생시키는 금액이 작기 때문에 충당금설정법을 사용하는 것이 바람직하다.

2) 20×2년 대손확정

(차) 손실충당금	20,000	(대) 매출채권	20,000

3) 20×2년 말 손실충당금 설정

(차) 손실충당금	10,000	(대) 손상환입	10,000

부분재무상태표

20×2년 12월 31일 현재

한국㈜		(단위 : 원)
매출채권	₩1,200,000	
손실충당금	(50,000)	1,150,000

2. 20×2년 중 매출채권 ₩100,000 대손확정

1) 20×1년 말 손실충당금 설정

(차) 손상차손	80,000	(대) 손실충당금	80,000

2) 20×2년 대손확정

(차) 손실충당금	80,000	(대) 매출채권	100,000
손상차손	20,000		

3) 20×2년 말 손실충당금 설정

(차) 손상차손	150,000	(대) 손실충당금	150,000

부분재무상태표

20×2년 12월 31일 현재

한국㈜		(단위 : 원)
매출채권	₩1,800,000	
손실충당금	(150,000)	1,650,000

3) 대손확정 처리한 회수불능채권의 회수

회사가 회수불가능으로 판단하여 대손확정 처리한 매출채권이 대손 처리된 이후 시점에 회수되기도 한다. 이 경우 회수불능으로 상각된 매출채권의 회수를 기록하기 위해서는 두 가지의 회계처리를 수행해야 한다. 첫째, 매출채권의 대손확정 회계처리를 취소하고 매출채권을 회복시킨다. 즉, 회수불가능으로 판단하여 장부상 사라진 매출채권을 원상복구하는 것이다. 둘째, 매출채권의 회수에 대한 일반적인 회계처리를 수행한다.

앞의 예에서 한국㈜가 4월 30일자로 대손확정 처리한 매출채권 ₩10,000을 6월 1일 강남㈜로부터 회수했다고 가정해 보자. 이에 대한 회계처리는 다음과 같다.

(대손확정 취소분개)

6월 1일	(차) 매출채권	10,000	(대) 손실충당금	10,000

(매출채권 회수분개)

6월 1일	(차) 현　　금	10,000	(대) 매출채권	10,000

위의 취소분개에서 매출채권이 차변에 ₩10,000이 기록되고, 회수분개에서 매출채권이 대변에 ₩10,000이 나타난다. 따라서 매출채권의 변동액이 ₩0이 되므로 다음과 같이 취소분개와 회수분개를 동시에 하여도 재무상태에 미치는 영향은 동일하다.

6월 1일	(차) 현　　금	10,000	(대) 손실충당금	10,000

매출채권의 대손확정과 동일하게 대손을 취소하기 위한 분개 역시 재무상태표 계정에만 영향을 미친다. 구체적으로 위의 두 분개로 인한 순효과인 ₩10,000은 현금계정 차변과 손실충당금계정 대변에 각각 기록된다. 한편 회수불능채권의 회수로 인해 손실충당금이 증가하게 되는 부분을 기업의 이익에 부정적인 영향을 미치는 것으로 보면 안 된다. 왜냐하면 회수불능채권의 회수로 인해 손실충당금이 증가하게 되면 기말에 해당 금액만큼 손실충당금을 적게 설정(손상차손 과소 인식)하게 되므로 기업의 입장에서는 이익이 된다.

예제 8-3

20×1년 12월 31일 한국㈜의 수정전시산표는 다음 금액을 포함하고 있다.

	차 변	대 변
매출채권	₩300,000	
손실충당금		₩27,000

1. 한국㈜의 20×1년 12월 31일 매출채권 잔액은 ₩300,000이고 이 중 ₩57,000이 회수불가능하다고 추정된다.
2. 한국㈜의 20×2년 1월 중 매출과 매출채권에 대한 주요 거래는 다음과 같다.
   1) 1월 10일 : 강동㈜에 상품 ₩50,000을 외상매출하였다.
   2) 1월 20일 : 전년도 매출채권 중 ₩30,000이 현금으로 회수되었다.
   3) 1월 21일 : 전년도 매출채권 중 ₩15,000이 회수불능으로 판명되었다.
   4) 1월 25일 : 전년도 회수불능처리하였던 매출채권 ₩5,000이 현금으로 회수되었다.
   5) 1월 27일 : 강서㈜에 상품 ₩20,000을 외상매출하였다.
3. 20×2년 1월 말이 결산일이다. 기대신용손실은 1월 말 매출채권 잔액의 20%로 추정된다.

요구사항

1. 20×1년 12월 31일 매출채권의 손실충당금 설정에 필요한 회계처리를 하고, 손실충당금과 손상차손에 대한 계정을 표시하라.
2. 20×2년 1월의 거래에 대해 회계처리를 하라.
3. 20×2년 1월 말 결산일에 매출채권의 손실충당금 설정에 필요한 회계처리를 하라.

해답

1. 20×1년 12월 31일의 손실충당금 설정
   1) 20×1년 12월 31일 손실충당금 수정분개

12월 31일	(차) 손상차손	30,000	(대) 손실충당금	30,000

* 수정전시산표상의 손실충당금 ₩27,000을 ₩57,000으로 수정해야 한다.

   2) 손상차손과 손실충당금에 대한 계정

손상차손	
12/31 설정 30,000	
30,000	

손실충당금	
	12/31 잔액 27,000
	12/31 설정 30,000
	57,000

2. 20×2년 1월의 거래에 대한 분개

1) 1월 10일	(차) 매출채권	50,000	(대) 매　출	50,000
2) 1월 20일	(차) 현　금	30,000	(대) 매출채권	30,000
3) 1월 21일	(차) 손실충당금	15,000	(대) 매출채권	15,000
4) 1월 25일	(차) 현　금	5,000	(대) 손실충당금	5,000
5) 1월 27일	(차) 매출채권	20,000	(대) 매　출	20,000

3. 20×2년 1월 말 결산일

1월 31일	(차) 손상차손	18,000	(대) 손실충당금	18,000

1) 매출채권 잔액
기초 ₩300,000 + ₩50,000 − ₩30,000 − ₩15,000 + ₩20,000 = ₩325,000

2) 수정 전 손실충당금 잔액
기초 ₩57,000 − ₩15,000 + ₩5,000 = ₩47,000

3) 손실충당금 추정 및 분개
손실충당금 = 매출채권 잔액 × 20% = ₩325,000 × 20% = ₩65,000
손상차손 = ₩65,000 − ₩47,000 = ₩18,000

3. 매출채권의 처분

정상적인 거래과정에서 매출채권은 현금으로 회수되고 장부에서 제거된다. 그러나 외상판매의 증가로 매출채권이 누적되어 회사의 유동성이 부족하게 된다면 유동성 확보를 위해 매출채권을 매각하여 현금화시킬 것이다.

회사가 매출채권을 처분하는 이유는 다음과 같다. 첫째, 매출채권 처분이 유일하게 현금을 확보하는 원천일 수 있다. 자금사정이 어려워 금융시장에서 자금을 빌릴 수 없거나 또는 자금사정이 좋은 경우에도 이자비용이 지나치게 높아 차입이 부담스러울 수 있다. 둘째, 매출채권은 대금을 청구하고 회수하는 데 많은 시간이 걸리고 비용도 발생한다. 따라서 대금청구 및 회수와 관련하여 전문성을 가지고 있는 금융기관 등에 매출채권을 처분하는 것이 회사가 직접 매출채권의 대금을 청구하고 회수하는 것보다 편리할 수 있다.

(1) 매출채권의 양도

일반적으로 팩토링(factoring)이라고 하는 매출채권의 양도는 회사가 팩터인 금융기관에 일정한 수수료를 내고 매출채권을 매각하는 것으로, 수수료를 매출채권처분손실로 회계처리한다. 팩터(factor)란 회사로부터 수취채권을 매입한 후 채무자로부터 직접 대금을 회수하는 금융기관 또는 은행을 말한다.

팩터인 금융기관은 매출채권을 처분하는 회사에게 수수료를 부과하는데, 수수료는 통상 매입한 수취채권 금액의 1~3% 범위이다. 다음의 <예제 8-4>는 매출채권 양도에 대한 회계처리를 보여주고 있다.

✓예제 8-4

강남㈜는 20×1년 6월 30일 거래처에 물품대금을 지급하기 위해서 한국금융에 ₩1,200,000의 매출채권을 양도하기로 하였다. 이때 한국금융의 팩토링 수수료는 2%이다.

▶▶ 요구사항

20×1년 6월 30일 강남㈜의 매출채권 양도에 따른 회계처리를 하라.

해답

6월 30일	(차) 현 금	1,176,000	(대) 매출채권	1,200,000
	매출채권처분손실	24,000*		

* ₩1,200,000 × 2%

팩토링의 회계처리는 실질적으로 매출채권에 대한 위험(매출채권의 회수불가능에 대한 위험)과 보상이 회사로부터 금융기관인 팩터에게 이전되었는지 여부에 따라 달라진다. 즉, 매출채권에 대한 위험과 보상이 금융기관으로 이전된 경우 매출채권에 대한 권리를 **매각**한 것으로 보아 앞의 예제와 같이 매출채권을 장부에서 제거한다. 그러나 매출채권에 대한 위험과 보상이 금융기관으로 이전되지 않는 경우 매출채권에 대한 권리를 담보로 **차입**한 것으로 보아 매출채권을 장부에서 제거하지 않고 차입한 금액만큼 단기차입금으로 회계처리한다.[10] 위의 예제에서 위험과 보상이 이전되지 않았다면 다음과 같이 회계처리한다.

6월 30일	(차) 현 금	1,176,000	(대) 단기차입금	1,200,000
	수수료비용	24,000		

수취채권의 처분이 빈번하게 발생하는 경우 매출채권처분손실은 판매비와관리비로 보고된다. 그러나 매출채권의 처분이 빈번하지 않고 드물게 발생한다면 포괄손익계산서의 기타비용으로 보고할 수 있다.

(2) 신용카드매출

일상생활에서 물품을 구매할 때 흔히 신용카드를 사용한다. 신용카드가 소매매출에서 사용될 때 관련된 당사자는 신용카드 발행자, 소매업자 그리고 고객이다. 개인이나 기업이 소매업자에게 신용카드를 사용하여 물품을 구매하면 외상으로 물품을 구매한 것이므로 소매업자는 매출채권을 인식해야 한다. 또한 소매업자는 신용카드 발행사에서 일정한 수수료를 내야 하기 때문에 매출채권의 금액에서 수수료 금액만큼 차감한 금액을 현금으로 회수하게 된다. 예를 들어, 강남㈜가 ₩2,000,000 상당의 상품을 판매하였는데 고객이 신용카드로 판매대금을 결제하였다고 하자. 또한 신용카드사가 3%의 서비스수수료를 부과한다면 강남㈜는 판매시점에 다음과 같은 회계처리를 한다.

10) 매출채권에 대한 위험과 보상이 이전된 경우 해당 매출채권에 대해 손상 회계를 적용하지 않으나, 위험과 보상이 이전되지 않는 경우 해당 매출채권은 **손상 회계**의 적용대상이 된다.

(차) 매출채권	2,000,000	(대) 매 출	2,000,000

강남㈜는 상품 판매 이후 신용카드사에게 대금지급을 청구하게 된다. 이때 강남㈜는 서비스수수료 3%를 제외한 금액을 현금으로 회수하게 된다. 이에 대한 회계처리는 다음과 같다.

(차) 현 금	1,940,000	(대) 매출채권	2,000,000
수수료비용	60,000*		
* ₩2,000,000 × 3%			

제 3 절 어 음

일반적으로 외상으로 상품을 구입하고 추후 대금지급을 약속하는 어음을 제공하면 채무자는 채권자에게 약정한 지급기일에 미리 정한 장소에서 대금을 결제한다. 이처럼 어음이란 일정한 시기에 일정한 장소에서 일정한 금액을 지급하겠다고 약속한 유가증권이다. 어음에는 약속어음과 환어음이 있으나 실무에서는 약속어음이 주로 사용된다.11)

약속어음이란 어음발행인이 일정 기일 후에 어음의 소지인에게 그 지급을 약속하는 증서이다. 어음의 발행인은 어음상의 채무자가 되며, 어음의 수취인은 어음상의 채권자가 된다. [그림 8-1]은 20×1년 10월 26일 드림문구가 상품 ₩1,500,000을 강남㈜에게 판매하고 받은 지급일(만기)이 20×1년 12월 25일인 약속어음이다.

11) 2004년 3월 '전자어음의 발행 및 유통에 관한 법률'이 제정됨에 따라 일반적인 상거래 시 약속어음을 인터넷상에서 전자적으로 발행 · 유통할 수 있는데, 이처럼 전자문서로 작성되고 전자어음관리기관에 등록된 약속어음을 **전자어음**(electronic bill)이라고 한다. 전자어음제도는 어음거래의 투명성이 확보되고 금융기관과 기업 등의 실물어음 발행, 유통 및 관리비용을 절감할 수 있으며, 분실이나 도난 등의 사고를 예방하는 장점이 있다.

그림 8-1 약속어음

약 속 어 음

드림문구 귀하 자가 18306678

금 ₩1,500,000

金壹百五拾萬원整

위의 금액을 귀하 또는 귀하의 지시인에게 이 약속어음과 상환하여 지급하겠습니다.

지급기일 20×1년 12월 25일

지급지 지급장소 株式會社 서민은행

발행일 20×1년 10월 26일

발행지 발행인 株式会社 江南 代表理事 金漢陽

18306678

약속어음의 발행인 강남㈜는 채무자이고, 약속어음 수취인 드림문구는 채권자가 된다. 따라서 [그림 8-1]의 약속어음은 드림문구 입장에서는 받을어음이 되고, 강남㈜의 입장에서는 지급어음이 된다.

매출채권과 유사하게 어음도 손쉽게 매각할 수 있다. 어음에 대한 회계처리는 매출채권 회계처리와 동일하게 어음의 인식과 평가 및 처분으로 이루어진다. 다만, 매출채권에는 적용되지 않았던 만기일과 이자를 추가로 고려해야 한다.

1. 만기일 결정

드림문구가 20×1년 10월 26일 상품 ₩1,500,000을 강남㈜에게 판매하고 지급일이 20×1년 12월 25일인 약속어음을 받았다면, 해당 어음의 만기는 60일이다. 어음의 만기가 월 단위로 표시되는 경우 발행일로부터 기간을 계산하여 만기를 계산한다. 예를 들어, 6월 1일에 발행된 4개월 만기 어음의 경우 만기일은 10월 1일이 된다. 월의 마지막 날에 발행된 어음의 만기는 도래하는 달의 마지막 날이 그 만기가 되므로 5월 31일 발행된 2개월 만기 어음의 만기일은 7월 31일이 된다.

2. 이자 계산

일반적으로 상거래에서 단기지급 목적으로 어음이 발행되는 경우에는 대부분 무이자부어음이다. 그러나 어음에 이자율이 기재되어 있는 경우에는 이자부어음이 되며, 기간에 따른 이자를 계산하여야 한다. 이자부어음의 이자를 계산하기 위한 기본공식은 다음과 같다.

이자 = 어음의 액면금액 × 연 이자율 × 기간

어음에 명시된 이자율은 연(年) 이자율이며, 기간은 어음이 발행되어 유통되는 기간을 나타낸다. 일반적으로 만기일이 일 단위로 표시되는 경우 기간은 해당 일수를 365일로 나누어 계산(일할계산)하고, 만기일이 월 단위로 표시되는 경우의 기간계산은 해당 월수를 12개월로 나누어 계산(월할계산)한다. 다음은 다양한 기간에 대한 어음과 그 이자 계산을 나타낸다.

어음의 기간			이자 계산						
액면금액	이자율	기간	액면금액	×	이자율	×	경과기간	=	이자
₩80,000	15%	73일	₩80,000		15%		73/365		₩2,400
120,000	12%	6개월	120,000		12%		6/12		7,200
300,000	10%	1년	300,000		10%		1/1		30,000
			합 계						₩39,600

한 가지 유의할 점은 계산상 편의를 위해 1년을 365일이 아닌 360일로 가정하여 계산하는 경우가 있다는 점이다. 예를 들어, 1년을 360일로 가정할 경우 액면금액 ₩80,000, 연 이자율 15%, 기간 60일의 어음에 대한 이자는 ₩2,000이 된다.

3. 어음의 인식

어음을 발행하거나 수령하는 경우에는 어떤 거래에서 발행 또는 수령하였는지에 따라 매출채권, 매입채무, 미수금, 미지급금, 대여금, 차입금 등으로 기록한다. 예를 들어, 한국㈜가 4월 1일 상품 ₩2,000,000을 외상으로 판매하고 약속어음을 수령하였다면 한국㈜는 다음과 같이 회계처리한다.

4월 1일	(차) 매출채권	2,000,000	(대) 매　　출	2,000,000

즉, 한국㈜가 상품을 판매하고 수령한 어음은 받을어음에 해당되며 이는 매출채권계정에 기록된다. 한편, 재고자산 이외의 자산을 판매하고 수령한 어음은 미수금이라는 계정으로 기록한다. 반대로, 한국㈜가 4월 15일 상품 ₩5,000,000을 구입하고 약속어음을 발행하였다면 한국㈜는 다음과 같이 회계처리한다.

4월 15일	(차) 상품(매입)	5,000,000	(대) 매입채무	5,000,000

즉, 한국㈜가 상품을 구입하면서 발행한 어음은 지급어음에 해당되며, 이는 매입채무계정에 기록된다. 한편, 한국㈜가 4월 23일 강남㈜에게 현금 ₩3,000,000을 빌려주고 약속어음을 수령하였다면 한국㈜는 다음과 같이 회계처리한다.

4월 23일	(차) 대 여 금	3,000,000	(대) 현　　금	3,000,000

즉, 대여한 현금에 해당하는 금액을 대여금계정 차변과 현금계정의 대변에 기록한다. 비록 어음을 수령하였다 하더라도 상거래로 인한 어음이 아니기 때문에 매출채권이 아닌 대여금으로 처리한다.

✓예제 8-5

다음은 한국㈜의 거래 중 일부이다.

3월 15일　상품 ₩250,000을 외상으로 판매하고 약속어음을 수령하였다.
4월 25일　상품 ₩400,000을 외상으로 매입하였다.
5월 10일　사용하던 토지를 판매하고 ₩800,000 상당의 약속어음을 수령하였다.

요구사항

각 거래에 대한 한국㈜의 회계처리를 보여라.

해답

3월 15일	(차) 매출채권	250,000	(대) 매　　출	250,000
4월 25일	(차) 상품(매입)	400,000	(대) 매입채무	400,000
5월 10일	(차) 미 수 금	800,000	(대) 토　　지	800,000

* 재고자산 이외의 자산을 외상으로 매각하고 수령한 어음은 미수금이 된다.

4. 어음의 평가

만기가 1년 이내인 어음의 평가는 매출채권의 평가와 동일하게 기대신용손실을 추정해야 한다. 어음에 대해서도 회수불능채권에 대한 손실충당금을 설정해야 하는 것이다. 기대신용손실을 추정하고 손상차손과 손실충당금을 설정하는 것은 매출채권의 경우와 동일한 절차로 이루어진다.

5. 어음의 처분

어음의 만기일이 도래하면 어음은 현금으로 회수된다. 그러나 만기일이 도래하였다 하더라도 어음 발행인의 자금사정이 좋지 않다면 어음대금이 지급되지 않을 수도 있다. 또한 만기일이 도래하기 전이라 하더라도 어음의 수취인이 자금을 융통하기 위해 어음을 금융기관에 양도할 수도 있다.

(1) 받을어음의 회수

어음의 만기일이 되면 어음의 수취인은 해당 어음을 거래은행에 제시한다. 어음 수취인의 거래은행은 어음 발행인이 정한 지급은행에 현금결제를 요청하고, 지급은행은 어음 발행인의 당좌예금계좌를 확인한 후 현금을 지급한다. 이자부어음인 경우에는 만기일에 액면금액뿐만 아니라 발생한 이자를 합한 금액을 지급한다.

[그림 8-1]에서 어음의 수취인 드림문구는 약속어음의 만기일인 20×1년 12월 25일에 해당 약속어음을 자신의 거래은행에 제시하고, 거래은행은 강남㈜가 정한 서민은행에 어음을 결제해 줄 것을 요청한다. 서민은행은 강남㈜의 당좌예금계좌를 확인한 후 어음대금 ₩1,500,000을 지급한다. 어음의 만기일인 20×1년 12월 25일 어음 수취인 드림문구의 회계처리는 다음과 같다.

12월 25일	(차) 현 금	1,500,000	(대) 매출채권	1,500,000

어음 발행인의 경우 일반적으로 당좌예금계좌에서 어음대금이 결제되므로 만기일에 결제되는 어음대금은 어음 발행인의 당좌예금계정에서 차감된다. 어음의 만기일인 20×1년 12월 25일에 어음을 발행한 강남㈜의 회계처리는 다음과 같다.

12월 25일	(차) 매입채무	1,500,000	(대) 당좌예금	1,500,000

✓예제 8-6

다음은 20×1년 한국㈜의 기중 거래 내역 중 일부이다.

1. 3월 10일　강서㈜에게 상품 ₩500,000을 판매하고 만기 3개월인 약속어음을 수령하였다.
2. 4월 5일　강북㈜로부터 상품 ₩250,000을 외상으로 구입하고 만기 3개월인 약속어음을 발행하였다.
3. 6월 10일　3월 10일에 수령한 약속어음의 만기일이 되어 현금 ₩500,000을 회수하였다.
4. 7월 5일　4월 5일에 발행한 약속어음의 만기일이 도래하여 결제하였으며, 결제대금은 당좌예금계좌에서 인출되었다.

▶ 요구사항

한국㈜가 수행해야 할 회계처리를 보여라.

해답

1. 3월 10일　(차) 매출채권　500,000　(대) 매　출　500,000

2. 4월 5일	(차) 상품(매입)	250,000	(대) 매입채무	250,000
3. 6월 10일	(차) 현 금	500,000	(대) 매출채권	500,000
4. 7월 5일	(차) 매입채무	250,000	(대) 당좌예금	250,000

(2) 어음의 부도

그러나 만기일에 어음 발행인의 당좌예금계좌 잔액이 부족한 경우 지급은행은 어음금액을 지급하지 않는다. 이와 같이 만기에 지급요청을 하였으나 지급이 거절된 어음을 흔히 부도어음이라고 부른다.

예를 들어, 4월 15일 한국㈜는 강동㈜에게 상품 ₩2,000,000을 외상으로 판매하고 약속어음(만기 3개월)을 수령하였다. 만기일인 7월 15일 한국㈜는 어음대금 결제를 요청하였으나 결제은행은 강동㈜의 당좌예금 잔액 부족을 이유로 지급을 거절하였다. 부도처리된 어음에 대한 한국㈜의 회계처리는 다음과 같다.

7월 15일	(차) 부도어음	2,000,000	(대) 매출채권	2,000,000

지급이 거절된 어음은 더 이상 유통이 불가능하다. 그러나 어음의 수취인(한국㈜)은 여전히 어음 발행인(강동㈜)에 대한 청구권을 가진다. 기업 입장에서는 부도어음을 일반어음과 구분하여 관리하기 위해 부도처리된 어음을 부도어음계정으로 대체한다. 이때 부도어음은 향후 현금으로 회수되는 경우와 회수되지 못하는 경우로 구분될 것이다. 먼저 부도처리된 어음에 대해 소구권을 행사한 결과, 한국㈜가 9월 15일에 어음대금 ₩2,000,000을 회수하였다면 회계처리는 다음과 같다.

9월 15일	(차) 현 금	2,000,000	(대) 부도어음	2,000,000

한편, 부도처리된 어음에 대해 최종적으로 회수하지 못한다고 판단될 경우 어음의 수취인 한국㈜는 어음의 액면금액을 손실충당금계정의 차변에 기록함으로써 대손처리할 것이다. 위의 예에서 강동㈜가 발행하여 7월 15일에 부도처리된 약속어음에 대해 한국㈜가 12월 15일 대손처리를 결정했다면 회계처리는 다음과 같다.

12월 15일	(차) 손실충당금	2,000,000	(대) 부도어음	2,000,000

(3) 어음의 할인

만기일 전이라도 자금의 융통을 위해 어음의 수취인은 금융기관에 할인료를 지급하고 어음대금을 조기에 지급받을 수도 있다. 상품매매에 대한 결제수단으로 받은 어음을 만기일 전에 은행과 같은 금융기관에 어음을 양도하고 현금을 수령하는 것을 어음의 할인이라고 한다.

어음의 할인도 매출채권의 처분과 같이 할인조건에 따라 매각거래와 차입거래로 회계처리할 수 있다. 어음을 할인한 경우 어음에 대한 위험과 보상이 대부분 이전되면 어음을 매각한 것으로 보아 어음금액과 현금수령액의 차이를 처분손실로 인식한다. 한편, 어음을 할인하였으나 어음에 대한 위험과 보상이 이전되지 않는 경우 차입거래로 보아 어음금액과 현금수령액의 차이를 수수료비용으로 인식한다.

✓예제 8-7

한국㈜는 20×1년 9월 30일 상품을 외상판매하고 3개월 만기 약속어음 ₩1,000,000을 받아 즉시 은행에서 할인하였다. 어음의 할인율은 연 12%이며, 할인료는 월할계산한다. 단, 동 약속어음은 만기일에 정상적으로 결제가 이루어졌다고 가정한다.

▶▶ 요구사항

1. 한국㈜가 어음을 할인할 경우 수령하는 금액은 얼마인가?
2. 어음할인 시 위험과 보상이 대부분 이전될 경우 한국㈜가 20×1년 9월 30일과 20×1년 12월 31일에 수행할 회계처리를 하라.
3. 어음할인 시 위험과 보상이 대부분 이전되지 않을 경우 한국㈜가 20×1년 9월 30일과 20×1년 12월 31일에 수행할 회계처리를 하라.

해답

1. 현금수령액

어음금액	₩1,000,000
할인료 (₩1,000,000 × 12% × 3/12)	(30,000)
현금수령액	₩970,000

2. 위험과 보상이 대부분 이전되면 매각거래로 회계처리

9월 30일	(차) 현 금	970,000	(대) 매출채권	1,000,000
	매출채권처분손실	30,000		
12월 31일	- 회계처리 없음 -			

3. 위험과 보상이 대부분 이전되지 않으면 차입거래로 회계처리

9월 30일	(차) 현 금	970,000	(대) 단기차입금	1,000,000
	수수료비용	30,000		
12월 31일	(차) 단기차입금	1,000,000	(대) 매출채권	1,000,000

* 약속어음을 현금으로 회수하고 단기차입금을 상환할 것이므로 회계처리가 위와 같이 나타난다.

제 4 절 재무제표 표시와 분석

1. 재무제표 표시

회사는 재무제표에 수취채권을 통합하여 표시할 수 있으나, 주석에 수취채권의 유형을 구체적으로 설명해야 한다. 단기 수취채권은 재무상태표의 유동자산으로 표시하고 수취채권 총액과 손실충당금을 함께 보고하거나, 수취채권 총액에서 손실충당금을 차감한 순액으로도 작성할 수 있다. 기업이 실제로 보고한 재무상태표인 <표 8-2>와 같이 '매출채권 및 기타수취채권'으로 통합하여 표시할 수도 있다. <표 8-2>를 보면 전체 유동자산에서 매출채권 및 기타수취채권의 비중이 약 25%로 작지 않다는 것을 알 수 있다.

표 8-2 | 수취채권의 표시

부분재무상태표

제 12 기: 20×2년 12월 31일 현재
제 11 기: 20×1년 12월 31일 현재

한국㈜ (단위 : 백만원)

과 목	20×2년		20×1년	
자산				
Ⅰ. 유동자산		**2,106,824**		**1,723,566**
매출채권 및 기타수취채권	534,490		435,755	

표 8-3 | 한국㈜의 재무제표 주석사항 (단위 : 백만원)

구 분	20×2.12.31			
	매출채권	미수금	미수수익	합 계
일반채권	408,040	116,129	10,416	534,585
차감: 손실충당금	(95)	–	–	(95)
합 계	407,945	116,129	10,416	534,490

주석.

(7) 매출채권

매출채권은 정상적인 영업과정에서 판매된 재화 및 제공된 용역과 관련하여 고객으로부터 수취할 금액입니다. 매출채권의 회수가 1년 이내에 예상되는 경우 유동자산으로 분류하고, 그렇지 않은 경우 비유동자산으로 분류합니다. 매출채권은 최초 원가에서 손실충당금을 차감한 금액으로 측정하고 있습니다.

포괄손익계산서에는 손상차손과 수수료비용을 영업비용인 판매비와관리비로 보고한다. 그리고 손상환입과 이자수익(비용) 등은 기타수익(비용) 또는 금융수익(비용)으로 보고한다. 또한 수취채권의 손실충당금에 대한 구체적인 변동내역을 <표 8-4>와 같이 주석으로 작성한다.

표 8-4 | 한국㈜의 손실충당금 변동내역에 대한 주석사항 (단위: 백만원)

구 분	20×2.12.31		20×1.12.31	
	매출채권	미수금	매출채권	미수금
기 초	(105)	–	(139)	(1)
손상차손	(18)	(18)	(11)	(9)
환 입	–	–	–	1
제 각	28	18	45	9
기 말	(95)	–	(105)	–

* 보고기간종료일 현재 회사의 매출채권 및 기타수취채권은 주로 일반소비자에 대한 신용카드 채권 등으로 구성되어 있으며, 담보로 제공된 채권은 없습니다.

2. 재무제표 분석

투자자나 경영자는 매출채권의 유동성을 평가하기 위해 매출채권회전율을 사용한다. 이 비율은 회사가 일정 기간 동안 매출채권을 회수하는 평균적인 횟수를 나타낸다. 매출채권회전율은 외상매출액(순매출액 – 현금매출액)을 당해 연도의 평균 순매출채권으로 나누어 계산된다. 일반적으로 상품의 판매가 외상으로 이루어지는 경우가 많기 때문에 외상매출액 대신에 순매출액을 사용한다. 계절적 요인이 중요하지 않다면, 평균 순매출채권은 순매출채권의 기초와 기말 잔액의 평균으로 계산한다.

예를 들어, 당해 연도에 한국㈜가 연간 ₩3,000,000의 순매출액을 달성했고, 기초 순매출채권과 기말 순매출채권 잔액이 각각 ₩200,000과 ₩300,000이라고 하자. 한국㈜의 매출액이 전액 외상판매에 의한 것이라면, 매출채권회전율은 다음과 같이 계산된다. 매출채권회전율이 높다는 것은 회사의 매출채권이 더욱 유동적이고 현금화하기 쉽다는 것을 의미한다. 즉, 기업이 매출채권의 회수에 적극적이라는 것으로 볼 수 있다.

$$\text{매출채권회전율} = \text{외상매출액} \div \text{평균 순매출채권}$$

$$= ₩3,000,000 \div \frac{(₩200,000 + ₩300,000)}{2}$$

$$= 12(\text{회})$$

매출채권회전율을 변형하여 유동성을 보다 명확하게 나타내는 방법은 매출채권 평균회수기간이다. 매출채권 평균회수기간은 1년 동안 매출채권을 얼마에 한 번씩 현금으로 회수했는지를 의미한다. 구체적으로 매출채권 평균회수기간은 365일(1년)을 매출채권회전율로 나누어 계산한다. 매출채권 평균회수기간을 계산하는 공식을 한국㈜에 적용하면 다음과 같다. 아래에서 보는 바와 같이 365일을 한국㈜의 매출채권회전율 12회로 나누면 평균회수기간 약 30.4일이 계산된다. 이는 한국㈜가 매출채권을 회수하는 데 평균적으로 약 30일이 소요된다는 것을 의미한다.

매출채권 평균회수기간 = 365일 ÷ 매출채권회전율
= 365일 ÷ 12회
= 30.4일

회사는 종종 외상판매정책과 회수정책의 효과를 평가하기 위해서 평균회수기간을 사용하고 있다. 일반적으로 회수기간은 회사의 회수정책에서 정한 외상매출에 허용되는 회수기간을 초과하지 않아야 한다.

요 약

1. 수취채권의 유형

수취채권은 ① 외상매출금, ② 받을어음, 그리고 ③ 기타채권으로 분류된다. 회사의 중요한 영업활동과 관련되어 발생하는 외상매출금과 받을어음은 매출채권으로 분류한다. 기타채권은 미수금, 미수수익, 대여금 등 일반적 상거래 이외의 거래에서 발생한 비매출채권을 포함한다.

2. 매출채권의 인식

매출채권을 인식할 때 매출환입이나 매출에누리, 할인이 있는 경우 해당 금액만큼 매출채권을 감소시킨다. 기일이 도래한 매출채권에 대해 이자가 부과될 때, 동 이자를 이자수익으로 인식한다.

3. 매출채권의 평가방법과 기준

매출채권의 회수불능금액을 평가하는 방법은 직접상각법과 충당금설정법이 있다. 직접상각법은 계산이 간편하지만 재무제표의 유용성을 감소시킨다는 문제가 있다. 충당금설정법은 회계연도 말에 매출채권의 기대신용손실을 추정하여 손상차손으로 인식하고 이를 손실충당금으로 설정하는 방법이다.

4. 신용손실과 기대신용손실

계약상 수취하기로 한 현금흐름과 수취할 것으로 예상하는 현금흐름 간의 차이로 발생하는 손실을 신용손실이라고 하고, 신용손실의 발생 가능성과 발생하지 않을 가능성을 모두 반영하여 기대신용손실을 측정한다.

5. 손상차손과 손실충당금

매출채권에 대한 기대신용손실만큼 충당금을 설정해야 하는데 이를 손실충당금이라 한다. 회사는 재무제표에 매출채권의 총액과 더불어 손실충당금을 차감한 순실현가능가치로 보고한다. 손실충당금을 설정하기 위해 손상차손이라는 비용을 인식한다.

6. 매출채권의 처분

매출채권을 회수하면 매출채권계정의 대변에 기록한다. (금융기관 등에) 매출채권을 양도시 매출채권처분손실은 매출채권의 현금회수금액을 감소시킨다.

7. 어음의 만기일 및 이자 계산

기간이 월수로 표시된 어음의 경우 만기는 발행월을 포함하여 월수를 계산한다. 그리고 일수로 표시된 어음의 경우 발행일은 제외하고 만기일을 포함하여 일수를 계산한다. 이자는 (액면금액 × 이자율 × 경과기간)으로 계산한다.

8. 어음의 인식

상품을 판매하고 어음을 받은 경우 매출채권의 차변에 어음의 액면금액을 기록하고 매출을 대변에 기록하는 분개를 한다.

9. 어음의 평가

회사는 받을어음을 순실현가능가치로 보고한다. 받을어음에 대해서도 기대신용손실을 측정하고 손상차손 및 손실충당금의 적절한 금액을 보고하며 이에 대한 계산과 추정은 매출채권과 동일하다.

10. 받을어음의 처분

어음을 만기까지 보유하는 경우, 만기시점에 액면금액과 발생된 이자가 함께 지급되며 어음은 해당 계정에서 제거한다. 한편, 어음 수취인은 해당 어음을 다른 당사자(factor)에게 매각함으로써 조기에 현금으로 전환할 수 있다. 어음 발행인이 어음금액을 만기에 지급하지 않는 경우 어음과 발생된 이자를 부도어음으로 대체하거나 상각한다.

11. 받을어음의 할인

상품매매에 대한 결제수단으로 받은 어음의 만기일 전에 은행과 같은 금융기관에 어음을 양도하고 이에 대한 이자와 수수료를 제외한 잔액을 받는 경우를 의미한다. 이때 어음의 액면금액에서 일정한 수수료를 제외한 금액을 대금으로 받게 된다. 할인액은 '어음의 액면금액 × 할인율 × 할인기간일수/365일(또는 할인기간월수/12개월)'로 계산한다.

12. 수취채권의 재무제표 표시와 분석

회사는 재무상태표 또는 주석에 주요한 수취채권을 유형별로 각각 표시해야 한다. 단기수취채권은 유동자산으로 분류하고 수취채권의 총액과 손실충당금을 보고한다. 손상차손과 수수료비용을 포괄손익계산서에 영업비용(판매비와관리비)으로 보고하고, 이자수익(비용)은 금융수익(비용)으로 표시한다. 경영자와 투자자들은 매출채권회전율과 매출채권 평균회수기간을 계산함으로써 매출채권의 유동성을 평가한다.

용어정리

기타 수취채권	미수금, 미수수익, 대여금 등과 같은 다양한 형태의 비매출채권
매출채권	고객에게 재화를 인도하거나 용역을 제공함으로써 발생하는 청구권으로서, 일반적인(주된) 영업활동에서 발생한 외상매출금과 받을어음을 말함
매출채권 순실현가능가치	매출채권 총액에서 손실충당금을 차감한 순액
매출채권 평균회수기간	매출채권을 회수하는 데 소요되는 기간을 파악하여 매출채권의 유동성을 측정하는 방법으로, 1년(365일)을 매출채권회전율로 나누어 계산
매출채권회전율	매출채권이 현금화되는 속도를 나타내는 지표로 외상매출액을 평균 순매출채권으로 나누어 계산된 비율
받을어음	일반적인 상거래에서 판매한 재화 또는 제공한 용역에 대한 대가를 고객이 미래에 지급하겠다고 문서로 약속한 유가증권
발행인	어음의 지급을 약속하는 당사자
부도어음	만기일에 어음 발행인이 어음지급을 거절한 어음
손상차손(대손상각비)	회계기간 말에 회수불가능한 채권을 추정하여 당기의 비용으로 처리할 때 차변에 분개하는 계정항목
손실충당금(대손충당금)	매출채권의 기대신용손실을 의미하며, 수취채권 중 미래에 수취하지 못할 것으로 예상되는 손실을 나타내는 자산차감 계정항목
수취인	어음상에 지급을 받기로 기재된 자
수취채권	고객이나 다른 실체로부터 미래에 현금을 수취할 권리를 획득하는 경우에 발생하는 채권
약속어음	발행인이 수취인에게 특정 기일에 일정 금액을 지급할 것을 약속한 증서
외상매출금	일반적인 상거래에서 판매한 재화 또는 제공한 용역에 대한 대가를 고객이 미래에 지급하겠다고 구두로 약속한 채권
전자어음	전자문서로 작성되고 전자어음관리기관에 등록된 약속어음
직접상각법	매출채권이 회수불가능한 것으로 확정될 때마다 이를 당기의 손상차손으로 처리하고 관련 수취채권을 장부에서 직접 제거하는 방법
충당금설정법	매출채권의 기대신용손실을 측정하고 손상차손과 손실충당금을 재무제표에 반영하는 방법
팩토링	기업이 금융기관에 일정 수수료를 지불하고 외상매출금을 양도하는 행위

EXERCISES

연습문제

객관식

[문제 1] 한국㈜는 20×2년 중 ₩13,000의 매출채권을 대손처리하였고, 20×2년 말 매출채권 잔액의 5%를 기대신용손실로 추정하였다. 한국㈜의 매출채권 잔액이 다음과 같을 경우, 20×2년도에 인식할 손상차손은 얼마인가? 〈난이도: 하〉 (2020 경영지도사)

구 분	20×1년 말	20×2년 말
매출채권	₩800,000	₩900,000
손실충당금	35,000	?

① ₩13,000 ② ₩22,000 ③ ₩23,000
④ ₩35,000 ⑤ ₩45,000

[문제 2] 한국㈜의 20×1년 말 매출채권 잔액은 ₩150,000이며, 매출채권에 대한 기대신용손실을 계산하기 위한 연령별 기대신용손실률은 다음과 같다. 한국㈜의 20×1년 초 매출채권에 대한 손실충당금 잔액이 ₩2,500이고, 20×1년 중 매출채권 ₩1,000이 회수불능으로 확정되어 제거되었다. 20×1년 포괄손익계산서에 보고할 매출채권 손상차손(또는 손상환입)은 얼마인가? 〈난이도: 상〉 (2022 주택관리사)

연체기간	금 액	기대신용손실률
연체되지 않음	₩120,000	0.4%
1일~60일	25,000	2.0%
61일 이상	5,000	8.0%
합 계	₩150,000	

① 손상환입 ₩120 ② 손상환입 ₩380 ③ 손상차손 ₩120
④ 손상차손 ₩1,120 ⑤ 손상차손 ₩1,380

[문제 3] 한국㈜의 20×1년 초 매출채권에 대한 손실충당금(대손충당금) 잔액은 ₩50,000이다. 20×1년에 매출채권 중 ₩60,000이 회수가 불가능할 것으로 판단하여 장부에서 제거하였다. 20×1년 말 현재 매출채권 총액은 ₩100,000이며, 동 매출채권에 대해 추정된 기대신용손실은 ₩5,000이다. 한국㈜가 매출채권과 관련하여 포괄손익계산서에 인식해야 할 손상차손은 얼마인가? 〈난이도: 중〉 (2022 경영지도사)

① ₩5,000　② ₩7,000　③ ₩8,000
④ ₩10,000　⑤ ₩15,000

[문제 4] 다음은 외상거래만을 수행하는 한국㈜의 20×1년 매출과 관련된 자료이다. 다음 자료를 이용하여 한국㈜의 20×1년도 매출채권 평균회수기간을 계산하면 얼마인가? 〈난이도: 하〉 (2020 회계관리2급 수정)

매출액	₩900,000	매출원가	₩600,000
20×1년 평균 매출채권	300,000	20×1년 평균 재고자산	400,000

*1년은 360일로 가정한다.

① 80일　② 90일　③ 100일
④ 120일　⑤ 180일

[문제 5] 외상판매만을 수행하는 한국㈜는 20×1년 말에 화재로 인해 창고에 있던 상품을 전부 소실하였다. 한국㈜의 매출채권회전율은 5회이고, 매출총이익률은 30%로 매년 동일하다. 20×1년 한국㈜의 평균매출채권이 ₩600,000이고 당기판매가능상품(기초재고와 당기순매입액의 합계)이 ₩2,650,000인 경우, 20×1년 12월 31일 화재로 소실된 상품 추정액은 얼마인가? 〈난이도: 상〉 (2021 주택관리사)

① ₩350,000　② ₩400,000　③ ₩450,000
④ ₩500,000　⑤ ₩550,000

주관식

[문제 1] 수취채권 〈난이도: 하〉

다음은 수취채권과 관련된 거래이다.

(1) 고객에게 상품 ₩64,000을 외상으로 판매하였다.
(2) 거래처에 비품을 매각하고 대금 ₩57,000은 1개월 후에 받기로 하였다.
(3) 종업원에게 현금 ₩10,000을 대여하였다.

〈요구사항〉
수취채권의 회계처리와 관련된 계정과목을 제시하라.

[문제 2] 매출, 매출환입 및 에누리, 매출할인 〈난이도: 중〉

한국㈜의 20×1년 3월 중 거래이다.

(1) 3월 1일 : 상품 ₩200,000을 3/15, *n*/30의 조건으로 외상으로 판매하였다. 판매 과정에서 ₩5,000의 운반비를 현금으로 지출하였다.
(2) 3월 4일 : 상품 ₩80,000을 현금으로 판매하였다.
(3) 3월 10일 : 3월 1일 외상판매한 상품에 하자가 있어서 ₩10,000의 상품이 반품되었다.
(4) 3월 14일 : 3월 1일 외상판매분 중 ₩100,000을 조기회수하면서 ₩3,000의 매출할인을 해주었다.
(5) 3월 20일 : 현금판매한 상품 중 일부가 파손되어 ₩2,000을 환불하였다.
(6) 3월 30일 : 외상판매대금 잔액을 모두 회수하였다.

〈요구사항〉
1. 20×1년 3월 거래에 대해 회계처리를 하라.
2. 20×1년 3월의 포괄손익계산서에 보고할 순매출액을 계산하라.

[문제 3] 매출채권의 손상(1) 〈난이도: 중〉

한국㈜의 20×1년 12월 31일 매출채권 잔액은 ₩2,500,000, 손실충당금 잔액은 ₩50,000이다. 20×2년 중 다음과 같은 거래가 발생하였다.

(1) 3월 10일 : 매출채권 중 ₩60,000이 회수불능으로 판명되었다.

(2) 6월 15일 : 회수불능으로 장부에서 제거한 매출채권 중 ₩35,000을 현금으로 회수하였다.

(3) 12월 31일 현재 매출채권 잔액은 ₩3,000,000이며, 이 중에 기대신용손실은 ₩100,000으로 추정된다.

〈요구사항〉

1. 3월 10일과 6월 15일의 회계처리를 하고, 결산수정분개 전 손실충당금 잔액을 계산하라.
2. 12월 31일 손실충당금 설정과 관련된 회계처리를 하라.

[문제 4] 매출채권의 손상(2) 〈난이도: 중〉

한국㈜는 20×1년도 중 설립되었고 매출채권과 기대신용손실에 관한 자료는 다음과 같다.

(1) 20×1년 말 매출채권은 ₩500,000이고, 기대신용손실은 ₩40,000으로 추정된다.

(2) 20×2년 말 매출채권은 ₩1,000,000이고, 기대신용손실은 ₩100,000으로 추정된다.

〈요구사항〉

독립적인 다음 상황에 대해 20×1년 말 손실충당금 설정, 20×2년 대손확정과 기말 손실충당금 설정에 필요한 회계처리를 하라.

1. 20×2년 중 매출채권 ₩30,000이 대손확정되었다.
2. 20×2년 중 매출채권 ₩70,000이 대손확정되었다.

[문제 5] 매출채권의 손상(3) 〈난이도: 상〉

강남㈜의 20×1년 초 매출채권은 ₩1,000,000이고, 손실충당금 대변잔액은 ₩50,000이다. 20×1년 중 매출 및 매출채권 관련 자료는 다음과 같다.

(1) 4월 30일 : 매출채권 ₩70,000을 회수불능으로 대손을 확정하였다.

(2) 7월 31일 : 전기에 대손을 확정한 매출채권 ₩20,000을 회수하였다.

(3) 11월 30일 : 4월 30일에 상각처리한 매출채권 중에서 ₩10,000을 회수하였다.

(4) 20×1년도의 외상매출액은 ₩5,000,000이다.

(5) 20×1년 말 매출채권 잔액은 ₩1,500,000이며 연체일수별로 기대신용손실률을 분석한 내용은 다음과 같다.

경과일수	기대신용손실률	매출채권
연체되지 않음	2%	₩800,000
1일 ~ 60일 이내	5%	400,000
60일 ~ 120일 이내	10%	200,000
120일 초과	30%	100,000
합 계		₩1,500,000

〈요구사항〉

각각의 물음은 독립적이다.

1. 연령분석법을 적용하는 경우 20×1년 말 손실충당금 설정과 관련하여 필요한 회계처리를 하고, 포괄손익계산서에 계상될 손상차손과 재무상태표에 계상될 매출채권의 순실현가능가치를 계산하라.
2. 매출채권 잔액의 6%를 기대신용손실로 추정하는 경우 20×1년 손실충당금 설정과 관련하여 필요한 회계처리를 하고, 포괄손익계산서에 계상될 손상차손을 계산하라.

[문제 6] 매출채권의 양도 〈난이도: 하〉

강동㈜의 20×1년 중 거래는 다음과 같다.

(1) 5월 31일 : 강동㈜는 채무 변제에 필요한 자금을 마련하기 위해 서울팩토링㈜에 매출채권 ₩700,000을 양도하였다. 서울팩토링㈜는 매각 매출채권의 3%를 수수료로 부과한다. 단, 동 매출채권에 대한 위험과 보상이 이전된 것으로 가정한다.

(2) 6월 30일 : 강동㈜는 ₩1,500,000 상당의 노트북을 판매하였는데 고객은 신용카드로 대금을 결제하였다. 강동㈜는 해당 매출채권을 신용카드사에 양도하고 현금을 회수하였다. 신용카드사는 3%의 서비스수수료를 부과한다.

〈요구사항〉

5월 31일과 6월 30일에 필요한 회계처리를 하라.

[문제 7] 어음(1) 〈난이도: 하〉

다음은 한국㈜가 매출채권으로 수취한 약속어음에 관한 자료이다.

	발행일	기간	만기일	액면금액	이자율/연	이자총액
(1)	4월 1일	60일	①	₩600,000	9%	⑤
(2)	7월 2일	30일	②	90,000	④	₩600
(3)	3월 7일	90일	③	120,000	10%	⑥

〈요구사항〉

빈 칸 ①~⑥번을 모두 채워라. 단, 이자 계산 시 1년을 360일로 가정한다.

[문제 8] 어음(2) 〈난이도: 중〉

한국㈜의 20×1년 마지막 2개월간의 거래 자료는 다음과 같다(단, 1년을 360일로 한다).

(1) 11월 1일 : 어음(1년 만기, 연 10%)을 받고 강서㈜에게 현금 ₩150,000을 대여하였다.
(2) 12월 11일 : 강남㈜에 상품을 판매하고 ₩67,500(90일 만기, 연 8%)의 어음을 받았다.
(3) 12월 16일 : 서울㈜에 상품을 판매하고 ₩40,000(6개월 만기, 연 9%)의 어음을 받았다.
(4) 12월 31일 : 모든 어음의 이자수익을 인식하였다.

〈요구사항〉

1. 20×1년 거래에 대해 회계처리하라.
2. 강서㈜에 대한 어음 만기일(20×2.11.1)에서의 어음 회수거래를 회계처리하라.

[문제 9] 어음(3) 〈난이도: 중〉

한국㈜는 매월 장부를 마감한다. 6월 30일, 원장의 일부 계정잔액은 다음과 같다.

• 매출채권 ₩46,000 • 미수이자 ₩300

매출채권은 모두 받을어음으로 각각의 내용은 다음과 같다(이자는 만기에 수취하며, 1년 360일을 이용하여 계산한다).

발행일	발행인	액면금액	만기	연이자율(%)
5월 16일	서울㈜	₩6,000	60일	10%
5월 25일	강남㈜	25,000	60일	9%
6월 30일	강서㈜	15,000	6개월	8%

7월 중 거래는 다음과 같다.

7월 15일 : 서울㈜로부터 이자를 포함한 만기금액 전액을 수취하였다.

7월 24일 : 강남㈜의 어음이 부도처리되었다(회수가능할 것으로 가정한다).

〈요구사항〉

1. 7월 중 거래에 대해 회계처리하라.
2. 7월 31일 미수이자에 대한 수정분개를 하라.

[문제 10] 어음(4) 〈난이도: 중〉

한국㈜의 20×1년 1월 1일 매출채권 잔액은 ₩70,000이고, 손실충당금 잔액은 ₩4,000이다. 20×1년 중 다음의 거래가 발생하였다.

(1) 2월 2일 : 강남㈜에 상품 ₩6,000을 외상판매하고 액면금액 ₩6,000의 어음(4개월 만기, 연 10%)을 수취하였다.

(2) 4월 5일 : 강서㈜에 상품 ₩4,000을 외상판매하고 액면금액 ₩4,000의 어음(3개월 만기, 연 8%)을 수취하였다.

(3) 6월 2일 : 강남㈜의 어음을 전액 회수하였다.

(4) 7월 5일 : 강서㈜의 4월 5일자 어음이 부도처리되었다. 회수가능할 것으로 예상된다.

(5) 7월 15일 : 강동㈜에 ₩7,000의 상품을 외상으로 판매하고 액면금액 ₩7,000의 어음(3개월 만기, 연 12%)을 수취하였다.

(6) 10월 15일 : 강동㈜의 어음이 부도처리되었다. 강동㈜는 파산되었으며, 미래에 해결될 가능성은 없다.

〈요구사항〉

20×1년 중 거래에 대해 회계처리하라.

[문제 11] 재무제표 분석 〈난이도: 하〉

한국㈜의 20×1년 1월 1일의 매출채권 잔액은 ₩100,000이었다. 20×1년도 당기 중에 매출채권에 영향을 미친 사항은 외상판매(순액) ₩1,000,000과 현금 회수액 ₩900,000, 그리고 손실충당금 ₩50,000이다.

〈요구사항〉

1. 한국㈜의 20×1년도 매출채권 순실현가능가치를 계산하라.
2. 20×1년도 매출채권회전율을 계산하라.
3. 20×1년도 매출채권 평균회수기간(일)을 계산하라(단, 1년을 360일로 가정한다).

CHAPTER 09

유형자산과 무형자산

제 1 절 유형자산

제 2 절 무형자산

제 3 절 재무제표 표시와 분석

[보론] 천연자원의 감모상각

학습목표

Learning Objectives

기업은 영업활동을 수행하기 위해 유형자산을 취득·보유하며, 경우에 따라서는 물리적 실체가 존재하지 않고 장기적인 수명을 가진 무형자산을 소유하기도 한다. 이번 장에서는 유형자산과 무형자산을 중심으로 인식, 보유 중 기말에 나타나는 감가상각 및 손상, 제거에 대한 회계처리를 설명한다.

본 장에서 학습할 주요 내용을 요약하면 다음과 같다.

➢ 유형자산
- 유형자산의 정의
- 유형자산의 취득
- 유형자산의 사용기간 동안의 지출
- 유형자산의 기말평가 : 감가상각
- 유형자산의 기말평가 : 손상차손의 인식
- 유형자산의 제거

➢ 무형자산
- 무형자산의 종류와 상각
- 연구개발 관련 지출의 회계처리

➢ 재무제표 표시와 분석

➢ 보론 : 천연자원의 감모상각

제 1 절 유형자산

1. 유형자산의 정의

유형자산은 크기와 모양 등 ① **물리적 형체**가 있고 ② **영업활동**에 ③ **장기간 사용**할 목적으로 취득한 자산을 말한다. 이 세 가지 특징은 유형자산을 다른 자산과 구별한다. 가령, 건물을 재화의 생산 또는 용역의 제공 목적(즉, 영업활동)이 아닌 판매 목적으로 보유한다면 유형자산이 아닌 재고자산으로 분류되고, 임대나 시세차익을 위하여 보유한다면 투자부동산으로 분류된다. 영업활동에 장기간 사용하더라도, 물리적 형체가 없는 특허권 같은 자산은 무형자산으로 분류되고, 프린트 용지 같은 소모품은 물리적 형체가 있고, 영업활동에 사용되더라도 단기간 내에 사용되기 때문에 유형자산으로 분류할 수 없다. 대표적인 유형자산으로는 토지, 건물, 기계장치, 사무용 비품 등이 있다.

다만, 중요성의 관점에서 항목의 금액이 재무제표에 미치는 영향이 미미하다면, 유형자산의 정의에 부합하더라도 유형자산으로 인식하기보다는 비용으로 처리하는 경우도 있다. 예를 들어, 휴지통을 구입한 경우 휴지통 자체로만 판단하면 장기간 영업활동에 사용이 가능하고, 물리적 형체가 있어 유형자산으로 처리하는 것이 타당하지만, 휴지통의 금액이 중요하지 않으므로 일반적으로 구입하는 즉시 비용으로 인식한다.

그림 9-1 총자산 대비 유형자산 비율

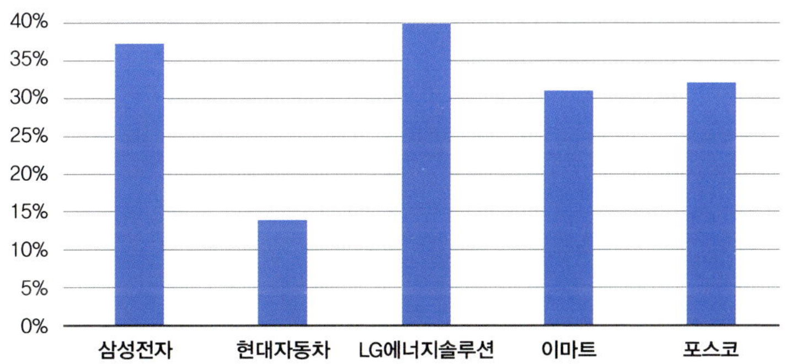

회사들은 유형자산에 상당한 금액을 투자하고 있는데, 앞의 [그림 9-1]은 2022년 말 국내 주요 기업의 총자산 대비 유형자산의 비율을 나타낸다.

2. 유형자산의 취득

유형자산은 취득 시 원가로 기록하는데, 이 취득원가(acquisition cost)에는 당해 자산을 그 의도된 목적에 사용 가능한 장소와 상태에 이르게 하는 데 직접 소요된 모든 지출을 포함한다. 이는 유형자산의 구입가격은 물론 취득부대비용인 취득 관련 세금, 운송 및 설치, 유형자산이 정상적으로 작동되는지 여부를 테스트하는 데 발생하는 지출도 모두 취득원가에 포함되고, 다음과 같이 기록한다.

(차) 유형자산	×××	(대) 현금(또는 미지급금)	×××

××× = 유형자산의 취득원가 = 구입가격 + 취득부대비용

1) 토 지

토지는 공장, 판매장, 사무실, 창고 등을 위한 용지로 사용하기 위해 구입한다. 토지의 취득원가는 구입가격, 등기비용, 중개인수수료, 취득세 및 등록세가 포함된다. 그리고 토지를 사용목적에 적합하도록 만드는 데 필요한 배수 및 정지작업과 관련된 원가도 토지의 취득원가로 기록한다. 예를 들면, 토지의 구입가격이 ₩1,000,000이고 취득세 및 등록세가 ₩100,000이라면 토지의 취득원가는 ₩1,100,000이 된다.

그리고 토지에 건물을 신축하기 전에 철거해야 할 기존의 구건물이 존재하는 경우가 있다. 이 경우 구건물의 철거비용에서 폐기물매각수입을 제외한 금액은 토지의 취득목적인 건물의 신축 전에 지출한 원가이므로 토지의 증가로 기록한다.

✓예제 9-1

한국㈜는 20×1년 중 토지를 ₩2,000,000에 현금으로 구입하였다. 토지에는 오래된 창고가 있는데 철거비용은 ₩85,000이고 폐기물매각수입은 ₩15,000으로 예상된다. 토지구입에 따른 추가 지출로는 취득세 및 등록세 ₩50,000과 중개수수료 ₩80,000이 있다.

▶ 요구사항

토지의 취득원가를 계산하라.

해답

토지 구입가격	₩2,000,000
창고 철거 관련 순비용	70,000 (= ₩85,000 − ₩15,000)
취득세 및 등록세	50,000
중개수수료	80,000
토지 취득원가	₩2,200,000

2) 구축물

구축물은 토지 위에 구조물을 추가하는 것으로 도로, 주차장, 울타리, 조명, 스프링클러 설비 등을 추가하는 것을 말한다. 구축물의 원가는 토지를 개량하여 사용목적에 적합하게 만드는 데 들어간 모든 지출을 포함한다. 예를 들어, 주차장의 원가에는 주차장을 만들기 위해 바닥을 포장하고 울타리를 만들고 조명시설을 갖추는 데 소요된 모든 지출을 포함한다.

3) 건 물

건물은 공장, 판매장, 사무실, 창고와 같이 영업활동에 사용되는 시설 및 건물 부속설비를 말한다. 건물의 구입이나 신축과 관련된 지출은 모두 건물의 취득원가로 기록한다. 즉, 건물의 원가는 구입가격뿐만 아니라 등기비용, 중개수수료, 취득세 및 등록세를 포함한다. 건물을 구입한 후 사용목적에 적합하게 만드는 과정에서 발생하는 원가에는 냉난방장치, 리모델링, 지붕 · 마루 · 전선의 교체와 개량에 따른 지출이 포함된다. 건물을 신축하는 경우에는 계약가격뿐만 아니라 설계비용, 굴착비용도 건물의 원가에 포함된다. 건물을 사용하기 위해 장기간에 걸친 건설이 필요한 경우 건물구입과 관련된 차입금의 이자비용도 건설에 필요한 원가가 된다. 그러나 이자비용을 건물원가에 포함하는 것은 건설기간으로 한정한다.

4) 기계장치와 비품

기계장치 및 사무용가구, 책상과 같은 비품의 원가에는 구입가격뿐만 아니라 구입 시 부담하는 운송비 및 보험료가 포함된다. 그리고 장치를 조립 · 설치 · 시험하는 데 필요한 지출도 원가에 포함된다. 그러나 구입 후에 발생하는 보험료와 같이 매년 반복되고 미래기간의 경제적 효익이 없는 지출은 원가에 포함하지 않고 발생하는 시점에 비용으로 처리한다. 예비부품과 수선용구는 대부분의 경우 재고자산으로 분류하고 사용시점에 당기 비용으로 인식한다. 그러나 중요한 예비부품과 대기성 장비로서 1년 이상 사용할 것으로 예상되는 경우에는 유형자산으로 분류한다.

✓예제 9-2

한국㈜는 20×1년 중 기계장치를 ₩1,000,000에 현금으로 구입하였다. 구입과 관련된 지출로는 운송비 ₩100,000과 운송보험료 ₩40,000, 그리고 설치 및 시험비용 ₩30,000이 있다.

▶▶ 요구사항

기계장치의 취득원가를 계산하라.

해답

기계장치 구입가격	₩1,000,000
운 송 비	100,000
운송보험료	40,000
설치 및 시험비용	30,000
기계장치 취득원가	₩1,170,000

3. 유형자산의 사용기간 동안의 지출

유형자산은 장기적으로 사용 가능한 자산이기에 일상적인 수선, 증축이나 개량이 이루어질 수 있다. 일상적인 수선 · 유지와 관련하여 발생하는 지출은 해당 유형자산의 원가로 인식하지 않으므로 유형자산의 증가로 기록하지 않는다. 일상적인 수선은 금액이 적고 빈번하게 발생하는 경향이 있는데 차량의 오일 교환, 건물 외벽의 도장, 기계부품의 교체 등이 그 예이다. 이러한 지출은 수익에 대응하여 바로 비용으로 계상하는데 이를 수익적 지출(revenue expenditure)이라고 부른다. 일상적 수선은 발생시점에 비용 계정인 수선유지비로 기록된다.

(차) 수선유지비	×××	(대) 현　금	×××

그러나 증축과 개량은 생산능력이나 자산의 사용연수(내용연수)를 증가시킴으로 자산의 가치를 증가시키는 지출이라는 의미로 자본적 지출(capital expenditure)이라고 부르고, 유형자산의 취득원가에 가산한다.

(차) 유형자산	×××	(대) 현　금	×××

위의 회계처리에서 보는 바와 같이 유형자산 관련 지출은 구분에 따라 당기의 비용에 다른 영향을 미친다. 예를 들어, 수익적 지출을 자본적 지출로 회계처리하면 지출이 자산으로 기록되어, 당기의 비용이 낮아지고 이로 인해 당기순이익이 과대계상될 수 있다. 자본적 지출의 정의에 부합하지 않은 지출을 자산의 증가로 기록하는 것은 회계기준에 위배된다.

✓예제 9-3

한국㈜는 20×1년 초에 사용하던 트럭을 수리하였다. 다음은 각 일자별 수리내용이다.

1월 5일　냉동운반차로 만들기 위해 트럭을 개조하는 데 현금 ₩500,000을 지출하였다.

1월 17일 트럭을 새롭게 도장하고 현금 ₩100,000을 지급하였다.

요구사항

일자별로 회계처리하라.

해답

1월 5일	(차) 트 럭	500,000	(대) 현 금	500,000

냉동운반차로 개조하여 유형자산의 미래효익이 증가하므로 자본적 지출로 회계처리한다.

1월 17일	(차) 수선유지비	100,000	(대) 현 금	100,000

트럭에 도장을 새로 하는 것은 일상적인 수선이므로 수익적 지출로 회계처리한다.

4. 유형자산의 기말평가 : 감가상각

감가상각(depreciation)은 유형자산의 원가를 합리적이고 체계적인 방법으로 자산의 내용연수에 걸쳐 비용으로 배분하는 과정이다. 여기서 내용연수(useful life)는 유형자산을 기업의 영업활동에 사용할 수 있는 경제적 수명을 말한다. 감가상각은 사용에 따른 가치 감소를 체계적으로 기록하는 과정으로 볼 수 있다. 이는 자산의 가치나 효용의 감소 정도를 정확히 측정하여 자산을 평가하기보다는 수익창출에 기여하는 기간 동안에 수익·비용 대응을 위해 유형자산의 원가를 관련 수익에 적절하게 대응하는 목적으로 감가상각을 한다.

유형자산의 감가상각은 자산이 사용가능한 때부터 시작한다. 즉, 경영진이 의도하는 방식으로 자산을 가동하는 데 필요한 장소와 상태에 이른 때부터 시작한다. 한편, 감가상각은 자산이 매각예정자산으로 분류되는 날과 자산이 제거되는 날 중 이른 날에 중지한다. 따라서 유형자산이 운휴 중이거나 적극적인 사용상태가 아니어도 감가상각이 완전히 이루어지기 전까지는 감가상각을 중단하지 않는다.

감가상각은 구축물, 건물, 기계장치와 비품에는 적용되는 반면 토지에는 일반적으로 적용되지 않는다. 감가상각자산(depreciable assets)의 수익창출능력은 내용연수가 경과함에 따라 감소하지만, 토지의 수익창출능력은 시간의 경과에도 불구하고 감소하지 않기 때문이다. 감가상각자산의 수익창출능력은 내용연수 동안 마모와 훼손으로 인해 감소한다. 제품 운반용 차량의 예를 들면, 100,000㎞를 주행한 차량은 1,000㎞를 주행한 차량에 비해 수익창출능력이 떨어지게 된다. 수익창출능력은 기능적 진부화로 인해 감소하기도 하는데, 새로운 컴퓨터의 개발로 인해 기존 컴퓨터가 진부화되어 당초 예상보다 빨리 교체되는 경우가 이에 속한다.

내용연수에 걸쳐 체계적인 방법으로 계산한 감가상각비는 회계 기말에 수정분개를 통해 다음과 같이 기록한다.

(차) 감가상각비	×××	(대) 감가상각누계액	×××

위의 차변계정과목인 감가상각비는 포괄손익계산서의 판매비와관리비 항목으로 인식되나 제조기업의 경우 재고자산 또는 무형자산의 원가에 포함되기도 한다. 대변계정과목인 감가상각누계액은 자산의 차감계정으로 감가상각자산의 취득원가에서 간접 차감시키는 방법으로 재무상태표의 자산의 항목으로 인식된다.

예를 들어, 영업용 차량을 20×1년 1월 1일에 ₩260,000의 현금을 지급하고 구입하였다고 하면, 취득원가는 ₩260,000이다. 이 차량은 향후 5년간 사용할 것으로 예상하고, 5년말에 ₩20,000에 처분될 것으로 예상된다고 가정하자. 회사는 매년 말 ₩48,000(=240,000÷5)씩 감가상각비를 계상한다고 하면, 취득원가, 장부금액, 감가상각비 및 감가상각누계액의 관계는 아래와 같다.

구 분	20×1.1.1.	20×1.12.31.	20×2.12.31.	20×3.12.31.	20×4.12.31.	20×5.12.31.
[재무상태표]						
취득원가	₩260,000	₩260,000	₩260,000	₩260,000	₩260,000	₩260,000
감가상각누계액	0	₩48,000	₩96,000	₩144,000	₩192,000	₩240,000
장부금액	₩260,000	₩212,000	₩164,000	₩116,000	₩68,000	₩20,000
[포괄손익계산서]						
감가상각비	0	₩48,000	₩48,000	₩48,000	₩48,000	₩48,000

위의 예에서 보듯이 감각상각누계액은 취득시점 이후 사용기간에 걸쳐 인식한 감가상각비가 누적되는 계정으로 취득시점 이후부터 당해까지 누적된 감가상각비의 합계를 나타내게 된다. 또한 감가상각비는 현금 유출을 동반하지 않고, 감가상각누계액은 해당 자산을 대체하기 위한 현금을 적립한다는 것을 의미하지는 않는다. 현금 유출을 동반하지 않음에도 감가상각이 중요한 이유는 감가상각비를 인식하지 않으면 각 연도의 순이익과 유형자산의 가치가 과대 측정되기 때문이다.

✓예제 9-4

반도체 제조업체인 한국㈜가 사용하는 버스(차량운반구)에 대한 당기의 감가상각비가 ₩100,000이다.

1. 이 버스가 본사 마케팅 직원의 출퇴근에 사용 중이다.
2. 이 버스가 제조공장 직원의 출퇴근에 사용 중이다.

▶▶ 요구사항

위의 각 상황에 대하여 연도 말 감가상각비 인식을 위한 분개를 수행하라.

해답

	차변	금액	대변	금액
1.	(차) 감가상각비	100,000	(대) 감가상각누계액-차량운반구	100,000
2.	(차) 감가상각비	100,000	(대) 감가상각누계액-차량운반구	100,000
	(차) 재고자산	100,000	(대) 감가상각비	100,000

*재고자산 판매시점에 매출원가를 통해 당기손익에 반영된다.

(1) 감가상각비의 계산 요소

감가상각비의 계산에는 취득원가, 잔존가치, 내용연수, 그리고 감가상각방법이 영향을 미친다. 앞에서 언급하였듯이 취득원가는 당해 자산을 그 의도된 목적에 사용 가능한 장소와 상태에 이르게 하는 데 직접 소요된 모든 지출로 구성되고, 내용연수는 유형자산을 기업의 영업활동에 사용할 수 있는 경제적 수명을 말한다. 내용연수는 기간 또는 자산에서 얻을 것으로 기대되는 생산량의 추정치로 볼 수 있다. 잔존가치(residual value)는 내용연수가 종료되는 시점의 자산가치에 대한 추정치로 예상처분가액에서 예상처분비용을 차감한 금액을 말한다.

(2) 감가상각방법

감가상각자산의 내용연수와 잔존가치의 추정 후, 감가상각비의 계산을 위해서는 감가상각방법을 결정해야 한다. 감가상각방법은 유형자산의 가치 감소 형태를 가장 잘 반영하는 방법을 선택하고, 예상가치 감소 형태가 변하지 않는 한 매 회계기간에 일관성 있게 적용한다. 감가상각방법을 일관성 있게 적용해야 재무제표의 비교가능성을 향상시킬 수 있다. 한국㈜가 20×1년 1월 1일 구입한 차량의 자료를 이용하여 일반적으로 많이 사용되는 세 가지의 감가상각방법을 비교해 보자.

• 취득원가	₩260,000
• 잔존가치	₩20,000
• 내용연수(기간)	5년
• 내용연수(주행거리)	100,000㎞

1) 정액법

정액법(straight-line method)은 내용연수 동안 매 기간 동일한 금액을 감가상각하는 방법이다. 정액법에서 연간 감가상각비는 취득원가에서 잔존가치를 차감한 금액을 내용연수로 나누어 계산한다. 한국㈜의 1차연도 감가상각비는 다음과 같이 계산한다.

감가상각비 = (취득원가 − 잔존가치) ÷ 내용연수
= 감가상각대상금액 ÷ 내용연수
= (₩260,000 − ₩20,000) ÷ 5년
= ₩48,000

여기서, (취득원가 − 잔존가치)는 감가상각대상금액이라고 부른다. 정액법을 적용하여 감가상각비를 계산하는 다른 방법으로는 연간 상각률을 이용하는 방법이 있다. 이 경우 상각률은 20%(=100% ÷ 5)가 된다. 상각률을 이용하는 경우에는 자산의 감가상각대상금액에 상각률을 적용한다.

다음은 정액법을 사용하는 경우 연간 상각률을 이용한 감가상각 일정표이다. 장부금액은 (취득원가 − 감가상각누계액)이며 이는 재무상태표에 보고되는 유형자산의 회계적 가치이다. 감가상각비는 매 기간 ₩48,000으로 일정하게 유지되고 내용연수가 끝난 5차연도 말 장부금액은 잔존가치인 ₩20,000과 동일하게 된다.

계 산				연도 말	
연도	감가상각대상금액 ×	상각률	= 감가상각비	감가상각누계액	장부금액
20×1	₩240,000	20%	₩48,000	₩48,000	₩212,000
20×2	240,000	20%	48,000	96,000	164,000
20×3	240,000	20%	48,000	144,000	116,000
20×4	240,000	20%	48,000	192,000	68,000
20×5	240,000	20%	48,000	240,000	20,000

자산을 회계기간 중에 취득하는 경우에는 연간 감가상각비를 취득 이후의 기간에 배분하여 계산하면 된다. 한국㈜가 차량을 20×1년 7월 1일에 취득한 경우, 첫 해의 감가상각비는 6개월에 해당하는 ₩24,000(₩24,000×20%×$\frac{6}{12}$)이 된다.

정액법은 적용하기 간단하다는 장점이 있고 자산에서 발생하는 효익이 자산의 내용연수 동안 균등하게 유지되는 경우 수익과 비용을 적절하게 대응하는 방법이 된다.

2) 생산량비례법

생산량비례법(units of production method)은 내용연수가 기간이 아니라 자산에서 기대되는 총생산량이나 총사용량으로 표현된다. 생산량비례법은 차량(운송거리)이나 비행기(운항시간)와 같은 자산에도 적용할 수 있다. 반면에 건물이나 비품과 같은 자산의 감가상각에는 생산량비례법이 적합하지 않은데 이와 같은 자산의 감가상각은 생산이나 사용보다 기간의 경과에 따라 발생하기 때문이다.

생산량비례법을 적용하여 감가상각비를 계산하기 위해서는 내용연수 동안의 총생산량이나 총사용량을 추정하고 감가상각대상금액을 총생산(사용)량으로 나누어 단위당 감가상각비를 계산한다. 매년 감가상각비는 단위당 감가상각비에 당해 연도 실제 생산(사용)량을 곱하여 계산한다. 한국㈜의 차량이 첫 해 10,000㎞를 주행한 경우 1차연도 감가상각비는 다음과 같이 계산된다.

$$\text{감가상각비} = \text{단위당 감가상각비} \times \text{당기 생산(사용)량}$$
$$= \frac{\text{감가상각대상금액}}{\text{총생산(사용)량}} \times \text{당기 생산(사용)량}$$
$$= \frac{(₩260,000 - ₩20,000)}{100,000\text{km}} \times 10,000\text{km}$$
$$= ₩2.4/\text{km} \times 10,000\text{km}$$
$$= ₩24,000$$

다음은 생산량비례법을 사용하는 경우 연도별 생산량에 따른 감가상각 일정표이다.

계 산				연도 말	
연도	생산량 ×	단위당 감가상각비* =	감가상각비	감가상각 누계액	장부금액
20×1	10,000km	₩2.4	₩24,000	₩ 24,000	₩236,000**
20×2	20,000	2.4	48,000	72,000	188,000
20×3	30,000	2.4	72,000	144,000	116,000
20×4	25,000	2.4	60,000	204,000	56,000
20×5	15,000	2.4	36,000	240,000	20,000

* $\frac{(₩260,000 - ₩20,000)}{100,000\text{km}} = ₩2.4/\text{km}$ ** ₩260,000 − ₩24,000 = ₩236,000

생산량비례법은 회계기간 중에 취득한 자산에도 간단하게 적용할 수 있다. 생산량비례법은 정액법보다는 자주 사용되지 않는 방법인데 총생산량이나 총사용량을 합리적으로 추정하기 어렵기 때문이다. 자산의 실제 생산(사용)량이 매 기간 크게 변동하는 경우 생산량비례법은 수익과 비용을 적절하게 대응하는 방법이다.

3) 체감잔액법

체감잔액법(declining balance method)은 자산의 내용연수 동안 초기에는 많은 금액이 상각되고 기간이 경과함에 따라 상각금액이 감소하는 방법으로 정률법, 연수합계법 등이 있다.

① 정률법

정률법(fixed percentage of declining balance method)은 기초의 장부금액에 상각률을 곱하여 매 기간의 감가상각비를 계산하는 방법이다. 기초의 장부금액은 상각을 하지 않은 잔액이다. 이런 이유로 정률법을 미상각잔액법이라고도 한다. 상각률은 매 연도 일정하게 유지되지만 상각률이 적용되는 장부금액(미상각액)은 감소한다. 정률법을 사용하는 경우 상각률은 다음과 같이 계산된다.1)

$$\text{상각률} = 1 - \sqrt[n]{\frac{\text{잔존가치}}{\text{취득원가}}} \quad (n\text{은 내용연수})$$

$$= 1 - \sqrt[5]{\frac{20,000}{260,000}} = 0.4$$

1차연도의 기초에는 자산의 취득원가가 장부금액이 되나 이후 연도는 취득원가에서 감가상각누계액을 차감한 수치가 장부금액이 된다. 1차연도의 감가상각비는 다음과 같이 계산된다.

감가상각비 = 기초장부금액 × 상각률

= ₩260,000 × 40%

= ₩104,000

다음은 정률법을 사용하는 경우 연간 상각률을 이용한 감가상각 일정표이다.

계 산				연도 말	
연도	기초장부금액 ×	상각률 =	감가상각비	감가상각누계액	장부금액
20×1	₩260,000	40%	₩104,000	₩104,000	₩156,000
20×2	156,000	40%	62,400	166,400	93,600
20×3	93,600	40%	37,440	203,840	56,160
20×4	56,160	40%	22,464	226,304	33,696
20×5	33,696	40%	13,696*	240,000	20,000

* 잔존가치에 맞도록 13,478을 13,696으로 조정

1) 잔존가치가 0이면 상각률을 계산할 수 없으므로, 정률법의 상각률 계산 시에는 잔존가치가 0보다 크다는 가정이 필요하다.

정률법의 경우 2차연도 말에 차량이 약 69%(₩166,400 ÷ ₩240,000) 상각되는 반면, 정액법에서는 40%(₩96,000 ÷ ₩240,000)만 상각된다. 정률법은 사용 초기에 감가상각비가 더 많이 계상되도록 가속상각하는 방법으로 자산을 사용하는 초기에 효익이 큰 경우 수익과 비용을 적절하게 대응하는 방법이 된다. 일부 자산의 경우 진부화로 인해 자산의 유용성이 조기에 소멸되는 경우에 정률법은 적절한 감가상각방법이다.

자산을 회계기간 중에 취득하는 경우 1차연도의 감가상각비는 취득 이후의 기간에 배분된다. 예를 들어, 한국㈜가 차량을 20×1년 7월 1일에 취득한 경우 1차연도의 감가상각비는 6개월에 해당하는 ₩52,000(₩260,000 × 40% × $\frac{6}{12}$)이 된다. 20×2년 기초 장부금액은 ₩208,000(₩260,000 − ₩52,000)이고, 2차연도의 감가상각비는 ₩83,200(₩208,000 × 40%)이 된다.

② 연수합계법

연수합계법(sum-of-years' digits method)은 자산의 내용연수 동안 감가상각비가 매 기간 감소하는 체감잔액법이다. 연수합계법은 감가상각대상금액에 해당 연도의 상각률을 곱하여 감가상각비를 계산하지만 정률법과 달리 상각률이 매 기간 감소함으로써 감가상각비가 체감하게 된다. 다음은 연수합계법으로 계산한 한국㈜의 차량에 대한 1차연도 감가상각비이다.

$$\begin{aligned} \text{감가상각비} &= \text{감가상각대상금액} \times \text{상각률}\left(\frac{\text{내용연수의 역순}}{\text{내용연수의 합계}}\right) \\ &= ₩240{,}000 \times \frac{5}{15}\ (=1+2+3+4+5) \\ &= ₩80{,}000 \end{aligned}$$

다음은 연수합계법을 사용하는 경우 연간 상각률을 이용한 감가상각 일정표이다.

계 산				연도 말	
연도	감가상각대상금액	× 상각률	= 감가상각비	감가상각누계액	장부금액
20×1	₩240,000	$\frac{5}{15}$	₩80,000	₩ 80,000	₩180,000
20×2	240,000	$\frac{4}{15}$	64,000	144,000	116,000
20×3	240,000	$\frac{3}{15}$	48,000	192,000	68,000
20×4	240,000	$\frac{2}{15}$	32,000	224,000	36,000
20×5	240,000	$\frac{1}{15}$	16,000	240,000	20,000

상각률의 분모는 내용연수 5년간의 합계인 15(=1+2+3+4+5)가 되고 분자는 각 내용연수의 역순이다. 내용연수가 경과함에 따라 연도별 상각률은 $\frac{5}{15}$, $\frac{4}{15}$, $\frac{3}{15}$, $\frac{2}{15}$, $\frac{1}{15}$이 적용되므로 감가상각비는 점차 감소한다.

자산을 회계기간 중에 취득하는 경우 일반적으로 월할 또는 일할 상각 등의 방법을 적용하는데, 연수합계법의 감가상각비의 계산은 주의가 요구된다. 한국㈜가 차량을 20×1년 7월 1일에 취득한 경우 1차연도의 감가상각비는 6개월에 해당하는 ₩40,000(₩80,000×$\frac{6}{12}$)이 된다. 2차연도의 감가상각비는 ₩72,000(₩80,000×$\frac{6}{12}$ + 64,000×$\frac{6}{12}$)이 된다.

4) 감가상각방법 간의 비교

다음 표는 감가상각방법별로 연도별 감가상각비를 비교한 결과이다.

연도	정액법	생산량비례법	정률법	연수합계법
20×1	₩48,000	₩24,000	₩104,000	₩80,000
20×2	48,000	48,000	62,400	64,000
20×3	48,000	72,000	37,440	48,000
20×4	48,000	60,000	22,464	32,000
20×5	48,000	36,000	13,696	16,000
합계	₩240,000	₩240,000	₩240,000	₩240,000

그림 9-2 감가상각방법에 따른 연도별 감가상각비

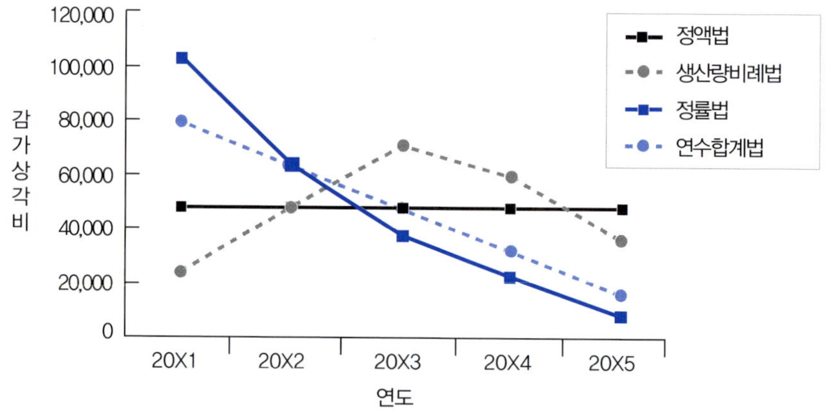

연도별 감가상각비는 상각방법 간에 차이를 나타내고 있으나, 5년간의 총 감가상각비는 동일하다. [그림 9-2]는 각 방법별 감가상각비를 나타낸 것이다.

5) 자본적 지출 후 또는 내용연수 및 잔존가치의 변경 시 감가상각비의 계산

자본적 지출의 경우 유형자산의 취득원가에 가산한다. 따라서 증설 · 개량으로 인한 지출 이후의 감가상각은 이를 포함하여 계산하는데, 과거에 인식하였던 감가상각비와 감가상각누계액은 소급 수정하지 않고, 당기부터 적용한다. 즉, 잔존기간 동안 자본적 지출 금액을 균등하게 배분하여 당기부터 추가적 감가상각비로 인식하게 된다.

✓예제 9-5

한국㈜는 20×1년 초에 다음과 같은 트럭을 취득하고 정액법을 적용하여 감가상각을 하고 있다.

- 취득일 : 20×1.1.1
- 취득원가 : ₩1,000,000
- 내용연수 : 4년
- 잔존가치 : ₩200,000

20×3.1.1에 냉동운반차로 만들기 위해 현금 ₩500,000을 지출하였다. 한국은 이를 자본적 지출로 처리했고 이로 인한 냉동운반차의 내용연수와 잔존가치는 변경되지 않았다.

▶▶ 요구사항

20×3년도의 감가상각비를 계산하라.

해답

개량(자본적 지출) 후의 냉동운반차의 장부금액은 ₩1,100,000(=₩600,000+₩500,000)이므로, 개량 직후의 감가상각대상금액은 ₩900,000(=장부금액−잔존가치=₩1,100,000−₩200,000)이다. 20×3년 초 현재 냉동운반차의 잔여내용연수는 2년이므로 20×3년부터의 연간 감가상각비를 계산하면 다음과 같다.

$$\text{연간 감가상각비} = \frac{\text{개량 후의 감가상각대상금액}}{\text{개량 후의 잔여내용연수}} = \frac{₩900{,}000}{2} = ₩450{,}000$$

따라서, 20×3년부터 연간 감가상각비는 이전의 ₩200,000에서 ₩450,000으로 증가한다. 이는 개량 전의 감가상각비 ₩200,000과 자본적 지출로 인한 추가적 감가상각비 ₩250,000(=₩500,000/2)의 합이다.

유형자산 감가상각비의 계산요소인 감가상각방법, 잔존가치 및 내용연수는 추정에 해당하고, 이는 시간의 경과에 따라 달라질 수 있다. 즉, 자산의 가치가 감소되는 형태가 유의적으로 달라졌거나, 사용환경의 변화로 내용연수가 늘어나거나 줄어들 수 있고, 시장가치의 변화로 잔존가치 또한 크게 변동할 수 있다. 유형자산의 잔존가치와 내용연수는 적어도 매 회계연도 말에 재검토하고, 재검토 결과 추정치가 종전 추정치와 다르다면 회계추정의 변경으로 회계처리한다. 회계추정의 변경 후의 감가상각비 계산방법은 자본적 지출의 경우와 유사하다. 즉, 소급적용을 하지 않고, 변경 시점인 당기부터 적용하여 감가상각비를 계산한다.[2)]

예제 9-6

한국㈜는 20×1년 초에 다음과 같은 트럭을 취득하고 정액법을 적용하여 감가상각을 하고 있다.

- 취득일 : 20×1.1.1
- 취득원가 : ₩1,000,000
- 내용연수 : 4년
- 잔존가치 : ₩200,000

20×3년 초에 트럭의 내용연수를 4년에서 6년으로 변경하였고, 잔존가치도 ₩200,000에서 ₩100,000으로 변경하였다.

요구사항

20×3년도의 감가상각비를 계산하라.

해답

20×2년 말의 장부금액은 ₩600,000이다. 그런데 새로운 잔존가치 추정액이 ₩100,000이므로 20×3년부터는 감가상각대상금액이 ₩500,000(=변경 전 장부금액 - 새로운 잔존가치=₩600,000 - ₩100,000)이며, 이를 새로운 잔여내용연수 4년(=6 - 2)에 걸쳐 감가상각한다. 즉, 변경 후의 연간 감가상각비는 ₩125,000(=₩500,000/4)이다.

---

2) 이러한 방법을 **전진법**(prospective method)이라고 부른다.

5. 유형자산의 기말평가 : 손상차손의 인식

기업은 유형자산 취득 시 취득원가 이상의 돈을 벌어다 줄 것으로 기대한다. 이를 다시 표현하면, 기업은 유형자산의 미래 경제적 가치가 취득원가보다 크다는 가정하에 유형자산을 취득한다고 볼 수 있는데, 손상이란 이러한 가정의 실현 가능성이 낮아질 때 손실을 인식하는 절차를 의미한다.

이러한 손상 또는 손상차손의 인식은 회수가능액의 계산으로부터 시작한다. 회수가능액은 사용가치와 순공정가치 가운데 높은 가격이다. 사용가치는 유형자산의 사용으로 제품을 생산/판매할 경우 유입이 예상되는 미래현금의 현재가치이고, 유형자산의 순공정가치는 유형자산을 처분할 경우 처분에 따라 발생하는 부대비용을 제외한 금액, 즉 매각가치이다. 유형자산의 손상차손으로 인식하는 금액은 다음과 같이 계산된다.

손상차손 = 장부금액 − Max[순공정가치, 사용가치]

예를 들어, 한국㈜가 20×1년 말에 소유하고 있는 토지의 장부금액이 ₩1,000,000이라고 가정해 보자. 20×1년 말에 토지로부터 회수가능할 것으로 판단되는 금액(회수가능액)이 ₩700,000이라면 재무상태표에서 토지의 장부금액을 ₩700,000으로 수정해야 한다. 따라서 자산의 장부금액을 ₩300,000만큼 감소시키는 회계처리를 수행하고 이를 포괄손익계산서에 비용으로 인식해야 한다. 위와 같이 자산의 장부금액을 감소시키고 이를 비용으로 인식하는 절차를 손상 회계라 한다. 이에 대한 회계처리는 다음과 같다.

(차) 손상차손	300,000	(대) 손상차손누계액	300,000

손상차손은 포괄손익계산서에 당기비용(일반적으로 영업외비용)으로 인식한다. 손상차손누계액은 감가상각누계액과 같이 자산의 차감적 평가계정이다. 이때 주의해야 할 점은 해당 유형자산의 감가상각비를 인식한 후에 손상차손을 인식한다는 것이다. 환입을 포함한 손상에 대한 자세한 회계처리는 중급회계의 주제이다.

✓예제 9-7

한국㈜는 20×1년 초에 기계장치를 ₩60,000에 취득하였다. 기계장치의 내용연수는 3년, 잔존가치는 ₩0으로 추정되며 정액법으로 감가상각을 수행한다. 20×1년 말 순공정가치와 사용가치에 대한 정보는 다음과 같다.

구 분	20×1년 말	
	순공정가치	사용가치
기계장치	28,000	36,000

요구사항

1. 기계장치에 대한 감가상각 및 손상 회계처리를 하라.
2. 20×1년 말 재무상태표에 기계장치의 장부금액을 산정하라.

해답

1. 기계장치의 20×1년 말 회수가능금액은 ₩36,000(=max[28,000,36,000])이다.

 20×1년 말 수정분개:

 (1) 감가상각 회계처리

 (차) 감가상각비 20,000* (대) 감가상각누계액(기계장치) 20,000

 *(₩60,000 − ₩0) × $\frac{1}{3}$ = ₩20,000

 (2) 자산손상 회계처리

 (차) 손상차손 4,000** (대) 손상차손누계액(기계장치) 4,000

 ** 감가상각 후 장부금액 ₩40,000 − 회수가능액 ₩36,000

2. 20×1년 말 기계장치의 장부금액

계정과목	20×1년 말
기계장치	₩60,000
차감 : 감가상각누계액	(20,000)
차감 : 손상차손누계액	(4,000)
장부금액*	₩36,000

* 매 회계연도 말 기계장치의 장부금액은 회수가능액과 일치함.

6. 유형자산의 제거

유형자산은 처분, 폐기 또는 교환으로 인해 제거되는데 제거시점에 자산의 장부금액을 결정해야 한다. 자산을 제거하는 경우 장부금액을 결정하기 위해 제거시점까지의 기간에 대한 감가상각비를 계상하여야 수익과 적절한 대응이 이루어진다.

(1) 유형자산의 처분

자산을 처분하는 경우에는 매각에 따른 현금 유입액을 장부금액과 비교해야 한다. 현금 유입액이 장부금액보다 크면 처분이익이 발생하고, 반대로 현금 유입액이 장부금액보다 작으면 처분손실이 발생한다.

한국㈜는 20×1년 6월 30일 기계장치를 ₩32,000에 매각하였다. 기계장치의 취득원가는 ₩120,000, 20×1년 1월 1일의 감가상각누계액은 ₩82,000이고 20×1년 첫 6개월간의 감가상각비는 ₩16,000이라고 가정하자. 한국㈜가 처분시점(6월 30일)까지의 감가상각비와 감가상각누계액을 기록하기 위한 회계처리는 다음과 같다.

(차) 감가상각비	16,000	(대) 감가상각누계액	16,000

처분시점까지의 감가상각누계액을 계산한 후 처분손익을 계산한다. 다음은 한국㈜의 기계장치 매각에 따른 처분손익을 계산한 내용이다.

기계장치의 취득원가	₩120,000
차감 : 감가상각누계액(82,000 + 16,000)	(98,000)
처분시점의 장부금액	₩22,000
매각에 따른 현금 유입액	₩32,000
처분시점의 장부금액	(22,000)
처분이익	₩10,000

한국㈜가 기계장치를 ₩32,000에 매각하는 데 따른 회계처리는 다음과 같다.

(차) 현　　금	32,000	(대) 기계장치	120,000
감가상각누계액 (기계장치)	98,000	유형자산처분이익	10,000

위의 예제에서, 만일 한국㈜가 기계장치를 ₩18,000에 매각하였다면 다음과 같이 ₩4,000의 처분손실이 발생한다.

기계장치의 원가	₩120,000
차감 : 감가상각누계액(82,000 + 16,000)	(98,000)
처분시점의 장부금액	₩22,000

매각에 따른 현금 유입액	₩18,000
처분시점의 장부금액	(22,000)
처분손실	₩(4,000)

한국㈜가 기계장치를 ₩18,000에 매각하는 데 따른 회계처리는 다음과 같다.

(차) 현 금	18,000	(대) 기계장치	120,000
감가상각누계액(기계장치)	98,000		
유형자산처분손실	4,000		

✓예제 9-8

한국㈜는 20×1년 4월 1일 구입가격 ₩500,000인 기계장치를 외상으로 구입하고 설치비용 ₩50,000을 현금으로 지급하였다. 기계장치의 내용연수는 4년, 잔존가치는 ₩50,000으로 추정된다. 한국㈜는 12월 말 결산법인으로 정액법을 적용하여 감가상각을 수행한다.

▶ 요구사항

1. 20×1년 4월 1일 기계장치 취득시점의 회계처리를 하라.
2. 20×1년 말과 20×2년 말의 감가상각비를 인식하는 회계처리를 하라.
3. 20×3년 6월 30일 기계장치를 현금 ₩300,000에 처분하는 경우 처분손익을 계산하라.

해답

1. 20×1년 4월 1일	(차) 기계장치	550,000	(대) 미지급금	500,000
			현 금	50,000
2. 20×1년 12월 31일	(차) 감가상각비	93,750*	(대) 감가상각누계액	93,750

$$*(₩550,000 - ₩50,000) \times \frac{1}{4} \times \frac{9}{12} = ₩93,750$$

20×2년 12월 31일 (차) 감가상각비 125,000*(대) 감가상각누계액 125,000

$$*(₩550,000 - ₩50,000) \times \frac{1}{4} = ₩125,000$$

3. 유형자산처분이익 ₩31,250

(1) 20×3년 6월 30일까지의 감가상각비 인식 분개

(차) 감가상각비	62,500*	(대) 감가상각누계액	62,500

$$*(₩550,000 - ₩50,000) \times \frac{1}{4} \times \frac{6}{12} = ₩62,500$$

(2) 20×3년 6월 30일 기계장치 처분손익 인식 분개

(차) 현 금	300,000	(대) 기계장치	550,000
감가상각누계액(기계장치)	281,250	유형자산처분이익	31,250

기계장치의 취득원가	₩550,000
차감 : 감가상각누계액	(281,250)*
처분시점의 장부금액	268,750

매각에 따른 현금 유입액	₩300,000
처분시점의 장부금액	(268,750)
처분이익	₩31,250**

* 20×1년 ₩93,750 + 20×2년 ₩125,000 + 20×3년 ₩62,500 = ₩281,250

** 위의 기계장치에 대해 20×3년 6월 30일까지 인식한 감가상각누계액은 ₩281,250이다. 그러므로 이 기계장치의 처분시점의 장부금액은 취득원가 ₩550,000에서 ₩281,250을 차감한 ₩268,750이 된다. 이 기계장치를 현금 ₩300,000에 처분하는 것이므로 유형자산처분이익은 ₩31,250이 된다.

(2) 유형자산의 폐기

한국㈜가 취득원가 ₩16,000인 기계장치를 폐기한다고 하자. 기계장치에 대한 감가상각누계액은 ₩16,000으로 상각이 완료되었다면 폐기에 따른 분개는 다음과 같다.

(차) 감가상각누계액(기계장치)	16,000	(대) 기계장치	16,000

상각이 완료된 이후에도 자산을 계속해서 영업활동에 사용하는 경우 폐기되기 전까지 자산의 취득원가와 감가상각누계액은 재무상태표에 보고된다. 상각이 완료된 이후에는 자산을 계속해서 사용해도 추가적인 감가상각은 발생하지 않는다.

유형자산에 대한 상각이 완료되기 전에 처분하고 폐물이나 잔존가치를 통한 현금 유입이 없다면 폐기손실이 발생한다.

✓예제 9-9

한국㈜가 취득원가 ₩16,000, 감가상각누계액 ₩12,000인 기계장치를 폐기하였다.

▶ 요구사항

유형자산 폐기와 관련한 회계처리를 하라.

해답

(차) 감가상각누계액(기계장치)	12,000	(대) 기계장치	16,000
유형자산폐기손실	4,000		

제 2 절 무형자산

무형자산은 기업이 영업활동에 사용하기 위하여 장기적으로 보유하고 있는 물리적 실체가 없는 자산이다. 특허권, 저작권, 상표권, 영업권, 프랜차이즈 등이 무형자산을 구성한다. 다른 자산과 마찬가지로 무형자산은 미래 경제적 효익이 기대되고 기업이 통제가능한 자원이어야 한다. 무형자산의 미래 경제적 효익은 제품의 매출, 용역수익, 비용절감 또는 자산의 사용에 따른 기타 효익의 형태로 발생할 수 있다. 또한 기업은 이 경제적 효익을 확보하고 제3자의 접근을 제한할 수 있어야 한다. 이러한 경제적 효익에 대한 통제는 정부가 부여한 권리, 독점적 계약, 타회사 취득 시 발생한 영업상의 이점이나 권리에서 일반적으로 발생한다.

또한 CEO의 능력, 고객충성도 등 미래 경제적 효익이 기대되는 다양한 무형자산이 기업에 존재하나, 경제적 효익의 크기 및 지속기간을 평가하기가 어려워 한국채택국제회계기준은 주로 외부에서 취득한 무형자산만을 재무상태표에 인식하도록 하고 있다.

1. 무형자산의 종류와 상각

(1) 무형자산의 종류

무형자산을 최초로 인식할 때에는 원가로 측정하고 회계처리는 내용연수가 유한한가 아니면 비한정인가의 여부에 따라 다르다. 내용연수가 유한한 무형자산은 유형자산의 감가상각과 동일하게 자산의 취득원가를 내용연수 동안 배분하며, 이를 무형자산의 상각이라 부른다. 그러나 내용연수가 비한정인 무형자산은 상각하지 않는다. 다만, 손상 회계는 내용연수가 유한하든 비한정이든 간에 상관없이 모두 적용한다.

1) 특허권

특허권(patent)은 발명품을 제조, 판매, 또는 통제할 수 있도록 정부가 부여한 독점적 권리이다. 특허권은 갱신되지 않지만 기본 설계의 변경이나 개량을 통해 새로운 특허를 취득함으로써 법률적 내용연수를 연장할 수 있다. 특허권의 최초 원가는 특허권의 취득에 지출된 금액이다. 특허권에 대해서는 소송이 빈번하게 발생하는데 성공적인 방어를 위한 법률비용은 특허권의 효력을 유지하는 데 필요한 지출로 인정된다. 이와 같은 지출은 특허권의 원가에 가산되어 남아있는 내용연수에 걸쳐 상각된다.

특허권은 법률상 내용연수와 실제사용가능연수 중 짧은 기간 동안 상각된다. 진부화로 인해 특허권의 효력이 조기에 소멸될 수 있으므로 내용연수를 결정할 때는 이와 같은 요인을 고려해야 한다.

2) 저작권

예술품이나 출판물을 재생산하고 판매할 수 있도록 정부가 독점적인 권리를 부여한 것이 저작권(copyright)이다. 저작권은 창작자의 생애에 일정 기간을 가산한 기간 동안 지속된다. 저작권의 원가는 취득원가와 방어에 소요된 지출이다. 저작권의 내용연수는 일반적으로 법률상 내용연수보다 상당히 짧아 단기간 내에 상각된다.

3) 상표권

상표권(trademark) 또는 상표는 특정 회사나 제품을 나타내는 단어, 문구, 노래 또는 표시이다. 애니콜, 그랜저, 아래한글, 칠성사이다와 같은 상표는 제품을 즉시 인지하게 하고 일반적으로 제품 매출을 증대시킨다. 상표의 창작자나 최초 사용자는 특허청에 등록함으로써 상표에 대한 독점적이고 법률적인 권리를 취득한다. 상표권은 상표가 사용되는 동안에는 기간 제한 없이 갱신이 가능하다.

상표권을 구입하는 경우 상표권의 원가는 취득대가이다. 상표권을 유지・개발하기 위해 지출되는 비용은 발생하는 즉시 비용으로 처리되며, 상표권의 내용연수는 비한정인 것으로 회계처리한다.

4) 프랜차이즈

프랜차이즈(franchise)는 사용권을 부여하는 자와 사용권을 부여받는 자 간의 계약관계이다. 사용권을 부여하는 자는 부여받은 자에게 특정 지역 내에서 특정 제품의 판매나 특정 용역의 제공 또는 특정 상표를 사용할 수 있는 권리를 부여한다. 프랜차이즈의 취득에 따른 원가를 식별할 수 있는 경우 무형자산으로 기록된다. 프랜차이즈의 원가는 프랜차이즈 기간 동안 상각된다. 프랜차이즈 계약에 따라 매기 지출되는 금액은 발생시점에 판매비와관리비로 처리된다.

5) 영업권

영업권(goodwill)은 개별적으로 식별하여 별도로 인식할 수 없으나, 사업결합에서 획득한 그 밖의 자산에서 발생하는 미래 경제적 효익을 나타내는 자산이다. 일반적으로 영업권은 무형자산 중 재무상태표에 가장 큰 금액으로 기록된다. 영업권은 회사와 관련된 모든 호의적인 속성들의 가치를 말한다. 여기에는 특별한 영업 방법, 사업장 위치, 고객관계, 숙련된 종업원, 제품의 높은 품질 그리고 합리적인 노사관계 등이 포함된다. 투자자산이나 유형자산과 같이 개별적으로 판매가 능한 다른 자산과 달리 영업권은 영업 전체와 관련하여 인식된다.

영업 전체와 관련하여 인식된다면 영업권의 금액을 결정할 때 호의적인 속성들의 가치를 모두 계산하려고 할 수 있으나 이 결과는 매우 주관적이며 재무제표의 신뢰성에 도움이 되지 않는다. 그러므로 사업결합을 통해 영업 전체를 취득하는 경우에만 영업권을 기록한다. 영업권은 취득한 순자산의 공정가치를 초과하여 지출한 금액이다. 사업결합으로 취득한 영업권은 상각하지 않고 최소한 매 회계연도마다 손상검사를 실시한다. 또한 손상이 발생하였다고 판단할 만한 사건이나 그 밖의 상황 등의 변화가 있는 경우에도 그 시점에 손상검사를 해야 한다.

한편, 내부적으로 창출한 영업권은 원가를 신뢰성 있게 측정할 수 없고 기업이 통제하고 있는 식별가능한 자원이 아니기 때문에 자산으로 인식하지 않는다.

(2) 무형자산의 상각

무형자산의 상각은 유형자산과 같이 상각누계액 계정을 사용하는 방법과 해당 무형자산의 원가를 직접 차감하는 방법이 모두 사용가능하다. 그러나 유형자산의 감가상각과 달리 상각누계액 계정을 사용하지 않고 다음과 같이 직접 차감하는 방법이 일반적이다.

(차) 무형자산상각비	×××	(대) 무형자산	×××

내용연수는 경제적 요인과 법적 요인의 영향을 받는다. 경제적 요인이란 자산의 미래 경제적 효익이 획득되는 기간을 결정하는 것이며, 법적 요인이란 기업이 효익에 대한 접근을 통제할 수 있는 기간을 제한하는 것이다. 내용연수 결정 시 경제적 요인으로 인한 내용연수와 법적 요인으로 결정된 기간 중 짧은 기간으로 한다.

내용연수가 유한한 무형자산의 상각대상금액은 내용연수 동안 체계적인 방법으로 배분해야 한다. 상각은 자산이 사용가능한 시점부터 시작한다. 즉, 자산이 경영자가 의도하는 방식으로 운영될 수 있는 위치와 상태에 이르렀을 때부터 시작한다. 무형자산의 상각방법은 자산의 경제적 효익이 소비되는 형태를 반영한 방법으로 한다. 다만, 소비되는 형태를 신뢰성 있게 결정할 수 없는 경우에는 정액법을 사용한다. 내용연수가 유한한 무형자산의 상각기간과 상각방법은 적어도 매 회계연도 말에 검토하고 변경사항이 있으면 회계추정의 변경으로 회계처리한다.

예를 들어, 특허권에 대한 법률상 내용연수가 20년인 경우 특허권은 20년 또는 실제내용연수 중 단기간에 해당하는 기간 동안 상각된다.

✓예제 9-10

한국㈜는 20×1년 초 특허권을 ₩120,000에 취득하였다. 특허권의 내용연수는 8년으로 추정된다.

▶ 요구사항

정액법으로 상각하는 경우 20×1년 특허권의 상각을 회계처리하라.

해답

(차) 무형자산상각비(특허권) 15,000 (대) 특허권 15,000*

* ₩120,000 ÷ 8년 = ₩15,000

2. 연구개발 관련 지출의 회계처리

연구개발비는 특허권, 저작권, 신공정이나 신제품으로 연결되는 지출이다. 회사들은 치열한 경쟁에서 살아남기 위해 많은 금액을 연구개발비로 사용한다. 연구개발비는 때때로 특정 프로젝트에 배분하기 어렵고 미래 발생할 효익의 정도와 시기를 식별하는 것도 어렵다. 이 때문에 무형자산의 창출과정을 연구단계와 개발단계로 구분한다. 무형자산을 창출하기 위한 내부 프로젝트를 연구단계와 개발단계로 구분할 수 없는 경우에는 그 프로젝트에서 발생한 지출은 모두 연구단계에서 발생한 것으로 보고 발생시점에 연구비 계정을 사용하여 비용으로 인식한다.

연구단계의 활동은 새로운 지식을 얻고자 하는 활동, 연구결과나 기타 지식의 탐색, 평가, 최종 선택, 응용하는 활동, 재료, 장치, 제품, 공정, 시스템이나 용역에 대한 여러 가지 대체안을 탐색하는 활동 등을 말하며 연구단계에서 발생한 지출은 미래 경제적 효익을 입증할 수 없기 때문에 발생시점에 비용으로 처리하고 무형자산으로 인식하지 않는다.

개발단계의 활동은 사용 전의 시제품과 모형을 설계, 제작, 시험하는 활동, 상업적 생산 목적으로 실현가능한 경제적 규모가 아닌 시험공장을 설계, 건설, 가동하는 활동, 신규 또는 개선된 재료, 장치, 제품, 공정, 시스템이나 용역에 대하여 최종적으로 선정된 안을 설계, 제작, 시험하는 활동 등을 말한다. 개발단계에서 발생한 지출은 무형자산을 사용하거나 판매하기 위해 그 자산을 완성할 수 있는 기술적 실현가능성, 무형자산을 사용하거나 판매할 수 있는 기업의 능력 등과 같은 조건을 충족하는 경우 개발비라는 무형자산으로 인식한다. 그러나 이와 같은 조건을 충족시키지 못한 지출은 발생시점에 비용(경상개발비)으로 인식한다. 개발비로 인식한 무형자산의 경우 내용연수에 따라 회계기간 말 상각을 인식한다.

✓예제 9-11

한국㈜는 20×1년 초 기존 기술을 대체하기 위한 기초적 연구활동에 ₩100,000, 신제품 The-H의 개발에 ₩500,000, 또 다른 신제품 The-S의 개발에 ₩800,000을 지출하였다. The-H 개발의 지출은 기술적 가능성 조건 충족 이전, The-S 개발의 지출은 기술적 가능성 조건 충족 이후에 일어났다. 한국㈜는 개발비를 5년에 걸쳐 상각한다.

▶▶ 요구사항

각 지출에 대하여 회계처리와 기말 수정분개를 하라.

해답

(1) 지출에 대한 회계처리

(차) 연구비	100,000	(대) 현 금	1,400,000
경상개발비	500,000		
개발비	800,000		

(2) 개발비 자산에 대한 기말 수정분개

(차) 개발비상각비	160,000	(대) 개발비	160,000

제 3 절 재무제표 표시와 분석

1. 재무제표 표시

<표 9-1>과 <표 9-2>는 한국㈜의 20×1년 재무상태표와 포괄손익계산서의 유형자산과 무형자산 관련 항목을 보여주고 있다. 유형자산과 무형자산은 비유동자산으로 분류하여 재무상태표에 표시된다. 토지, 건물, 기계장치, 비품과 같은 주요 항목별로 취득원가, 감가상각누계액 및 장부금액(=취득원가=감가상각누계액-손상차손누계액)이 보고되고 주석 공시를 이용해 사용한 감가상각방법뿐만 아니라

유형자산 유형별 내용연수가 공시된다.

표 9-1 | 한국㈜의 20×1년 재무상태표

부분재무상태표

20×1년 12월 31일 현재

한국㈜ (단위 : 원)

	20×1년		20×0년	
자 산				
유동자산		₩271,000		₩200,000
비유동자산				
유형자산				
토 지	₩70,000		₩70,000	
건 물	65,000		54,000	
감가상각누계액	(17,000)		(14,000)	
기계장치	48,000		48,000	
감가상각누계액	(14,000)		(12,000)	
기타유형자산	44,000	196,000	2,000	148,000
무형자산				
특허권	42,000		30,000	
개발비	25,000		27,000	
기타 무형자산	15,000	82,000	20,000	77,000
자산총계		₩549,000		₩425,000

표 9-2 | 한국㈜의 20×1년 포괄손익계산서와 판매비와관리비의 주석 공시

부분포괄손익계산서

20×1년 1월 1일부터 20×1년 12월 31일까지

한국㈜ (단위 : 원)

	20×1년	
매출액		₩70,000
매출원가	₩35,000	
매출총이익		35,000
판매비와관리비	13,000	
영업이익		22,000

판매비와관리비의 재무제표 주석

당기 중 발생한 판매비와관리비의 내역은 다음과 같습니다(단위 : 원).

구분	당기
급여	₩5,000
감가상각비	2,000
무형자산상각비	1,000
운반비	2,000
광고선전비	1,000
소계	₩13,000
경상개발비 :	
연구개발비 총지출액	10,000
개발비자산화	(8,000)
소계	₩2,000
합계	₩15,000

한국㈜의 경우 유형자산의 감가상각비와 무형자산상각비는 포괄손익계산서의 판매비와관리비의 주석으로 공시하고 있고, <예제 9-4>에서 설명한 것처럼, 제조 관련 유형자산의 감가상각비는 매출원가에 포함되어 있다. 경상개발비의 경우 총지출액 ₩10,000에서 자산화된 ₩8,000을 제외한 ₩2,000이 비용처리되어 판매비와관리비에 포함되어 보고하고 있다.

2. 재무제표 분석

자산이 매출을 창출하는 데 얼마나 효율적으로 사용되었는지를 비율을 이용하여 분석할 수 있다. 총자산회전율(asset turnover ratio)은 자산의 생산성을 분석하는 데 자산이 평균적으로 몇 번이나 활용되었는지 알려준다. 총자산회전율은 매출액을 평균 총자산으로 나누어 계산한다. 한국㈜의 20×1년 기말 총자산과 기초 총자산은 재무상태표에 표시된 바와 같이 각각 ₩549,000원, ₩425,000원이고 20×1년 매출액은 ₩70,000인 경우 총자산회전율은 다음과 같다.

$$\text{총자산회전율} = \text{매출액} \div \text{평균 총자산}$$
$$= ₩70,000 \div \frac{(₩549,000 + ₩425,000)}{2}$$
$$= 0.14\text{회}$$

자산에 투자된 단위금액당 한국㈜의 매출액은 0.14회이다. 이는 평균 총자산의 0.14배의 매출이 발생하였다는 것이다. 회사가 자산을 효율적으로 사용한다면 자산에 투자된 금액은 높은 매출액을 창출할 것이다. 총자산회전율은 자산집약도에 따라 산업 간에 큰 차이를 보인다.

요 약

1. 유형자산의 취득원가

유형자산의 원가에는 자산을 사용할 수 있도록 하는 데 필요한 모든 비용을 포함하며, 현금 또는 현금성자산으로 측정한다.

2. 감가상각방법

정액법, 생산량비례법, 체감잔액법과 같은 방법을 사용하여 계산한다. 정액법은 내용연수 동안 매 기간 동일한 금액을 감가상각하는 방법이며, 생산량비례법은 자산에서 기대되는 총생산량이나 총사용량을 추정하여 상각한다. 체감잔액법은 자산의 내용연수 동안 초기에는 많은 금액이 상각되고 기간이 경과함에 따라 상각액이 감소하는 방법이다.

3. 자본적 지출과 수익적 지출

증축과 개량의 경우는 내용연수를 증가시키는 활동으로 자본적 지출로 처리하며 해당 유형자산의 장부금액에 포함하여 인식한다. 일상적 수선은 발생시점에 수선유지비 계정에 비용으로 기록하여 수익적 지출로 처리된다.

4. 유형자산의 제거

유형자산에 대한 상각이 완료되기 전에 폐기하거나 자산을 매각하는 경우, 또는 유형자산 간의 교환이 있을 경우 자산의 제거로 인식하며, 이에 따른 처분(폐기)손익을 계상한다.

5. 유형자산 손상

유형자산의 장부금액이 회수가능액을 초과하는 경우 손상차손을 인식하며, 후속 회계연도에 회수가능액이 회복되는 경우에는 환입한도 범위 내에서 과거 손상차손을 환입한다.

6. 무형자산

무형자산의 내용연수가 유한한 경우 유형자산의 감가상각과 동일하게 자산의 원가를 내용연수 동안 배분한다. 무형자산의 내용연수가 비한정인 경우에는 상각하지 않는다.

용어정리

가속상각	감가상각시 사용 초기에 감가상각비가 더 많이 계상되는 방법
감가상각	자산의 감가상각대상금액(취득원가－잔존가치)을 그 자산의 내용연수에 걸쳐 체계적으로 배분하는 것

감모상각	자연자원의 원가를 합리적이고 체계적인 방법으로 내용연수에 걸쳐 비용화하는 배분과정
개발비	일정 조건을 충족하는 경우 자산으로 처리되는 개발단계에서 발생한 지출
내용연수	자산이 사용가능할 것으로 기대되는 기간
무형자산	물리적 실체가 존재하지 않으나 미래 경제적 효익을 창출할 것으로 기대되는 자산
상표권	특정 회사나 제품을 나타내는 단어, 문구, 노래 또는 표시
생산량비례법	자산에서 기대되는 총생산량이나 총사용량을 기준으로 상각하는 방법
손상차손	자산의 장부금액이 회수가능액을 초과하는 금액
수익적 지출	일상적인 수선·유지와 관련하여 발생하는 원가
연구비	연구단계에서 지출한 비용
연수합계법	내용연수 동안 감가상각비가 매 기간 감소하는 체감잔액법
영업권	개별적으로 식별하여 별도로 인식할 수 없으나, 사업결합에서 획득한 그 밖의 자산에서 발생하는 미래 경제적 효익을 나타내는 자산
유형자산	재화의 생산이나 용역의 제공, 임대 또는 관리활동에 사용할 목적으로 보유하는 물리적 형태가 있는 자산으로서, 1년을 초과하여 사용할 것이 예상되는 자산
자본적 지출	유형자산의 일부를 증축하거나 개량할 때 발생하는 원가
잔존가치	내용연수가 경과되는 시점의 자산가치에 대한 추정치
저작권	예술품이나 출판물을 재생산하고 판매할 수 있도록 정부가 부여한 독점적인 권리
정률법	기초 장부금액에 상각률을 곱하여 매 기간의 감가상각비를 계산하는 방법
정액법	내용연수 동안 매 기간 동일한 금액을 감가상각하는 방법
체감잔액법	자산의 내용연수 동안 초기에는 많은 금액이 상각되고 기간이 경과에 따라 상각금액이 감소하는 방법
총자산회전율	자산으로 투자된 단위금액 대비 창출된 매출의 비율
특허권	발명품을 제조, 판매, 또는 통제할 수 있도록 정부가 부여한 독점적 권리
프랜차이즈	사용권 부여자와 부여받은 자 간의 계약관계
회수가능액	자산의 처분부대원가를 뺀 순공정가치와 자산의 사용가치 중 더 큰 금액

보론

천연자원의 감모상각

천연자원은 수명이 긴 생산자원으로 채광, 시추와 같은 활동을 통해 물리적으로 추출한 입목, 석유, 가스 및 광물자원으로 구성된다. 천연자원의 취득원가는 유형자산의 취득원가 개념과 유사하게 천연자원을 획득하는 데 소요된 가격과 사용이 가능하도록 만드는 데 들어간 지출로 기록된다. 유형자산의 감가상각과 동일한 개념으로 천연자원의 취득원가를 합리적이고 체계적인 방법으로 내용연수에 걸쳐 비용으로 배분하는 과정을 감모상각(depletion)이라고 한다.

일반적으로 천연자원의 감모는 해당 연도에 추출한 생산량에 비례하기 때문에 생산량비례법을 사용한다. 생산량비례법에서는 자원자연의 취득원가에서 잔존가치를 차감한 금액을 추정 총생산량으로 나누어 생산량 단위당 감모상각원가를 계산한다. 여기에 생산·판매한 수량을 곱한 것이 연간 감모상각비이다.

$$\text{감모상각비} = \frac{(\text{총원가} - \text{잔존가치})}{\text{추정 총생산량}} \times \text{생산(판매)량}$$
$$= \text{단위당 감모상각원가} \times \text{생산(판매)량}$$

예를 들어, 한국㈜는 20×1년 중 100만 톤의 석탄을 채굴할 수 있는 탄광을 ₩1,000,000에 취득하고, 20×1년 중 80,000톤의 석탄을 채굴하였다. 이 중 60,000톤의 석탄이 판매되었다. 탄광의 잔존가치는 ₩0이다. 단위당 감모상각원가를 계산하면 ₩1/톤(=(₩1,000,000－₩0)/1,000,000톤)이다. 감모상각비는 생산·판매한 수량에 대해서만 비용으로 인식하므로, 20×1년 중 감모상각비는 ₩60,000(=₩1/톤×60,000톤)이고, 이에 대한 회계처리는 다음과 같다.

(차) 감모상각비	60,000	(대) 탄광(또는 감모상각누계액)	60,000

판매되지 않고 기업에 남아있는 경우, 감모상각비를 인식하지 않고 재고자산으로 대체하여 아래와 같이 인식한다.

(차) 재고자산	20,000	(대) 탄광(또는 감모상각누계액)	20,000

채굴에 따른 감모상각비에 대해 감가상각누계액과 동일하게 감모상각누계액을 설정할 수 있으나 일반적으로 감모상각을 자연자원의 원가에서 직접 차감하는 방법을 사용한다.

EXERCISES

연습문제

객관식

[문제 1] 유형자산의 회계처리에 관한 설명으로 옳은 것은? 〈난이도: 중〉 (2021 주택관리사 수정)

① 기업이 판매를 위해 1년 이상 보유하며, 물리적 실체가 있는 것은 유형자산으로 분류된다.

② 유형자산에 대한 수익적 지출은 취득원가에 포함한다.

③ 감가상각방법의 변경은 회계정책의 변경으로 회계처리한다.

④ 유형자산의 감가상각은 자산의 취득한 시점부터 시작한다.

⑤ 유형자산의 감가상각방법과 잔존가치, 그리고 내용연수는 적어도 매 회계연도 말에 재검토한다.

[문제 2] ㈜한국은 20×1년 초에 기계장치를 ₩200,000에 취득하였으며, 기계장치에 대한 자료는 다음과 같다. 20×1년 말 재무상태표에 표시될 기계장치의 장부금액은? 〈난이도: 하〉

• 내용연수 : 5년	• 잔존가치 : ₩0	• 감가상각방법 : 정액법

① ₩150,000 ② ₩160,000 ③ ₩170,000

④ ₩180,000 ⑤ ₩190,000

[문제 3] ㈜한국은 20×5년 1월 1일에 업무용 차량(취득원가 ₩500,000, 내용연수 5년, 잔존가치 ₩50,000)을 취득하여 연수합계법으로 감가상각하였다. ㈜한국은 20×6년 초 동 차량의 잔존내용연수를 3년, 잔존가치를 ₩20,000으로 추정하여 변경하였으며, 동시에 감가상각방법을 정액법으로 변경하였다. ㈜한국이 20×6년도에 인식할 동 차량의 감가상각비는? 〈난이도: 상〉 (2018 주택관리사 수정)

① ₩110,000　　② ₩125,000　　③ ₩130,000
④ ₩145,000　　⑤ ₩150,000

[문제 4] ㈜한국은 20×5년 4월 1일에 기계장치(취득원가 ₩1,200,000, 내용연수 5년, 잔존가치 ₩0)를 취득하여 연수합계법으로 감가상각하였다. 20×6년 말 기계장치의 감가상각누계액은? (단, 감가상각은 월할상각한다.) 〈난이도: 중〉 (2018 주택관리사 수정)

① ₩100,000　　② ₩240,000　　③ ₩320,000
④ ₩640,000　　⑤ ₩690,000

[문제 5] ㈜한국은 20×1년 말 사용 중인 기계장치에 대하여 자산손상을 시사하는 징후가 있는지 검토한 결과, 자산손상 징후를 발견하였다. 다음 자료를 이용하여 계산한 기계장치의 손상차손은? 〈난이도: 중〉 (2018 주택관리사)

• 감가상각 후 장부금액	₩225,000
• 사용가치	135,000
• 공정가치	155,000
• 처분부대원가	5,000

① ₩65,000　　② ₩70,000　　③ ₩75,000
④ ₩90,000　　⑤ ₩95,000

주관식

[문제 1] 유형자산의 취득원가(1) 〈난이도: 하〉

20×1년 1월 1일 한국㈜는 사무용 건물을 신축하기 위한 목적으로 토지를 ₩100,000에 취득하였다. 토지 위에 세워진 옛 건물을 제거하는 데 ₩3,500이 지출되었고 폐자재는 ₩1,000에 판매되었다. 건물이 신축되기 전에 토지 구입과 관련된 법무사수수료 ₩1,500, 부동산중개수수료 ₩5,500, 그리고 주차장 건설 지출액 ₩22,000이 추가로 발생하였다.

〈요구사항〉
20×1년 1월 1일 한국㈜의 토지 취득원가를 계산하라.

[문제 2] 유형자산의 취득원가(2) 〈난이도: 중〉

한국㈜는 기존 건물이 있는 토지를 일괄구입하여 즉시 철거하고, 공장건물을 신축하였다. 이와 관련된 지출은 다음과 같다.

(1) 토지 구입 시 지급한 취득세	₩10,000
(2) 토지를 취득한 이후 지급한 재산세	15,000
(3) 공장건물 신축을 위한 공사비	1,000,000
(4) 공장건물 신축을 위한 토지정지비용	30,000
(5) 기존 건물이 있는 토지의 일괄구입원가(토지 375,000, 건물 125,000)	500,000
(6) 공장 진입로 포장공사비와 상·하수도 공사비(내용연수 - 제한적)	18,000
(7) 공장건물 설계비	9,000
(8) 신축된 공장 주변 울타리 및 주차장 공사비(내용연수 - 제한적)	12,000
(9) 공장건물 신축을 위해 기존 건물을 해체하는 데 소요된 비용	27,000
(10) 기존 건물을 해체하는 과정에서 발생한 폐자재 매각수입	3,000

〈요구사항〉

위의 거래를 다음과 같은 형식에 따라 분석하라. 토지와 건물 란에 적절한 금액을 기록하고, 그 외 항목은 기타 계정에 금액과 계정과목을 함께 표시하라.

번호	토지	건물	기타 계정

[문제 3] 감가상각(1) 〈난이도: 하〉

한국㈜는 20×1년 1월 1일 운반용 트럭을 ₩100,000에 구입하였다. 내용연수 8년, 잔존가치 ₩8,000, 그리고 주행가능거리는 200,000㎞로 추정된다. 20×1년과 20×2년 실제 주행거리는 각각 30,000㎞와 24,000㎞이다.

〈요구사항〉

1. 정액법을 적용하여 20×1년과 20×2년의 감가상각비를 계산하고 관련 회계처리를 하라.
2. 생산량비례법을 적용하여 20×1년과 20×2년의 감가상각비를 계산하고 관련 회계처리를 하라.
3. 정률법(상각률 : 0.271)을 적용하여 20×1년과 20×2년의 감가상각비를 계산하고 관련

회계처리를 하라.

4. 연수합계법을 적용하여 20×1년과 20×2년의 감가상각비를 계산하고 관련 회계처리를 하라(단, 소수점 첫째자리에서 반올림할 것).

[문제 4] 감가상각(2) 〈난이도: 중〉

20×1년 7월 1일 한국㈜는 다음과 같은 2대의 기계를 구입하였다.

(1) A기계 : 기계의 현금가격은 ₩97,400이다. 구입관련 지출로는 운송비 ₩350, 운송보험료 ₩150, 설치 및 시험비용 ₩100이 지출되었다. 20×1년 중 기계사용에 필요한 윤활유 비용은 ₩180이다. 기계의 내용연수는 8년, 잔존가치는 ₩10,000으로 추정된다.

(2) B기계 : 기계의 취득원가는 ₩240,000이다. 기계의 내용연수는 4년, 잔존가치는 ₩16,000으로 추정된다.

〈요구사항〉

1. A기계
   (1) 20×1년 7월 1일 구입에 대한 회계처리를 하라.
   (2) 감가상각방법으로 정액법을 사용한다고 할 때, 20×1년 12월 31일 감가상각비를 기록하는 회계처리를 하라.
2. B기계 : 감가상각방법이 다음과 같다고 가정하고 내용연수 동안 매 연도 감가상각비를 계산하라.
   (1) 정액법
   (2) 정률법(상각률 : 0.492). 단, 소수점 이하는 절사할 것.
   (3) 생산량비례법. 기계의 총생산가능량은 25,000단위이고 20×1년부터 20×5년까지 실제생산량은 각각 4,000단위, 7,500단위, 6,000단위, 5,000단위, 2,500단위이다.

[문제 5] 자본적 지출과 수익적 지출 〈난이도: 하〉

한국㈜는 20×1년 중 다음과 같은 거래가 발생하였다.

(1) 3월 9일 : 사용하고 있는 건물 엘리베이터와 냉난방시설을 위한 공사비 ₩2,000,000을 수표를 발행하여 지급하였다.

(2) 6월 7일 : 공장건물의 외벽 도장공사비와 파손된 유리를 대체하기 위하여 ₩300,000을 현금으로 지급하였다.

(3) 9월 5일 : 기계장치에 대한 부품(취득원가 ₩600,000, 감가상각누계액 ₩400,000)을 교체하였는데, 새 부품의 교체로 기계장치의 능률이 크게 증가되었다. 부품대금 ₩700,000을 현금으로 지급하였다.

〈요구사항〉

위의 거래에 대해 관련 회계처리를 하라.

[문제 6] 유형자산의 제거(1) 〈난이도: 하〉

한국㈜는 20×1년 1월 1일 취득원가 ₩531,000, 내용연수 8년, 잔존가치 ₩63,000의 기계장치를 취득하였고 정액법으로 감가상각하고 있다.

〈요구사항〉

1. 20×1년, 20×2년, 20×3년의 감가상각비를 계산하라.
2. 20×3년 12월 31일 기계장치의 장부금액을 계산하라.
3. 20×4년 3월 31일 ₩337,000에 기계장치를 매각한 경우 회계처리를 하라.
4. 만일, 20×4년 3월 31일에 기계장치를 ₩337,000이 아닌 ₩360,000에 매각한 경우 회계처리를 하라.

[문제 7] 유형자산의 제거(2) 〈난이도: 중〉

한국㈜는 20×1년 1월 1일 취득원가 ₩288,000, 내용연수 4년, 잔존가치 ₩21,600의 기계장치를 취득하였다. 20×4년 1월 1일 기계장치는 ₩39,500에 판매되었다.

〈요구사항〉

1. 20×1년, 20×2년, 20×3년, 20×4년의 감가상각비, 감가상각누계액, 장부금액을 정액법과 정률법(상각률 : 0.5)을 적용하여 다음과 같은 형식에 따라 계산하라.

연도	감가상각비	감가상각누계액	기말 장부금액

2. 감가상각방법으로 정률법(상각률 : 0.5)을 적용할 때 20×4년 12월 31일 기계장치를 ₩39,500에 매각한 경우 회계처리를 하라.
3. 만일, 20×4년 12월 31일에 기계장치를 ₩39,500이 아닌 ₩29,800에 매각한 경우 회계처리를 하라. 감가상각방법은 정률법(상각률 : 0.5)을 적용한다.

[문제 8] 유형자산의 제거(3) 〈난이도: 상〉

20×3년 1월 1일 한국㈜가 보고한 유형자산의 내역은 다음과 같다.

토 지		₩ 3,000,000
건 물	26,500,000	
감가상각누계액(건물)	(12,100,000)	14,400,000
기계장치	40,000,000	
감가상각누계액(기계장치)	(5,000,000)	35,000,000
유형자산 계		₩52,400,000

20×3년 중 다음과 같은 현금거래가 발생하였다.

(1) 2월 12일 토지를 ₩4,400,000에 취득하였다.

(2) 5월 1일 20×0년 1월 1일 ₩1,200,000에 취득한 기계장치를 ₩320,000에 매각하였다.

(3) 7월 5일 20×1년 6월 1일 ₩1,200,000에 취득한 토지를 ₩3,600,000에 매각하였다.

(4) 9월 1일 기계장치를 ₩3,600,000에 취득하였다.

(5) 12월 31일 20×1년 1월 1일 ₩1,000,000에 취득한 기계장치를 폐기하였다.

〈요구사항〉

1. 위의 거래를 회계처리하라. 한국㈜는 건물과 기계장치의 감가상각방법으로 정액법을 사용한다. 모든 건물의 내용연수는 20년이고 잔존가치는 없다. 모든 기계장치의 내용연수는 5년이고 잔존가치는 없다.
2. 한국㈜가 20×3년도에 인식할 기계장치와 건물의 감가상각비를 계산하라.

[문제 9] 유형자산의 손상 〈난이도: 중〉

한국㈜는 20×1년 초에 기계장치를 ₩300,000에 취득하였다. 기계장치의 내용연수는 5년, 잔존가치는 ₩0으로 추정된다. 한국㈜는 기계장치에 대해 원가모형을 적용하며, 정액법으로 감가상각한다. 20×1년 말의 처분부대원가를 뺀 공정가치와 사용가치는 다음과 같다. 단, 자산의 회수가능액 변동은 기계장치의 손상 혹은 그 회복에 따른 것이라고 가정한다.

연 도	처분부대원가를 뺀 공정가치	사용가치
20×1년 말	₩205,000	₩216,000

〈요구사항〉

1. 한국㈜가 20×1년 말에 인식할 기계장치의 손상차손을 계산하라.
2. 한국㈜가 20×1년 말 손상차손 인식을 위한 회계처리를 하라.

[문제 10] 무형자산 및 연구개발비 〈난이도: 중〉

다음은 한국㈜의 20×1년에 발생한 거래내용의 일부이다. 모든 지출은 현금거래이다.

(1) 1월 1일 특허권을 ₩300,000에 취득하였다. 법률상 특허권의 내용연수는 20년이나 실제 사용가능연수는 5년이다.

(2) 6월 1일 8년 사용 프랜차이즈 수수료로 ₩960,000을 지급하였다.

(3) 9월 1일 기술적 실현가능성 조건 충족 전 ₩200,000의 개발 관련 지출을 하였다.

〈요구사항〉

1. 위의 거래를 회계처리하라.
2. 한국㈜의 20×1년 말 무형자산 관련 수정분개를 수행하라.

[문제 11] 천연자원 〈난이도: 중〉

한국㈜는 20×1년 7월 1일 탄광에 ₩520,000을 투자하여 400,000톤에 해당하는 석탄 매장량을 확보하였다. 20×1년 하반기 중 50,000톤을 채탄하여 판매하였다.

〈요구사항〉

1. 감모상각비를 기록하는 회계처리를 하라.
2. 50,000톤이 채탄되었으나 40,000톤만 판매하였다면, 남은 10,000톤의 원가는 재무제표에 어떻게 보고되는지 설명하라.

CHAPTER 10

부 채

제 1 절 금융부채

제 2 절 사 채

제 3 절 비금융부채

제 4 절 재무제표 표시와 분석

학습목표

Learning Objectives

일반적으로 부채란 갚아야 할 금전적 빚을 뜻하는데, 회계상의 부채는 금전뿐만 아니라 재화, 용역까지 포함하는 포괄적인 개념이다. 기업의 영업활동 과정에서는 부채가 불가피하게 발생하게 되는데, 이번 장에서는 부채의 일반적 내용과 사채 등의 자금조달과 관련한 회계처리를 살펴보기로 한다.

본 장에서 학습할 주요 내용을 요약하면 다음과 같다.

➢ 금융부채
- 금융부채의 유형

➢ 사 채
- 사채의 종류
- 화폐의 시간가치
- 사채의 발행
- 사채발행차금의 상각
- 사채의 상환

➢ 비금융부채
- 비금융부채의 유형

➢ 재무제표 표시와 분석

제 1 절 금융부채

부채란 과거 사건의 결과로 기업이 경제적 자원을 이전해야 하는 현재의무이다. 예를 들어, 어제 공급자로부터 재고자산을 외상으로 매입했다면, 외상매입에 대한 대금을 상환해야 하는 현재의무가 존재하게 되고, 이는 부채의 정의에 부합한다. 부채를 재무상태표에 인식하기 위해서는 현재 시점에 의무의 이행에 따라 경제적 효익을 갖는 자원의 유출 가능성이 높고 결제될 금액을 신뢰성 있게 측정할 수 있어야 한다.

한국채택국제회계기준에서는 원칙적으로 상환기간에 따라 유동부채와 비유동부채로 구분하고 있다. 유동부채란 보고기간 후 12개월 이내 또는 정상영업주기 내에 결제될 것으로 예상되는 부채이다.[1] 이와 같은 기준에 해당하지 않는 부채는 비유동부채로 분류된다. 유동부채는 정상영업주기 내에 결제될 것으로 예상되는 매입채무, 단기차입금, 미지급금, 단기충당부채, 선수금, 선수수익 등을 포함한다. 그리고 보고기간 후 12개월 이내에 상환을 통하여 소멸될 미지급법인세, 미지급급여, 미지급이자 등에 대한 미지급비용도 포함한다.

비유동부채는 보고기간 후 12개월 이후 또는 정상적인 영업주기 이후 상환될 것으로 예상되는 부채이다. 비유동부채의 대표적인 계정으로 사채, 장기차입금, 퇴직급여부채, 이연법인세부채 등이 있다. 유동부채와 유동자산은 회사의 단기 부채 상환능력을 평가하는 데 중요하므로 경영자는 주의 깊게 관찰해야 한다. 유동자산보다 유동부채가 많은 회사는 만기가 도래한 유동부채를 상환하지 못할 가능성이 높기 때문이다.

부채의 분류는 상환기간에 따라 유동부채와 비유동부채로 분류하지만, 부채의 성격·금액과 시기의 확실성에 따라 금융부채와 비금융부채, 확정부채와 충당부채·우발부채로 구분하기도 한다. 한국채택국제회계기준서 제1001호 '재무제표

1) 정상영업주기란 상품을 매입한 시점 또는 제조과정에 투입될 재화와 용역을 취득한 시점부터 이 상품·제품의 판매로 인한 현금의 회수 완료시점까지 소요되는 기간이다. 조선·건설업종의 경우 영업주기가 1년을 초과하는 경우가 있지만, 대부분 업종의 경우 영업주기가 1년 이내가 보통이다.

표시'에서는 부채를 유동성을 기준으로 분류할 수 있을 뿐만 아니라, 금융부채와 비금융부채로 분류할 수 있다고 명시하고 있다.

금융부채는 매입채무, 장단기차입금, 미지급금, 사채 등 계약상 의무로서 거래상대방에게 현금 등 금융자산을 인도하기로 한 의무이다. 또한 잠재적으로 불리한 조건으로 거래상대방과 금융자산이나 금융부채를 교환하기로 한 의무도 금융부채에 포함되는데 이는 고급회계에서 학습할 파생상품부채에 해당한다. 비금융부채는 금융부채로 분류되지 않는 부채를 말한다. 예를 들어, 선수수익, 선수금 등이 이에 해당한다.

1. 금융부채의 유형

(1) 매입채무

매입채무는 상품이나 원재료 등의 재고자산을 외상으로 매입하는 경우와 같이 일반적인 상거래에서 발생한 외상매입금과 지급어음을 말한다. 일반적으로 매입채무 중 순수하게 신용으로만 재고자산을 매입하는 경우 외상매입금 계정을 사용하고, 어음을 발행하여 문서화된 약속증서로 기록하여 외상매입하는 경우 지급어음 계정을 사용한다. 지급어음은 대여자가 부채를 회수하는 데 필요한 법적 절차는 채권에 대한 공적 증거가 되기 때문에 회수가능성이 높다.

매입채무는 재무상태표일로부터 1년 이내에 상환할 의무가 있는 것은 유동부채로 분류하고, 1년 이후에 상환할 의무가 있는 것은 비유동부채인 장기성매입채무로 분류한다. 참고로 경상적인 영업활동을 위해 필요한 재고자산이 아니라 비품, 건물 등의 자산을 외상으로 구입할 때 발생한 채무는 매입채무에 포함되지 않고 미지급금으로 분류한다.

(2) 차입금

차입금은 일반적으로 상거래 이외의 자금조달 목적에 의해 발생하는데 금융기관 등 타인으로부터 금전대차계약에 의해 현금을 차입한 경우에 발생하는 부채를 말한다. 금융기관 차입금, 주주·임원·종업원차입금, 어음차입금, 당좌차월 등의 차입금이 여기에 속하며 재무상태표일로부터 1년 이내에 상환해야 하는 차입금은 단기차입금으로, 1년 이후에 상환할 예정인 차입금은 장기차입금으로 분류한다.

일반적으로 차입금은 미래 현금 유출액을 현재가치로 측정하는 것이 원칙이다.[2] 다만, 만기가 짧아(일반적으로 90일 이내), 액면금액(만기금액)과 현재가치의 차이가 중요하지 않은 경우 실무적으로 액면금액으로 차입금을 기록할 수 있다. 예를 들어, 강남㈜가 20×1년 7월 1일 ₩200,000을 한국㈜로부터 차입하고 액면가 ₩200,000, 표시이자율 10%, 만기 3개월인 지급어음을 발행하였다고 하자. 강남㈜는 ₩200,000을 수령하고 다음과 같이 회계처리한다.

(차) 현 금	200,000	(대) 단기차입금	200,000

강남㈜가 20×1년 9월 30일에 차입금을 상환하면, 차입금 원금과 기간 경과에 따른 이자를 한국㈜에게 지급하며 다음과 같이 회계처리한다.

(차) 단기차입금	200,000	(대) 현 금	205,000
이자비용	5,000*		
* (₩200,000 × 10% × 3/12) = ₩5,000			

(3) 미지급금과 미지급비용

미지급금은 일반적인 상거래 이외의 거래에서 발생하는 부채이며 비품을 구입하고 대금을 지급하지 않은 경우의 예를 들 수 있다. 일반적으로 미지급금은 기업이 사용할 목적으로 구입하는 자산의 구입대금을 지급하지 않았을 때 사용되는 계정이다.

미지급비용은 이자와 같이 비용은 발생하였으나 지급기일이 아직 도래하지 않아 발생주의에 따라 기간손익을 인식하기 위해 부채로 인식되는 것이다. 미지급비용의 예로는 미지급이자, 미지급임차료, 미지급급여, 미지급보험료 등을 들 수 있다.

---

2) 제2절 사채에 관한 회계처리에서 현재가치에 대한 상세한 설명을 제공한다.

✓예제 10-1

다음은 한국㈜의 20×1년 각 일자별 거래 내용이다.

12월 1일 제품 운반용 자동차 1대를 ₩10,000,000에 구입하고 대금은 2개월 후인 20×2년 1월 31일에 지급하기로 하였다.

12월 1일 ₩1,000,000을 차입하고 이자율 12%, 만기 2개월인 어음을 발행하였다.

▶▶ 요구사항

한국㈜가 각 일자에 수행해야 하는 회계처리를 하라.

1. 20×1년 12월 1일
2. 20×1년 12월 31일(결산시점)
3. 20×2년 1월 31일

해답

1. 12월 1일	(차) 차량운반구	10,000,000	(대) 미지급금	10,000,000
	(차) 현　　금	1,000,000	(대) 단기차입금*	1,000,000

* 상품 매입거래로 인한 어음 발행이 아니라 자금 차입 목적으로 인한 어음 발행이기 때문에 지급어음이 아닌 단기차입금으로 회계처리한다.

2. 한국㈜가 12월 31일에 재무제표를 작성한다면 어음의 발행기간 동안에 발생한 이자비용(12월 한 달분)을 미지급이자 ₩10,000으로 인식하기 위한 수정분개를 해야 한다. 다음은 한국㈜가 인식할 이자비용을 계산한 내용이다.

$$\begin{aligned}\text{이자비용} &= \text{어음의 액면금액} \times \text{연간이자율} \times \text{경과기간}\\ &= ₩1{,}000{,}000 \times 12\% \times \frac{1}{12}\\ &= ₩10{,}000\end{aligned}$$

한국㈜는 12월 31일에 다음과 같은 수정분개를 한다.

12월 31일	(차) 이자비용	10,000	(대) 미지급이자	10,000

3. 만기인 20×2년 1월 31일 한국㈜는 미지급금 ₩10,000,000과 어음의 액면금액 ₩1,000,000, 이자 ₩20,000을 더한 금액을 지급해야 한다. 만기일의 지급에 따른 회계처리는 다음과 같다.

1월 31일	(차) 미지급금	10,000,000	(대) 현　금	10,000,000

(차) 단기차입금 1,000,000 (대) 현 금 1,020,000
미지급이자 10,000
이자비용 10,000*

* 1월 이자비용 : ₩1,000,000 × 12% × $\frac{1}{12}$ = ₩10,000

제 2 절 사 채

사채는 금융부채로 분류되며 일반적으로 보고기간(재무상태표일) 후 1년 또는 정상적인 영업주기 이후에 상환할 것으로 예상되는 비유동부채이다. 금융부채 중 사채의 회계처리에 대해 알아보자.

1. 사채의 종류

사채(bonds)는 회사에 필요한 자금을 확보하기 위해 발행하는 약속증서이다. 거액의 장기자본을 얻기 위해 경영자는 보통주를 발행할 것인지 사채를 발행할 것인지를 선택할 수 있다. 경영자가 사채를 발행하는 이유는 주주의 지배력에 영향을 미치지 않기 때문이다. 채권자는 경영의사결정에 대한 의결권을 가지고 있지 않으므로, 회사는 주주의 지배력 변동 없이 필요한 자금을 확보할 수 있다. 또한 사채를 발행할 경우 사채이자는 배당과 달리 비용으로 공제가 가능하여, 이자비용에 대한 세금효과로 인해 자금조달에 따른 자본비용을 낮출 수 있다. 반면, 정기적으로 이자를 지급해야 하고 만기일에 원금을 상환해야 하므로 상대적으로 현금보유량이 적은 기업에서는 이자 지급 부담으로 인한 재무위험이 증가할 수 있다.

(1) 담보부사채와 무담보사채

담보부사채(secured bonds)는 발행자가 원금 지급에 대비하여 구체적인 자산을 담보물로 제공하는 사채이다. 부동산 담보가 제공된 경우의 사채를 모기지채권(mortgage bonds)이라 하고 사채를 상환하기 위해 별도 자산을 적립한 경우의 사채를 감채기금채권(sinking fund bonds)이라 한다. 무담보사채(unsecured bonds)는 차입자의 신용에 의해 발행되는데, 신용등급이 양호한 회사들이 무담보사채를 발행한다.

(2) 전환사채와 신주인수권부사채

전환사채(convertible bonds)는 채권보유자의 선택에 따라 보통주로 전환할 수 있는 사채를 말한다. 전환요건은 일반적으로 채권 구입자에게 매력적이다. 전환사채는 투자자와 발행회사 모두에게 이점이 있다. 투자자는 발행회사의 주가가 상승하게 되면 주식으로 전환하여 자본이득을 실현할 수 있고, 주가가 하락하더라도 사채로부터 이자수익을 얻을 수 있어 안정적인 투자수단이 된다. 발행회사는 전환사채가 주식으로 전환되면 부채가 감소하고 자본이 증가하게 되어 재무구조가 건전해진다. 또한 전환권가치의 이점으로 인해 발행회사는 저렴한 자본비용으로 자본을 조달할 수 있다. 일반적으로 전환사채는 동일조건으로 일반사채를 발행하는 경우와 비교하면 일반사채의 표시이자율보다 낮게 발행된다.

신주인수권부사채는 사채 발행회사의 주식을 일정 금액으로 매입할 수 있는 권리가 부여된 사채이다. 신주인수권부사채도 전환사채와 비슷하게 투자자는 주가가 상승하면 주식으로 전환하여 자본이득을 얻을 수 있고, 발행회사는 낮은 이자율로 자금을 조달할 수 있는 수단이 된다. 그러나 전환사채와 달리 신주인수권부사채는 투자자가 권리를 행사하여 주식으로 전환할 때 현금으로 주식을 매입하고 사채는 그대로 남아있어서 만기가 도래할 때까지 이자와 원금을 지급받는다.

(3) 상환사채

상환사채(callable bonds)는 발행회사가 만기일 이전이라도 일정 금액으로 상환할 수 있는 사채를 말한다. 상환사채는 상환방법에 따라 일시상환사채, 수의상환사채, 연속상환사채가 있다. 일시상환사채는 만기에 일시불로 상환하는 것으로 대부분의 사채가 여기에 해당한다. 수의상환사채는 만기일 이전에 발행회사가 자유롭게 정해진 가격으로 상환을 할 수 있는 사채이다. 발행회사는 이자율이 하락하거나 사채의 가격이 급등할 때 정해진 가격으로 사채를 상환할 수 있기 때문에 이점이 있다. 그러나 투자자는 그만큼 불리한 입장에 놓이게 된다. 그러므로 일반적으로 일반사채에 비해 낮은 가격으로 발행된다. 연속상환사채는 액면금액을 분할하여 상환하는 사채이다. 연속상환사채는 만기가 다른 여러 개의 사채가 하나의 사채로 구성되어 있어, 각 만기 시마다 각 사채가 상환되는 효과가 있다.

2. 화폐의 시간가치

사채를 구입하려는 투자자라면 구입가격을 결정해야 한다. 한국㈜가 액면 ₩1,000,000, 만기 10년인 무이자부채권을 발행한다고 하자. 이 채권에 대해 투자자가 받는 현금은 만기시점의 액면금액 ₩1,000,000뿐이다. 10년 후의 현금은 현재 보유하는 현금과 가치가 다르므로 만기 10년 무이자부채권에 대한 투자금액은 ₩1,000,000보다 작을 것이다.

한국㈜의 채권에 대해 ₩1,000,000을 투자하지 않는 이유는 화폐의 시간가치(time value of money) 개념과 연결된다. 현재 시점에 ₩1,000,000을 투자한다면 투자에 따른 이자수익을 얻을 수 있고 10년 후에는 ₩1,000,000보다 더 많은 현금을 보유하게 될 것이다. 10년 만기시점의 액면금액 ₩1,000,000에 대한 현재 시점의 투자금액을 파악하기 위해서는 투자기간 동안 이자율을 가정하고 미래에 수취하게 될 현금의 현재가치 계산을 통해 현재시점에서 투자할 금액을 계산할 수 있다.

사채의 현재가치는 시장에서 매매될 가격을 말하며, 가격은 현재가치를 결정하는 세 가지 요인인 액면금액, 투자기간, 시장이자율의 함수이다. 시장이자율은 시장의 투자자들이 자금을 대여할 때 요구하는 요구수익률이며 투자 기대수익률이다. 시장이자율은 무위험이자율에 각 회사의 위험프리미엄을 반영해서 결정되므로 발행회사의 신용위험에 따라 다르게 된다.

화폐의 시간가치를 이해하기 위해 다음과 같이 복권 당첨금을 받는 방법이 세 가지가 있는 경우, 어느 방법을 선택하는 것이 유리한지를 파악해 보자. 첫 번째 방법은 3년 후에 ₩100,000,000을 지급받는 방법이고, 두 번째 방법은 지금 즉시 ₩75,000,000을 지급받는 방법이며, 세 번째 방법은 3년간 매 연도말에 ₩32,000,000을 지급받는 방법이다.

이와 같이 대안을 비교하는 문제에서 보상을 최대화하는 방법을 선택하기 위해서는 대안에 대한 현재가치를 계산해야 하는데, 현재가치의 계산은 화폐의 시간가치 개념에 기초하고 있다.

(1) 액면금액의 현재가치

현재가치를 설명하기 위해 1년 후에 ₩10,000을 받게 되는 투자안을 고려해 보자. 1년 후에 ₩10,000을 받는 경우 현재 시점에 투자해야 할 금액은 얼마인가? 투자안에서 10%의 수익을 기대한다면 현재 시점의 투자액은 다음과 같이 계산될 것이다.

현재가치 × (1 + 이자율) = 미래금액
현재가치 × (1 + 0.1) = ₩10,000
현재가치 = ₩10,000 ÷ 1.1
= ₩9,091

미래금액 ₩10,000, 이자율 10%, 그리고 기간이 1년인 경우 이와 같은 상황은 다음 그림과 같이 나타낼 수 있다.

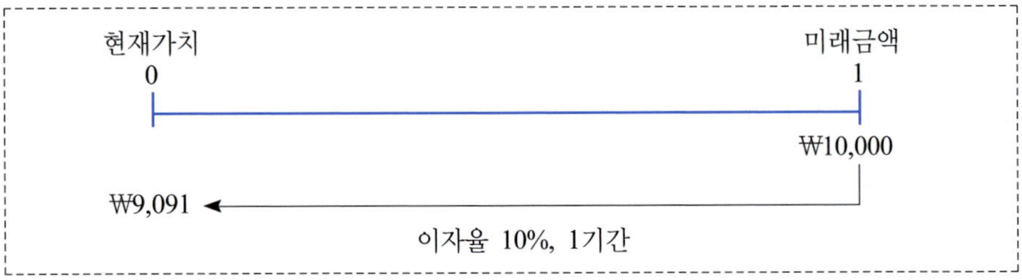

만약에 2년 후에 ₩10,000을 받고 이자율이 10%인 상황이라면 현재가치는 ₩8,265[(₩10,000 ÷ 1.1) ÷ 1.1 또는 ₩10,000 ÷ 1.1^2]이 된다.

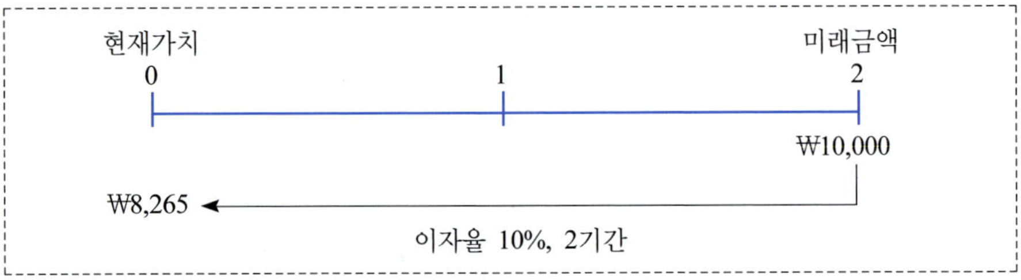

표 10-1 | 현재가치표

기간	4%	5%	6%	8%	9%	10%	11%	12%	15%
1	.9615	.9524	.9434	.9259	.9174	.9091	.9009	.8929	.8696
2	.9246	.9070	.8900	.8573	.8417	.8264	.8116	.7972	.7561
3	.8890	.8638	.8396	.7938	.7722	.7513	.7312	.7118	.6575
4	.8548	.8227	.7921	.7350	.7084	.6830	.6587	.6355	.5718
5	.8218	.7835	.7473	.6806	.6499	.6209	.5935	.5674	.4972
6	.7903	.7462	.7050	.6302	.5963	.5645	.5346	.5066	.4323
7	.7599	.7107	.6651	.5835	.5470	.5132	.4817	.4524	.3759
8	.7307	.6768	.6274	.5403	.5019	.4665	.4339	.4039	.3269
9	.7026	.6446	.5919	.5003	.4604	.4241	.3909	.3606	.2843
10	.6756	.6139	.5584	.4632	.4224	.3855	.3522	.3220	.2472

n기간, 1원의 현재가치는 현재가치표를 통해 결정할 수 있다. <표 10-1>의 현재가치표에서 해당되는 할인기간과 매기의 이자율이 교차하는 값이 1원에 대한 현재가치계수가 된다. 표를 사용할 때 현재가치의 계산은 기간과 이자율이 교차하는 점에 제시된 현재가치계수를 미래금액에 곱하여 계산한다. 이자율 10%, 1기간의 현재가치계수가 0.9091이므로 투자액은 위에 계산된 ₩9,091(₩10,000 × 0.9091)과 일치하게 된다. 이자율 10%, 2기간의 현재가치계수는 0.8265이므로 투자액은 위에 계산된 ₩8,265(₩10,000 × 0.8265)과 일치한다.

복권 당첨금의 예에서 현재가치 개념을 이용하고 이자율이 8%라고 가정하면 3년 후에 받는 당첨금 ₩100,000,000이 지금 즉시 받는 당첨금 ₩75,000,000보다 나은지를 다음과 같이 비교할 수 있다.

₩100,000,000 × (8%, 3년 후 단일금액의 현재가치계수)		
₩100,000,000 × 0.7938	=	₩79,380,000
즉시 받는 경우의 현금		₩75,000,000
차이		₩ 4,380,000

두 가지 경우를 비교한 계산 결과는 3년 후에 받는 당첨금 ₩100,000,000의 현재가치는 ₩79,380,000이므로, 지금 즉시 당첨금 ₩75,000,000을 받는 방법보다 3년 후에 당첨금 ₩100,000,000을 받는 방법이 ₩4,380,000만큼 유리하다는 것을

알 수 있다.

(2) 이자비용의 현재가치(연금)

채권보유자는 채권 만기에 원금을 회수할 뿐만 아니라 채권 발행기간에 걸쳐 정기적으로 이자를 지급받는다. 이와 같이 정기적으로 지급되는 금액을 연금(annuities)이라고 한다.

연금의 현재가치를 계산하기 위해서는 이자율, 이자 지급횟수, 그리고 이자 지급액을 알아야 한다. 연금의 현재가치를 계산하기 위해 ₩10,000을 3년간 지급받고 이자율은 10%인 경우를 보자. 다음의 그림은 이와 같은 상황을 나타낸 것이다.

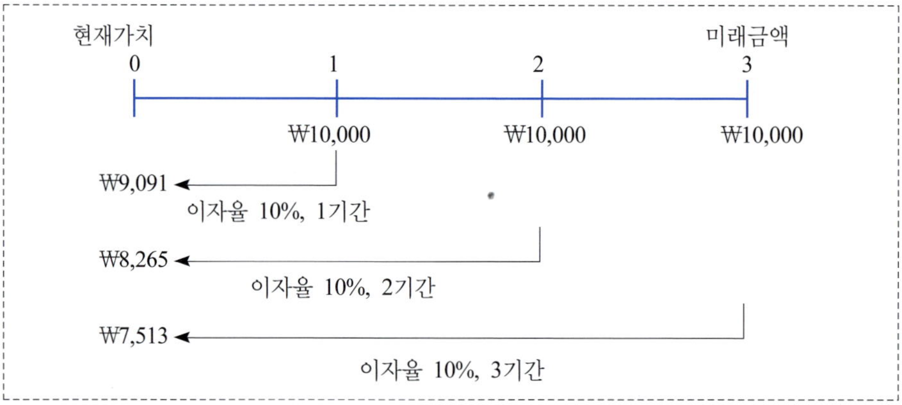

이와 같은 상황에서 현재가치를 계산하면 다음과 같다.

미래금액	×	단일금액의 현재가치계수(이자율 10%)	=	현재가치
₩10,000 (1년 후)		0.9091		₩9,091
10,000 (2년 후)		0.8265		8,265
10,000 (3년 후)		0.7513		7,513
		2.4869		₩24,869

연금의 현재가치를 계산하기 위해서는 <표 10-2>의 연금현가표를 사용할 수 있다. 아래 표와 같이 연금현가표는 일정 기간 동안 정기적으로 1원을 받는다고 가정하는 경우의 현재가치를 나타낸다.

표 10-2 | 연금현가표

기간	4%	5%	6%	8%	9%	10%	11%	12%	15%
1	.9615	.9524	.9434	.9259	.9174	.9091	.9009	.8929	.8696
2	1.8861	1.8594	1.8334	1.7833	1.7591	1.7355	1.7125	1.6901	1.6257
3	2.7751	2.7233	2.6730	2.5771	2.5313	2.4869	2.4437	2.4018	2.2832
4	3.6299	3.5460	3.4651	3.3121	3.2397	3.1699	3.1025	3.0374	2.8550
5	4.4518	4.3295	4.2124	3.9927	3.8897	3.7908	3.6959	3.6048	3.3522
6	5.2421	5.0757	4.9173	4.6229	4.4859	4.3553	4.2305	4.1114	3.7845
7	6.0021	5.7864	5.5824	5.2064	5.0330	4.8684	4.7122	4.5638	4.1604
8	6.7327	6.4632	6.2098	5.7466	5.5348	5.3349	5.1461	4.9676	4.4873
9	7.4353	7.1078	6.8017	6.2469	5.9953	5.7590	5.5371	5.3283	4.7716
10	8.1109	7.7217	7.3601	6.7101	6.4177	6.1446	5.8892	5.6502	5.0188

<표 10-2>에서 3년간 연도말에 1원씩을 지급받는 경우 이자율이 10%라면 정상연금의 현재가치계수는 2.4869라는 것을 알 수 있다. 이 값을 연간현금흐름 ₩10,000에 곱하면 현재가치는 ₩24,869이 된다.

복권당첨금의 예에서 3년 후에 당첨금 ₩100,000,000을 받는 것이 지금 즉시 ₩75,000,000을 받는 것보다 유리하다는 것은 이미 알고 있다. 추가적인 방법인 3년간 매 연도말에 당첨금 ₩32,000,000을 받는 경우의 현재가치를 비교 평가하기 위한 계산은 다음과 같다(이자율은 8%로 가정한다).

₩32,000,000 × (8%, 3년간 정상연금의 현재가치계수)		
₩32,000,000 × 2.5771	=	₩82,467,200
3년 후 ₩100,000,000을 받는 경우의 현재가치		79,380,000
차이		₩3,087,200

따라서 3년간 매 연도말에 당첨금 ₩32,000,000을 받는 방법의 현재가치가 ₩82,467,200이므로, 3년 후에 당첨금 ₩100,000,000을 일시에 받는 방법보다 현재가치로 보면 ₩3,087,200만큼 유리하다는 것을 알 수 있다.

(3) 기간과 할인

지금까지는 현재가치를 결정하기 위해 연간이자율을 사용하였다. 현재가치의 계산은 연간 단위가 아니라 월별, 분기별, 반년 단위로도 적용할 수 있다. 시간 단위가 1년보다 단기인 경우 연간이자율은 시간 단위에 맞춰 조정할 필요가 있다.

예를 들어, 매년 ₩10,000씩 3년간 지급받는 것이 아니라 반년마다 ₩5,000씩 3년간 지급받는다고 가정하자. 이 경우 기간은 6이 되고, 이자율은 5%(10% ÷ 2)가 된다. <표 10-2>에서 연금의 현재가치계수는 5.0757이고 미래현금흐름의 현가는 ₩25,378.5(5.0757 × ₩5,000)이 된다. 이 금액이 매년 ₩10,000씩 3년간 지급받는 경우의 현재가치 ₩24,869보다 큰 이유는 동일 연도에 이자 지급이 2회에 걸쳐 이루어지기 때문이다.

(4) 사채의 현재가치 계산

사채의 현재가치(또는 시장가치)는 지급금액과 지급기간의 횟수, 이자율(할인율)에 따라 결정된다. 지급금액은 다시 이자 지급액의 현금흐름과 원금(액면금액)의 상환으로 구분된다. 따라서 사채의 현재가치를 계산하기 위해서는 이자 지급액과 원금(액면금액)을 각각 할인해야 한다.

투자자의 요구수익률(또는 할인율)이 사채의 표시이자율과 동일하다면 사채의 현재가치는 사채의 액면금액과 동일하다. 예를 들면, 한국㈜가 20×1년 1월 1일에 액면금액 ₩100,000, 표시이자율과 시장이자율이 10%, 만기 3년이고 이자는 12월 31일에 지급되는 사채를 발행한다고 하자. 할인율이 표시이자율과 동일하다면 사채는 액면금액으로 발행될 것이다. 이 경우 투자자는 만기에 ₩100,000을 수령하고 이자 지급액 ₩10,000(₩100,000 × 10%)은 사채발행기간 동안 매 연도말에 수령하게 될 것이다. 이자 지급의 기간 수는 3이 되고 기간별 할인율은 10%가 된다. 다음의 그림은 이와 같은 상황을 나타낸 것이다.

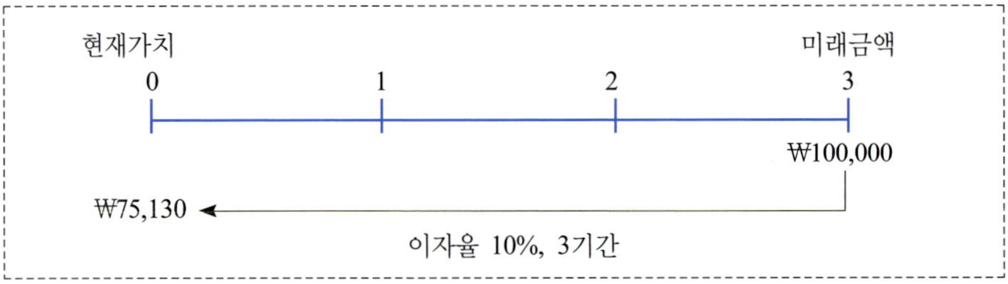

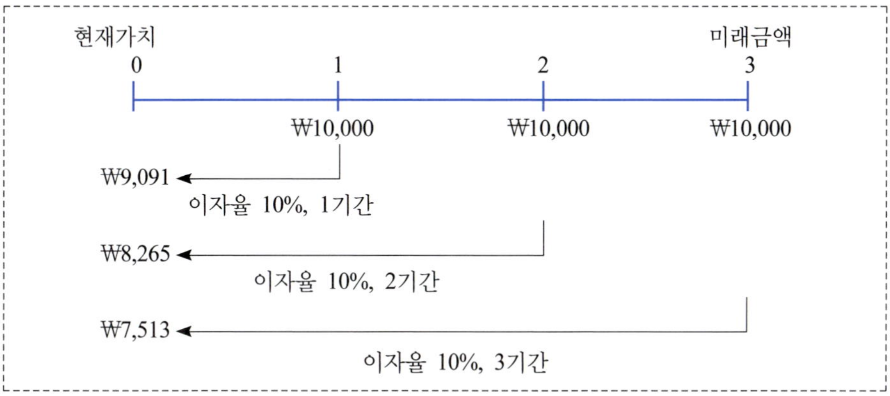

한국㈜가 발행한 사채에 대한 현재가치는 다음과 같이 계산된다.

10% 표시이자율, 10% 할인율		
만기에 지급할 원금의 현재가치		
₩100,000 × (10%, 3기간 단일금액의 현재가치계수)		
100,000 × 0.7513	=	₩75,130
사채발행기간 동안 매기 지급될 이자의 현재가치		
₩10,000 × (10%, 3기간 정상연금의 현재가치계수)		
10,000 × 2.4868	=	24,870*
사채의 현재가치		₩100,000

* 단수차이 조정

지금까지는 투자자의 요구수익률이 10%라고 가정하였는데 12%가 되면 현재가치는 어떻게 되는지 살펴보자. 이 경우 할인율은 12%가 되고 사채의 현재가치는 ₩95,198이 되어 사채는 액면금액보다 낮은 가액으로 할인발행된다.

10% 표시이자율, 12% 할인율		
만기에 지급할 원금의 현재가치		
₩100,000 × (12%, 3기간 단일금액의 현재가치계수)		
100,000 × 0.7118	=	₩71,180
사채발행기간 동안 매기 지급될 이자의 현재가치		
₩10,000 × (12%, 3기간 정상연금의 현재가치계수)		
10,000 × 2.4018	=	24,018
사채의 현재가치		₩95,198

표시이자율은 여전히 10%이나 투자자의 요구수익률(할인율)이 8%인 경우 사채의 현재가치는 ₩105,151으로 사채는 액면금액보다 높은 가액으로 할증발행된다.

10% 표시이자율, 8% 할인율		
만기에 지급할 원금의 현재가치		
₩100,000 × (8%, 3기간 단일금액의 현재가치계수)		
100,000 × 0.7938	=	₩79,380
사채발행기간 동안 매기 지급될 이자의 현재가치		
₩10,000 × (8%, 3기간 정상연금의 현재가치계수)		
10,000 × 2.5771	=	25,771
사채의 현재가치		₩105,151

3. 사채의 발행

회사는 자금조달을 위해 사채를 발행할 수 있는데 이사회와 주주가 사채의 발행을 승인해야 한다. 사채 발행과정에서 이사회는 발행할 사채의 수량과 총 액면금액 그리고 액면이자율을 명시해야 한다.

액면금액(face value)은 발행회사가 만기일에 지급할 원금이다. 액면이자율(stated interest)은 표시이자율이라고도 하는데 발행회사가 채권보유자에게 지급해야 할 이자금액을 결정하는 데 사용된다. 사채발행의 조건은 사채증서(bond indenture)에 기술되는데 사채증서에는 이 외에도 채권자의 권리, 발행회사의 의무 등이 기술된다. 그리고 발행회사는 채권(bond certificates)을 발행하는데 채권에는 발행회사, 액면금액, 액면이자율, 만기일과 같은 정보가 표시된다. 일반적으로 증권판매를 전문으로 하는 투자회사들이 발행회사의 사채를 판매한다. 채권보유자들은 증권거래소나 증권회사의 영업점을 통해 시장가격으로 채권을 판매할 수 있다. 채권가격은 액면금액의 비율로 호가가 결정된다. 100만원의 채권에 대해 호가가 92라면 채권의 판매가는 액면금액의 92% 또는 92만원이라는 의미이다.

사채는 표시이자율과 할인율에 따라 액면금액으로 발행할 수도 있지만 액면금액보다 낮게 할인하거나 액면금액보다 높게 할증하여 발행할 수도 있다. 여기서 할인율이란 시장이자율(market rate of interest)로서, 회사가 발행하는 사채와 위험도와 만기기간이 비슷한 사채가 거래되는 시장에서 결정된 이자율이다. 앞 절에서 언급한 투자자의 요구수익률과 시장이자율은 동일한 의미로 사용된다. 시장이자율은 사채의 액면금액과 액면이자율로 결정된 미래 현금의 현재가치 계산 시 분모의 할인율로 사용된다. 발행 시 액면이자율과 시장이자율은 다를 수가 있는데, 이는 위에서 설명한 발행조건이 결정되는 날짜와 사채가 시장에서 발행된 날짜에 따라 발행회사의 신용위험에 대한 시장의 요구수익률이 다르기 때문이다.

(1) 사채의 액면발행

사채의 표시이자율과 시장이자율이 같으면, 사채발행회사가 받는 금액이 사채의 액면금액과 동일하다. 이러한 경우를 액면발행되었다고 한다. 예를 들어, 한국㈜가 20×1년 1월 1일에 액면금액 ₩100,000, 표시이자율 10%, 만기 3년인 사채를 액면금액으로 발행했다. 이는 시장이자율 또한 표시이자율과 동일하게 10%였음을 의미하고, 사채 발행에 대한 회계처리는 다음과 같다.

(차) 현 금	100,000	(대) 사 채	100,000

차변은 현금 ₩100,000을 사채 투자자로부터 수령한 것을 기록하고, 발행회사는 이에 상응하는 이자와 원금을 만기기간에 걸쳐 지급하겠다는 회사의 의무를 부채계정인 사채로 기록했다고 볼 수 있다.

한국㈜는 사채를 비유동자산으로 분류하는데, 이는 만기일이 1년 이후에 도래하는 부채이기 때문이다. 사채발행기간 동안 회사는 사채의 이자 지급을 기록하기 위한 회계처리를 한다. 한국㈜가 발행한 사채의 이자가 12월 31일에 지급된다고 하자. 이 경우 한국㈜는 12월 31일에 이자 ₩10,000(₩100,000 × 10%)을 지급해야 한다. 12월 31일의 이자 지급에 대한 회계처리는 다음과 같다.

(차) 이자비용	10,000	(대) 현 금	10,000

(2) 사채의 할인발행과 할증발행

발행사채의 종류, 경제상황, 산업환경, 회사의 신용 등이 시장이자율에 영향을 미치므로 시장이자율은 수시로 변한다. 이에 따라 표시이자율과 시장이자율은 다르게 되고 채권은 액면금액보다 높거나 낮게 발행된다.

회사가 표시이자율 10%로 사채를 발행하였으나 위험이 유사한 다른 사채의 이자율이 12%라고 하자. 이 경우 투자자들은 표시이자율 10% 사채에 대해서는 관심을 갖지 않을 것이고, 이 사채는 액면금액으로 발행이 어려워진다. 따라서 투자자에게 위험이 유사한 다른 사채에 투자하는 경우와 동일한 수익률이 되게 하려면, 표시이자율 10%인 사채는 액면금액보다 할인하여 발행되어야 한다. 사채의 판매가격이 낮아지므로 회사의 실질이자율은 시장이자율 수준으로 오르게 된다.

반대로 시장이자율이 표시이자율보다 낮다면, 투자자들은 사채의 액면금액보다 더 많은 금액을 지불해야 할 것이다. 예를 들어, 시장이자율이 8%이고 표시이자율이 10%라면 수많은 투자자가 이 사채를 사고 싶어 할 것이다. 이러한 수요로 인해 발행회사는 액면금액보다 더 많은 금액을 지불하는 투자자를 찾을 수 있어 사채를 액면금액보다 높게, 즉 할증하여 발행할 수 있다. 다음 [그림 10-1]은 이와 같은 관계를 나타낸 것이다.

사채는 액면금액으로 발행되지 않는 것이 일반적이다. 따라서 사채를 발행할 때 표시이자율과 시장이자율이 일치하는 것은 우연일 뿐이다. 사채를 할인발행한다는 것이 발행회사의 재무건전성이 나쁘고, 할증발행하는 것이 발행회사의 재무건전성이 좋다는 것을 의미하지는 않는다.

그림 10-1 사채발행

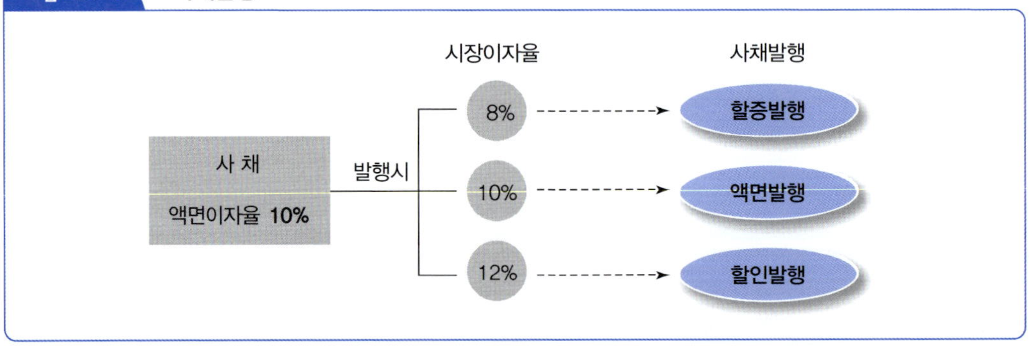

한국㈜가 20×1년 1월 1일에 액면금액 ₩100,000, 표시이자율 10%, 만기 3년인 사채를 ₩95,198에 할인발행하는 경우를 보자. 할인발행을 했다는 것은 시장이자율이 표시이자율보다 높다는 것을 의미하는데, 투자자는 낮은 표시이자율에 대한 보상으로 만기에 돌려받을 원금 ₩100,000에 대해 ₩4,802 할인받은 금액을 발행기업에 지불한 것으로도 볼 수 있다. 이자는 12월 31일에 지급된다면 1월 1일 사채발행에 따른 회사의 회계처리는 다음과 같다.

(차) 현 금	95,198	(대) 사 채	100,000
사채할인발행차금	4,802		

차변은 사채 투자자로부터의 수령한 현금 ₩95,198을 기록하고 있고, 대변은 만기에 지급할 사채의 액면금액 ₩100,000을 기록하고 있다. 새로운 계정인 사채할인발행차금은 투자자로부터의 실수령액과 액면금액의 차이를 차변에 ₩4,802 표시하고 있다. 사채할인발행차금은 재무상태표 보고 시 사채계정에서 차감되어 표시되는 부채의 차감계정으로 자산계정이 아니다. 이는 시장이자율보다 표시이자율이 낮은 데 대한 보상으로 할인차금에 해당하는 만큼 현금 수취액을 감액하는 것이므로 사채의 이자에 가산할 성격의 금액이다.

부분재무상태표

20×1년 1월 1일 현재

한국㈜ (단위: 원)

비유동부채		
사 채	₩100,000	
사채할인발행차금	(4,802)	₩95,198

할인발행의 경우, 사채의 장부금액은 사채할인발행차금을 사채에서 차감한 금액인 ₩95,198이고, 이 금액은 사채발행 시점의 사채의 시장가치와 일치한다. 사채의 할인발행은 사채발행에 따른 총비용이 사채에 대해 지급하는 이자 지급액과 다르게 되는 원인이 된다. 발행회사는 발행기간 동안에는 표시이자율에 따른 이자를 지급해야 하고, 만기에는 사채의 발행가액이 아니라 액면금액을 지급해야 한다. 그러므로 사채의 액면금액과 발행가격의 차이는 추가적인 차입비용이 된다. 발행회

사는 추가적인 차입비용을 사채발행기간에 걸쳐 이자비용으로 인식해야 한다. 한국㈜가 ₩95,198에 자금을 차입하게 되는 총비용은 다음과 같이 계산된다.

사채의 할인발행	
매기말 지급하는 이자비용(₩100,000 × 10% × 3년)	₩30,000
가산 : 사채할인발행차금(₩100,000 − ₩95,198)	4,802
사채의 총차입비용	₩34,802

자금 차입에 따른 총차입비용은 다음과 같이 계산할 수도 있다.

사채의 할인발행	
만기일의 액면금액	₩100,000
매기말 지급하는 이자비용(₩10,000 × 3년)	30,000
채권자에게 지급하는 현금	₩130,000
채권자로부터 수령한 현금	(95,198)
사채의 총차입비용	₩34,802

한국㈜가 20×1년 1월 1일에 액면금액 ₩100,000, 이자율 10%, 만기 3년인 사채를 ₩105,151에 할증발행한다고 하자. 이자는 12월 31일에 지급된다면 1월 1일 사채발행에 따른 회사의 회계처리는 다음과 같다.

(차) 현 금	105,151	(대) 사 채	100,000
		사채할증발행차금	5,151

사채할증발행차금계정은 재무상태표 보고 시 사채계정에서 가산되어 표시되는 부채의 가산계정이고, 실수령액과 액면금액의 차이를 나타내고 있는데, 사채할인발행차금이 할인된 금액을 차변에 나타내고 있는 반면, 사채할증발행차금은 할증된 금액을 대변에 나타내고 있다. 이는 시장이자율보다 표시이자율이 높은 데 대한 대가로 할증차금에 해당하는 만큼 현금 수취액을 증액하는 것이므로 사채의 이자에서 차감할 성격의 금액이다.

부분재무상태표
20×1년 1월 1일 현재

한국㈜		(단위 : 원)
비유동부채		
사 채	₩100,000	
사채할증발행차금	5,151	₩105,151

할증발행의 경우, 사채의 장부금액은 사채할증발행차금을 사채에서 가산한 금액인 ₩105,151이고, 이 금액은 사채발행 시점의 사채의 시장가치와 일치한다. 사채를 할증발행하는 경우 사채발행 총비용이 사채에 대해 지급하는 이자비용보다 작게 된다. 사채할증발행차금으로 차입비용은 감소하는데 발행회사는 사채할증발행차금을 사채발행기간에 걸쳐 이자비용의 감소로 대변에 기록한다. 한국㈜가 ₩105,151에 자금을 차입하게 되는 총비용은 다음과 같이 계산된다.

사채의 할증발행	
매기말 지급하는 이자비용(₩100,000 × 10% × 3년)	₩30,000
차감 : 사채할증발행차금(₩105,151 − ₩100,000)	(5,151)
사채의 총차입비용	₩24,849

자금 차입에 따른 총차입비용은 다음과 같이 계산할 수도 있다.

사채의 할증발행	
만기일의 액면금액	₩100,000
매기말 지급하는 이자비용(₩10,000 × 3년)	30,000
채권자에게 지급하는 현금	₩130,000
채권자로부터 수령한 현금	(105,151)
사채의 총차입비용	₩24,849

사채가 액면발행, 할인발행 또는 할증발행이 되더라도 회사가 현금으로 지급하는 이자는 액면금액에 표시이자율을 곱하여 계산한다. 사채를 할인발행한 경우는 사채 발행기간의 총액면이자 금액(₩30,000)에서 사채할인발행차금(₩4,802)을 가산한 것이 총이자비용(₩30,000 + ₩4,802 = ₩34,802)이 된다. 그리고 사채를 할증

발행한 경우는 사채 발행기간의 총액면이자 금액(₩30,000)에서 사채할증발행차금(₩5,151)을 차감한 것이 총이자비용(₩30,000 − ₩5,151 = ₩24,849)이 된다. 이러한 관계는 사채 할인발행은 액면금액보다 발행가액이 낮으므로 회사의 비용이 증가한 것이고, 사채 할증발행은 액면금액보다 발행가액이 높으므로 회사의 비용이 감소한 것으로 생각할 수 있다.

✓예제 10-2

한국㈜는 20×1년 1월 1일에 액면금액 ₩100,000, 표시이자율 8%, 만기 3년인 사채를 발행하였다. 이자 지급은 매년 12월 31일에 이루어진다.

▶▶ 요구사항

시장이자율이 다음과 같을 때 사채의 발행가격을 계산하라.

1. 시장이자율이 6%일 경우
2. 시장이자율이 8%일 경우
3. 시장이자율이 10%일 경우

해답

위의 사채의 경우 매년 12월 31일 ₩8,000(₩100,000 × 8%)의 이자가 지급되고 만기일인 20×3년 12월 31일에 액면금액인 ₩100,000이 지급되어, 아래와 같은 시점에 액면이자율과 액면금액에 따른 이자 및 원금 지급이 발생한다. 이를 시장이자율로 할인하여 현재가치를 계산하면 사채의 발행가격이 된다.

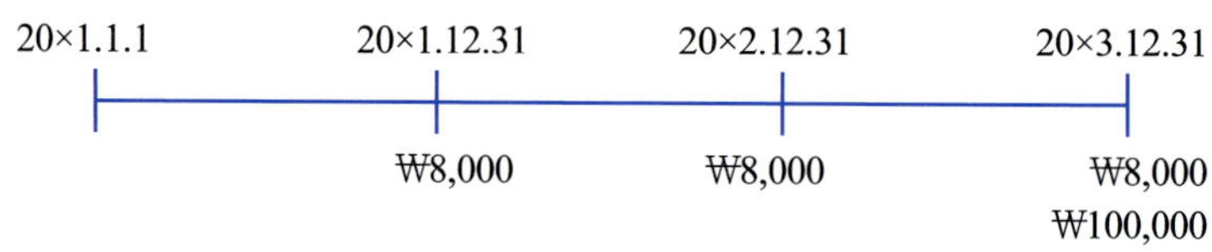

1. 이자의 현재가치 : ₩8,000 × 2.6730(3년, 6% 연금현가) = ₩21,384
   원금의 현재가치 : ₩100,000 × 0.8396(3년, 6% 현재가치) = 83,960
   사채의 발행금액 : ₩105,344

2. 이자의 현재가치 : ₩8,000 × 2.5771(3년, 8% 연금현가) = ₩20,617
   원금의 현재가치 : ₩100,000 × 0.7938(3년, 8% 현재가치) = 79,383*
   사채의 발행금액 : ₩100,000

   * 단수차이 조정

3. 이자의 현재가치 : ₩8,000 × 2.4869(3년, 10% 연금현가) = ₩19,895
   원금의 현재가치 : ₩100,000 × 0.7513(3년, 10% 현재가치) = 75,130
   사채의 발행금액 : ₩95,025

4. 사채발행차금의 상각

사채할인발행차금과 사채할증발행차금은 만기기간에 걸쳐 기간별 이자비용으로 배분하여 이자비용의 증가 또는 이자비용의 감소로 회계처리되는 과정을 사채할인(할증)발행차금의 상각이라고 부른다. 사채발행차금을 상각하는 방법으로는 유효이자율법이 일반적으로 이용된다.3) 유효이자율(effective interest rate)이란 사채를 통한 현금 수취액과 미래에 발생할 총지급액의 현재가치를 일치시켜주는 할인율이다. 예를 들어, 한국㈜가 20×1년 1월 1일에 액면금액 ₩100,000, 표시이자율과 시장이자율이 10%, 만기 3년이고 이자는 12월 31일에 지급되는 사채를 발행한다고 가정해 보자. 이때 한국㈜가 사채를 발행하는 과정에서 인쇄비, 수수료 등과 같은 사채발행비로 ₩2,444을 지급했다고 한다면, 한국㈜는 사채를 통해 ₩97,556의 현금을 수취하게 된다. 사채의 현재가치인 ₩97,556과 사채를 통해 지급되는 이자 및 원금의 현재가치를 일치시켜주는 이자율이 유효이자율이다. 사채발행비가 발생할 경우 시장이자율과 유효이자율은 달라지게 된다.4) 다만, 사채발행비가 없는 예제나 문제에서는, 유효이자율과 시장이자율이 같아 혼용하는 경우가 많다.

유효이자율법에 따라 사채할인발행차금이나 사채할증발행차금을 상각하면 매기 상각되는 금액은 다르나 사채의 장부금액에 대해 매기 균등한 비율로 이자비용을 인식하게 된다. 이자비용은 사채의 크기에 따라 달라져야 하므로 유효이자율법에 의한 이자액 결정방법이 정액법보다 더 타당하다. 유효이자율법에서 사채발행차금의 상각액은 다음과 같은 순서로 계산된다. (1) 사채의 기초 장부금액에 유효

3) 다른 방법으로 정액법이 있다. 정액법은 매기 일정한 이자비용을 인식하기 때문에 계산이 간편하다는 장점이 있으나, 실질이자비용을 정확하게 반영하지 못하는 단점이 있어서 한국채택국제회계기준에서 유효이자율법만 인정하고 있다.

4) 이때 사채의 유효이자율은 11%가 된다. 이를 식으로 표현하면 $₩97,556 = ₩100,000 \div (1+x)^3 + ₩10,000 \div (1+x) + ₩10,000 \div (1+x)^2 + ₩10,000 \div (1+x)^3$이다. 여기서 x는 11%가 된다.

이자율을 곱하여 이자비용을 계산하고, (2) 사채의 액면금액에 표시이자율을 곱하여 실제 지급이자를 계산한다. (3) 앞의 (1)에서 계산한 금액과 (2)에서 계산한 금액의 차이를 상각액으로 계산한다. 다음은 이와 같은 계산과정을 나타낸 것이다.

(1)		(2)	(3)
이자비용		실제지급이자	
(사채의 기초 장부금액 × 유효이자율)	−	(액면금액 × 표시이자율)	= 상각액

(1) 사채할인발행차금의 상각

사채할인발행차금을 상각하는 예를 들기 위해 한국㈜가 20×1년 1월 1일에 액면금액 ₩100,000, 이자율 10%, 만기 3년이고 이자는 매년 말에 지급되는 사채를 발행한다고 하자. 사채는 ₩95,198에 발행되어 사채할인발행차금은 ₩4,802이고 유효이자율은 12%이다. 다음과 같이 사채할인발행차금을 상각하기 위한 사채상각표는 이자비용의 기록과 사채할인발행차금의 상각을 용이하게 한다.

표 10-3 | 사채할인발행차금 상각표

기간	(1) 이자비용 (유효이자)	(2) 현금이자 (액면이자)	(3) 할인차금 상각액	(4) 할인차금 미상각액	(5) 장부금액
20×1. 1. 1				₩4,802	₩95,198
20×1.12.31	₩11,424	₩10,000	₩1,424	3,378	96,622
20×2.12.31	11,595	10,000	1,595	1,783	98,217
20×3.12.31	11,783*	10,000	1,783	0	100,000
합계	₩34,802	₩30,000	₩4,802		

* 단수차이 조정

(1) 이자비용(유효이자) = (5) 기초 장부금액 × 유효이자율(12%)
(2) 현금이자(액면이자) = 사채액면금액(₩100,000) × 액면이자율(10%)
(3) 할인차금상각액 = (1) 이자비용 − (2) 현금이자
(4) 할인차금미상각액 = 기초 사채할인발행차금미상각액 − (3) 당기 사채할인발행차금상각액
(5) 장부금액 = 기초장부금액 + 당기 사채할인발행차금상각액

<표 10-3>의 사채할인발행차금 상각표의 숫자 도출과정을 알아보자. 사채발행회사인 한국㈜는 사채발행시점에 액면금액 ₩100,000이 아니라 ₩95,198을 받는다. 1년이 경과하여 20×1년 말에 사채의 이자비용을 계산할 때는 사채발행시점의 유효이자율을 기준으로 이자비용을 계산한다. 회사는 실제 ₩95,198을 차입하였으므로 1년간 이자비용은 ₩11,424(₩95,198 × 12%)이다. 그러나 회사가 현금으로 지급하는 사채이자는 액면금액 ₩100,000에 표시이자율 10%를 적용한 ₩10,000이다. 실제 이자비용 ₩11,424과 현금 지급이자 ₩10,000의 차이인 ₩1,424은 사채발행시점에 선급하고 사채할인발행차금으로 회계처리하였으므로 이를 이자비용에 가산한다. 따라서 사채발행시점에 선급이자 성격인 사채할인발행차금은 20×1년 말에 ₩3,378(₩4,802 − ₩1,424)으로 감소한다. 사채발행시점인 20×1년 초에 장부금액은 ₩95,198이었지만, 20×1년 말에는 사채할인발행차금상각액인 ₩1,424만큼 증가한 ₩96,622이 된다. 이는 사채할인발행차금상각액이 상각되어 감소한 만큼 사채의 장부금액이 증가하기 때문이다. 이러한 이유로 유효이자율법을 이용하여 상각한 장부금액을 상각후원가라 부르기도 한다.

사채할인발행차금이 있는 경우는 액면금액보다 발행금액이 낮지만, 회사는 만기 시 액면금액으로 투자자에게 사채를 상환해야 한다. 유효이자율법에 의한 사채할인발행차금의 상각은 비용인 이자비용의 발생과 부채인 사채의 장부금액을 증가시켜 사채의 장부금액을 만기금액인 액면금액으로 일치시키는 것이다.

이자를 지급하는 첫 해인 20×1년 말에 이자의 지급과 사채할인발행차금상각액을 기록하기 위한 회계처리는 다음과 같다. 20×1년의 총 이자비용은 ₩11,424 (₩10,000 + ₩1,424)이다.

(차) 이자비용	11,424	(대) 현 금	10,000
		사채할인발행차금	1,424

이 분개는 이자비용이 ₩11,424이지만 지급한 현금은 ₩10,000이다. 사채할인발행차금이 없다면 그 차이는 미지급비용이 되어 부채의 증가가 된다. 미지급비용을 증가시키는 대신에 사채할인발행차금을 감소시켜, 부채인 사채의 장부금액

이 커지도록 하여 사채의 액면금액이 되도록 하는 것이다.

(2) 사채할증발행차금의 상각

유효이자율법을 이용하여 사채할증발행차금을 상각하기 위한 방법도 할인차금의 경우와 유사하다. 예를 들어, 한국㈜가 20×1년 1월 1일에 액면금액 ₩100,000, 이자율 10%, 만기 3년이고 이자는 12월 31일에 지급되는 사채를 발행한다고 하자. 사채는 ₩105,151에 발행되어 사채할증발행차금은 ₩5,151이고 유효이자율은 8%이다. 사채할증발행차금을 상각하기 위한 상각표는 다음과 같다.

표 10-4 | 사채할증발행차금 상각표

기간	(1) 이자비용 (유효이자)	(2) 현금이자 (액면이자)	(3) 할증차금 상각액	(4) 할증차금 미상각액	(5) 장부금액
20×1. 1. 1				₩5,151	₩105,151
20×1.12.31	₩8,412	₩10,000	₩1,588	3,563	103,563
20×2.12.31	8,285	10,000	1,715	1,848	101,848
20×3.12.31	8,152*	10,000	1,848	0	100,000
합 계	₩24,849	₩30,000	₩5,151		

* 단수차이 조정

(1) 이자비용(유효이자) = (5) 기초 장부금액 × 유효이자율(8%)

(2) 현금이자(액면이자) = 사채액면금액(₩100,000) × 액면이자율(10%)

(3) 할증차금상각액 = (2) 현금이자 − (1) 이자비용

(4) 할증차금미상각액 = 기초 사채할증발행차금미상각액 − (3) 당기 사채할증발행차금상각액

(5) 장부금액 = 기초장부금액 − 당기 사채할증발행차금상각액

<표 10-4>의 사채할증발행차금 상각표의 숫자 도출 과정을 알아보자. 사채발행회사인 한국㈜는 사채발행시점에 액면금액 ₩100,000이 아니라 ₩105,151을 받는다. 액면금액과 발행가액의 차이인 ₩5,151의 의미를 생각해 보자. 액면금액보다 발행가액을 더 받았으나 회사는 만기 시에 액면금액을 상환하면 된다. 그러므로 사채할증발행차금은 투자자로부터 이자를 선수한 것이 된다. 1년이 경과하여 20×1년 말에 사채의 이자비용을 계산할 때는 사채발행시점의 유효이자율을 기준으로 이자비용을 계산한다. 회사는 ₩105,151을 차입하였으므로 1년간 이자비용은

₩8,412(₩105,151 × 8%)이고, 현금으로 지급하는 사채이자는 액면금액 ₩100,000에 표시이자율 10%를 적용한 ₩10,000이다. 실제 이자비용 ₩8,412과 현금 지급이자 ₩10,000의 차이인 ₩1,588은 사채발행시점에 선수하고 사채할증발행차금으로 회계처리하였으므로 이를 이자비용에서 차감하여 계산한다. 사채발행시점에 선수이자 성격인 사채할증발행차금은 20×1년 말에 ₩3,563(₩5,151 − ₩1,588)으로 감소한다. 사채발행시점인 20×1년 초에 장부금액은 ₩105,151이었지만 20×1년 말에는 사채할증발행차금상각액인 ₩1,588만큼 감소한 ₩103,563이 된다. 이는 사채할증발행차금상각액이 상각되어 감소한 만큼 사채의 장부금액이 감소하기 때문이다.

이자를 지급하는 첫 해인 20×1년 12월 31일에 이자 지급과 상각액을 기록하기 위한 회계처리는 다음과 같다. 20×1년의 총이자비용은 ₩8,412(₩10,000 − ₩1,588)이다.

(차) 이자비용	8,412	(대) 현 금	10,000
사채할증발행차금	1,588		

이 분개는 이자비용이 ₩8,412이지만 지급한 현금은 ₩10,000이다. 사채할증발행차금이 없다면 그 차이는 선급비용이 되어 자산의 증가가 된다. 선급비용을 증가시키는 대신에 사채할증발행차금을 감소시켜, 부채인 사채의 장부금액을 작아지도록 하여 사채의 액면금액이 되도록 하는 것이다.

✓예제 10-3

한국㈜는 액면금액 ₩1,000,000, 표시이자율 8%, 만기 3년인 사채를 20×1년 1월 1일에 발행하였다. 유효이자율은 10%이고 이자 지급일은 매년 12월 31일이다.

▶▶ 요구사항

한국㈜가 각 일자에 수행해야 하는 회계처리를 하라.

1. 20×1년 1월 1일
2. 20×1년 12월 31일
3. 20×3년 12월 31일

해답

1. 사채의 발행금액

20×1.1.1	20×1.12.31	20×2.12.31	20×3.12.31
	₩80,000	₩80,000	₩80,000
			₩1,000,000

이자의 현재가치 : ₩80,000 × 2.4869(3년, 10% 연금현가)	=	₩198,952
원금의 현재가치 : ₩1,000,000 × 0.7513(3년, 10% 현재가치)	=	751,300
사채의 발행금액 :		₩950,252

20×1년 1월 1일 회계처리

(차) 현 금	950,252	(대) 사 채	1,000,000
사채할인발행차금	49,748*		

* 개념상 시장이자율과 표시이자율에 따른 매기말 이자비용의 차이인 ₩20,000(₩100,000 − ₩80,000)에 대한 현재가치와 같다.

$$\frac{₩20{,}000}{1.1} + \frac{₩20{,}000}{(1.1)^2} + \frac{₩20{,}000}{(1.1)^3} = ₩49{,}478$$

2. 유효이자율법에 의한 상각표

기간	이자비용 (유효이자)	현금이자 (액면이자)	할인차금 상각액	장부금액
20×1. 1. 1				₩950,252
20×1.12.31	₩95,025	₩80,000	₩15,025	965,277
20×2.12.31	96,528	80,000	16,528	981,805
20×3.12.31	98,195*	80,000	18,195	1,000,000
합계	₩289,748	₩240,000	₩49,748	

* 단수차이 조정

20×1년 12월 31일 회계처리

(차) 이자비용	95,025	(대) 현 금	80,000
		사채할인발행차금	15,025

3. 20×3년 12월 31일 회계처리

(차) 이자비용	98,195	(대) 현 금	80,000
		사채할인발행차금	18,195
(차) 사 채	1,000,000	(대) 현 금	1,000,000

5. 사채의 상환

사채의 발행가격에 관계없이 만기일의 사채 장부금액은 액면금액과 일치한다. 마지막으로 지급하는 이자를 별도로 회계처리한다고 가정하면 한국㈜가 만기일에 사채를 상환하는 데 따른 회계처리는 다음과 같다.

(차) 사 채	100,000	(대) 현 금	100,000

사채는 만기가 도래하기 전에도 상환할 수 있다. 회사는 현금을 충분히 보유한 경우 이자비용과 부채를 줄이기 위해 사채의 조기상환을 고려할 수 있다. 사채를 조기상환하는 경우 상환일에 사채의 장부금액 제거와 현금 지급액을 기록하고, 상환이익이나 상환손실을 기록해야 한다. 상환시점에서 사채의 장부금액보다 상환금액이 크면 상환손실이 기록되고, 사채의 장부금액보다 상환금액이 작으면 상환이익이 기록된다. 사채 상환 시 장부금액은 상환시점의 사채의 액면금액에서 남아있는 사채할인발행차금을 차감하거나 사채할증발행차금을 가산하여 계산하여야 하므로, 상환시점까지 사채의 이자비용을 계산한 후에 사채의 상환손익을 계산한다.

다음의 예제를 통하여 사채가 할인발행된 경우, 발행시점, 이자 지급시점 및 조기상환시점의 회계처리를 연습해 보자.

✓예제 10-4

한국㈜는 20×1년 1월 1일에 액면금액 ₩1,000,000, 이자율 10%, 만기 3년이고 이자는 매년 말에 지급되는 사채를 발행하였다. 발행시점의 시장이자율과 유효이자율은 일치하며 12%라고 가정하다. 계산에 필요한 현재가치 자료는 다음과 같다.

2.4018(3년, 12% 연금현가) 0.7118(3년, 12% 현재가치)

▶▶ 요구사항

1. 20×1년 1월 1일 발행시점의 발행가액을 계산하고 회계처리하라.
2. 20×1년 12월 31일 이자 지급에 대해 회계처리하라.

3. 20×2년 7월 1일에 미지급이자를 포함하여 사채를 ₩1,030,000에 상환하였다고 가정하고 회계처리하라. 단 이자는 월할 계산한다.

해답

1. 20×1년 1월 1일

이자의 현재가치 : ₩100,000 × 2.4018(3년, 12% 연금현가)	=	₩240,180
원금의 현재가치 : ₩1,000,000 × 0.7118(3년, 12% 현재가치)	=	711,800
사채의 발행금액 :		₩951,980

20×1년 1월 1일 회계처리

(차) 현　　금	951,980	(대) 사　　채	1,000,000
사채할인발행차금	48,020		

2. 20×1년 12월 31일

〈유효이자율법에 의한 상각표〉

기간	이자비용 (유효이자 12%)	현금이자 (액면이자 10%)	할인차금 상각액	장부금액
20×1. 1. 1				₩951,980
20×1.12.31	₩114,238	₩100,000	₩14,238	966,218
20×2.12.31	115,946	100,000	15,946	982,164
20×3.12.31	117,836*	100,000	17,836	1,000,000
합계	₩348,020	₩300,000	₩48,020	

* 단수차이 조정

20×1년 12월 31일 회계처리

(차) 이자비용	114,238	(대) 현　　금	100,000
		사채할인발행차금	14,238

3. 20×2년 7월 1일 회계처리

(1) 20×2년 7월 1일까지 이자비용 계산

(차) 이자비용	57,973*	(대) 미지급이자	50,000
		사채할인발행차금	7,973

* ₩966,218 × 12% × (6개월 ÷ 12개월) = ₩57,973

(2) 사채상환손익

(차) 사　　채	1,000,000	(대) 현　　금	1,030,000
미지급이자	50,000	사채할인발행차금	25,809*
사채상환손실	5,809***		

* ₩48,020 − ₩14,238(20×1년 12월 31일 상각액) − ₩7,973(20×2년 7월 1일 상각액)
= ₩25,809
** 사채의 장부금액 = ₩966,218 + ₩7,973 = ₩974,191(또는 ₩1,000,000 − ₩25,809)
*** 사채상환손익 = 상환금액 ₩1,030,000 − (장부금액 ₩974,191 + 미지급이자 ₩50,000)
= ₩5,809(상환손실)

제 3 절 비금융부채

비금융부채에는 금융부채의 인식조건을 충족하지 못한 부채로서 선수금, 선수수익, 미지급법인세, 이연법인세부채, 퇴직급여부채, 제품보증충당부채 등이 있다. 금융부채는 부채의 정의를 충족하는 계약상 의무로서 현금 등 금융자산으로 상환되는 부채를 말하는 반면, 비금융부채는 법률상 의무로서 발생되거나 또는 재화나 용역으로 상환되는 부채를 말한다.

1. 비금융부채의 유형

(1) 선수금과 선수수익

선수금(advances received from customers)은 상품, 제품, 용역 등을 제공하기 전에 미리 판매대가의 전부 또는 일부를 수취한 금액을 말한다. 선수금은 일반적인 상거래에서 재화나 용역에 대한 수요에 비해 공급이 부족한 경우에 계약의 이행을 보증하는 역할을 한다. 상거래가 진행되고 약속한 상품이나 용역을 제공하게 되면 선수금은 소멸된다. 보험회사는 보험서비스를 제공하기 전에 보험료를 현금으로 받고 항공사는 항공권 예약을 통해 서비스를 제공하기 이전에 고객으로부터 현금을 받는다. 이와 같은 과정을 통해서 두 회사가 제품이나 용역을 제공하기 전에 현금을 수령한 경우 선수금계정이 사용된다.

선수수익(unearned revenue)이란 대가의 수취는 이루어졌으나 손익의 귀속시기가 차기 이후에 속하는 금액을 말한다. 이는 선급비용에 대응하는 개념으로 일정기간 계속하여 용역을 제공하기로 하고 수취한 수익 중 용역의 제공이 완료되지 않아 차기 이후의 수익으로 이연하여 인식해야 할 금액이다. 이자, 수수료, 임대료, 보험료 등을 미리 받은 것 중에서 차기 이후에 수익을 인식해야 하는 것이 선수수익의 예가 된다. 선수수익에 대한 회계처리 과정은 다음과 같다. 먼저 현금수령액은 차변에 기록하고 동시에 선수수익의 증가는 부채로 대변에 기록한다. 이후에 용역을 제공하고 수익이 실현되면 선수수익(부채)의 감소는 차변에, 관련된 수익의 증가는 대변에 기록한다. 다음의 예제를 통해 선수금과 선수수익의 차이를 알아보자.

선수금은 주된 영업활동에 대한 대금을 미리 수취한 것이고 선수수익은 부수적 영업활동에 대한 대금을 미리 수취한 성격을 가진다는 점에서 차이가 있다.

✓예제 10-5

한국㈜는 상품매매를 주된 영업활동으로 영위하는 기업이고, 계속기록법을 사용하며 12월 말 결산법인이다. 다음은 한국㈜의 거래 일부이다.

1. 20×1년 5월 31일에 한국㈜는 강동㈜에 상품을 인도하기로 약속하고 현금 ₩500,000을 수취하였으며, 20×1년 6월 15일에 강동㈜에게 제공하기로 한 상품(취득원가 ₩400,000)을 인도하였다.
2. 20×1년 8월 31일에 한국㈜는 강남㈜에게 사무실을 임대하였다. 동일자에 강남㈜로부터 3개월분(9월~11월)에 해당하는 임대료 ₩900,000을 수령하였다.

▶ 요구사항

한국㈜가 각 일자에 수행해야 하는 회계처리를 하라.

1. 20×1년 5월 31일
2. 20×1년 6월 15일
3. 20×1년 8월 31일
4. 20×1년 11월 30일

해답

1. 한국㈜의 입장에서 강동㈜로부터 수취한 현금 ₩500,000은 주된 영업활동에 대한 수취액으로 선수금에 해당한다. 따라서 한국㈜가 20×1년 5월 31일에 수행해야 하는 회계처리는 다음과 같다.

(차) 현 금	500,000	(대) 선 수 금	500,000

2. 한국㈜의 입장에서 20×1년 6월 15일에 상품을 인도하였으므로 20×1년 5월 31일에 인식한 선수금(부채)를 감소시키고 매출(수익)을 인식해야 한다. 따라서 한국㈜가 20×1년 6월 15일에 수행해야 하는 회계처리는 다음과 같다.

(차) 선 수 금	500,000	(대) 매 출	500,000
(차) 매출원가	400,000	(대) 상 품	400,000

3. 강남㈜로부터 수취한 현금 ₩900,000은 주된 영업활동 이외의 활동으로 인한 수익으로 선수수익에 해당한다. 따라서 한국㈜가 20×1년 8월 31일에 수행해야 하는 회계처리는 다음과 같다.

(차) 현 금	900,000	(대) 선수임대료	900,000

4. 한국㈜의 입장에서 20×1년 11월 30일이 되면, 강남㈜에 사무실을 임대하고 받은 선수임대료가 소멸된다. 따라서 선수임대료를 감소시키고 이를 임대수익으로 인식해주는 회계처리를 수행해야 한다.

(차) 선수임대료	900,000	(대) 임대료수익	900,000

(2) 예수금

예수금(deposits)은 일반적 상거래 이외에서 발생한 일시적 예수금액을 말한다. 예수금에는 보험료예수금, 소득세예수금, 연금예수금과 같이 종업원의 급여로부터 징수한 예수금이 있는데 법령에 의해 관계기관에 납부하면 소멸하는 비금융부채이다.

보증금, 전세금, 입찰담보금과 같이 거래처로부터 받은 예수금도 있는데 이 경우는 계약이행의 보증금으로 받은 것으로 거래가 완료되거나 상대방이 의무를 수행하면 반환하는 의무이므로 금융부채로 분류된다.

할인점이나 백화점에서 발행하는 영수증을 주의 깊게 살펴보면 구입하는 상품에는 부가가치세가 면세되는 경우도 있지만 대부분은 부가가치세가 부과되는 점을 알게 될 것이다. 부가가치세는 일반적으로 판매가격의 일정 비율로 표시된다. 도매상은 상품의 매출액과 부가가치세를 별도로 기록하고 소비자로부터 받은 세금은 정기적으로 세무서에 납부한다. 예를 들어, 한 할인점이 3월 25일 기록한 매출액이 ₩1,000,000, 부가가치세가 ₩100,000이라면 다음과 같이 회계처리한다.

(차) 현 금	1,100,000	(대) 매출액	1,000,000
		부가가치세예수금	100,000

부가가치세예수금은 비용으로 기록되지 않고 부채로 기록되는데 소비자가 정부에 납부할 세금을 미리 수령하였다가 대신 납부하는 것에 불과하기 때문이다. 회사가 세금을 세무서에 납부할 때 부채가 감소하므로 부가세예수금을 차변에 기록하고 현금 지급액은 대변에 기록한다.[5)]

종업원의 급여 지급과 관련하여 발생하는 부채는 종업원들에게 지급할 급여로 미지급급여 계정으로 기록한다. 그리고 소득세법에 따라 종업원의 급여에서 근로소득세로 원천징수하는 세금이 있는데 원천징수된 세금은 세무서에 납부하기 전에는 소득세예수금과 같은 부채계정으로 기록된다.

예를 들어, 3월 25일 종업원에게 지급하는 급여총액 ₩1,000,000에서 ₩80,000을 근로소득세로 원천징수하고, 4월 10일 세무서에 소득세를 납부한다면 다음과 같이 회계처리한다.

3월 25일	(차) 급 여	1,000,000	(대) 현 금	920,000
			소득세예수금	80,000
4월 10일	(차) 소득세예수금	80,000	(대) 현 금	80,000

5) 부가가치세를 납부하는 사업자는 부가가치세 매출세액에서 매입세액을 차감한 순액을 납부한다. 매출 시의 부가가치세예수금(부채)과 매입 시의 부가가치세대급금(자산)을 제거하고 차액을 납부한다.

(3) 미지급법인세

미지급법인세는 회계연도 말 현재 법인세 등의 미지급액을 의미하는 비금융부채이다. 회계연도 말 현재 당해 회계연도에 부담하여야 할 법인세와 지방소득세로서 미지급된 금액을 말한다. 그리고 기 납부한 중간예납세액이나 원천징수세액은 실무상 선급법인세나 법인세비용으로 처리한다.

(4) 충당부채와 우발부채

충당부채란 재무상태표일 현재 지출의 시기 또는 금액이 불확실한 부채를 말한다. 충당부채는 과거사건의 결과로 현재의 의무가 존재하고 이를 이행하기 위하여 미래에 경제적 효익을 갖는 자원이 유출될 가능성이 높으며 이행에 소요되는 금액을 신뢰성 있게 추정할 수 있을 때 부채로 인식한다. 충당부채로 인식되는 사례에는 제품보증충당부채나 소송 관련 충당부채, 환불정책에 따른 충당부채 등이 있다.

우발부채는 경제적 효익을 갖는 자원의 유출을 초래할 현재의무가 있는지의 여부가 확인되지 않은 잠재적인 의무이거나, 현재의무이지만 의무를 이행하기 위해 경제적 효익을 갖는 자원의 유출가능성이 높지 않거나 금액을 신뢰성 있게 측정할 수 없는 부채이다. 우발부채는 충당부채와 달리 부채로 인식하지 않으나 의무를 이행하기 위해 경제적 효익을 갖는 자원의 유출가능성이 아주 낮지 않다면 이를 주석으로 공시한다.

제 4 절 재무제표 표시와 분석

1. 재무제표 표시

한국채택국제회계기준에서는 원칙적으로 부채를 유동부채와 비유동부채로 구분하여 재무상태표에 표시하도록 하고 있다. 유동부채는 보고기간 후 12개월 이내에 결제될 것으로 예상되는 부채이며 그 이외의 경우에는 비유동부채로 표시한다. 유동부채는 유동성 순서로 기록되지는 않는다. 지급어음과 같이 개별 부채에도 다양한 만기가 존재하기 때문이다. 유동부채를 표시하는 일반적인 방법은 금액의 크기가 큰 계정부터 기록하는 것이다. 또는 관습적으로 금액에 관계없이 대부분 회사들이 지급어음과 외상매입금을 매입채무계정으로 먼저 기록하고 다른 유동부채는 금액의 크기를 고려하여 기록한다. 아울러 지급어음 만기를 비롯한 어음의 개별항목에 대한 주요 정보를 주석으로 기록해야 한다.

사채나 장기성지급어음과 같은 비유동부채는 일반적으로 재무상태표에는 유동부채 다음에 보고된다. 장기부채의 일부가 보고기간 후 1년 이내에 만기가 도래하는 경우 이 부채는 유동성장기부채 계정으로 하여 유동부채로 분류된다. 예를 들어, 한국화학㈜가 5년 만기 이자부어음 ₩500,000을 20×1년 1월 1일 발행하였다. 20×2년 1월 1일부터 매 연도 1월 1일에 ₩100,000이 만기가 도래하여 지급해야 하는 경우 한국화학㈜는 20×1년 12월 31일 재무상태표를 작성할 때 ₩100,000은 유동부채로 기록하고 잔액 ₩400,000은 비유동부채로 기록해야 한다.

유동성장기부채를 인식하기 위한 수정분개는 필요하지 않고 재무제표를 작성할 때 각 계정잔액에 대해 적절하게 유동성부채로 재분류한다. <표 10-5>와 <표 10-6>은 20×1년 한국화학㈜의 재무상태표와 포괄손익계산서의 일부이다. 사채의 장부금액은 ₩482,638(=₩500,000－₩17,362)으로 비유동부채로 분류되어 있다. 사채의 이자비용은 손익계산서의 금융수익에 포함되어 보고되고 있고, 이는 영업이익 산정에 포함되지 않은 비영업손익에 해당한다. 보고된 이자비용 ₩30,000은 앞에서 학습한 유효이자율법에 따라 계산한 이자비용이며, 이는 이자 지급액과 다름에 유의하자.

표 10-5 | 한국화학㈜의 20×1년 재무상태표

재무상태표

20×1년 12월 31일 현재

한국화학㈜ (단위 : 원)

자 산		부 채		
유동자산	₩300,500	유동부채		
비유동자산	2,155,000	매입채무	₩105,700	
		단기차입금	119,000	
		미지급금	30,300	₩255,000
		비유동부채		
		사채	500,000	
		사채할인발행차금	(17,362)	
		장기차입금	192,997	675,635
		부채총계		₩930,635
		자 본		
		자본금		750,000
		이익잉여금		774,865
		자본총계		₩1,524,865
자산총계	₩2,455,500	부채와자본총계		₩2,455,500

표 10-6 | 한국화학㈜의 20×1년 포괄손익계산서

부분포괄손익계산서

20×1년 1월 1일부터 20×1년 12월 31일까지

한국화학㈜ (단위 : 원)

	20×1년	
매출액		₩150,000
매출원가	₩45,000	
매출총이익		105,000
판매비와관리비	15,000	
영업이익		90,000
금융수익		2,000
이자수익		1,500
배당금수익		500
금융비용	30,000	
이자비용	30,000	

2. 재무제표 분석

유동과 비유동 계정으로 구분함으로써 회사의 유동성을 분석할 수 있다. 유동성(liquidity)이란 만기가 도래하는 부채를 상환하고 예기치 못한 현금 수요를 충족할 수 있는 능력을 말한다. 유동자산 대 유동부채의 관계는 유동성을 분석하는 데 중요하며, 이 관계는 금액(운전자본)과 비율(유동비율)로 표시할 수 있다.

유동자산이 유동부채를 초과하는 부분을 순운전자본(net working capital)이라고 한다. 다음은 한국화학㈜의 순운전자본을 나타낸다.

순운전자본 = 유동자산 − 유동부채
= ₩300,500 − ₩255,000
= ₩45,500

순운전자본은 금액의 크기만을 나타낸다. 예를 들면, 순운전자본 10억원은 중소기업에게는 큰 금액이지만 대기업에게는 불충분한 금액이다. 아울러 특정 시점에는 적절한 금액이나 다른 시점에는 적절하지 않은 금액일 수도 있다.

유동비율(current ratio)은 유동자산을 유동부채로 나누어 계산한다. 이는 규모가 다른 기업 간 또는 동일 기업의 서로 다른 시점 간의 유동성을 비교할 수 있게 한다. 한국화학㈜의 20×1년 유동비율은 다음과 같다.

유동비율 = 유동자산 ÷ 유동부채
= ₩300,500 ÷ ₩255,000
= 1.18

과거의 경험에 비추어 유동비율은 2 이상이 좋은 신용등급을 유지할 수 있는 기준이라고 한다. 그러나 최근에는 많은 기업들이 유동자산과 유동부채를 관리함으로써 유동비율을 2 이하로 유지하고 있다.

장기채권의 보유자와 주주들은 회사의 장기 지불능력에 관심을 갖고 있는데, 특히 이자 지급일에 이자를 지급할 수 있는 능력과 만기일에 채권의 액면금액을 상환할 수 있는 능력에 관심이 있다. 부채비율과 이자보상비율은 부채상환능력과 장기지불능력에 대한 정보를 제공한다.

부채비율(debt ratio)은 총부채를 총자산으로 나누어 계산한 비율로 부채비율이 높을수록 만기일에 의무를 이행하지 못할 가능성이 높아진다.[6] 이자보상비율(interest coverage ratio)은 이자 지급일이 도래할 때 이자를 지급할 수 있는 능력을 나타내며 이자 및 법인세차감전 순이익을 이자비용으로 나누어 계산한다. 예를 들어, 한국화학㈜의 재무상태표에 기록된 회사의 총부채는 930,635원, 총자산은 2,455,500원, 이자비용은 30,000원, 법인세비용은 7,000원, 당기순이익은 55,000원이라고 가정하자. 한국화학㈜의 부채비율과 이자보상비율을 계산하면 다음과 같다.

부채비율 = 총부채 ÷ 총자산
= ₩930,635 ÷ ₩2,455,500
= 37.9%

이자보상비율 = 이자 및 법인세차감전 순이익 ÷ 이자비용
= (₩55,000 + ₩30,000 + ₩7,000) ÷ ₩30,000
= 3.07

한국화학㈜의 부채비율은 37.9%로 낮은 편이고 이자보상비율은 3.07배로 비교적 높게 나타나 안전한 것으로 판단된다.

6) 부채비율은 총부채를 자기자본으로 나누어 계산하기도 한다.

요 약

1. 금융부채의 유형

상환기간에 따라 유동부채와 비유동부채로 구분한다. 유동부채란 보고기간 후 12개월 이내 또는 정상영업주기 내에 결제될 것으로 예상되는 부채이며, 이에 해당하지 않는 부채는 비유동부채로 분류된다.

2. 사채의 종류

발행자가 원금 지급에 대비하여 구체적인 자산을 담보물로 제공하는 경우 담보부사채로 발행되며, 차입자의 신용에 의해 발행하는 경우 무담보부사채로 발행된다. 한편, 보통주로 전환할 수 있는 경우 전환사채로 분류되며, 만기일 이전이라도 상환할 수 있는 경우 상환사채로 분류된다.

3. 사채의 발행

회사는 자금조달을 위해 사채를 발행할 수 있는데 이사회와 주주가 사채의 발행을 승인해야 한다. 사채 발행과정에서 이사회는 발행할 사채의 수량과 총 액면금액 그리고 액면이자율(표시이자율)을 명시해야 한다.

4. 사채의 발행가액

사채는 표시이자율과 할인율에 따라 액면금액으로 발행할 수도 있지만 액면금액보다 낮게 할인하거나 액면금액보다 높게 할증하여 발행할 수도 있다.

5. 이자 지급

채권보유자는 채권 만기에 원금을 회수할 뿐만 아니라 채권 발행기간에 걸쳐 정기적으로 이자를 지급받는다.

6. 사채발행차금의 상각

사채할인발행차금과 사채할증발행차금은 사채발행기간에 걸쳐 상각되며 이자비용의 증가 또는 이자비용의 감소로 회계처리된다. 사채발행차금을 상각하는 방법으로는 유효이자율법이 일반적으로 이용된다.

7. 사채의 상환

사채의 발행가격에 관계없이 만기일의 사채 장부금액은 액면금액과 일치한다. 사채는 만기가 도래하기 전에도 상환할 수 있다. 회사는 현금을 충분히 보유한 경우 이자비용과 부채를 줄이기 위해 사채의 조기상환을 고려할 수 있다.

8. 비금융부채

금융부채의 인식조건을 충족하지 못한 부채로서 선수금, 선수수익, 미지급법인세, 이연법인세부채, 퇴직급여부채, 제품보증충당부채 등이 있다.

용어정리

금융부채	거래상대방에게 현금 등 금융자산을 인도하기로 하거나 잠재적으로 불리한 조건으로 거래상대방과 금융자산이나 금융부채를 교환하기로 한 계약상의 의무담보부사채 발행자가 원금 지급에 대비하여 구체적인 자산을 담보물로 제공하고 있는 사채
무담보사채	담보가 없이 발행되는 사채
미지급법인세	당기 및 과거기간에 대한 당기법인세 중 납부되지 않는 부분
미지급비용	영업기간중에 발생한 비용으로 지급하지 않은 채무
미지급금	일반적인 상거래 이외에서 발생하는 채무로 상품 이외의 자산을 구입하고 대금을 아직 지불하지 않는 경우에 발생하는 채무
부채비율	기업의 지급능력을 나타내는 지표로 총부채를 총자산으로 나누어 계산
비금융부채	법률상 의무로써 발생되거나 또는 재화나 용역으로 상환되는 부채
비유동부채	보고기간 후 1년 이내 또는 정상영업주기 내에 상환되지 않을 것으로 예상되는 부채
사채	기업이 장기간 사용할 자금을 조달하기 위해 일반 대중들로부터 자금을 빌리고 그 증거로 발행하는 만기가 장기인 채무증서
상환사채	발행회사가 만기일 이전이라도 일정 금액으로 상환할 수 있는 사채
선수금	미래에 재화나 서비스를 제공하기로 하고 대금의 전부 또는 일부를 미리 받은 금액으로 부채로 분류함
선수수익	일반적인 상거래에서 재화나 서비스를 제공하기로 하고 받은 판매대금 중에서 차기 이후의 수익에 해당되는 금액으로 부채계정임
순운전자본	일상적인 영업활동을 수행하는 데 필요한 자금으로 유동자산에서 유동부채를 차감한 금액
시장이자율	이자와 원금의 현재가치를 계산하는 데 사용되는 할인율
예수금	일반적인 상거래 이외에서 발생하는 것으로 계약이행의 보증금이나 미래의

	채무지급을 이행한다는 보증금으로 부채로 분류
우발부채	과거사건에 의하여 발생하였으나, 기업이 전적으로 통제할 수 없는 하나 이상의 불확실한 미래사건의 발생 여부에 의해서만 그 존재가 확인되는 잠재적 의무
유동부채	보고기간 후 12개월 이내 또는 정상영업주기 내에 결제될 것으로 예상되는 부채
유동성	만기가 도래하는 부채를 상환하고 예기치 못한 현금 수요를 충족할 수 있는 능력
이자보상비율	채권자에게 지급해야 할 고정비용인 이자비용의 안전도를 측정하는 지표로 이자비용과 법인세차감전순이익의 합을 이자비용으로 나눈 값
전환사채	사채가 발행된 후 사채보유자의 선택에 따라 일정한 가격으로 보통주로 전환될 수 있는 권리를 부여한 사채
충당부채	지출의 시기 또는 금액이 불확실한 부채
차입금	정상적인 신용조건상의 단기 매입채무를 제외한 금융부채
표시이자율	사채권면에 표시된 이자율

EXERCISES

연습문제

객관식

[문제 1] 다음 중 유동부채로 분류되지 않는 것은? 〈난이도: 하〉

① 사채　② 유동성장기부채　③ 미지급비용
④ 매입채무　⑤ 단기차입금

[문제 2] 다음 중 사채의 회계처리에 대한 설명으로 옳지 않은 것은? 〈난이도: 중〉

① 사채할인발행차금은 사채의 차감 계정이다.
② 유효이자율법하에서 할증발행된 사채의 이자비용은 매년 증가한다.
③ 유효이자율법하에서 할인발행된 사채의 사채할인발행차금에 대한 상각액은 매년 증가한다.
④ 유효이자율법하에서 할증발행된 사채의 장부금액은 매년 감소한다.
⑤ 유효이자율법하에서 유효이자율과 시장이자율은 다를 수 있다.

[문제 3] ㈜한국은 액면금액이 ₩1,000,000인 사채를 발행하여 매년 말 이자를 지급하고 유효이자율법을 적용하여 측정하고 있다. 사채와 관련된 자료가 다음과 같을 때 표시이자율은? 〈난이도: 중〉 (2020 주택관리사)

• 사채 발행금액 :	₩875,650
• 유효이자율 :	연 10%
• 1차연도 사채할인발행차금 상각액 :	₩37,565

① 4%　② 5%　③ 6%
④ 7%　⑤ 8%

[문제 4] ㈜한국은 20×1년 초 액면금액 ₩100,000의 사채(표시이자율 연 8%, 이자는 매년 말 지급, 유효이자율 연 10%, 만기 20×3년 말)를 ₩95,026에 발행하고 유효이자율법을 적용하여 측정하였다. 이 사채와 관련하여 20×3년 인식할 이자비용은? (단, 이자는 월할계산하며, 단수 차이가 발생할 경우 가장 근사치를 선택한다.) 〈난이도: 중〉 (2022 주택관리사)

① ₩9,503 ② ₩9,553 ③ ₩9,653
④ ₩9,818 ⑤ ₩9,918

[문제 5] ㈜한국은 20×5년 1월 1일에 액면금액 ₩1,000,000의 사채(만기 3년, 표시이자율 연 8%, 이자는 매년 말 지급)를 ₩950,250에 발행하였고, 유효이자율법을 적용하여 회계처리를 하고 있다. 이 사채와 관련하여 ㈜한국이 20×5년도 포괄손익계산서에 인식한 이자비용은 ₩95,025이다. ㈜한국이 20×7년 1월 1일에 이 사채 전부를 ₩980,000에 조기상환하였을 때, 인식할 사채상환손익은? (단, 단수차이가 발생할 경우 가장 근사치를 선택한다.) 〈난이도: 상〉 (2023 주택관리사)

① 손실 ₩14,725 ② 손실 ₩5,296 ③ 이익 ₩1,803
④ 이익 ₩9,729 ⑤ 이익 ₩20,000

주관식

[문제 1] 금융부채(1) 〈난이도: 하〉

한국㈜는 20×1년 7월 1일 행당은행으로부터 연 이자율 8%, 만기 6개월 조건으로 현금 ₩120,000을 차입하였다.

〈요구사항〉

1. 한국㈜의 20×1년 7월 1일 거래에 대한 회계처리를 하라.
2. 매월 수정분개가 이루어진다고 가정하고 20×1년 7월 31일의 이자비용에 대한 수정분개를 하라.
3. 20×1년 12월 31일까지 매월 수정분개가 이루어졌다고 가정하고 만기일(12월 31일)의 회계처리를 하라.
4. 총차입비용(이자비용)을 계산하라.

[문제 2] 금융부채(2) 〈난이도: 상〉

20×1년 1월 1일 한국㈜의 원장에는 다음과 같은 부채계정이 포함되어 있다.

매입채무	₩60,000
부가가치세예수금(미지급부가가치세)	10,000
선수수익	24,000

1월 중 다음과 같은 거래가 발생하였다.

(1) 1월 1일 연 이자율 6%, 만기 4개월 조건으로 경기은행에서 현금 ₩50,000을 차입하였다.

(2) 1월 7일 상품을 판매하고 현금 ₩1,100,000(매출부가가치세 10% 포함)을 받았다.

(3) 1월 10일 용역대금을 미리 지급하였던 고객에게 ₩16,000의 용역을 제공하였다.

(4) 1월 16일 20×0년 12월에 수령한 매출부가가치세 ₩10,000을 세무서에 납부하였다.

(5) 1월 22일 제품 1,000개를 개당 ₩48에 외상으로 판매하였다. 매출부가가치세 10%는 별도로 계산한다.

(6) 1월 27일 상품을 판매하고 현금 ₩264,000(매출부가가치세 10% 포함)을 받았다.

〈요구사항〉

1. 한국㈜의 1월 중 거래에 대해 회계처리를 하라.
2. 매월 수정분개가 이루어진다고 가정하고 20×1년 1월 31일의 이자비용에 대한 수정분개를 하라.
3. 20×1년 1월 31일 재무상태표상의 유동부채 총액을 계산하라.

[문제 3] 금융부채(3) 〈난이도: 중〉

다음은 20×1년 중 한국㈜의 거래를 나타낸 것이다.

(1) 2월 20일 강남㈜로부터 상품 ₩120,000을 외상매입하였다.

(2) 3월 1일 강남㈜로부터 2월 20일에 외상매입한 상품 대금으로 액면금액 ₩120,000(액면이자율 8%, 만기 2개월)인 어음을 발행하였다.

(3) 3월 31일 강남㈜에게 발행한 어음에 대해 1개월분 이자가 발생하였다.

(4) 4월 30일 강남㈜에게 발행한 어음에 대해 1개월분 이자가 발생하였다.

(5) 5월 1일 강남㈜에게 액면금액 ₩120,000(액면이자율 8%, 만기 2개월) 어음의 원금과 이자를 상환하였다.
(6) 6월 1일 강서㈜로부터 공작기계 ₩45,000을 현금 ₩15,000과 액면금액 ₩30,000(액면이자율 10%, 만기 2개월) 어음을 발행하고 구입하였다.
(7) 6월 30일 강서㈜에게 제공한 어음에 대해 1개월분 이자가 발생하였다.
(8) 7월 31일 강서㈜에게 제공한 어음에 대해 1개월분 이자가 발생하였다.
(9) 8월 1일 강서㈜에게 액면금액 ₩30,000(액면이자율 10%, 만기 2개월) 어음의 원금과 이자를 상환하였다.
(10) 12월 1일 연 이자율 9%, 만기 3개월 조건의 어음을 서울은행에게 발행하고 현금 ₩60,000을 차입하였다.
(11) 12월 31일 서울은행에 제공한 어음에 1개월 이자비용이 발생하였다.

〈요구사항〉

1. 위의 모든 거래에 대해 회계처리를 하라.
2. 한국㈜의 20×1년 12월 31일 재무상태표에 나타나는 어음과 이자비용을 계산하라.
3. 한국㈜의 20×1년 총이자비용을 계산하라.

[문제 4] 사채의 발행(액면발행)과 만기상환 〈난이도: 하〉

한국㈜는 20×1년 1월 1일 액면금액 ₩1,000,000, 액면이자율 10%, 만기 3년인 사채를 액면가로 발행하였다. 발행일의 시장이자율은 10%이다. 이자는 매년 말에 지급한다.

〈요구사항〉

1. 20×1년 초 사채발행 시 회계처리를 하라.
2. 20×1년 12월 31일 이자 지급 시 회계처리를 하라.
3. 20×3년 12월 31일 이자 지급과 사채상환 시 회계처리를 하라.

[문제 5] 사채의 발행(액면발행)과 조기상환 〈난이도: 중〉

강남㈜는 20×1년 6월 1일 액면금액 ₩3,000,000, 액면이자율 8%, 만기 3년인 사채를 액면가로 발행하였다. 이자는 6월 1일과 12월 1일에 6개월 단위로 지급된다. 발행일의 시장이자율은 8%이다. 재무제표는 매년 12월 31일에 작성된다.

〈요구사항〉

1. 강남㈜의 사채발행일에 대한 회계처리를 하라.
2. 20×1년 12월 31일의 발생이자를 기록하는 수정분개를 하라.
3. 20×2년 6월 1일 이자 지급에 대한 회계처리를 하라.
4. 20×3년 12월 31일 회사는 사채를 ₩3,060,000의 가격으로 조기상환하였다. 상환에 따른 회계처리를 하라.

[문제 6] 사채의 발행(할인발행)과 조기상환 〈난이도: 중〉

강서㈜는 20×1년 1월 1일 액면금액 ₩1,000,000, 액면이자율 9%, 만기 3년인 사채를 ₩975,132에 할인발행하였다. 이 발행가액은 유효이자율 10%로 계산한 것이다. 이자는 매년 말에 1년 단위로 지급되고 사채할인발행차금은 유효이자율법으로 상각된다.

〈요구사항〉

1. 20×1년 1월 1일 사채발행에 대한 회계처리를 하라.
2. 20×3년 12월 31일까지 사채발행차금을 상각하기 위한 상각표를 작성하라.
3. 20×1년 12월 31일 발생이자와 할인발행차금의 상각을 기록하는 회계처리를 하라.
4. 20×3년 1월 1일에 사채를 ₩970,000에 조기상환하였다. 사채 조기상환에 따른 회계처리를 하라.

[문제 7] 사채의 발행(할증발행)과 조기상환 〈난이도: 상〉

강남㈜는 20×1년 1월 1일 액면금액 ₩1,000,000, 액면이자율 12%, 만기 3년인 사채를 ₩1,049,728의 가격으로 할증발행하였다. 유효이자율은 10%이고, 이자는 매년 말에 한 번씩 지급된다.

〈요구사항〉

1. 20×1년 1월 1일 사채발행에 대한 회계처리를 하라.
2. 20×3년 12월 31일까지 사채발행차금을 상각하기 위한 상각표를 작성하라.
3. 20×1년 12월 31일 이자 지급에 대한 회계처리를 하라.
4. 20×3년 1월 1일에 사채를 ₩1,030,000에 조기상환하였다. 사채 조기상환에 따른 회계를 처리하라.

[문제 8] 예수금과 선수금 〈난이도: 중〉

<사례 1>

중소기업에 대한 회계용역을 제공하는 과정에서 다음과 같은 사실을 발견하였다.

한국㈜는 매출과 부가가치세를 장부에 별도로 기록하였다. 20×1년 5월 20일 장부에 기록된 매출액은 ₩40,000, 부가가치세는 ₩4,000이다. 매출액과 부가가치세는 현금으로 지급받았다.

<사례 2>

한국㈜는 월간 패션잡지를 발행한다. 잡지 구독신청료는 1개당 연간 ₩40,000이다. 20×1년 10월 31일에 11월호부터 제공하는 조건으로 600개의 구독신청을 받았다. 회사는 구독신청을 받으면서 동시에 구독신청료를 수령하였다. 회사는 분기별로 재무제표를 작성하고 매분기 말에 구독료수익을 인식한다. 회사는 선수금과 구독료수익 계정을 사용한다.

〈요구사항〉

1. <사례 1>과 관련하여 한국㈜가 장부에 기록한 회계처리를 나타내라.
2. <사례 2>와 관련하여 10월 31일 구독신청 접수에 따른 회계처리를 하라.
3. <사례 2>와 관련하여 20×1년 12월 31일에 실현된 구독료수익을 기록하는 수정분개를 하라.

[문제 9] 재무제표 표시 〈난이도: 중〉

다음은 한국㈜의 2021년 말 사채 내역에 관한 주석 공시의 일부이다.

종류	발행일	만기일	이자율	당반기말	
				유동	비유동
회사채(공모사채)	2019/04/25	2024/04/25	2.63%	2,800,000	–
회사채(공모사채)	2019/10/15	2024/10/15	2.36%	–	2,617,000
회사채(공모사채)	2020/10/28	2023/10/28	2.58%	134,000,000	–
사채할인발행차금(합계)				(150,573)	(60,205)

〈요구사항〉

1. 한국㈜의 2021년 말 비유동사채의 액면금액을 계산하라.
2. 한국㈜의 2021년 말 비유동사채의 장부금액을 계산하라.
3. 공시된 이자율은 다음 중 어떤 이자율인가? 시장이자율, 유효이자율, 액면이자율

CHAPTER 11

금융자산 및 관계기업투자

제 1 절 금융자산의 개념과 회계상 분류

제 2 절 금융자산의 취득 및 보유

제 3 절 금융자산의 기말평가 및 제거

제 4 절 관계기업투자와 지분법

제 5 절 재무제표 표시

학습목표

Learning Objectives

회사는 금융기관이 취급하는 정형화된 금융상품 이외에도 다른 회사가 발행한 주식(지분상품) 또는 다른 회사나 정부 등 회계실체가 발행한 채권(채무상품)에 투자한다. 회사는 배당이나 이자, 시세차익 등을 목적으로 단기 또는 장기간 동안 금융자산에 투자할 수도 있으며, 다른 회사를 통제할 의도를 가지고 금융자산에 투자할 수도 있다.

본 장에서 학습할 주요 내용을 요약하면 다음과 같다.

- 금융자산의 개념과 회계상 분류
  - 금융자산의 개념
  - 금융자산의 측정을 위한 분류
- 금융자산의 취득 및 보유
  - 지분상품(주식)투자 회계처리
  - 채무상품(채권)투자 회계처리
- 금융자산의 기말평가 및 제거
  - 금융자산의 기말평가
  - 금융자산의 제거
- 관계기업투자와 지분법
  - 관계기업투자
  - 지분법 회계
- 재무제표 표시
  - 재무상태표 표시
  - 포괄손익계산서 표시

제 1 절 금융자산의 개념과 회계상 분류

1. 금융자산의 개념

금융자산(financial assets)은 현금및현금성자산과 금융상품으로 구성된다. 금융상품이란 광의의 개념으로 금융기관이 취급하는 투자대상 상품뿐만 아니라 대여금과 수취채권, 유가증권 등을 말한다.[1)]

금융자산 중 현금은 제7장에서, 그리고 대여금과 수취채권은 제8장에서 이미 다루었다. 따라서 본 장에서는 금융자산 중 유가증권을 중심으로 설명한다. 유가증권의 취득이란 회사가 영업활동으로 창출한 여유자금을 다른 회사가 발행한 주식(지분상품)에 투자하거나 다른 회사, 국가 및 지방자치단체 등이 발행한 사채, 국·공채(채무상품)에 투자하는 것을 말한다.

2. 금융자산의 측정을 위한 분류

지분상품 및 채무상품 보유자는 해당 금융상품을 최초 인식시점에 공정가치로 측정하여 금융자산으로 인식하며, 인식 이후의 측정(즉, 후속측정)을 위해서는 다음 세 가지 중 하나의 모형을 적용한다.

① 상각후원가(amortized cost : AC)모형 : 취득시점의 공정가치를 최초 장부금액(즉, 취득원가)으로 인식한 후, 최초 인식시점에서 산정한 유효이자율에 따라 이자수익을 인식하는 모형으로서 취득원가에 근거한 측정모형이다. 따라서 최초 인식시점 이후 발생하는 공정가치의 변동에 따라 해당 금융자산의 장부금액을 조정하지 않는다. 다만, 최초 인식시점에서 산정한 유효이자율과 표시이자율이 달라서 최초 장부금액이 액면금액과 상이하고, 이 둘의 차액을 이자수익 인식시점에서 상각함에 따라 장부금액을 조정할 뿐이다.[2)]

1) 따라서 금융기관이 투자대상 상품으로서 취급하는 금융상품은 협의의 개념이다.

② 당기손익-공정가치(fair value through profit or loss : FVPL)모형 : 최초 인식 시점 이후 금융자산의 공정가치가 변동함에 따라 그 장부금액을 조정하는 모형이다. 공정가치 변동으로 인한 평가손익은 당기손익으로 인식된다.

③ 기타포괄손익-공정가치(fair value through other comprehensive income : FVOCI)모형 : FVPL모형과 동일하게 최초 인식시점 이후 금융자산의 공정가치가 변동함에 따라 그 장부금액을 조정하는 모형이다. 다만, 공정가치 변동으로 인한 평가손익은 기타포괄손익으로 인식된다는 점에서 FVPL모형과 차이가 있다.

다른 회사가 발행한 주식, 즉 지분상품에 대한 투자는 원칙적으로 당기손익-공정가치(FVPL)모형으로 분류한다. 다만, 그 주식이 단기매매항목이 아닌 경우에는 기타포괄손익-공정가치(FVOCI)모형으로 분류한다.[3] 한편, 다른 회사가 발행한 사채나 국가 및 지방자치단체가 발행한 국·공채와 같은 채무상품에 대한 투자는 상각후원가(AC)모형, 당기손익-공정가치(FVPL)모형, 기타포괄손익-공정가치(FVOCI)모형 중 하나를 적용해야 한다.

이상의 내용을 요약하면 <표 11-1>과 같이 정리할 수 있다.

표 11-1 | 지분상품 및 채무상품 투자에 따른 금융자산의 분류

구 분	포함 범위		후속측정(보고기간 말 평가)
	지분상품	채무상품	
상각후원가(AC)모형	–	○	상각후원가
당기손익-공정가치(FVPL)모형	○	○	공정가치
기타포괄손익-공정가치(FVOCI)모형	○	○	공정가치

이하에서는 상각후원가모형이 적용되는 금융자산을 금융자산(AC), 당기손익-공정가치모형이 적용되는 금융자산을 금융자산(FVPL), 기타포괄손익-공정가치모형이 적용되는 금융자산을 금융자산(FVOCI)으로 나타낸다.

---

2) 이러한 회계절차를 '유효이자율법에 의한 상각'이라고 부른다.

3) 참고로, FVOCI모형으로의 분류는 최초 인식시점에서만 가능하고 추후 취소할 수는 없다. 또한 FVOCI모형으로 분류될 경우 재순환(재분류조정)이 금지되는데, 보다 구체적인 내용은 중급회계 교과서를 참조하기 바란다.

제 2 절 금융자산의 취득 및 보유

1. 지분상품(주식)투자 회계처리

회사는 투자수익(배당수익 및 시세차익)을 얻기 위하여 다른 회사가 발행한 주식에 여유자금을 투자하게 되는데, 이를 지분상품(주식)투자라 한다.

회사가 다른 회사의 주식을 취득하게 되는 경우 취득시점에서의 공정가치로 측정하게 되고, 이 금액이 취득원가가 된다. 공정가치(fair value)란 합리적인 판단력과 거래의사가 있는 독립된 당사자 간에 거래될 수 있는 교환가격을 의미하고, 시장가격이 있는 상황에서는 시장가격을 공정가치로 본다. 이때 취득원가에는 지불한 가격과 수수료 등 지분상품 취득을 위한 모든 지출을 포함한다. 다만, 취득한 지분상품이 금융자산(FVPL)으로 분류되는 경우에는 취득과 직접 관련되는 거래원가(예: 수수료, 거래세 등)를 당기비용으로 인식한다.

예를 들어, 20×1년 1월 1일 한국㈜는 강남㈜의 보통주 1,000주(지분율: 10%)를 주당 ₩4,000에 취득하면서 수수료 ₩15,000을 지급하였다면, 취득을 위한 회계처리는 한국㈜가 지분상품을 금융자산(FVPL)으로 분류하느냐 아니면 금융자산(FVOCI)으로 분류하느냐에 따라 다음과 같이 달라진다.

분 류	회계처리			
	(차)		(대)	
금융자산(FVPL)	금융자산(FVPL) 수수료비용	4,000,000 15,000	현 금	4,015,000
금융자산(FVOCI)	금융자산(FVOCI)	4,015,000	현 금	4,015,000

한국㈜는 지분상품을 보유하고 있는 중에 배당금을 받을 수도 있다. 현금배당을 받은 경우 지분상품이 금융자산(FVPL)으로 분류되든 금융자산(FVOCI)으로 분류되든 회계처리는 동일하다. 예를 들어, 한국㈜가 20×1년 12월 31일에 주당 ₩200의 배당금을 수취하게 된다면 분개는 다음과 같다.

(차) 현 금	200,000	(대) 배당금수익	200,000

여기서 배당금수익은 포괄손익계산서상 당기손익(기타수익)으로 보고한다.

2. 채무상품(채권)투자 회계처리

회사는 투자수익(이자수익 및 시세차익)을 얻기 위하여 다른 회사나 실체(예 : 정부, 지방자치단체, 금융기관 등)가 발행한 채권에 여유자금을 투자하게 되는데, 이를 채무상품(채권)투자라 한다.

채무상품에 대한 투자는 <표 11-1>에서 살펴본 바와 같이 금융자산(AC), 금융자산(FVPL) 및 금융자산(FVOCI) 중 하나로 분류되며, 지분상품과는 달리 이자를 수취한다는 점을 제외하면 취득 및 보유에 따른 회계처리는 기본적으로 지분상품투자와 동일하게 나타난다. 다음 예제를 통해 채무상품의 취득 및 보유에 따른 회계처리를 살펴보자.

한국㈜는 20×1년 1월 1일에 강북㈜가 당일(20×1년 1월 1일) 발행한 회사채(1구좌당 액면금액 ₩100,000, 액면이자율 연 8%, 매년 말 이자 지급, 3년 만기) 1구좌를 수수료 ₩2,000을 포함하여 ₩95,025에 할인취득하였다고 가정하자. 이 투자를 기록하기 위한 회계처리는 한국㈜가 채무상품을 어떻게 분류하느냐에 따라 다음과 같이 다른 모습으로 나타난다.

분 류	회계처리			
	(차)		(대)	
금융자산(FVPL)	금융자산(FVPL) 수수료비용	93,025 2,000	현 금	95,025
금융자산(FVOCI)	금융자산(FVOCI)	95,025	현 금	95,025
금융자산(AC)	금융자산(AC)	95,025	현 금	95,025

한편, 한국㈜가 12월 31일에 강북㈜로부터 현금 ₩8,000(=₩100,000× 8%)을 이자로 수취하였다면, 한국㈜는 금융자산(FVPL모형 · FVOCI모형 · AC모형)의 분류

와 관계없이 이자수익을 포괄손익계산서에 당기손익(기타수익)으로 인식한다. 다만, 구체적인 회계처리는 금융자산(FVPL)과 금융자산(FVOCI · AC)에 따라 다르기에 나누어 살펴보도록 하자.

한국㈜가 채무상품에 대한 투자를 금융자산(FVPL)으로 분류했다면, 이자 수취 시 다음과 같은 간단한 회계처리를 한다.

(차) 현 금	8,000	(대) 이자수익	8,000

반면에, 한국㈜가 채무상품에 대한 투자를 금융자산(FVOCI) 또는 금융자산(AC)으로 분류했다면, 이자 수취 시 유효이자율법을 적용하여 회계처리를 하게 된다. 앞선 예제에서 한국㈜는 강북㈜가 발행한 회사채를 ₩95,025에 구입하였기에 액면금액(₩100,000)보다 ₩4,975만큼 저렴하게 구입한 것이고, 미래 현금흐름의 현재가치와 채권의 구입가격을 일치시키는 유효이자율은 액면이자율(8%)보다 높은 10%가 된다.[4] 한국㈜는 강북㈜의 사채를 만기까지 보유하게 되면 보유기간 동안 이자를 수령하게 되는데, 이자는 투자금액인 ₩95,025에 대해 수령하는 것이 아니라 액면금액의 8%(액면이자율)를 매년 말에 수령하게 된다. 또한 만기 시에는 사채의 액면금액인 ₩100,000을 수령하게 되므로, 최초 인식한 장부금액(₩95,025)을 기간의 경과에 따라 ₩100,000이 되도록 할인액(₩4,975)을 상각하여야 한다. 이와 같이 금융자산을 최초 인식한 이후에 매 기말에 장부금액을 증가시키는 회계처리를 하게 되는데, 이를 유효이자율법에 의한 상각이라고 한다. 즉, 유효이자율을 근거로 이자수익을 인식함에 따라 최초 취득시점의 할인액을 체계적으로 감소시키는 회계처리를 의미한다.

유효이자율법에 의한 상각은 금융자산(FVOCI모형)과 금융자산(AC모형) 모두 공통적으로 적용된다는 점에서 이하에서는 금융자산(AC모형)으로 설명을 이어간

4) 만기까지 남은 기간에 걸쳐 발생할 미래 현금흐름은 액면금액과 이자수취액이며, 이들 현금흐름의 현재가치 합산액을 취득원가와 일치시켜주는 유효이자율(r)은 다음 식으로 계산할 수 있다.

$$₩95{,}025 = ₩100{,}000 \times (1+r)^{-3} + ₩8{,}000 \times \frac{1-(1+r)^{-3}}{r}$$

다. 또한 제10장(부채)에서 학습한 사채할인발행차금 상각과 동일한 논리로 이자 기간별 이자수익 인식과 상각 과정을 일목요연하게 정리하기 위해 금융자산(AC) 만기까지의 유효이자율법에 의한 상각표를 작성하면 다음과 같다.

표 11-2 | 금융자산(AC) 상각표

기간	(1) 기초 장부금액	(2) 이자수익	(3) 이자 수취액	(4) 상각액 (=장부금액 증가액)	(5) 기말 장부금액
20×1	₩95,025	₩9,503	₩8,000	₩1,503	₩96,528
20×2	96,528	9,653	8,000	1,653	98,181
20×3	98,181	9,819*	8,000	1,819	100,000

* 단수차이 조정
(2) 이자수익(유효이자) = (1) 기초 장부금액 × 유효이자율(10%)
(3) 이자수취액(액면이자) = 액면금액(₩100,000) × 액면이자율(8%)
(4) 상각액 = 장부금액 증가액 = (2) 이자수익 − (3) 이자수취액
(5) 기말 장부금액 = (1) 기초 장부금액 + (4) 상각액

한국㈜는 20×1년 12월 31일에 강북㈜로부터 이자를 수령한 경우, 다음과 같이 회계처리한다.

(차) 현 금	8,000	(대) 이자수익	9,503
금융자산(AC)	1,503		

위와 같은 요령으로 20×2년 12월 31일과 20×3년 12월 31일의 이자 수취 시 회계처리를 제시하면 다음과 같다.

❑ 20×2년 12월 31일

(차) 현 금	8,000	(대) 이자수익	9,653
금융자산(AC)	1,653		

❑ 20×3년 12월 31일

(차) 현　　금	8,000	(대) 이자수익	9,819
금융자산(AC)	1,819		

참고로, 금융자산(AC)의 장부금액은 20×1년 12월 31일에 ₩1,503, 20×2년 12월 31일에 ₩1,653, 20×3년 12월 31일에 ₩1,819이 증가되어 20×3년 12월 31일에는 액면금액과 동일한 ₩100,000이 된다. 따라서 한국㈜는 만기 시에 강북㈜로부터 ₩100,000을 회수하게 되는데, 이에 대한 회계처리(후술하는 금융자산 '제거' 회계처리)를 제시하면 다음과 같다.

(차) 현　　금	100,000	(대) 금융자산(AC)	100,000

제 3 절 금융자산의 기말평가 및 제거

1. 금융자산의 기말평가

지분상품 및 채무상품의 가치는 보유기간 동안 변동한다. 예를 들어, 앞선 예제에서 강남㈜의 주가가 20×1년 1년 동안 최저 ₩4,000에서 최고 ₩6,500까지 크게 변동하였다고 하자. 이러한 주가의 변동을 고려한다면, 한국㈜는 보고기간 말에 지분상품투자를 재무제표에 어떻게 평가·보고해야 하는지는 중요한 문제가 된다.

금융자산은 취득시점뿐만 아니라 보고기간 말 시점에서도 공정가치로 평가한다. 공정가치법에 의한 회계처리에 의하면, 보고기간 말에 지분상품이나 채무상품의 공정가치가 회사의 장부금액[5]보다 증가 또는 감소하면 그 공정가치를 새로운

5) 당해 연도에 지분상품 혹은 채무상품을 취득하였다면, 장부금액은 곧 취득원가를 의미한다.

장부금액으로 기록하며 동시에 평가손익을 기록한다. 그러나 이러한 공정가치법은 금융자산(FVPL)과 금융자산(FVOCI)에 대해서만 적용할 뿐 금융자산(AC)에 대해서는 적용하지 않는다.

(1) 금융자산(FVPL)

회사는 보고기간 말에 금융자산(FVPL)을 공정가치로 평가하여 장부금액과의 차이를 평가손익으로 인식한다. 그리고 가까운 미래에 매도할 예정이라는 점에서 금융자산(FVPL)으로부터 발생한 평가손익은 실현된 것으로 보아 포괄손익계산서상 당기손익으로 보고한다.

다음 예제를 통해 금융자산(FVPL)의 기말평가에 대해 살펴보자. <표 11-3>은 20×1년 12월 31일, 한국㈜가 보고기간 말 현재 보유하고 있는 금융자산(FVPL)으로 분류된 지분상품과 채무상품에 대한 취득원가와 공정가치 자료이다.

표 11-3 | 금융자산(FVPL)의 기말평가

종 목	취득원가	공정가치	평가손익
강동㈜ 보통주	₩900,000	₩990,000	₩90,000
행당㈜ 사채	500,000	480,000	(20,000)
총 계	₩1,400,000	₩1,470,000	₩70,000

자료에 의하면, 공정가치 총액(₩1,470,000)이 취득원가 총액(₩1,400,000)보다 ₩70,000 증가해서 한국㈜는 ₩70,000의 평가이익을 보고하게 되는데, 회계처리는 다음과 같다.

(차) 금융자산(FVPL)	70,000	(대) 금융자산(FVPL)평가이익	70,000

위의 분개에서 알 수 있는 바와 같이, 금융자산(FVPL)의 공정가치는 회사가 재무상태표에 보고하는 금액이 된다. 그리고 보고기간 말에 취득원가와 공정가치의 차액을 포괄손익계산서의 당기손익(기타수익)으로 보고한다. 이때 금융자산(FVPL)의 공정가치가 취득원가보다 작다면 그 차액은 평가손실로 인식되며 차변에 금융자산(FVPL)평가손실을 기입하고, 대변에는 금융자산(FVPL)을 기입하여

금융자산(FVPL)을 감소시키는 회계처리를 한다. 금융자산(FVPL)평가손실은 포괄손익계산서의 당기손익(기타비용)으로 보고된다.6)

(2) 금융자산(FVOCI)

회사가 보고기간 말 현재 보유하고 있는 지분상품 혹은 채무상품을 금융자산(FVOCI)으로 분류한 경우에도 회사는 공정가치로 평가한다. 따라서 금융자산(FVOCI)에 대한 평가손익 인식절차는 금융자산(FVPL)과 유사하다. 설명을 위해 한국㈜는 금융자산(FVOCI)으로 분류되는 지분상품과 채무상품을 <표 11-4>와 같이 보유하고 있다고 가정하자.

표 11-4 | 금융자산(FVOCI)의 기말평가

종 목	취득원가	공정가치	평가손익
강서㈜ 보통주	₩200,000	₩180,000	₩(20,000)
서울㈜ 사채	93,000	103,000	10,000
총 계	₩293,000	₩283,000	₩(10,000)

자료에서 공정가치 총액(₩283,000)은 취득원가 총액(₩293,000)보다 ₩10,000 감소하였기 때문에 평가손실 ₩10,000을 인식하게 되며, 회계처리는 다음과 같다.7)

(차) 금융자산(FVOCI)평가손실	10,000	(대) 금융자산(FVOCI)	10,000

한편, 금융자산(FVOCI)에 대한 평가손익 회계처리는 금융자산(FVPL)과 차이가 있다. 즉, 금융자산(FVPL)과는 달리 금융자산(FVOCI)으로 분류된 지분상품 및 채무상품에 대해서 회사는 가까운 장래에 매도할 것으로 예상하지 않는다. 따라서 금융자산(FVOCI)의 경우, 평가손익은 미실현손익으로서 기타포괄손익으로 보

6) 금융자산(FVPL)에서 발생하는 평가손익은 당기손익 항목으로 분류되기 때문에 장부마감을 통해 재무상태표의 자본 중 이익잉여금(또는 이월결손금)으로 집계된다.

7) 반대의 논리로 공정가치가 취득원가를 초과한다면 그 차액을 금융자산(FVOCI) 계정의 차변에 기입하는 동시에 금융자산(FVOCI)평가이익 계정의 대변에 기입하면 된다.

고한다. 그리고 기타포괄손익으로 인식한 금융자산(FVOCI)평가손익은 장부마감을 통해 재무상태표의 자본에 속하는 기타포괄손익누계액으로 집계된다.

금융자산(FVPL)과 금융자산(FVOCI)의 기말평가에 대한 비교를 요약하면 <표 11-5>와 같다.

표 11-5 | 금융자산(FVPL)과 금융자산(FVOCI)의 기말평가 및 평가손익 비교

구 분	금융자산(FVPL)	금융자산(FVOCI)
평가방법	공정가치법	공정가치법
포괄손익계산서 표시	당기손익 (실현손익으로 인식)	기타포괄손익 (미실현손익으로 인식)
재무상태표 표시	이익잉여금으로 집계	기타포괄손익누계액으로 집계

(3) 금융자산(AC)

앞서 설명한 금융자산(FVPL)이나 금융자산(FVOCI)과는 달리 금융자산(AC)에 대해서는 공정가치로 평가하지 않는다. 금융자산(AC)은 유효이자율법을 적용하여 상각후원가로 측정할 뿐이다.[8] 보고기간 말에 공정가치로 평가하지 않는 이유는 만기까지 장기간 보유할 예정이기 때문에 매 보고기간 말 시점에서의 가격변동을 재무제표에 보고할 실익이 없기 때문이다. 따라서 금융자산(AC)은 금융자산(FVPL) 및 금융자산(FVOCI)의 기말평가와는 달리 평가손익이 발생하지 않는다.

2. 금융자산의 제거

금융자산(FVPL)으로 분류된 지분상품과 채무상품, 그리고 금융자산(FVOCI)으로 분류된 지분상품을 처분 등으로 제거하는 경우, ① 수취한 대가와 ② 제거일에 측정한 금융자산 장부금액 간의 차액(처분손익)을 당기손익으로 인식한다. 이때 수취한 대가란 매수자로부터 받은 금액에서 처분과 직접 관련되는 거래원가(예:

8) 다만, 금융자산(AC)이라도 보고기간 말에 공정가치가 중대하게 하락한 경우에는 금융자산(AC)손상차손을 인식한다.

증권회사 수수료)를 차감한 금액을 의미한다. 유의할 점은, 처분 직전에도 공정가치 평가를 수행해야 하며, 이로 인해 처분시점의 금융자산 장부금액은 공정가치와 동일하게 된다. 따라서 처분시점에서의 수취한 대가는 공정가치에서 거래원가를 차감한 금액이 되기에 일반적으로 거래원가만큼의 처분손실을 인식하게 된다.

채무상품 중 금융자산(FVOCI)으로 분류된 경우, 처분손익을 인식하기 위한 회계처리와 함께 기타포괄손익누계액에 포함된 관련 누적평가손익을 당기손익으로 재분류하는 회계처리가 추가된다.[9] 한편, 금융자산(AC)은 투자자가 일반적으로 계약상의 만기일까지 보유할 것으로 기대하는 자산이다. 따라서 금융자산(AC)을 만기까지 보유할 경우, 만기일에 금융자산(AC) 발행자로부터 액면금액을 수령하게 되면 해당 금융자산(AC)을 제거하는 회계처리를 한다.

금융자산(FVPL)의 제거에 관한 회계처리를 학습하기 위해 <표 11-3>의 자료에 다음의 사항을 추가한다. 즉, 20×2년 2월 10일, 한국㈜는 20×1년 12월 말에 보유하고 있던 강동㈜의 보통주 전량을 처분하고 처분부대원가를 차감한 ₩1,095,000을 수취하였다고 가정하자. 20×2년 2월 10일 강동㈜ 보통주의 공정가치가 ₩1,100,000이었다면, 한국㈜는 ₩110,000의 금융자산(FVPL)평가이익과 ₩5,000의 처분손실을 인식하게 된다. 따라서 금융자산 처분을 기록하기 위한 회계처리는 다음과 같다.

(차)	금융자산(FVPL)	110,000	(대) 금융자산(FVPL)평가이익	110,000
(차)	현 금	1,095,000	(대) 금융자산(FVPL)	1,100,000
	금융자산(FVPL)처분손실	5,000		

다음의 예제를 통해 금융자산의 취득, 보유, 기말평가 및 처분 등 일련의 회계처리를 복습해 보도록 하자.

9) 이와는 달리 (주석3에서 설명한 바와 같이) 금융자산(FVOCI)으로 분류된 지분상품은 '재분류조정' 회계의 적용이 금지되며, 회사의 선택에 따라 기타포괄손익누계액에 포함된 누적평가손익을 이익잉여금 등으로 대체할 수 있다. 재분류조정을 포함한 보다 자세한 내용은 중급회계 수업에서 학습하기 바란다.

✓예제 11-1

다음은 한국㈜의 20×1년도에 발생한 거래들이다.

(1) 1월 1일 액면금액 ₩100,000(액면이자율 연 10%)인 강남㈜의 회사채 10구좌를 ₩1,000,000에 취득하면서 수수료 ₩15,000을 추가 지급하였다. 이자는 매년 6월 30일과 12월 31일 지급조건이다.

(2) 3월 1일 강동㈜의 보통주 600주(지분율 : 5%)를 주당 ₩2,000에 취득하면서 수수료 ₩10,000을 포함하여 현금으로 지급하였다.

(3) 6월 30일 강남㈜로부터 6개월분 이자를 수취하였다.

(4) 7월 1일 강남㈜의 회사채 5구좌를 ₩500,000에 매각하였으며, 수수료 ₩10,000을 차감한 잔액을 수취하였다.

(5) 9월 30일 강동㈜로부터 주당 ₩100의 현금배당금을 수령하였다.

(6) 11월 1일 강동㈜의 보통주 200주를 주당 ₩2,500에 매도하였으며, 수수료로 ₩5,000을 차감한 잔액을 수취하였다.

(7) 12월 31일 강남㈜로부터 6개월분 이자를 수취하였으며, 12월 31일 채무상품 및 지분상품의 공정가치는 다음과 같다.
- 강남㈜의 회사채 5구좌의 공정가치 : ₩450,000
- 강동㈜의 보통주 1주당 공정가치 : ₩2,600

▶ 요구사항

한국㈜는 20×1년도의 채무상품 및 지분상품에 대한 투자를 모두 금융자산(FVPL)으로 분류했다고 가정하고, 기말 공정가치 평가를 포함하여 모든 거래를 회계처리하라.

해답

1월 1일	(차) 금융자산(FVPL)	1,000,000	(대) 현 금	1,015,000
	수수료비용	15,000		
3월 1일	(차) 금융자산(FVPL)	1,200,000	(대) 현 금	1,210,000
	수수료비용	10,000		
6월 30일	(차) 현 금	50,000*	(대) 이자수익	50,000

$* ₩1,000,000 \times 10\% \times \frac{6}{12}$

7월 1일	(차) 현 금	490,000	(대) 금융자산(FVPL)	500,000
	금융자산(FVPL)처분손실	10,000		

9월 30일 (차) 현 금 60,000 (대) 배당금수익 60,000

11월 1일 (차) 금융자산(FVPL) 100,000 (대) 금융자산(FVPL)평가이익 100,000*
(차) 현 금 495,000*** (대) 금융자산(FVPL) 500,000**
금융자산(FVPL)처분손실 5,000

* 200주 × (₩2,500 − ₩2,000)
** 200주 × ₩2,500
*** 200주 × ₩2,500 − ₩5,000

12월 31일 (차) 현 금 25,000* (대) 이자수익 25,000

* $₩500,000 \times 10\% \times \frac{6}{12}$

(차) 금융자산(FVPL) 190,000 (대) 금융자산(FVPL)평가이익 190,000

투 자	취득원가	공정가치	평가손익
강남㈜ 사 채	₩500,000	₩450,000	(₩50,000)
강동㈜ 보통주	800,000*	1,040,000**	240,000
합 계	₩1,300,000	₩1,490,000	₩190,000

* 400주 × ₩2,000 ** 400주 × ₩2,600

✓예제 11-2

<예제 11-2>는 앞선 <예제 11-1>의 자료를 일부 변형한 것이다. (즉, 회계처리의 간편성을 위해 채무상품 및 지분상품의 취득 시 수수료는 없으며, 기중 처분도 없는 것으로 가정하였다.)

(1) 1월 1일 액면금액 ₩100,000(액면이자율 연 10%)인 강남㈜의 회사채 10구좌를 ₩1,000,000에 취득하였다. 이자는 매년 6월 30일과 12월 31일 지급조건이다.

(2) 3월 1일 강동㈜의 보통주 600주(지분율 : 5%)를 주당 ₩2,000에 취득하였다.

(3) 6월 30일 강남㈜로부터 6개월분 이자를 수취하였다.

(4) 9월 30일 강동㈜로부터 주당 ₩100의 현금배당을 수령하였다.

(5) 12월 31일 강남㈜로부터 6개월분 이자를 수취하였으며, 12월 31일 채무상품 및 지분상품의 공정가치는 다음과 같다.

• 강남㈜의 회사채 10구좌의 공정가치 : ₩900,000
• 강동㈜의 보통주 1주당 공정가치 : ₩2,100

요구사항

한국㈜가 20×1년도의 채무상품 및 지분상품에 대한 투자를 모두 금융자산(FVOCI)으로 분류했다고 가정하고, 기말 공정가치 평가를 포함하여 모든 거래를 회계처리하라.

해답

1월 1일 (차) 금융자산(FVOCI) 1,000,000 (대) 현 금 1,000,000

3월 1일 (차) 금융자산(FVOCI) 1,200,000 (대) 현 금 1,200,000

6월 30일 (차) 현 금 50,000* (대) 이자수익 50,000**

* ₩1,000,000 × 10%(액면이자율) × $\frac{6}{12}$

** ₩1,000,000 × 10%(유효이자율) × $\frac{6}{12}$(사채의 취득원가가 액면금액과 동일한 ₩1,000,000이기에 유효이자율은 연 10%임)

9월 30일 (차) 현 금 60,000 (대) 배당금수익 60,000

12월 31일 (차) 현 금 50,000* (대) 이자수익 50,000*

* 6월 30일 현금 이자수취액 및 이자수익 인식액 계산과 동일함

12월 31일 (차)금융자산(FVOCI)평가손실 40,000 (대) 금융자산(FVOCI) 40,000

투 자	취득원가	공정가치	평가손익
강남㈜ 사 채	₩1,000,000	₩900,000	(₩100,000)
강동㈜ 보통주	1,200,000	1,260,000	60,000
합 계	₩2,200,000	₩2,160,000	(₩40,000)

제 4 절 관계기업투자와 지분법

1. 관계기업투자

회사가 다른 회사의 주식에 투자하는 이유는 회사가 보유한 여유자금을 일시적으로 운용하기 위한 것이지만, 전략적인 이유에서 지분상품에 투자하기도 한다. 즉, 보통주식을 보유하면 의결권을 가지기 때문에 다른 회사가 발행한 보통주식을 많이 보유할수록 피투자회사의 재무정책과 영업정책에 관한 의사결정에 유의적인 영향력을 행사할 수 있게 된다. 이와 같이 지분투자의 결과 투자회사가 유의적인 영향력을 행사할 수 있게 된 피투자회사를 관계기업(associate)이라고 한다. 일반적으로 투자회사가 직·간접으로 피투자회사의 의결권 있는 주식을 20% 이상 보유하고 있는 경우에는 피투자회사에 대하여 유의적인 영향력을 행사할 수 있는 것으로 본다.[10] 또한 관계기업투자의 회계처리는 지분법을 적용한다.

한편, 투자회사가 직·간접으로 피투자회사의 의결권 있는 주식의 50% 이상을 보유하면 지배력을 갖게 되는데, 지배력은 유의적인 영향력보다 강한 개념이다. 이와 같이 지분투자의 결과 투자회사가 지배력을 행사할 수 있게 된 경우를 종속기업투자라 하며, 투자회사를 지배기업(또는 모회사)이라 하고 피투자회사를

10) 기업회계기준서에 의하면 유의적인 영향력이란 다음과 같이 피투자회사의 재무정책과 영업정책에 관한 의사결정에 참여할 수 있는 능력을 말한다.

1. 투자회사가 다음 중 하나 이상에 해당하는 경우 일반적으로 유의적인 영향력이 있다고 본다.
   (1) 피투자회사의 이사회나 이에 준하는 의사결정기구에 참여
   (2) 피투자회사의 배당이나 다른 분배에 관한 의사결정에 참여하는 것을 포함한 정책결정과정에 참여
   (3) 투자회사와 피투자회사 사이의 중요한 거래
   (4) 경영진의 상호 교류
   (5) 필수적 기술정보의 제공
2. 투자회사가 직접 또는 간접(종속기업을 통하여)으로 피투자회사에 대한 의결권의 20% 이상을 소유한다면 반증을 명백하게 제시할 수 있는 경우를 제외하고는 유의적인 영향력이 있는 것으로 본다.

종속기업(또는 자회사)이라고 부른다. 또한 지배-종속관계가 성립된 경우 투자회사는 피투자회사에 지배력뿐만 아니라 유의적인 영향력도 행사할 수 있으므로 지분법을 사용하여 회계처리함과 동시에 투자회사와 피투자회사의 재무제표를 합하여 연결재무제표(consolidated financial statements)를 작성해야 한다.[11)]

지금까지 살펴본 금융자산과 관계기업투자 및 종속기업투자를 요약하면, 지분상품에의 투자에 관한 회계처리방법을 다음과 같이 정리할 수 있다.

표 11-6 | 지분투자에 대한 회계처리 요약

피투자회사에 대한 투자회사의 지분율[12)]	피투자회사에 대한 유의적인 영향력	회계상 분류	회계처리
20% 미만	중요하지 않음	금융자산 • 금융자산(FVPL) • 금융자산(FVOCI)	공정가치법 적용[주1)]
20% 이상~50% 미만	중요함	관계기업투자	지분법 적용
50% 이상	지배력 행사	종속기업투자[주2)]	연결 적용

주1) 공정가치를 신뢰성 있게 추정할 수 없는 금융자산(FVOCI)의 경우 원가법 적용
주2) 연결분개 시 종속기업 자본과 상계처리되어 연결재무상태표에는 표시되지 않음.

2. 지분법 회계

투자회사가 피투자회사의 보통주를 20% 이상 소유할 때, 투자회사는 피투자회사의 재무정책과 영업정책에 유의적인 영향력을 행사한다고 볼 수 있다. 이와 같이 투자회사의 지분율이 높아지는 경우 피투자회사의 경영의사결정이 투자회사에게 유리하도록 영향력을 행사할 수 있으므로 회계정보이용자들에게 왜곡된 정보를 제공할 수 있다. 따라서 피투자회사에 행사할 수 있는 영향력을 회계장부에 반영할 수 있도록 하는 방법이 바로 지분법(equity method) 회계처리이다.

지분법 적용절차에 대해서 알아보자. 먼저, 투자회사가 피투자회사의 보통주

---

11) 연결재무제표에는 연결재무상태표, 연결포괄손익계산서, 연결자본변동표 및 연결현금흐름표 등이 있다. 그 작성방법은 회계원리 수준을 벗어나기에 고급회계를 참조하기 바란다.

12) 지분율이란 유통되고 있는 피투자회사의 보통주식 중에서 투자회사가 소유하고 있는 주식의 비율이다.

식 20% 이상을 취득하는 시점에 취득원가로 투자계정에 기록한다. 설명의 편의를 위해 투자계정을 관계기업투자주식으로 일관되게 설명한다.

취득 후 관계기업의 순자산(=자산-부채) 변동액 중 투자회사의 지분만큼을 관계기업투자주식계정에 가감한다. 구체적으로, 투자회사는 매년 다음의 절차를 수행하게 된다. 첫째, 피투자회사의 당기순이익 중 투자회사 지분에 대해서 관계기업투자주식계정을 증가시키고, 이와 동시에 지분법이익을 증가시킨다.[13] 둘째, 투자회사는 수취한 배당금에 대해 관계기업투자주식계정을 감소시킨다. 즉, 배당금의 지급은 피투자회사의 순자산을 감소시키기 때문에 수취한 배당으로 인하여 관계기업투자주식계정은 감소하게 된다. 이제 회계 사건별로 회계처리를 살펴보자.

(1) 취 득

20×1년 1월 1일, 서울㈜가 강동㈜의 유통보통주식 30%를 ₩1,200,000에 취득했다면, 다음과 같이 기록한다.

(차) 관계기업투자주식	1,200,000	(대) 현 금	1,200,000

(2) 수익인식 및 배당금 수취

20×1년 말에 강동㈜는 ₩1,000,000의 당기순이익을 보고하였으며, ₩200,000의 현금배당을 선언하고 지급하였다고 하자. 이 경우 서울㈜는 ① 강동㈜의 당기순이익에 대한 지분 ₩300,000(=30%×₩1,000,000)을 인식하고, ② 수취한 배당금 ₩60,000(=₩200,000×30%)에 대한 투자계정의 감소를 기록한다.

❑ 당기순이익 보고 시

(차) 관계기업투자주식	300,000	(대) 지분법이익	300,000

13) 반대의 논리로 피투자회사가 당기순손실을 보고한 경우, 투자회사는 자신의 지분에 해당하는 만큼 지분법손실 계정을 증가시키고, 이와 동시에 관계기업투자주식을 감소시킨다. 유사하게 투자회사는 관계기업의 기타포괄이익(손실) 중 투자회사의 지분에 해당하는 금액을 기타포괄손익인 지분법기타포괄이익(손실)로 인식한다.

❑ 배당금 수취 시

(차) 현 금	60,000	(대) 관계기업투자주식	60,000

동 거래를 관련 계정에 전기한 후의 서울㈜ 관계기업투자주식계정과 지분법이익계정은 다음과 같다.

관계기업투자주식

1/1	1,200,000	12/31	60,000
12/31	300,000		
12/31잔액	1,440,000		

지분법이익

		12/31	300,000

20×1년 한 해 동안 투자계정의 순증가는 ₩240,000이다. 이는 강동㈜ 당기순이익에 대한 서울㈜의 지분 때문에 ₩300,000이 증가했고, 강동㈜로부터 수취한 배당금 때문에 ₩60,000이 감소한 결과이다. 그리고 서울㈜는 ₩300,000의 지분법이익을 보고하게 되는데, 이는 강동㈜ 당기순이익 ₩1,000,000의 30%에 해당하는 금액과 일치한다.

(3) 적용중단과 처분

투자회사는 관계기업에 대하여 유의적인 영향력을 상실한 시점부터 지분법 적용을 중단하고 해당 지분상품에 대한 투자는 금융자산 회계처리를 적용한다. 또한 관계기업투자주식을 처분할 때 처분금액과 장부금액 간의 차액을 관계기업투자주식처분손익(당기손익)으로 보고한다.

✓예제 11-3

20×1년 1월 1일에 서울㈜는 강동㈜의 유통보통주식 2,400주(지분율 : 40%)를 주당 ₩1,000에 취득함으로써 강동㈜에 유의적인 영향력을 행사하게 되었다. 6월 30일, 강동㈜는 ₩400,000의 현금배당을 선언하고 지급하였다. 그리고 12월 31일에 강동㈜는 20×1년도의 당기순이익으로 ₩1,200,000을 보고하였다.

▶▶ 요구사항

1. 서울㈜ 입장에서 20×1년도에 필요한 모든 분개를 하라.
2. 12월 31일 시점에서의 관계기업투자주식계정 잔액은 얼마인가?

해답

1.

1월 1일	(차) 관계기업투자주식	2,400,000	(대) 현　　금	2,400,000
6월 30일	(차) 현　　금	160,000	(대) 관계기업투자주식	160,000*
			* ₩400,000 × 40%	
12월 31일	(차) 관계기업투자주식	480,000	(대) 지분법이익	480,000*
			* ₩1,200,000 × 40%	

2. ₩2,400,000 − ₩160,000 + ₩480,000 = ₩2,720,000

제 5 절 재무제표 표시

금융자산은 현금과 금융상품으로 구성된다. 즉, 현금및현금성자산, 대여금과 수취채권, 금융자산(FVPL · FVOCI · AC), 관계기업투자주식 및 금융기관이 취급하는 금융상품 등이 포함된다. 따라서 이하에서는 이들 금융자산이 재무제표에 어떻게 표시되는지를 살펴보자.

1. 재무상태표 표시

현금및현금성자산은 회사가 보유한 자산 가운데 가장 유동성이 높은 자산이다. 대여금과 수취채권의 경우 단기이면 유동자산 부분에, 장기이면 비유동자산 부분에 각각 표시된다.

지분상품투자 및 채무상품투자에 따른 금융자산은 단기금융자산과 장기금융자산으로 분류된다. 즉, 단기금융자산은 회사가 보유한 ① 시장성이 높고 ② 다음 회계연도 또는 영업주기 중 보다 긴 기간 내에 현금으로 전환할 의도를 가지고 있는 금융자산(예: 단기매매항목)을 말한다. 반면에 두 가지 기준이 충족되지 않는 금융자산은 장기금융자산으로 분류된다. 따라서 금융자산(FVPL)은 본질적으로 그 보유기간이 단기이므로 단기금융자산으로 유동자산 부분에 표시된다. 그러나 금융자산(FVOCI)과 금융자산(AC)의 경우에는 원칙적으로 장기금융자산으로 분류하되, 재무상태표일로부터 1년 내에 만기가 도래하거나 처분할 것이 확실한 경우에는 유동자산으로 분류하여 단기금융자산에 표시한다.

한편, 지분법이 적용되는 관계기업투자주식은 비유동자산 부분에 관계기업투자로 표시된다. 그리고 금융기관이 취급하는 금융상품 중 현금성자산으로 분류되지 않는 것은 기타금융자산으로 분류되며, 만기가 1년 이내에 도래하는 금융상품은 유동자산으로, 만기가 1년 이후에 도래하는 금융상품은 비유동자산으로 표시한다.

다음 <표 11-7>은 금융자산이 재무상태표에 표시되는 사례를 보여준다.

표 11-7 | 재무상태표 표시 사례 : 한국㈜

(부분)연결재무상태표

제42기 20×1년 12월 31일 현재
제41기 20×0년 12월 31일 현재

한국㈜ (단위 : 백만원)

과 목	제42기 말	제41기 말
자 산		
Ⅰ. 유동자산	₩61,402,589	₩54,211,297
1. 현금및현금성자산	9,791,419	10,149,930
2. 단기금융상품	11,529,392	8,629,113
3. **금융자산(FVPL)**	1,159,152	2,104,420
4. 매출채권	19,153,114	17,818,740
⋮		
Ⅱ. 비유동자산		
1. **금융자산(FVOCI)**	3,040,206	1,489,138
2. **관계기업투자**	8,335,290	7,334,705
⋮		
자산총계	₩134,288,744	₩112,179,789
부채총계	₩44,939,653	₩39,134,587
자 본		
지배회사 소유주지분	₩85,589,559	₩69,565,053
Ⅰ. 자본금	897,514	897,514
1. 우선주자본금	119,467	119,467
2. 보통주자본금	778,047	778,047
Ⅱ. 주식발행초과금	4,403,893	4,403,893
Ⅲ. 기타자본항목	(4,726,398)	(6,801,601)
1. 기타포괄손익누계액	1,040,601	108,217
⋮		
Ⅳ. 이익잉여금	85,014,550	71,065,247
비지배지분	3,759,532	3,480,149
자본총계	₩89,349,091	₩73,045,202
부채와자본총계	₩134,288,744	₩112,179,789

2. 포괄손익계산서 표시

회사는 금융자산 투자에 대한 손익이 실현되었거나 아니면 미실현되었거나 관계없이 관련 손익을 재무제표에 표시해야 한다. <표 11-8>은 금융자산과 관련하여 나타날 수 있는 손익항목들을 보여주고 있다.

표 11-8 | 금융자산 관련 발생 손익항목

수익(이익)	비용(손실)	포괄손익계산서 표시
이자수익 배당금수익 금융자산처분이익 금융자산(FVPL)평가이익 지분법이익	금융자산처분손실 금융자산(FVPL)평가손실 지분법손실	당기손익 부분
금융자산(FVOCI)평가이익	금융자산(FVOCI)평가손실	기타포괄손익 부분

이자수익, 배당금수익, 금융자산처분손익, 금융자산(FVPL)평가손익 및 지분법손익은 포괄손익계산서의 당기손익 부분에 표시되며, 자본의 이익잉여금으로 집계된다. 그러나 금융자산(FVOCI)에 대한 미실현손익, 즉 금융자산(FVOCI)평가손익은 포괄손익계산서의 기타포괄손익 부분에 표시되며, 자본의 기타자본항목 중 기타포괄손익누계액으로 집계된다. 여기서 금융자산(FVOCI)평가이익은 자본의 증가항목이 되며 금융자산(FVOCI)평가손실은 자본의 차감항목이 됨을 유의해야 한다.

<표 11-9>는 금융자산 관련 손익이 포괄손익계산서에 어떻게 표시되는지에 대한 사례를 보여준다.

표 11-9 | **포괄손익계산서 표시 사례 : 한국㈜**

(부분)연결포괄손익계산서

제42기 20×1년 01월 01일부터 20×1년 12월 31일까지
제41기 20×0년 01월 01일부터 20×0년 12월 31일까지

한국㈜ (단위 : 백만원)

과　　목	제42기	제41기
Ⅰ. 매 출 액	₩154,630,628	₩136,323,670
Ⅱ. 매출원가	102,666,824	94,594,863
Ⅲ. 매출총이익	51,963,504	41,728,807
Ⅳ. 영업이익	17,296,536	10,925,259
Ⅴ. **지분법이익**	2,267,091	1,713,299
Ⅵ. **금융수익**	3,732,564	3,242,419
⋮		
Ⅶ. 법인세비용차감전순이익	19,328,656	12,191,596
Ⅷ. 법인세비용	3,182,131	2,431,046
Ⅸ. 당기순이익	16,146,525	9,760,550
1. 지배기업 소유주지분	15,799,035	9,571,598
2. 비지배지분	347,490	188,952
Ⅹ. 기타포괄손익	1,141,484	(661,706)
1. **금융자산(FVOCI)평가이익**	932,384	108,217
⋮		
Ⅺ. 총포괄손익	₩17,288,009	₩9,098,844
1. 지배기업 소유주지분	16,901,117	9,060,689
2. 비지배지분	386,892	38,155

요 약

1. 지분상품 및 채무상품에 투자하는 이유

회사는 크게 두 가지 이유에서 다른 회사의 지분상품(주식) 혹은 다른 회사나 정부 등이 발행하는 채무상품(채권)에 투자한다. 즉, 여유현금을 투자하여 투자수익(예 : 배당수익, 이자수익 등)을 얻기 위해서, 혹은 경쟁회사의 통제권을 획득하거나 새로운 업종으로 전환하기 위한 전략적 목표를 수행하기 위함이다.

2. 금융자산의 분류

지분상품(주식)투자나 채무상품(채권)투자에 따른 금융자산은 최초 인식 시 공정가치로 측정하며, 보고기간 말 평가(후속측정)를 위해 세 가지 범주, 즉 상각후원가(AC)모형, 당기손익-공정가치(FVPL)모형 및 기타포괄손익-공정가치(FVOCI)모형으로 분류된다. 즉, 금융자산(FVPL)과 금융자산(FVOCI)은 공정가치로 후속측정하며, 금융자산(AC)은 상각후원가로 후속측정한다.

3. 지분상품(주식)투자의 회계처리

지분상품(주식)투자의 주요한 회계처리는 지분상품을 취득할 때, 배당금을 수취할 때, 그리고 지분상품을 처분할 때 나타난다. 또한 회계처리방법과 관련해서는 지분율이 20% 미만일 때 원칙적으로 공정가치법이 사용되며, 20% 이상일 때는 지분법이 사용된다. 추가하여 지분율이 50% 이상일 때 회사는 연결재무제표를 작성해야 한다.

4. 채무상품(채권)투자의 회계처리

채무상품(채권)투자의 주요한 회계처리는 채무상품을 취득할 때, 이자를 수취하거나 또는 이자가 발생할 때, 그리고 채무상품을 처분할 때 나타난다. 채무상품 처분 시 발생하는 손익은 포괄손익계산서의 당기손익 부분에 "기타수익" 또는 "기타비용"으로 보고한다.

5. 지분상품 및 채무상품 투자에 따른 금융자산의 보고기간 말 평가 및 재무제표 표시

금융자산(FVPL)은 공정가치로 평가하며, 공정가치의 변동액은 당기손익으로 보고한다. 반면, 금융자산(FVOCI)은 공정가치로 평가하되, 공정가치의 변동을 기타포괄손익으로 보고한다. 그러나 금융자산(AC)은 보고기간 말에 평가를 수행하지 않는다.

6. 관계기업투자와 지분법

피투자회사 유통보통주식에 대한 투자회사의 지분율이 20% 이상일 경우 관계기업투자로 분류하고, 피투자회사에 행사할 수 있는 영향력을 회계장부에 반영할 수 있도록 지분법을 적용한다.

7. 종속기업투자와 연결재무제표 작성

투자회사가 피투자회사의 유통보통주식을 50% 이상 보유하면 지배력을 행사할 수 있게 되는데, 이를 종속기업투자라 하고 투자회사와 피투자회사를 각각 지배기업(또는 모회사)과 종속기업(또는 자회사)이라고 부른다. 또한 회계처리방법으로 연결재무제표를 작성한다.

8. 단기금융자산과 장기금융자산의 구분

단기금융자산은 ① 시장성이 높고, ② 다음 연도 또는 영업주기 중 보다 더 긴 기간 내에 현금으로 전환할 의도가 있는 금융자산을 말한다. 두 가지 기준을 충족시키지 못하는 금융자산은 장기금융자산으로 분류된다.

용어정리

공정가치	합리적인 판단력과 거래의사가 있는 독립된 당사자 간에 거래될 수 있는 교환가격
관계기업	투자회사가 유의적인 영향력을 행사할 수 있게 된 피투자회사
기타포괄손익-공정가치모형	최초 인식시점 이후 금융자산의 공정가치가 변동함에 따라 그 장부금액을 조정하는 모형으로, 공정가치 변동으로 인한 평가손익은 기타포괄손익으로 인식
단기금융자산	주로 시장성이 있고 다음 연도 또는 영업주기 중 보다 더 긴 기간 내에 현금으로 전환할 의도가 있는 금융자산
당기손익-공정가치모형	최초 인식시점 이후 금융자산의 공정가치가 변동함에 따라 그 장부금액을 조정하는 모형으로, 공정가치 변동으로 인한 평가손익은 당기손익으로 인식
상각후원가모형	취득시점의 공정가치를 최초 장부금액으로 인식한 후, 최초 인식시점에서 산정한 유효이자율에 따라 이자수익을 인식하는 모형으로서 취득원가에 근거한 측정모형
연결재무제표	지배기업과 그 종속기업의 자산, 부채, 자본, 수익, 비용, 현금흐름을 하나의 경제적 실체로 표시하는 연결실체의 재무제표
유의적인 영향력	피투자회사의 재무정책과 영업정책에 관한 의사결정에 참여할 수 있는 능력
장기금융자산	주로 시장성이 없거나 경영진이 다음 연도 또는 영업주기 중 보다 더 긴 기간 내에 현금으로 전환할 의도를 가지고 있지 않은 금융자산

종속기업	투자회사가 당해 회사에 대하여 지배력을 행사할 수 있는 기업
지배기업	하나 이상의 종속기업을 가지고 있는 기업
지배력	피투자회사의 재무정책과 영업정책을 결정할 수 있는 능력
지분법	투자자산(관계기업투자주식)을 최초에 원가로 인식하고, 취득시점 이후 발생한 피투자회사의 순자산 변동액 중 투자회사의 몫을 해당 투자자산(관계기업투자주식)에 가감하여 보고하는 회계처리방법. 투자회사의 당기순손익에는 피투자회사의 당기순손익 중 투자회사의 몫에 해당하는 금액을 포함하고, 투자회사의 기타포괄손익에는 피투자회사의 기타포괄손익 중 투자회사의 몫에 해당하는 금액을 포함

EXERCISES

연습문제

객관식

[문제 1] 관계기업과 종속기업에 대한 투자와 관련된 설명으로 옳은 것은? 〈난이도: 하〉 (2022 경영지도사)

① 지분투자 결과 투자회사가 유의적인 영향력을 행사할 수 있게 된 피투자회사를 종속기업이라고 부른다.
② 유의적인 영향력은 상대적인 소유지분율의 변동에 따라 투자회사의 소유지분율이 변동하는 경우에만 상실된다.
③ 지분법을 적용한 재무제표는 별도재무제표가 될 수 없다.
④ 지분법은 지분(투자자산)을 최초로 취득한 때에는 원가로 인식하고, 취득시점 이후 발생한 피투자회사의 순자산 변동액 중 투자자의 몫을 해당 투자자산에 가감하여 보고하는 회계처리 방법이다.
⑤ 피투자회사에 대한 지분율이 20% 이상인 경우에만 피투자회사를 종속기업으로 분류한다.

[문제 2] ㈜한국은 20×1년 중 주식 A를 ₩200에 취득하여 20×3년 중 ₩250에 처분하였고, 주식 A의 각 시점별 공정가치는 다음과 같다. ㈜한국이 주식 A를 당기손익-공정가치측정(FVPL)금융자산과 기타포괄손익-공정가치측정(FVOCI)금융자산으로 각각 분류했을 때의 20×3년도 당기손익 차이는? 〈난이도: 중〉 (2023 경영지도사)

구분	20×1년 말	20×2년 말
공정가치	₩150	₩230

① ₩10 ② ₩20 ③ ₩30 ④ ₩40 ⑤ ₩50

[문제 3] ㈜한국은 A주식을 20×1년 초 ₩1,000에 구입하고 취득수수료 ₩20을 별도로 지급하였으며, 기타포괄손익-공정가치측정(FVOCI)금융자산으로 선택하여 분류하였다. A주식의 20×1년 말 공정가치는 ₩900, 20×2년 말 공정가치는 ₩1,200이고, 20×3년 2월 1일 A주식 모두를 공정가치 ₩1,100에 처분하였다. A주식에 관한 회계처리 결과로 옳지 <u>않은</u> 것은? 〈난이도: 중〉 (2019 주택관리사)

① A주식 취득원가는 ₩1,020이다.

② 20×1년 총포괄이익이 ₩120 감소한다.

③ 20×2년 총포괄이익이 ₩300 증가한다.

④ 20×2년 말 재무상태표상 금융자산평가이익(기타포괄손익누계액)은 ₩180이다.

⑤ 20×3년 당기순이익이 ₩100 감소한다.

[문제 4] ㈜한국은 20×1년 초 회사채(액면금액 ₩100,000, 표시이자율 5%, 이자는 매년 말 후급, 만기 20×3년 말)를 ₩87,566에 구입하고, 상각후원가측정(AC)금융자산으로 분류하였다. 20×1년 이자수익이 ₩8,757일 때, 20×2년과 20×3년에 인식할 이자수익의 합은? (단, 단수차이가 발생할 경우 가장 근사치를 선택한다.) 〈난이도: 상〉 (2019 주택관리사)

① ₩10,000 ② ₩17,514 ③ ₩17,677

④ ₩18,514 ⑤ ₩18,677

[문제 5] ㈜세무는 20×1년 초에 ㈜한국의 주식 25%를 ₩1,000,000에 취득하면서 유의적인 영향력을 행사할 수 있게 되었다. 취득일 현재 ㈜한국의 순자산 장부금액은 ₩4,000,000이며, 자산 및 부채의 장부금액은 공정가치와 동일하다. ㈜한국은 20×1년도 총포괄이익 ₩900,000(기타포괄이익 ₩100,000 포함)을 보고하였다. ㈜세무가 20×1년 중에 ㈜한국으로부터 중간배당금 ₩60,000을 수취하였다면, ㈜세무가 20×1년도 당기손익으로 인식할 지분법이익은? 〈난이도: 중〉 (2017 세무사)

① ₩60,000 ② ₩165,000 ③ ₩200,000

④ ₩225,000 ⑤ ₩260,000

주관식

[문제 1] 금융자산(FVPL)(1) 〈난이도: 중〉

<사례 1>

한국㈜는 일시적인 유휴자금을 활용하기 위하여 다음과 같은 채무상품에 투자하였다. 한국㈜의 결산일은 매년 12월 31일이다.

(1) 1월 1일 강남㈜가 발행한 액면금액 ₩400,000, 액면이자율 연 8%인 사채를 현금 ₩400,000에 취득하면서 ₩5,000의 수수료를 지급하였다. 이자는 연 2회(6월 30일과 12월 31일) 지급된다.

(2) 6월 30일 강남㈜의 사채에 대한 6개월 이자를 수취하였다.

(3) 6월 30일 강남㈜의 사채 60%를 ₩263,000에 처분하였으며, 수수료 ₩3,000을 차감한 잔액을 수취하였다.

(4) 12월 31일 강남㈜의 사채 40%의 공정가치는 ₩150,000이며, 6개월 이자를 수취하였다.

<사례 2>

20×1년 1월 1일, 한국㈜는 강남㈜의 보통주 1,000주(지분율 : 5%)를 주당 ₩3,000에 취득하면서 수수료 ₩4,000을 지급하였다. 한국㈜는 동 지분상품(주식)투자를 금융자산(FVPL)으로 분류하였다. 2월 15일, 한국㈜는 강남㈜의 보통주 200주를 처분하고 ₩580,000(공정가치는 ₩585,000이며 수수료는 ₩5,000임)을 수취하였다. 한국㈜는 4월 5일에 강남㈜로부터 주당 ₩100의 현금배당을 수령하였다. 5월 15일, 한국㈜는 강남㈜의 보통주 400주를 처분하고 ₩1,340,000(공정가치는 ₩1,355,000이며 수수료는 ₩15,000임)을 수취하였다.

〈요구사항〉

1. <사례 1>과 관련하여 한국㈜가 채무상품(채권)투자를 금융자산(FVPL)으로 분류하였다고 가정하고 각 일자별 회계처리를 하라.
2. <사례 2>와 관련하여 각 일자별 회계처리를 하라.

[문제 2] 금융자산(FVPL)(2) 〈난이도: 중〉

<사례 1>

한국㈜는 20×1년 12월 초에 지분상품을 ₩122,000에 취득하여 금융자산(FVPL)으로 분류하였다. 20×1년 12월 31일 동 지분상품의 공정가치는 ₩108,000이었다.

<사례 2>

20×2년 12월 31일, 한국㈜가 보유한 금융자산(FVPL)의 구성내역은 다음과 같다.

종 목	원 가	공정가치
A	₩35,000	₩32,000
B	25,000	28,000
C	46,000	38,000
	₩106,000	₩98,000

〈요구사항〉

1. <사례 1>과 관련하여 20×1년 말 금융자산(FVPL) 평가를 회계처리하라.
2. <사례 2>와 관련하여 20×2년 말 금융자산(FVPL) 평가를 회계처리하라.
3. <사례 2>와 관련하여 20×2년 12월 31일 부분재무상태표와 20×2년도 부분포괄손익계산서를 작성하라.

[문제 3] 금융자산(FVOCI)(1) 〈난이도: 중〉

<사례 1>

20×1년 3월 18일, 한국㈜는 강남㈜의 보통주 10,000주(지분율 : 10%)를 주당 ₩110에 취득하여 금융자산(FVOCI)으로 분류하였다. 또한 동 지분상품을 취득하면서 ₩5,000의 수수료를 지급하였다. 6월 30일, 강남㈜는 ₩8,000의 배당을 선언하고 한국㈜에게 10%인 ₩800을 지급하였다. 12월 31일, 강남㈜는 20×1년도 당기순이익 ₩364,000을 보고하였다. 12월 31일 강남㈜의 보통주 주가는 주당 ₩160이었다.

<사례 2>

한국㈜는 금융자산(FVOCI)과 관련하여 20×2년도에 다음의 거래가 있었다.

(1) 2월 1일 강남㈜의 보통주 300주(지분율 : 2%)를 ₩6,000에 취득하면서 ₩200의 수수료를 추가 지급하였다.

(2) 7월 1일 강남㈜의 보통주에 대해 주당 ₩1의 현금배당을 수취하였다.

(3) 9월 1일 강남㈜의 보통주 150주를 처분하고 ₩4,400(공정가치는 ₩4,450이며 수수료는 ₩50임)을 수취하였다.

(4) 12월 31일 강남㈜의 보통주 주가는 주당 ₩25이었다.

〈요구사항〉

1. <사례 1>과 관련하여 한국㈜의 입장에서 20×1년도에 필요한 모든 회계처리를 하라.
2. <사례 2>와 관련하여 20×2년 말 공정가치 평가를 회계처리하라.
3. <사례 2>와 관련하여 20×2년 12월 31일 부분재무상태표와 20×2년도 부분포괄손익계산서를 작성하라.

[문제 4] 금융자산(FVOCI)(2) 〈난이도: 중〉

다음은 20×1년 12월 31일 한국㈜가 보유한 금융자산(FVOCI) 포트폴리오이다.

	취득원가
기아㈜ 보통주 500주	₩2,800,000
삼성㈜ 보통주 800주	4,000,000
한화㈜ 우선주 300주	840,000

20×1년 12월 31일, 포트폴리오의 총취득원가는 공정가치 총액과 동일하였다. 한편, 20×2년 1년 동안 한국㈜의 금융자산(FVOCI)과 관련된 거래내역은 다음과 같았다.

(1) 1월 7일 기아㈜의 보통주 500주를 처분하고 주당 ₩6,400(주당 공정가치는 ₩6,450이며 주당 수수료는 ₩50임)을 수취하였다.

(2) 1월 10일 넥센㈜의 보통주 200주를 주당 ₩6,800에 취득하고 ₩24,000의 수수료를 지급하였다.

(3) 1월 26일 삼성㈜의 보통주에 대해서 주당 ₩105의 현금배당을 수취하였다.

(4) 2월 2일 한화㈜의 우선주에 대해서 주당 ₩30의 현금배당을 수취하였다.

(5) 2월 10일 한화㈜의 우선주 300주를 처분하고 주당 ₩3,100(주당 공정가치는 ₩3,130이며 주당 수수료는 ₩30임)을 수취하였다.

(6) 9월 1일 넥센㈜의 보통주 600주를 주당 ₩7,500에 추가 취득하고 ₩90,000의 수수료를 지급하였다.

20×2년 12월 31일, 금융자산(FVOCI)의 공정가치는 다음과 같았다.

• 삼성㈜ 보통주: 주당 ₩6,300

• 넥센㈜ 보통주: 주당 ₩7,200

〈요구사항〉

1. 한국㈜의 20×2년도 일자별 회계처리를 하라.
2. 20×2년 말 금융자산(FVOCI) 평가를 회계처리하라.
3. 한국㈜의 20×2년 12월 31일 부분재무상태표를 작성하라.

[문제 5] 금융자산(FVOCI)(3) 〈난이도: 중〉

강남㈜는 20×1년 1월 1일에 다음과 같은 조건으로 서울㈜가 발행한 채무상품을 취득하였다.

(1) 발　행　일 : 20×1년 1월 1일
(2) 액 면 금 액 : ₩2,000,000
(3) 액면이자율 : 연 10%
(4) 이자지급일 : 매년 12월 31일
(5) 만　기　일 : 20×3년 12월 31일에 일시 상환

채무상품 발행일의 시장이자율(유효이자율)은 연 10%이다. 강남㈜는 동 채무상품을 금융자산(FVOCI)으로 분류하였다. 기간이자율 10%, 기간 3년의 현가요소는 0.75131, 연금현가요소는 2.48685이다.

〈요구사항〉

1. 금융자산(FVOCI)의 취득원가를 계산하라.
2. 20×1년 말 동 채무상품의 공정가치가 ₩1,800,000일 때, 금융자산(FVOCI) 평가를 회계처리하라.
3. 20×2년 말 동 채무상품의 공정가치가 ₩1,900,000일 때, 금융자산(FVOCI) 평가를 회계처리하라.

[문제 6] 금융자산(AC)(1) 〈난이도: 중〉

한국㈜는 20×1년 1월 1일에 다음과 같은 조건으로 서울㈜가 발행한 채무상품을 취득하였다.

(1) 발　행　일 : 20×1년 1월 1일
(2) 액 면 금 액 : ₩5,000,000
(3) 액면이자율 : 연 8%

(4) 이자지급일 : 매년 12월 31일
(5) 만 기 일 : 20×3년 12월 31일에 일시 상환

채무상품 발행일의 시장이자율(유효이자율)은 연 10%이다. 한국㈜는 동 채무상품을 금융자산(AC)으로 분류하였다. 기간이자율 10%, 기간 3년의 현가요소는 0.75131, 연금현가요소는 2.48685이다.

〈요구사항〉

1. 금융자산(AC)의 취득원가를 계산하라.
2. 금융자산(AC) 만기(20×3년 12월 31일)까지의 유효이자율법에 의한 상각표를 작성하라.
3. 20×1년 말 이자수익 인식을 회계처리하라.
4. 20×2년 말 이자수익 인식을 회계처리하라.

[문제 7] 금융자산(AC)(2) 〈난이도: 상〉

한국㈜는 20×1년 1월 1일에 다음과 같은 조건으로 서울㈜가 발행한 채무상품을 취득하였다.

(1) 발 행 일 : 20×1년 1월 1일
(2) 액 면 금 액 : ₩3,000,000
(3) 액면이자율 : 연 10%
(4) 이자지급일 : 매년 6월 30일, 12월 31일(연 2회)
(5) 만 기 일 : 20×2년 12월 31일에 일시 상환

채무상품 발행일의 시장이자율(유효이자율)은 연 12%이다. 한국㈜는 동 채무상품을 금융자산(AC)으로 분류하였다. 기간이자율 6%, 기간 4년의 현가요소는 0.79209, 연금현가요소는 3.46511이다.

〈요구사항〉

1. 금융자산(AC)의 취득원가를 계산하라.
2. 금융자산(AC) 만기(20×2년 12월 31일)까지의 유효이자율법에 의한 상각표를 작성하라.
3. 20×1년 6월 30일 이자수익 인식을 회계처리하라.
4. 20×1년 12월 31일 이자수익 인식을 회계처리하라.

[문제 8] 관계기업투자(1) 〈난이도: 중〉

<사례 1>

20×1년 1월 1일 서울㈜는 강동㈜의 유통보통주식 100,000주 중 20%를 주당 ₩11에 매입함으로써 강동㈜에 대한 유의적인 영향력을 획득하였다.

6월 15일 강동㈜는 ₩50,000의 현금배당을 선언하고 지급하였다.

12월 31일 강동㈜는 20×1년도 당기순이익 ₩320,000을 보고하였다.

<사례 2>

20×1년 1월 1일 한국㈜는 강남㈜의 유통보통주식 50,000주(지분율: 30%)를 ₩1,800,000에 취득하였다.

6월 30일 강남㈜는 보통주 1주당 ₩1의 현금배당을 선언하고 지급하였다.

12월 31일 강남㈜는 20×1년도 당기순이익 ₩600,000을 보고하였으며, 강남㈜의 보통주 주가는 주당 ₩30이었다.

〈요구사항〉

1. <사례 1>과 관련하여 서울㈜의 입장에서 20×1년도에 필요한 모든 거래를 회계처리하라.
2. <사례 2>와 관련하여 한국㈜의 입장에서 20×1년도에 필요한 모든 거래를 회계처리하라.

[문제 9] 관계기업투자(2) 〈난이도: 중〉

20×1년 1월 1일 한국㈜는 강남㈜의 유통보통주식 25%를 ₩560,000에 취득하였다.

4월 30일 강남㈜는 ₩220,000의 현금배당을 선언하고 지급하였다.

12월 31일 강남㈜는 20×1년도 당기순이익 ₩200,000을 보고하였다.

〈요구사항〉

1. 한국㈜의 입장에서 20×1년도에 필요한 모든 거래를 회계처리하라.
2. 20×1년 말 재무상태표에 보고되는 관계기업투자주식 장부금액을 계산하라.

CHAPTER 12

자 본

제 1 절 주식회사와 주식발행
제 2 절 자본의 의의와 분류
제 3 절 자본의 회계처리
제 4 절 이익잉여금
제 5 절 자본변동표
제 6 절 재무제표 표시와 분석
[보론] 장부금액 – 또 다른 주당 금액

학습목표

Learning Objectives

오늘날 대부분의 기업은 주식회사의 형태로 운영되고 있는데, 주식회사의 경우 투자자와 채권자를 보호하기 위하여 상법과 기타 법률에 따라 많은 제약을 받고 있다. 본 장에서는 주식회사의 구성과 특징을 간단히 살펴보고, 주식의 발행, 주주와의 자본거래, 배당과 이익잉여금 변동 등에 대한 회계처리를 학습하도록 한다.

본 장에서 학습할 주요 내용을 요약하면 다음과 같다.

- ➢ 주식회사와 주식발행
  - 주식회사
  - 주식의 발행
- ➢ 자본의 의의와 분류
  - 자본의 의의
  - 자본의 분류
- ➢ 자본의 회계처리
  - 주식 유상발행
  - 주식 무상발행
  - 주식의 재취득 : 자기주식
- ➢ 이익잉여금
  - 이익잉여금의 처분 제한
  - 배당과 이익잉여금의 변동
  - 이익잉여금의 변동과 처분의 표시
- ➢ 자본변동표
- ➢ 재무제표 표시와 분석
- ➢ 보론 : 장부금액–또 다른 주당 금액

제1절 주식회사와 주식발행

1. 주식회사

상법에서는 회사를 상행위 기타 영리를 목적으로 설립한 사단법인이라고 정의하고 있다.[1] 회사의 3가지 구성요소는 사단성, 법인성, 영리성이다. 사단성이란 동일한 목적을 지닌 두 사람 이상의 단체를 의미하고, 법인성이란 사람처럼 법으로부터 권리와 능력을 부여받은 단체를 말한다. 그리고 영리성이란 이익을 내고 그 이익을 구성원들에게 배분하는 것을 말한다.

회사의 종류는 주식회사, 유한회사, 유한책임회사, 합자회사, 합명회사 등 다섯 종류로 나눌 수 있다. 다섯 종류의 회사 중 가장 대표적인 형태는 주식회사이다. 주식회사는 유한책임을 지는 주주로 구성되어 있는 사단성과 법인성이 뚜렷한 회사로서 일정한 자본을 가지며, 주주는 보유한 주식금액에 한하여 출자 의무를 부담할 뿐, 회사의 채무에 대해서는 투자액에 한정하여 책임을 지는 회사를 말한다.

회사의 소유권이 다수에게 분산되어 있으면 공개기업이라 하고, 소유권이 소수의 특정인에게 집중되어 있으면 비공개기업이라 한다. 공개기업의 소유권은 다수에게 분산되어 있으며 증권시장 등을 통해 주식이 거래되는 반면, 비공개기업은 몇몇 특정인들이 주식을 소유하고 있으며 증권시장 등을 통해 주식이 거래되지 않는다.

(1) 주식회사의 특징

주식회사는 다른 유형의 회사에 비하여 구별되는 많은 특징이 있다. 주식회사의 특징을 요약하면, 첫째, 소유와 경영이 분리되어 있다. 주식회사는 주주가 회

1) 사단법인의 하나인 회사와 대비되는 단체는 재단법인이다. 재단법인은 특정한 목적을 가진 재산에 법률적인 인격을 준 것을 의미하는데, 재단법인은 영리를 추구하는 활동은 할 수 없다. 이러한 재단법인을 비영리법인이라고 하는데 자선, 교육, 의료를 목적으로 하는 단체들이 여기에 속한다.

사의 대리인이 아닌 이상 주주의 행위가 주식회사의 행위가 되지 않는다. 주식회사는 회사의 소유주인 주주와 구분되어, 자신의 이름으로 행동한다. 예를 들어, 회사는 스스로 자산을 사고 소유하거나 판매할 수 있다. 그리고 회사의 이름으로 자금을 차입하거나 법적 효력이 있는 계약을 체결하기도 한다.

둘째, 주식회사의 주주는 유한책임을 진다. 주식회사는 별도의 법적 실체이므로 채권자들이 요구할 수 있는 권리는 회사의 자산에 국한되고, 주주는 모든 채무에 대해 책임을 지는 것이 아니라 투자액에 한정하여 책임을 진다. 파산의 경우라도 주주의 손실은 회사에 대한 투자액으로 한정된다.

셋째, 주식회사의 주주가 소유하고 있는 주식은 쉽게 이전이 가능하다. 주주들은 자신의 주식을 매각함으로써 회사 지분의 일부나 전부를 간단하게 처분할 수 있다. 주식의 이전은 개인 소유주들 간의 거래이기 때문에 주주들 간의 주식 이전은 회사의 자산이나 부채, 자본에는 영향이 없다.

넷째, 주식회사의 경우 자본을 조달하기 위해서 주식을 발행하는 것은 다른 회사의 형태보다 용이하기 때문에 대규모의 자본을 조달하기가 쉽다. 주식을 취득한 주주들은 유한책임을 지며 주식 이전이 자유롭고, 시장가격의 변동으로 주가차익을 얻을 수 있기 때문이다.

(2) 주식회사의 경영과 법적 규제

주주들은 주식회사를 소유하지만 직접 경영하지는 않고, 주식회사는 주주총회, 이사회, 감사 세 기관에 의해 경영된다. 주주총회는 자본을 투자하여 주식을 가지고 있는 주주로 구성되며, 상법과 정관에서 정한 사항을 의결하는 기관이다. 집행 기관으로는 이사회와 대표이사가 있다. 이사회는 주주총회에서 선출된 3명 이상의 이사로 구성되며, 회사 업무에 관한 의사를 결정하는 기관이다. 이사회에서 선출되는 대표이사(사장)는 회사의 업무를 집행한다. 감사는 주식회사의 회계감사기관으로서 주주총회에서 선출된다.

주식회사는 상법에 의해 주식발행의 요건과 주주들에 대한 이익의 분배 그리고 주식 소각 등에 대해 규제를 받는다. 그리고 「자본시장과 금융투자업에 관한 법률」에 의해 일반 대중에게 주식을 발행하는 것도 규제를 받는다. 또한 대부분의 공개기업들은 재무상태에 대해 상세한 보고서를 증권거래위원회에 분기와 반기별로 제출하도록 요구되고, 주식시장에 상장할 때 거래소에서 요구하는 기준에 부합되어야 한다. 이러한 정부의 규제는 회사의 소유주들을 보호하기 위한 것이다.

(3) 주주의 권리

주식회사의 보통주식에는 자익권과 공익권이 부여된다. 자익권은 주주가 회사로부터 경제적 이익 및 기타 편익을 받는 것을 목적으로 하는 권리로 이익배당청구권, 신주인수권, 잔여재산분배권 등이 있다. 이익배당청구권은 회사의 이익에 대한 배당을 청구할 수 있는 권리이며, 신주인수권은 신주가 발행되었을 때 지분율의 유지를 위하여 우선적으로 신주를 인수할 수 있는 권리를 말한다. 그리고 잔여재산분배권은 모든 채권자들의 청구를 이행한 후 남아있는 재산을 지급받을 수 있는 권리를 말한다.

공익권은 회사의 운영에 참가하는 것을 목적으로 하거나 이와 관련하여 행사하는 인격권적 내용의 의결권과 지배권 등을 말한다. 예를 들어, 이사 선임권, 주주총회 의결권 등이 있다.

2. 주식의 발행

주식 소유권의 증명은 주권의 형태로 이루어진다. 주권에는 회사의 상호, 회사의 설립연월일, 회사가 발행할 주식의 총수, 1주의 금액, 주식의 종류, 수종의 주식이 있는 때에는 그 주식의 종류와 내용 등을 기재하고 대표이사가 기명날인 또는 서명하여야 한다.

회사가 주식을 발행할 때는 발행할 주식의 총액, 주식의 유형, 발행가액 등을 결정하여야 하는데, 주식의 발행을 위하여 고려할 사항들을 살펴보자.

(1) 수권주식 수

수권주식 수는 회사가 정관에 발행할 수 있는 주식의 수를 정해 놓은 것을 말한다. 수권주식의 총수는 설립 초기와 이후의 추가적인 자금수요를 고려하여 결정한다. 그 결과 수권주식 수는 설립 당시에 발행한 주식 수보다 많은 것이 보통이다. 수권주식을 모두 발행한 경우라면 추가적인 주식을 발행하기 전에 주주총회를 통해 정관을 수정해야 한다.

예를 들어, 20×1년 12월 말 회사의 재무제표 주석에 수권주식은 600,000주, 발행주식은 200,000주로 표시되어 있다면, 정관의 수정 없이 추가로 발행할 수 있는 주식은 400,000주가 된다.

(2) 주식의 발행 방법

주식회사는 주주들에게 직접 보통주를 발행하거나 투자은행을 통해 시장에 간접적으로 발행할 수 있다. 직접발행은 발행주체인 회사가 스스로 발행위험을 부담하고 발행모집업무를 직접 행하여 주식을 발행하는 방법으로 비공개기업에서 자주 볼 수 있다. 공개기업은 인수기관 또는 발행사무대행기관 등 중개인(전문적인 지식과 조직을 갖춘 증권회사 등)의 도움으로 간접적으로 주식을 발행하는 방법을 선호한다.

(3) 주식의 시장가치

공개기업의 주식은 거래소에서 매도자와 매수자 간의 거래에 의해서 시장가격이 결정된다. 일반적으로 시장에서 결정되는 가격은 회사의 이익과 배당의 영향을 받는다. 그러나 환율 변동, 이자율 변화, 유가의 변동 등과 같이 회사가 통제할 수 없는 사회적 · 경제적 요소들로 인해 주가가 변동하기도 한다.

증권시장에서 거래되는 주식은 이미 발행된 주식을 보유한 주주가 다른 투자자에게 자신의 권리를 이전하는 것이므로 이러한 거래는 회사의 주주지분에는 영향을 미치지 않는다.

(4) 액면주식과 무액면주식

주권에 금액이 기재되어 있는지의 여부에 따라 액면주식과 무액면주식으로 구분된다. 액면주식은 주권에 금액이 정해져 있는 주식이다. 상법에서는 액면주식은 1주당 ₩100 이상으로 균일하여야 한다고 규정하고 있다. 무액면주식은 주권에 금액이 기재되어 있지 않은 주식이다.

상법에서는 액면주식과 무액면주식을 모두 허용하고 있으며, 회사는 정관으로 정하는 바에 따라 발행된 액면주식을 무액면주식으로 전환하거나 무액면주식을 액면주식으로 전환할 수 있다.

제 2 절 자본의 의의와 분류

1. 자본의 의의

자본을 광의로 해석할 때 타인자본인 채권자지분과 자기자본인 소유주지분으로 구분하나, 협의로 자본이라고 할 때는 소유주지분만을 가리킨다. 일반적으로 주식회사의 자본이라고 할 때는 회사의 소유주지분인 주주지분을 의미한다.

자본은 기업의 자산에서 모든 부채를 차감한 후의 잔여지분이다. 자본청구권은 기업의 자산에서 모든 부채를 차감한 후의 잔여지분에 대한 청구권이다.

2. 자본의 분류

재무상태표의 자본은 회계적 관점에서 납입자본, 이익잉여금 및 기타자본요소로 구성된다. 납입자본은 발행주식 수에 액면금액을 곱한 법정자본금과 법정자본금 이외의 주주가 납입한 자본잉여금으로 구성된다. 납입자본과 이익잉여금의 구분은 법적 · 재무적 관점에서 중요하다. 법적으로 주식회사는 이익잉여금을 처분하여 이익을 분배(배당의 선언)할 수 있으나, 납입자본으로 배당을 선언할 수는 없다. 자본의 구성을 보다 세부적으로 살펴보자.

(1) 납입자본

납입자본은 주주와의 자본거래에서 발생한 주식의 대가로 주주가 회사에 불입한 현금과 기타자산의 합계액이다. 납입자본은 법정자본금인 자본금과 주주가

법정자본금 이외로 납입한 자본잉여금으로 구성된다. 납입자본의 변동은 유상증자(감자), 무상증자(감자)와 주식배당에 의하여 발생한다.

1) 자본금

자본금은 보통주와 우선주의 자본금으로 구성된다. 자본금은 발행한 주식의 총수에 액면금액을 곱한 금액이다. 보통주는 주식회사 자본의 대부분을 구성하며, 이익의 배당이나 청산시점의 잔여재산분배에 관한 권리의 순위 등에 제한이나 우선권이 부여되어 있지 않은 주식이다. 우선주는 특정 사항에 관해 우선적인 권리를 가진 주식을 말한다. 우선주는 배당이나 청산시점에 보통주보다 우선적 지위를 가지지만 주주총회에서 의결권이 없는 것이 일반적이다. 재무상태표에 보통주자본금, 우선주자본금의 순서로 표시된다. 각 주식별 액면금액, 수권주식 수, 발행주식 수, 유통주식 수의 보고는 주석사항으로 표시된다.

2) 자본잉여금

자본잉여금은 증자나 감자, 주주와의 기타거래에서 발생한 잉여금이다. 주식을 발행할 때 주식의 발행가액이 액면금액을 초과하는 경우 초과하는 금액인 주식발행초과금은 대표적인 자본잉여금 항목이다. 자본이 감소하는 경우, 감자대가보다 자본금 감소액이 더 큰 경우에는 그 차액을 감자차익이라 하며 자본잉여금을 구성한다. 또한 자기주식 처분으로 인한 이익인 자기주식처분이익도 자본잉여금이다.

(2) 이익잉여금

이익잉여금은 회사의 영업활동을 통하여 발생한 이익으로서 배당금 등을 통해 주주 등에게 지급되거나 자본금 계정으로 대체시키지 않고 기업 내부에 남아있는 부분을 말한다. 이익잉여금은 법정적립금, 임의적립금, 미처분이익잉여금(미처리결손금)으로 구분된다.

법정적립금은 법에 따라 적립이 강제되어 있는 적립금이며, 현금배당 시 상법에 따라 일정 금액을 적립해야 하는 이익준비금이 그 예이다. 임의적립금은 정관 또는 주주총회의 결의에 따라 회사가 정한 목적을 위해 적립하는 것을 말한다.

미처분이익잉여금(미처리결손금)은 이익잉여금 중 법정적립금이나 임의적립금처럼 목적이 특정되지 않은 것을 의미한다. 미처분이익잉여금은 잉여금이 남아있다는 의미이며, 미처리결손금은 결손으로 인해 과거 잉여금에서 결손을 차감한 잔액이 음(－)의 값을 갖는 경우이다.

(3) 기타자본요소

기타자본요소는 자본조정과 기타포괄손익누계액을 포함한다. 자본조정은 당해 항목이 주주와의 거래이나 최종 납입된 자본으로 볼 수 없는 일시적인 성격인 것과 자본의 가감 성격으로 자본금이나 자본잉여금으로 분류가 곤란한 항목이다. 회사가 발행한 주식을 회사가 취득한 자기주식은 자본의 차감계정으로 자본조정으로 분류한다. 자본감소 시 감자대가가 자본금의 감소보다 커서 발생하는 감자차손과 자기주식의 처분대가가 취득가액보다 작아서 발생하는 자기주식처분손실 등은 자본의 차감계정인 자본조정에 해당한다. 이 외에 향후 자본으로 전입될 가능성이 높은 미교부주식배당금, 주식선택권, 출자전환채무, 신주청약증거금, 그리고 전환사채나 신주인수권부사채와 관련하여 발생하는 전환권대가 또는 신주인수권대가도 자본조정으로 분류된다.

기타포괄손익누계액은 손익거래에 해당하지만 손익계산서에 포함되지 않아 자본 전체에서 차감하거나 가산할 성질을 갖는 항목이다. 기타포괄손익누계액에는 유형자산 등의 재평가에 따른 재평가잉여금, 금융자산(FVOCI)의 기말 평가에 따른 금융자산(FVOCI)평가손익 및 해외사업장의 재무제표를 원화로 환산함에 따라 발생하는 해외사업장환산손익 등이 있다.

재무상태표상 자본은 일반적으로 자본금, 자본잉여금, 자본조정, 기타포괄손익누계액, 이익잉여금의 순서대로 표시한다. 자본의 분류와 구성요소는 <표 12-1>과 같다.

표 12-1 | 자본의 분류와 구성요소

자본의 분류	항 목	
납입자본	자본금	보통주자본금, 우선주자본금
	자본잉여금	주식발행초과금, 감자차익, 자기주식처분이익
기타 자본요소	자본조정	자기주식, 주식할인발행차금, 미교부주식배당금, 주식선택권, 출자전환채무, 신주청약증거금, 감자차손, 자기주식처분손실, 전환권대가, 신주인수권대가
	기타포괄손익 누계액	금융자산(FVOCI)평가손익, 현금흐름위험회피 파생상품평가손익, 해외사업장환산손익, 재평가잉여금
이익잉여금		법정적립금 : 이익준비금 등
		임의적립금 : 사업확장적립금, 감채기금적립금 등
		미처분이익잉여금(미처리결손금) : 처분(처리)되지 않고 차기로 이월되는 이익잉여금(결손금)

제 3 절 자본의 회계처리

1. 주식 유상발행

납입자본은 회사가 주주에게 주식을 발행함으로써 이루어진다. 주식발행으로 인한 회계처리는 자본금과 자본잉여금 또는 자본조정이 관련된다. 자본금은 영업활동을 위하여 필요한 현금이나 현물을 주주로부터 출자를 받고 그 대가로 주주에게 발행·교부한 주식의 액면금액을 말한다.

(1) 현금발행

주식 발행 회계처리는 납입자본의 원천을 확인하고, 발행가액과 액면금액의 차액에 대한 회계처리를 하는 것이다. 회사가 주식 발행으로 유입된 현금을 기록할 때는 주식의 액면금액을 자본금이라는 계정과목으로 대변에 기록하고, 발행가액이 액면금액을 초과하는 금액은 자본잉여금인 주식발행초과금으로, 미달하는 금액은 자본조정인 주식할인발행차금으로 기록한다.

1) 액면발행

액면발행은 발행가액이 액면금액과 동일한 경우를 말한다. 한국㈜가 보통주와 우선주를 액면발행하는 경우를 아래의 예제를 통해 학습하기로 한다.

한국㈜가 20×1년 1월에 회사를 설립하면서 보통주와 우선주를 발행하였다. 액면금액 ₩100의 보통주 주식을 주당 ₩100에 1,000주를 현금 발행하였고, 액면금액 ₩100의 우선주 주식을 주당 ₩100에 500주를 발행하였다. 이 경우 다음과 같이 회계처리한다.

(차) 현 금	150,000	(대)	보통주자본금	100,000
			우선주자본금	50,000

액면발행은 발행가액이 액면금액과 동일하므로 자본금으로 기록하고, 주식발행초과금이나 주식할인발행차금은 기록되지 않는다.

2) 할증발행

할증발행은 회사가 액면금액을 초과하여 주식을 발행하는 경우로써 발행가액이 액면금액을 초과한다. 액면금액을 초과하는 금액은 주식발행초과금으로 기록되며, 자본잉여금으로 회계처리한다.[2)]

한국㈜가 20×1년 6월 말에 액면금액 ₩100의 보통주를 주당 ₩120에 250주를 추가 발행하였다면, 다음과 같이 회계처리한다.

(차) 현 금	30,000*	(대)	보통주자본금	25,000**
			보통주주식발행초과금	5,000

* ₩120 × 250주 = ₩30,000 ** ₩100 × 250주 = ₩25,000

2) 다만, 할증발행 시점에 과거 할인발행의 결과로써 주식할인발행차금 잔액이 존재하는 상황이라면, 우선적으로 주식할인발행차금을 대변에 기록하여 주식할인발행차금을 먼저 감소시키고 남는 금액만을 주식발행초과금으로 기록한다.

두 거래로 인한 납입자본은 ₩180,000이고, 이 중 법정자본금인 보통주자본금은 ₩125,000이고 우선주자본금은 ₩50,000이다. 그리고 보통주주식발행초과금은 ₩5,000이다. 한국㈜의 이익잉여금이 ₩20,000이라 가정할 경우, 회사의 자본은 다음과 같다.

표 12-2 | 한국㈜의 부분재무상태표

부분재무상태표

제1기 20×1년 6월 30일 현재

한국㈜	(단위 : 원)
자본금	
보통주자본금	₩125,000
우선주자본금	50,000
자본잉여금	
보통주주식발행초과금	5,000
이익잉여금	20,000
자본총계	₩200,000

3) 할인발행

할인발행은 회사가 액면금액에 미달하여 주식을 발행하는 것이다. 미달 금액은 주식발행초과금이 충분히 남아있으면 주식발행초과금을 차변에 기록하여 주식발행초과금을 감소시키고, 금액이 충분치 않거나 없는 경우에는 주식할인발행차금 계정을 사용하여 차변에 기록한다. 주식할인발행차금은 자본조정으로 회계처리하며, 이익잉여금과 상계한다.

한국㈜가 20×1년 12월 말에 액면금액 ₩100의 보통주를 주당 ₩70에 300주를 추가 발행한다면, 회계처리는 다음과 같다.

(차) 현 금	21,000*	(대) 보통주자본금	30,000**
보통주주식발행초과금	5,000***		
주식할인발행차금	4,000***		

* ₩70 × 300주 = ₩21,000

** ₩100 × 300주 = ₩30,000

*** 먼저 보통주주식발행초과금(자본잉여금)을 상계하고, 나머지 금액은 주식할인발행차금으로 회계처리한다.

(2) 비현금발행(현물출자)

주식을 발행하고 그 대가로 현금 이외의 자산을 납입받는 경우가 있는데, 이를 비현금발행 혹은 현물출자라고 한다. 비현금발행(현물출자)의 경우 원칙적으로 취득한 자산의 공정가치로 발행주식을 평가한다. 다만, 해당 자산의 공정가치를 신뢰성있게 측정할 수 없는 경우에는 발행한 주식의 공정가치에 기초하여 회계처리한다.

예를 들어, 한국㈜의 주당 액면금액은 ₩500이고 주식시장에서 주당 ₩800에 거래가 이루어지고 있다고 하자. 한국㈜는 토지를 취득하기 위해 1,000주의 주식을 발행하였고 토지의 공정가치는 알 수 없는 경우, 이러한 비현금거래에서 가장 명확한 금액은 제공한 주식의 공정가치(시가)인 ₩800,000이다. 한국㈜는 이 거래를 다음과 같이 회계처리한다.

(차)	토 지	800,000	(대) 보통주자본금	500,000
			보통주주식발행초과금	300,000

(3) 주식발행비 회계처리

주식을 발행할 때에는 증권회사의 수수료, 광고비, 회계사 수수료, 주권 인쇄비 등이 발생하는데, 이를 주식발행비 혹은 신주발행비라고 한다. 주식발행비(신주발행비)가 발생하는 경우에는 그만큼 주식발행으로 인한 실제 수령금이 감소하게 되어, 주식발행초과금을 감소시키거나 주식할인발행차금을 증가시키는 회계처리를 하여야 한다.

✓예제 12-1

비상장회사인 강남㈜는 3월 1일 액면금액 ₩100의 보통주 10,000주를 주당 ₩120에 발행하였는데, 주식발행비 ₩50,000을 차감한 ₩1,150,000을 수취하였다. 한편, 강남㈜는 3월 15일에 공정가치가 ₩750,000인 토지를 취득하면서 보통주 5,000주를 추가 발행하였다.

요구사항

강남㈜의 일자별 주식발행 회계처리를 보여라.

해답

3월 1일	(차) 현 금	1,150,000*	(대) 보통주자본금	1,000,000
			보통주주식발행초과금	150,000**

* (₩120 × 10,000주) − ₩50,000 = ₩1,150,000

** [(₩120 − ₩100) × 10,000주] − ₩50,000 = ₩150,000

3월 15일	(차) 토 지	750,000	(대) 보통주자본금	500,000
			보통주주식발행초과금	250,000

2. 주식 무상발행

주식회사는 설립 이후 필요에 따라 수권주식의 범위 내에서 신주를 발행하여 자본금을 증가시킬 수 있다. 이와 같이 자본금을 증가시키는 것을 증자라 한다. 증자는 신주발행의 결과로써 자산과 자본이 실질적으로 증가하는지의 여부에 따라 실질적 증자와 형식적 증자로 구별된다.

실질적 증자는 앞선 주식의 유상발행의 경우와 같이 주식의 발행으로 자산이 증가하고 자본금이 증가하는 경우로 유상증자라고도 한다. 이에 반하여 형식적 증자는 신주발행의 대가를 실질적으로 받지 않아 형식적으로 자본금이 증가되는 것을 의미하는데, 자본금이 증가하더라도 자산이 증가하지 않는 경우이다. 형식적 증자에는 무상증자와 주식배당이 포함된다.

(1) 잉여금의 자본전입(무상증자)

주식회사는 자본잉여금이나 이익준비금의 일부 또는 전부를 재원으로 신주를 발행할 수 있다. 이와 같이 신주를 발행하면 자본잉여금이나 이익준비금은 감소하고 자본금이 증가하게 된다. 이처럼 잉여금을 감소시키고 자본금을 증가시키는 것을 잉여금의 자본전입 혹은 무상증자라고 한다.

회사는 주식을 추가로 발행하여 교부하지만 대가의 납입이 없으므로 회사의 순자산 총액에는 변화가 없다. 즉, 주주들은 주식을 받았지만 대가를 지불하지 않게 된다. 이처럼 대가 없이 수령하는 주식을 무상주라고 하는데, 아래의 예제를 통해 구체적인 회계처리를 살펴보자.

한국㈜의 보통주 1주당 액면금액은 ₩500이다. 20×1년 1월 1일 현재 회사의 자본금은 ₩500,000이고, 주식발행초과금은 ₩250,000, 이익준비금이 ₩150,000이다. 20×1년 3월 25일 주주총회에서 주식발행초과금 ₩100,000과 이익준비금 ₩100,000을 자본전입하기로 결의하고 보통주를 발행하여 주주에게 교부하였다면, 이에 대한 회계처리는 다음과 같다.

(차) 주식발행초과금	100,000	(대) 보통주자본금	200,000
이 익 준 비 금	100,000		

위의 거래를 분석하면, 주식발행초과금과 이익준비금이 감소하는 동시에 같은 크기의 보통주자본금이 증가하는 등 자본계정 내에서만 변동이 생길 뿐, 이 거래로 인하여 자산의 증가는 발생하지 않는다.

(2) 주식배당

회사가 미처분이익잉여금을 현금으로 배당하지 않고 주식을 교부한 것을 주식배당이라고 하는데, 미처분이익잉여금이 감소하고 자본금이 증가하므로 그 효과는 이익준비금의 자본전입과 동일하다. 다만, 주주총회에서 배당선언과 주식의 발행 및 교부 간 시차가 있으므로 배당선언 시 미처분이익잉여금을 감소시키고 미교부주식배당금을 증가시킨다. 그리고 주식을 발행하여 교부하는 시점에서는 미교부주식배당금을 감소시키고 자본금을 증가시킨다. 주식배당에 대해서는 후술하는 제4절 이익잉여금 부분에서 자세한 설명을 이어가도록 한다.

(3) 주식분할과 주식병합

한편, 형식적 증자와 유사한 형식적 자본거래로 주식분할과 주식병합이 있다. 주식분할은 하나의 주식을 여러 개의 동일 주식으로 분할하는 것을 말한다. 즉, 주식분할이 발생하면 주당 액면금액이 감소하는 동시에 동일한 비율로 발행주식

표 12-3 | 형식적 증자와 주식분할 및 주식병합의 주요 차이점

항 목	형식적 증자		주식분할	주식병합
	무상증자	주식배당		
자본금	증가	증가	변화 없음	변화 없음
자본잉여금	감소가능	변화 없음	변화 없음	변화 없음
이익잉여금	감소가능	감소	변화 없음	변화 없음
자본총계	변화 없음	변화 없음	변화 없음	변화 없음
발행주식 수	증가	증가	증가	감소
주당 액면금액	변화 없음	변화 없음	감소	증가

수가 증가한다. 예를 들어, 주당 액면금액이 ₩5,000인 주식 1주를 1 : 2 액면분할하면 주당 액면금액 ₩2,500인 주식 2주가 된다. 주식분할의 목적은 주당 가격을 낮춤으로써 주식의 유통성을 늘리는 데 있다. 반대로, 주식병합은 여러 개의 주식을 하나의 주식으로 통합하는 것을 의미한다.

주식분할(병합)은 자본계정에는 영향을 미치지 않으나, 발행주식 수가 증가(감소)하여 주당 액면금액은 감소(증가)한다. 따라서 주식분할(병합)은 별도의 회계처리를 할 필요가 없다. 참고로, <표 12-3>은 주식분할 및 주식병합과 형식적 증자 간의 주요 차이점을 요약한 것이다.

3. 주식의 재취득 : 자기주식

회사는 자기가 발행한 주식을 취득할 수 있는데, 이처럼 주식을 발행한 후 주주로부터 다시 취득한 주식회사 자신의 주식을 자기주식이라 한다.[3] 회사는 여러 가지 이유로 자기주식을 취득한다. 예를 들면, 주식을 소각하기 위해, 경영자들과 종업원의 상여나 주식매수선택권 행사에 자기주식을 교부하기 위해, 경영진들이 자기회사 주식의 시장가치를 높이기 위해 자기주식을 취득한다.

자기주식의 취득은 유가증권의 취득과 달리 자본계정에서 차감하는 형식으로 표시한다. 차감하는 형식으로 표시한다는 것은 확정되지 않았지만 자본의 감소로

3) 이러한 의미에서 자기주식을 **재취득주식** 또는 **금고주**(treasury stock)라고도 한다.

간주한다는 것이다. 즉, 기타자본요소 중 자본조정으로 분류한다. 또한 자기주식의 회계처리는 원가법에 의한다.

20×1년 1월 1일 한국㈜의 자본 자료를 이용하여 자기주식의 취득, 처분, 소각의 경우로 구분 설명하기로 한다. 20×1년 한국㈜의 기초 재무상태표상 자본은 보통주자본금 ₩1,000,000과 이익잉여금 ₩200,000으로 구성되어 있다.

부분재무상태표

20×1년 1월 1일 현재

한국㈜	(단위 : 원)
자본금	
보통주자본금(2,000주, @₩500)	₩1,000,000
이익잉여금	200,000
자본총계	₩1,200,000

1) 자기주식 취득

자기주식을 취득할 때 지급한 대가를 자기주식의 취득원가로 기록한다. 예를 들어, 한국㈜가 20×1년 2월 1일 주당 ₩800에 자기주식 400주을 취득했다면 회계처리는 다음과 같다.

(차) 자기주식	320,000	(대) 현 금	320,000

한국㈜는 자기주식 취득 시 지불한 금액을 자기주식의 취득원가로 기록하는데, 이러한 회계처리가 자본금에는 영향을 주지 않는다. 한편, 한국㈜는 재무상태표의 자본 중 기타자본요소인 자본조정으로 자기주식을 차감 표시하므로 자기주식의 취득은 주주지분을 감소시킨다. 자기주식 취득 후의 한국㈜의 자본 구성은 다음과 같다.

부분재무상태표

20×1년 2월 1일 현재

한국㈜	(단위 : 원)
자본금	
보통주자본금(2,000주, @₩500)	₩1,000,000
자본조정	
자기주식(400주)	(320,000)
이익잉여금	200,000
자본총계	₩880,000

한국㈜는 발행주식 수와 자기주식 수를 모두 주석으로 공시한다. 이 두 숫자의 차이가 유통주식 수로 현재 유통되고 있는 주식은 1,600주(=2,000주-400주)다.

2) 자기주식 처분

자기주식을 처분하는 경우, 처분시점의 회계처리는 처분대가가 취득원가와 같지 않으면 처분손익이 발생한다. 자기주식 거래는 주주와 회사 간의 거래이므로 자본거래로 분류된다. 자기주식의 처분손익은 자본거래로 인한 손익이므로 포괄손익계산서에 계상하지 않는다.

자기주식의 처분금액은 차변에 현금을 기록하고 대변에 자기주식을 기록한다. 처분금액이 취득원가보다 크면 자기주식처분이익이 기록되며, 처분금액이 취득원가보다 작으면 자기주식처분손실이 기록된다. 아래의 2가지 사례를 통해 구체적인 회계처리를 살펴보자.

20×1년 7월 1일, 한국㈜가 주당 ₩800에 취득했던 자기주식 100주를 ₩1,000에 처분하였다면 회계처리는 다음과 같다.

❑ 자기주식 처분 회계처리(처분가액>취득원가인 경우)

(차) 현　　금	100,000	(대) 자기주식	80,000
		자기주식처분이익	20,000

한국㈜는 자기주식처분이익을 당기손익(수익)으로 인식하지 않는데, 이는 자기주식은 자산이 아니기 때문이다. 즉, 주주와의 자본거래에서는 손익이 실현되지 않는다. 자기주식처분이익은 재무상태표상 자본잉여금에 자기주식처분이익 계정으로 별도 표시한다.

한편, 자기주식을 취득원가보다 낮은 가액으로 처분하면 먼저 차변에 이미 인식하였던 자기주식처분이익을 상계하고, 부족분은 자기주식처분손실로 인식한다.

예를 들어, 한국㈜가 20×1년 10월 1일에 추가로 자기주식 200주를 주당 ₩600에 처분하였다면 다음과 같이 회계처리한다.

❑ 자기주식 처분 회계처리(처분가액<취득원가인 경우)

(차) 현 금	120,000	(대) 자기주식	160,000
자기주식처분이익	20,000		
자기주식처분손실	20,000		

자기주식 처분으로 자기주식처분이익이 모두 상계되면, 처분가액을 초과하는 원가에 대해서는 자본조정 항목인 자기주식처분손실을 기록한 후, 이익잉여금 처분 시 이익잉여금과 상계처리한다. 상계되지 못한 자기주식처분손실은 재무상태표에 자본조정으로 남아있게 된다.

✓예제 12-2

강북㈜는 주당 액면금액 ₩500의 자기주식을 20×1년 7월 1일 현금 ₩240,000에 300주를 취득하였다. 20×1년 11월 1일 회사는 주당 ₩900에 자기주식 100주를 처분하였다.

▶ 요구사항

자기주식에 관한 회계처리를 하라.

해답

7월 1일	(차) 자기주식	240,000	(대) 현 금	240,000
11월 1일	(차) 현 금	90,000	(대) 자기주식	80,000
			자기주식처분이익	10,000

3) 자기주식 소각

한편, 자기주식을 소각하게 되면 주식이 소멸되는 것이므로 해당 주식만큼 자본금이 감소하게 된다. 자기주식 취득가액과 해당 주식에 해당하는 자본금 금액이 일치하지 않으면 감자차익(자기주식소각이익)이나 감자차손(자기주식소각손실)이 발생한다. 자기주식을 취득한 한국㈜의 20×1년 10월 1일의 재무상태표상 자본 구성이 다음과 같다고 하자.

부분재무상태표

20×1년 10월 1일 현재

한국㈜	(단위: 원)
자본금	
보통주자본금(2,000주, @₩500)	₩1,000,000
자본조정	
자기주식(100주)	(80,000)
자기주식처분손실	(20,000)
이익잉여금	200,000
자본총계	₩1,100,000

회사가 소유하고 있던 자기주식을 소각한 경우에는 자기주식의 취득원가가 해당 주식의 액면금액 총액보다 작으면(크면) 감자차익(감자차손)이 발생한다. 감자차익은 납입자본의 자본잉여금으로 분류하며, 감자차손은 자본조정으로 처리한 후에 이익잉여금과 상계한다.

예를 들어, 한국㈜가 소유하고 있던 자기주식 100주를 20×1년 10월 5일에 모두 소각하였다면, 다음과 같이 회계처리한다.

(차) 보통주자본금	50,000*	(대) 자기주식	80,000**
감자차손	30,000		

* 100주 × ₩500(액면금액) = ₩50,000
** 100주 × ₩800(취득원가) = ₩80,000

위 예제에서는 과거의 감차차익이 없는 상황에서 자기주식의 소각으로 감자차손이 발생하였으나, 만일 과거에 발생한 감자차익이 존재한다면 먼저 감자차익을 상계하고 나머지는 감자차손으로 회계처리한다. 감자차손은 주식할인발행차금, 자기주식처분손실과 같이 이익잉여금의 처분에 의해 상각한다.

제 4 절 이익잉여금

이익잉여금(retained earnings)은 회사가 영업활동에 사용하기 위해 유보한 당기순이익을 의미하는데, 이러한 의미에서 유보이익이라고도 한다. 이익잉여금은 주주의 몫이다. 그러나 이익잉여금은 특정 자산에 대한 권리를 나타내거나 특정 자산 계정과 연관되지는 않는다. 예를 들어, ₩100,000의 이익잉여금은 현금으로 ₩100,000이 있어야 된다는 것을 의미하지는 않는다.

마감분개를 통해 당기순이익은 이익잉여금으로 대체되는데, 집합손익을 차변에 기록하고 이익잉여금을 대변에 기록한다. 반대로 당기순손실이 발생한 경우에는 이익잉여금을 차변에 기록하고 집합손익을 대변에 기록한다. 즉, 당기순이익에 의해 이익잉여금은 증가하고, 당기순손실에 의해 이익잉여금은 감소한다.

앞에서 잉여금의 자본전입 또는 주식배당으로 이익잉여금이 감소하고 자본금이 증가한다는 것을 학습한 바 있다. 그리고 주식할인발행차금, 자기주식처분손실 및 감자차손 등은 결산 시 이익잉여금과 상계한다는 것도 이미 학습하였다. 따라서 이익잉여금의 증감을 요약하면 <표 12-4>와 같다.

표 12-4 | 이익잉여금의 증가와 감소 항목

이익잉여금 증가	이익잉여금 감소
• 당기순이익 • 전기오류수정이익 • 회계정책변경누적효과로 인한 증가	• 당기순손실 • 배 당 • 무상증자 • 주식할인발행차금 상각 • 자기주식처분손실 상각 • 감자차손 상각 • 전기오류수정손실 • 회계정책변경누적효과로 인한 감소

1. 이익잉여금의 처분 제한

이익잉여금은 배당으로 지급이 가능하나 이에 대한 규제가 존재한다. 이익잉여금에 대한 규제는 이익잉여금의 일부를 배당으로 처분하지 못하게 하는 것인데, 상법은 자본금의 2분의 1에 달할 때까지 매 결산기의 금전에 의한 이익배당액의 10분의 1 이상 금액을 이익준비금으로 적립하도록 규정하고 있다. 법에 의해 적립되는 것을 법정적립금이라 하며 이익준비금이 대표적이다.

또한 장기 부채계약에서 대출조건으로 이익잉여금을 일정 수준으로 유지하도록 규제하는 경우가 있다. 이 규제는 배당금 지급을 위한 회사의 자산 사용에 제한을 두기 때문에 대출금의 상환가능성을 증가시킨다.

이사회에서 특정 목적을 위해서 자발적으로 이익잉여금을 적립하도록 할 수도 있다. 이러한 적립금을 임의적립금이라고 한다. 예를 들어, 이사회는 미래 설비 확장을 위해 이익잉여금의 규제를 승인할 수 있다. 배당가능한 이익잉여금을 줄임으로써 회사는 확장계획을 실행하는 데 더 많은 현금을 확보할 수 있게 된다. 회사는 이익잉여금에 대한 규제의 내용을 재무제표 주석으로 공시한다.

2. 배당과 이익잉여금의 변동

배당은 현금이나 주식을 회사가 일정 비율에 따라 주주들에게 배분하는 것으로 현금배당과 주식배당이 있다. 배당은 주식 액면금액의 비율과 주당 금액의 두 가지 방식으로 표현할 수 있다. 언론에서는 일반적으로 주당 금액으로 배당을 발표한다. 예를 들어, 강남㈜는 1주당 ₩500, 한국㈜는 1주당 ₩1,000, 강북㈜는 1주당 ₩3,000 등으로 발표한다.

(1) 현금배당

현금배당은 주주들에게 일정 비율로 현금을 지급하는 분배이다. 현금배당의 재원은 이익잉여금이다. 일반적으로 납입자본인 보통주자본금을 재원으로 하는 현금배당은 납입자본을 반환하는 것이므로 법에서 허용하지 않는다. 납입자본을

그림 12-1 배당선언일, 기준일 및 지급일

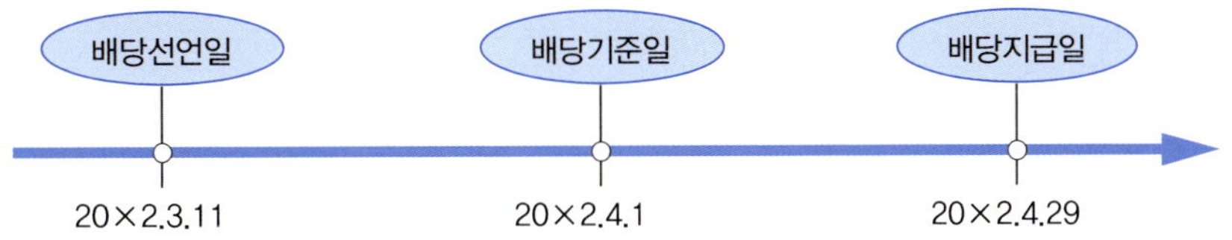

재원으로 하는 배당을 청산배당이라고 한다. 이러한 배당은 주주들이 납입한 자본을 감소시키거나 또는 청산하기 때문에 금지한다.

배당은 이사회의 결의를 거쳐 주주총회에서 확정된다. 배당을 확정하기 전까지, 즉 배당을 선언하기 전까진 배당금액을 지급하지 않는다. 이사회는 당기순이익 중 배당의 형태로 분배할 것과 사업을 위해 유보할 금액을 결정할 권한이 있으며, 주주총회를 통해 확정한다. 그러나 중간배당의 경우는 정관에 규정이 있는 경우에 한하여 이사회의 결의로 배당을 결정할 수 있다.

배당과 관련하여 ① 배당선언일, ② 배당기준일, ③ 배당지급일이라는 세 가지 시점이 중요한 의미를 갖는다.[4] 보통 각 날짜 사이에 2주에서 4주 정도의 기간이 있는데 회사는 배당선언일과 배당지급일에 배당과 관련된 회계처리를 한다.

배당선언일은 주주총회(이사회)가 공식적으로 현금배당을 결의하고 주주들에게 통보한 날이고, 현금배당의 선언은 회사에 법적인 의무를 지게 만드는 사건이다. 이 의무는 구속력을 가지며 철회할 수 없다. 따라서 회사는 이익잉여금, 구체적으로 미처분이익잉여금의 감소와 미지급배당금이라는 부채의 증가를 인식한다.

예를 들어, 20×2년 3월 11일 한국㈜의 주주총회에서 액면금액 ₩5,000인 보통주 10,000주에 대해 주당 ₩500의 현금배당을 결의하였다면, 배당액은 ₩5,000,000

---

4) 현행 배당절차는 '先 배당기준일, 後 배당액확정' 구조이다. 즉, 결산기 말일 주주를 배당받을 주주로 확정하나, 배당 여부와 배당액은 그 다음해 3월에 개최되는 정기주주총회에서 결정됨에 따라 배당받을 주주가 확정되는 시점(배당기준일)에는 배당액 등 정보를 알 수가 없어 배당 관련 예측이 어려운 상황이다. 이에 금융위원회는 상법 제354조에 대한 유권해석, 자본시장과 금융투자업에 관한 법률 등을 통해 글로벌 스탠더드에 부합하는 배당절차 개선방안('先 배당액확정, 後 배당기준일')을 발표하였다(2023년 1월 31일). 구체적으로, 주주총회에서 배당 여부와 배당액을 결정하는 주주를 정하는 '의결권기준일'과 배당을 받을 자를 정하는 '배당기준일'을 분리하여 주주총회일 이후로 '배당기준일'을 정할 수 있도록 한 것이다. 따라서 본서에서는 향후 적용될 개선방안에 따라 배당절차를 설명한다.

(10,000주 × ₩500/주)이다. 배당선언일의 회계처리는 다음과 같다.

(차) 미처분이익잉여금	5,000,000	(대) 미지급배당금	5,000,000

배당기준일에 회사는 주주명부에 기초하여 배당을 위한 유통주식에 대한 소유주가 누구인지를 확정한다. 한국㈜의 경우 배당기준일을 20×2년 4월 1일이라고 가정하면, 배당선언일에 인식된 회사의 부채는 변화가 없으므로 어떠한 회계처리도 필요 없다.

배당지급일에는 회사가 배당금통지서를 주주들에게 발송하고 배당지급을 기록한다. 즉, 배당선언일에 인식한 미지급배당금을 차변에 기록하고, 동시에 현금을 대변에 기록한다. 만일, 한국㈜의 배당지급일이 20×2년 4월 29일이라면 지급일의 회계처리는 다음과 같다.

(차) 미지급배당금	5,000,000	(대) 현 금	5,000,000

배당의 지급은 유동자산과 유동부채를 동시에 감소시키지만 주주지분에는 아무런 영향이 없다. 그러나 현금배당의 선언과 지급의 누적효과는 주주지분과 자산총계를 모두 감소시킨다.

우선주에 대한 배당은 보통주에 대한 배당과 다를 수 있다. 우선주는 배당에 관해 보통주보다 우선권이 있다. 누적적우선주의 소유자들은 보통주주들이 배당을 받기 전에 연체배당금을 받아야 한다. 또한 우선주는 보통주의 기본 배당을 한 후 남는 잔여이익에 대해 보통주와 함께 이익배당에 참가할 수 있는지 여부에 따라 참가적우선주와 비참가적우선주로 구분된다.

(2) 주식배당

주식배당은 주주들에게 일정 비율로 회사 주식을 분배하는 것이다. 현금배당은 회사가 현금을 지급하는 반면에 주식배당은 미처분이익잉여금을 감소시키고 자본금을 증가시키는 결과를 가져오므로, 자산이나 자본에 영향을 미치지 않는다. 상법에서는 주식배당을 이익배당 총액의 2분의 1을 초과하지 못하도록 하고 있으며, 주식배당은 주식의 권면액(액면금액)으로 하여야 한다고 규정하고 있어, 우리나라는 주식배당에 대해서 액면금액법을 채택하고 있다.

현금을 지급하거나 부채가 변화하지 않지만 회사가 주식배당을 실시하는 이유는 현금 지출 없이 배당에 대한 주주들의 기대를 만족시키기 위해서이다. 주식배당으로 유통주식 수가 증가하면 주당 시장가치는 감소하고, 소액투자자들도 주식을 취득할 수 있기 때문에 주식의 유통성을 높인다. 아래 예제를 통해 구체적인 회계처리를 살펴보자.

한국㈜의 보통주 주당 액면금액은 ₩500이고, 20×1년 12월 31일 현재 보통주 10,000주가 기발행되어 있는 상태이다. 한국㈜는 20×2년 3월 10일 주주총회에서 20×2년 4월 1일 주주명부에 등재된 주주에게 주당 0.1주의 주식배당을 실시하기로 선언하고, 20×2년 4월 22일에 주식을 발행하여 주주에게 교부하였다. 이에 대한 일자별 회계처리는 다음과 같다.

3월 10일	(차) 미처분이익잉여금	500,000*	(대) 미교부주식배당금	500,000*
	*10,000주 × 0.1주 × ₩500 = ₩500,000			
4월 22일	(차) 미교부주식배당금	500,000	(대) 보통주자본금	500,000

위의 사례에서 3월 10일과 4월 22일 분개를 동시에 고려하면 미처분이익잉여금이 감소하고 보통주자본금이 증가한 것이므로 자산의 증가를 수반하지 않게 된다. 즉, 주식배당이 재무제표에 미치는 영향은 자본 내에서만 변동하므로 잉여금의 자본전입(무상증자)과 동일하다.

✓예제 12-3

강남㈜는 5년째 이익을 기록하고 있다. 이러한 경영성과로 주당 시가는 ₩1,500에서 ₩4,500으로 3배가 되었다(액면금액 ₩1,000, 50,000주). 또한 이 기간 동안에 자본금은 ₩50,000,000으로 동일하게 유지되었고, 이익잉여금은 ₩1,500,000에서 ₩10,000,000으로 증가하였다. CEO인 김한국은 (1) 10%의 주식배당과 (2) 1 : 2의 주식분할 중 하나를 고려하고 있다.

요구사항

두 가지 대안별로 전후의 효과를 (a) 이익잉여금과 (b) 주당 장부금액 측면에서 보여라.

해답

(a) (1) 주식배당 금액은 ₩5,000,000[(50,000주 × 10%) × ₩1,000]이며, 주식배당 후 이익잉여금의 잔액은 ₩5,000,000(₩10,000,000 − ₩5,000,000)이다.

(2) 주식분할 후의 이익잉여금은 주식분할 전과 동일한 ₩10,000,000이다.

(b) 주당 장부금액 변화는 다음과 같다.

	기존	주식배당 후	주식분할 후
자본금	₩50,000,000	₩55,000,000	₩50,000,000
이익잉여금	10,000,000	5,000,000	10,000,000
자본총계	₩60,000,000	₩60,000,000	₩60,000,000
유통주식 수	50,000	55,000	100,000
주당 장부금액	₩1,200	₩1,091	₩600

(3) 전기오류수정

회사가 장부를 마감하고 재무제표 공표로 순이익을 보고한다. 회사가 재무제표를 공표한 후에 전기에 발생한 오류를 수정하게 되는 경우 이를 전기오류수정이라고 한다. 오류로 인한 효과는 이익잉여금에 반영되어 있기 때문에 회사는 이익잉여금을 직접 수정하게 된다.

예를 들어, 20×1년에 한국㈜는 20×0년의 감가상각비 ₩300,000이 계산 실수로 과소계상된 것을 발견하였다. 이것은 중대한 오류에 해당되며, 20×0년의 이익잉여금을 ₩800,000으로 보고하였다. 법인세효과를 무시한다고 가정하면 전기오류수정을 위한 회계처리는 다음과 같다.

(차) 전기오류수정손실 (이익잉여금)	300,000	(대) 감가상각누계액	300,000

전기오류수정손실은 기초이익잉여금의 감소에 해당하므로 회사는 자본변동표(이익잉여금 부분)에 전기오류수정을 보고한다. 즉, 회사는 기초이익잉여금 잔액에 전기오류에 해당하는 항목들을 가감하여 그 결과로 수정 후 잔액이 남게 된다. 따라서 한국㈜의 기초이익잉여금 ₩800,000은 수정되어 ₩500,000으로 보고된다.

자본변동표(이익잉여금 부분)

한국㈜	20×1년 1월 1일부터 20×1년 12월 31일까지	(단위: 원)
기초잔액		₩800,000
전기오류수정손실(감가상각비 오류)		(300,000)
수정후 기초잔액		₩500,000

3. 이익잉여금의 변동과 처분의 표시

당기 중 이익잉여금의 변화는 자본변동표(이익잉여금 부분)에 표시된다. 회계기준에서는 일정 기간 동안 개별 자본 구성항목과 자본합계의 변화를 보여주는 자본변동표를 재무제표로 규정하고 있다. 한국채택국제회계기준에 의한 자본변동표(이익잉여금 부분)의 양식은 다음과 같다.

자본변동표(이익잉여금 부분)

XX회사	20×1년 1월 1일부터 20×1년 12월 31일까지	(단위: 원)
20×1년 1월 1일 이익잉여금		₩×××
회계정책변경누적효과		×××
전기오류수정손익		×××
수정후 기초잔액		×××
전기 이익처분		
임의적립금의 이입		×××
연차배당		(×××)
기타 이익잉여금처분		(×××)
기타 변동사항		
중간배당		(×××)
기타포괄손익 등의 대체		×××
당기순손익		×××
20×1년 12월 31일 이익잉여금		₩×××

위의 자본변동표(이익잉여금 부분)에 표시된 각 항목에 대해서 살펴보면, 우선 수정후 기초잔액은 기초이익잉여금에 회계정책변경누적효과와 전기오류수정을 소급적용하여 수정된 이익잉여금을 의미한다. 다음으로 전기 이익처분은 임의적립금 이입, 연차배당 및 기타 이익잉여금처분으로 구성되어 있다. 여기서 임의적립금 이입은 이익잉여금이 부족하여 배당이나 그밖의 처분이 곤란한 경우에 전기 이전에 적립한 임의적립금으로 그 부족분을 보충하는 것을 의미하며, 연차배당은 현금배당과 주식배당을 의미한다. 그리고 기타 이익잉여금처분은 법정적립금과 임의적립금의 적립 및 주식할인발행차금, 자기주식처분손실 및 감자차손과 상계된 금액을 의미한다.

마지막으로 기타 변동사항으로 중간배당, 기타포괄손익 등의 대체 및 당기순손익 항목이 있다. 중간배당은 회계연도 중간에 이사회의 결의로 지급되는 배당을 의미하며, 기타포괄손익 등의 대체는 재평가잉여금 등의 기타포괄손익을 이익잉여금으로 대체한 금액을 의미한다. 그리고 당기순손익 항목은 보고기간 말에 당기순손익을 이익잉여금으로 대체한 것을 의미한다.

우리나라는 주주총회를 통해 이익잉여금 처분이 이루어지므로, 주주총회의 결의가 있기 전까지 이익잉여금 처분에 대한 회계처리를 장부에 반영할 수 없다. 예를 들어, 결산일이 20×2년 12월 31일인 경우 20×2년도 주주총회는 20×3년 2월이나 3월 중에 개최되므로 20×2년도 이익잉여금 처분에 대한 회계처리는 20×3년 2월이나 3월 중 주주총회 결의일에 이루어진다. 이처럼 이익잉여금의 처분에 대한 장부기록을 주주총회 결의일에 수행하기 때문에 당기말 현재 재무상태표에 계상되는 이익잉여금은 처분 전의 금액이 된다.

✓예제 12-4

20×3년 2월 26일에 개최된 강남㈜의 20×2년도 주주총회에서 결의된 내용을 반영한 직후 강남㈜의 재무상태표상 자본은 다음과 같다.

보통주자본금	₩11,000,000
주식발행초과금	1,100,000
이익준비금	2,200,000
임의적립금	440,000
미처분이익잉여금	110,000

강남㈜의 20×3년도 당기순이익은 ₩3,000,000이며, 20×3년도 이익잉여금의 처분은 20×4년 2월 24일에 개최된 주주총회일에 다음과 같이 결의되었다

현금배당	₩2,200,000
이익준비금 적립	220,000
임의적립금 적립	330,000

▶▶ 요구사항

20×3년도 결산일 및 주주총회일에 강남㈜가 해야 할 분개를 하고, 주주총회일에 재무상태표를 작성한다면 표시될 이익준비금, 임의적립금 및 미처분이익잉여금 잔액을 각각 계산하시오.

해답

• 결산일(20×3년 12월 31일) 분개 : 당기순이익의 이익잉여금 대체

(차) 집합손익	3,000,000	(대) 미처분이익잉여금	3,000,000

• 주주총회일(20×4년 2월 24일) 분개 : 이익잉여금의 처분

(차) 미처분이익잉여금	2,750,000	(대) 미지급배당금	2,200,000
		이익준비금	220,000
		임의적립금	330,000

• 20×4년 2월 24일 재무상태표에 표시될 이익준비금, 임의적립금 및 미처분이익잉여금

① 이익준비금 = ₩2,200,000 + ₩220,000 = ₩2,420,000

② 임의적립금 = ₩440,000 + ₩330,000 = ₩770,000

③ 미처분이익잉여금 = ₩110,000 + ₩3,000,000 − ₩2,750,000 = ₩360,000

제 5 절 자본변동표

회사가 재무상태표와 포괄손익계산서를 공표할 때 주주지분의 구성요소 변화도 함께 공시하는데, 이는 정보이용자들에게 충분한 정보를 제공하기 위함이다. 이러한 주주지분의 구성요소 변화를 나타내는 자본변동표(statement of changes in equity)는 당기의 개별 자본 구성항목과 자본합계의 변화를 보여준다. 아래와 같이 자본변동표는 다위식(columnar form)으로 작성되는데, 각 계정항목과 자본합계의 열로 구성되고 거래와 거래의 효과들이 관련된 열에 표시된다.

표 12-5 | 자본변동표 양식

자본변동표

제×기 20×1년 1월 1일부터 20×1년 12월 31일까지

회사명 (단위 : 원)

구 분	자본금	자본잉여금	자본조정	기타포괄손익누계액	이익잉여금	총 계
20×1.1.1(보고금액)					×××	×××
전기분 배당					(×××)	(×××)
기타 이익잉여금처분액	×××	×××	×××	×××	(×××)	(×××)
처분후 이월이익잉여금					×××	×××
회계정책변경누적효과					×××	×××
전기오류수정손익					×××	×××
수정후 이월이익잉여금					×××	×××
중간배당					(×××)	(×××)
유상증자(감자)	×××	×××				×××
당기순이익(손실)					×××	×××
자기주식 취득			(×××)			(×××)
해외사업환산차손				(×××)		(×××)
20×1.12.31	×××	×××	×××	×××	×××	×××

자본변동표의 기본요소는 ① 소유주의 투자, ② 소유주에 대한 분배, 그리고 ③ 소유주와의 거래 이외의 모든 원천에서 인식된 자본의 변동(포괄이익)이다. 소유주

의 투자는 현금, 재화 또는 용역의 유입, 부채의 전환 등에 의해 이루어지며, 그에 따라 자본이 증가하게 된다. 소유주에 대한 분배는 현금배당 또는 자기주식 취득의 형태로 이루어지며, 그에 따라 자본이 감소하게 된다. 포괄이익은 일정 기간 동안 소유주와의 거래 이외의 모든 거래 및 사건에서 인식된 자본의 변동을 말한다.

자본변동표의 이익잉여금 열(column)이 이익잉여금계정의 변화를 보여주기 때문에 자본변동표가 보고되면 이익잉여금처분계산서가 필요하지 않다.

제 6 절 재무제표 표시와 분석

1. 재무제표 표시

한국㈜의 재무상태표상 자본이 <표 12-6>에 제시되어 있다. 즉, 20×1년 말 재무상태표에 표시된 한국㈜의 자본금은 ₩820,000이며, 자본총계는 ₩12,864,000이다. 재무상태표상 자본은 자본금, 자본잉여금, 기타자본요소(자본조정 및 기타포괄손익누계액) 및 이익잉여금으로 구성되어 있음을 알 수 있다.

표 12-6 | 한국㈜ 부분재무상태표

부분재무상태표

20×1년 12월 31일 현재

한국㈜		(단위 : 원)
자 본		
자본금		₩820,000
보통주자본금	₩820,000	
자본잉여금		2,200,000
주식발행초과금	₩2,200,000	
자본조정		(55,000)
자기주식	₩(55,000)	
기타포괄손익누계액		(209,000)
금융자산(FVOCI)평가손실	₩(209,000)	
이익잉여금		10,108,000
자본총계		₩12,864,000

2. 재무제표 분석

보통주주 관점에서의 수익은 자기자본이익률(return on equity, ROE)로 측정할 수 있다. 이 비율은 보통주주가 투자한 자금 ₩1당 회사가 획득한 당기순이익이 얼마인지를 보여주는데, 당기순이익(당기순이익에서 우선주 배당 차감)을 평균 보통주자본으로 나누어서 계산한다.

예를 들어, 한국㈜의 기초와 기말 보통주자본이 각각 ₩5,400,000과 ₩5,600,000이라고 가정하자. 그리고 당기순이익은 ₩1,100,000이고, 유통되고 있는 우선주가 없다면 자기자본이익률은 다음과 같이 계산된다.

자기자본이익률 = (당기순이익 − 우선주 배당금) ÷ 평균 보통주자본

$$(₩1,100,000 - ₩0) \div \left[\frac{(₩5,400,000 + ₩5,600,000)}{2} \right] = 20\%$$

만일, 회사가 우선주를 발행했다면 보통주주에게 귀속되는 이익을 계산하기 위해 우선주 배당금이 당기순이익에서 차감된다. 또한 우선주의 장부금액을 자본합계에서 차감하여 보통주자본을 계산한다.

✓예제 12-5

강남㈜의 수권주식 수는 100,000주이고 주당 액면금액은 ₩500이다. 첫해 연도인 20×1년 회사는 다음과 같은 자본거래가 있었다.

(1) 1월 10일 주당 ₩800에 보통주 40,000주를 발행하였다.

(2) 7월 1일 토지 취득을 위해 보통주 10,000주를 발행하였다. 토지의 매각자가 요구한 가격은 ₩9,000,000이었으며, 강남㈜의 보통주는 현재 주식시장에서 주당 ₩825에 거래되고 있다.

(3) 9월 1일 자기주식 1,000주를 주당 ₩900에 구입하였다.

(4) 12월 1일 주당 ₩1,000에 자기주식 400주를 처분하였다.

요구사항

1. 위의 거래를 회계처리하라.
2. 12월 31일에 이익잉여금은 ₩2,000,000이라고 가정하고 자본을 나타내는 부분재무상태표를 작성하라.

해답

1.

일자	차변	금액	대변	금액
1월 10일	(차) 현 금	32,000,000	(대) 보통주자본금	20,000,000
			보통주주식발행초과금	12,000,000
7월 1일	(차) 토 지	8,250,000	(대) 보통주자본금	5,000,000
			보통주주식발행초과금	3,250,000
9월 1일	(차) 자기주식	900,000	(대) 현 금	900,000
12월 1일	(차) 현 금	400,000	(대) 자기주식	360,000
			자기주식처분이익	40,000

2. 부분재무상태표 작성

부분재무상태표

20×1년 12월 31일 현재

강남(주) (단위 : 원)

자 본		
자본금		₩25,000,000
보통주자본금	₩25,000,000	
자본잉여금		15,290,000
주식발행초과금	₩15,250,000	
자기주식처분이익	40,000	
자본조정		(540,000)
자기주식	₩(540,000)	
이익잉여금		2,000,000
자본총계		₩41,750,000

요 약

1. 주식회사의 주요 특징

주식회사의 주요 특징은 개별 법적 실체, 주주의 유한책임, 소유권 양도 및 대규모 자본조달의 용이함, 계속기업 가정, 주주에 의한 간접경영, 정부규제 등이 있다.

2. 보통주와 우선주의 차이

우선주는 특정 부분에서 보통주에 대한 우선권이 주어진다. 일반적으로 우선주주는 ① 배당과 ② 자산처분에 있어서 우선권이 있다.

3. 보통주 발행 회계처리

보통주 발행으로 현금이 차변에 기록되면, 액면금액은 보통주자본금 계정으로 대변에 기록한다. 액면금액을 초과하거나 미달되는 금액은 자본잉여금(주식발행초과금)과 자본조정(주식할인발행차금) 계정에 각각 기록된다.

4. 자기주식 회계처리

자기주식 취득 시에는 취득원가를 차변에 기록하며, 처분 시에는 동 금액을 대변에 기록한다. 한편, 처분금액과 취득원가의 차이(자기주식처분손익)는 자본 항목으로 표시되고, 포괄손익계산서에는 표시되지 않는다.

5. 현금배당과 주식배당의 회계처리

현금배당과 주식배당 모두 배당선언일과 배당지급일에 회계처리가 요구된다.

배당선언일의 분개 :	현금배당 - 차) 이익잉여금	×××	대) 미지급배당금	×××
	주식배당 - 차) 이익잉여금	×××	대) 미교부주식배당금	×××
배당지급일의 분개 :	현금배당 - 차) 미지급배당금	×××	대) 현 금	×××
	주식배당 - 차) 미교부주식배당금	×××	대) 보통주자본금	×××

6. 이익잉여금의 변동

이익잉여금의 가산항목은 당기순이익과 전기오류수정이익으로 구성된다. 차감항목은 당기순손실과 전기오류수정손실, 현금 및 주식 배당, 주식할인발행차금 상각 등으로 구성된다.

7. 자본변동표

자본변동표는 보고기간 동안에 발생한 소유주지분(자본)의 변동을 보고하는 재무제표로서 자본구성요소(납입자본, 이익잉여금 및 기타자본요소)의 변동에 대한 종합적인 정보를 제공하는 데 목적이 있다.

용어정리

결손금	기말 결산일 현재 기초자본계정보다 기말자본계정 잔고가 감소하였을 때의 감소액
납입자본	주주들이 주식과 교환하여 회사에 지급한 현금이나 기타 자산의 금액
누적배당	우선주가 당기 배당뿐만 아니라 전기에 지급받지 못한 배당에 대해서도 보통주주들이 배당을 받기 전에 지급받을 수 있는 몫
무액면주식	회사의 정관에 주식의 액면금액이 명시되어 있지 않는 주식
배당금	회사가 이익을 발생시켜 회사 내에 누적시켜 온 이익잉여금의 일부를 주주에게 분배하는 것
배당기준일	배당을 받을 권리가 부여되는 주주를 확정하는 날
배당선언일	배당액과 지급일을 결정하여 선포하게 되는 날로 우리나라의 경우 주주총회일이 배당선언일이 됨
배당지급일	실제로 배당을 지급하는 날
수권주식 수	정관에 기재되어 있는 회사가 발행할 수 있는 주식의 총수
액면주식	정관과 주식의 권면에 액면금액이 명시된 주식
우선주	의결권은 없지만 보통주에 비하여 이익배당이나 잔여재산의 분배 등에 관하여 우선적인 지위를 가지는 주식
유통주식	발행되어 주주들에 의해 소유되는 주식
이익잉여금	영업활동에 의해 획득된 이익 중에서 회사 외부로 유출되지 않고 내부에 유보된 금액
자기자본이익률	당기순이익을 평균 보통주자본으로 나누어 계산된 보통주주의 관점에서 측정한 수익성 지표
자기주식	회사나 연결실체 내의 다른 회사가 보유하고 있는 자기지분상품
자본변동표	일정 기간 동안 발생한 자본의 변동을 표시하는 재무제표
전기오류수정	전기 이전에 발생한 회계오류를 당기에 발견하여 수정하는 것
주식배당	주주들에게 일정 비율로 회사 주식을 분배하는 것으로 현금배당과는 달리 자본총계나 자산총계를 감소시키지 않음

주식분할	회사의 자산과 자본에 대한 변화 없이 기존의 주식을 분할하여 발행주식의 수를 증가시키는 것
주식회사	주식회사법에 의해 소유주와 분리되어 단일 법률 실체로 인식되는 경제조직
현금배당	주주들에게 일정한 비율로 지급하는 현금의 분배

보론

장부금액 — 또 다른 주당 금액

(1) 주당 장부금액

이 장에서 여러 가지 주당 금액에 대해 공부하였다. 또 다른 주당 금액으로 중요한 것이 주당 장부금액이다. 이는 회사의 **순자산에 대한 보통주주들의 지분**을 나타낸다. 순자산(자산총계 - 부채총계)은 자본총계와 일치해야 한다. 따라서 보통주 한 종류의 유통주식만 있는 회사의 주당 장부금액을 계산하는 공식은 다음과 같다.

주당 장부금액 = 주주지분총계 ÷ 유통보통주식 수

한국㈜의 자본총계가 ₩1,500,000(보통주자본금 ₩1,000,000, 이익잉여금 ₩500,000)이고 유통보통주식이 50,000주가 있다면 주당 장부금액은 ₩30(₩1,500,000 ÷ 50,000주)이다.

회사가 우선주와 보통주를 동시에 발행하고 있다면 장부금액을 계산하는 식은 더 복잡해진다. 우선주주는 순자산에 대해 보통주주보다 우선권을 가지므로, 그들의 지분은 자본총계에서 차감되어야 한다. 그러면 보통주에 적용되는 지분액을 결정할 수 있다. 주당 장부금액의 계산은 다음의 단계를 따른다.

1. 우선주지분을 계산한다. 이는 우선주주들의 상환금액과 연체된 누적배당금의 합계와 동일하다. 만일, 우선주의 상환금액이 존재하지 않는다면 액면금액이 사용된다.
2. 자본총계에서 우선주지분을 차감하여 보통주지분을 측정한다.
3. 보통주지분을 유통보통주식 수로 나누어 주당 장부금액을 측정한다.

✓ 사 례

다음의 강남㈜의 부분재무상태표를 이용하여, 우선주자본금이 있는 경우의 주당 장부금액을 계산하여 보기로 한다.

부분재무상태표

20×1년 12월 31일 현재

강남㈜ (단위 : 원)

자　본		
자본금		₩26,000,000
보통주자본금	₩20,000,000	
우선주자본금	6,000,000	
자본잉여금		10,800,000
보통주주식발행초과금	₩10,500,000	
우선주주식발행초과금	300,000	
자본조정		(800,000)
자기주식(1,000주)	₩(800,000)	
이익잉여금		11,600,000
자본총계		₩47,600,000

주석 1 : 보통주 액면금액 ₩500, 수권주식 수 50,000주, 발행주식 수 40,000주, 유통주식 수 39,000주
주석 2 : 우선주 액면금액 ₩1,000, 수권주식 수 10,000주, 발행유통주식 수 6,000주, 배당률은 9%이며, 직전 연도의 배당이 지급되지 않았다. 또한 누적적우선주로 상환금액은 존재하지 않는다.

강남㈜의 우선주는 상환금액이 존재하지 않으므로 액면금액 ₩1,000으로 우선주를 계산하며, 연체배당금을 계산한다. 1단계 우선주지분의 계산은 아래와 같다.

우선주 액면금액(6,000주 × ₩1,000/주)	₩6,000,000
연체배당금(6,000주 × ₩1,000/주 × 9%)	540,000
우선주지분액	**₩6,540,000**

주당 장부금액의 계산(단계 2와 3)은 다음과 같다.

총주주지분	₩47,600,000
차감 : **우선주지분**	**6,540,000**
보통주지분	**₩41,060,000**
유통보통주식 수	**39,000**
주당 장부금액(₩41,060,000 ÷ 39,000주)	**₩1,052.8**

우선주주식발행초과금 ₩300,000은 우선주지분에 포함되지 않는 것에 주의하라. 우선주주들은 보통 주식발행초과금에 대한 권리가 없다. 따라서 이러한 금액은 장부금액을 계산할 때 보통주지분으로 포함되어야 한다.

(2) 장부금액 대 시장가치

주당 장부금액(book value)**은 주당 시장가치**(market value)**와 일치하지 않을 수 있다**는 것을 꼭 알아야 한다. 장부금액은 보통 장부에 기록된 원가에 기초한다. 시장가치는 수많은 주주들과 잠재적인 투자자들이 회사의 미래 배당과 수익의 잠재력에 대해 가지는 주관적인 판단을 반영한다. 주당 시장가치는 주당 장부금액을 초과할 수 있지만, 그 사실이 주가가 과대평가되었다는 것을 의미하는 것은 아니다. 주당 장부금액은 주주들의 주당 지분의 추세를 측정하는 데 유용하다. 또한 개별 당사자들의 권리가 원가정보에 기반을 두는 계약과 소송에서 중요성을 가진다.

EXERCISES

연습문제

객관식

[문제 1] ㈜대한의 20×1년 말 재무제표에 포함된 내용이다. 20×1년 말 자본잉여금은? 〈난이도: 하〉 (2019 경영지도사)

감자차익	₩300	자기주식	₩250
주식발행초과금	180	자기주식처분손실	50
임의적립금	140	재평가잉여금	90

① ₩300 ② ₩340 ③ ₩350
④ ₩390 ⑤ ₩480

[문제 2] ㈜대한은 주당 액면금액 ₩5,000인 보통주 500주를 주당 ₩15,000에 발행하였다. 발행대금은 전액 당좌예금에 입금되었으며, 주식인쇄비 등 주식발행과 직접 관련된 비용 ₩500,000이 지급되었다. 유상증자 직전에 주식할인발행차금 미상각잔액 ₩800,000이 존재할 때, ㈜대한의 유상증자로 인한 자본의 증가액은? 〈난이도: 중〉 (2014 세무사)

① ₩2,500,000 ② ₩4,500,000 ③ ₩6,200,000
④ ₩7,000,000 ⑤ ₩7,500,000

[문제 3] ㈜한국은 ㈜대한이 보유하고 있는 토지(장부금액 ₩200,000, 공정가치 ₩300,000)를 취득하는 대가로 ㈜대한에게 주식 50주(주당 액면금액 ₩5,000)를 발행하였다. 토지 취득 시 취득세로 ₩5,000을 지출하였을 경우, 토지의 취득원가는? 〈난이도: 하〉 (2020 경영지도사)

① ₩200,000 ② ₩205,000 ③ ₩255,000
④ ₩300,000 ⑤ ₩305,000

[문제 4] ㈜대한은 20×4년 초에 설립되었으며 설립 이후 자본금의 변동 및 배당금 지급은 없었다. ㈜대한의 보통주자본금과 우선주자본금의 내역은 다음과 같다.

• 보통주(주당 액면금액 ₩5,000)	₩10,000,000
• 누적적 비참가적 우선주(배당률 3%, 주당 액면금액 ₩5,000)	5,000,000

㈜대한이 20×6년 3월 2일 주주총회에서 ₩1,000,000의 현금배당을 최초로 결의하였다면, 보통주 주주에게 지급할 배당금은 얼마인가? 〈난이도: 하〉 (2014 세무사)

① ₩300,000 ② ₩450,000 ③ ₩550,000
④ ₩700,000 ⑤ ₩850,000

[문제 5] ㈜한국의 20×1년 초 자본의 내역은 다음과 같다.

보통주자본금(주당 액면금액 ₩500, 총발행주식 수 4,000주)	₩2,000,000
보통주주식발행초과금	500,000
이익잉여금	800,000
자본조정(20×0년 중 주당 ₩1,100에 취득한 자기주식 30주)	(33,000)
자본총계	₩3,267,000

㈜한국은 20×1년 3월 1일 자기주식 30주를 주당 ₩1,200에 취득하였고, 20×1년 6월 30일 자기주식 40주를 주당 ₩1,300에 처분하였으며, 20×1년 10월 1일 자기주식 20주를 소각하였다. ㈜한국은 20×1년도 당기순손실 ₩200,000과 기타포괄이익 ₩150,000을 보고하였다. 20×1년 말 ㈜한국의 자본총계는? 〈난이도: 상〉 (2022 주택관리사)

① ₩3,181,000 ② ₩3,217,000 ③ ₩3,233,000
④ ₩3,305,000 ⑤ ₩3,405,000

주관식

[문제 1] 자본의 분류 〈난이도: 하〉

다음은 한국㈜의 재무제표에서 추출한 자료이다.

감자차익	₩200,000	자기주식	₩150,000
주식할인발행차금	160,000	자기주식처분손실	60,000
주식발행초과금	180,000	자기주식처분이익	70,000
금융자산(FVOCI)평가손실	100,000	임의적립금	140,000
미처분이익잉여금	400,000	재평가잉여금	90,000

〈요구사항〉

위 자료를 이용하여 자본잉여금, 자본조정, 기타포괄손익누계액을 각각 계산하라.

[문제 2] 보통주 발행 : 현물출자 〈난이도: 하〉

<사례 1>

한국㈜는 첫 사업연도에 다음과 같은 보통주(액면금액 ₩100) 자본거래가 있었다.

(1) 3월 2일 : 주당 ₩100에 5,000주를 발행하였다.

(2) 8월 31일 : 주당 ₩150에 1,500주를 발행하였다.

<사례 2>

성동회계법인은 서로 다른 고객을 감사하는 과정에서 다음과 같은 상황에 직면하였다.

(1) 강북㈜는 비상장기업이다. 12월 5일 회사는 액면금액 ₩250의 보통주 1,000주를 발행하여 토지를 취득하였다. 땅 주인의 요구 금액은 ₩300,000이었고 토지의 공정가치는 ₩270,000이었다.

(2) 한국㈜는 상장기업이다. 12월 10일 회사는 액면금액 ₩200의 보통주 1,000주를 발행하여 토지를 취득하였다. 거래 당시 토지의 공정가치는 알 수 없었다. 주식의 공정가치는 주당 ₩220이었다.

〈요구사항〉

1. <사례 1>과 관련하여 날짜별로 회계처리하라.
2. <사례 2>와 관련하여 성동회계법인이 권고할 올바른 회계처리를 보여라.

[문제 3] 보통주, 우선주 발행 〈난이도: 중〉

한국㈜는 20×2년 1월 1일에 설립되었다. 회사는 액면금액 ₩100의 6% 우선주 20,000주와 액면금액 ₩200의 보통주를 500,000주를 발행하도록 승인되었으며, 다음의 자본거래가 20×2년도에 발생하였다.

(1) 1월 10일 : 주당 ₩300에 보통주 100,000주를 현금발행하였다.
(2) 3월 1일 : 주당 ₩150에 우선주 10,000주를 현금발행하였다.
(3) 4월 1일 : 토지 취득을 위해 보통주 2,500주를 발행하였다. 토지 소유주가 요구한 금액은 ₩900,000이었으나, 토지의 공정가치는 ₩750,000이었다.
(4) 5월 1일 : 주당 ₩250에 보통주 75,000주를 현금발행하였다.
(5) 9월 1일 : 주당 ₩350에 보통주 5,000주를 현금발행하였다.
(6) 11월 1일 : 주당 ₩130에 우선주 2,000주를 현금발행하였다.

〈요구사항〉

1. 한국㈜의 위 거래들을 날짜별로 회계처리하라.
2. 20×2년 12월 31일 자본항목 중 납입자본을 나타내는 부분재무상태표를 작성하라.

[문제 4] 자기주식(1) 〈난이도: 중〉

다음은 한국㈜의 20×1년 1월 1일 자본부와 20×1년 중 발생한 자본거래이다.

보통주자본금 (액면금액 ₩100)	₩15,000,000
보통주주식발행초과금	1,000,000
이익잉여금	1,200,000

(1) 3월 1일 : 주당 ₩150에 자기주식 60,000주를 취득하였다.
(2) 6월 1일 : 주당 ₩160에 자기주식 20,000주를 처분하였다.
(3) 9월 1일 : 주당 ₩130에 자기주식 10,000주를 처분하였다.

〈요구사항〉

1. 한국㈜의 일자별 자본거래를 회계처리하라.
2. 9월 1일 처분가액이 주당 ₩110이라고 가정할 경우 회계처리하라.

[문제 5] 자기주식(2) 〈난이도: 중〉

강남㈜의 20×2년 1월 1일 자본은 보통주자본금(액면금액 ₩500) ₩5,000,000, 주식발행초과금 ₩2,000,000, 이익잉여금 ₩1,000,000으로 구성되어 있다. 그리고 20×2년 중 다음과 같은 자본거래가 발생하였다.

(1) 3월 1일 : 주당 ₩800에 자기주식 500주를 취득하였다.
(2) 6월 1일 : 주당 ₩620에 자기주식 100주를 처분하였다.
(3) 9월 1일 : 주당 ₩850에 자기주식 200주를 처분하였다.
(4) 12월 1일 : 주당 ₩750에 자기주식 100주를 처분하였다.

한편, 강남㈜는 20×2년도의 당기순이익 ₩40,000을 보고하였다.

〈요구사항〉

1. 강남㈜의 일자별 자본거래를 회계처리하고, 결산일(12월 31일)에 수행하는 집합손익 마감분개를 보여라.
2. 20×2년 12월 31일의 강남㈜에 대한 자본부를 나타내는 부분재무상태표를 작성하라.

[문제 6] 자기주식(3) 〈난이도: 상〉

강남㈜의 20×2년 1월 1일 자본은 보통주자본금(액면금액 ₩5,000) ₩2,000,000, 감자차익 ₩10,000, 이익잉여금 ₩1,000,000으로 구성되어 있다. 그리고 20×2년 중 다음과 같은 자본거래가 발생하였다.

(1) 4월 1일: 주당 ₩8,000에 자기주식 50주를 취득하였다.
(2) 5월 1일: 주당 ₩8,500에 자기주식 10주를 처분하였다.
(3) 6월 1일: 주당 ₩7,200에 자기주식 10주를 처분하였다.
(4) 10월 1일: 4월 1일에 취득한 보통주 10주를 소각하였다.

한편, 강남㈜는 20×2년도의 당기순이익 ₩400,000을 보고하였다.

〈요구사항〉

1. 강남㈜의 일자별 자본거래를 회계처리하고, 결산일(12월 31일)에 수행하는 집합손익 마감분개를 보여라.
2. 20×2년 12월 31일 재무상태표에 표시될 자기주식과 자본총계는 각각 얼마인가?

[문제 7] 주식배당 〈난이도: 중〉

20×1년 초 한국㈜의 액면금액으로 발행된 유통보통주식 수는 1,000주이며, 기초 이익잉여금은 ₩750,000이었다. 한국㈜는 7월 1일에 보통주 600주를 추가로 액면발행하였으며, 기말에 20×1년도 당기순이익 ₩400,000을 보고하였다.

〈요구사항〉

20×2년 3월 10일 주주총회에서 15%의 주식배당을 선언하였다고 가정할 경우, 다음 각각의 상황에 따라 주식배당선언일과 주식교부일에 한국㈜가 수행할 회계처리를 보여라.

1. 보통주 주당 액면금액 : ₩1,000
2. 보통주 주당 액면금액 : ₩500

[문제 8] 이익잉여금의 처분 〈난이도: 중〉

강북㈜의 20×3년에 개최된 주주총회 결의일 직후 작성한 20×2년 재무상태표상 자본은 다음과 같다.

자본금	₩2,200,000
주식발행초과금	880,000
이익준비금	22,000
임의적립금	33,000
차기이월미처분이익잉여금	110,000

강북㈜의 20×3년 이익잉여금의 변동사항은 다음과 같다.

(1) 20×3년도 당기순이익을 ₩550,000으로 보고하였다.

(2) 20×4년에 개최된 주주총회일에 다음과 같이 20×3년도 이익잉여금 처분을 결의하였다.

현금배당	₩220,000
주식배당	110,000
이익준비금 적립	55,000
임의적립금 적립	88,000

〈요구사항〉

1. 20×3년도 결산일 및 주주총회일에 강북㈜가 수행해야 할 회계처리를 보여라.
2. 강북㈜의 20×3년도 결산일과 20×4년도 주주총회일 현재 재무상태표에 표시될 미처분이익잉여금 잔액을 각각 계산하라.

[문제 9] 종합(1) 〈난이도: 중〉

20×2년 초 현재 강북㈜의 보통주(액면금액 : ₩100) 150,000주가 기발행되어 유통되고 있으며, 20×2년 초 자본부는 다음과 같다.

보통주자본금	₩15,000,000
자본잉여금(보통주주식발행초과금)	1,500,000
이익잉여금	900,000

한편, 다음은 20×2년 중 발생한 거래 및 자본과 관련된 기타 정보이다.

(1) 1월 10일에 회사는 액면금액 ₩100, 7% 비누적적 우선주를 주당 ₩105에 100,000주 발행하였다.
(2) 2월 8일에 회사는 보통주 15,000주를 주당 ₩160에 재취득하였다.
(3) 7월 1일에 회사는 유통보통주주들에 대해 주당 ₩5의 현금배당을 선언하였다. 지급예정일은 7월 10일이다.
(4) 12월 15일에 회사는 우선주 배당을 선언하였다. 지급예정일은 20×3년 1월 10일이다.
(5) 20×2년도 당기순이익은 ₩3,600,000으로 보고되었다.
(6) 20×1년도 감가상각비가 ₩80,000 과대계상되었다는 사실을 발견하였는데, 동 오류는 중대한 오류에 해당한다.

〈요구사항〉
1. 강북㈜의 20×2년도 자본변동표(이익잉여금 부분)를 작성하라.
2. 강북㈜의 20×2년 말 자본부를 나타내는 부분재무상태표를 작성하라.

[문제 10] 종합(2) 〈난이도: 상〉

다음은 백제㈜의 20×2년 말 장부 마감 후 자본계정이다.

보통주자본금(4,400주 발행)	₩2,200,000
우선주자본금(10,000주 발행)	1,000,000
보통주주식발행초과금	1,200,000
우선주주식발행초과금	200,000
이익잉여금	?

한편, 회계처리 기록을 검토한 결과 다음과 같은 사실을 확인했다.

(1) 20×2년도 거래와 당기순이익을 마감하는 과정에서 오류는 없었다.
(2) 우선주는 액면금액 ₩100, 8% 비누적적이고 상환가액은 ₩125이다. 20×1년 1월 1일 이후로 10,000주가 유통되고 있으며, 수권주식 수는 20,000주이다.
(3) 보통주는 액면금액 ₩500, 수권주식 수는 60,000주이고 20×2년 1월 1일 현재 4,400주가 유통되고 있다.
(4) 20×2년 초 이익잉여금은 ₩2,450,000이었다.
(5) 20×2년 7월 1일 회사는 보통주 400주를 주당 ₩800에 취득하였다.
(6) 20×2년 10월 1일 유통보통주에 대해 주식배당 10%가 실시되었다.
(7) 중간배당 ₩600,000이 선언되어 11월 1일에 우선주와 보통주에 적정하게 배분되었다. 20×1년에 우선주에게 지급된 배당은 없었다.
(8) 20×2년도 당기순이익은 ₩773,000으로 보고되었다.
(9) 20×1년도 감가상각비가 ₩100,000 과소계상되었다는 사실을 발견하였는데, 동 오류는 중대한 오류에 해당한다.

〈요구사항〉

1. 백제㈜의 20×2년도 자본변동표(이익잉여금 부분)를 작성하라.
2. 백제㈜의 20×2년 말 자본부를 나타내는 부분재무상태표를 작성하라.
3. 가중평균 유통주식 수가 4,620주라고 가정하고 보통주에 대한 주당순이익을 계산하라.
4. 우선주와 보통주에 대한 현금배당 지급액을 계산하라.

PART 3

현금흐름표와 재무제표 분석

➢ 제 13 장 현금흐름표

➢ 제 14 장 재무제표 분석

CHAPTER 13

현금흐름표

제 1 절　현금흐름표 기초 개념

제 2 절　현금흐름표 작성원리

제 3 절　현금흐름표 작성

제 4 절　기업가치 평가 시 현금흐름 이용

학습목표

Learning Objectives

재무상태표, 포괄손익계산서, 자본변동표는 발생주의에 따라 작성되므로, 현금의 변동에 대한 세부적인 전체적인 모습을 보여주지 못한다. 투자자는 회사의 재무제표를 보고 어떻게 당기순이익보다 배당액이 더 많은지, 순손실을 보고하면서도 어떻게 새로운 유형자산을 구입했는지에 대해 질문을 할지도 모른다. 이러한 질문에 대한 정보는 현금흐름표를 통해 얻을 수 있다. 본 장에서는 현금주의에 기초한 재무제표인 현금흐름표를 공부하기로 한다.

본 장에서 학습할 주요 내용을 요약하면 다음과 같다.

- ➢ 현금흐름표 기초 개념
  - 현금흐름표의 유용성
  - 현금흐름표의 현금 개념
  - 현금흐름표 형식
  - 현금흐름표 활동별 현금흐름
  - 중요한 비현금활동
- ➢ 현금흐름표 작성원리
  - 재무제표의 활동구분
  - 현금 유입과 유출의 계산원리
- ➢ 현금흐름표 작성
  - 영업활동 현금흐름 작성
  - 투자활동 현금흐름 작성
  - 재무활동 현금흐름 작성
  - 현금흐름표 작성사례
- ➢ 기업가치 평가 시 현금흐름 이용
  - 잉여현금흐름

제 1 절 현금흐름표 기초 개념

기업의 현금흐름 정보는 재무제표이용자에게 현금의 창출능력과 현금흐름의 사용 용도를 평가하는 데 유용한 기초를 제공한다. 재무제표이용자는 경제적 의사결정을 하기 위하여 현금자산의 창출능력 및 현금흐름의 시기와 확실성을 평가해야 한다. 현금흐름표는 회계기간 동안 발생한 현금흐름을 영업활동, 투자활동 및 재무활동으로 분류하여 현금및현금성자산의 역사적 변동에 관한 정보를 제공한다.

재무상태표, 포괄손익계산서, 자본변동표는 회사의 현금흐름(현금 유입과 유출)에 대해 제한적인 정보만을 제공한다. 예를 들면, 비교재무상태표는 당기 유형자산의 증감 여부는 나타내지만, 자산의 구입과정에서 어떻게 자금이 조달되고 지급되었는지는 나타내지 못한다. 반면에 포괄손익계산서와 자본변동표는 당기순이익과 당기의 자본에 대한 변동을 나타내지만 영업활동에 의해 창출되는 현금흐름을 설명하지 못한다. 이와 같은 재무제표는 현금의 유입과 유출에 대해 상세하게 나타내지 못하는 한계점을 갖고 있다.

1. 현금흐름표의 유용성

현금흐름표는 다른 재무제표와 같이 사용되는 경우 순자산의 변화, 재무구조(유동성과 지급능력 포함), 현금흐름의 금액과 시기를 조절하는 능력을 평가하는 데 유용한 정보를 제공한다. 현금흐름 정보는 현금자산의 창출능력을 평가하는 데 유용할 뿐만 아니라, 서로 다른 기업의 미래현금흐름의 현재가치를 비교·평가하는 모형을 개발할 수 있도록 한다. 또한 현금흐름 정보는 동일한 거래와 사건에 대하여 서로 다른 회계처리를 적용함에 따라 발생하는 영향을 제거하기 때문에 영업성과에 대한 기업 간의 비교가능성을 제고한다.

재무상태표는 현금및현금성자산의 전기와 당기의 금액을 제시하여 증감을 알 수 있지만, 현금흐름표는 기업활동인 영업활동, 투자활동, 재무활동별로 어떻게 현금이 조달되고 사용되었는지를 알 수 있게 한다. 현금흐름표의 기본구조는 영업활동, 투자활동 및 재무활동으로 구분하여 당기의 현금의 유입과 유출을 계산하여 순증감액을 구하고, 여기에 기초 현금및현금성자산을 더하여 기말 현금및현금성자산이 계산되는 과정을 보여준다.

2. 현금흐름표의 현금 개념

현금흐름표에서 현금흐름이란 현금및현금성자산의 유입과 유출을 의미한다. 현금및현금성자산에서 현금이란 통화, 통화대용증권 및 요구불예금을 의미하며, 현금성자산은 유동성이 매우 높은 단기 투자자산으로서 확정된 금액의 현금으로 전환이 용이하고 가치변동의 위험이 경미한 자산을 말한다.[1] 은행 차입은 일반적으로 재무활동이나, 일부 국가의 경우에는 금융회사의 요구에 따라 즉시 상환하여야 하는 당좌차월은 기업의 현금관리의 일부를 구성하므로 현금및현금성자산의 구성요소에 포함된다.[2] 현금흐름표의 현금은 재무상태표의 현금및현금성자산에서 금융회사 요구에 따라 즉시 상환하여야 하는 당좌차월이 있으면 이를 차감한다.

현금흐름표의 현금	=	재무상태표의 현금및현금성자산	−	금융회사 요구에 따라 즉시 상환하여야 하는 당좌차월

현금및현금성자산을 구성하는 항목 간 이동은 영업활동, 투자활동 및 재무활동의 일부가 아닌 현금관리의 일부이므로 이러한 항목 간의 변동은 현금흐름에서 제외한다. 예를 들어, 현금으로 취득 당시 만기가 3개월 이내인 유가증권을 취득하는 경우는 활동 간의 이동이 아니므로 현금흐름표에 표시되지 않는다.

1) 현금및현금성자산은 제7장 현금과 내부통제의 현금및현금성자산의 분류에서 설명한 것과 같다.

2) 금융회사 요구에 따라 즉시 상환하여야 하는 당좌차월이 없으면 현금흐름표의 현금은 재무상태표의 현금및현금성자산과 일치한다.

3. 현금흐름표 형식

현금흐름표의 일반적인 형식은 현금흐름과 관련된 세 가지 활동(영업활동, 투자활동, 재무활동)의 결과와 주석에 표시되는 중요한 비현금흐름 투자활동과 재무활동을 나타낸다. <표 13-1>은 일반적으로 사용되는 현금흐름표를 나타낸다.

표 13-1 | 현금흐름표 예시

현금흐름표

20×1년 1월 1일부터 20×1년 12월 31일까지

한국㈜ (단위 : 원)

영업활동 현금흐름			
고객으로부터의 유입된 현금	₩30,150		직접법
공급자와 종업원에 대한 현금 유출	(27,600)		직접법
영업으로부터 창출된 현금	2,550		직접법
법인세의 납부	(1,170)		직접법
영업활동순현금흐름		₩1,380	
투자활동 현금흐름			
유형자산의 취득	(900)		
설비의 처분	20		
이자 수취	200		
배당금 수취	200		
투자활동순현금흐름		(480)	
재무활동 현금흐름			
유상증자	250		
장기차입금	250		
리스부채의 지급	(90)		
배당금 지급*	(1,200)		
재무활동순현금흐름		(790)	
현금및현금성자산의 순증가		110	
기초 현금및현금성자산		120	
기말 현금및현금성자산		₩230	

* 배당금 지급은 영업활동으로 분류할 수 있다.

영업활동 현금흐름 부분이 항상 제일 처음에 표시되며, 영업활동 현금흐름은 직접법과 간접법으로 산출할 수 있다. 직접법에서는 현금의 유입과 유출을 초래하는 수익 또는 비용 항목들을 직접 조정하여 영업활동 현금흐름을 계산하는데, 이 방법은 영업활동과 관련이 있는 현금 유입액에서 영업활동과 관련이 있는 현금 유출을 차감하여 계산하는 것이다.

직접법 영업활동 현금흐름 = 영업활동 현금 유입 − 영업활동 현금 유출

간접법은 포괄손익계산서의 당기순손익에 현금 유출이 없는 비용을 가산하고 현금 유입이 없는 수익을 차감하여 현금흐름을 계산하는 방법이다. 기업회계기준서 제1007호 "현금흐름표"에서는 직접법을 사용할 것을 권장하고 있다. 영업활동 다음으로 투자활동과 재무활동 부분이 표시된다. 재무활동과 투자활동으로 인한 비현금거래는 주석이나 부속명세서에 표시한다.

현금흐름표의 하단에서 현금및현금성자산의 증감에 기초 현금및현금성자산을 더하여 기말 현금및현금성자산을 표시한다. 이처럼 회계기간 동안 영업과 투자 및 재무활동으로 구분하여 현금및현금성자산의 증감을 구하고 기초 재무상태표의 현금및현금성자산을 더하면 기말 재무상태표의 현금및현금성자산과 일치하여야 한다.

4. 현금흐름표 활동별 현금흐름

제2장에서 재무제표가 나타내고자 하는 기업의 활동을 재무활동과 투자활동 및 영업활동으로 설명하였다. 현금흐름표는 영업활동과 투자활동 및 재무활동에서 발생하는 현금흐름을 표시한다. 활동에 따른 분류는 이러한 활동이 기업의 재무상태와 현금및현금성자산 금액에 미치는 영향을 재무제표이용자가 평가할 수 있도록 정보를 제공한다. 또한 이 정보는 각 활동 간의 관계를 평가하는 데 사용될 수 있다.

하나의 거래에는 서로 다른 활동으로 분류되는 현금흐름이 포함될 수 있다.

예를 들어, 이자와 차입금을 함께 상환하는 경우에는 이자 지급은 영업활동으로 분류될 수 있고 원금상환은 재무활동으로 분류된다. 현금흐름표를 작성하기 위한 활동별 주요 내용을 살펴보자.

(1) 영업활동 현금흐름

영업활동 현금흐름은 주로 기업의 주요 수익창출활동에서 발생한다. 따라서 영업활동 현금흐름은 일반적으로 당기순손익의 결정에 영향을 미치는 거래나 그 밖의 사건 결과로 발생한다. 영업활동 현금흐름의 예는 다음과 같다.

구 분	정 의	현금 유입	현금 유출
영업활동	기업의 주요 수익창출활동 그리고 투자활동이나 재무활동이 아닌 기타의 활동	• 재화의 판매와 용역 제공에 따른 현금 유입 • 로열티, 수수료, 중개료 및 기타수익에 따른 현금 유입 • 법인세의 환급	• 재화와 용역의 구입에 따른 현금 유출 • 종업원과 관련하여 직·간접으로 발생하는 현금 유출 • 법인세의 납부

(2) 투자활동 현금흐름

투자활동은 장기성 자산 및 현금성 자산에 속하지 않는 기타 투자자산의 취득과 처분활동을 말한다. 투자활동 현금흐름은 미래수익과 미래현금흐름을 창출할 자원의 확보를 위하여 지출된 정도를 나타내기 때문에 현금흐름을 별도로 구분 공시하는 것이 중요하다. 재무상태표에 자산으로 인식되는 지출만이 투자활동으로 분류하기에 적합하다. 투자활동 현금흐름의 예는 다음과 같다.

구 분	정 의	현금 유입	현금 유출
투자활동	장기성 자산 및 현금성 자산에 속하지 않는 기타 투자자산의 취득 및 처분과 관련된 활동	• 유형자산, 무형자산 및 기타 장기성 자산의 처분 • 제3자에 대한 선급금 및 대여금의 회수	• 유형자산, 무형자산 및 기타 장기성 자산의 취득 • 제3자에 대한 선급금 및 대여금의 지급

(3) 재무활동 현금흐름

재무활동은 기업의 납입자본과 차입금의 크기 및 구성내용에 변동을 가져오는 활동이다. 재무활동 현금흐름은 미래현금흐름에 대한 자본 제공자의 청구권을 예측하는 데 유용하기 때문에 현금흐름을 별도로 구분 공시하는 것이 중요하다. 재무활동 현금흐름의 예는 다음과 같다.

구 분	정 의	현금 유입	현금 유출
재무활동	재무활동은 기업의 납입자본과 차입금의 크기 및 구성내용에 변동을 가져오는 활동	• 주식이나 기타 지분상품의 발행에 따른 현금 유입 • 사채 및 어음의 발행과 기타 장·단기차입에 따른 현금 유입	• 주식의 취득이나 상환에 따른 소유주에 대한 현금 유출 • 차입금의 상환에 따른 현금 유출

(4) 특수한 항목

1) 이자와 배당금

이자 지급은 재무자원을 획득하는 비용이므로 재무활동이고, 이자 수입과 배당금 수입은 투자자산에 대한 수익으로 보아 투자활동이다. 그럼에도 불구하고 이자 지급과 이자 수입 및 배당금 수입은 당기순손익 결정에 영향을 미치므로 영업활동 현금흐름으로 분류하는 것이 일반적이다. 회사정책에 따라 재무활동, 투자활동으로 분류할 수도 있다. 그러나 금융회사는 회사의 영업활동 성격상 이자 지급과 이자 수입 및 배당금 수입을 영업활동 현금흐름으로 분류하도록 하고 있다.

배당금 지급은 재무자원을 획득하는 비용이므로 재무활동 현금흐름으로 분류하는 것이 일반적이다. 그러나 영업활동 현금흐름에서 배당금을 지급하는 기업의 능력을 판단하는 데 도움을 주기 위하여 영업활동 현금흐름으로 분류할 수도 있다.[3)]

3) 한국채택국제회계기준에서는 이자 지급, 이자 수입 및 배당금 수입은 매 기간 일관성 있게 영업활동, 투자활동 또는 재무활동으로 분류하며 배당금의 지급은 영업활동 또는 재무활동으로 분류하도록 하고 있다.

2) 정부보조에 의한 자산취득

기업회계기준서 제1020호 "정부보조금의 회계처리와 정부지원의 공시"에 의하면 재무상태표에 정부보조금이 관련 자산에서 차감하여 표시되는지에 관계없이 자산의 총투자를 보여주기 위하여 현금흐름표에 별도의 현금흐름으로 표시한다고 규정하고 있다. 이때 정부보조금은 유형자산을 취득하는 자금을 조달한 것으로 보아 재무활동으로 분류한다.

3) 미수금과 미지급금

미수금은 유형자산과 무형자산의 처분과 관련된 자산이고, 미지급금은 유형자산과 무형자산의 취득과 관련된 부채이므로 투자활동으로 분류하는 것이 합리적이다. 미수금 회수는 투자활동으로 분류하는데, 이는 미수금 회수는 미수금 자산계정이 감소하고 현금의 회수로 자산이 증가하기 때문이다.[4)]

이에 반하여 미지급금은 재무활동으로 분류하는데, 이는 미지급금 지급이 부채계정을 감소시키고 현금의 지급이 자산을 감소시키기 때문이다. 외상으로 유형자산과 무형자산의 취득과 처분은 미수금과 미지급금을 수반하므로 현금의 유입과 유출이 없는 거래에 해당한다.

4) 법인세

법인세는 현금흐름표에서 영업활동과 투자활동 또는 재무활동으로 분류되는 현금흐름을 유발하는 거래와 관련된다. 법인세가 투자활동이나 재무활동으로 쉽게 식별가능한 경우에도 관련된 법인세 현금흐름은 실무적으로 식별할 수 없는 경우가 많으며, 당해 거래의 현금흐름과 다른 기간에 발생하기도 한다. 따라서 법인세의 지급은 일반적으로 영업활동 현금흐름으로 분류한다. 그러나 투자활동이나 재무활동으로 분류한 현금흐름을 유발하는 개별 거래와 관련된 법인세 현금흐름을 실무적으로 식별할 수 있다면, 그 법인세 현금흐름은 투자활동이나 재무활동으로 적절히 분류한다. 법인세 현금흐름이 둘 이상의 활동에 배분되는 경우에는 법인세의 총지급액을 공시한다.

---

4) 자산계정은 영업활동과 투자활동으로 구성되며, 부채계정은 영업활동과 재무활동으로 구성된다.

표 13-2 | 특수한 항목의 현금흐름표 표시

구 분	현금흐름표 표시	비 고
이자 지급	영업활동 및 재무활동	
이자 수입	영업활동 및 투자활동	
배당금 지급	영업활동 및 재무활동	
배당금 수입	영업활동 및 투자활동	
법인세 지급	영업활동	투자활동이나 재무활동으로 분류한 현금흐름과 관련된 법인세는 투자활동 혹은 재무활동으로 분류
유형자산 외상구입	비현금거래로 표시	
미지급금 지급	재무활동	유형자산 등 외상구입 대금의 지급 (부채 감소)
유형자산 외상처분	비현금거래로 표시	
미수금 회수	투자활동	유형자산 등 외상처분 대금의 회수 (자산 감소)

이자 지급, 이자 수입, 배당금 지급, 배당 수입, 미지급금과 미수금, 법인세 등에 대한 현금흐름표상 분류를 정리하면 <표 13-2>와 같다.

5. 중요한 비현금활동

현금 유출과 유입을 수반하지 않는 투자활동과 재무활동 거래는 현금흐름표의 본문에 표시되지 않는다. 그러나 현금 유출과 유입을 수반하지 않는 활동도 정보이용자에게 목적적합한 정보가 될 수 있으므로 재무제표의 본문이 아닌 부속명세서 또는 주석을 이용하여 공시한다. 자산 취득 시 직접 관련된 부채를 인수하거나 리스로 자산을 취득하는 경우와 주식 발행을 통한 기업의 인수 및 채무의 지분 전환이 대표적인 비현금활동이다.

✓예제 13-1

첫 주 동안 강남㈜에는 다음과 같은 거래가 있었다.

(1) 주당 ₩500의 보통주 5,000주를 발행하고 ₩4,000,000을 받았다.

(2) 서울은행으로부터 ₩20,000,000을 차입하고, 연 5% 이자 지급, 3년만기 채권을 발행했다.

(3) 두 대의 대형화물트럭을 구매하고 현금 ₩135,000,000을 지급하였다.

(4) 종업원에게 급여 ₩1,750,000을 지급했다.

(5) 용역을 제공하고 ₩450,000을 받았다.

요구사항

위의 거래를 현금흐름활동별로 각각 분류하라.

해답

(1) 재무활동 (2) 재무활동 (3) 투자활동 (4) 영업활동 (5) 영업활동

제 2 절 현금흐름표 작성원리

1. 재무제표의 활동구분

(1) 재무제표와 현금흐름표 간의 관계

[그림 13-1]은 재무제표 간의 연계성이다. 재무상태표는 일정 시점의 재무상태를 보고하며, 포괄손익계산서, 자본변동표 및 현금흐름표는 회계기간 동안 경영성과, 자본변동 및 현금흐름의 변동을 보고한다. 재무상태표, 포괄손익계산서 및 자본변동표는 발생주의 회계에 따라 작성되며, 현금흐름표는 현금주의 회계에 따라 작성된다.

그림 13-1 재무제표 간의 연계성

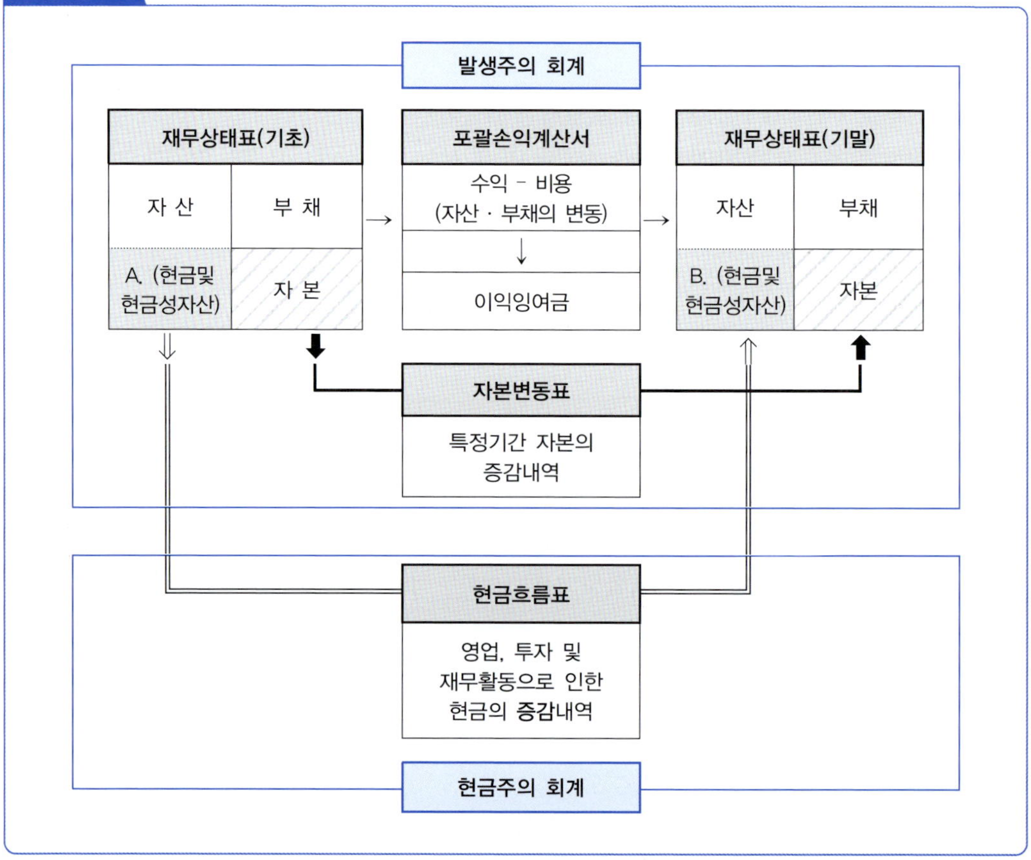

(2) 재무상태표와 현금흐름표의 활동구분

제2장에서 자산은 기업이 보유하고 있는 경제적 자원으로 총투자라고 정의하였고, 부채와 자본은 이러한 투자를 위해 조달된 재원이라고 설명하였다. 즉, 재무상태표의 대변인 부채는 재원의 조달 측면에서 타인자본이며, 자본은 자기자본이다. 따라서 대변은 자금의 조달을 나타내므로 원칙적으로 재무활동과 관련되며, 차변은 원칙적으로 조달된 재원의 운용인 투자활동을 나타낸다. 그리고 영업활동과 관련된 자산과 부채는 차변과 대변에 모두 표시될 수 있다.

자산 중 현금및현금성자산의 증가는 현금주의에 의한 영업과 투자 및 재무활동의 이익이라 할 수 있으며, 자본 중 이익잉여금은 발생주의에 의한 영업과 투자 및 재무활동 이익의 누적이라 할 수 있다. 그러므로 재무상태표 차변은 영업 및 투자활동과 관련되며, 대변은 영업 및 재무활동과 관련된다. 재무상태표의 자산, 부채 및 자본과 현금흐름표의 활동 간의 관련성을 나타낸 것이 <표 13-3>이다.

표 13-3 | 재무상태표와 현금흐름표 활동과 관련성

재무상태표

20×1년 12월 31일 현재

한국㈜ (단위 : 원)

활동	자 산			부 채			활동
	유동자산			매입채무	₩300		영업활동
영업, 투자, 재무의 결과	현금및현금성자산	₩5,000		미지급이자	300		영업활동
영업활동	매출채권	1,400		퇴직급여충당부채	400		영업활동
영업활동	재고자산	1,600		장기차입금	600		재무활동
투자활동	금융자산(FVPL)	3,000	₩11,000	부채총계		₩1,600	
투자활동	비유동자산			**자 본**			
투자활동	미수금(유형자산처분)	1,000		자본금	9,000		재무활동
투자활동	장기대여금	1,500		자본잉여금	3,000		재무활동
투자활동	유형자산	2,500		**이익잉여금**	**4,400**		영업, 투자, 재무의 결과
투자활동	무형자산	2,000	7,000	자본총계		16,400	
	자산총계		₩18,000	부채와자본총계		₩18,000	

재무상태표 계정을 영업과 투자 및 재무활동으로 구분한 것이 다음의 <표 13-4>이다.

표 13-4 | 재무상태표 계정의 활동 구분

재무상태표	현금흐름표 구분			재무상태표	현금흐름표 구분		
	영업활동	투자활동	재무활동		영업활동	투자활동	재무활동
〈자 산〉				〈부 채〉			
[유동자산]				[유동부채]			
현금및현금성자산	○	○	○	단기차입금			○
				미지급금			○
금융상품		○		매입채무	○		
단기대여금		○		선수금	○		
매출채권	○			미지급비용	○		
미수금		○		선수수익	○		
부가세환급미수금	○			미지급법인세			
기타(회수)		○		투자 · 재무활동관련[5)]		○	○
선급비용, 미수수익	○			기 타	○		
선급금	○						
재고자산	○						
[비유동자산]				[비유동부채]			
투자자산 :		○		퇴직급여충당부채	○		
장기성매출채권	○			사채, 장기차입금			○
부도어음	○			이연법인세부채	○		
기타		○		〈자 본〉			
유형자산		○		자본금			○
무형자산		○		자본잉여금			○
기타비유동자산		○		자본조정			○
이연법인세자산	○			기타포괄손익누계액			○
				이익잉여금			
				당기순이익	○	○	○
				배당금	○		○

5) 미지급법인세는 법인세에서 설명한 것과 같이 법인세의 지급은 일반적으로 영업활동 현금흐름으로 분류한다. 그러나 투자활동이나 재무활동으로 분류한 현금흐름을 유발하는 개별 거래와 관련된 법인세 현금흐름을 실무적으로 식별할 수 있다면, 그 법인세 현금흐름은 투자활동이나 재무활동으로 적절히 분류한다.

(3) 포괄손익계산서와 현금흐름표의 활동구분

재무상태표 계정이 현금흐름표 활동과 관련되므로, 포괄손익계산서의 계정도 현금흐름표와 연계된다. 앞의 특수한 항목을 기억하고 있다면 <표 13-5>도 쉽게 이해될 것이다. 매출, 매출원가 및 판매비와관리비는 영업이익을 구성하므로 영업활동과 관련된다. 다만, 감가상각비는 유형자산과 관련되므로 투자활동으로 분류된다. 영업외수익인 이자수익과 배당금수익은 영업활동으로 구분하기도 하지만, 투자활동으로 기업이 선택할 수 있는 사항이다. 유형자산처분이익은 유형자산과 관련되므로 투자활동이다. 이자비용은 당기손익을 구성하므로 영업활동으로 분류하기도 하지만, 자금 조달의 대가를 지급하는 것이므로 재무활동이다. 법인세비용은 영업활동이지만, 투자활동 혹은 재무활동과 명백히 관련된다면 투자활동 혹은 재무활동으로 구분할 수 있다.

표 13-5 | 포괄손익계산서와 활동 구분

포괄손익계산서[6]

20×1년 1월 1일부터 20×1년 12월 31일까지

한국㈜ (단위 : 원)

계정			활동
매　　출		₩500,000	영업활동
매출원가		350,000	
기초상품	₩25,000		영업활동
매　　입	340,000		
기말상품	(15,000)		
매출총이익		₩150,000	
판매비와관리비			
급　　여	10,000		영업활동
퇴직급여	8,000		영업활동
대손상각비(매출채권)	8,000		영업활동
보 험 료	1,500		영업활동
감가상각비	24,500	(52,000)	투자활동
영업이익		₩98,000	
영업외수익			
이자수익	5,000		투자(영업)
배당금수익	6,000		투자(영업)
유형자산처분이익	1,000	12,000	투자활동
영업외비용			
이자비용	(1,500)	(1,500)	재무(영업)
법인세비용차감전순이익		₩108,500	
법인세비용		(23,500)	영업(투자, 재무)
당기순이익	257,120	₩ 84,700	

2. 현금 유입과 유출의 계산원리

(1) 현금흐름표 작성을 위한 자료

현금흐름표는 현금주의에 기초하고 있으므로 다른 재무제표 작성방법과 다르다. 첫째, 다른 재무제표는 수정후시산표로부터 작성되지만, 현금흐름표의 작성은 기초 재무상태표와 기말 재무상태표가 작성되어 있어야 한다. [그림 13-1]에서와 같이 현금흐름표의 작성에는 전기와 당기 재무상태표를 비교하여 자산, 부채 그리고 자본의 변동을 구하여야 한다. 아래 [그림 13-2]에서와 같이 기중 거래의 결과(B)는 기말 재무상태표(C)와 기초 재무상태표(A) 간의 차이이며, 배당이 없다면 이익잉여금의 증감은 포괄손익계산서의 당기순손익과 일치할 것이다.

둘째, 발생주의로 계산된 경영성과를 현금주의 경영성과로 전환하기 위해서는 당기 포괄손익계산서와 추가적인 관련 정보가 필요하다. <표 13-5>에서와 같이 당기 포괄손익계산서에서 일정 기간 동안 영업활동과 투자활동 및 재무활동으로 인한 손익의 정보를 얻을 수 있다.

셋째, 추가정보는 비교재무상태표의 자산, 부채 그리고 자본의 변동과 당기 포괄손익계산서의 손익 정보가 한 기간 동안 현금의 유입 및 유출과 어떤 관련이 있는지에 대한 세부적인 정보를 얻을 수 있다. 추가정보는 계정의 원장이나 매매계약서 등을 이용할 수 있으나, 학습 편의상 추가정보가 주어진다.

그림 13-2 회계기록과 각 계정의 차이 원리

					자 본			
기초	자 산	=	부 채	+	자본금	+	이익잉여금	(A)
	+		+		+		+	
기중거래	△자 산	=	△부 채	+	△자본금	+	(수익 − 비용)	(B)
	‖		‖		‖		‖	
기말	자 산	=	부 채	+	자본금	+	이익잉여금	(C)

6) 기타포괄손익은 생략하였다. 기타포괄손익은 기타포괄손익누계액과 연계되고 자본을 구성하므로 재무활동으로 구분된다.

(2) 현금의 유입과 유출의 계산원리

현금흐름표는 현금주의 회계에 의해 작성되므로 현금거래를 먼저 이해하여야 한다. 현금거래는 현금의 유·출입이 수반되는 증감거래를 의미한다. 현금계정과 비현금계정 간의 거래는 현금의 증가(유입)거래와 현금의 감소(유출)거래로 양분된다. 회계등식에서 학습한 것과 같이 자산의 변동은 부채의 변동에 자본의 변동과 수익의 발생을 더하고 비용의 발생을 차감한 것과 같다. (1) 등식은 기중거래를 나타낸 것이다. 여기에서 △은 변동을 의미하는데, △의 값이 양(+)이면 증가를 의미하며 음(-)이면 감소를 나타낸다.

$$\triangle\text{자산} = \triangle\text{부채} + \triangle\text{자본} + (\text{수익} - \text{비용}) \quad (1)$$

(1)의 자산의 변동을 현금의 변동(△현금)과 비현금자산의 변동(△비현금자산)으로 구분하고, 비현금자산의 변동을 이항하면 (2)의 식과 같이 표현된다. (2)의 식은 현금흐름표를 작성하고 이해하는 데 중요하다.

$$\triangle\text{현금} = -\triangle\text{비현금자산} + \triangle\text{부채} + \triangle\text{자본} + (\text{수익} - \text{비용}) \quad (2)$$

(2)의 등식에서 비현금자산이 감소(증가)하거나 부채가 증가(감소)하며, 자본이 증가(감소)하거나 수익이 발생(비용이 발생)하면 현금은 증가(감소)하여야 한다. 이러한 원리를 이용하여 현금의 증가(유입)와 현금의 감소(유출)로 구분하여 표시하면 다음과 같다. 현금의 증가와 감소의 상대계정은 비현금계정이다.

현금 유입 거래	
차 변	대 변
현금의 증가	비현금자산 감소
	부채의 증가
	자본의 증가
	수익의 발생

현금 유출 거래	
차 변	대 변
비현금자산 증가	**현금의 감소**
부채의 감소	
자본의 감소	
비용의 발생	

위의 현금의 증가와 감소의 상대계정은 거래의 8요소와 같은 원리이다. 따라서 현금의 증가와 현금의 감소를 계산하기 위해서는 대차평균의 원리에 따라 비

현금자산의 증가(감소)는 차변(대변)에 기록하고, 부채의 감소(증가)는 차변(대변)에 기록한다. 또한 자본의 증가(감소)는 대변(차변)에 기록한다. 수익의 발생은 대변에 기록하고 비용의 발생은 차변에 기록한다.

차변의 합과 대변의 합이 일치하여야 하므로 차변의 합이 대변의 합보다 크면 그 차이는 현금의 증가가 되며, 차변의 합이 대변의 합보다 작으면 그 차이는 현금의 감소가 된다. 투자활동의 경우에는 자산처분으로 인한 현금의 증가가 자료에 제시될 수 있다. 이 경우에는 차변과 대변의 합을 이용하여 자산취득으로 인한 현금의 감소를 구할 수 있다. 현금 유입 거래와 유출 거래가 동시에 있는 경우에는 현금의 증가와 감소가 차변과 대변에 동시에 나타날 수도 있다.

제3절 현금흐름표 작성

1. 영업활동 현금흐름 작성

영업활동 현금흐름은 두 가지 방법 중 하나의 방법을 선택하여 보고한다. (1) 총현금 유입과 총현금 유출을 주요 항목별로 구분하여 표시하는 방법(이하 '**직접법**'이라 한다)과 (2) 당기순손익에 현금을 수반하지 않는 거래와 과거 또는 미래의 영업활동 현금 유입이나 현금 유출의 이연 또는 발생 및 투자활동 현금흐름이나 재무활동 현금흐름과 관련된 손익항목의 영향을 조정하여 표시하는 방법(이하 '**간접법**'이라 한다)으로 구분된다.

(1) 직접법에 의한 영업활동 현금흐름 작성

기업회계기준은 영업활동 현금흐름의 보고에 직접법 사용을 권장한다. 직접법을 적용하여 표시한 현금흐름은 간접법에 의한 현금흐름에서는 파악할 수 없는 정보를 제공하며, 미래현금흐름을 추정하는 데 보다 유용한 정보를 제공한다.

직접법을 적용하는 경우 총현금 유입과 총현금 유출의 주요 항목별 정보는 회계기록과 재무제표를 통해 구할 수 있다. 포괄손익계산서에서 매출, 매출원가 등의 손익 정보와 재무상태표의 증감을 통해 회계기간 동안 발생한 재고자산과 영업활동에 관련된 채권·채무의 변동 정보 및 투자활동 현금흐름이나 재무활동 현금흐름으로 분류되는 기타 항목의 정보를 얻을 수 있다.

영업활동 현금흐름의 계산을 설명하기 위하여 매월 결산하는 한국㈜의 20×1년 1월 거래와 이와 관련된 분개를 제시하였다. 한국㈜는 계속기록법을 사용하고 있다고 가정한다.

(1) 1월 1일: 한국㈜의 기초 현금은 ₩240,000이며, 기초상품은 ₩50,000이다. 기초 매출채권 잔액은 ₩150,000이며, 매출채권에 대한 대손충당금은 ₩10,000이다. 매입채무는 ₩20,000이다.

(2) 1월 5일: 한국㈜는 상품 ₩300,000을 매입하면서 ₩200,000은 현금으로 지급하고, 나머지 대금은 1개월 후에 지급하기로 하였다. 외상 거래조건은 2/10, *n*/30이다.

(차) 상 품	300,000	(대) 현 금	200,000
		매입채무	100,000

(3) 1월 10일: 한국㈜는 원가 ₩250,000인 상품을 ₩400,000에 판매하였다. 판매 즉시 현금 ₩300,000을 수령하고, 나머지 대금은 1개월 후에 받기로 하였다. 외상 거래조건은 2/10, *n*/30이다.

(차) 현 금	300,000	(대) 매 출	400,000
매출채권	100,000		
(차) 매출원가	250,000	(대) 상 품	250,000

(4) 1월 12일: 전기 매출채권 중 ₩5,000이 대손 발생하였다.

(차) 대손충당금	5,000	(대) 매출채권	5,000

(5) 1월 14일: 1월 5일의 외상매입대금의 50%를 지급하였다.

(차) 매입채무	50,000	(대) 현 금	49,000
		상 품	1,000

(6) 1월 31일: 매출채권 잔액에 대해 ₩18,000 대손충당금을 설정하기로 하였다.

(차) 대손상각비	13,000	(대) 대손충당금	13,000

(7) 1월 31일 : 한국㈜의 기말 현금은 ₩291,000이며, 기말상품은 ₩99,000이다. 기말 매출채권 잔액은 ₩245,000이며, 매출채권에 대한 대손충당금은 ₩18,000이다.

※ 위의 분개를 기초로 약식 재무제표를 작성하면 아래와 같다.

기초 재무상태표

차 변		대 변	
현 금	240,000	매입채무	20,000
상 품	50,000	대손충당금	10,000
매출채권	150,000		
⋮		⋮	

기말 재무상태표

차 변		대 변	
현 금	291,000	매입채무	70,000
상 품	99,000	대손충당금	18,000
매출채권	245,000		
⋮		⋮	

포괄손익계산서

매 출	400,000
매 출 원 가	250,000
매 출 총 이 익	150,000
대 손 상 각 비	13,000

※ 대손충당금은 매출채권에 차감표시하는 것이 원칙이나 편의상 대변에 표시하였다.

1) 회계기록을 통한 현금의 유입과 유출 파악

회계기록을 통해 직관적으로 매출로 인한 현금의 유입과 매입으로 인한 현금의 유출을 계산할 수 있다. 먼저 매출로 인한 현금의 유입을 계산하면 (3)의 거래에서 매출대금의 일부를 현금으로 수령한 금액이 ₩300,000이다. 매입으로 인한 현금의 유출을 계산하면 (2)의 거래에서 매입대금의 일부를 현금으로 지급한 금액이 ₩200,000이고, (5)의 거래에서 매입채무를 상환한 금액이 ₩49,000이므로 총 ₩249,000의 유출이 있다.

매출로 인한 현금 유입	₩300,000
매입으로 인한 현금 유출	249,000
현금의 순증가	₩ 51,000

현금의 순증가를 검증하면 기초현금이 ₩240,000이었고, 여기에 기중 현금의 순증가 ₩51,000을 가산하면 기말현금 ₩291,000과 일치한다. 회계기록을 통한 현금의 유입과 유출은 분개나 원장을 찾아서 하는 방법으로 간단한 현금의 유입과 유출 거래에는 편리할 수 있다. 그러나 회계 유형별로 분개를 찾거나 원장을 일일이 확인해야 하는 번거로움이 있다.

2) 회계등식을 이용한 현금의 유입과 유출 파악

회계등식을 이용하는 방법은 매출, 매출원가 및 그 밖의 포괄손익계산서 항목에 회계기간 동안 발생한 재고자산과 영업활동에 관련된 채권 · 채무의 변동과 기타 비현금항목 및 투자활동 현금흐름이나 재무활동 현금흐름으로 분류되는 기타 항목을 조정하는 방법이다.

첫째, 기말 재무상태표와 기초 재무상태표를 비교하여 자산, 부채 및 자본의 증감을 계산한다.

기말 재무상태표	
차 변	
현　　금	291,000
상　　품	99,000
매 출 채 권	245,000
대 변	
매 입 채 무	70,000
대손충당금	18,000

기초 재무상태표	
차 변	
현　　금	240,000
상　　품	50,000
매 출 채 권	150,000
대 변	
매 입 채 무	20,000
대손충당금	10,000

증가(감소)
51,000 증가
49,000 증가
95,000 증가
50,000 증가
8,000 증가

포괄손익계산서	
매　　출	400,000
매 출 원 가	250,000
매출총이익	150,000
대손상각비	13,000

자산에서 현금이 ₩51,000 증가하였고, 상품이 ₩49,000 증가하였으며 매출채권도 ₩95,000 증가하였다. 부채에서 매입채무가 ₩50,000 증가하였으며, 대손충당금이 ₩8,000 증가하였다. 포괄손익계산서에서 매출이 ₩400,000이며 매출원가는 ₩250,000이므로 매출총이익이 ₩150,000이다. 그리고 비용으로 대손상각비가 ₩13,000이다.

둘째, 포괄손익계산서를 이용하여 관련 계정을 구분한다. 매출로 인한 현금 유입과 관련된 손익계정은 매출과 대손상각비이며 매입으로 인한 현금 유출과 관련된 손익계정은 매출원가이다.

셋째, 회계등식을 이용하거나 'T'계정을 이용하여 현금의 유입과 유출을 계산한다.

△현금 = −△비현금자산 +△부채 + △자본 + (수익 − 비용)

매출과 관련된 현금의 유입을 구하기 위해서는 매출과 관련된 계정을 위의 등식에 대입하면 된다. 이는 매출과 관련된 분개의 대차평균원리를 이용하여 현금의 유입을 구하는 것이다. 매출로 인한 현금의 유입과 관련하여 비교재무상태표에서 계산한 매출채권의 증가와 대손충당금의 증가 및 포괄손익계산서의 매출 발생과 대손상각비를 고려하면 다음과 같다.

매출로 인한 현금의 유입 = − 매출채권 증가 + 대손충당금의 증가 + 매출 발생 − 대손상각비
매출로 인한 현금의 유입 = − ₩95,000 + ₩8,000 + ₩400,000 − ₩13,000

매출로 인한 현금의 유입은 오른쪽의 합계를 계산하면 되므로 ₩300,000이 된다.

매입으로 인한 현금의 유출은 비교재무상태표에서 계산한 재고자산의 증가, 매입채무의 증가와 포괄손익계산서의 매출원가를 고려하면 다음과 같다.

매입으로 인한 현금의 유출 = − 재고자산 증가 + 매입채무의 증가 − 매출원가 발생
매입으로 인한 현금의 유출 = − ₩49,000 + ₩50,000 − ₩250,000

매입으로 인한 현금의 유출도 오른쪽의 합계이므로 ₩249,000이 된다.

현금의 유입이 ₩300,000이고 현금의 유출이 ₩249,000이므로 순현금의 증가는 ₩51,000이며, 이는 비교재무상태표의 현금의 증가와 일치한다.

3) T계정을 이용한 현금의 유입과 유출 파악

매출로 인한 현금의 유입과 매입으로 인한 현금의 유출을 'T'계정을 이용하면 아래의 표와 같다. 매출로 인한 현금 유입을 계산하기 위하여 대변에 대손충당금 ₩8,000과 매출 ₩400,000을 기록하면 ①대변 합 ₩408,000이 된다. 차변에는 매출채권 ₩95,000과 대손상각비 ₩13,000을 기록하면 합이 ₩108,000이 된다. 대변의 합(₩408,000)에서 차변의 합(₩108,000)을 차감하면 ②현금증가 ₩300,000이 계산되고 ③차변 합 ₩408,000이 대변의 합과 일치하게 된다. 매입으로 인한 현금 유출도 이와 같은 방법으로 계산할 수 있다.

매출로 인한 현금 유입			
차 변		대 변	
②현금증가	**300,000**	대손충당금	8,000
매출채권	95,000	매　　출	400,000
대손상각비	13,000		
③차변 합	**408,000**	**①대변 합**	**408,000**

매입으로 인한 현금 유출			
차 변		대 변	
상　　품	49,000	**②현금감소**	**249,000**
매출원가	250,000	매입채무	50,000
①차변 합	**299,000**	**③대변 합**	**299,000**

(2) 간접법에 의한 영업활동 현금흐름 작성

영업활동 현금흐름을 계산하는 직접법은 주요 항목별로 구분하여 표시하는 반면에 간접법은 당기순손익에서 출발하여 현금을 수반하지 않는 거래와 과거 또는 미래의 영업활동 현금 유입이나 현금 유출의 이연 또는 발생 및 투자활동 현금흐름이나 재무활동 현금흐름과 관련된 손익항목의 영향을 조정하여 표시하는 방법이다.

간접법은 당기순손익에서 출발하여 투자활동 현금흐름이나 재무활동 현금흐름과 관련된 손익항목을 조정하여 영업활동과 관련된 손익을 구한다는 의미이다. 따라서 당기순손익에서 투자활동 및 재무활동과 관련된 수익은 차감하고 투자활

그림 13-3 **영업활동 현금흐름 간접법의 원리**

기초	현금	=	−비현금자산 + 부채	+	자본	+	이익잉여금	①
	+		+		+		+	
기중거래	△현금	=	−△비현금자산+△부채	+	△자본	+	(수익−비용)	②
	△영업현금	=	−△비현금영업자산+△영업부채	+	*△영업자본*	+	(영업수익−영업비용)	③
	△투자현금	=	−△비현금투자자산+△투자부채	+	*△투자자본*	+	**(투자수익−투자비용)**	④
	△재무현금	=	−△***비현금재무자산***+△재무부채	+	**△재무자본**	+	***(재무수익−재무비용)***	⑤
	‖		‖		‖		‖	
기말	현금	=	−비현금자산 + 부채	+	자본금	+	이익잉여금	⑥

동 및 재무활동과 관련된 비용은 가산하여야 한다. 이러한 원리는 [그림 13-3]으로 설명할 수 있다.

간접법에서 당기순손익은 포괄손익계산서에 표시되는 것으로 위의 그림에서 ②의 (수익−비용)이다. 이는 ③영업활동뿐만 아니라 ④투자활동 수익(이자수익, 배당수익)과 ④투자활동 비용(유형자산 감가상각비 등) 및 ⑤재무활동 비용(이자 지급, 배당금 지급)이 포함되어 있다.7) 그림에는 비현금자산을 영업, 투자 및 재무로 구분하였지만, 앞에서 살펴본 바와 같이 자산이 차변에 표시되므로 영업자산과 투자자산만 존재하고 사실상 재무자산은 없다. 같은 논리로 대변에 표시되는 부채는 영업부채만 존재하며, 투자부채와 재무부채는 존재하지 않으므로 재무자본만 남게 된다. 또한 자본을 영업, 투자 및 재무자본으로 구분하였지만, 자본은 대변에 표시되므로 재무활동인 재무자본만 존재한다. 또한 재무활동 수익이 표시되어 있지만, 이는 주식발행초과금과 같이 자본거래이므로 손익계산서에 반영되지 않는다. 그러므로 영업활동과 관련된 순손익은 당기순손익에서 ④와 ⑤를 조정하면 ③을 다음과 같이 계산할 수 있다.

7) 이자 수입과 배당금 수입을 투자활동으로, 이자 지급과 배당금 지급을 재무활동으로 분류하였다고 가정한다.

③영업활동순손익 = ②당기순손익 − ④투자활동 수익 + ④투자활동 비용 + ⑤재무활동 비용

투자활동 비용과 재무활동 비용의 가산은 현금 지출이 없는 비용 등의 가산에 해당되며, 투자활동 수익의 차감은 현금수입이 없는 수익 등의 차감에 해당된다.

영업활동순손익은 발생주의 회계에 따라 계산된 것이므로, 이를 현금주의로 전환하기 위해서는 ③영업활동순손익에 영업활동으로 인한 비현금자산의 증가(감소)는 차감(가산)하고 비현금부채의 증가(감소)는 가산(차감)하면 영업활동 현금흐름이 계산된다. 이는 회계기간 동안 발생한 재고자산과 영업활동에 관련된 채권·채무의 변동을 고려하라는 의미이다. [그림 13-4]는 간접법에 의한 영업활동 현금흐름을 요약한 것이다.

그림 13-4 간접법에 의한 영업활동 현금흐름 계산

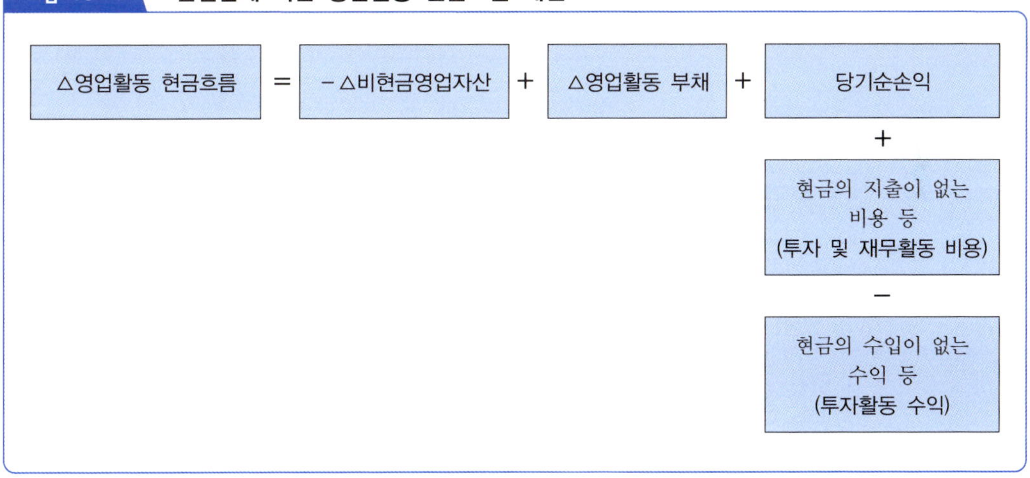

2. 투자활동 현금흐름 작성

투자활동에 의한 현금의 유입과 유출은 투자활동과 관련된 자산의 처분과 취득 또는 자금의 대여와 회수로 인한 것으로 영업활동과 관련이 없는 자산의 증가와 감소거래이다. 현금흐름표에서 투자활동 현금흐름은 주요 항목별로 현금 유입과 현금 유출을 구분하여 표시하고 이를 합산하여 투자활동순현금흐름으로 표시하여야 한다. 주요 항목별로 현금흐름을 작성하여야 하므로 투자활동 현금흐름의 계산은 앞서 학습한 영업활동 현금흐름의 직접법과 같은 원리를 적용한다.

투자활동 현금 유입	
차 변	대 변
현금의 증가	대여금 감소
	미수금 감소
	투자자산 처분
	유형자산 처분

투자활동 현금 유출	
차 변	대 변
대여금 증가	**현금의 감소**
미수금 증가	
투자자산 취득	
유형자산 취득	

3. 재무활동 현금흐름 작성

재무활동에 의한 현금의 유입과 유출은 재무활동과 관련된 부채의 증가와 상환 및 자본의 증가와 감소로 인한 현금의 유출입을 의미한다. 따라서 영업활동과 관련이 없는 부채의 증가와 감소거래 및 자본의 감소와 자본의 증가가 재무활동 거래이다. 현금흐름표에서 재무활동 현금흐름은 주요 항목별로 현금 유입과 현금 유출을 구분하여 표시하고 이를 합산하여 재무활동순현금흐름으로 표시하여야 한다. 주요 항목별로 현금흐름을 작성하여야 하므로 재무활동 현금흐름의 계산은 앞서 학습한 영업활동 현금흐름의 직접법과 같은 원리가 적용된다.

재무활동 현금 유입	
차 변	대 변
현금의 증가	차입금 증가
	미지급금 증가
	사채의 발행
	자본 유상증자
	자기주식 처분

재무활동 현금 유출	
차 변	대 변
차입금 감소	**현금의 감소**
미지급금 감소	
사채의 상환	
자본 유상감자	
자기주식 취득	
배당금 지급	

4. 현금흐름표 작성사례

한국㈜의 재무제표와 추가정보를 이용하여 현금흐름표를 작성하여 본다. 한국㈜의 기초 재무상태표는 <표 13-6>이다.

<표 13-7>과 <표 13-8>은 한국㈜의 기말 재무상태표와 포괄손익계산서이다.

표 13-6 | 한국㈜ 기초 재무상태표

재무상태표

20×1년 1월 1일 현재

한국㈜ (단위: 원)

자 산			부 채		
유동자산			유동부채		
현금및현금성자산	₩350,000		매입채무	₩250,000	
매출채권	500,000		미지급금(유형자산취득)	150,000	
(대손충당금)	(50,000)		미지급법인세	35,000	
상 품	250,000		비유동부채		
미수이자	135,300		사 채	1,000,000	
금융자산(FVPL)	700,000	₩1,885,300	(사채할인발행차금)	(34,700)	
비유동자산			부채총계		₩1,400,300
미수금(유형자산처분)	260,000		자 본		
장기대여금	970,000		자본금	2,000,000	
기계장치	1,000,000		자본잉여금	515,000	
(감가상각누계액)	(200,000)		이익잉여금	600,000	
무형자산	600,000	₩2,630,000	자본총계		₩3,115,000
자산총계		₩4,515,300	부채와자본총계		₩4,515,300

표 13-7 | 한국㈜ 기말 재무상태표

재무상태표

20×1년 12월 31일 현재

한국㈜ (단위 : 원)

자 산			부 채		
유동자산			유동부채		
현금및현금성자산	₩650,800		매입채무	₩350,000	
매출채권	645,000		미지급금(유형자산취득)	50,000	
(대손충당금)	(80,000)		미지급법인세	40,000	
상 품	449,000		비유동부채		
단기대여금	100,000		사 채	1,000,000	
미수이자	8,000		(사채할인발행차금)	(33,320)	
금융자산(FVPL)	800,000	₩2,572,800	부채총계		₩1,406,680
비유동자산					
미수금(유형자산처분)	160,000		자 본		
장기대여금	800,000		자본금	2,150,000	
건 물	150,000		자본잉여금	515,000	
기계장치	800,000		이익잉여금	801,120	
(감가상각누계액)	(210,000)				
무형자산	600,000	₩2,300,000	자본총계		₩3,466,120
자산총계		₩4,872,800	부채와자본총계		₩4,872,800

표 13-8 | 한국㈜ 포괄손익계산서

포괄손익계산서

20×1년 1월 1일부터 20×1년 12월 31일까지

한국㈜ (단위 : 원)

매 출		₩850,000
매출원가		(400,000)
매출총이익		₩450,000
판매비와일반관리비		
종업원급여	₩100,000	
판매비	50,000	
대손상각비	35,000	
감가상각비	24,000	(209,000)
영업이익		₩241,000
영업외수익		
이자수익	14,200	
금융자산평가이익(FVPL)	100,000	114,200
영업외비용		
유형자산처분손실	6,000	
이자비용	8,080	(14,080)
법인세차감전순이익		₩341,120
법인세비용		(40,000)
당기순이익		₩301,120

한국㈜는 이자 수입과 배당금 수입을 투자활동으로 분류하고, 이자 지급과 배당금 지급을 재무활동으로 분류하기로 결정하였다. 법인세는 영업활동이며 투자나 재무활동과는 관련되지 않는다.

기초 재무상태표상 현금및현금성자산이 ₩350,000이고 기말 재무상태표상의 현금및현금성자산이 ₩650,800이므로 당기 현금의 증가는 ₩300,800이다. 이 현금의 증가를 영업활동과 투자활동 및 재무활동으로 분류하여 현금흐름표를 작성할 수 있다.

(1) 재무제표와 추가정보를 이용한 현금흐름표 작성

첫 번째 단계는 결산이 완료된 후 비교재무상태표를 통하여 계정별 증감내역과 활동을 구분한다. <표 13-9>는 한국㈜의 비교재무상태표를 이용하여 계정별 증가(감소)를 구한 것이며 설명의 편의상 활동구분도 표시하였다.

표 13-9 | 비교재무상태표 계정별 증(감)과 활동구분

비교재무상태표
20×1년 1월 31일 현재

한국㈜ (단위 : 원)

계정명	기말 재무상태표		기초 재무상태표		계정의 증(감)	활동구분
자 산						
유동자산						
현금및현금성자산	₩650,800		₩350,000		300,800	
매출채권	645,000		500,000		145,000	영업활동
(대손충당금)	(80,000)		(50,000)		(30,000)	영업활동
상 품	449,000		250,000		199,000	영업활동
단기대여금	100,000		0		100,000	투자활동
미수이자	8,000		135,300		(127,300)	투자활동
금융자산(FVPL)	800,000	₩2,372,800	700,000	₩1,885,300	100,000	투자활동
비유동자산						
미수금(유형자산처분)	160,000		260,000		(100,000)	투자활동
장기대여금	800,000		970,000		(170,000)	투자활동
건 물	150,000		0		150,000	투자활동
기계장치	800,000		1,000,000		(200,000)	투자활동
(감가상각누계액)	(210,000)		(200,000)		(10,000)	투자활동
무형자산	600,000	₩2,300,000	600,000	₩2,630,000		투자활동
자산총계		**₩4,672,800**		**₩4,515,300**		
부 채						
유동부채						
매입채무	₩350,000		₩250,000		100,000	영업활동
미지급금(유형자산취득)	50,000		150,000		(100,000)	재무활동
미지급법인세	40,000		35,000		5,000	영업활동
비유동부채						
사 채	1,000,000		1,000,000			재무활동
(사채할인발행차금)	(33,320)		(34,700)		1,380	재무활동
부채총계		**₩1,406,680**		**₩1,400,300**		
자 본						
자본금	2,150,000		2,000,000		150,000	재무활동
자본잉여금	515,000		515,000			재무활동
이익잉여금	801,120		600,000		201,120	
자본총계		**₩3,266,120**		**₩3,115,000**		
부채와자본총계		**₩4,672,800**		**₩4,515,300**		

두 번째 단계는 <표 13-10>의 당기 포괄손익계산서에서 일정 기간 동안 영업활동과 투자활동 및 재무활동으로 인한 손익의 정보를 식별하는 것이다.

표 13-10 | 포괄손익계산서와 활동 구분

포괄손익계산서

20×1년 1월 1일부터 20×1년 12월 31일까지

한국㈜		(단위: 원)	
매　출		₩850,000	영업활동
매출원가		(400,000)	영업활동
매출총이익		₩450,000	
판매비와일반관리비			
종업원급여	₩100,000		영업활동
판매비	50,000		영업활동
대손상각비	35,000		영업활동
감가상각비	24,000	(209,000)	투자활동
영업이익		₩241,000	
영업외수익			
이자수익	14,200		투자활동
금융자산평가이익(FVPL)	100,000	114,200	투자활동
영업외비용			
유형자산처분손실	6,000		투자활동
이자비용	8,080	(14,080)	재무활동
법인세차감전순이익		₩341,120	
법인세비용		(40,000)	영업활동
당기순이익		₩301,120	

세 번째 단계는 추가정보를 이용하여 비유동자산과 비유동부채의 변동분과 비현금거래의 정보를 이용하여 투자활동과 재무활동 거래에 대한 정보를 얻는다. 다음은 한국㈜의 현금흐름표 작성을 위한 추가정보이다.

[추가정보]

1. 장기대여금 중 ₩100,000을 단기대여금으로 유동성 대체하였다. 이자수익은 대여금 총액에서 발생한 것이다. 이자수익은 투자활동으로 분류한다.
2. 건물은 주식의 액면발행으로 취득한 것이며, 건물을 연말에 취득하여 감가

상각하지 않았다.

3. 취득가액 ₩200,000의 기계장치를 처분하고 현금을 수령하였다. 연도 중 기계장치의 신규취득은 없다.
4. 손익계산서상 이자비용은 사채이자비용이다. 이자비용은 재무활동으로 분류한다.
5. 당기에 배당으로 현금 ₩100,000을 지급하였다. 배당의 지급은 재무활동으로 분류한다.

1) 영업활동 현금흐름

① 직접법

직접법하에서는 발생주의 회계로 작성된 포괄손익계산서의 각 항목을 현금주의 회계로 전환한다. 포괄손익계산서의 손익 항목별로 현금 유입과 유출을 분석하는 것이다.

가. 고객으로부터 현금 유입

고객으로부터 현금 유입은 발생주의로 계산된 매출을 현금주의로 전환하는 것이다. 매출계정과 매출과 관련된 포괄손익계산서 항목 및 매출과 관련된 자산·부채 변동의 조정을 통해 현금의 유입을 계산한다. 포괄손익계산서의 매출은 ₩850,000이고 매출채권에 대한 대손상각비는 ₩35,000이다. 비교재무상태표의 증감 분석에 의하면 매출채권은 ₩145,000 증가하였고 대손충당금은 ₩30,000 증가하였다. 거래의 8요소의 등식을 이용하면 아래와 같이 현금 유입 ₩700,000을 계산할 수 있다.

차 변			대 변		
현금 유입	② **700,000**		대손충당금	30,000	증가
매출채권	145,000	증가	매 출	850,000	발생
대손상각비	35,000	발생			
합 계	③ 880,000		합 계	① **880,000**	

영업활동 고객으로부터 현금 유입액을 회계등식을 이용하여 계산할 수도 있다. 포괄손익계산서의 수익과 비용에 비현금자산의 증가(감소)는 차감(가산)하고 부채의 증가(감소)는 가산(차감)하여 현금의 유입(유출)을 계산할 수 있다.

매출로 인한 현금 유입 = －△매출채권 145,000＋△대손충당금 30,000＋매출 850,000－대손상각비 35,000

위의 식에서 오른쪽의 합이 ₩700,000으로 양(＋)의 값이므로 고객으로부터 현금 유입액이 된다.

나. 공급자와 종업원에 대한 현금 유출

• **공급자에 대한 현금 유출**

공급자에게 현금 유출은 매입으로 인하여 거래처에 지급한 현금을 구하는 것이다. 매입과 관련된 매출원가, 재고자산, 매입채무의 증감을 통해 계산할 수 있다.

포괄손익계산서의 매출원가는 ₩400,000이고 비교재무상태표의 증감에서 상품은 ₩199,000 증가하였고 매입채무도 ₩100,000 증가하였다. 거래의 8요소의 등식을 이용하면 아래와 같이 현금 유출 ₩499,000을 계산할 수 있다.

차 변			대 변		
매출원가	400,000	발생	**현금 유출**	② **499,000**	
상 품	199,000	증가	매입채무	100,000	증가
합 계	① **599,000**		합 계	③ **599,000**	

영업활동 공급자에 대한 현금 유출액은 등식을 이용하여 계산할 수도 있다. 포괄손익계산의 수익과 비용에 비현금자산의 증가(감소)는 차감(가산)하고, 부채의 증가(감소)는 가산(차감)하여 현금의 유입(유출)을 계산할 수 있다.

공급자에 대한 현금 유출 = －△상품 199,000＋△매입채무 100,000－매출원가 400,000

위의 식에서 오른쪽의 합이 음(－)의 값인 ₩499,000이므로 공급자에 대한 현금 유출이다.

• **종업원과 판매비에 대한 현금 유출**

종업원에 대한 현금 유출은 급여, 미지급급여, 퇴직급여충당부채 및 퇴직급여 등이 관련된다. 포괄손익계산서에 종업원급여가 ₩100,000이며, 비교재무상태표에 미지급급여가 없으므로 발생주의와 현금주의가 일치하여 종업원급여 ₩100,000이 현금 유출이 된다.

판매비에 대한 현금 유출은 판매비, 미지급판매비와 관련된다. 포괄손익계산서의 판매비가 ₩50,000이며, 비교재무상태표에 미지급판매비가 없으므로 발생주의와 현금주의가 일치하여 판매비 ₩50,000이 현금 유출이 된다.

다. 법인세 납부 현금 유출

비교재무상태표의 미지급법인세는 ₩5,000이 증가하고 있으며 포괄손익계산서의 법인세비용이 ₩40,000이다. 주어진 자료를 아래의 표와 같이 발생주의 법인세비용을 현금주의 법인세 유출액으로 계산할 수 있다.

차 변			대 변		
법인세비용	40,000	발생	**현금 유출**	② **35,000**	
			미지급법인세	5,000	증가
합 계	① **40,000**		합 계	③ **40,000**	

이상의 결과를 요약하여 직접법에 의한 영업활동 현금흐름에 대한 부분 현금흐름표를 작성하면 <표 13-11>과 같다.

표 13-11 | 영업활동 현금흐름(직접법)

영업활동 현금흐름(직접법)		
고객으로부터의 유입된 현금	₩700,000	
공급자와 종업원에 대한 현금 유출	(649,000)	
영업으로부터 창출된 현금	51,000	
법인세의 납부	(35,000)	
영업활동순현금흐름		₩16,000

② 간접법

간접법하에서 영업활동 현금흐름 계산은 먼저 영업활동순손익을 구하고 여기에 영업과 관련된 자산·부채의 변동을 고려하는 것이다. 따라서 간접법하에서는 순현금 유입(유출)만 표시된다.

첫 번째는 영업활동순손익을 구한다. 포괄손익계산서에서 당기순이익 ₩301,120이고 판매비와일반관리비의 감가상각비 ₩24,000과 유형자산처분손실 ₩6,000은 투자활동과 관련된 비용이다. 영업외수익 이자수익 ₩14,200, 금융자산평가이익(FVPL) ₩100,000은 투자활동과 관련된 수익이다. 그리고 영업외비용 이자비용 ₩8,080은 재무활동 관련 비용이다. 따라서 영업과 관련 없는 손익을 조정하면 발생주의 영업활동순손익은 ₩225,000으로 계산된다.

영업활동순이익	= 당기순손익	−투자활동 수익	+투자활동 비용	+재무활동 비용
225,000	= 301,120	−114,200	+30,000	+8,080
	‖	‖	‖	‖
	당기순이익 301,120	이자수익 14,200	감가상각비 24,000	이자비용 8,080
		+	+	
		금융자산 평가이익 100,000	유형자산 처분손실 6,000	

두 번째는 영업과 관련된 발생주의 손익에 영업과 관련된 자산·부채를 조정하여 현금순유입(유출)을 계산한다.

차 변			대 변		
현금 유입	② **16,000**		**영업활동 순이익**	**225,000**	
매출채권	145,000	증가	미지급법인세	5,000	증가
			대손충당금	30,000	증가
상 품	199,000	증가	매입채무	100,000	증가
합 계	③ 360,000		합 계	① **360,000**	

이상의 결과를 요약하여 간접법에 의한 영업활동 현금흐름에 대한 부분 현금흐름표를 작성하면 <표 13-12>와 같다.

표 13-12 | 영업활동 현금흐름(간접법)

영업활동 현금흐름(간접법)		
당기순이익		₩301,120
가산 : 현금 유출이 없는 비용		
감가상각비	₩24,000	
유형자산처분손실	6,000	
이자비용	8,070	38,080
차감 : 현금 유입이 없는 수익		
이자수익	14,200	
금융자산평가이익	100,000	(114,200)
영업관련 자산·부채의 조정		
가산 :		
미지급법인세	5,000	
대손충당금	30,000	
매입채무	100,000	135,000
차감 :		
매출채권	145,000	
상 품	199,000	(344,000)
영업활동순현금흐름		₩16,000

위의 <표 13-12>는 법인세 납부가 별도로 표시되어 있지 않다. 법인세 납부를 영업에서 창출된 현금을 구분하여 계산하려면 당기순손익 대신 법인세차감전순손익을 기준으로 투자 및 재무활동 손익을 조정하고, 법인세비용과 관련된 계정을 제외한 영업 관련 자산·부채를 조정하면 된다. 이는 영업 관련 순이익에 법인세를 포함하지 않고, 법인세를 별도로 계산하는 것이다.

먼저, 영업에서 창출된 현금을 계산하기 위하여 영업과 관련 없는 손익을 조정하면 발생주의 영업활동순이익은 ₩265,000으로 계산된다.

영업활동순이익	=법인세차감전순이익	−투자활동 수익	+투자활동 비용	+재무활동 비용
265,000	=341,120	−114,200	+30,000	+8,080

	법인세차감전순이익	이자수익	감가상각비	이자비용
‖	341,120	14,200	24,000	8,080
+		금융자산평가이익 100,000	유형자산처분손실 6,000	

두 번째, 영업과 관련된 발생주의 손익에 영업과 관련된 자산·부채를 조정하여 현금주의 현금순유입(유출)을 계산한다.

차 변			대 변		
현금 유입	② **51,000**		**영업활동순이익**	**265,000**	
매출채권	145,000	증가	대손충당금	30,000	증가
상 품	199,000	증가	매입채무	100,000	증가
합 계	③ 395,000		합 계	① **395,000**	

세 번째, 법인세의 납부는 직접법에서와 같은 방법으로 계산한다.

차 변			대 변		
법인세비용	40,000	발생	**현금 유출**	② **35,000**	
			미지급법인세	5,000	증가
합 계	① **40,000**		합 계	③ **40,000**	

이상의 결과를 요약하여 법인세 납부를 별도로 표시하는 영업활동 현금흐름을 간접법으로 작성하면 <표 13-13>과 같다.

표 13-13 | 법인세 납부 별도 표시하는 영업활동 현금흐름(간접법)

영업활동 현금흐름(간접법)		
당기순이익		₩341,120
가산 : 현금 유출이 없는 비용		
감가상각비	₩24,000	
유형자산처분손실	6,000	
이자비용	8,070	38,080
차감 : 현금 유입이 없는 수익		
이자수익	14,200	
금융자산평가이익	100,000	(114,200)
영업관련 자산·부채의 조정		
가산 :		
대손충당금	30,000	
매입채무	100,000	130,000
차감 :		
매출채권	145,000	
상 품	199,000	(344,000)
영업에서 창출된 현금		51,000
법인세 납부		(35,000)
영업활동순현금흐름		₩16,000

2) 투자활동 현금흐름

투자활동 현금흐름은 영업활동 현금흐름의 직접법과 같이 현금 유입과 현금 유출을 항목별로 계산하여 투자활동순현금흐름을 표시한다. 항목별로 투자활동 현금 유입과 항목별로 투자활동 현금 유출을 계산하고, 이를 합하여 투자활동순현금흐름을 표시한다.

가. 대여금 회수

비교재무상태표상 단기대여금이 ₩100,000 증가하였고, 장기대여금은 ₩170,000이 감소하였다. 추가정보에 의하여 장기대여금 중 ₩100,000이 유동성 대체된 것을 알 수 있다. 이러한 정보를 이용하여 대여금 회수금액을 계산하면 아래와 같다.

차 변			대 변		
현금 유입	② **70,000**		장기대여금	170,000	감소
단기대여금	100,000	증가			
합 계	③ 170,000		합 계	① **170,000**	

따라서 대여금의 증감으로 인한 현금 유입액은 ₩70,000이 된다.

나. 이자 회수

비교재무상태표상 미수이자가 ₩127,300 감소하였고 포괄손익계산서의 이자수익은 ₩14,200이다. 이러한 정보를 이용하여 대여금 회수금액을 계산하면 아래와 같다.

차 변			대 변		
현금 유입	② **141,500**		미수이자	127,300	감소
			이자수익	14,200	발생
합 계	③ 141,500		합 계	① **141,500**	

이자 회수로 인한 현금 유입액은 ₩141,500이 된다.

다. 기계장치 처분과 미수금 회수 현금 유입

비교재무상태표에서 기계장치는 ₩200,000 감소하였고, 감가상각누계액은 ₩10,000 증가하였다. 그리고 미수금은 ₩100,000 감소하였다. 포괄손익계산서상 감가상각비 ₩24,000과 유형자산처분손실 ₩6,000이 발생하였다. 추가정보에서 기계장치의 취득이 없으므로 관련 자료는 기계장치 처분 및 미수금 회수와 관련된다. 이러한 정보를 이용하여 현금 유입을 계산하면 아래와 같다.

차 변			대 변		
현금 유입	② **280,000**		기계장치	200,000	감소
감가상각비	24,000	발생	감가상각누계액	10,000	증가
유형자산처분손실	6,000	발생	미수금	100,000	감소
합 계	③ 310,000		합 계	① **310,000**	

따라서 기계장치 처분과 미수금 회수로 인한 현금 유입액은 ₩280,000이 된다.

라. 비현금거래

금융자산(FVPL)의 ₩100,000의 증가는 포괄손익계산서 금융자산평가이익(FVPL)과 일치하고, 추가정보에 별다른 언급이 없으므로 평가이익에 의한 증가이다. 당기에 건물이 ₩150,000 증가하였으나 추가정보에서 주식발행에 의한 취득이므로 현금을 수반하지 않는 투자활동이다.

대여금 회수, 이자 수입, 기계장치 처분과 미수금 회수로 인한 투자활동 현금 유입을 현금흐름표 양식에 따라 정리하면 <표 13-14>와 같다.

표 13-14 | 투자활동 현금흐름

투자활동 현금흐름		
투자활동 현금 유입		
대여금 회수	₩70,000	
이자 수입	141,500	
기계장치처분과 미수금 회수	280,000	₩491,500
투자활동 현금 유출		0
투자활동순현금흐름		₩491,500

3) 재무활동 현금흐름

재무활동 현금흐름은 영업활동 현금흐름의 직접법과 같이 현금 유입과 현금 유출을 항목별로 계산하여 재무활동순현금흐름을 표시한다. 항목별로 재무활동 현금 유입과 재무활동 현금 유출을 계산하고 이를 합하여 재무활동순현금흐름을 표시한다.

가. 미지급금 지급

미지급금(유형자산 취득) 지급은 재무활동 현금 유출이다. 재무상태표의 대변은 영업활동과 재무활동으로 구성된다는 것을 기억하면, 미지급금의 감소는 대변의 감소이므로 재무활동으로 인한 현금 유출이다. 비교재무상태표에서 미지급금은 ₩100,000이 감소하였다. 따라서 미지급금 지급으로 인한 현금 유출은 ₩100,000이다.

차 변			대 변		
미지급금	100,000	감소	**현금 유출**	② **100,000**	
합 계	① 100,000		합 계	③ **100,000**	

나. 이자 지급

추가정보에서 이자비용은 사채와 관련된 것이다. 사채가 할인발행되었으므로 이자 지급 시 사채할인발행차금이 감소하여 현금 지급이자는 이자비용보다 작게 된다. 비교재무상태표의 사채할인발행차금은 ₩1,380 감소하고 포괄손익계산서상 이자비용은 ₩8,080이다. 이자 지급으로 인한 현금 유출은 ₩6,700이다.

차 변			대 변		
이자비용	8,080	발생	**현금 유출**	② **6,700**	
			사채할인발행차금	1,380	감소
합 계	① 8,080		합 계	③ **8,080**	

다. 배당 지급

추가정보에서 당기에 현금배당 ₩100,000이 지급된 것을 알 수 있다. 따라서 현금배당 ₩100,000은 쉽게 구할 수 있다. 비교재무상태표에서 이익잉여금은 ₩201,120 증가하는 것으로 나타나 있다. 포괄손익계산서 당기순이익 ₩301,120은 이익잉여금으로 대체되므로 아래와 같이 현금배당액 ₩100,000을 계산할 수도 있다.

차 변			대 변		
당기순이익	301,120	발생	**현금 유출**	② **100,000**	
			이익잉여금	201,120	
합 계	① 301,120		합 계	③ **301,120**	

미지급금 지급, 이자 지급 및 배당 지급으로 인한 재무활동 유출을 현금흐름표 양식에 따라 정리하면 <표 13-15>와 같다.

표 13-15 | 재무활동 현금흐름

재무활동 현금흐름		
재무활동 현금 유입		₩0
재무활동 현금 유출		
미지급금 지급	₩100,000	
이자 지급	6,700	
배당 지급	100,000	206,700
재무활동 현금 유출		0
재무활동순현금흐름		(₩206,700)

4) 현금흐름표 작성

지금까지 작성한 영업활동 현금흐름(직접법), 투자활동 현금흐름 및 재무활동 현금흐름을 종합하여 현금흐름표를 작성하면 <표 13-16>과 같다.

표 13-16 | 직접법에 의한 현금흐름표

현금흐름표

20×1년 1월 1일부터 20×1년 1월 31일까지

한국㈜		(단위 : 원)	
영업활동 현금흐름(직접법)			〈표 13-11〉
고객으로부터의 유입된 현금	₩700,000		
공급자와 종업원에 대한 현금 유출	(649,000)		
영업으로부터 창출된 현금	51,000		
법인세의 납부	(35,000)		
영업활동순현금흐름		₩16,000	
투자활동 현금흐름			〈표 13-14〉
투자활동 현금 유입			
대여금 회수	70,000		
이자 수입	141,500		
기계장치처분과 미수금 회수	280,000	491,500	
투자활동 현금 유출		0	
투자활동순현금흐름		₩491,500	
재무활동 현금흐름			〈표 13-15〉
재무활동 현금 유입		0	
재무활동 현금 유출			
미지급금 지급	100,000		
이자 지급	6,700		
배당 지급	100,000	206,700	
재무활동 현금 유출		0	
재무활동순현금흐름		(₩206,700)	
현금및현금성자산의 순증가		**₩300,800**	
기초 현금및현금성자산		350,000	
기말 현금및현금성자산		₩650,800	

* 보통주식 발행을 통한 건물구입(비현금성 투자 · 재무활동 - 주석 공시) : ₩150,000

현금흐름표에서 현금및현금성자산 순증가 ₩300,800에 기초 현금및현금성자산 ₩350,000을 가산하면 기말 현금및현금성자산이 ₩650,800이 된다. 이 금액들은 비교재무상태표를 통하여 확인할 수 있다. 같은 방법으로 법인세가 별도로 표시되는 간접법에 의한 현금흐름표를 작성하면 <표 13-17>과 같다.

표 13-17 | 간접법에 의한 현금흐름표

현금흐름표

20×1년 1월 1일부터 20×1년 1월 31일까지

한국㈜		(단위 : 원)	
영업활동 현금흐름(간접법)			〈표 13-13〉
당기순이익		₩341,120	
가산 : 현금 유출이 없는 비용			
감가상각비	₩24,000		
유형자산처분손	6,000		
이자비용	8,070	38,080	
차감 : 현금 유입이 없는 수익			
이자수익	14,200		
금융자산평가이익	100,000	(114,200)	
영업관련 자산·부채의 조정			
가산 :			
대손충당금	30,000		
매입채무	100,000	130,000	
차감 :			
매출채권	145,000		
상 품	199,000	(344,000)	
영업에서 창출된 현금		51,000	
법인세의 납부		(35,000)	
영업활동순현금흐름		₩16,000	
투자활동 현금흐름			〈표 13-14〉
투자활동 현금 유입			
대여금 회수	70,000		
이자 수입	141,500		
기계장치처분과 미수금 회수	280,000	491,500	
투자활동 현금 유출		0	
투자활동순현금흐름		₩491,500	
재무활동 현금흐름			〈표 13-15〉
재무활동 현금 유입		0	
재무활동 현금 유출			
미지급금 지급	100,000		
이자 지급	6,700		
배당 지급	100,000	206,700	
재무활동 현금 유출		0	
재무활동순현금흐름		(₩206,700)	
현금및현금성자산의 순증가		**₩300,800**	
기초 현금및현금성자산		350,000	
기말 현금및현금성자산		₩650,800	

* 보통주식 발행을 통한 건물구입(비현금성 투자·재무활동 - 주석 공시) : ₩150,000

두 현금흐름표를 비교하면 영업활동 현금흐름은 직접법과 간접법으로 작성할 수 있으나, 투자활동과 재무활동 현금흐름은 영업활동 현금흐름의 작성방법과 관계없이 동일하다.

✓예제 13-2

다음은 한국㈜의 20×2년도 현금흐름표 작성을 위한 자료들이다. 이를 이용하여 직접법과 간접법에 의한 현금흐름표를 작성하라.

재무상태표

한국㈜ 20×2.12.31. 현재 (단위 : 원)

과 목	20×2말	20×1말	증(감)
현 금	₩98,000	₩45,000	₩53,000
매출채권	69,500	68,000	1,500
대손충당금	(1,200)	(1,000)	(200)
상 품	52,000	56,000	(4,000)
선급비용	6,000	8,000	(2,000)
건 물	178,000	165,000	13,000
감가상각누계액	(35,300)	(34,000)	(1,300)
	₩367,000	**₩307,000**	**₩60,000**
매입채무	**57,000**	**54,000**	3,000
단기차입금	20,000	25,000	(5,000)
미지급비용	10,000	7,000	3,000
미지급법인세	3,000	0	3,000
사 채	40,000	0	40,000
사채할인발행차금	(4,000)	0	(4,000)
자 본 금	160,000	160,000	0
이익잉여금	**81,000**	**61,000**	20,000
	₩367,000	**₩307,000**	**₩60,000**

포괄손익계산서

20×2.1.1～20×2.12.31

한국㈜		(단위 : 원)
매 출 액		₩342,000
매출원가		
기초재고액	₩56,000	
당기매입액	220,000	
기말재고액	52,000	224,000
매출총이익		118,000
이자수익	5,000	5,000
급 여	26,000	
감가상각비	4,800	
대손상각비	700	
판 매 비	47,500	
이자비용	11,000	
유형자산처분손실	2,000	92,000
법인세비용차감전순이익		31,000
법인세비용		3,000
당기순이익		₩28,000

〈추가자료〉

1. 취득원가 ₩12,000(장부가액 ₩8,500)의 건물을 ₩6,500에 처분하였으며, 그 이외의 처분거래는 없다.
2. 기중에 단기차입금 ₩10,000을 차입하였다.
3. 액면 ₩40,000의 사채를 ₩35,000에 할인발행하였다.
4. 당기 배당금 지급액은 ₩8,000이다.
5. 미지급비용과 선급비용은 판매관리비와 관련되며, 이자수익과 이자비용은 영업활동으로 분류한다.

▶▶ 요구사항

1. 한국㈜의 현금흐름표를 직접법으로 작성하라.
2. 한국㈜의 현금흐름표를 간접법으로 작성하라.

해답

1. 직접법 현금흐름표

현금흐름표

20×2.1.1～20×2.12.31

한국(주)		(단위 : 원)
영업활동 현금흐름		₩49,500
매출로부터의 유입액 ①	₩340,000	
매입으로 인한 유출액 ②	(217,000)	
종업원 및 판매비 유출액 ③	(68,500)	
영업활동에서 창출된 현금	54,500	
이자수익 유입액 ④	5,000	
이자비용 유출액 ⑤	(10,000)	
법인세 지출액 ⑥	0	
투자활동 현금흐름		(18,500)
건물의 처분 ⑦	6,500	
건물의 취득 ⑦	(25,000)	
재무활동 현금흐름		22,000
사채의 발행 ⑧	35,000	
단기차입금의 차입⑨	10,000	
단기차입금의 상환⑨	(15,000)	
배당금의 지급 ⑩	(8,000)	
현금의 증가		₩53,000
기초의 현금		45,000
기말의 현금		₩98,000

[해설] 1. 현금흐름표(직접법)

(1) 영업활동 현금흐름

① 매출활동으로부터의 현금 유입액 : ₩340,000

차 변			대 변		
현금 유입	② **340,000**		대손충당금	200	증가
매출채권	1,500	증가	매 출	342,000	발생
대손상각비	700	발생			
합 계	③ 342,200		합 계	① **342,200**	

② 매입활동으로 인한 현금 유출액 : ₩217,000

차 변			대 변		
매출원가	224,000	발생	**현금 유출**	② **217,000**	증가
			매입채무	3,000	증가
			상 품	4,000	감소
합 계	① **224,000**		합 계	③ **224,000**	

③ 종업원 및 판매비 유출액 : ₩68,500

차 변			대 변		
급 여	26,000	발생	**현금 유출**	② **68,500**	증가
판매비	47,500	발생	미지급비용	3,000	증가
			선급비용	2,000	감소
합 계	① **73,500**		합 계	③ **73,500**	

④ 이자수익 유입액 : ₩5,000

차 변			대 변		
현금 유입	② **5,000**		이자수익	5,000	발생
합 계	③ **5,000**		합 계	① **5,000**	

⑤ 이자비용 유출액 : ₩10,000

차 변			대 변		
이자비용	11,000	발생	**현금 유출**	② **10,000**	
			사채할인발행차금*	1,000	감소
합 계	③ **11,000**		합 계	① **11,000**	

* 기중에 사채를 발행한 경우 이자비용은 발행당시 사채할인발행차금과 기말 사채할인발행차금의 차이를 이용하여 증감을 구해야 한다.

⑥ 법인세 유출액 : ₩0

차 변			대 변		
법인세비용	3,000	발생	미지급법인세	3,000	증가
합 계	③ **3,000**		합 계	① **3,000**	

(2) 투자활동 현금흐름 계산

⑦ 건물의 취득과 처분으로 인한 순현금 유출 : ₩18,500

차 변			대 변		
현금 유입*	**6,500**		**현금 유출**	② **25,000**	
감가상각비	4,800	발생	감가상각누계액	1,300	증가
건 물	13,000	증가			
유형자산처분손실	2,000				
합 계	③ 26,300		합 계	① **26,300**	

* 추가자료 1 – 취득원가 ₩12,000(장부가액 ₩8,500)의 건물을 ₩6,500에 처분하였으며, 그 이외의 처분거래는 없다.

(3) 재무활동 현금흐름 계산

⑧ 사채의 발행으로 인한 현금 유입 : ₩35,000

차 변			대 변		
현금 유입*	② **35,000**		사 채	40,000	증가
사채할인발행차금	5,000				
합 계	③ 40,000		합 계	① **40,000**	

* 추가자료 4 – 액면 ₩40,000의 사채를 ₩35,000에 할인발행하였다.

⑨ 단기차입금 차입과 상환 : 차입 ₩10,000, 상환 (₩15,000)

차 변			대 변		
현금 유입*	**10,000**		**현금 유출**	② **15,000**	증가
단기차입금	5,000	감소			
합 계	③ 15,000		합 계	① **15,000**	

* 추가자료 3 – 기중에 단기차입금 ₩10,000을 차입하였다.

⑩ 배당금 지급 : ₩8,000

차 변			대 변		
당기순이익	28,000	대체	**현금 유출**	② **8,000**	
			이익잉여금	20,000	증가
합 계	③ **28,000**		합 계	① **28,000**	

* 추가자료 5 – 당기 배당금 지급액은 ₩8,000이다.

2. 간접법 현금흐름표

현금흐름표

20×2.1.1 ~ 20×2.12.31

한국㈜		(단위 : 원)
영업활동 현금흐름		₩49,500
법인세비용차감전순이익	₩31,000	
가감 조정 :		
① 감가상각비	4,800	
② 대손상각비	200	
③ 이자비용	11,000	
④ 이자수익	(5,000)	
⑤ 유형자산처분손실	2,000	
⑥ 재고자산의 감소	4,000	
⑦ 선급비용의 감소	2,000	
⑧ 매입채무의 증가	3,000	
⑨ 미지급비용의 증가	3,000	
⑩ 매출채권의 증가	(1,500)	
영업활동에서 창출된 현금	54,500	
이자수익 유입액	5,000	
이자비용 유출액	(10,000)	
법인세 지출액	0	
투자활동 현금흐름		(18,500)
직접법과 동일		
재무활동 현금흐름		22,000
직접법과 동일		
현금의 증가		₩53,000
기초의 현금		45,000
기말의 현금		₩98,000

[해설]

1. 현금흐름을 수반하지 않는 수익과 비용의 조정
   ①번부터 ⑤번까지는 영업활동과 관련된 이익을 구하기 위하여 비용을 가산하고 수익을 차감한 것이다.
2. 자산과 부채의 조정
   ⑥번부터 ⑩번까지는 발생주의 회계를 현금주의 회계로 조정하기 위해 자산과 부채를 조정한 것이다.

제 4 절 기업가치 평가 시 현금흐름 이용

투자자와 채권자는 발생주의 회계에 기초를 둔 재무제표 분석과 함께 현금주의 회계에 기초한 재무비율 분석도 많이 사용한다.

1. 잉여현금흐름

현금흐름표상의 영업활동 현금흐름은 현금창출능력의 기준으로 평가된다. 하지만 현재 영업수준을 유지하기 위해 유형자산에 얼마나 투자를 해야 하는지와 투자자들에게 얼마나 배당을 해야 하는지는 고려된 것이 아니다. 따라서 비유동자산에 대한 신규투자와 배당을 고려한 후의 현금흐름을 의사결정에 사용하여야 올바른 투자의사결정을 할 수 있다. 영업활동 현금흐름에 신규투자와 배당을 고려한 새로운 현금흐름을 측정할 수 있는데 이를 '잉여현금흐름'이라고 한다. 잉여현금흐름의 측정은 영업활동 현금흐름이 갖고 있는 현금창출능력에 투자와 배당을 고려하므로 투자의사결정에 더 유용할 수 있다. 결국 잉여현금흐름은 자본적 지출과 배당금을 조정한 후의 영업활동으로부터 창출된 현금이라고 할 수 있다.

간단한 사례를 통하여 잉여현금흐름을 계산해 보기로 한다. 한국㈜는 올 한 해 동안 10,000대의 개인컴퓨터를 생산하여 판매하였고, 이로 인해 영업활동으로 인한 현금 ₩1,000,000이 유입되었다고 가정하자. 컴퓨터 10,000대 생산을 유지하기 위해서 한국㈜는 기계장치에 ₩450,000을 투자하였고, 배당으로 ₩15,000을 지급하기로 결정했다. 잉여현금흐름은 영업활동 현금흐름에서 투자금액과 배당을 차감한 ₩535,000(₩1,000,000 - ₩450,000 - ₩15,000)이다. 이 잉여현금흐름 ₩535,000을 사업을 확장하기 위해 새로운 자산을 구입하거나 배당금으로 지급하고 계속해서 10,000대의 컴퓨터를 생산하는 데 사용할 수 있다. 실제로 잉여현금흐름은 다양하게 정의되기도 하지만, 다음의 공식에 의해 계산된다.

잉여현금흐름 = 영업활동 현금흐름 − 자본적 지출 − 현금배당

다음은 20×3년 한국전자㈜의 현금흐름표에서 발췌한 일부 기본정보를 나타낸다.

부분 현금흐름표

20×3년 1월 1일부터 20×3년 12월 31일까지

한국전자㈜ (단위 : 원)

영업활동 현금흐름		₩1,680,000
투자활동 현금흐름		
유형자산 구입	₩ (220,000)	
투자자산 구입	(7,240,000)	
투자자산 매각	5,820,000	
기업 인수	(40,000)	
투자자산 만기	345,000	
투자활동에 의해 사용된 현금		(1,335,000)
배당금으로 지급된 현금		(230,000)

앞의 잉여현금흐름 산출공식에 따라 한국전자㈜의 잉여현금흐름은 다음과 같이 계산된다.

한국전자㈜의 잉여현금흐름 계산	
영업활동 현금흐름	₩1,680,000
차감 : 유형자산 지출	(220,000)
배당금 지급	(230,000)
잉여현금흐름	₩1,230,000

회계연도에 창출된 현금으로 새로운 자산을 취득하고 주식이나 채권의 회수, 배당금 지급에 이용될 수 있다. 또한 이 금액은 한국전자㈜의 20×3년도 당기순이익과는 다른 금액이다. 잉여현금흐름은 잠재적인 미래 수행능력의 지표로서 이익에 추가적인 신용을 제공하는 역할을 한다.

요 약

1. 현금흐름표의 유용성

현금흐름표는 회계기간 동안 회사의 영업, 투자, 재무활동으로 인한 현금의 순변동과 현금 유입, 지출에 대한 정보를 제공한다.

2. 영업활동, 투자활동, 재무활동

영업활동은 당기순이익 결정에 포함되어 있는 현금흐름을 의미한다. 투자활동은 장기성 자산과 투자자산의 변동으로 인한 현금흐름을 의미한다. 재무활동은 장기성 부채와 자본 항목의 변동으로 인한 현금흐름을 의미한다.

3. 간접법을 이용하여 현금흐름표 작성

간접법을 이용한 현금흐름표 작성은 3단계를 거친다.

(1) 발생주의 회계의 당기순이익을 현금주의 회계로 조정하여 영업활동 현금흐름을 구한다. 당기순이익에 현금을 수반하지 않은 비용을 가산하고 수익은 차감하며, 투자활동과 재무활동과 관련된 수익과 비용을 가감하고 유동자산과 유동부채의 증감을 반영하여 계산한다.

(2) 비유동자산과 비유동부채 계정의 변동, 재무활동과 투자활동의 기록과 비현금성 거래의 공시를 분석하여 투자활동과 재무활동 현금흐름을 계산한다.

(3) 금액 일치를 확인하기 위해 재무상태표에 보고된 현금계정의 변동과 현금흐름표의 현금의 순변동을 비교한다.

4. 잉여현금흐름

잉여현금흐름은 추가적인 배당금 지급이나 사업 확장에 이용가능한 당해 회계연도에 발생한 현금액을 나타낸다.

5. 직접법 사용을 통한 현금흐름표 작성

직접법을 사용한 현금흐름표 작성은 3단계를 거친다.

(1) 발생주의 회계에서 현금주의 회계로 전환하기 위하여 포괄손익계산서의 항목을 순서대로 조정하여 영업활동 현금흐름을 계산한다.

(2) 비유동자산과 비유동부채 계정의 변동, 재무활동과 투자활동의 기록과 비현금성 거래의 공시를 분석하여 투자활동과 재무활동 현금흐름을 계산한다.

(3) 금액 일치를 확인하기 위해 재무상태표에 보고된 현금계정의 변동과 현금흐름표의 현금의 순변동을 비교한다. 직접법은 영업활동으로 인한 순현금을 계산하기 위해 현금유입에서 현금 유출을 차감하여 보고한다.

용어정리

간접법	당기순이익과 영업현금흐름의 차이를 가져오는 항목들을 당기순이익에 가감조정하여 영업활동으로 인한 현금흐름을 계산하여 보고하는 방법
영업활동 현금흐름	상품의 매매와 같이 영업활동으로 인한 당기순이익에 영향을 미치는 거래에서 발생하는 현금의 유입과 유출
잉여현금흐름	자본적 지출과 배당금 지급을 조정한 후의 영업활동으로 인한 현금흐름
재무활동 현금흐름	차입금의 차입과 상환, 주식발행과 같이 기업의 부채와 자본에 영향을 미치는 거래에서 발생하는 현금의 유입과 유출
직접법	총현금 유입과 총현금 유출을 주요 항목별로 구분하여 영업활동으로 인한 현금흐름을 계산하여 보고하는 방법
투자활동 현금흐름	유형자산의 취득이나 처분과 같이 투자활동에 영향을 미치는 거래에서 발생하는 현금의 유입과 유출
현금흐름표	일정 기간 동안 기업실체의 현금 유입과 유출에 관한 정보를 제공하는 재무제표

EXERCISES

연습문제

객관식

[문제 1] 영업활동 현금흐름 작성 시 사용되는 직접법과 간접법을 간단히 설명하시오. 〈난이도: 중〉

[문제 2] 다음 중 투자활동이 아닌 것은? 〈난이도: 하〉

① 유형자산 취득에 따른 미지급금 증가
② 관계회사에 대한 대여금 증가
③ 유형자산 처분에 따른 미수금 증가
④ 유가증권 처분에 따른 현금 유입
⑤ 건물에 대한 감가상각비 발생

[문제 3] 다음은 제조업을 영위하는 기업의 현금흐름과 관련된 내용 중 옳지 않은 것은? 〈난이도: 상〉

① 이자 지급, 이자 수취 및 배당금 수취는 당기순손익의 결정에 영향을 준다.
② 이자 지급은 재무자원을 획득하는 비용으로 보아 재무활동으로만 분류할 수 있다.
③ 배당금의 지급은 재무자원을 획득하는 비용이므로 재무활동 현금흐름으로 분류하는 것이 일반적이다.
④ 법인세로 인한 현금흐름은 별도로 표시하며, 재무활동과 투자활동과 명백히 관련되지 않는다면 영업활동 현금흐름으로 분류한다.
⑤ 배당의 수취는 지분 증권에 대한 이익이므로 투자활동으로 분류하거나 영업활동으로 분류할 수 있다.

[문제 4] 현금흐름표 작성에 관한 다음의 설명 중 옳지 않은 것은? 〈난이도: 하〉

① 현금흐름표는 발생주의에 기초하고 있으므로 작성방법이 다른 재무제표와 다르다.

② 현금흐름표는 두 시점 사이에 계정잔액의 변동내역을 계산하여야 하므로 비교재무상태표가 필요하다.

③ 재무상태표와 당기 포괄손익계산서 및 관련 정보를 이용하여 발생주의 회계의 영향을 받는 항목들을 현금주의로 조정하는 별도의 과정이 필요하다.

④ 발생주의로 계산된 경영성과를 현금주의 경영성과로 전환하기 위해서는 당기 포괄손익계산서와 추가적인 관련 정보가 필요하다.

⑤ 영업활동 현금흐름의 작성은 직접법과 간접법이 있으나, 투자활동 현금흐름과 재무활동 현금흐름은 영업활동 현금흐름 작성 방법과 관계없이 동일하다.

[문제 5] 현금흐름표를 작성하기 위해 필요한 재무제표와 이를 통해 얻을 수 있는 정보 중 옳지 않은 것은? 〈난이도: 중〉

① 당기와 전기의 재무상태표를 비교함으로써 자산, 부채, 자본의 변동분에 관한 정보를 얻을 수 있다.

② 당기 포괄손익계산서에서 일정 기간 동안 영업활동, 투자활동 및 재무활동으로 인한 손익의 정보를 얻을 수 있다.

③ 추가정보는 비교재무상태표의 자산, 부채 그리고 자본의 변동과 당기 포괄손익계산서의 손익 정보가 한 기간 동안 현금의 유입과 유출과 어떤 관련이 있는지에 대한 세부적인 정보를 얻을 수 있다.

④ 영업활동 현금흐름을 계산하는 직접법에서는 당기순이익이 얼마인지 파악할 수 있다.

⑤ 종업원에 대한 현금지출을 파악하기 위해서 영업활동 현금흐름을 직접법으로 작성하여야 한다.

주관식

[문제 1] 현금흐름의 구분 〈난이도: 하〉

다음은 한국㈜의 20×2년 회계연도 동안 발생한 거래이다.

거 래	(1) 현금흐름의 구분	(2) 현금 유입, 유출, 영향 없음
(1) 재고자산인 상품의 현금매입		
(2) 거래처에 현금 대여		
(3) 건물 구입에 따른 현금 지급		
(4) 주택담보대출의 원금상환		
(5) 보통주 발행으로 유상증자		
(6) 장기투자자산으로써 주식 구입		
(7) 주주에게 배당금 지급		
(8) 신용매출로 재고자산 매각. 계속기록법을 사용		
(9) 외상으로 재고자산 구입		
(10) 직원급여 지급		

〈요구사항〉

각 항목을 (1) 영업활동(O), 투자활동(I), 재무활동(F), 별도 부속명세서에 표기하는 비현금성 거래(NC)로 표기하고 (2) 현금 유입, 유출, 현금에 영향 없음을 표시하여 표를 완성하라. 간접법을 이용하는 것으로 가정한다.

[문제 2] 영업활동 현금흐름 – 직접법(1) 〈난이도: 중〉

<사례 1>

경기㈜의 20×1년 매출채권 기초 잔액은 ₩1,000,000이고 기말 잔액은 ₩1,350,000이다. 당해 연도 매출액은 ₩6,351,000이다. 기초 대손충당금은 ₩25,000이고, 기말 대손충당금은 ₩30,000이다. 포괄손익계산서상 대손상각비는 ₩6,000이다.

<사례 2>

강남㈜는 20×2년에 감가상각비 ₩22,500을 제외한 영업비용 ₩120,000을 보고했다. 회계기간 동안 선급비용은 ₩12,000 감소했고 미지급비용은 ₩6,600 증가했다.

<사례 3>

한국㈜는 20×1년 12월 31일에 미지급법인세 ₩415,500을 보고하였고, 20×2년 12월 31일에는 미지급법인세 ₩783,000을 보고하였다. 그리고 20×2년 포괄손익계산서에 ₩510,000의 법인세비용을 보고하였다.

〈요구사항〉

1. <사례 1>의 자료를 이용하여 20×1년도 고객으로부터 현금 유입액을 계산하라.
2. <사례 2>의 자료를 이용하여 20×2년도에 영업비용으로 인한 현금 유출액을 계산하라.
3. <사례 3>의 자료를 이용하여 20×2년도에 법인세비용으로 인한 현금 유출액을 계산하라.

[문제 3] 영업활동 현금흐름 – 직접법(2) 〈난이도: 중〉

한국㈜의 20×9년도 포괄손익계산서에 의하면 매출원가는 ₩976,350이고, 감가상각비 ₩234,300을 제외한 영업비용이 ₩2,105,000이다. 다음은 당해 연도 비교재무상태표에 나타난 일부의 정보이다.

• 재고자산 ₩1,000 감소	• 선급비용 ₩60,000 증가
• 미지급비용 ₩30,000 감소	• 매입채무(상품공급자에 대한 것) ₩20,000 감소

〈요구사항〉

1. 위 자료를 이용하여 20×9년도 공급자에 대한 현금 유출액을 계산하라.
2. 위 자료를 이용하여 20×9년도 영업비용으로 인한 현금 유출액을 계산하라.

[문제 4] 영업활동 현금흐름 – 직접법(3) 〈난이도: 상〉

경기㈜의 포괄손익계산서는 다음 정보를 포함하고 있다.

포괄손익계산서

20×2년 1월 1일부터 20×2년 12월 31일까지

경기㈜ (단위: 원)

매 출		₩1,455,000
감가상각비 제외한 영업비용	₩450,000	
매출원가	486,000	
감가상각비	90,000	
기계장치처분손실	24,000	(1,050,000)
법인세차감전 순이익		405,000
법인세비용		(60,000)
당기순이익		₩345,000

경기㈜의 비교재무상태표는 다음과 같다.

	20×2	20×1
매출채권	₩112,500	₩90,000
재고자산	20,000	10,000
매입채무	61,500	42,000
미지급법인세	16,500	10,500

〈요구사항〉

직접법을 이용하여 현금흐름표상 영업활동으로 인한 순현금흐름을 계산하라.

[문제 5] 영업활동 현금흐름 – 간접법(1) 〈난이도: 중〉

한국㈜의 20×1년, 20×2년 유동부문을 나타내는 부분재무상태표이다. 한국㈜의 20×2년도 당기순이익은 ₩229,500이고 감가상각비는 ₩36,000이다.

	20×2	20×1
유동자산		
현　금	₩157,500	₩148,500
매출채권	165,000	133,500
재고자산	237,000	258,000
선급비용	40,500	33,000
유동자산(계)	₩600,000	₩573,000
유동부채		
미지급비용	₩22,000	₩15,000
매입채무	127,000	276,000
유동부채(계)	₩149,000	₩291,000

〈요구사항〉

간접법을 이용하여 20×2년 현금흐름표상 영업활동으로 인한 순현금흐름을 계산하라.

[문제 6] 영업활동 현금흐름 – 간접법(2) 〈난이도: 중〉

한국㈜의 포괄손익계산서이다.

포괄손익계산서

20×2년 1월 1일부터 20×2년 12월 31일까지

한국㈜ (단위: 원)

매　출		₩2,025,000
매출원가		
기초재고	₩667,500	
당기매입	1,286,250	
판매가능재고	1,953,750	
기말재고	(720,000)	(1,233,750)
매출총이익		791,250
영업비용		
판매비	157,500	
관리비	196,875	
감가상각비	39,375	
무형자산상각비	7,500	(401,250)
당기순이익		₩390,000

〈추가정보〉

(1) 회계기간 동안 매출채권은 ₩195,000 감소했고, 재고자산은 ₩52,500 증가했다.

(2) 선급비용은 ₩65,625 증가했다.

(3) 회계기간 동안 공급자에 대한 매입채무는 ₩18,750 증가했다.

(4) 회계기간 동안 미지급비용은 ₩61,875 증가했다.

〈요구사항〉

간접법을 이용하여 20×2년 현금흐름표상 영업활동으로 인한 순현금흐름을 계산하라.

[문제 7] 투자활동 현금흐름(1) 〈난이도: 중〉

20×1년 말에 한국㈜는 사용하던 기계장치를 매각처분하고 새로운 기계장치를 구입하였다. 처분 및 구입에 관한 자료는 다음과 같다.

처분한 기계장치의 취득원가	₩4,000,000
처분 당시 기계장치의 감가상각누계액	2,000,000
처분한 기계장치의 처분대금 수취액	1,400,000
새로운 기계장치의 취득원가	5,000,000
새로운 기계장치의 취득대가 지급액	3,000,000
새로운 기계장치의 취득대가 미지급액 (3개월 만기 어음을 발행)	2,000,000

〈요구사항〉

1. 기계장치의 처분과 구입에 대한 회계처리를 하라.
2. 다른 투자활동 거래가 없었다고 가정하고, 한국㈜의 투자활동 순현금흐름을 계산하라.

[문제 8] 투자활동 현금흐름(2) 〈난이도: 상〉

다음은 20×1년도 한국㈜의 현금흐름표를 작성하기 위한 자료의 일부이다.

과 목	20×0년 말	20×1년 말
건 물	₩410,000	₩540,000
감가상각누계액	(220,000)	(190,000)
개 발 비	180,000	200,000

(1) 취득원가 ₩100,000(장부금액 ₩40,000)의 건물을 당기 중에 ₩60,000에 처분하였다.

(2) 개발비의 당기 상각액은 ₩40,000이다.

〈요구사항〉

20×1년도 한국㈜의 현금흐름표에 표시될 투자활동 순현금흐름을 계산하라.

[문제 9] 재무활동 현금흐름(1) 〈난이도: 중〉

다음은 20×1년 중에 일어난 한국㈜의 재무활동에 관한 거래이다.

유상증자에 의한 현금납입	₩6,000,000
유상증자 신주의 액면금액	4,000,000
자기주식의 취득대가 지급	900,000
사채의 조기상환에 따른 지급(1월 1일 상환으로 이자발생은 없다.)	4,900,000
상환 당시 사채의 장부금액(사채는 액면발행되었다.)	5,000,000

〈요구사항〉

1. 유상증자 및 자기주식 취득에 대한 회계처리를 하라.
2. 사채의 상환에 대한 회계처리를 하라.
3. 한국㈜의 재무활동 순현금흐름을 계산하라.

[문제 10] 재무활동 현금흐름(2) 〈난이도: 상〉

다음은 20×2년도 한국㈜의 현금흐름표를 작성하기 위한 자료의 일부이다.

과　목	20×1년 말	20×2년 말
단기차입금	₩300,000	₩350,000
자 본 금	3,000,000	3,500,000
자본잉여금	400,000	500,000
이익잉여금	420,000	450,000

(1) 당기 중 단기차입금 ₩190,000 차입거래가 발생하였다.

(2) 당기 중 액면총액 ₩500,000의 보통주를 ₩600,000에 유상증자하였다.

(3) 당기순이익은 ₩180,000이다.

〈요구사항〉

20×2년도 한국㈜의 현금흐름표에 표시될 재무활동 순현금흐름을 계산하라.

[문제 11] 현금흐름표의 작성(1) 〈난이도: 상〉

다음은 20×2년도 강원㈜의 재무제표이다.

비교재무상태표

20×2년 12월 31일 현재

강원㈜ (단위: 원)

	20×2	20×1
자 산		
현 금	₩70,000	₩40,000
매출채권	66,000	28,000
재고자산	54,000	40,000
유형자산	120,000	156,000
감가상각누계액	(58,000)	(48,000)
자산총계	₩252,000	₩216,000
부채와 자본		
매입채무	₩58,000	₩30,000
미지급법인세	14,000	16,000
사 채	54,000	66,000
자본금	36,000	28,000
이익잉여금	90,000	76,000
부채와자본총계	₩252,000	₩216,000

포괄손익계산서

20×2년 1월 1일부터 20×2년 12월 31일까지

강원㈜ (단위: 원)

매 출		₩484,000
매출원가		(350,000)
매출총이익		134,000
판매비	₩36,000	
관리비	12,000	(48,000)
영업이익		86,000
이자비용		(6,000)
법인세차감전 이익		₩80,000
법인세비용		(16,000)
당기순이익		₩64,000

〈추가정보〉

(1) 배당금 ₩50,000을 현금 지급하였다.

(2) 회계연도 중 기계장치를 ₩17,000에 처분하였다. 취득원가가 ₩36,000이고 장부금액이 ₩17,000이다.

(3) 판매비에 감가상각비 ₩29,000이 포함되어 있다.

(4) 모든 매출과 매입은 외상으로 이루어진다.

〈요구사항〉

1. 간접법으로 20×2년도 강원㈜의 현금흐름표를 작성하라.
2. 20×2년도 강원㈜의 잉여현금흐름을 계산하라.

[문제 12] 현금흐름표의 작성(2) 〈난이도: 상〉

다음은 20×2년도 한국㈜의 재무정보이다.

비교재무상태표

20×2년 12월 31일 현재

한국㈜ (단위 : 원)

	20×2	20×1
자 산		
현 금	₩180,000	₩96,800
매출채권	188,000	66,000
재고자산	225,000	205,700
선급비용	56,000	52,000
투자자산	276,000	228,000
유형자산	540,000	485,000
감가상각누계액	(100,000)	(104,000)
자산총계	₩1,365,000	₩1,029,500
부채와 자본		
매입채무	₩224,000	₩134,600
미지급비용	33,000	34,000
사 채	220,000	300,000
자본금	440,000	350,000
이익잉여금	448,000	210,900
부채와자본총계	₩1,365,000	₩1,029,500

포괄손익계산서

20×2년 1월 1일부터 20×2년 12월 31일까지

한국㈜		(단위 : 원)
매출		₩785,560
차감 :		
매출원가	₩270,920	
감가상각비 제외한 영업비용	24,820	
감가상각비	93,000	
이자비용	9,460	
유형자산처분손실	15,000	(413,200)
법인세차감전순이익		372,360
법인세비용		(54,560)
당기순이익		₩317,800

〈추가정보〉

(1) 회계기간 중 새로운 유형자산을 ₩170,000에 현금 취득했다.

(2) 취득원가가 ₩57,500인 유형자산을 ₩3,000에 현금 처분하였다.

(3) 사채를 액면금액으로 만기 상환했다. 이자비용은 영업활동으로 분류한다.

(4) 회계기간 동안 현금배당 ₩80,700을 지급했다.

〈요구사항〉

1. 간접법을 이용하여 20×2년도 한국㈜의 현금흐름표를 작성하라. 단, 이자 지급과 법인세의 납부는 영업에서 창출된 현금과 별도로 구분 표시하라.
2. 직접법을 이용하여 20×2년도 한국㈜의 현금흐름표를 작성하라.

CHAPTER 14

재무제표 분석

제 1 절 재무제표 분석의 기본

제 2 절 수평적 분석

제 3 절 수직적 분석

제 4 절 재무비율 분석

제 5 절 재무제표 분석의 추가사항

학습목표

Learning Objectives

재무제표는 회사의 재무구조나 영업활동에 관한 다양한 정보를 포함하고 있다. 정보이용자들이 이러한 재무제표를 이용하여 올바른 투자의사결정을 내리기 위해서는 회계정보를 다각적으로 분석할 필요가 있다. 이번 장에서는 재무제표를 분석하기 위한 방법을 소개하고 이를 바탕으로 한 의사결정에 대해 학습할 것이다.

본 장에서 학습할 주요 내용을 요약하면 다음과 같다.

➢ 재무제표 분석의 기본
- 비교분석의 필요성
- 분석방법

➢ 수평적 분석

➢ 수직적 분석

➢ 재무비율 분석
- 유동성 비율
- 수익성 비율
- 지급능력비율

➢ 재무제표 분석의 추가사항
- 비교분석의 기준설정
- 재무제표 분석의 한계점

제 1 절 재무제표 분석의 기본

재무제표 분석은 포괄손익계산서와 재무상태표를 분석하여 기업의 수익성(profitability)과 재무위험(financial risk)을 파악하는 것이다. 수익성은 기업에 투입된 자본의 운용성과로 자본투입액으로 창출된 이익의 정도를 말하며, 재무위험은 기업이 타인자본을 사용함으로 인해 발생되는 부정적인 미래의 불확실성을 의미한다. 이는 세부적으로 회사의 유동성, 수익성 그리고 지급능력을 평가하는 것과 관련된다. 예를 들어, 은행이 회사의 단기채권을 보유하고 있다고 하자. 그러면 은행은 기한이 도래했을 때 회사가 채무의 지급의무를 이행할 수 있는 능력이 있는지에 관심이 있다. 회사의 단기채무 지급능력을 평가하는 데는 유동성이 중요한 지표가 된다. 반면에 장기채권을 보유한 채권자에게는 회사의 장기적인 존속가능성을 나타내는 수익성과 장기채무의 지급능력이 중요할 것이다. 따라서 채권자들은 회사의 자본구조에서 부채가 차지하는 비중과 이자 지급능력과 같은 지표를 고려하여야 한다. 이와 유사하게 주주들은 회사의 수익성과 배당 지급능력을 살피기 위해서 주식의 성장 잠재력과 배당 가능성을 평가하길 원한다. 이런 각각의 이해관계자들은 그들의 목적에 따라서 관심을 가지는 지표가 다를 것이므로 재무제표에 대한 다각적인 분석이 필요하다.

1. 비교분석의 필요성

재무제표에 보고된 모든 계정은 의미를 가지고 있다. 예를 들어, 재무상태표에 현금 20억원을 보고한다면 정보이용자들은 회사가 현금을 보유하고 있다는 사실을 알게 된다. 그러나 전기에 비해 현금보유량이 증가 또는 감소했는지, 회사가 필요로 하는 현금을 충분히 보유했는지는 알 수 없다. 이러한 정보를 얻기 위해서는 아래와 같이 세 가지 방법을 사용할 수 있다.

(1) 기업 내 비교(기간 간 비교)

기업 내 비교는 회사의 당기 계정과목이나 재무적 관계를 전기 또는 그 이전 기간의 동일한 계정과목이나 재무적 관계들을 기간 간 비교하는 것이다. 예를 들어, 당기의 현금을 전기의 현금과 비교하여 증감 여부를 파악하거나, 당기의 당좌비율을 전기 또는 그 이전 기간과 비교하는 것이다. 기업 내 비교는 재무적 관계의 변화나 중요한 추세 변화를 탐지하는 데 유용하다.

(2) 기업 간 비교

기업 간 비교는 회사의 계정과목이나 재무비율을 하나 이상의 경쟁회사의 동일 계정과목이나 재무비율과 비교하는 것이다. 재무분석가들은 회사별로 공표한 재무제표에 기초해서 기업 간 비교를 수행하는데 회사의 연간 총매출액을 동일 산업에 속한 주요 경쟁기업의 매출과 비교할 수 있다. 기업 간 비교는 회사의 경쟁우위를 측정하는 데 유용하다.

(3) 산업평균과 비교

이 방법은 회사의 계정과목이나 재무비율을 신용평가기관 등에서 공표하는 산업 평균값과 비교하는 것이다. 예를 들어, 회사의 당기순이익이 200억원인데 산업평균이 150억원이라면 회사의 당기성과는 다른 기업에 비해 양호하다고 볼 수 있다. 따라서 이러한 상대적인 비교는 기업의 성과 평가에 유용한 정보를 제공해준다.

2. 분석방법

재무제표 자료에서 의사결정에 필요한 정보를 추출하기 위하여 다양한 분석방법이 이용된다. 이 분석에는 수평적 분석, 수직적 분석 및 재무비율 분석이 사용된다. 수평적 분석은 재무제표 항목의 기간별 변화의 크기와 방향을 파악하기 위해 기준연도의 수치와 비교연도의 수치를 상호 비교하는 것이다. 수평적 분석은 기본적으로 기업 내 비교에서 사용되며, 재무제표의 연도 간 비교표시는 기업

내 비교를 용이하게 한다.

수직적 분석은 재무제표를 구성하는 각 재무제표 항목의 상대적 크기를 백분율로 표시하는 것이다. 이를 분석하여 기업 내 비교와 기업 간 비교에서 이용된다.

재무비율 분석은 재무제표 항목 중 상호관계가 있는 항목들 간의 관계를 백분율이나 간단한 비례식으로 표현하는데, 기업 내 비교, 기업 간 비교뿐만 아니라 산업평균과의 비교를 가능하게 한다.

제 2 절 수평적 분석

수평적 분석은 재무제표 항목의 기간별 변화를 평가하는 기법으로 계정과목이나 재무비율의 증감을 금액이나 백분율로 나타낸다.

<표 14-1>은 한국㈜의 20×1년과 20×2년의 2년간 비교재무상태표를 이용한 수평적 분석을 나타낸 것이다.

표 14-1 | 한국㈜ 재무상태표(수평적 분석)

비교재무상태표

제 4 기: 20×2년 12월 31일 현재

제 3 기: 20×1년 12월 31일 현재

한국㈜ (단위 : 원)

과 목	20×2년		20×1년		20×2년의 증가(감소) 금액	20×2년의 증가(감소) 백분율
자　산						
Ⅰ. 유동자산		**17,675,400**		**17,683,200**	**(7,800)**	**(0.04)%**
1. 현금및현금성자산	2,454,600		4,309,800		(1,855,200)	(43.0)%
2. 단기금융상품	1,851,400		3,762,100		(1,910,700)	(50.8)%
3. 기타유동금융자산	6,034,600		1,611,600		4,423,000	274.4%
4. 매출채권	3,440,200		4,498,000		(1,057,800)	(23.5)%
5. 미수금	1,022,800		1,722,900		(700,100)	(40.6)%
6. 선급금	45,500		138,400		(92,900)	(67.1)%
7. 재고자산	2,786,000		1,612,100		1,173,900	72.8%
8. 기타유동자산	40,300		28,300		12,000	

Ⅱ. 비유동자산		**29,040,000**		**27,505,600**	**1,534,400**	**5.6%**
1. 장기금융상품	278,900		131,200		147,700	112.6%
2. 기타비유동금융자산	1,036,600		1,030,300		6,300	0.6%
3. 장기성매출채권	100		600		(500)	(83.3)%
4. 종속, 공동 및 관계기업투자	12,942,800		12,082,600		860,200	7.1%
5. 유형자산 및 사용권자산	11,227,700		11,261,000		(33,300)	(0.3)%
6. 무형자산	2,774,400		2,709,200		65,200	2.4%
7. 이연법인세자산	36,300		0			
8. 기타비유동자산	743,200		290,700		452,500	155.7%
자산총계		**46,715,400**		**45,188,800**	**1,526,600**	**3.4%**
부 채						
Ⅰ. 유동부채		14,444,200		12,926,500	1,517,700	11.7%
Ⅱ. 비유동부채		5,801,100		6,686,400	(885,300)	(13.2)%
부채총계		**20,245,300**		**19,612,900**	**632,400**	**3.2%**
자 본						
Ⅰ. 보통주자본금	2,139,300		2,139,300			0.0%
Ⅱ. 주식발행초과금	1,659,000		1,659,000			0.0%
Ⅲ. 이익잉여금	22,960,700		21,838,700		1,122,000	5.1%
Ⅳ. 기타포괄손익누계액	(217,100)		4,500		(221,600)	(4924.4)%
Ⅴ. 기타자본항목	(71,800)		(65,600)		(6,200)	9.5%
자본총계		**26,470,100**		**25,575,900**	**894,200**	**3.5%**
부채와자본총계		**46,715,400**		**45,188,800**	**1,526,600**	**3.4%**

20×1년을 기준연도로 하여 기준연도 금액 대비 당기 금액의 증감을 백분율로 표시할 수 있다.

$$\text{기준연도 기준 변동률(\%)} = \frac{\text{당기 금액} - \text{기준연도 금액}}{\text{기준연도 금액}} \times 100(\%)$$

예를 들어, 한국㈜의 자산총계는 20×1년이 ₩45,188,000이고 20×2년이 ₩46,715,400이므로 20×1년에 대비 ₩1,526,600이 증가하였고, 기준연도 기준 변동률(%)을 계산하면 3.4%[(₩46,715,400 − ₩45,188,000) ÷ ₩45,188,000×100(%) = 3.4%]가 증가하였다는 것을 알 수 있다.

한국㈜의 비교재무상태표는 20×1년부터 20×2년까지 회사의 재무구조에 다음과 같은 중요한 변화가 발생했다는 것을 나타낸다.

- 자산에서 현금이 전년 대비 ₩1,855,200 감소 (43.0% 감소)
- 부채에서 유동부채가 ₩1,517,700 증가 (11.7% 증가)
- 자본에서 이익잉여금이 ₩1,122,000 증가 (5.1% 증가)

비교재무상태표를 통해 20×2년 한 해 동안 자산이 3.4% 증가하였고 자산 증가의 주된 원인은 부채도 3.2% 증가하였지만, 자본도 3.5% 증가하였고, 자본 중 이익잉여금이 5.1% 증가하였다는 것을 알 수 있다. 다른 것도 고려하여야 하겠지만, 이익잉여금의 증가가 자산의 증가에 주된 원인이라고 해석할 수 있다.

다음 <표 14-2>는 한국㈜의 20×1년과 20×2년의 2개연도 비교포괄손익계산서에 대한 수평적 분석을 나타낸 것이다.

표 14-2 | 한국㈜ 포괄손익계산서(수평적 분석)

비교포괄손익계산서

제 4 기: 20×2년 1월 1일부터 12월 31일까지
제 3 기: 20×1년 1월 1일부터 12월 31일까지

한국㈜ (단위 : 원)

과 목	20×2년		20×1년		20×2년의 증가(감소)	
					금액	백분율
Ⅰ. 매출액		46,409,700		40,979,600	5,430,100	13.3%
Ⅱ. 매출원가		37,273,100		33,201,700	4,071,400	12.3%
Ⅲ. 매출총이익		9,136,600		7,777,900	1,358,700	17.5%
Ⅳ. 판매비와관리비		6,135,700		4,958,600	1,177,100	23.7%
1. 판매비	3,271,900		2,502,200		769,700	30.8%
2. 관리비	2,863,900		2,456,400		407,500	16.6%
Ⅴ. 영업이익		3,000,900		2,819,300	181,600	6.4%
1. 종속, 공동 및 관계기업투자손익	(166,900)		64,600		(231,500)	(358.4)%
2. 금융수익	301,900		238,200		63,700	26.7%
3. 금융비용	480,400		235,100		245,300	104.3%
4. 기타수익	552,600		413,000		139,600	33.8%
5. 기타비용	568,700		340,800		227,900	66.9%
Ⅵ. 법인세비용차감전순이익		2,639,400		2,959,200	(319,800)	(10.8)%
1. 법인세비용		685,900		728,100	(42,200)	(5.8)%
Ⅶ. 당기순이익		**1,953,500**		**2,231,100**	**(277,600)**	**(12.4)%**

한국㈜의 비교포괄손익계산서 수평적 분석은 20×1년에 비해 20×2년에 다음과 같은 변화가 발생했다는 것을 나타낸다.

- 순매출은 ₩5,430,100 증가 (13.3% 증가)
- 매출원가는 ₩4,071,400 증가 (12.3% 증가)
- 판매비와관리비는 ₩1,177,100 증가 (23.7% 증가)

20×1년에 비해 20×2년의 매출총이익은 ₩1,358,700 증가(17.5% 증가)하였고, 영업이익도 ₩181,600 증가(6.4% 증가)하였다. 그러나 당기순이익은 전년 대비 ₩277,600 감소(12.4% 감소)하였는데, 그 주된 원인은 종속기업, 공동기업 및 관계기업투자손익에서 ₩231,500 감소(358.4% 감소)하였고, 금융비용도 ₩245,300 증가(104.3% 증가)하였기 때문으로 해석된다. 즉, 한국㈜는 영업성과는 양호하나 종속기업 등이 손실을 내고 있으며, 금융비용이 증가하여 당기순이익은 감소한 것이다.

기간별 변화를 분석하는 수평적 분석은 비교적 간단하고 유용하다. 그러나 계산과정에서 몇 가지 문제점이 발생할 수 있는데, 기준연도에는 계정과목의 값이 없었는데 다음 연도에는 값이 있다면 비율을 계산할 수 없다. 이와 유사하게 기준연도나 전기에 음의 값이 나타나고 다음 연도에 양의 값이 나타난다면 비율 계산은 의미가 없게 된다.

✓예제 14-1

강동㈜의 요약 재무정보는 다음과 같다.

	20×2년 12월 31일	20×1년 12월 31일
유동자산	₩234,000	₩180,000
순유형자산	756,000	420,000
총자산	₩990,000	₩600,000

▶▶ 요구사항

20×1년과 20×2년의 금액과 비율 변화에 대한 수평적 분석을 수행하라.

해답

	20×2년 증가분	
	금액	비 율
유동자산	₩ 54,000	30% [(₩234,000 − ₩180,000) ÷ ₩180,000]
순유형자산	336,000	80% [(₩756,000 − ₩420,000) ÷ ₩420,000]
총자산	₩390,000	65% [(₩990,000 − ₩600,000) ÷ ₩600,000]

제 3 절 수직적 분석

표준화 분석이라고도 불리는 수직적 분석은 각 계정과목을 기준금액과 비교하여 나타내는 방법이다. 금액의 절대적 크기가 아닌 총자산을 기준으로 각 계정과목의 비율을 나타내므로 백분율 재무제표 또는 공통형 재무제표(common size financial statements)라고도 한다. 재무상태표에서 유동자산이 총자산의 22%에 해당하는 경우 기준금액은 총자산이다. 또는 포괄손익계산서에서 판매비와일반관리비가 매출액의 16%에 해당하면 기준금액은 매출액이다.

<표 14-3>은 한국㈜의 비교재무상태표에 대한 수직적 분석을 나타낸다. 자산 항목의 기준금액은 총자산이고, 부채와 자본 항목의 기준금액은 부채와 자본총계이다.

수직적 분석을 통해 재무상태표 내에서 자산, 부채 및 자본 과목의 범주별 상대적 크기뿐만 아니라 비율의 변화도 파악할 수 있다. 유동자산이 총자산에서 차지하는 비율은 20×1년 39.1%에서 20×2년 37.8%로 감소했고, 유동자산 내에서 현금및현금성자산의 구성비율은 9.5%에서 5.3%로 감소하였으나, 기타유동금융자산은 3.6%에서 12.9%로 증가하였다. 또한 부채총계가 부채와자본총계에서 차지하는 비율은 43.4%에서 43.3%로 미세하게 감소하였고, 이익잉여금이 부채와자본총계에서 차지하는 비율은 48.3%에서 49.2%로 증가하였다. 이러한 결과들은 한국㈜가

표 14-3 | 한국㈜ 재무상태표(수직적 분석)

비교재무상태표

제 4 기: 20×2년 12월 31일 현재

제 3 기: 20×1년 12월 31일 현재

한국㈜ (단위: 원)

과 목	20×2년			20×1년		
	금액		비율	금액		비율
자 산						
Ⅰ. 유동자산		**17,675,400**	**37.8%**		**17,683,200**	**39.1%**
1. 현금및현금성자산	2,454,600		5.3%	4,309,800		9.5%
2. 단기금융상품	1,851,400		4.0%	3,762,100		8.3%
3. 기타유동금융자산	6,034,600		12.9%	1,611,600		3.6%
4. 매출채권	3,440,200		7.4%	4,498,000		10.0%
5. 미수금	1,022,800		2.2%	1,722,900		3.8%
6. 선급금	45,500		0.1%	138,400		0.3%
7. 재고자산	2,786,000		6.0%	1,612,100		3.6%
8. 기타유동자산	40,300		0.1%	28,300		0.1%
Ⅱ. 비유동자산		**29,040,000**	**62.2%**		**27,505,600**	**60.9%**
1. 장기금융상품	278,900		0.6%	131,200		0.3%
2. 기타비유동금융자산	1,036,600		2.2%	1,030,300		2.3%
3. 장기성매출채권	100		0.0%	600		0.0%
4. 종속, 공동 및 관계기업투자	12,942,800		27.7%	12,082,600		26.7%
5. 유형자산 및 사용권자산	11,227,700		24.0%	11,261,000		24.9%
6. 무형자산	2,774,400		5.9%	2,709,200		6.0%
7. 이연법인세자산	36,300		0.1%	0		0.0%
8. 기타비유동자산	743,200		1.6%	290,700		0.6%
자산총계		**46,715,400**	100.0%		**45,188,800**	**100.0%**
부 채						
Ⅰ. 유 동 부 채		14,444,200	30.9%		12,926,500	28.6%
Ⅱ. 비 유 동 부 채		5,801,100	12.4%		6,686,400	14.8%
부채총계		**20,245,300**	**43.3%**		**19,612,900**	**43.4%**
자 본						
Ⅰ. 보통주자본금	2,139,300		4.6%	2,139,300		4.7%
Ⅱ. 주식발행초과금	1,659,000		3.6%	1,659,000		3.7%
Ⅲ. 이익잉여금	22,960,700		49.2%	21,838,700		48.3%
Ⅳ. 기타포괄손익누계액	(217,100)		(0.5)%	4,500		0.0%
Ⅴ. 기타자본항목	(71,800)		(0.2)%	(65,600)		−0.1%
자본총계		**26,470,100**	**56.7%**		**25,575,900**	**56.6%**
부채와자본총계		**46,715,400**	**100.0%**		**45,188,800**	**100.0%**

성장을 위한 자금을 조달하기 위해 추가적인 부채를 발행하기보다 이익을 유보하는 것으로 해석할 수 있다.

<표 14-4>는 한국㈜의 비교포괄손익계산서에 대한 수직적 분석을 나타낸다. 손익 항목의 기준금액은 매출액이다.

표 14-4 | 한국㈜ 포괄손익계산서(수직적 분석)

비교포괄손익계산서

제 4 기: 20×2년 1월 1일부터 12월 31일까지

제 3 기: 20×1년 1월 1일부터 12월 31일까지

한국㈜ (단위 : 원)

과 목	20×2년			20×1년		
	금액		비율	금액		비율
Ⅰ. 매출액		46,409,700	100.0%		40,979,600	100.0%
Ⅱ. 매출원가		37,273,100	80.3%		33,201,700	81.0%
Ⅲ. 매출총이익		9,136,600	19.7%		7,777,900	19.0%
Ⅳ. 판매비와관리비		6,135,700	13.2%		4,958,600	12.1%
1. 판매비	3,271,900		7.1%	2,502,200		6.1%
2. 관리비	2,863,900		6.2%	2,456,400		6.0%
Ⅴ. 영업이익		3,000,900	6.5%		2,819,300	6.9%
1. 종속, 공동 및 관계기업투자손익	(166,900)		(0.4)%	64,600		0.2%
2. 금융수익	301,900		0.7%	238,200		0.6%
3. 금융비용	480,400		1.0%	235,100		0.6%
4. 기타수익	552,600		1.2%	413,000		1.0%
5. 기타비용	568,700		1.2%	340,800		0.8%
Ⅵ. 법인세비용차감전순이익		2,639,400	5.7%		2,959,200	7.2%
1. 법인세비용		685,900	1.5%		728,100	1.8%
Ⅶ. 당기순이익		1,953,500	4.2%		2,231,100	5.4%

매출액에서 매출원가가 차지하는 비중은 20×1년 81.0%에서 20×2년 80.3%로 감소하였고, 판매비와관리비는 12.1%에서 13.2%로 증가하였다. 그 결과 매출액에 대한 당기순이익 비율은 5.4%에서 4.2%로 감소하여 회사의 수익성이 감소한 것으로 나타났다.

수직적 분석의 이점은 서로 다른 규모의 회사들을 비교할 수 있다는 것이다. 예

를 들면, 한국㈜와 동일한 업종을 영위하는 주요 경쟁기업이 부산㈜라면 수직적 분석을 이용하여 다음과 같이 한국㈜와 부산㈜의 포괄손익계산서를 비교할 수 있다.

표 14-5 | 한국㈜와 부산㈜의 포괄손익계산서 비교

비교포괄손익계산서

20×2년 1월 1일부터 12월 31일까지

(단위 : 원)

과 목	한국㈜			부산㈜		
	금액		비율	금액		비율
Ⅰ. 매출액		46,409,700	100.0%		65,308,300	100.0%
Ⅱ. 매출원가		37,273,100	80.3%		53,137,800	81.4%
Ⅲ. 매출총이익		9,136,600	19.7%		12,170,500	18.6%
Ⅳ. 판매비와관리비		6,135,800	13.2%		9,341,800	14.3%
1. 판매비	3,271,900		7.1%			
2. 관리비	2,863,900		6.2%			
Ⅴ. 영업이익		3,000,800	6.5%		2,828,700	4.3%
1. 종속, 공동 및 관계기업투자손익	(166,900)		(0.4)%	(214,400)		(0.33%)
2. 금융수익	301,900		0.7%	1,940,300		3.0%
3. 금융비용	480,400		1.0%	243,500		0.4%
4. 기타수익	552,600		1.2%	852,800		1.3%
5. 기타비용	568,700		1.2%	988,400		1.5%
Ⅵ. 법인세비용차감전순이익		2,639,300	5.7%		4,175,500	6.4%
1. 법인세비용		685,900	1.5%		473,500	0.7%
Ⅶ. 당기순이익		1,953,400	4.2%		3,702,000	5.7%

한국㈜의 매출액은 ₩46,409,700이고 부산㈜의 매출액이 ₩65,308,300이므로, 부산㈜의 매출액은 한국㈜의 매출액의 1.43배에 해당한다. 수직적 분석을 통한 비교는 이와 같이 규모의 차이가 존재하는 경우에도 가능하다. 한국㈜의 매출총이익은 ₩9,136,000이고 부산㈜의 매출총이익은 ₩12,170,500으로 부산㈜의 매출총이익은 한국㈜보다 1.33배 크다. 그러나 매출총이익률은 각각 19.7%와 18.6%로 한국㈜의 이익률이 부산㈜의 이익률보다 높다. 그리고 영업이익률은 한국㈜가 6.5%로 부산㈜ 4.3%보다 높다. 이와 같이 수직적 분석의 기업 간 비교는 절대금액이 아닌 비율로 상대적인 우위점과 열위점을 비교할 수 있도록 한다.

제 4 절 재무비율 분석

재무비율 분석은 재무제표에서 계정과목들 간의 관계를 백분율이나 간단한 비례식으로 표현된다. 회사의 재무제표를 분석하기 위해서는 유동성, 수익성 그리고 지급능력을 평가하는 비율을 사용할 수 있다. 유동성 비율은 만기가 도래하는 부채에 대한 단기 지급능력과 예상치 못한 현금 수요에 대비하는 능력을 측정하고, 수익성 비율은 일정 기간 동안 회사의 이익이나 영업성과를 측정하며, 지급능력비율은 장기간에 걸친 회사의 생존능력을 측정한다.

재무비율 분석은 재무제표의 개별 항목들에서는 발견하기 어려운 기업의 재무상태에 대한 단서를 제공할 수 있다. 그러나 단일 비율 자체만으로는 큰 의미가 없고 기업 내 비교, 기간 간 비교, 산업평균과의 비교를 이용하여 분석할 필요가 있다. 재무비율 분석을 위해 <표 14-6>의 한국㈜의 3개년 요약재무상태표와 <표 14-4>의 한국㈜의 포괄손익계산서를 이용하기로 한다.

1. 유동성 비율

유동성 비율(liquidity ratio)은 만기가 도래하는 단기부채에 대한 지급능력과 예상치 못한 현금 수요에 대비하는 능력을 측정한다. 은행이나 공급업체 같은 채권자들은 유동성에 관심이 많은데, 기업이 단기부채를 상환할 수 있는 지급능력을 갖고 있지 않는다면 현금 상환에 어려움을 겪을 수 있기 때문이다. 기업의 단기부채 지급능력을 평가하는 비율로는 유동비율, 당좌비율, 매출채권회전율 그리고 재고자산회전율 등이 있다.

(1) 유동비율

유동비율(current ratio)은 회사의 유동성과 단기부채 지급능력을 평가하는 데 광범위하게 사용된다. 유동비율은 유동자산을 유동부채로 나누어 계산한다.

표 14-6 | 한국㈜의 3개년 요약 재무상태표

요약 재무상태표

제 4 기: 20×2년 12월 31일 현재
제 3 기: 20×1년 12월 31일 현재
제 2 기: 20×0년 12월 31일 현재

한국㈜ (단위: 원)

과 목	20×2년	20×1년	20×0년
자 산			
Ⅰ. 유동자산	17,675,400	17,683,200	15,667,700
1. 현금및현금성자산	2,454,600	4,309,800	1,524,700
2. 단기금융상품	1,851,400	3,762,100	5,716,100
3. 기타유동금융자산	6,034,600	1,611,600	877,000
4. 매출채권	3,440,200	4,498,000	4,755,400
5. 미수금	1,022,800	1,722,900	1,044,600
6. 선급금	45,500	138,400	19,200
7. 재고자산	2,786,000	1,612,100	1,704,600
8. 기타유동자산	40,300	28,300	26,100
Ⅱ. 비유동자산	29,040,000	27,505,600	25,923,900
자산총계	46,715,400	45,188,800	41,591,600
부 채			
Ⅰ. 유동부채	14,444,200	12,926,500	12,013,500
Ⅱ. 비유동부채	5,801,100	6,686,400	5,993,900
부채총계	20,245,300	19,612,900	18,007,400
자 본			
Ⅰ. 보통주자본금	2,139,300	2,139,300	2,139,300
Ⅱ. 주식발행초과금	1,659,000	1,659,000	1,659,000
Ⅲ. 이익잉여금	22,960,700	21,838,700	19,866,900
Ⅳ. 기타포괄손익누계액	(217,100)	4,500	(20,500)
Ⅴ. 기타자본항목	(71,800)	(65,600)	(60,600)
자본총계	26,470,100	25,575,900	23,584,100
부채와자본총계	46,715,400	45,188,800	41,591,600

다음은 한국㈜의 20×1년과 20×2년의 유동비율을 계산한 내용이다.

$$\text{유동비율} = \frac{\text{유동자산}}{\text{유동부채}}$$

20×2년	20×1년
$\frac{₩17,675,400}{₩14,444,200} = 1.22$	$\frac{₩17,683,200}{₩12,926,500} = 1.37$

20×2년의 유동비율 1.22(또는 122%)는 유동부채 ₩1에 대해 ₩1.22의 유동자산을 가지고 있다는 것을 뜻한다. 20×1년의 유동비율 1.37과 비교하면 20×2년의 유동비율은 감소한 것으로 나타났는데, 유동부채는 증가한 반면 유동자산은 감소하여 단기부채의 지급능력이 다소 낮아지고 있음을 의미한다.

유동비율은 운전자본(working capital)과 비교되기도 한다. 운전자본은 유동자산에서 유동부채를 차감한 값이다. 유동성 지표로서 유동비율을 운전자본보다 신뢰할 수 있는 이유는 동일한 금액의 운전자본을 보유한 회사라도 유동비율은 현저하게 다를 수 있기 때문이다.

유동비율은 기업의 전반적인 유동성을 평가하는 한 가지 평가비율일 뿐, 유동자산의 세부 구성항목을 고려하지는 못한다. 예를 들어, 유동자산을 구성하는 세부항목으로는 현금, 매출채권, 재고자산 등이 있는데, 유동자산 중 대부분이 상대적으로 유동성이 낮은 재고자산으로 구성되어 있다면 유동비율이 높다고 하더라도 단기 지급능력에는 문제가 있을 수 있다. 이와 같은 유동비율이 갖는 한계점을 보완하기 위해 당좌비율을 사용하여 기업의 단기 지급능력을 평가하기도 한다.

유동비율은 경영활동에 따라 영향을 받기 쉽고 변화가 많기 때문에 추세분석을 할 때는 주의를 기울여야 한다. 즉, 회사의 영업활동이 유동비율에는 어떻게 영향을 미칠 것인지 신중히 검토해야 한다.

(2) 당좌비율

유동비율의 한 가지 단점은 유동자산 세부 구성항목을 고려하지 못한다는 점이다. 기업 간 유동비율이 동일하더라도 유동자산 세부 항목의 구성비율에 따라 유동부채를 지급하는 능력은 다를 수 있으므로 당좌비율을 이용하여 기업의 단기 지급능력을 평가한다. 당좌비율(quick ratio)은 회사의 즉각적인 단기유동성의 지표이다. 당좌비율은 현금및현금성자산, 단기투자자산, 매출채권 등과 같이 현금으로 전환되기 용이한 자산을 유동부채로 나누어 계산한다.[1)]

유동자산 구성항목 중에서 현금및현금성자산, 단기투자자산, 매출채권은 재고자산, 선급금, 미수금에 비하여 유동성이 높다고 볼 수 있다. 재고자산은 즉시 팔

---

1) 당좌비율은 단순하게 당좌자산을 유동부채로 나누어 계산하기도 한다.

리지 않을 수 있고 선급금은 다른 회사에 이전할 수도 없다. 따라서 당좌비율은 즉각적인 유동성을 측정할 수 있다. 한국㈜의 20×1년과 20×2년의 당좌비율은 다음과 같다.

$$당좌비율 = \frac{현금및현금성자산 + 단기투자자산 + 매출채권}{유동부채}$$

20×2년	20×1년
$\frac{₩13,780,800}{₩14,444,200} = 0.95$	$\frac{₩14,181,500}{₩12,926,500} = 1.11$

구분	현금및 현금성자산	단기투자자산		매출채권	계	유동부채
		단기금융상품	기타유동금융자산			
20×2년	2,454,600	1,851,400	6,034,600	3,440,200	13,780,800	14,444,200
20×1년	4,309,800	3,762,100	1,611,600	4,498,000	14,181,500	12,926,500

20×2년 한국㈜의 당좌비율은 0.95(또는 95%)로 20×1년의 당좌비율 1.11과 비교해 보면 다소 감소된 것으로 확인할 수 있다. 이는 유동부채는 증가한 반면 현금및현금성자산과 매출채권이 감소하여 나타난 결과라고 볼 수 있으며, 20×2년 한국㈜의 단기유동성이 20×1년에 비해 낮아졌음을 의미한다.

✓예제 14-2

강동㈜의 20×1년 12월 31일의 부분재무상태표에는 현금 ₩60,000, 매출채권 ₩80,000, 재고자산 ₩70,000, 유동부채 ₩140,000으로 구성되어 있다.

▶▶ 요구사항

유동비율과 당좌비율을 계산하라.

해답

유동비율은 1.5배 (=₩210,000 ÷ ₩140,000)
당좌비율은 1배 (=₩140,000 ÷ ₩140,000)

(3) 매출채권회전율

재화를 판매한 대가인 매출채권을 현금으로 회수하는 기간이 빠를수록 경영활동에 사용할 수 있는 현금이 많아져 회사의 지급능력이 개선된다. 따라서 매출채권이 얼마나 신속하게 현금으로 전환되는지를 파악하는 것이 중요하다. 매출채권회전율(receivables turnover)은 매출채권의 유동성을 측정하는 비율로 매출액을 평균순매출채권으로 나누어 계산하며, 일정 기간 동안 회사가 평균적으로 매출채권을 몇 번 회수하는지를 나타낸다.[2] 계절적인 요인이 중요하지 않다면 평균순매출채권은 기초와 기말 잔액을 평균하여 사용할 수 있다.[3]

매출채권회전율이 높다는 것은 매출채권을 현금으로 회수한 횟수가 많다는 것을 의미하므로 기업이 신용정책을 잘 수립하였고 효율적으로 현금을 회수하고 있다고 평가할 수 있다. 이와 반대로 매출채권회전율이 낮을 경우 매출채권의 회수기간이 길어지므로 그에 따른 대손발생 위험이 증가하고 수익 감소의 원인이 된다.

한국㈜의 매출채권회전율을 계산하면, 한국㈜의 20×1년의 매출채권회전율은 8.86배이나 20×2년의 매출채권회전율은 11.70배로 매출채권회전율이 증가하여, 매출채권회수기간이 짧아지고 있다는 것을 의미한다.

$$\text{매출채권회전율} = \frac{\text{매출액}}{\text{평균매출채권}}$$

20×2년	20×1년
$\frac{₩46,409,700}{₩3,969,100} = 11.70$	$\frac{₩40,979,600}{₩4,626,700} = 8.86$

	매출액(A)	기초매출채권(ㄱ)	기말매출채권(ㄴ)	평균매출채권(B) (ㄱ+ㄴ)/2
20×2년	46,409,700	4,498,000	3,440,200	3,969,100
20×1년	40,979,600	4,755,400	4,498,000	4,626,700

2) 외상판매하고 매출채권으로 인식한 금액을 현금으로 회수하는 정도를 나타내므로 엄격히 말해서 매출액 대신에 외상매출액(credit sales)이 분자로 사용되어야 하나, 재무제표에는 외상매출액 자료가 별도 공시되지 않으므로 일반적으로 매출액 총액을 사용한다.

3) 만약 계절적인 요인이 중요하다면 평균매출채권잔액은 월별 금액을 이용해야 할 것이다.

20×2년의 매출채권회전율 11.70배는 회사가 연간 평균적으로 ₩3,969,100의 매출채권을 보유하고 11.70번에 걸쳐 판매대금을 현금으로 회수하고 있음을 의미한다. 20×1년보다 20×2년의 매출액이 증가하고, 평균매출채권은 감소한 결과이다.

매출채권회전율은 매출채권평균회수기간(average collection period)으로 변형할 수 있다. 매출채권평균회수기간은 365일을 매출채권회전율로 나누어 계산하며, 매출채권을 회수하는 데 소요되는 평균 기간을 의미한다. 한국㈜의 20×2년 매출채권평균회수기간은 대략 31일(365일÷11.70)인데, 매출채권이 평균적으로 31일 또는 4.4주(31일÷7일)마다 회수된다는 것을 의미한다. 재무분석가들은 회사의 신용과 회수정책의 효과를 평가하기 위해 매출채권평균회수기간을 자주 사용한다. 일반적인 원칙은 매출채권평균회수기간이 외상매입으로 인한 신용기간을 크게 초과해서는 안 된다는 것이다.

(4) 재고자산회전율

재고자산회전율(inventory turnover)은 재고자산의 유동성을 측정하는 비율로 재고자산이 당좌자산으로 변화하는 속도를 나타낸다. 재고자산회전율은 매출원가를 평균재고자산으로 나누어 계산한다. 계절적 요인이 중요하지 않는 한 평균재고자산은 기초와 기말의 재고 잔액을 평균하여 사용할 수 있다.

재고자산회전율이 높다는 것은 재고가 창고에 누적되기 전에 판매된다는 것을 의미하고, 재고자산회전율이 낮다는 것은 매출 부진으로 창고에 오랫동안 재고자산이 쌓여 있다는 것을 의미한다. 일반적으로 재고자산회전율이 높을수록 재고자산에 묶이는 자금이 줄어들고 재고자산이 진부화될 가능성도 낮아진다.

한국㈜의 20×1년과 20×2년의 재고자산회전율은 각각 20.02배와 16.95배로 20×2년에 감소한 것으로 나타나 재고자산에 대한 관리가 악화되었음을 의미한다. 20×2년의 경우 매출원가는 다소 증가하였으나(매출액 증가를 의미함), 평균재고자산은 ₩2,199,050으로 20×1년의 ₩1,658,350에 비해 증가하여 재고자산회전율이 감소하였음을 알 수 있다.

$$재고자산회전율 = \frac{매출원가}{평균재고자산}$$

20×2년	20×1년
$\frac{₩37,273,100}{₩2,199,050} = 16.95$	$\frac{₩33,201,700}{₩1,658,350} = 20.02$

	매출원가(A)	기초재고자산(ㄱ)	기말재고자산(ㄴ)	평균재고자산(B) (ㄱ+ㄴ)/2
20×2년	37,273,100	1,612,100	2,786,000	2,199,050
20×1년	33,201,700	1,704,600	1,612,100	1,658,350

매출채권회전율과 마찬가지로 재고자산회전율은 재고자산평균회전기간(average turnover period)으로 변형할 수 있다. 재고자산평균회전기간은 365일을 재고자산회전율로 나누어 계산한다. 한국㈜의 20×2년 재고자산평균회전기간은 대략 21.5일(365일÷16.95)로 재고자산이 평균 21.5일 만에 판매된다는 것을 의미한다.

2. 수익성 비율

수익성 비율(profitability ratio)은 일정 기간 동안 회사의 이익 또는 영업성과를 측정하는 것이다. 이익은 회사의 자본과 부채조달 능력뿐만 아니라 회사의 유동성과 성장 가능성에도 영향을 미친다. 따라서 채권자와 투자자들 모두 수익성 비율에 관심을 가진다. 또한 재무분석가들은 경영자의 영업성과에 대한 최종적인 지표로 수익성을 자주 사용한다.

(1) 매출액순이익률

매출액순이익률(profit margin)은 당기순이익이 매출액에서 차지하는 비중을 나타낸다. 한국㈜의 20×1년과 20×2년의 매출액순이익률은 다음과 같다.

$$\text{매출액순이익률} = \frac{\text{당기순이익}}{\text{매출액}}$$

20×2년	20×1년
$\frac{₩1,953,500}{₩46,409,700} = 4.2\%$	$\frac{₩2,231,100}{₩40,979,600} = 5.4\%$

한국㈜의 매출액순이익률은 20×1년 5.4%에서 20×2년 4.2%로 다소 감소하였다. 판매량이 많은 식료품 가게나 할인점들은 일반적으로 낮은 매출액순이익률을 나타내는 경향이 있고, 판매량이 적은 귀금속 가게나 기계 제조업체 등은 높은 매출액순이익률을 나타내는 경향이 있다.

(2) 총자산회전율

총자산회전율(asset turnover)은 자산을 이용하여 얼마나 효율적으로 매출을 창출했는지를 평가하는 비율이다. 총자산회전율은 매출액을 평균총자산으로 나누어 계산한다. 계절적 요인이 중요하지 않다면, 평균총자산을 계산할 때 기초와 기말 자산 잔액을 평균하여 사용할 수 있다. 한국㈜의 20×1년과 20×2년의 총자산회전율은 다음과 같다.

$$\text{총자산회전율} = \frac{\text{매출액}}{\text{평균총자산}}$$

20×2년	20×1년
$\frac{₩46,409,700}{₩45,952,100} = 1.01\text{배}$	$\frac{₩40,979,600}{₩43,390,200} = 0.94\text{배}$

	매출액(A)	기초총자산(ㄱ)	기말총자산(ㄴ)	평균총자산(B) (ㄱ+ㄴ)/2
20×2년	46,409,700	45,188,800	46,715,400	45,952,100
20×1년	40,979,600	41,591,600	45,188,800	43,390,200

한국㈜는 20×2년에 자산 ₩1당 ₩1.01의 매출을 기록하였다. 20×1년과 20×2년을 비교해 보면 총자산회전율의 변화는 크지 않은 것을 확인할 수 있다. 일반적으로 총자산회전율은 고정자산 비율이 높은 대형 설비산업에서는 낮은 편이고, 식료품산업에서는 높은 편으로 산업별 큰 차이를 보인다.

(3) 총자산이익률

총자산이익률(return on assets: ROA)은 회사의 전반적인 수익성을 나타내는 지표로서 당기순이익을 평균총자산으로 나누어 계산한다. 총자산이익률은 회사가 이익을 창출하기 위해 자산을 얼마나 효율적으로 사용하였는지를 나타내는 비율이며, 다음과 같이 매출액순이익률과 총자산회전율의 2가지 요소로 분해할 수 있다. 따라서 총자산이익률을 높이기 위해서는 매출액순이익률이나 총자산회전율을 개선하는 방법이 필요하다.

$$\text{ROA} = \frac{\text{당기순이익}}{\text{매출액}} \times \frac{\text{매출액}}{\text{평균총자산}} = \text{매출액순이익률} \times \text{총자산회전율}$$

한국㈜의 20×1년과 20×2년의 총자산이익률은 다음과 같다.

$$\text{총자산이익률} = \frac{\text{당기순이익}}{\text{평균총자산}}$$

20×2년	20×1년
$\frac{₩1,953,500}{₩45,952,100} = 4.2\%$	$\frac{₩2,231,100}{₩43,390,200} = 5.1\%$

	당기순이익(A)	기초총자산(ㄱ)	기말총자산(ㄴ)	평균총자산(B) (ㄱ+ㄴ)/2
20×2년	1,953,400	45,188,800	46,715,400	45,952,100
20×1년	2,231,100	41,591,600	45,188,800	43,390,200

한국㈜의 총자산이익률은 20×1년에 5.1%, 20×2년에는 4.2%로 나타났다. 앞에서 분석한 바와 같이 20×2년 매출액순이익률과 유사한 모습을 보이고 있다. 이는 한국㈜의 매출액과 총자산이 거의 유사하기 때문이다.

(4) 자기자본이익률

수익성 지표로 널리 사용되는 또 다른 지표로는 자기자본이익률(return on equity: ROE)이 있다. 총자산이익률(ROA)은 총자산의 효율성을 나타내는 비율인데 반해 자기자본이익률(ROE)은 자기자본의 효율성을 나타내는 비율이다. 자기자본이익률은 당기순이익을 평균자기자본으로 나누어 계산하며, 주주의 관점에서 소유주가 투자한 자금 한 단위당 당기순이익을 얼마나 창출하였는지를 평가할 때 이용된다.

총자산이익률과 유사하게 자기자본이익률도 매출액순이익률, 총자산회전율, 재무레버리지의 3가지 요소로 분해할 수 있다.

$$\text{ROE} = \frac{\text{당기순이익}}{\text{매출액}} \times \frac{\text{매출액}}{\text{평균총자산}} \times \frac{\text{평균총자산}}{\text{평균자기자본}}$$

$$= \text{매출액순이익률} \times \text{총자산회전율} \times \text{재무레버리지}(= 1 + \text{부채}/\text{자기자본})$$

한국㈜의 20×1년과 20×2년의 자기자본이익률은 다음과 같다.

$$\text{자기자본이익률} = \frac{\text{당기순이익}}{\text{평균자기자본}}$$

20×2년	20×1년
$\frac{₩1,953,500}{₩26,023,050} = 7.5\%$	$\frac{₩2,231,100}{₩24,580,000} = 9.1\%$

	당기순이익(A)	기초자기자본(ㄱ)	기말자기자본(ㄴ)	평균자기자본(B) (ㄱ+ㄴ)/2
20×2년	1,953,400	25,575,900	26,470,200	26,023,050
20×1년	2,231,100	23,584,100	25,575,900	24,580,000

한국㈜의 자기자본이익률은 20×1년의 9.1%에 비해 20×2년에 7.5%로 감소하였다. 주목할 점은 한국㈜의 20×2년 자기자본이익률은 7.5%로 총자산이익률 4.2%보다 높다는 것이다. 그 이유는 한국㈜가 레버리지를 효과적으로 사용했기 때문이다. 레버리지 효과는 총자산이익률(ROA)과 자기자본이익률(ROE) 간의 차이를 설명하는데, 회사는 채권자로부터 차입한 자금을 이용하여 소유주의 이익을 증대하는 데 이용한 것을 의미한다. 총자산이익률과 차입이자율을 비교하는 것은 자본거래의 수익성을 알려주는데, 차입금에 대해 지급하는 이자비용보다 차입금을 이용하여 더 많은 이익을 창출하는 긍정적인 레버리지 효과가 존재하면 자기자본이익률(ROE)이 총자산이익률(ROA)을 초과하게 되는 것이다.

회사가 우선주를 발행하였을 때는 당기순이익에서 우선주 배당금을 차감해야 보통주 주주들이 이용가능한 이익을 구할 수 있다. 이와 유사하게 총주주지분에서 우선주 액면금액(또는 상환금액)을 차감해야 보통주 주주의 지분 금액을 구할 수 있다. 이 경우 자기자본이익률은 다음과 같이 계산된다.

$$\text{자기자본이익률} = \frac{\text{당기순이익} - \text{우선주 배당금}}{\text{평균(보통주)자본}}$$

(5) 주당순이익

주당순이익(earnings per share)은 보통주 1주당 벌어들인 당기순이익을 측정하는 지표이다. 주당순이익은 당기순이익을 가중평균유통보통주식 수로 나누어 계산한다. 1주당 벌어들인 당기순이익을 측정하는 것은 수익성을 판단하는 데 유용한 정보를 제공한다. 평균유통주식 수는 20×1년과 20×2년에 400주로 변화 없이 일정하다고 가정하자. 다음은 한국㈜의 20×1년과 20×2년의 주당순이익을 나타낸다.[4)]

---

4) 주당순이익의 계산을 위해서 회계연도 중에 보통주 주식 수가 변동되면 일자별로 가중평균유통주식 수를 계산하여야 한다.

$$\text{주당순이익} = \frac{\text{당기순이익}}{\text{가중평균 유통보통주식 수}}$$

20×2년	20×1년
$\frac{₩1,953,400}{400주}$ = ₩4,883	$\frac{₩2,231,100}{400주}$ = ₩5,578

주당순이익의 비교는 산업평균 비교보다는 기업 내 비교가 의미를 갖는데 기업 간에 유통주식 수가 상이하기 때문이다. 한국㈜의 주당순이익은 20×2년에 전년 대비 주당 ₩695이 증가하였다. 이것은 20×1년의 주당순이익 ₩5,578에 비해 12.5% 증가한 것이다.

주당순이익은 보통주에 대한 당기순이익 금액을 의미하는 것이다. 따라서 주당순이익을 계산할 때 우선주 배당이 예정되어 있다면 당기순이익에서 우선주 배당금을 차감하여 보통주 주주들에게 귀속되는 이익을 결정해야 한다.

(6) 주가수익률

주가수익률(price-earnings ratio)은 주당순이익 대비 보통주 1주당 시장가격을 측정하는 것으로 회사의 미래 수익에 대한 투자자들의 기대를 반영하는 측정치이다. 주가수익률은 주당시장가격을 주당순이익으로 나누어 계산한다. 한국㈜ 주식의 주당시장가격이 20×1년에 ₩75,000, 20×2년에 ₩90,000이라면 주가수익률은 다음과 같다.

$$\text{주가수익률} = \frac{\text{주당시장가격}}{\text{주당순이익}}$$

20×2년	20×1년
$\frac{₩90,000}{₩4,883}$ = 18.4배	$\frac{₩75,000}{₩5,578}$ = 13.4배

한국㈜의 20×2년 주가수익률은 18.4배로 회사의 주식이 각 주당 벌어들인 이익보다 18.4배의 금액으로 거래되었다는 것을 의미한다. 20×2년 주가수익률은

20×1년의 13.4배에 비해 향상되었는데 이는 회사의 미래 수익에 대한 투자자들의 기대가 개선되고 있다는 것을 의미한다.

(7) 배당성향

배당성향(payout ratio)은 이익 중에서 현금배당의 형태로 배분된 비율을 측정하는 것으로 배당금을 당기순이익으로 나누어서 계산한다. 성장률이 높은 기업들은 대체로 배당성향이 낮은 경향을 보이는데 순이익의 대부분을 사업에 재투자하기 때문이다. 한국㈜의 20×1년과 20×2년의 현금배당이 ₩461,600과 ₩400,931이라면 회사의 배당성향은 아래와 같다.

$$배당성향 = \frac{현금배당}{당기순이익}$$

20×2년	20×1년
$\frac{₩400,931}{₩1,953,400} = 20.5\%$	$\frac{₩461,600}{₩2,231,100} = 20.7\%$

한국㈜의 배당성향은 20×2년 20.5%, 20×1년의 20.7%로 변화가 미미하지만, 당기순이익이 감소하고 이에 따라 현금배당도 감소시켰기 때문이다.

3. 지급능력비율

지급능력비율(solvency ratio)은 회사의 장기적인 생존능력을 측정한다. 장기채권자들과 주주들은 특히 회사의 이자 지급능력과 만기에 채무의 액면금액을 지급할 능력에 관심이 있다. 부채비율과 이자보상비율이 부채 지급능력에 관한 정보를 제공하는 두 지표이다.

(1) 부채비율

부채비율(debt to total assets ratio)은 부채와 자본에 의한 자금조달 비율을 측정한다. 부채비율은 총부채를 총자산으로 나누어서 계산한다.[5] 이 비율은 회사의 레버리지를 나타낸다. 또한 채권자의 이해관계를 손상시키지 않으면서 손실을 감내할 수 있는 회사의 능력을 보여주기도 한다. 부채비율이 높을수록 만기에 원금을 지급하지 못할 위험은 증가한다. 한국㈜의 20×1년과 20×2년의 부채비율은 다음과 같다.

$$부채비율 = \frac{총부채}{총자산}$$

20×2년	20×1년
$\frac{₩20,245,300}{₩46,715,400} = 43.3\%$	$\frac{₩19,612,900}{₩45,188,800} = 43.4\%$

부채비율이 43.3%라는 것은 한국㈜의 총자산 중 채권자로부터 부채의 형태로 자금을 조달한 부분이 43.3%라는 것을 의미한다. 부채비율이 낮을수록 부채를 상환할 자기자본에 여유가 있으므로 채권자들은 보통 낮은 부채비율을 더 선호한다. 이 비율이 적당한지는 회사의 이익으로 판단한다. 일반적으로 이익이 안정적인 회사들이 이익의 변동이 심한 회사보다 부채비율이 낮다.

(2) 이자보상비율

이자보상비율(times interest earned)은 회사의 이자 부담능력을 평가하는 지표로 회사의 이익이 감소하는 경우 이자비용을 지급하지 못할 위험을 측정하기 위한 지표이다. 이 비율이 높을수록 기업의 장·단기 이자 지급능력이 좋은 것으로 평가된다. 이자보상비율은 이자비용과 법인세비용차감전순이익을 이자비용으로 나누어서 계산한다. 한국㈜의 포괄손익계산서의 주석에서 금융비용의 명세는 아래 표와 같다고 하면, 20×1년과 20×2년의 이자보상비율은 다음과 같다.[6]

---

5) 부채비율을 재무상태표상의 총부채를 자기자본으로 나누어 계산하기도 한다.

표 14-7 | 한국㈜의 금융비용 주석사항

(단위 : 원)

과 목	20×2년	20×1년
이자비용	₩201,900	₩123,000
외환차손	28,000	5,700
외화환산손실	96,500	58,500
파생상품관련손실	153,900	47,900
합 계	₩480,400	₩235,100

$$\text{이자보상비율} = \frac{\text{이자비용} + \text{법인세비용차감전순이익}}{\text{이자비용}}$$

20×2년

$$\frac{₩2,841,300}{₩201,900} = 14.1\text{배}$$

20×1년

$$\frac{₩3,082,200}{₩123,000} = 25.1\text{배}$$

	이자비용	법인세비용차감전순이익	합 계
20×2년	201,900	2,639,400	2,841,300
20×1년	123,000	2,959,200	3,082,200

이자보상비율에서는 이자비용과 법인세비용차감전순이익을 합한 값이 사용된다는 점을 주의해야 한다. 이자비용을 더하는 이유는 이자를 지급하기 전의 법인세비용차감전순이익을 계산하여야 하기 때문이다. 한국㈜의 20×2년 이자보상비율은 14.1배로 이익으로 이자비용을 충분히 충당할 수 있는 수준이고, 20×1년 대비 20×2년의 법인세비용차감전순이익은 감소하였고, 반면 이자비용은 증가하여 20×1년의 25.1배에 비해 이자보상비율이 감소한 것으로 나타났다.

6) 금융비용의 주석사항을 이용하면 그 세부내역을 알 수 있다.

(3) 재무제표 분석 비율 요약

이 장에서 다룬 비율들을 요약하면 다음과 같다. 각 비율의 계산공식과 사용목적에 대한 내용을 포함하고 있다.

비 율	공 식	목 적
■ **유동성 비율**		
(1) 유동비율	$\frac{\text{유동자산}}{\text{유동부채}}$	단기적인 부채 지급능력 측정
(2) 당좌비율	$\frac{\text{현금및현금성자산} + \text{단기투자자산} + \text{매출채권}}{\text{유동부채}}$	단기적인 유동성 측정
(3) 매출채권회전율	$\frac{\text{매출액}}{\text{평균매출채권}}$	매출채권의 유동성 측정
(4) 재고자산회전율	$\frac{\text{매출원가}}{\text{평균재고자산}}$	재고자산의 유동성 측정
■ **수익성 비율**		
(1) 매출액순이익률	$\frac{\text{당기순이익}}{\text{매출액}}$	매출액 1원당 창출된 당기순이익 측정
(2) 총자산회전율	$\frac{\text{매출액}}{\text{평균총자산}}$	자산이 얼마나 효율적으로 매출을 창출했는지 측정
(3) 총자산이익률	$\frac{\text{당기순이익}}{\text{평균총자산}}$	자산의 전반적인 수익성 측정
(4) 자기자본이익률	$\frac{\text{당기순이익}}{\text{평균자기자본}}$	소유주 지분에 대한 수익성 측정
(5) 주당순이익	$\frac{\text{당기순이익}}{\text{가중평균 유통보통주식 수}}$	보통주 1주당 벌어들인 당기순이익 측정
(6) 주가수익률	$\frac{\text{1주당 시장가격}}{\text{주당순이익}}$	주당순이익 대비 보통주 1주당 시장가격 측정
(7) 배당성향	$\frac{\text{현금배당}}{\text{당기순이익}}$	이익 중에서 현금배당의 형태로 배분된 비율 측정
■ **지급능력비율**		
(1) 부채비율	$\frac{\text{총부채}}{\text{총자산}}$	총자산 중 채권자가 투자한 비율
(2) 이자보상비율	$\frac{\text{이자비용} + \text{법인세비용차감전순이익}}{\text{이자비용}}$	회사의 이자 부담능력을 측정

제 5 절 재무제표 분석의 추가사항

1. 비교분석의 기준설정

본 장에서는 한국㈜의 재무제표를 이용하여 수평적 분석, 수직적 분석 및 재무비율 분석을 하였다. 여기서 분석된 각종 지표들이 어느 수준이면 적정한지를 판단해야 하는 문제가 발생한다. 예를 들어, 유동비율이 1보다 크면 단기적인 부채 지급능력이 있다고 할 수 있으나, 얼마나 커야 단기부채 지불능력이 충분한 것인지에 대한 판단이 필요하다. 이와 유사하게 매출채권회전율, 재고자산회전율은 얼마가 되어야 적정한 것인지에 대한 판단도 필요하다. 따라서 비교분석의 결과를 해석하는 데 판단의 기준이 필요하다.

(1) 기업의 과거 추세와 비교

앞에서 한국㈜의 부채비율이 43.3% 혹은 43.4%로 일정하다는 것은 자산 중에서 부채가 차지하는 비율이 일정하게 유지된다는 것이다. 이러한 추세는 당년도와 전년도의 비교 혹은 당년도와 과거 수년간의 비교를 할 수 있을 것이다. 이러한 비율이 유지되지 않고 변화가 있다면, 그 원인을 분석하고 이러한 변화가 회사에 미치는 재무적 영향을 고려하여야 한다.

(2) 조달비용과 비교

당기순이익은 타인자본 비용인 이자비용을 포함하고 있지만, 자기자본에 대한 자본비용인 배당 등은 고려하지 못하고 있다. 따라서 총자산이익률(ROA), 자기자본이익률(ROE)이 얼마이어야 적정한지는 부채 혹은 총자산에 대한 조달비용을 구분하여 평가할 수 있을 것이다. 예를 들어, 총자산이익률이 양(+)의 값을 나타내고 있다고 하여도, 이 비율이 가중평균자본비용보다 낮다면 회사의 성장가능성이 높다고 판단할 수 없을 것이다. 재무제표 분석 중 수익성 분석의 판단과 해석에 조달비용이 기준점이 될 수 있을 것이다.

(3) 경쟁기업 및 산업평균과 비교

회사가 성장하기 위한 기준점(benchmark)은 경쟁기업이 될 수 있다. 후발기업이라면 선도기업의 각종 재무지표를 참고하여, 후발기업이 개선할 과제를 찾고 이를 해결함으로써 선도기업과 격차를 줄일 수 있을 것이다. 재무제표 분석 결과를 경쟁기업과 비교하면 회사의 장점과 강점, 취약점과 개선점을 찾을 수 있을 것이다. 그리고 경기변동, 산업의 특성 등을 고려한다면 산업평균과 비교하는 것도 한 방법일 것이다.

2. 재무제표 분석의 한계점

앞에서 여러 가지 재무제표 분석기법을 학습하였다. 분석은 주로 한국㈜의 재무제표를 이용하였고, 전년도와 당년도를 비교하는 형식이었다. 그러나 비교기준의 기준설정에서 살펴본 바와 같이 분석결과를 해석하는 데 경쟁기업 혹은 산업평균의 분석결과를 이용하여야 하는데, 여기에 몇 가지 한계점이 존재한다.

(1) 재무제표 작성과 회계선택

회사가 재무제표 작성에 사용된 회계선택으로 인하여 동일한 재무제표 비율분석이라도 의미가 다를 수 있다. 재고자산의 원가흐름에서 선입선출법을 선택하는 회사와 평균법을 선택하는 회사의 재고자산 금액은 그 의미가 다를 수 있다. 또한 유형자산의 감가상각방법에 정액법을 택하는 회사와 정률법을 택하는 회사간의 장부가액은 의미가 다르다는 것이다. 재무제표 분석은 이러한 회계선택을 고려하지 못하는 한계가 있다.

(2) 재무제표 작성의 추정

회계의 선택과 유사한 문제로 재무제표 작성에는 추정이 허용되고 있다는 것이다. 경영자의 판단과 관련된 것으로 유형자산의 내용연수, 잔존가치 등이 추정치이다. 이러한 추정치는 경영자의 판단에 의하므로 회사마다 다를 수 있어, 동일한 재무비율 분석이라도 의미가 다를 수 있다.

(3) 기업의 경영구조의 차이

동일한 전자업종을 영위하고 있어 경쟁기업이라고 판단하였을 경우에, 이는 몇 가지 제품이 동일하여 경쟁기업으로 판단하는 경우가 대부분이다. 예를 들어, A전자와 B전자가 컴퓨터 시장에서 1위와 2위를 차지하고 있어, A전자의 재무제표와 B전자의 재무제표 분석 결과를 비교할 수 있는데 여기에는 다른 제품의 구성을 고려하지 못하는 경우가 많다. 정확히 분석하려면 컴퓨터와 관련된 재무적 분석만을 비교하여야 하는데, 공시되는 재무제표를 이용하여 이를 분석하는 것은 매우 어렵다. 따라서 기업의 경영구조, 판매구조의 차이로 인한 차이점이 있다는 것을 고려하여야 한다.

요 약

1. 비교분석의 방법

비교분석은 다음의 3가지 방법을 이용하여 수행된다. (1) 계정과목이나 재무 관계를 회사 내의 다른 수치와 비교하는 기업 내 비교 (2) 산업평균과 회사의 수치를 비교하는 산업 비교 (3) 하나 이상의 경쟁기업과 비교하는 기업 간 비교

2. 재무제표 분석의 수단

재무제표를 이용한 분석방법에는 수평적 분석, 수직적 분석, 재무비율 분석이 있다.

3. 수평적 분석

수평적 분석은 재무제표 항목의 기간별 변화를 평가하는 기법이다.

4. 수직적 분석

수직적 분석은 재무제표 내에서 각 계정과목을 기준금액과 비교하여 평가하는 기법이다.

5. 기업의 유동성, 수익성과 지급능력

유동성은 단기부채에 대한 지급능력과 예상치 못한 현금 수요에 대비하는 능력을 측정하는 것이며, 수익성은 일정 기간 동안 회사의 이익 또는 영업성과를 측정하는 것이다. 또한 지급능력은 회사의 장기적인 부채의 지급능력을 측정한다.

용어정리

당좌비율	유동성이 매우 높은 자산인 당좌자산만을 고려하여 보다 엄격하게 유동성을 평가하는 지표로서 당좌자산을 유동부채로 나누어서 계산
레버리지	총자산이익률과 자기자본이익률의 차이
매출채권회전율	매출채권이 현금화되는 속도 또는 매출채권에 대한 투자효율성을 나타내는 지표로서 매출액을 평균매출채권으로 나누어서 계산
배당성향	당기순이익에서 배당금이 차지하는 비율로서 현금배당액을 당기순이익으로 나누어서 계산
부채비율	기업의 지급능력을 나타내는 지표로서 총부채를 총자산으로 나누어서 계산
재무비율 분석	재무제표상의 계정과목들 간의 관계를 백분율이나 간단한 비례식으로 나타내어 기업의 재무상태나 경영성과 등을 평가하는 것

수직적 분석	재무제표상의 계정과목을 기준금액과 비교하여 나타내는 분석기법으로 표준화 분석이라고도 함
수평적 분석	두 개 이상의 연속된 회계기간에 대해 재무제표의 금액을 비교하여 분석항목에 대한 여러 기간의 추세를 분석하는 것
운전자본	유동자산에서 유동부채를 차감한 값
유동비율	기업의 유동성을 평가하는 지표의 하나로 유동자산을 유동부채로 나누어서 계산
유동성 비율	기업의 단기채무에 대한 변제능력 유무를 나타내는 지표
이자보상비율	채권자에게 지급해야 할 고정비용인 이자비용의 안전도를 측정하는 지표로서 이자비용과 법인세차감전순이익의 합을 이자비용으로 나눈 값
자기자본이익률	주주의 관점에서 측정한 수익성 지표로서 당기순이익을 평균자기자본으로 나누어서 계산
재고자산회전율	매출원가를 평균재고자산으로 나눈 값으로 회계기간 동안 재고자산이 평균적으로 몇 번이나 판매되었는지를 나타냄
주가수익률	기업에 대한 투자가능성을 분석할 때 자주 사용되며 주식의 1주당 시장가격을 주당순이익으로 나눈 값
주당순이익	당기순이익을 가중평균 유통보통주식 수로 나누어서 계산한 금액
지급능력비율	부채를 상환할 수 있는 능력을 나타내는 지표
총자산이익률	당기순이익을 평균총자산으로 나누어서 계산하며, 수익성과 활동성을 복합적으로 평가하는 재무비율
총자산회전율	기업의 총자산을 효율적으로 사용하는지 여부를 파악하기 위하여 매출액을 평균총자산으로 나누어서 산출하는 비율

EXERCISES

연습문제

객관식

[문제 1] 한 기업의 과거 특정 계정의 기간 간 변동을 비교 · 분석하여 재무정보를 산출하는 분석기법은? 〈난이도: 하〉

① 수직적 분석 ② 수평적 분석 ③ 재무비율 분석
④ 수익성 분석 ⑤ 운전자본 분석

[문제 2] 유동비율이 150%인 기업에서 외상매입금을 현금으로 상환한 경우 유동비율과 운전자본에 미치는 영향으로 바른 것은? 〈난이도: 상〉

① 유동비율이 증가하나 운전자본은 동일하다.
② 유동비율이 감소하나 운전자본은 증가한다.
③ 유동비율이 증가하나 운전자본은 감소한다.
④ 유동비율은 변동이 없으나 운전자본이 감소한다.
⑤ 유동비율이 증가하고 운전자본도 증가한다.

[문제 3] 유동비율에 대해 다음의 설명 중 맞는 것은? 〈난이도: 중〉

① 단기부채 지급가능성을 나타낸다.
② 유동비율은 높을수록 항상 좋다.
③ 자산의 현금화를 예상할 수 있다.
④ 장기부채 상환능력을 평가할 수 있다.
⑤ 배당능력을 평가할 수 있다.

[문제 4] 다음의 재무비율 계산 중 옳은 것은? 〈난이도: 하〉

① 유동비율 $= \dfrac{\text{유동부채}}{\text{유동자산}}$

② 부채비율 $= \dfrac{\text{부채}}{(\text{부채} + \text{자본})}$

③ 재고자산회전율 $= \dfrac{\text{매출액}}{\text{평균재고자산}}$

④ 총자산회전율 $= \dfrac{\text{매출액}}{\text{총자산}}$

⑤ 이자보상비율 $= \dfrac{\text{이자수입} + \text{법인세차감전순이익}}{\text{이자비용}}$

[문제 5] 20×1년 1월 1일 행당㈜의 기초상품재고액은 ₩300,000이었다. 20×1년 중 행당㈜는 재고자산을 ₩1,150,000에 매입하였고, 20×1년도의 총매출액은 ₩1,400,000 이었다. 20×1년 12월 31일의 기말상품재고액은 ₩400,000이다. 20×1년도의 재고자산 회전율은? 〈난이도: 상〉

① 2.5회 ② 3.0회 ③ 3.5회
④ 4.0회 ⑤ 4.5회

[문제 6] 동대문㈜의 20×1년 1월 1일 재고자산은 ₩187,500, 12월 31일 재고자산은 ₩210,000이다. 동대문㈜의 재고자산회전율이 3회일 때 다음 중 20×1년 매출원가로 옳은 것은? 〈난이도: 상〉

① ₩596,250 ② ₩696,250 ③ ₩586,250
④ ₩686,250 ⑤ ₩630,000

주관식

[문제 1] 수평적 분석 〈난이도: 하〉

다음은 대구㈜의 재무정보이다.

	20×3년	20×2년
유동자산	₩250,000	₩200,000
유형자산(순액)	726,000	660,000
유동부채	168,000	140,000
비유동부채	266,000	190,000
보통주자본, 액면10원	322,000	230,000
이익잉여금	220,000	300,000

〈요구사항〉

20×2년을 기준으로 20×3년의 수평적 분석을 나타내는 표를 작성하라.

[문제 2] 수평적/수직적 분석(1) 〈난이도: 중〉

다음은 강남㈜의 비교재무상태표이다.

비교재무상태표

제 4 기: 20×3년 12월 31일 현재

제 3 기: 20×2년 12월 31일 현재

강남㈜ (단위 : 원)

	20×3년	20×2년
자 산		
유동자산	₩148,000	₩160,000
유형자산(순액)	198,000	180,000
무형자산	54,000	80,000
자산총계	₩400,000	₩420,000
부채와 자본		
유동부채	₩84,000	₩96,000
비유동부채	286,000	300,000
보통주자본	30,000	24,000
부채와자본총계	₩400,000	₩420,000

〈요구사항〉

1. 20×2년을 기준으로 강남㈜의 재무상태표에 대한 수평적 분석을 나타내는 표를

작성하라.

2. 강남㈜의 20×3년 재무상태표에 대한 수직적 분석을 나타내는 표를 작성하라.

[문제 3] 수평적/수직적 분석(2) 〈난이도: 중〉

다음은 한국㈜의 비교포괄손익계산서이다.

비교포괄손익계산서

제 5 기: 20×3년 1월 1일부터 12월 31일까지
제 4 기: 20×2년 1월 1일부터 12월 31일까지

한국㈜ (단위 : 원)

	20×3년	20×2년
순매출액	₩300,000	₩250,000
매출원가	(241,500)	(210,000)
매출총이익	₩58,500	₩40,000
영업비용	(28,600)	(22,000)
당기순이익	₩29,900	₩18,000

〈요구사항〉

1. 20×2년을 기준으로 한국㈜의 포괄손익계산서에 대한 수평적 분석을 나타내는 표를 작성하라(증감액을 표시하라).
2. 한국㈜의 포괄손익계산서에 대한 수직적 분석을 나타내는 표를 작성하라.

[문제 4] 비율분석 – 유동성 비율(1) 〈난이도: 중〉

강남㈜의 비교재무상태표는 다음과 같다.

비교재무상태표

제 4 기: 20×3년 12월 31일 현재
제 3 기: 20×2년 12월 31일 현재

강남㈜ (단위 : 원)

	20×3년	20×2년
현 금	₩30,000	₩60,000
매출채권(순액)	140,000	120,000
재고자산	120,000	100,000
유형자산(순액)	400,000	360,000
	₩690,000	₩640,000

매입채무	₩100,000	₩120,000
장기차입금	200,000	200,000
보통주자본금(액면 ₩100)	280,000	240,000
이익잉여금	110,000	80,000
	₩690,000	₩640,000

20×3년의 추가정보는 다음과 같다.

(1) 당기순이익은 ₩50,000이다.

(2) 외상매출액은 ₩820,000이고 매출에누리와 환입은 ₩40,000이다.

(3) 매출원가는 ₩396,000이다.

〈요구사항〉

20×3년에 대한 다음의 재무비율을 계산하라.

1. 유동비율
2. 당좌비율
3. 매출채권회전율
4. 재고자산회전율

[문제 5] 비율분석 – 유동성 비율(2) 〈난이도: 상〉

<사례 1>

다음 자료는 강북㈜의 재무제표에서 발췌한 자료이다.

	20×3년	20×2년
기말 매출채권(순액)	₩275,000	₩260,000
외상매출액(순액)	1,980,000	1,550,000

<사례 2>

다음은 한국㈜의 손익계산서로부터 추출한 자료이다.

	20×3년	20×2년
매 출	₩3,210,000	₩3,120,000
기초재고	490,000	430,000
매 입	2,170,000	2,330,500
기말재고	510,000	490,000

〈요구사항〉

1. <사례 1>과 관련하여 연도별 매출채권회전율과 평균회수기간을 계산하라. 20×1년 말의 매출채권(순액)은 ₩240,000이다.
2. <사례 1>의 자료에서 매출채권 관리에 대해 어떤 결론을 얻을 수 있는가?
3. <사례 2>와 관련하여 연도별 재고자산회전율과 재고자산회수기간을 계산하라.
4. <사례 2>의 자료에서 재고관리에 대해 어떤 결론을 얻을 수 있는가?

[문제 6] 비율분석 – 수익성 비율(1) 〈난이도: 중〉

다음은 강남㈜의 비교재무제표에서 발췌한 자료이다. 재무상태표 자료는 기말 현재의 금액이다.

	20×3년	20×2년
매 출	₩380,000	₩360,000
매출원가	240,000	220,000
이자비용	3,500	2,500
당기순이익	₩25,000	₩21,000
매출채권	60,000	50,000
재고자산	42,500	37,500
자산총계	₩290,000	₩250,000
자기자본	₩215,000	₩162,500

〈요구사항〉

20×3년에 대한 다음의 비율을 계산하라.

1. 매출액이익률
2. 총자산회전율
3. 총자산이익률
4. 자기자본이익률

[문제 7] 비율분석 – 수익성 비율(2) 〈난이도: 중〉

한국㈜의 20×3년도 포괄손익계산서는 아래와 같다.

포괄손익계산서

제 5 기: 20×3년 1월 1일부터 12월 31일까지

한국㈜	(단위 : 천원)
매 출	₩200,000
매출원가	(115,000)
매출총이익	₩85,000
비용(이자비용 ₩16,000과 법인세비용 ₩24,000 포함)	(52,500)
당기순이익	₩32,500

〈추가정보〉

(1) 20×3년의 가중평균 유통보통주식 수는 30천 주이다.

(2) 한국㈜의 20×3년 평균 주가는 주당 ₩1,300이다.

(3) 현금배당은 ₩13,000이 지급되었고 이 중 ₩2,500은 우선주 주주들에 대한 몫이다.

〈요구사항〉

20×3년에 대한 다음의 비율을 계산하라.

1. 주당순이익
2. 주가수익비율
3. 배당성향
4. 이자보상비율

[문제 8] 종합(1) 〈난이도: 상〉

청주㈜의 비교재무상태표는 아래와 같다.

비교재무상태표

제 8 기: 20×2년 1월 1일부터 12월 31일까지
제 7 기: 20×1년 1월 1일부터 12월 31일까지

청주㈜ (단위 : 원)

	20×2년	20×1년
현 금	₩10,600	₩7,400
매출채권	42,400	46,800
재고자산	18,000	14,000
토 지	40,000	52,000
건 물	140,000	140,000
감가상각누계액	(30,000)	(20,000)
합 계	₩221,000	₩240,200
매입채무	20,740	62,200
보통주자본	150,000	138,000
이익잉여금	50,260	40,000
합 계	₩221,000	₩240,200

청주㈜의 20×2년 포괄손익계산서에는 ₩220,000의 매출액과 ₩120,000의 매출원가, ₩24,000의 당기순이익이 포함되어 있다.

〈요구사항〉

20×2년에 대한 다음의 재무비율을 계산하라.

1. 유동비율
2. 당좌비율
3. 매출채권회전율
4. 재고자산회전율
5. 매출액이익률
6. 총자산회전율
7. 총자산이익률
8. 자기자본이익률
9. 부채비율

[문제 9] 종합(2) 〈난이도: 상〉

진주㈜는 20×3년 12월 31일 화재로 인해 회계자료가 일부 소실되었으나 다음과 같은 회계자료를 확인할 수 있었다.

	20×3년	20×2년
현　　금	₩60,000	₩20,000
매출채권(순액)	145,000	252,000
재고자산	400,000	360,000
매입채무	100,000	180,000
장기차입금	60,000	120,000
보통주자본금(액면 ₩100)	800,000	800,000
이익잉여금	227,000	202,000

〈추가정보〉

(1) 재고자산회전율은 3.5배이다.

(2) 자기자본이익률은 24%이다. 회사에 추가적인 자본납입은 없다.

(3) 매출채권회전율은 8.8배이다.

(4) 총자산이익률은 24%이다.

(5) 20×2년 말 자산총계는 ₩1,210,000이다.

〈요구사항〉

다음의 값을 계산하라.

1. 20×3년의 매출원가
2. 20×3년의 순외상매출액
3. 20×3년의 당기순이익
4. 20×3년 말의 자산총계

Appendix

부 록

〈표 1〉 현재가치 이자율계수

〈표 2〉 미래가치 이자율계수

〈표 3〉 연금의 현재가치계수

〈표 4〉 연금의 미래가치계수

표 1 | 현재가치 이자율계수(*PVIF*)

t기 후에 받는 1원의 현재가치 = $1/(1+r)^t$

기간 (t)	이자율(r)								
	1%	2%	3%	4%	5%	6%	7%	8%	9%
1	0.9901	0.9804	0.9709	0.9615	0.9524	0.9434	0.9346	0.9259	0.9174
2	0.9803	0.9612	0.9426	0.9246	0.9070	0.8900	0.8734	0.8573	0.8417
3	0.9706	0.9423	0.9151	0.8890	0.8638	0.8396	0.8163	0.7938	0.7722
4	0.9610	0.9238	0.8885	0.8548	0.8227	0.7921	0.7629	0.7350	0.7084
5	0.9615	0.9057	0.8626	0.8218	0.7835	0.7473	0.7130	0.6806	0.6499
6	0.9420	0.8880	0.8375	0.7903	0.7462	0.7050	0.6563	0.6302	0.5963
7	0.9327	0.8706	0.8131	0.7599	0.7107	0.6651	0.6227	0.5835	0.5470
8	0.9235	0.8635	0.7894	0.7307	0.6768	0.6274	0.5820	0.5403	0.5019
9	0.9143	0.8368	0.7664	0.7026	0.6446	0.5919	0.5439	0.5002	0.4604
10	0.9053	0.8203	0.7441	0.6756	0.6139	0.5584	0.5083	0.4632	0.4224
11	0.8963	0.8043	0.7224	0.6496	0.5847	0.5268	0.4751	0.4289	0.3875
12	0.8874	0.7885	0.7014	0.6246	0.5568	0.4970	0.4440	0.3971	0.3555
13	0.8787	0.7730	0.6810	0.6006	0.5303	0.4688	0.4150	0.3677	0.3262
14	0.8700	0.7579	0.6611	0.5775	0.5051	0.4423	0.3878	0.3405	0.2992
15	0.8613	0.7430	0.6419	0.5553	0.4810	0.4173	0.3624	0.3152	0.2745
16	0.8528	0.7284	0.6232	0.5339	0.4581	0.3936	0.3387	0.2919	0.2519
17	0.8444	0.7142	0.6050	0.5134	0.4363	0.3714	0.3166	0.2703	0.2311
18	0.8360	0.7002	0.5874	0.4936	0.4155	0.3503	0.2959	0.2502	0.2120
19	0.8277	0.6864	0.5703	0.4746	0.3957	0.3305	0.2765	0.2317	0.1945
20	0.8195	0.6730	0.5537	0.4564	0.3769	0.3118	0.2584	0.2145	0.1784
21	0.8114	0.6598	0.5375	0.4388	0.3589	0.2942	0.2415	0.1987	0.1637
22	0.8034	0.6468	0.5219	0.4220	0.3418	0.2775	0.2257	0.1839	0.1502
23	0.7954	0.6342	0.5067	0.4057	0.3256	0.2618	0.2109	0.1703	0.1378
24	0.7876	0.6217	0.4919	0.3901	0.3101	0.2470	0.1971	0.1577	0.1264
25	0.7798	0.6095	0.4776	0.3751	0.2953	0.2330	0.1842	0.1460	0.1160
30	0.7419	0.5521	0.4120	0.3083	0.2314	0.1741	0.1314	0.0994	0.0754
40	0.6717	0.4529	0.3066	0.2083	0.1420	0.0972	0.0668	0.0460	0.0318
50	0.6080	0.3715	0.2281	0.1407	0.0872	0.0543	0.0339	0.0213	0.0134

이자율(r)										
10%	12%	14%	15%	16%	18%	20%	24%	28%	32%	36%
0.9091	0.8929	0.8772	0.8696	0.8621	0.8475	0.8333	0.8065	0.7813	0.7576	0.7353
0.8264	0.7972	0.7695	0.7561	0.7432	0.7182	0.6944	0.6504	0.6104	0.5739	0.5407
0.7513	0.7118	0.6750	0.6575	0.6407	0.6086	0.5787	0.5245	0.4768	0.4348	0.3975
0.6830	0.6355	0.5921	0.5718	0.5523	0.5158	0.4823	0.4230	0.3725	0.3294	0.2923
0.6209	0.5674	0.5194	0.4972	0.4761	0.4371	0.4019	0.3411	0.2910	0.2495	0.2149
0.5645	0.5066	0.4556	0.4323	0.4104	0.3704	0.3349	0.2751	0.2274	0.1890	0.1580
0.5132	0.4523	0.3996	0.3769	0.3538	0.3139	0.2791	0.2218	0.1776	0.1432	0.1162
0.4665	0.4039	0.3506	0.3269	0.3050	0.2660	0.2326	0.1789	0.1388	0.1085	0.0854
0.4241	0.3606	0.3075	0.2843	0.2630	0.2255	0.1938	0.1443	0.1084	0.0822	0.0628
0.3855	0.3220	0.2697	0.2472	0.2267	0.1911	0.1615	0.1164	0.0847	0.0623	0.0462
0.3505	0.2875	0.2366	0.2149	0.1954	0.1619	0.1348	0.0938	0.0662	0.0472	0.0340
0.3186	0.2567	0.2076	0.1869	0.1685	0.1372	0.1122	0.0757	0.0517	0.0357	0.0250
0.2897	0.2292	0.1821	0.1625	0.1452	0.1163	0.0935	0.0610	0.0404	0.0271	0.0184
0.2633	0.2046	0.1597	0.1413	0.1252	0.0985	0.0779	0.0492	0.0316	0.0205	0.0135
0.2394	0.1827	0.1401	0.1229	0.1079	0.0835	0.0649	0.0397	0.0247	0.0155	0.0099
0.2176	0.1631	0.1229	0.1069	0.0930	0.0708	0.0541	0.0320	0.0193	0.0118	0.0073
0.1978	0.1456	0.1078	0.0929	0.0802	0.0600	0.0451	0.0258	0.0150	0.0089	0.0054
0.1799	0.1300	0.0946	0.0808	0.0691	0.0508	0.0376	0.0208	0.0118	0.0068	0.0039
0.1635	0.1161	0.0829	0.0703	0.0596	0.0431	0.0313	0.0168	0.0092	0.0051	0.0029
0.1486	0.1037	0.0728	0.0611	0.0514	0.0365	0.0261	0.0135	0.0072	0.0039	0.0021
0.1351	0.0926	0.0638	0.0531	0.0443	0.0309	0.0217	0.0109	0.0056	0.0029	0.0016
0.1228	0.0826	0.0560	0.0462	0.0382	0.0262	0.0181	0.0088	0.0044	0.0022	0.0012
0.1117	0.0738	0.0491	0.0402	0.0329	0.0222	0.0151	0.0071	0.0034	0.0017	0.0008
0.1015	0.0659	0.0431	0.0349	0.0284	0.0188	0.0126	0.0057	0.0027	0.0013	0.0006
0.0923	0.0588	0.0378	0.0304	0.0245	0.0160	0.0105	0.0046	0.0021	0.0010	0.0005
0.0573	0.0334	0.0196	0.0151	0.0116	0.0070	0.0042	0.0016	0.0006	0.0002	0.0001
0.0221	0.0107	0.0053	0.0037	0.0026	0.0013	0.0007	0.0002	0.0001	–	–
0.0085	0.0035	0.0014	0.0009	0.0008	0.0003	0.0001	–	–	–	–

표 2 | 미래가치 이자율계수(*FVIF*)

현재 1원의 t기 후의 미래가치 = $(1+r)^t$

기간 (t)	이자율(r)								
	1%	2%	3%	4%	5%	6%	7%	8%	9%
1	1.0100	1.0200	1.0300	1.0400	1.0500	1.0600	1.0700	1.0800	1.0900
2	1.0201	1.0404	1.0609	1.0816	1.1025	1.1236	1.1449	1.1664	1.1881
3	1.0303	1.0612	1.0927	1.1249	1.1576	1.1910	1.2250	1.2597	1.2950
4	1.0406	1.0824	1.1255	1.1699	1.2155	1.2625	1.3108	1.3605	1.4116
5	1.0510	1.1041	1.1593	1.2167	1.2763	1.3382	1.4026	1.4693	1.5386
6	1.0615	1.1262	1.1941	1.2653	1.3401	1.4185	1.5007	1.5869	1.6771
7	1.0721	1.1487	1.2299	1.3159	1.4071	1.5036	1.6058	1.7138	1.8280
8	1.0829	1.1717	1.2668	1.3686	1.4775	1.5938	1.7182	1.8509	1.9926
9	1.0937	1.1951	1.3048	1.4233	1.5513	1.6895	1.8385	1.9990	2.1719
10	1.1046	1.2190	1.3439	1.4802	1.6289	1.7908	1.9672	2.1589	2.3674
11	1.1167	1.2434	1.3842	1.5395	1.7103	1.8983	2.1049	2.3316	2.5804
12	1.1268	1.2682	1.4258	1.6010	1.7959	2.0122	2.2522	2.5182	2.8127
13	1.1381	1.2936	1.4685	1.6651	1.8856	2.1329	2.4098	2.7196	3.0658
14	1.1495	1.3195	1.5126	1.7317	1.9799	2.2609	2.5785	2.9372	3.3417
15	1.1610	1.3459	1.5580	1.8009	2.0789	2.3966	2.7590	3.1722	3.6425
16	1.1726	1.3728	1.6047	1.8730	2.1829	2.5404	2.9522	3.4259	3.9703
17	1.1843	1.4002	1.6528	1.9479	2.2920	2.6928	3.1588	3.7000	4.3276
18	1.1961	1.4282	1.7024	2.0258	2.4066	2.8543	3.3799	3.9960	4.7171
19	1.2081	1.4568	1.7535	2.1068	2.5270	3.0256	3.6165	4.3157	5.1417
20	1.2202	1.4859	1.8061	2.1911	2.6533	3.2071	3.8697	4.6610	5.6044
21	1.2324	1.5157	1.8603	2.2788	2.7860	3.3996	4.1406	5.0338	6.1088
22	1.2447	1.5460	1.9161	2.3699	2.9253	3.6035	4.4304	5.4365	6.6586
23	1.2572	1.5769	1.9736	2.4647	3.0715	3.8197	4.7405	5.8715	7.2579
24	1.2697	1.6084	2.0328	2.5633	3.2251	4.0489	5.0724	6.3412	7.9111
25	1.2824	1.6406	2.0938	2.6658	3.3864	4.2919	5.4274	6.8485	8.6231
30	1.3478	1.8114	2.4273	3.2434	4.3219	5.7435	7.6123	10.063	13.268
40	1.4889	2.2080	3.2620	4.8010	7.0400	10.286	14.974	21.725	31.409
50	1.6446	2.6916	4.3839	7.1067	11.467	18.420	29.457	46.902	74.358
60	1.8167	3.2810	5.8916	10.520	18.679	32.988	57.946	101.26	176.03

이자율(r)										
10%	12%	14%	15%	16%	18%	20%	24%	28%	32%	36%
1.1000	1.1200	1.1400	1.1500	1.1600	1.1800	1.2000	1.2400	1.2800	1.3200	1.3600
1.2100	1.2544	1.2996	1.3225	1.3456	1.3924	1.4400	1.5376	1.6384	1.7424	1.8496
1.3310	1.4049	1.4815	1.5209	1.5609	1.6430	1.7280	1.9066	2.0972	2.3000	2.5155
1.4641	1.5735	1.6890	1.7490	1.8106	1.9388	2.0736	2.3642	2.6844	3.0360	3.4210
1.6105	1.7623	1.9254	2.0114	2.1003	2.2878	2.4883	2.9316	3.4360	4.0075	4.6526
1.7716	1.9738	2.1950	2.3131	2.4364	2.6996	2.9860	3.6352	4.3980	5.2899	6.3275
1.9487	2.2107	2.5023	2.6600	2.8262	3.1855	3.5832	4.5077	5.6295	6.9826	8.6054
2.1436	2.4760	2.8526	3.0590	3.2784	3.7589	4.2998	5.5895	7.2058	9.2170	11.703
2.3579	2.7731	3.2519	3.5179	3.8030	4.4355	5.1598	6.9310	9.2234	12.166	15.917
2.5937	3.1058	3.7072	4.0456	4.4114	5.2338	6.1917	8.5944	11.806	16.060	21.647
2.8531	3.4785	4.2262	4.6524	5.1173	6.1759	7.4301	10.657	15.112	21.199	29.439
3.1384	3.8960	4.8179	5.3503	5.9360	7.2876	8.9161	13.215	19.343	27.983	40.037
3.4523	4.3635	5.4924	6.1528	6.8858	8.5994	10.699	16.386	24.759	36.937	54.451
3.7975	4.8871	6.2613	7.0757	7.9875	10.147	12.839	20.319	31.691	48.757	74.053
4.1772	5.4736	7.1379	8.1371	9.2655	11.974	15.407	25.196	40.565	64.359	100.71
4.5950	6.1304	8.1372	9.3576	10.748	14.129	18.488	31.243	51.923	84.954	136.97
5.0545	6.8660	9.2765	10.761	12.468	16.672	22.186	38.741	66.461	112.14	186.28
5.5599	7.6900	10.575	12.375	14.463	19.673	26.623	48.039	85.071	148.02	253.34
6.1159	8.6128	12.056	14.232	16.777	23.214	31.948	59.568	108.89	195.39	344.54
6.7275	9.6463	13.743	16.367	19.461	27.393	38.338	73.864	139.38	257.92	468.57
7.4002	10.804	15.668	18.822	22.574	32.324	46.005	91.592	178.41	340.45	637.26
8.1403	12.100	17.861	21.645	26.186	38.142	55.206	113.57	228.36	449.39	866.67
8.9543	13.552	20.362	24.891	30.376	45.008	66.247	140.63	292.30	593.20	1178.7
9.8497	15.179	23.212	28.625	35.236	53.109	79.497	174.63	374.14	783.02	1603.0
10.835	17.000	26.462	32.919	40874	62.669	95.396	216.54	478.90	1033.6	2180.1
17.449	29.960	50.950	66.212	85.850	143.37	237.38	634.82	1645.5	4142.1	10143.
45.259	93.051	188.88	267.66	378.72	750.38	1469.8	5455.9	19427.	66521.	-
117.39	289.00	700.23	1083.7	1670.7	3927.4	9100.4	46890.	-	-	-
304.48	897.60	2595.9	4384.0	7370.2	20555.	56348.	-	-	-	-

표 3 | 연금의 현재가치계수(*PVIFA*)

기간 (t)	t기까지 매기 1원을 지불하는 연금의 현재가치 = $[1-1/(1+r)^t]/r$								
	이자율(r)								
	1%	2%	3%	4%	5%	6%	7%	8%	9%
1	0.9901	0.9804	0.9709	0.9615	0.9524	0.9434	0.9346	0.9259	0.9174
2	1.9704	1.9416	1.9135	1.8861	1.8594	1.8334	1.8080	1.7833	1.7591
3	2.9410	2.8839	2.8286	2.7751	2.7232	2.6730	2.6243	2.5771	2.5313
4	3.9020	3.8077	3.7171	3.6299	3.5460	3.4651	3.3872	3.3121	3.2397
5	4.8534	4.7135	4.5797	4.4518	4.3295	4.2124	4.1002	3.9927	3.8897
6	5.7955	5.6014	5.4172	5.2421	5.0757	4.9173	4.7665	4.6229	4.4859
7	6.7282	6.4720	6.2303	6.0021	5.7864	5.5824	5.3893	5.2064	5.0330
8	7.6517	7.3255	7.0197	6.7327	6.4632	6.2098	5.9713	5.7466	5.5348
9	8.5660	8.1622	7.7861	7.4353	7.1078	6.8017	6.5152	6.2469	5.9952
10	9.4713	8.9826	8.5302	8.1109	7.7217	7.3601	7.0236	6.7101	6.4177
11	10.3676	9.7858	9.2526	8.7605	8.3064	7.8669	7.4987	7.1390	6.8052
12	11.2551	10.5753	9.9540	9.3851	8.8633	8.3838	7.9427	7.5361	7.1607
13	12.1337	11.3484	10.6350	9.9856	9.3936	8.8527	8.3577	7.9038	7.4869
14	13.0037	12.1062	11.2961	10.5631	9.8986	9.2960	8.7455	8.2442	7.7862
15	13.8651	12.8493	11.9379	11.1184	10.3797	9.7122	9.1079	8.5595	8.0607
16	14.7179	13.5777	12.5611	11.6523	10.8378	10.1059	9.4466	8.8514	8.3126
17	15.5623	14.2919	13.1661	12.1657	11.2741	10.4773	9.7632	9.1216	8.5436
18	16.3983	14.9920	13.7535	12.6593	11.6896	10.8276	10.0591	9.3719	8.7556
19	17.2260	15.6785	14.3238	13.1339	12.0853	11.1581	10.3356	9.6036	8.9501
20	18.0456	16.3514	14.8775	13.5903	12.4622	11.4699	10.5940	9.8181	9.1285
21	18.8570	17.0112	15.4150	14.0292	12.8212	11.7641	10.8355	10.0168	9.2922
22	19.6604	17.6580	15.9369	14.4511	13.1630	12.0416	11.0612	10.2007	9.4424
23	20.4558	18.2922	16.4436	14.8568	13.4886	12.3034	11.2722	10.3741	9.5802
24	21.2434	18.9139	16.9355	15.2470	13.7986	12.5604	11.4693	10.5288	9.7066
25	22.0232	19.5235	17.4131	15.6221	14.0939	12.7834	11.6536	10.6748	9.8226
30	25.8077	22.3955	19.6004	17.2920	15.3725	13.7648	12.4090	11.2578	10.2737
40	32.8347	27.3555	23.1148	19.7928	17.1591	15.0463	13.3317	11.9246	10.7574
50	39.1961	31.4236	25.7298	21.4822	18.2559	15.7619	13.8007	12.2335	10.9617

이자율(r)										
10%	12%	14%	15%	16%	18%	20%	24%	28%	32%	36%
0.9091	0.8929	0.8772	0.8696	0.8621	0.8475	0.8333	0.8065	0.7813	0.7576	0.7353
1.7355	1.6901	1.6467	1.6257	1.6052	1.5656	1.5278	1.4568	1.3916	1.3315	1.2760
2.4869	2.4018	2.3216	2.2832	2.2459	2.1743	2.1065	1.9813	1.8684	1.7663	1.6735
3.1699	3.0373	2.9137	2.8550	2.7982	2.6901	2.5887	2.4043	2.2410	2.0957	1.9658
3.7908	3.6048	3.4331	3.3522	3.2743	3.1272	2.9906	2.7454	2.5320	2.3452	2.1807
4.3553	4.1114	3.8887	3.7845	3.6847	3.4976	3.3255	3.0205	2.7594	2.5342	2.3388
4.8684	4.5638	4.2883	4.1604	4.0386	3.8115	3.6046	3.2423	2.9370	2.6775	2.4550
5.3349	4.9676	4.6389	4.4873	4.3436	4.0776	3.8372	3.4212	3.0758	2.7860	2.5404
5.7590	5.3282	4.9464	4.7716	4.6065	4.3030	4.0310	3.5655	3.1842	2.8681	2.6033
6.1446	5.6502	5.2161	5.0188	4.8332	4.4941	4.1925	3.6819	3.2689	2.9304	2.6495
5.4951	5.9377	5.4527	5.2337	5.0286	4.6560	4.3271	3.7757	3.3351	2.9776	2.6834
8.8137	6.1944	5.6603	5.4206	5.1971	4.7932	4.4392	3.8514	3.3868	3.0133	2.7084
7.1034	5.4235	5.8424	5.5831	5.3423	4.9095	4.5327	3.9124	3.4272	3.0404	2.7268
7.3667	6.6282	6.0021	5.7245	5.4675	5.0081	4.6106	3.9616	3.4587	3.0609	2.7403
7.6061	6.8109	6.1422	5.8474	5.5755	5.0916	4.6755	4.0013	3.4834	3.0764	2.7502
7.8237	6.9740	6.2651	5.9542	5.6685	5.1624	4.7296	4.0333	3.5026	3.0882	2.7575
8.0216	7.1196	6.3729	6.0472	5.7487	5.2223	4.7746	4.0591	3.5177	3.0971	2.7629
8.2014	7.2497	6.4674	6.1280	5.8178	5.2732	4.8122	4.0799	3.5294	3.1039	2.7668
8.3649	7.3658	6.5504	6.1982	5.8775	5.3162	4.8435	4.0967	3.5386	3.1090	2.7697
8.5136	7.4694	6.6231	6.2593	5.9288	5.3527	4.8696	4.1103	3.5458	3.1129	2.7718
8.6487	7.5620	6.6870	6.3125	5.9731	5.3837	4.8913	4.1212	3.5514	3.1158	2.7734
8.7715	7.6446	6.7429	6.3587	6.0113	5.4099	4.9094	4.1300	3.5558	3.1180	2.7746
8.8832	7.7184	6.7921	6.3988	6.0442	5.4321	4.9245	4.1371	3.5592	3.1197	2.7754
8.9847	7.7843	6.8351	6.4338	6.0726	5.4509	4.9371	4.1428	3.5619	3.1210	2.7760
9.0770	7.8431	6.8729	6.4641	6.0971	5.4669	4.9476	4.1474	3.5640	3.1220	2.7765
9.4269	8.0552	7.0027	6.5660	6.1772	5.5168	4.9789	4.1601	3.5693	3.1242	2.7775
9.7791	8.2438	7.1050	6.6418	6.2335	5.5482	4.9966	4.1659	3.5712	3.1250	2.7778
9.9148	8.3045	7.1327	6.6605	6.2463	5.5541	4.9995	4.1666	3.5714	3.1250	2.7778

표 4 | 연금의 미래가치계수(*FVIFA*)

기간 (t)	t기까지 매기 1원을 지불하는 연금의 미래가치 = $[(1+r)^t-1]/r$								
	이자율(r)								
	1%	2%	3%	4%	5%	6%	7%	8%	9%
1	1.0000	1.0000	1.0000	1.0000	1.0000	1.0000	1.0000	1.0000	1.0000
2	2.0100	2.0200	2.0300	2.0400	2.0500	2.0600	2.0700	2.0800	2.0900
3	3.0301	3.0604	3.0909	3.1216	3.1525	3.1836	3.2149	3.2464	3.2781
4	4.0604	4.1216	4.1836	4.2465	4.3101	4.3746	4.4399	4.5061	4.5731
5	5.1010	5.2040	5.3091	5.4163	5.5256	5.6371	5.7507	5.8666	5.9847
6	6.1520	6.3081	6.4684	6.6330	6.8019	6.9763	7.1533	7.3359	7.5233
7	7.2135	7.4343	7.6625	7.8983	8.1420	8.3938	8.6540	8.9228	9.2004
8	8.2857	8.5830	8.8932	9.2142	9.5491	9.8975	10.260	10.637	11.028
9	9.3685	9.7546	10.159	10.583	11.027	11.491	11.978	12.488	13.021
10	10.462	10.950	11.464	12.006	12.578	13.181	13.816	14.487	15.193
11	11.567	12.169	12.808	13.486	14.207	14.972	15.784	16.645	17.560
12	12.683	13.412	14.192	15.026	15.917	16.870	17.888	18.977	20.141
13	13.809	14.680	15.618	16.627	17.713	18.882	20.141	21.495	22.953
14	14.947	15.974	17.086	18.292	19.599	21.015	22.550	24.215	26.019
15	16.097	17.293	18.599	20.024	21.579	23.276	25.129	27.152	29.361
16	17.258	18.639	20.157	21.825	23.657	25.673	27.888	30.324	33.003
17	18.430	20.012	21.762	23.698	25.840	26.213	30.840	33.750	36.974
18	19.615	21.412	23.414	25.645	26.132	30.906	33.999	37.450	41.301
19	20.811	22.841	25.117	27.671	30.539	33.760	37.379	41.446	46.018
20	22.019	24.297	26.870	29.778	33.066	36.786	40.995	45.762	51.160
21	23.239	25.763	28.676	31.969	35.719	39.993	44.865	50.423	56.765
22	24.472	27.299	30.537	34.248	38.505	43.392	49.006	55.457	62.873
23	25.716	28.845	32.453	36.618	41.430	46.996	53.436	60.893	69.532
24	26.973	30.422	34.426	39.083	44.502	50.816	58.177	66.765	76.790
25	28.243	32.030	36.459	41.646	47.727	54.865	63.249	73.106	84.701
30	34.785	40.568	47.575	56.085	66.439	79.058	94.461	113.28	136.31
40	48.886	60.402	75.401	95.026	120.80	154.76	198.64	259.06	337.88
50	64.463	84.579	112.80	152.67	209.35	290.34	406.53	573.77	815.08
60	81.670	114.05	163.05	237.99	363.58	533.13	813.52	1253.2	1944.8

이자율(r)										
10%	12%	14%	15%	16%	18%	20%	24%	28%	32%	36%
1.0000	1.0000	1.0000	1.0000	1.0000	1.0000	1.0000	1.0000	1.0000	1.0000	1.0000
2.1000	2.1200	2.1400	2.1500	2.1600	2.1800	2.2000	2.2400	2.2800	2.3200	2.3600
3.3100	3.3744	3.4396	3.4725	3.5056	3.5724	3.6400	3.7776	3.9184	4.0624	4.2096
4.6410	4.7793	4.9211	4.9934	5.0665	5.2154	5.3680	5.6842	6.0156	6.3624	6.7251
6.1051	6.3528	6.6101	6.7424	6.8771	7.1542	7.4416	8.0484	8.6999	8.3983	10.146
7.7156	8.1152	8.5355	8.7537	8.9775	9.4420	9.9299	10.980	12.136	13.406	14.799
9.4872	10.089	10.730	11.067	11.414	12.142	12.916	14.615	16.534	18.696	21.126
11.436	12.300	13.233	13.727	14.240	15.327	16.499	19.123	22.163	25.678	29.732
13.579	14.776	16.085	16.786	17.519	19.086	20.799	24.712	29.369	34.895	41.435
15.937	17.549	19.337	20.304	21.321	23.521	25.959	31.643	38.593	47.062	57.352
18.531	20.655	23.045	24.349	25.733	28.755	32.150	40.238	50.398	63.122	78.998
21.384	24.133	27.271	29.002	30.850	34.931	39.581	50.895	65.510	84.320	108.44
24.523	28.029	32.089	34.352	36.786	42.219	48.497	64.110	84.853	112.30	148.47
27.975	32.393	37.581	40.505	43.672	50.818	59.196	80.496	109.61	149.24	202.93
31.772	37.280	43.842	47.580	51.660	60.965	72.035	100.82	141.30	198.00	276.98
35.950	42.753	50.980	55.717	60.925	72.939	87.442	126.01	181.87	262.36	377.69
40.545	48.884	59.118	65.075	71.673	87.068	105.93	157.25	233.79	347.31	514.66
45.599	55.750	68.394	75.836	84.141	103.74	128.12	195.99	300.25	459.45	700.94
51.159	63.440	78.969	88.212	98.603	123.41	154.74	244.03	385.32	607.47	954.28
57.275	72.052	91.025	102.44	115.38	143.63	186.69	303.60	494.21	802.86	1298.8
64.002	81.699	104.77	118.81	134.84	174.02	225.03	377.46	633.59	1060.8	1767.4
71.403	92.503	120.44	137.63	157.41	206.34	271.03	469.06	812.00	1401.2	2404.7
79.543	104.60	138.30	159.28	183.60	244.49	326.24	582.63	1040.4	1850.6	3271.3
88.497	118.16	158.66	184.17	213.98	289.49	392.48	723.46	1332.7	2443.8	4450.0
98.347	133.33	181.87	212.79	249.21	342.60	471.98	898.09	1706.8	3226.8	6053.0
164.49	241.33	356.79	434.75	530.31	790.95	1181.9	2640.9	5873.2	12941.	28172.
442.59	767.09	1342.0	1779.1	2360.8	4163.2	7343.9	22729.	69377.	-	-
1163.9	2400.0	4994.5	7217.7	10436.	21813.	45497.	-	-	-	-
3043.8	7471.6	18535.	29220.	46058.	-	-	-	-	-	-

찾아보기

ㄱ

가득요건 99
가중평균법(weighted average cost method) 202
간접법 494, 506, 511
간접법에 의한 현금흐름표 531
감가상각(depreciation) 316
감모상각(depletion) 344
감자차손 457
감자차익 457
개별법(specific identification method) 195
거래의 이중성 62
건물 313
검증가능성 34
경제적 실질 189
계속기록법(perpetual inventory system) 154, 155
계속기업 가정 36
계정 60
계정과목표 71
계정명 60
계정식 26
고객으로부터 현금 유입 520
공개기업 441
공급자와 종업원에 대한 현금 유출 521
공익권 443
공정가치(fair value) 39, 407
공통형 재무제표 561
관계기업 419
관계기업투자 419
관리회계(managerial accounting) 11
구축물 313
근본적 질적 특성 33
금융부채 356
금융자산 405
기간 간 비교 556
기계장치 314
기대손실률 272
기대신용손실(expected credit losses) 273
기발행미인출수표(미결제수표) 243
기술적 실현가능성 337
기업 간 비교 556
기업 내 비교 556
기타자본요소 447
기타채권(비매출채권) 269
기타포괄손익(other comprehensive income) 28, 413
기타포괄손익누계액 414, 447
기타포괄손익 – 공정가치(FVOCI)모형 406

ㄴ

납입자본 445
내부정보이용자 7
내부통제원칙 236
내부통제제도 236
내용연수(useful life) 110, 316
누적적우선주 462

ㄷ

단기금융자산 424
단위원가 결정 194
담보부사채(secured bonds) 359
당기손익 412
당기손익 – 공정가치(FVPL)모형 406

당기판매가능액 154
당좌비율(quick ratio) 567
당좌예금 240
당좌차월(bank overdraft) 241
대변(credit) 60, 61
대손상각비 277
대손충당금 277
대손충당금환입 277
대손확정 277
대여금 270
도착지인도기준(F.O.B. destination) 190

ㄹ

레버리지 효과 575

ㅁ

마감분개 124, 162
마감후시산표 127
매가환원법 215
매입부대비용 169
매입에누리(purchase allowances) 170
매입으로 인한 현금의 유출 511
매입채무 356
매입할인(purchase discounts) 170
매입환출(purchase returns) 170
매출가격환원법 215
매출로 인한 현금의 유입 510
매출액순이익률(profit margin) 571
매출에누리(sales allowances) 173
매출채권(trade receivables) 269, 288
매출채권처분손실 283
매출채권평균회수기간 296, 570
매출채권회전율(receivables turnover) 295, 569
매출총이익률 166
매출총이익률법(gross profit method) 216
매출할인(sales discounts) 174, 271
매출환입(sales returns) 173
목적적합성 33
무담보사채(unsecured bonds) 360
무상주 453
무상증자 452
무액면주식 444
무이자부어음 287
무형자산 333
무형자산의 상각 336
미교부주식배당금 453, 463
미기록예금 242
미상각잔액법 322
미수금 269, 288, 497
미수수익 270
미실현손익 413
미지급금 357, 497
미지급배당금 461
미지급법인세 387
미지급비용 357
미착상품 190
미처분이익잉여금 446, 461
미통지예금 243
미통지출금 243

ㅂ

받을어음(notes receivable) 269
발생(accruals) 102
발생비용 115
발생수익 113
발생주의 97, 499
배당 460
배당금 407
배당금수익 408
배당금 지급 496
배당기준일 462
배당선언일 461
배당성향(payout ratio) 577
배당지급일 462
백분율 재무제표 561
법인성 441
법인세 497

법정적립금 446
보고기간 36
보고기업 36
보고식 26
보충적 질적 특성 34
보통주 446
복식부기 제도 62
부도수표 243
부도어음 291
부정(fraud) 236
부채(liabilities) 25, 355
부채비율(debt ratio) 391, 578
분개(journalizing) 67
분개장(journal) 67
비공개기업 441
비교가능성 34
비금융부채 383
비영리회계(non-profit accounting) 11
비용(expenses) 28
비용인식의 원칙 100
비유동부채 355
비정상적인 감모손실 193
비참가적우선주 462
비현금거래 527
비현금발행(현물출자) 451
비현금활동 498

ㅅ

사단법인 441
사단성 441
사용가치 40, 327
사채(bonds) 359
사채의 상환 381
사채의 액면발행 369
사채의 할인발행 370
사채의 할증발행 370
사채할인발행차금의 상각 376
사채할증발행차금의 상각 378
사회적 기능 9
산업평균과 비교 556
상각후원가 377
상각후원가(AC)모형 405
상표권 334
상품 189
상환사채(callable bonds) 360
생산량비례법(units of production method) 320, 344
선급비용 106
선수금 383
선수수익 103, 384
선입선출법(first-in first-out method: FIFO) 196
선적지인도기준(F.O.B. shipping point) 190
세무회계(tax accounting) 11
소매재고법 215
소액현금제도(petty cash fund) 238, 249
손상차손 271, 327
손상환입 277
손상 회계 209, 284
손실충당금 273
수권주식 수 443
수익(income) 28
수익 · 비용대응의 원칙 99
수익성(profitability) 555
수익성 비율(profitability ratio) 571
수익인식의 원칙 99
수익적 지출(revenue expenditure) 315
수정분개 101, 160
수정전시산표 101
수정후시산표 120
수직적 분석 557, 561
수취채권(receivables) 269
수탁자 191
수평적 분석 556, 557
순공정가치 327
순실현가능가치(net realizable value) 209, 274
순운전자본(net working capital) 390
시산표(trial balance) 78
시용판매상품(sales on approval goods) 191
시장이자율(market rate of interest) 369
신용손실(credit losses) 272

신주발행비 451
실지재고조사법(periodic inventory system) 154, 156
실질적 증자 452
실현요건 99

ㅇ

액면금액(face value) 368
액면금액법 463
액면발행 449
액면이자율 368
액면주식 444
약속어음 285
어음 285
역사적 원가 39
연결재무제표(consolidated financial statements) 420
연구개발비 337
연금(annuities) 364
연령분석법 274
연수합계법(sum-of-years' digits method) 323
영구계정 123
영리성 441
영업권(goodwill) 335
영업주기(operating cycle) 151
영업활동(operating activities) 23
영업활동순손익 513
영업활동 현금흐름 495, 520
영업활동 현금흐름 작성 506
예수금(deposits) 385
오류(error) 236
오류정정 분개 139
외부정보이용자 8
외상매출금(accounts receivable) 269
우발부채 387
우선주 446
운전자본(working capital) 567
원가배분 194
원장(ledger) 69
원재료(raw materials) 189
월할계산 287
위탁상품(적송품, 위탁품) 191
위탁자 191
유동부채 355
유동비율(current ratio) 390, 565
유동성 비율(liquidity ratio) 565
유보이익 459
유상증자 452
유의적인 영향력 419
유한책임 442
유형자산의 정의 311
유형자산의 처분 329
유형자산의 취득 312
유형자산의 폐기 332
유효이자율(effective interest rate) 375, 405
유효이자율법 375
유효이자율법에 의한 상각 409
은행계정조정표(bank reconciliation) 242
은행수수료 243
이동(가중)평균법 202
이연(deferrals) 102
이연비용 106
이연수익 103
이익잉여금(retained earnings) 446, 459
이익준비금 460
이자보상비율(interest coverage ratio 또는 times interest earned) 391, 578
이자부어음 287
이자수익 409
이자 지급 496
이해가능성 35
이해관계자 7
이행가치 40
인식(recognition) 37, 98
일반목적재무보고서 32
일반적으로 인정된 회계원칙(Generally Accepted Accounting Principles: GAAP) 13
일할계산 287
임시계정 123
임의적립금 446
잉여금의 자본전입 452

잉여현금흐름 538

ㅈ

자기자본 500
자기자본이익률(return on equity, ROE) 470, 574
자기주식 454
자기주식처분손실 456
자기주식처분이익 456
자본(equity) 25, 445
자본금 446
자본변동표(statement of changes in equity) 30, 468
자본잉여금 446
자본적 지출(capital expenditure) 315
자본조정 447
자산(assets) 25
자익권 443
잔존가치(residual value) 110, 318
장기금융자산 424
장부금액(book value) 112
재고자산(inventory) 151, 189
재고자산감모손실 192
재고자산평가손실 210
재고자산평가손실환입 211
재고자산평가충당금 211
재고자산평균보유기간 221
재고자산평균회전기간 571
재고자산회전율(inventory turnover) 220, 570
재공품(work in process) 189
재단법인 441
재무보고를 위한 개념체계 32
재무비율 분석 557, 565
재무상태표(statement of financial position 또는 balance sheet) 25
재무상태표등식 26
재무위험(financial risk) 555
재무제표 5
재무제표 분석 555
재무활동(financing activities) 22
재무활동 현금흐름 496, 528
재무활동 현금흐름 작성 514
재무회계(financial accounting) 10
저가법(lower of cost or market method) 209
저작권 334
적시성 35
전기(posting) 69
전기오류수정 464
전기오류수정손실 459
전기오류수정이익 459
전도금제도(imprest system) 249
전진법(prospective method) 326
전표시스템(voucher system) 238
전환사채(convertible bonds) 360
정률법(fixed percentage of declining balance method) 322
정부보조금 497
정산표 132
정상잔액 64
정상적인 감모손실 193
정액법(straight-line method) 319
제각(write-off) 271
제거 38
제품 189
종목별 기준 212
종속기업(또는 자회사) 419
종속기업투자 419
주가수익률(price-earnings ratio) 576
주당순이익(earnings per share) 575
주당 장부금액 475
주석(notes) 31
주식발행비 451
주식발행초과금 448
주식배당 453, 462
주식병합 454
주식분할 453
주식회사 441
주주 22
증자 452
지급능력비율(solvency ratio) 577
지급어음 288

지배기업(또는 모회사) 419
지배력 419
지분법(equity method) 419, 420
지분법손실 421
지분법이익 421
지분상품 405
직접법 494, 506
직접법에 의한 현금흐름표 530
직접상각법 271

ㅊ

차변(debit) 60, 61
차입금 356
참가적우선주 462
채권자 22
채무상품 405
천연자원 344
청산배당 461
체감잔액법(declining balance method) 321
총계정원장(general ledger) 69
총자산이익률(return on assets: ROA) 573
총자산회전율(asset turnover ratio) 340, 572
총평균법 202
총포괄이익 29
충당금설정법 272, 273
충당부채 387
측정(measurement) 39

ㅌ

타인자본 500
토지 312
통화대용증권 233
투자수익 407
투자활동(investing activities) 22
투자활동 현금흐름 495, 526
투자활동 현금흐름 작성 514
특허권 334
T계정 60

ㅍ

팩토링(factoring) 283
포괄손익계산서(statement of comprehensive income) 28
표시이자율 368
표준화 분석 561
표현충실성 34
프랜차이즈(franchise) 335

ㅎ

한국채택국제회계기준(K-IFRS) 13
할인발행 450
할증발행 449
항목별 기준 212
현금(cash) 233, 492
현금과부족 251
현금및현금성자산 233
현금발행 448
현금배당 460
현금성자산(cash equivalents) 234, 492
현금주의 96, 499
현금흐름표(cash flow statement) 30, 491
현재가치 362
현행가치 39
현행원가 40
형식적 증자 452
화폐의 시간가치(time value of money) 361
회계감사(auditing) 11
회계기간 95
회계등식 26, 50
회계상 거래 47
회계순환(accounting cycle) 65
회계연도(fiscal year) 95
회계정보이용자 7
회계정책변경누적효과 459
회수가능액 209, 327
후입선출법(last-in first-out method: LIFO) 199

저자소개

강정연
한양대학교 경영학 학사
서울시립대학교 세무전문대학원 세무학 석사
한양대학교 경영학 박사(회계학 전공)
(현)선문대학교 IT경영학과 부교수

김우영
한양대학교 경영학 학사
한양대학교 경영학 석사
한양대학교 경영학 박사(회계학 전공)
(현)동덕여자대학교 사회과학대 경영학과 교수

김종현
한양대학교 경영학 학사
한양대학교 경영학 석사
한양대학교 경영학 박사(회계학 전공)
(현)한양대학교 ERICA 경상대학 회계세무학과 교수

장석진
한양대학교 이학사(수학 전공)
한양대학교 경영학 박사(회계학 전공)
(현)대진대학교 경영학과 부교수

정석윤
플로리다 대학교 통계학 학사
플로리다 대학교 통계학 석사
플로리다 대학교 회계학 박사
(현)한양대학교 경영대학 부교수

정희선
서울대학교 사범대학 독어교육 학사
서울대학교 경영학 석사
서울대학교 경영학 박사(회계학 전공)
(현)한양대학교 경영대학 교수

IFRS 회계원리

2024년 1월 20일 초판인쇄
2024년 1월 30일 초판발행

저　자　강정연 · 김우영 · 김종현 · 장석진 · 정석윤 · 정희선
발행인　김광범
발행처　도서출판 **시대가치**
주　소　서울특별시 마포구 토정로 222, 422-1호(한국출판콘텐츠센터)
전　화　02)3152-2620
팩　스　02)6442-2621
등　록　2017년 3월 23일 제2018-000088호
이메일　timepub2017@gmail.com
홈페이지　시대가치.com

ISBN 979-11-89607-86-9 93320

정가　35,000원